Fragonard

et le dessin français au XVIIIe siècle

DANS LES COLLECTIONS DU PETIT PALAIS

Qui pense finement et s'exprime avec grâce,
Fait tout passer car tout passe :
Je l'ai cent fois éprouvé :
Quand le mot est bien trouvé,
Le sexe, en sa faveur, à la chose pardonne ;
Ce n'est plus elle alors, c'est elle encor pourtant :
Vous ne faites rougir personne,
Et tout le monde vous entend.
J'ai besoin aujourd'hui de cet art important.
Pourquoi, me dira-t-on, puisque sur ces merveilles
Le sexe porte l'œil sans toutes ces façons ?
Je réponds à cela : chastes sont ses oreilles
Encor que les yeux soient fripons.

Jean de La Fontaine, *Le Tableau* (*Contes et Nouvelles en vers*)

Fragonard

et le dessin français au XVIIIe siècle

DANS LES COLLECTIONS DU PETIT PALAIS

Musée du Petit Palais

16 octobre 1992 - 14 février 1993

Tous les dessins présentés dans cette exposition
appartiennent aux collections du musée du Petit Palais

Exposition organisée par la Ville de Paris grâce à la confiance de :

M. Jacques Chirac
Maire de Paris

Mme Françoise de Panafieu
Député de Paris
Adjoint au Maire de Paris, chargé des Affaires culturelles

M. Bruno Racine
Directeur des Affaires culturelles de la Ville de Paris

M. Bernard Schotter
Sous-Directeur du Patrimoine culturel de la Ville de Paris

M. Bernard Notari
Secrétaire général de Paris-Musées
Chef du service de la Communication et des Relations extérieures de la Direction des Affaires culturelles de la Ville de Paris

M. Bertrand Cochery
Chef du Bureau des musées de la Ville de Paris

COMMISSARIAT

Mlle Thérèse Burollet
Conservateur général du Patrimoine
Conservateur en chef du musée du Petit Palais

M. José-Luis de Los Llanos
Conservateur au musée du Petit Palais

COMMISSARIAT ADMINISTRATIF

Mme Sylvie-Jan Celdran
Secrétaire général du musée du Petit Palais

Mme Liliane Gondel

Parfois l'on se prend à rêver de retrouver intact l'air d'un temps évanoui, mais est-ce vraiment possible ? Nous sommes si souvent encombrés de connaissances contradictoires ou déformés par nos idées trop arrêtées sur l'esprit d'une époque pour pouvoir la bien juger. Il faut alors faire confiance à notre sensibilité et nous laisser conduire par la main des artistes. Et quel art autre que le dessin peut nous mettre en contact plus étroit avec le sincère témoignage de la création ?

Le dessin est économe de moyens : presque pas d'intermédiaires entre la pensée de l'artiste et nous. Peu de matière : du papier, un trait noir ou coloré de sanguine, de l'encre, parfois un nuage de lavis, un soupçon de couleur, mais quelle habileté à se servir de ce langage simple. Le tracé sera tantôt léger et tourbillonnant, tantôt percutant ; la couleur sera tons discrets des papiers teintés ou rehauts lumineux et vivement posés.

Car le dessin est toujours l'art de l'immédiat : il n'y a pratiquement pas de repentir possible et on ne peut sans danger pour la "fleur" du papier effacer ou peiner. Le geste doit être intuitif et aller tout de suite à l'essentiel. Sa rapidité même lui donne sa force d'expression.

C'est là, évidemment, que réside la grande réussite du dessin du XVIIIe siècle. On ne peut que sentir la correspondance parfaite entre la pensée, les mœurs, la sensibilité de toute une époque et les moyens employés pour les traduire. Pas de long discours appuyé : la pensée philosophique s'exprime en vifs dialogues, la somme du savoir humain se résume en une encyclopédie conçue par articles aussi clairs que possible, les rapports amoureux se veulent légers et intelligents comme les traits de la plume et les envolées du pinceau.

Le XVIIIe siècle n'est pas seulement le siècle du plaisir et du libertinage, pourtant si bien évoqués dans cette exposition par des artistes aussi divers que Watteau, Caresme, Cochin, Saint-Aubin, Moreau le Jeune et surtout Fragonard. Certains ont tôt compris que l'époque avait besoin de revenir à des valeurs plus graves, confortés par la leçon d'un passé classique. La richesse des collections du Petit Palais, peu souvent dévoilées au public, a permis de présenter plusieurs autres aspects de ce siècle finalement beaucoup plus difficile à cerner qu'il n'y paraît. Greuze dans ses scènes familiales moralisantes, Fragonard et Hubert Robert à travers leurs paysages, ont partagé ce retour aux sources mais ils n'ont pourtant pas désiré abandonner leur manière élégante de dire les choses, loin des froideurs d'un académisme par trop rigide. La collection du musée nous a permis cependant de montrer quelques beaux témoignages de l'*exemplum virtutis* si cher aux penseurs et aux artistes de grand genre de la seconde moitié du XVIIIe siècle, exemple de vertu tiré d'une antiquité redécouverte et repensée où triomphent David, Girodet et Prudhon.

Cette variété du faire, cette complexité des idées et la rareté des présentations de dessins, due à leur fragilité, donne tout son prix à une exposition que nous sommes heureux de pouvoir faire découvrir au public parisien. Qu'il me soit permis de remercier ici tous ceux qui au musée du Petit Palais ont facilité la réalisation de cette manifestation. J'exprime tout particulièrement ma gratitude à M. José-Luis de Los Llanos, conservateur au musée du Petit Palais, qui en a conçu avec compétence et sensibilité l'ordonnance et la présentation et qui a assuré la lourde tâche de la rédaction du catalogue. Je remercie aussi Mme Sylvie Celdran, secrétaire général du musée, et Mme Liliane Gondel qui en ont assumé la gestion administrative. Ma reconnaissance s'adresse aussi à M. Gilles Huot pour la conception de la maquette du catalogue et à M. Patrick Pierrain pour la couverture photographique de l'ensemble des œuvres.

Et devant celles-ci, en particulier devant les pages superbes des *Contes* de La Fontaine où tout à la fois s'expriment la suavité du pinceau et l'effervescence de la pensée, naît en nous le seul regret, celui de ne pouvoir saisir l'instant de leur création. Que ne nous est-il donné, loin des fallacieuses longueurs créatrices de *La Belle Noiseuse*, et comme ce fut possible, sorte de miracle, pour la main géniale, au tracé nerveux, du *Mystère Picasso*, de découvrir sur la page et sur l'écran l'apparition du sublime "fouetté"et de l'adorable "tartouillis" du grand Fragonard.

Thérèse Burollet
Conservateur en chef du musée du Petit Palais

Nous tenons à exprimer notre reconnaissance à toutes les personnes qui nous ont aidé dans la préparation de ce catalogue et plus particulièrement :

à Mme Marianne Roland Michel qui ne nous a ménagé ni ses conseils ni l'accès à sa très riche documentation,

à M. Pierre Rosenberg, conservateur général au département des peintures du Musée du Louvre, dont les nombreux conseils et la grande connaissance du XVIIIe siècle nous ont été d'un secours permanent

et à M. Jacques Thuillier, professeur au Collège de France, pour la bienveillance avec laquelle il nous a fait partager sa connaissance de Fragonard.

Notre gratitude va à toutes les personnes qui nous ont prodigué conseils et aide dans les établissements suivants :

au Musée du Louvre, au département des peintures, M. Jacques Foucart, conservateur général chargé du service de la documentation, M. Sylvain Laveissière, conservateur ; au Cabinet des arts graphiques, Mme Françoise Viatte, conservateur général, M. Jean-François Méjanès, conservateur, Mme Pierrette Jean-Richard, chargée de la collection Edmond de Rothschild, M. Louis-Antoine Prat, chargé de mission,

à l'Institut néerlandais, M. Carlos van Hasselt, directeur de la Fondation Custodia et M. Hans Buijs, conservateur,

ainsi qu'aux responsables du Cabinet des estampes de la Bibliothèque nationale, de la bibliothèque de l'Arsenal et du département des arts graphiques du musée des Arts décoratifs.

Nous tenons à remercier tout spécialement Mme Katherine Baetjer, conservateur au Metropolitan Museum of Art (New York) et tous ceux qui en France et à l'Etranger, personnes privées ou responsables d'institutions, nous ont chaleureusement ouvert leurs collections.

Nous ne saurions oublier enfin tous ceux qui nous ont aidé dans nos recherches et dans la collecte de notre documention :

Mlle Claire Constans, conservateur au Musée national du château de Versailles, M. Jacques Lugand, conservateur en chef du musée des Beaux-Arts de Béziers, Mme Martine Hérold et Mme Dorianne Perrard,

ainsi que nos collègues et prédécesseurs en charge de la collection de dessins du musée et plus particulièrement Mme Marie-Christine Boucher, conservateur au musée de la mode et du costume, Mlle Roselyne Hurel, conservateur au musée Carnavalet, et M. François Perrot, conservateur honoraire des musées de la Ville de Paris.

J. L. de L. L.

Cette exposition n'aurait pu avoir lieu sans l'aide précieuse que nous ont apportée :

A la Direction des Affaires culturelles de la Ville de Paris, Mme Paulette Giry-Laterrière, chef de cabinet du directeur.

A la Sous-direction du Patrimoine culturel, M. Jean-François Salaun, adjoint au chef du bureau des musées chargé du personnel, Mme Arlette Treille, M. Robert Desechalliers, chargé de la sécurité des musées.

A l'association Paris-Musées, M. Francis Pilon, secrétaire général adjoint, et Mme Evelyne d'Aspremont ; M. Arnauld Pontier, responsable des éditions et Mme Florence Jakubowicz ; Mme Florence Godfroid, responsable de la diffusion ; Mme Brigitte de Montclos, chargée des relations publiques ; Mme Catherine de Bourgoing, responsable de l'action culturelle.

A la photothèque de la Ville de Paris, Mme Jacqueline Riom, chef de service, et tout le personnel de la documentation.

A l'atelier des musées, M. Michel Gratio, chef de service, et M. Patrick Gros, encadreur.

Notre gratitude va bien sûr à nos collègues du Petit Palais et à l'ensemble du personnel du musée qui nous ont toujours apporté une aide dévouée :

MM. Gilles Chazal, Pierre Curie, Alain Daguerre de Hureaux, Mmes Guénola Groud et Paulette Hornby, MM. Daniel Imbert et Dominique Morel, et Mlle Sophie-Charlotte Renouard de Bussierre, conservateurs ; Mme Manuela Masquelier-Boucher, responsable du service d'action culturelle et ses collaborateurs ; Mlle Bernadette Pordoy ; Mmes Lisa Jouvet et Martine Carrichon, attachés de presse ; Mme Denise Kaminskis, responsable du secrétariat, et toute son équipe ; M. André Protin, pour sa participation au montage de l'exposition ; M. André Héris, qui a assuré l'installation électrique ; M. André Valli, inspecteur, et tout le personnel de surveillance du musée ; Mlle Marie Mouhagamadou ; M. Fortuné Babouram, chef de l'équipe des travaux, et ses collaborateurs ; M. Denis Leclair, responsable de l'antenne de la librairie du musée d'Art moderne au musée du Petit Palais.

Liste des artistes représentés à l'exposition

par ordre alphabétique

Gilles Allou (1670-1751), n° 1

François Boucher (1703-1770), n° 8

Philippe Caresme (1734-1796), n°s 41 à 43

Charles-Nicolas Cochin (1715-1790), n°s 60 à 75

Jacques-Louis David (1748-1825), n° 50

Jean-Honoré Fragonard (1732-1806), n°s 38, 39 et n°s 128 à 184

Anne-Louis Girodet de Roucy Trioson (1767-1824), n° 59

Hubert-François Bourguignon d'Anville, dit Gravelot (1699-1773), n°s 86 à 99

Jean-Baptiste Greuze (1725-1805), n° 36

Jean-Pierre-Louis-Laurent Hoüel (1735-1813), n° 45

Jean-Baptiste Huet (1745-1811), n°s 47 et 48

Jean-Baptiste Lallemand (1716-1803), n° 35

Joseph-Mathurin Lantarat, dit Lantara (1729-1778), n° 37

Niklas Lafrensen, dit Lavreince (1737-1807), n° 46

Nicolas-Bernard Lépicié (1735-1784), n° 44

Jean-Michel Moreau le Jeune (1741-1814), n°s 84, 85, n°s 111 à 119 et n°s 124 à 127

Alexandre-Jean Noël (1752-1834), n°s 51 à 53

Jean-François-Pierre Peyron (1744-1814), n°s 100 à 109

Pierre-Paul Prud'hon (1758-1823), n°s 55 à 58

Hubert Robert (1733-1808), n° 40

Gabriel de Saint-Aubin (1724-1780), n°s 76 à 83

Augustin de Saint-Aubin (1736-1807), n° 110 et n°s 120 à 123

Georg Friedrich Schmidt (1712-1775), n° 9

Joseph-Marie Vien (1716-1809), n°s 11 à 34

Elisabeth Vigée-Lebrun (1755-1842), n° 54

François-André Vincent (1746-1816), n° 49

Jean-Antoine Watteau (1684-1721), n°s 2 à 7

Jan Georg Wille (1715-1808), n° 10

Sommaire

Avertissement

Toutes les œuvres qui sont ici présentées appartiennent aux collections du musée du Petit Palais. Elles en constituent le fonds complet des dessins français du XVIIIe siècle ; seules les œuvres douteuses ou réputées fausses ont été écartées.

Les œuvres sont cataloguées de la manière suivante :

pour la première partie du catalogue (n°s 1 à 59), par ordre chronologique de la date de naissance des artistes,

pour la deuxième partie du catalogue (n°s 60 à 127), par ordre chronologique de la date de publication ou d'exécution des dessins,

pour les *Contes* de La Fontaine de Fragonard (n°s 128 à 184), dans l'ordre traditionnel de la publication des *Contes*, c'est-à-dire aussi dans l'ordre des albums. On trouvera à la fin du catalogue une liste des *Contes* par ordre alphabétique.

Tous les dessins de Gravelot, de Peyron et d'Augustin de Saint-Aubin ont été reproduits, même lorsqu'ils n'ont pas été montrés à l'exposition ; en revanche, la nature particulière des livrets de Gabriel de Saint-Aubin justifiait à nos yeux la seule reproduction des pages présentées.

Abréviations techniques :

b. : bas	c. : centre
D. : Daté	d. : droite
g. : gauche	h. : haut
S. : Signé	

Les dimensions sont toujours données en millimètres, hors cadre et hors montage ; le premier nombre correspond à la plus grande hauteur, le second nombre à la plus grande largeur.

Les marques de collections sont indiquées par le sigle "L." suivi du numéro du catalogue Lugt. Le numéro d'inventaire est donné selon les règles du musée du Petit Palais : D. Dut. et L. Dut. pour la collection Dutuit et les œuvres acquises sur les arrérages du legs Dutuit ; P.P.D. pour les collections municipales.

La numérotation des figures de référence est continue.

Restauration des œuvres
Florence Herrenschmidt, Silvia Brunetti

Conception graphique du catalogue
Gilles Huot

Photographie des œuvres des collections du musée du Petit Palais
Patrick Pierrain

Les introductions et le catalogue
ont été rédigés par

José-Luis de Los Llanos

C'est le legs Dutuit, en 1902, qui permit au musée des Beaux-Arts de la Ville de Paris d'élargir ses collections aux domaines de l'art ancien. Le Petit Palais n'avait pas encore ouvert ses portes quand cette manne inespérée obligea ses fondateurs à revoir de fond en comble l'aménagement du futur musée. Et lorsque le Palais des Beaux-Arts fut inauguré le 11 décembre de la même année, l'importance révélée de ses collections le promut d'emblée au meilleur rang parmi les plus beaux musées de la Capitale.

Le goût des frères Dutuit était universel et l'on a souvent répété que de l'antiquité égyptienne à la peinture moderne, c'était d'abord l'amour du bel et rare objet qui leur désignait la voie à suivre. Modérons, pour nous, ce jugement un peu trop généreux sans doute pour ne pas être désobligeant : il y a un goût des frères Dutuit, Eugène et Auguste — n'oublions pas la sœur, Héloïse —, qui ne doit pas être confondu avec leur ambition. Cette ambition, l'ambition de leur grande fortune, c'était d'abord de constituer un musée. D'où le caractère universel des collections. Leur goût, c'est ce qui transparaît dans l'équilibre de ces collections.

Pour ce qui concerne l'art du XVIIIe siècle français, et plus particulièrement le dessin, le legs Dutuit reflète d'évidence et l'ambition, et le goût de ses fondateurs. L'un est ici dicté par leur attachement à une certaine vision du XVIIIe siècle — qui est aussi celle des Goncourt, ou peu s'en faut —, où l'on retrouve l'attachement aux maîtres galants et aux védutistes pittoresques, comme Boucher bien sûr, mais aussi Caresme ou Huet d'une part, Lallemand, Hoüel ou Noël d'autre part, ainsi que la reconnaissance des illustrateurs comme Moreau le Jeune ou Gravelot — n'oublions pas que les Dutuit étaient aussi de grands bibliophiles. L'autre, l'ambition muséologique de nos collectionneurs, donne toute sa valeur à cette dimension du dessin qui en fait la discipline maîtresse de la création et l'impose comme rivale de la peinture : l'illustrent, bien sûr, la grande *Feuille d'étude de neuf têtes* de Watteau, par exemple, l'ensemble des dessins de Vien pour la «*Caravane du Sultan à la Mecque*», l'*Accordée de village* de Greuze, *Thémis et Némésis* de Prud'hon ou bien encore les deux merveilleux paysages de Fragonard. C'est-à-dire un ensemble de vrais chefs-d'œuvre.

Le legs Dutuit a ouvert une voie que les premiers conservateurs du musée ont tôt suivie, Henry Lapauze le premier. Le goût du début du siècle, celui d'une génération encore élevée à l'école des Goncourt, allant naturellement à l'admiration des grands maîtres du XVIIIe siècle français, c'est, peut-on croire, par goût personnel autant que par choix politique, que Lapauze fit entrer au musée, entre 1912 et 1919, trois nouveaux dessins de Watteau et plusieurs livrets illustrés par Gabriel de Saint-Aubin. La publicité du legs Dutuit et de ces nouvelles acquisitions fut sans doute assez forte pour attirer aussi de nouveaux legs et dons : Philippon en 1920, Pierre Marie en 1929, Ocampo en 1930, Munier-Jolain en 1931, Delaroche-Vernet en 1938.

En 1934, une nouvelle occasion se présenta pour enrichir d'une manière considérable les collections du musée : un des chefs-d'œuvre de l'art du XVIIIe siècle, le recueil des cinquante-sept dessins réalisés par Fragonard pour illustrer les *Contes et Nouvelles* de La Fontaine, allait passer en vente publique. L'annonce de cette vente provoqua un profond émoi dans les milieux avertis. Camille Gronkowski, successeur d'Henry Lapauze à la tête du Petit Palais, s'entendit alors avec les plus hautes autorités, aussi bien municipales que nationales, pour acquérir ce qu'il considérait comme «le plus beau livre du monde». L'affaire fut conclue heureusement et les deux précieux albums vinrent enrichir les collections du musée. Peu après, deux nouveaux livrets de Gabriel de Saint-Aubin rejoignirent l'ensemble constitué par Lapauze quelque vingt ans plus tôt.

Depuis cette date, il est permis de croire que cette partie de nos collections n'a pas toujours bénéficié de la même faveur. Si l'on excepte le pastel d'Elisabeth Vigée-Lebrun, entré au musée en 1969, il n'est guère que les deux récentes acquisitions que nous avons faites dans la perspective de notre exposition — les seize dessins de Cochin pour les mêmes *Contes* de La Fontaine et le merveilleux caprice architectural d'Hubert Robert — pour témoigner d'une volonté nouvelle de compléter ce fonds. Souhaitons, bien sûr, que nous n'en resterons pas là.

L'ensemble de dessins que nous présentons n'a certainement pas qualité à représenter tout le XVIIIe siècle. Sans doute n'y trouve-t-on pas de ces somptueuses académies des grands maîtres du début du siècle comme Louis de Boullogne, François Le Moyne, Charles Natoire ou Jean-François de Troy. Sans doute Boucher, ce merveilleux dessinateur, y est-il assez faiblement représenté. Et nous déplorons de n'avoir pas un seul dessin de Chardin, un seul pastel de La Tour...

Mais, Fragonard est là comme une synthèse du siècle et cela, sans doute, console de tout.

Dans les limites qui sont les siennes, notre collection réserve d'heureuses surprises. Une certaine cohérence existe qui nous permet de juger la période considérée sous un jour assez nouveau, notamment dans ses rapports avec la littérature.

Nous avons divisé notre catalogue en trois parties. La première partie, consacrée à ce qu'il est convenu d'appeler les dessins de peintres — sans être toujours à proprement parler des études pour la peinture —, permet d'apprécier des œuvres qui ont été créées pour se suffire à elles-mêmes. Il ne s'agit pas d'esquisses jetées sur un coin de feuille dans un moment de fougue créatrice, mais plutôt de ces dessins que l'on encadrait et que l'on exposait à l'égal des tableaux dans les cabinets d'amateurs. Beaucoup ont été gravés — à des fins publicitaires pourrait-on dire.

La deuxième partie développe un autre aspect de l'art du dessin au XVIIIe siècle, aspect sans doute quelque peu oublié aujourd'hui : l'art de l'illustration, c'est-à-dire l'art du dessin destiné à la gravure d'illustration. De Cochin à Moreau le Jeune, l'ensemble des artistes que nous présentons ici permet de suivre assez fidèlement l'évolution de cette discipline marginale à l'époque de son apogée, entre 1740 et 1800. Dans cette famille de dessinateurs, Gabriel de Saint-Aubin fait figure de diable boiteux : ses fameux livrets illustrés, dont nous avons le bonheur de pouvoir présenter un ensemble important, n'appartiennent pas tout-à-fait au genre officiel de l'illustration, tandis qu'ils échappent aussi au genre du carnet de croquis. Leur particularité, nous semble-t-il, est qu'ils n'ont jamais eu aucune destination, ni celle de la peinture ni celle de la gravure, alors même qu'ils ont été produits par nécessité — cette nécessité tautologique du dessinateur qui le pousse à dessiner...

La troisième partie, enfin, est constituée par l'ensemble des cinquante-sept compositions de Fragonard pour les *Contes* de La Fontaine. Ni tout-à-fait dessins de peintres, ni tout-à-fait dessins d'illustrations, mais les deux à la fois, ces œuvres sont comme la synthèse de cette fin du XVIIIe siècle, à la croisée d'exigences picturales qui les ont rendues impropres à la gravure et d'une ambition littéraire qui cherche à renouveler le grand genre de la peinture d'histoire. Comme de juste, l'histoire de ces illustrations est celle d'un échec. Mais il est des échecs qui apportent plus à l'histoire de l'art que certains succès retentissants.

Signalons aussi que l'étude de cette collection nous a permis de faire quelques mises au point dans certaines attributions erronées, nous invitant, à l'occasion, à d'heureuses découvertes, comme l'identification du portrait de Wille par son ami Schmidt par exemple.

1 Portrait de Carlo Antonio Bertinazzi, dit «Carlin»

- Pierre noire, craies de couleur et aquarelle, sur papier
- H. 283 ; L. 188 mm
- P.P.D. 1700

INSCRIPTIONS

- S. b. g. : *allou* ; le nom du modèle est inscrit deux fois, en bas à droite : *Carlin* ; et en bas au milieu : *CARLIN* (les trois écritures semblent différentes).

PROVENANCE

Don sous réserve d'usufruit du professeur Pierre Marie à la Ville de Paris pour le musée du Petit Palais, 6 décembre 1929 ; abandon de l'usufruit le 12 avril 1940 ; entré au musée en mai 1940.

BIBLIOGRAPHIE

Inédit.

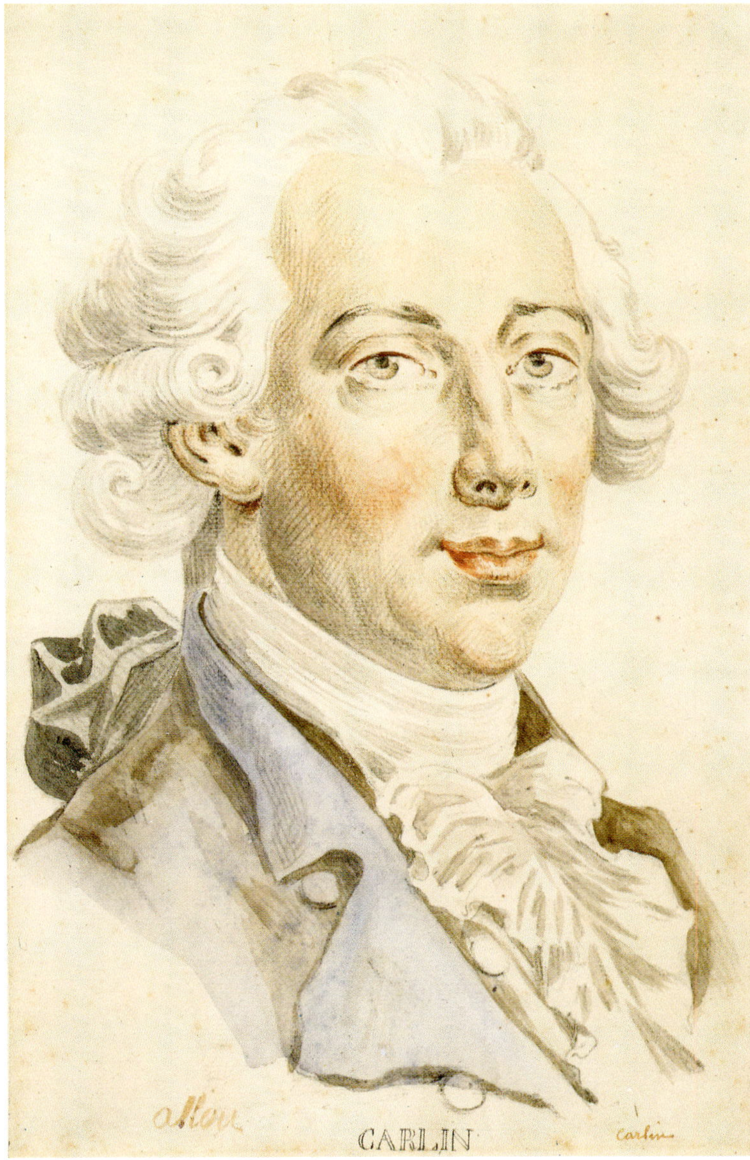

Gilles Allou est de ces artistes peu connus du XVIIIe siècle qui pourtant firent une carrière officielle très honorable. Admis à l'Académie en 1711, sur présentation des portraits d'Antoine Coysevox, d'Antoine Coypel et de Bon Boullogne (Château de Versailles), il semble s'être surtout consacré à l'enseignement.

L'attribution à Allou n'a pas lieu d'être contestée, même si nous ne connaissons aucune œuvre comparable de l'artiste. Sans être un chef-d'œuvre, ce portrait offre l'intérêt de représenter l'un des acteurs de la comédie italienne les plus populaires du XVIIIe siècle : Carlo Bertinazzi, dit Carlin — c'est de ce diminutif que vient le nom donné à une race de petits chiens dont la gueule noire rappelait le masque porté par le comédien en costume d'Arlequin.

Le 18 décembre 1783, quelque temps après la mort de Carlin, Marmontel envoie à Diderot un éloge très appuyé du comédien :
«Ce sont les Grâces et Thalie qui regretteront longtemps le charmant, l'inimitable Carlin. Il a eu le bonheur de rire et de plaire pendant plus de quarante ans, et ce n'est pour ainsi dire qu'en cessant de vivre qu'il a cessé de jouir d'une destinée si peu commune. Son véritable nom était Charles-Antoine Bertinazzi. Il naquit à Turin en 1710. (...) C'est en 1741 qu'il débuta, sur le théâtre de Paris, dans le rôle d'*Arlequin muet par crainte.* (...) Sa bonhomie et sa gaieté le rendaient cher à tous ses camarades. Il était le dernier acteur qui nous fût resté de l'ancienne Comédie italienne. C'est au mois de septembre dernier qu'il est mort, d'une maladie aiguë ; il avait paru encore au théâtre peu de jours auparavant ; et il est bien prouvé que jusqu'à l'âge le plus avancé il n'avait perdu aucun des goûts de la jeunesse, comme il en avait conservé tout l'esprit et toutes les grâces.» (*Correspondance littéraire de Diderot, Grimm...*, Paris 1880, rééd. 1968, T. XIII, pp. 420-421).

La confrontation des dates de l'artiste avec celles du modèle impose une datation entre 1741 et 1751.

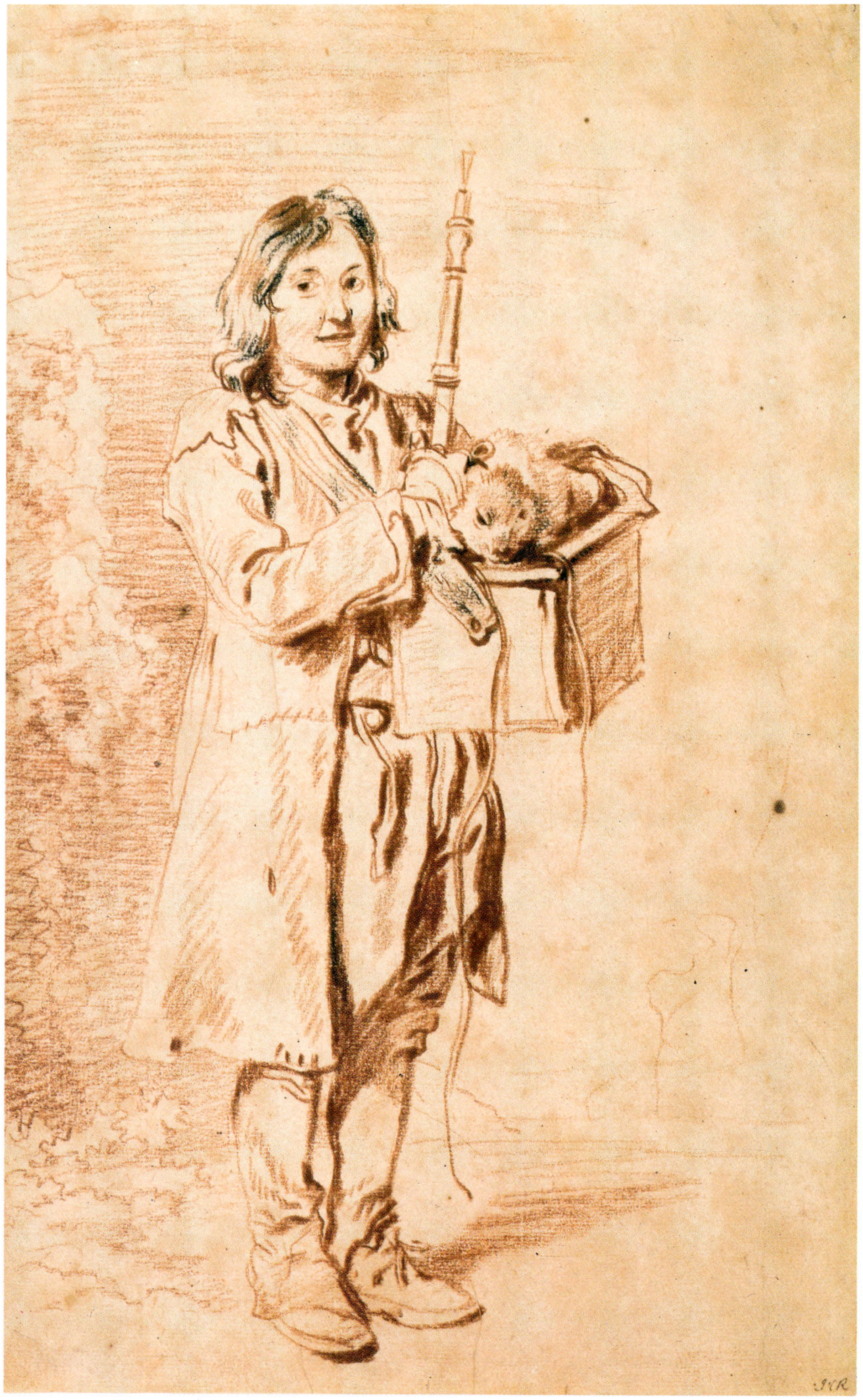

2 *Le Savoyard à la marmotte*

- Sanguine et pierre noire sur papier chamois
- H. : 322 ; L. : 201 mm
- D. Dut. 1041

PROVENANCE

Coll. J. C. Robinson (L. 1433); sa vente, Paris 7-8 mai 1868; coll. Jacques Doucet; sa vente, galerie Petit, 5-8 mai 1912, n° 60 (14 000 F); acquis par la Ville de Paris sur les arrérages du legs Dutuit en 1912; entré au musée du Petit Palais le 10 juin 1912.

EXPOSITIONS

Vienne, 1950, n° 65; Tokyo, 1979, n° 31; Washington, **Paris**, Berlin, 1984-1985, n° 50.

BIBLIOGRAPHIE

Lapauze, 1925, n° 1024 ; Réau 1928, p. 54, n° 34 ; Parker, 1931, pp. 13-19, p. 42 et pl. 10 ; Adhémar & Huyghe, 1950, mentionné au n° 13 ; Parker & Mathey, 1957, n° 490 ; Eidelberg, 1977, p. 163, fig. 162 ; cat. expo. Toronto, 1972-1973, mentionné au n° 154 ; Zolotov & Nemilova, 1973, mentionné au n° 4 ; Posner, 1975, pp. 282-284 ; Posner, 1984, p. 31 et 279, note 31 ; Roland Michel, 1984, pp. 135-136, ill. n° 106.

ŒUVRES EN RAPPORT

PEINTURE

Le Savoyard à la marmotte (Saint-Pétersbourg, musée de l'Ermitage ; *fig. 1*).

DESSIN

Le paysage qui compose le fond du tableau de Saint-Pétersbourg se retrouve au verso d'un dessin conservé au musée Teyler de Haarlem (Parker & Mathey n° 472, voir Paris, 1984-1985, p. 321).

GRAVURE

Le dessin a été gravé dans le même sens par Boucher pour les *Figures de différents caractères*, n° 6 (Jean-Richard, n° 38 ; *fig. 2*).

La peinture a été gravée par Benoit Audran pour le *Recueil Julienne*.

ANALOGIES

DESSINS AUTOGRAPHES

Plusieurs dessins de Savoyards sont répertoriés (Parker & Mathey n°s 489 à 499).

DESSINS NON AUTOGRAPHES

Boucher a fait un dessin très proche, gravé par Ingram (Jean-Richard, n° 1206) et Demarteau (*idem*, n° 645).

Dans l'art français du XVIIIe siècle, les *Savoyards* n'avaient plus guère de secret depuis la savante étude que leur avait consacrée E. Munhall en 1968. Immigrants des temps anciens — la Savoie dépendait au XVIIIe siècle du Piémont —, ils quittaient souvent très nombreux leur pays, femmes et enfants compris, pour exercer dans les villes, et à Paris en particulier, ces petits métiers de la rue qui firent leur renommée : ramoneurs, cireurs de chaussures, montreurs de marmottes. En 1975, D. Posner leur rendit pourtant tout leur attrait en révélant une connotation érotique oubliée : le nom du charmant animal était en effet couramment employé dans le langage populaire pour désigner le sexe féminin. Figures réalistes trop longtemps tenues dans le collège des représentations populaires qui de Leclerc à Boilly, en passant par Boucher, Lépicié, Cochin, Greuze et Watteau bien sûr, ont, durant tout un siècle, exhibé marmottes, boîtes et lanternes magiques aux accents de quelque flutiau, les petits Savoyards suggéraient ainsi bien souvent — mais peut-être pas toujours — autre chose...

Notre dessin est une étude préparatoire pour le tableau de Saint-Pétersbourg (*fig. 1*) dont le pendant, l'*Indiscret* de Rotterdam (Paris, 1984-1985, p. 31), est traditionnellement associé à la *Fileuse*, œuvre perdue depuis la fin du siècle dernier (Camesasca & Rosenberg, 1970, rééd. 1982, n° 143). De fait, depuis 1975, on a souvent étudié ce triptyque «licencieux» à la lumière de la note célèbre de Caylus : «Il [Watteau] n'a jamais fait aucun ouvrage obscène. Il poussa même la délicatesse jusqu'à désirer, quelques jours avant sa mort, de ravoir quelques morceaux qu'il ne croyait pas assez éloignés de ce genre, pour avoir la satisfaction de les brûler : ce qu'il fit.» (*Vie d'Antoine Watteau*..., repris par Rosenberg, 1984, p. 85) ; note qu'il faut bien évidemment lire entre les lignes : s'il a brûlé des œuvres proches du genre obscène, c'est donc qu'il en a fait...

Inversée par rapport à la peinture, sans doute pour équilibrer l'ensemble formé avec la *Fileuse* (Posner, 1975), notre sanguine aurait été reproduite selon la technique de la contre-épreuve, technique couramment utilisée par Watteau comme nous le rapporte Dezallier d'Argenville dans sa *Vie* du peintre : «Le crayon rouge était celui dont il se servait le plus souvent sur du papier blanc, afin d'avoir des contre-épreuves, ce qui lui rendait son sujet des deux côtés» (Rosenberg, 1984, p. 51). M. Morgan Grasselli suggère que cette contre-épreuve aurait pu être réalisée directement sur la toile (Paris, 1984-1985, p. 118, *D.* 50) ; toutefois, un détail qui a toujours échappé aux commentateurs nous paraît infirmer cette hypothèse : l'eau-forte qu'en donne Boucher est dans le même sens que notre dessin (*fig. 2*), c'est-à-dire inversée par rapport au tableau et vraisemblablement par rapport à une contre-épreuve de notre dessin, perdue, qui aurait donc servi à la fois pour le tableau et pour la gravure. Une étude attentive à la loupe révèle un écrasement des traits de sanguine et une certaine pauvreté de matière caractéristiques — on peut se demander si la «netteté et la précision» du trait décrites par M. Morgan Grasselli (*op. cit.*) n'en sont pas la conséquence.

Avant la révélation de Posner, il était de bon ton de louer l'attendrissement, la «sympathie» (Sterling) évidente dont Watteau fait preuve à l'égard de son modèle. D'autres notaient la mine réjouie, la franchise ou l'œil rieur du jeune garçon qui s'opposent de manière si forte aux visages mélancoliques, voire résignés des autres *Savoyards* représentés par notre artiste. Si tout cela prend un sens nouveau aujourd'hui, il n'en demeure pas moins, comme le pense P. Rosenberg (*op. cit.*), que cette étude a pu fort bien être réalisée sur le vif, et les qualités de naturel, de spontanéité qui en émanent permettent toujours d'apprécier la simplicité éloquente de notre dessin.

L'ensemble des études de Savoyards réalisées par Watteau, dont l'une (Florence, 1968, n° 63) a été gravée par Etienne Jeaurat dans le recueil des *Figures françoises et comiques* paru vers 1715, et donc *le Savoyard à la marmotte* du Petit Palais, de même que le tableau de l'Ermitage, ont été datés de 1708 (Adhémar), 1709-1710 (Cormack, 1970), 1712 (Toronto, 1972-1973, n° 154), «peu avant 1715» (Florence, 1968, n° 63), «probablement après 1715» (Paris, 1976-1977) et vers 1716 (Paris, 1984-1985, n° 50).

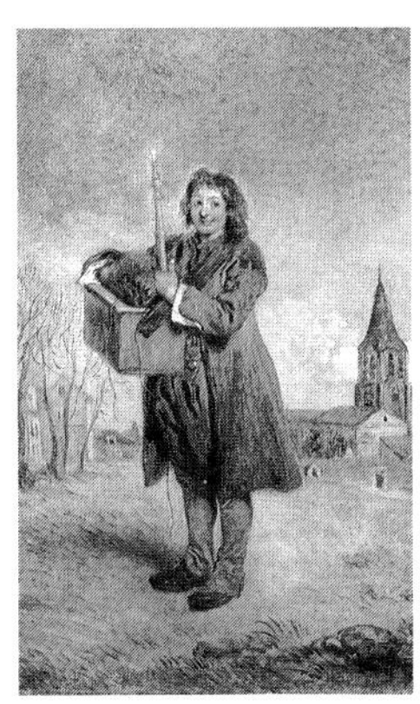

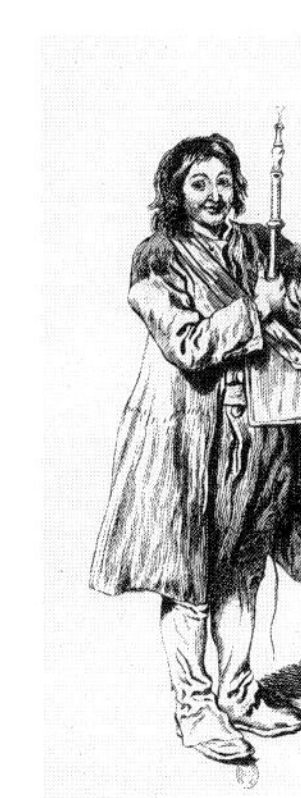

Fig. 1 : *Le Savoyard à la marmotte*, Saint-Pétersbourg, musée de l'Ermitage.

Fig. 2 : F. Boucher d'après Watteau, gravure.

3 *Le pèlerin de Saint-Jacques*

- Trois crayons (sanguine, pierre noire et rehauts de blanc) sur papier chamois
- H. : 375 ; L. : 254 mm
- D. Dut. 1040

INSCRIPTION

- Signé à la plume et à l'encre grise, en bas à gauche : *Watteau.*

PROVENANCE

Coll. Warwick (L. 2600) ; sa vente, Londres, 1896 ; coll. Jacques Doucet ; sa vente, 1912, n° 61 ; acquis par la Ville de Paris sur les arrérages du legs Dutuit ; entré au musée le 10 juin 1912.

EXPOSITIONS

Bruxelles, Amsterdam, Paris, 1949-1950, n° 54 ; Vienne, 1950, n° 57 ; U.S.A., 1952-1953, n° 59 ; Varsovie, 1952, n° 49 ; Londres, 1954-1955, n° 267 ; Paris (Archives nationales), 1965 ; Parthenay, 1976 ; Paris (mairies du Xe et du Ve), 1982, n° 149 ; Washington, **Paris**, Berlin, 1984-1985, n° 73.

BIBLIOGRAPHIE

Lapauze, 1925, n° 1025 ; Parker, 1931, n° 14 ; Adhémar & Huyghe, 1950, p. 126 ; Parker & Mathey, 1957, n° 502 ; Brookner, 1967, pl. 5.

Ce beau dessin assez atypique dans l'œuvre de Watteau a été rapproché par M. Morgan Grasselli des représentations de Savoyards (voir n° 2 de notre catalogue), et plus précisément du *Savoyard barbu* de Chicago (Parker & Mathey n° 492), lui faisant supposer que notre pèlerin «était destiné à être gravé pour les *Figures françoises et comiques*, ou pour une série analogue qui n'aurait pas vu le jour» (Paris, 1984-1985, n° 73).

Le pèlerin de Saint-Jacques se laisse clairement identifier par son attribut, la coquille, et par tout l'attirail du pèlerin, le bourdon, la musette et les haillons. Figure croquée sur le vif, elle appelle tous les commentaires de circonstance : portrait attendri d'un humble, beauté des traits burinés, souci du détail réaliste, discrétion de l'artiste qui échappe à un voyeurisme pittoresque. Tout cela est vrai sans doute, mais ne peut-on remarquer aussi que Watteau s'est surtout plu à faire un portrait de vieillard en méditation où l'influence de l'art flamand, de Rubens ou de Van Dyck, est particulièrement sensible ?

Le dessin se lit de bas en haut : mêlant sanguine et pierre noire, Watteau s'attache plus particulièrement à rendre les traits puissants de son modèle. Comme dans d'autres dessins, la pierre noire sert ici à creuser les ombres, à souligner les sourcils et la pupille de l'œil, et surtout à gonfler la barbe et la chevelure. Plus grasse, plus épaisse, la sanguine modèle les contours à l'estompe (et non par hachures parallèles). Le traitement du vêtement qui voit les techniques soudain dissociées a beaucoup intrigué. Toutefois, là comme dans de nombreux autres dessins, il nous semble que Watteau fait un emploi des deux crayons avant tout pictural, comme deux couleurs distinctes qu'il met en contraste. Ainsi, l'artiste a d'abord tracé les contours à la sanguine — des traits légers, peut-être volontairement effacés, apparaissent sur les épaules — avant de détailler dans la même technique les bras et les mains. Qu'il décide alors de garder la sanguine pour la tunique avant de réaliser les haillons à la pierre noire lui permet de mettre ceux-ci en valeur, comme un peintre l'eût fait en opposant deux aplats de couleurs complémentaires. La forte déchirure, en bas à droite sur les haillons, qui laisse apparaître le rouge de la tunique, en est, nous semble-t-il, une preuve manifeste.

Mais cette technique a ses défauts : refusant de superposer les deux crayons dans la partie médiane du corps, Watteau éprouve peut-être quelque difficulté à remettre sur ses pieds son modèle. Comme nous l'ont fait très justement remarquer P. Rosenberg et L.-A. Prat (communication orale), le raccourci est rendu non sans faiblesse : le dessin devait-il s'arrêter à l'origine plus haut, au niveau des haillons au moins, sinon au buste ? Si l'on pense que l'étude primitive portait sur le visage seul, et peut-être les mains, et que Watteau n'a ajouté qu'après coup tout le bas du corps, cette faiblesse s'explique d'elle-même.

Cette figure n'apparaît dans aucun tableau connu de Watteau. Elle semble témoigner d'une veine plus réaliste, fort éloignée des fêtes galantes, qui nous rapproche des jeunes années du peintre. Si M. Morgan Grasselli ne conclut pas pour autant à une datation antérieure à 1716, par «la vigueur de l'exécution et l'étonnante utilisation des crayons», les réserves que nous venons de faire nous font croire qu'il semblerait pourtant raisonnable d'avancer quelque peu la réalisation de ce dessin, unique dans l'œuvre de Watteau.

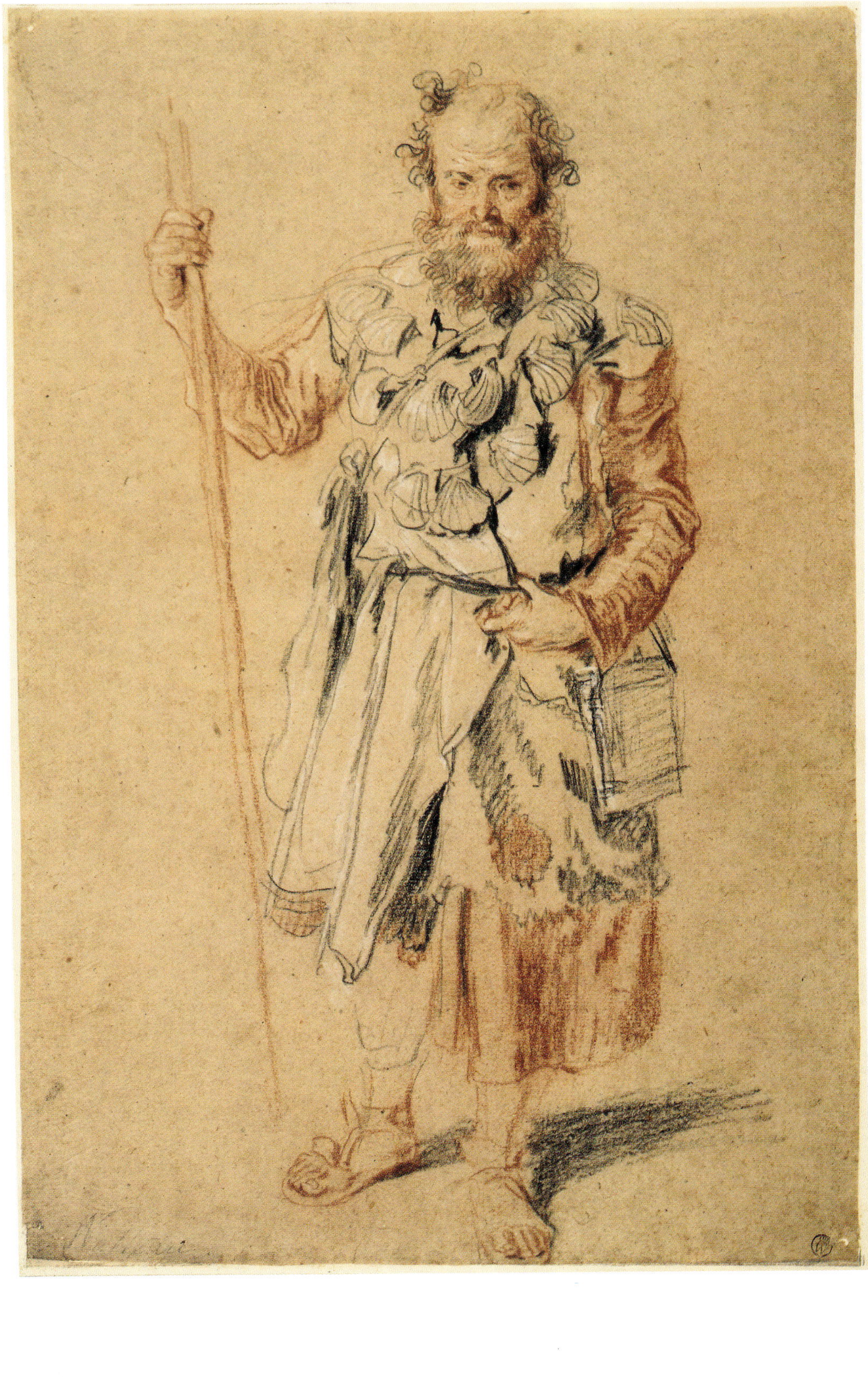

4 *Feuille d'étude de neuf têtes*

- Sanguine, pierre noire et rehauts de craie sur papier chamois
- H. : 262 ; L. : 416 mm
- D. Dut. 972

PROVENANCE

Jean de Julienne ? (1686-1766) ; sa vente, Paris, 30 mars-22 mai 1767, sans doute le n° 770 ; Guichardot ; sa vente, Paris, 1875, n° 404 ; M. Rutter ; sa vente, décembre 1879 ; coll. Dutuit, décembre 1895 (L. 709a) ; legs Dutuit à la Ville de Paris en 1902.

EXPOSITIONS

Paris, 1879, n° 473 ; Paris, 1935, n° 282 ; Zurich, 1947, n° 79 ; Bruxelles, Rotterdam, Paris, 1949-1950, n° 56 ; Vienne, 1950, n° 73 ; Londres, 1952, n° 166 ; U.S.A., 1955-1956, n° 56 ; Paris, 1968, n° 48 ; Séoul, 1977, n° 40 ; Tokyo, Sapporo, Kyoto, 1979, n° 32 ; Washington, **Paris**, Berlin, 1984-1985, n° 77.

BIBLIOGRAPHIE

Goncourt, 1875, p. 328 ; Chennevières, 1880, p. 191 ; Alexandre, 1902, p. 20 ; Michel, 1903, I, p. 242 ; Robiquet, 1905, I, pl. 5 ; Lafenestre, 1907, pl. 47 ; Lapauze, 1909, pp. 254-255 ; Lapauze, 1925, n° 1023 ; Réau, 1928, p. 52 ; Parker, 1931, n° 45 ; Laroche, 1949, p. 207 ; Parker & Mathey, 1957, n° 731 ; Rat, 1961, pp. 164-165 ; cat. expo. Londres, 1968, cité au n° 771 ; Cormack, 1970, p. 31 , n° 60 ; Bacou, 1976, p. 82 et pl. VI.

ŒUVRES EN RAPPORT

PEINTURES

Les neuf études se retrouvent sur les tableaux suivant :

L'homme au tricorne : *l'enchanteur* (Troyes, musée des Beaux-Arts ; *fig. 3 et 4*) ; *La leçon d'Amour* (Stockholm, Nationalmuseum).

L'homme de face : «*L'avanturière*» (Troyes, et Brodick Castle, Ecosse).

La femme de dos : *La déclaration attendue* (Angers, musée des Beaux-Arts).

Les deux têtes en haut à droite : *Le concert champêtre* ? (disparu, gravé par B. Audran).

La femme en h. à g. : *Le passe-temps* ? (perdu).

La femme en b. à d. : *Le passe temps* ? (perdu) et *L'assemblée galante* (perdu, gravé par Le Bas).

La femme au c., en h. : «*La partie quarrée*» (San Francisco, Fine Arts Museum).

La deuxième femme en h., à d. : *Les entretiens badins* ? (perdu).

GRAVURE

Telle quelle, notre feuille n'a pas connu l'honneur de la gravure, mais les deux modèles se retrouvent sur de nombreuses gravures dans des attitudes légèrement différentes (Jean-Richard n°s 63, 120, 123, 143,... pour la femme, et n° 86, pour l'homme dans l'attitude de l'*Enchanteur*).

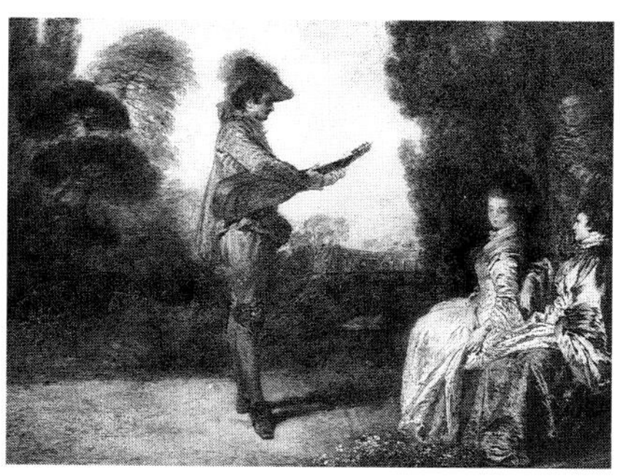

Fig. 3 : *L'enchanteur*, Troyes, musée des Beaux-Arts.

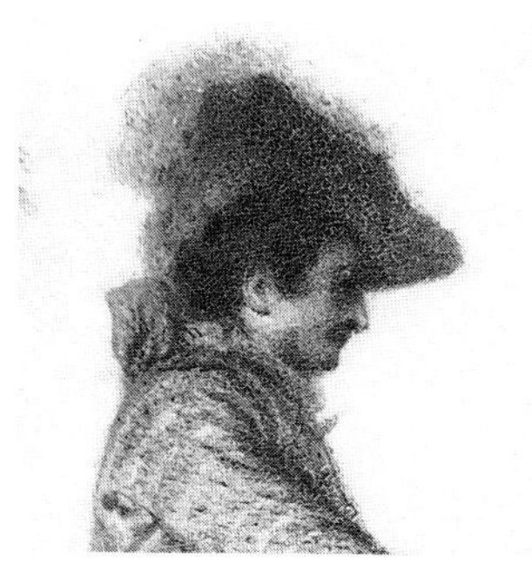

Fig. 4 : Détail.

Il s'agit là de l'une des plus célèbres feuilles de têtes de Watteau, l'une de celles où figure aussi le plus grand nombre d'études : neuf, correspondant à deux modèles déclinés dans de multiples poses.

L'homme, nez aquilin, yeux petits et rapprochés, cheveux mi-longs, ondulés, en broussaille et rejetés sur la nuque, se retrouve sur d'autres études de Watteau (Parker & Mathey n°s 741, 746, 775 et peut-être n°s 815, 817, 830) et sur de nombreux tableaux, souvent représenté en guitariste ou dans le costume de Mezzetin. Comme pour d'autres études et par recoupements, on a avancé plusieurs noms pour identifier le modèle, choisis parmi les connaissances du peintre, acteurs, amis ou marchands : l'acteur Poisson, par exemple, dont on connaît fort bien les traits par les dessins du Nationalmuseum de Stockholm et du British Museum (Parker & Mathey n°s 172 et 910) ou le fils du marchand Sirois, sur la base d'une note de Mariette concernant *Sous un habit de Mezzetin* (Londres, coll. Wallace ; voir sur ce point : Paris, 1984, n°s 80 et 109), pour ne citer que ces deux noms. L'hypothèse, ici comme ailleurs, d'un autoportrait a été aussi envisagée, mais sans réel fondement.

La femme est l'un des modèles préférés de Watteau. Hormis les tableaux exécutés directement à partir de notre dessin, il se retrouve assez souvent sur d'autres feuilles d'études (Parker & Mathey n°s 500, 546, 547, 783, 788), ce qui a fait dire à certains (Laroche, 1949) qu'il s'agissait de la servante du maître, maîtresse et modèle de Watteau (*sic*). Le physique est agréable, plus anguleux dans le haut du visage, pommettes saillantes, nez pointu, yeux allongés mis en valeur par le chignon, et plus rond sur les joues et le cou ; les traits mobiles, l'expression changeante, sans affectation, se prêtent ainsi aux attitudes variées que le peintre transpose sur la toile.

Si nous essayons de reconstituer la chronologie des études, une évidence s'impose : l'homme apparait en dernier. En premier lieu sans doute viennent l'étude de femme, en haut à gauche, et, dans la même pose — on croirait volontiers que le dessinateur change lui-même de place —, le profil central. Suit alors vraisemblablement le groupe des têtes penchées croquées dans des attitudes semblables : l'une, en haut, à l'extrême droite, l'autre à la deuxième place à partir de la gauche et peut-être enfin celle du premier rang, vue, en bas, de face. Le profil plus épais — on croirait presque à un autre modèle —, deuxième étude du deuxième rang à partir de la droite, nous paraît conclure cette série ; le dos est peut-être esquissé avant...

Quelques modifications de détails dans la mise de la jeune femme (foulard, boucles d'oreilles, et pendentif

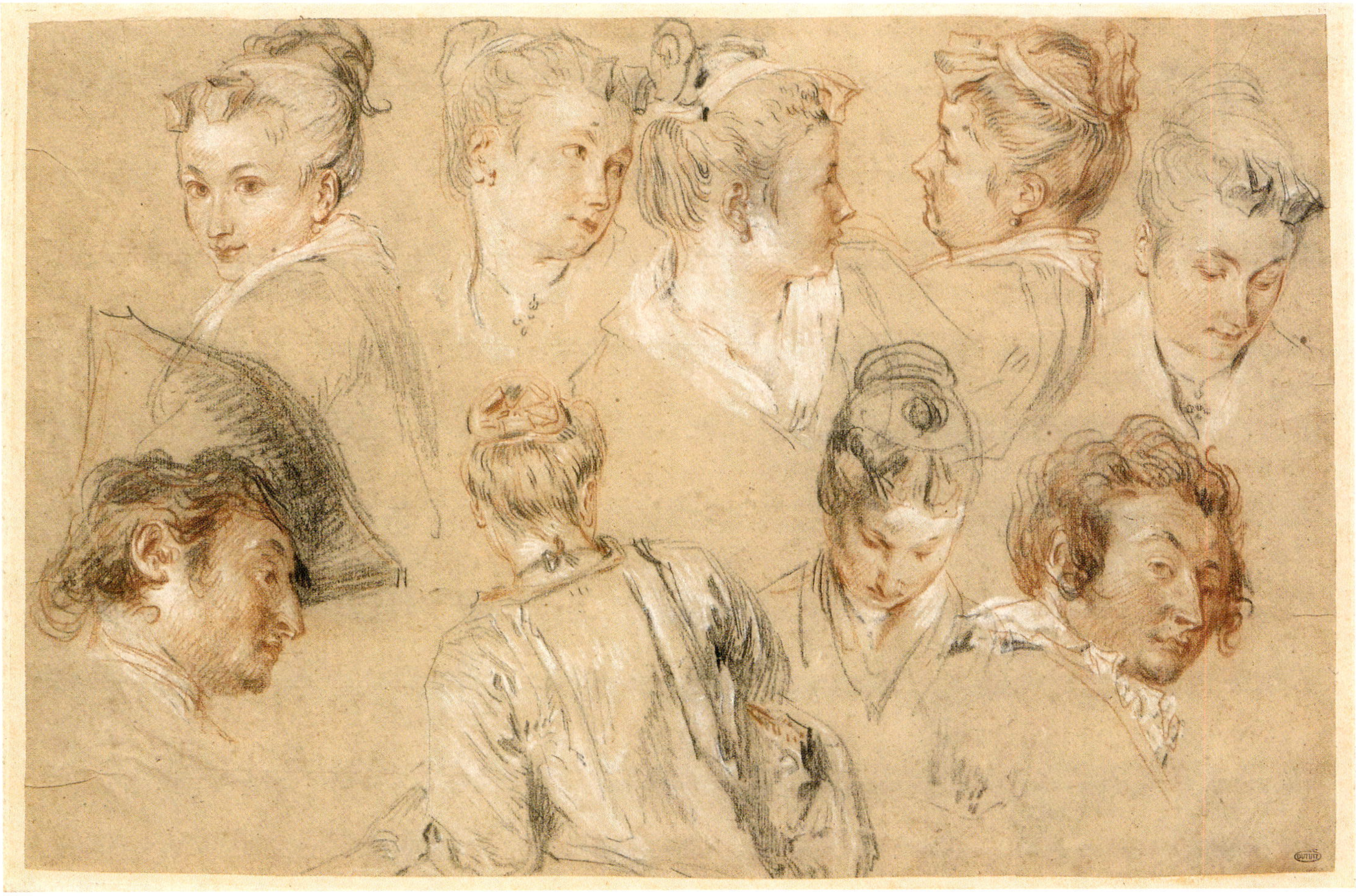

qui apparaissent et disparaissent) suggèrent pour le moins des interruptions dans la pose, voire un achèvement du dessin après celle-ci, en tous les cas une hiérarchie du travail qui permet au dessinateur de s'approprier son modèle. Watteau saisit les poses et recompose les attitudes.

Faut-il penser, comme M. Morgan Grasselli (Paris, 1984-1985, *D.* 77), que les rehauts de blanc ont été ajoutés ou tout au moins ravivés au XIXe siècle ? Ce n'est pas sûr. Leur éclat ne nous paraît pas si incontestablement plus frais ici qu'ailleurs pour qu'il soit nécessaire de le mettre en doute.

La pierre noire taillée pointue sert le plus souvent à tracer les contours du visage ; plus épaisse, elle ébauche les vêtements. Associée à la sanguine, parfois en hachures croisées (comme sur le profil masculin), elle creuse les ombres et gonfle les chevelures. Le modelé est généralement obtenu par un simple réseau de hachures parallèles qui rendent superflus les rehauts de blanc. Le plus souvent pierre noire et sanguine sont employées de façon arbitraire, simplement en contraste, comme deux valeurs opposées : tel détail, les coques de la chevelure par exemple, ici traité à la sanguine, est rendu sur l'étude voisine à la pierre noire. Watteau dessine rapidement ; peu attentif, semble-t-il, au crayon qu'il tient entre ses doigts, il saisit l'instant comme il vient. Si le repentir est généralement rare chez Watteau, il est unique sur notre feuille : seule l'oreille du deuxième visage féminin, en haut à gauche — on accuserait plus volontiers le modèle d'avoir bougé…

Cette feuille est de celles qui illustrent le mieux la technique de l'artiste telle que Caylus l'a rapportée : «Sa coutume était de dessiner ses études dans un grand livre relié de façon qu'il en avait toujours un grand nombre sous la main (…). Quand il lui prenait gré de faire un tableau il avait recours à son recueil.» («La vie d'Antoine Watteau, peintre de figures et de paysages», par le comte de Caylus, repris par Rosenberg, *Vies anciennes de Watteau*, pp. 78-79). Comme la plupart des grandes feuilles d'études, elle aurait été réalisée entre 1715 — après le retour d'Italie — et 1719 — avant le départ pour l'Angleterre. Aucune des toiles où se retrouvent ces têtes n'étant mieux datée, il est difficile d'affiner cette chronologie.

5 Feuille d'étude de deux figures et de feuillages

- Sanguine avec rehauts de craie blanche pour les figures ; pierre noire avec rehauts de craie blanche pour le feuillage, sur papier chamois
- H. : 228 ; L. : 368 mm
- D. Dut. 1039

PROVENANCE

Coll. Jacques Doucet ; sa vente, 1912, n° 65 ; acquis par la Ville de Paris avec le D. Dut. 1041 (n° 2) sur les arrérages du legs Dutuit ; entré au musée le 10 juin 1912.

EXPOSITIONS

Vienne, 1950, n° 78 ; U.S.A., 1952-1953 ; Londres, 1954-1955, n° 284.

BIBLIOGRAPHIE

Lapauze, 1925, n° 1026 ; Parker, 1931, n° 61 ; Parker & Mathey, 1957, p. 327, n° 666 ; Cormack, 1970, p. 22, n° 20 ; Roland Michel, 1984, p. 104, pl. XX.

ŒUVRES EN RAPPORT

PEINTURE

Les études se retrouvent sur les tableaux suivants :

L'homme assis : *l'amoureux timide* (Madrid, Palais Royal) ; *La déclaration attendue* (Angers, musée des Beaux-Arts ; *fig. 5*).

L'homme couché : *L'île enchantée* (coll. part.)

Les pampres peuvent se retrouver dans l'*Amour au théâtre français* (Berlin-Dahlem, Staatliche Museen).

GRAVURE

Gravés en sens inverse par Boucher pour les *Figures de différents caractères*, n°s 153 et 282 (Jean-Richard, n°s 91 et 131 ; *fig. 6 et 7*)

Par recoupement avec les tableaux où Watteau a utilisé ces modèles et suivant l'avis quasi unanime des spécialistes, il faudrait dater cette feuille vers 1716 au plus tard (1984-1985, *P.* 44 pour l'*Amoureux timide*, *P.* 45 pour la *Déclaration attendue* (*fig. 5*) et *P.* 60 pour l'*Ile enchantée*).

La grande fidélité avec laquelle Watteau a transposé le personnage de «l'amoureux timide», utilisé au moins deux fois dans la même situation, laisse à penser qu'il s'agit ici d'un dessin préparatoire dont la destination devait être à peu près fixée dans l'esprit de l'artiste. La mise en page de notre feuille suggère d'ailleurs que l'homme couché sur le ventre, l'étude de la main — nous croirions volontiers à une première étude effacée — et les pampres sont postérieurs au jardinier : leur caractère moins fini, plus secondaire, s'oppose à la précision réaliste des traits et de l'attitude de ce personnage bien calé dans l'angle du dessin. En outre, celui-ci, au premier plan sur notre feuille d'étude, est transposé au premier plan sur les tableaux, tandis que l'homme couché reste un personnage secondaire dans l'*Ile enchantée* où il se mêle à une foule nombreuse.

Tracé d'une sanguine grasse et très rouge éclairée de craie blanche (nous pensons qu'il faut ici tenir compte des rehauts dans la mesure où ils se retrouvent très exactement transposés en peinture), ce personnage est peut-être pris sur le vif — même s'il faut souvent se méfier de cet art du réel recomposé si caractéristique de Watteau. L'attitude est naturelle : assis, jambes croisées, le dos voûté et la tête légèrement penchée sur l'épaule gauche, ce jeune homme est plongé dans une rêverie profonde, occupé sans être occupé par une brindille qu'il tord ner-

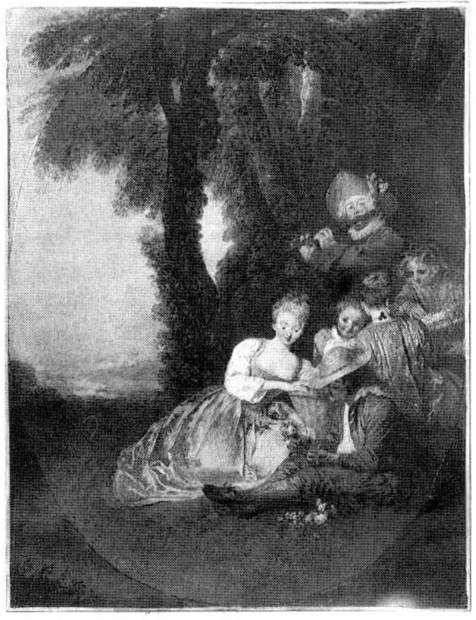

Fig. 5 : *La Déclaration attendue*, Angers, musée des Beaux-Arts.

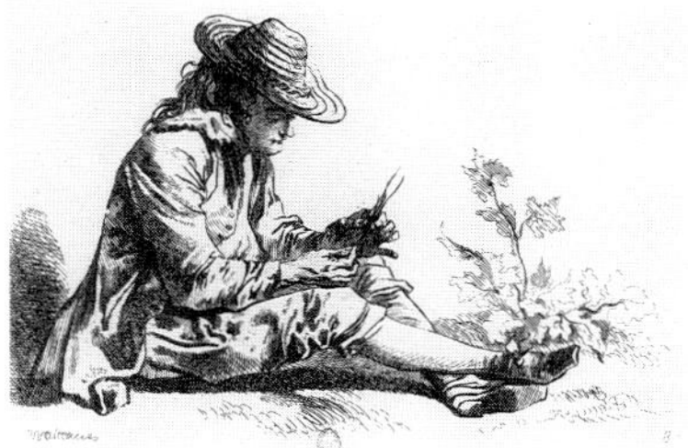

Fig. 6 : F. Boucher d'après Watteau, gravure.

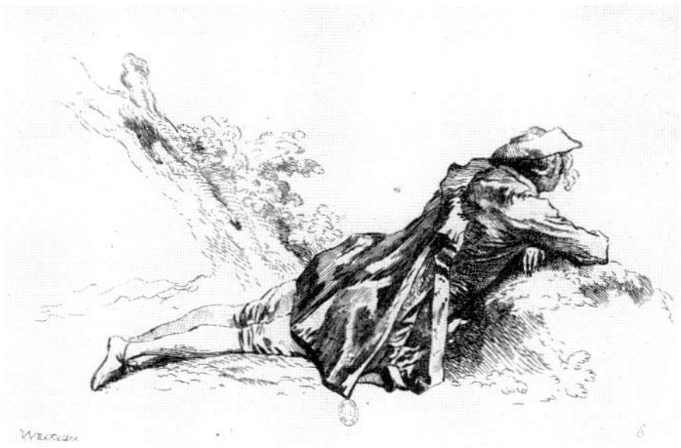

Fig. 7 : F. Boucher d'après Watteau, gravure.

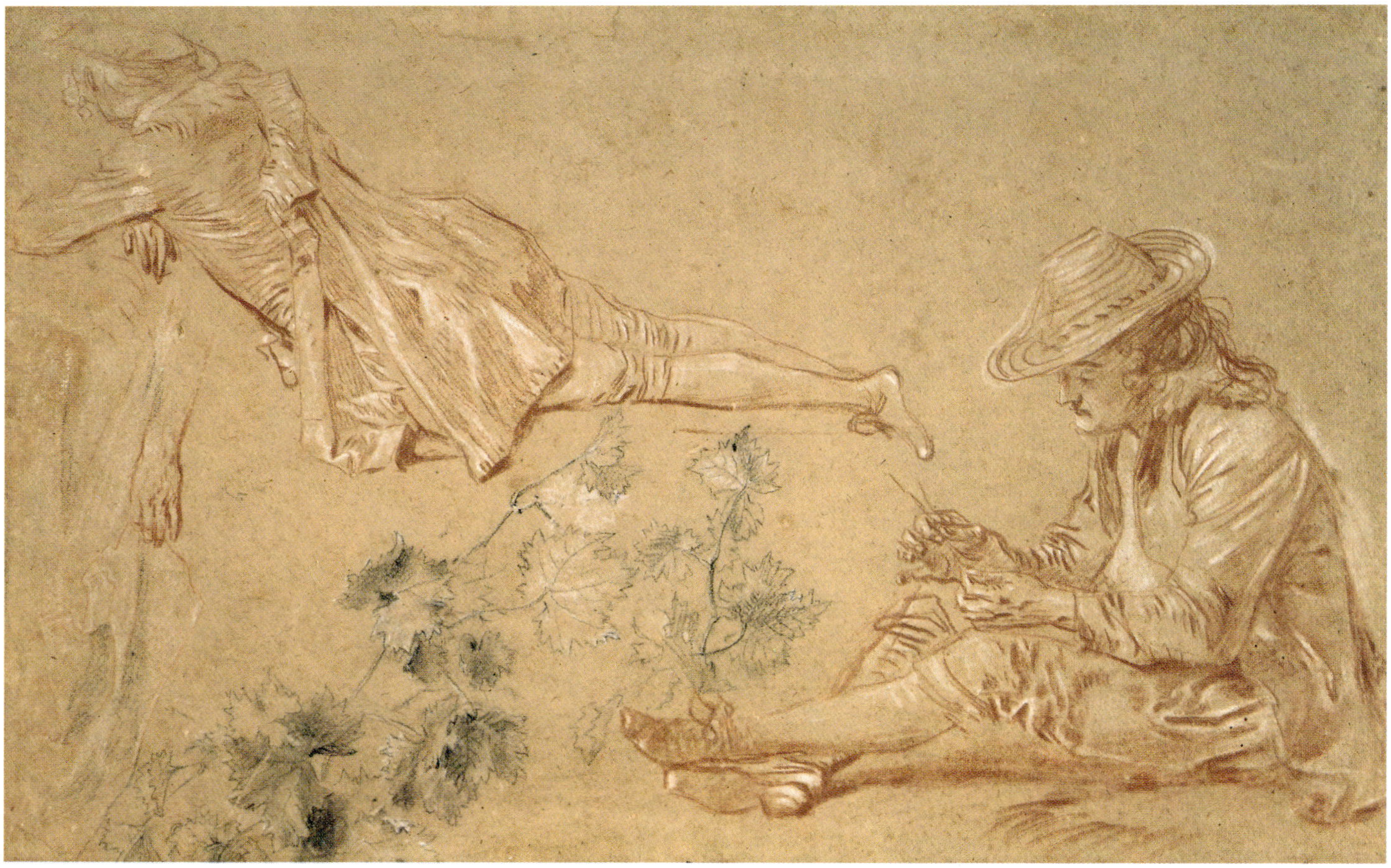

veusement. Seules les mains ont dû être reprises, la position des doigts étant peut-être ce qu'il y a de plus affecté dans la composition : mais quelles mains ! Watteau, comme son personnage, comme nous aussi, semble tout bonnement subjugué par ces mains qui disent tout. Et l'on ne peut qu'être séduit par l'emploi que le peintre leur trouve : l'amoureux, timide, reste coi ; ses mains parlent pour lui.

L'étude pour un homme allongé, plus rapide, plus ébauchée, tracée d'une sanguine plus pointue, se résume pour l'essentiel à un costume et à une position. La fidélité du peintre à ces études préliminaires explique le soin relatif apporté ici au rendu du détail. Mais, paradoxalement, ce souci plus décoratif que psychologique ne va pas sans une caractérisation du personnage : la position, en effet, quoique très simple, n'est pas retenue pour sa force plastique — on est loin des académies couchées —, mais pour son naturel et sa puissance suggestive. Il n'est pas inutile de rappeler que lorsque Boucher grave ce personnage dans le recueil des *Figures de différents caractères*, il ne peut s'empêcher d'ajouter une ébauche de sol pour soutenir ce corps amolli ; ni que lorsque Du Bosc fait une copie en contrepartie de cette gravure, il juge nécessaire de lui donner un titre : *Le rêveur* (Jean-Richard, n° 91). Sans doute le monde de Watteau est-il assez singulier pour que ce genre de référence vienne d'emblée à l'esprit, mais le contraire est aussi vrai : les études qu'il dispose croit-on au hasard sont, chacune, assez fortes pour recréer ce monde qui les entoure.

Passion encyclopédique : rien n'échappe au dessinateur impénitent qu'est Watteau, jusqu'à ces études de pampres qu'il semble piquer sur un coin de sa feuille — vraisemblablement coupée trop court au montage. Admirons simplement ce don qui lui est rarement reconnu de savoir aussi dessiner la nature.

6 *Etude d'un acteur* dit autrefois *Un Mezzetin*

- Trois crayons (sanguine, pierre noire et rehauts de blanc) sur papier beige
- H. : 250 ; L. : 122 mm
- P.P.D. 1252[a]

PROVENANCE

Don du docteur Philippon à la Ville de Paris pour le musée du Petit Palais en 1920.

EXPOSITIONS

Paris (galerie Bernheim-Jeune), 1965 ; Séoul, 1977, n° 38 ; Bordeaux, 1980, n° 202.

BIBLIOGRAPHIE

Gronkowski, 1927, n° 1058 ; Parker, 1931, p. 29 ; Parker & Mathey, 1957, n° 660 ; Mathey, 1959, pp. 40-49 ; Roland Michel, 1984, p. 237.

ŒUVRES EN RAPPORT

PEINTURE

Cette figure se retrouve sur les peintures suivantes
La récréation galante (Berlin, Staatliche Museen ; *fig. 8*) ; *Le bosquet de Bacchus* (disparu, gravé dans le recueil Julienne par C.-N. Cochin) ; *Fêtes vénitiennes* (Edimbourg, National Gallery of Scotland).

GRAVURE

Gravé en sens inverse par Boucher dans les *Figures de différents caractères*, n° 271 (Jean-Richard, n° 129 ; *fig 9*).

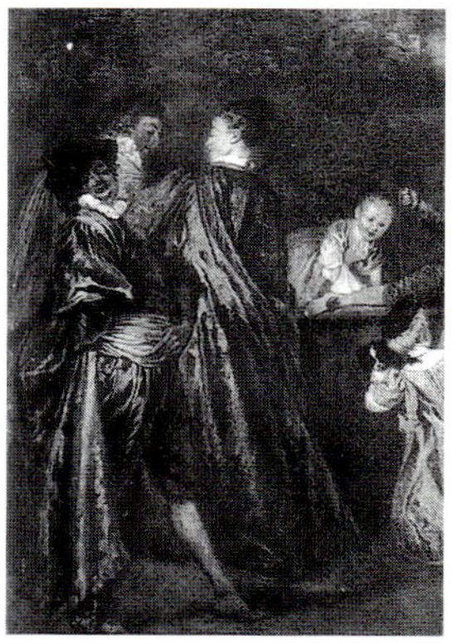

Fig. 8 : *La récréation galante*, Berlin, Staatliche Museen, détail.

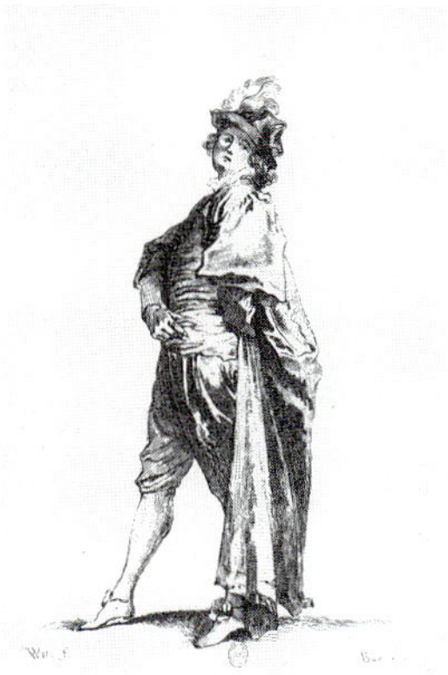

Fig. 9 : F. Boucher d'après Watteau, gravure.

Notre danseur offre de grandes ressemblances avec un groupe de dessins dénommés prudemment par Parker & Mathey «études d'un comédien» (n°s 669, 670, 673, 676) : même costume élégant, même béret, même manteau… Malgré l'imprécision des traits commune à toutes ces études, le personnage se laisse lui aussi reconnaître : mâchoire forte et anguleuse, pommettes hautes, nez petit et droit ; sa pose surtout, quelque peu affectée, la jambe gauche tendue, le dos cambré, le menton relevé et le poing droit planté sur le côté, semble parfaitement compléter la suite de pas de danse représentés sur les autres études. Seule la technique est sensiblement différente : à la sanguine pure, éclairés de quelques rehauts de blancs, ces croquis sont plus rapides, plus nerveux, plus secs aussi que notre danseur qui, enrichi d'une pierre noire plus grasse, gagne en force picturale ce qu'il perd en vivacité et en précision — notamment dans le rendu du mouvement.

Faut-il confondre ce danseur avec Mezzetin, personnage de la comédie italienne, l'un des personnages préférés de Watteau ? Le costume de Mezzetin tel qu'il apparaît à la fin du XVIIe siècle est bien connu : de soie, à rayures rouges et blanches (c'est-à-dire quasiment impossible à reconnaître sur un dessin), complété d'un large béret et d'un tabaro, manteau court, que notre figure porte ici sur le bras. Par rapport au célèbre tableau de New York qui déjà montre un costume moins orthodoxe, mi-Scapin et mi-Mezzetin, c'est à dire rayé de vert, de rouge et de blanc, notre «Mezzetin» est peu convaincant — notons cependant la ressemblance des chaussures à grosses boucles rondes. Détail important, la guitare, attribut essentiel du rôle, manque sur notre dessin comme sur les autres études d'acteurs.

Le départ d'une épaule, à droite, et un morceau de talon font penser que ce dessin faisait partie d'une plus grande feuille d'études plus tard découpée, vraisemblablement après la mort du peintre.

Par les datations supposées des peintures où apparaît cette figure, notamment la *Récréation galante* de Berlin (*fig. 8*) généralement datée de 1717-1718 (Paris, 1984-1985, *P.* 63), parfois d'un peu plus tard en raison de son inachèvement manifeste, nous pouvons supposer que Watteau a réalisé notre dessin entre 1716 et 1718, ce que l'étude technique paraît confirmer. Toutefois, les autres études d'acteurs étant plus généralement datées des années 1715-1716, la chronologie reste imprécise.

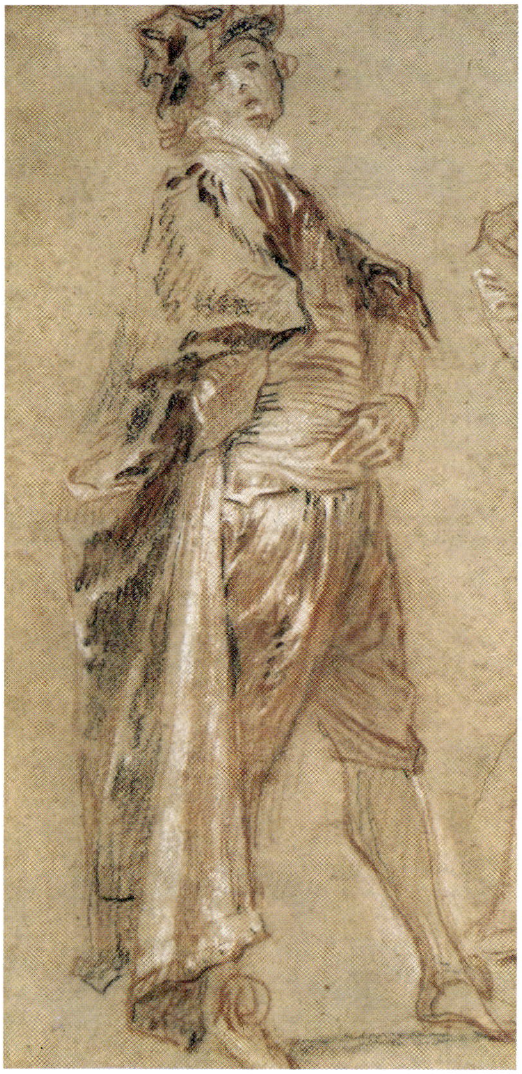

7 *Etude d'une femme debout, vue de face*

- Pierre noire et craie blanche sur papier beige
- H. : 249 ; L. : 123 mm (une bande de papier a été rajoutée en haut)
- P.P.D. 1252[b]

PROVENANCE

Don du docteur Philippon à la Ville de Paris pour le musée du Petit Palais en 1920.

EXPOSITIONS

Séoul, 1977, n° 38 ; Bordeaux, 1980, n° 202 ; Paris (galerie Bernheim-Jeune), 1965.

BIBLIOGRAPHIE

Gronkowski, 1927, n° 1058 ; Parker & Mathey, 1957, n° 566.

GRAVURE

Gravé en sens inverse par Boucher pour les *Figures de différents caractères*, mais non édité dans le recueil. La seule épreuve connue se trouve dans l'exemplaire de la bibliothèque de l'Arsenal (t. I, fig. n° 112, intercalée entre les n^{os} d'édition 88 et 89 ; *fig. 10*).

L'association de cette feuille sur un montage commun réalisé au XIXe siècle avec l'*Etude d'un acteur* (voir notice précédente), plus finie, a sans doute nui à cette belle étude de femme. Ce dessin est pourtant accepté sans réserve par Parker & Mathey (n° 566) qui en découvrirent une gravure réalisée par Boucher dans l'exemplaire des *Figures de différents caractères* de la bibliothèque de l'Arsenal, gravure refusée à l'édition pour des raisons méconnues (*fig. 10*).

On ne connaît aucun tableau où cette figure se retrouve précisément, même si l'attitude générale rappelle de nombreux personnages féminins de Watteau. D'évidence, cette étude correspond à un autre niveau de la création, celui d'un simple croquis jeté rapidement sur une feuille, et il convient ainsi de ne pas la confondre avec les dessins plus finis qui servaient directement au peintre. C'est peut-être pour cette raison qu'elle fut rejetée de l'édition des *Figures de différents caractères*, c'est sans doute aussi pourquoi elle nous apparaît plus faible, moins achevée que son faux pendant.

En l'absence de tout point de comparaison, il nous est difficile d'avancer une datation précise : contemporaine des études réalisées pour les *fêtes galantes*, cette figure doit vraisemblablement prendre place parmi les feuilles datées entre 1716 et 1720.

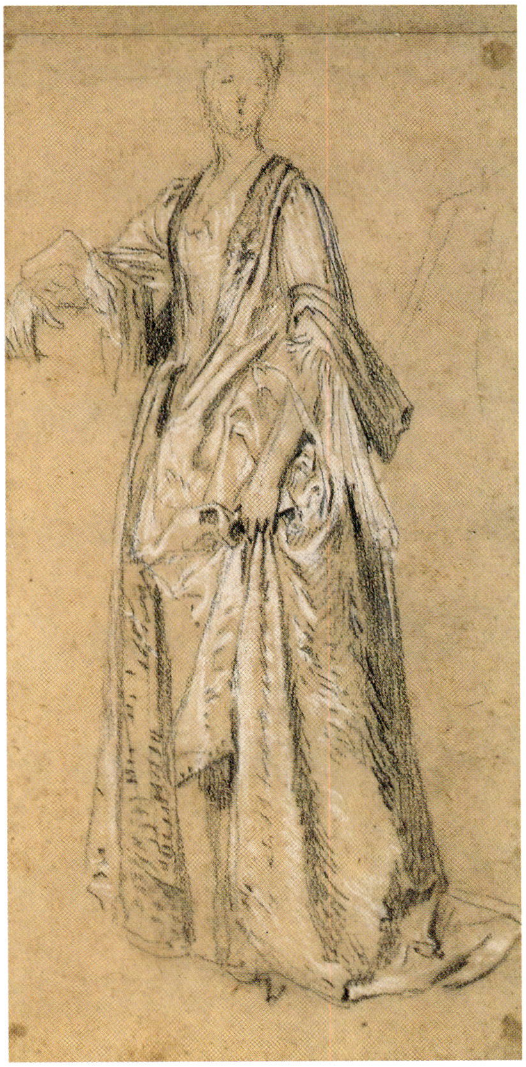

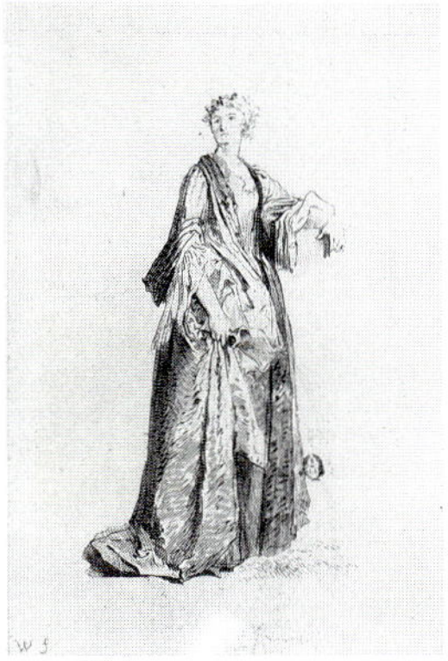

Fig. 10 : F. Boucher d'après Watteau, gravure.

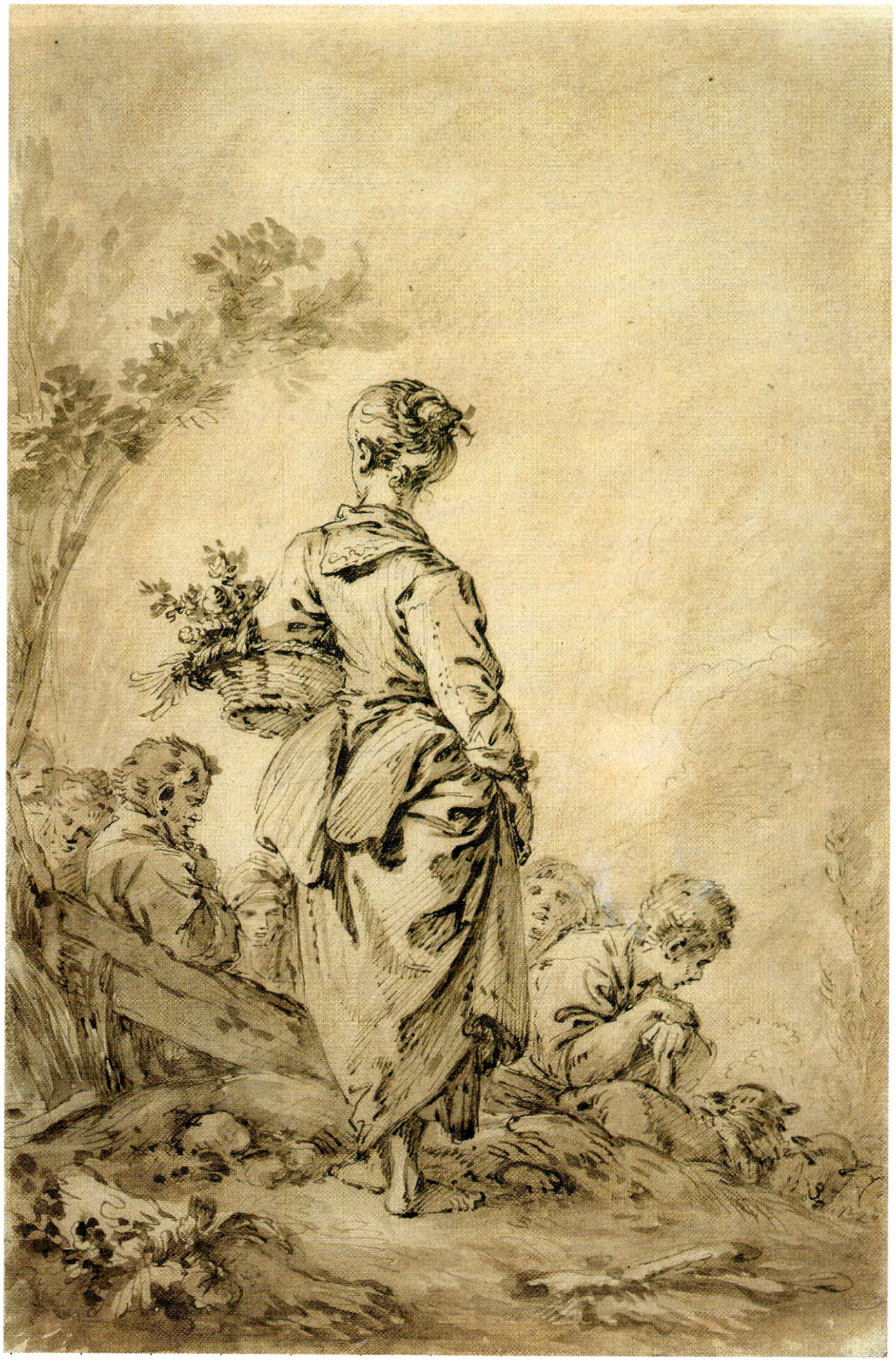

8 *La jeune fermière*

- Plume et encre, lavis de sanguine, sur papier
- H. : 291 ; L. : 193 mm
- D. Dut. 969

PROVENANCE

Coll. Dutuit (L. 709a) ; legs Dutuit à la Ville de Paris, 1902.

EXPOSITIONS

Zurich, 1947, n° 71 ; Bruxelles, Amsterdam, Paris, 1949-1950, n° 74 ; Séoul, 1977, n° 28 ; Tokyo, 1982-1983, n° 67.

BIBLIOGRAPHIE

Lapauze, 1907, n° 969 (sous l'attribution à Huet) ; Lapauze, 1925, n° 1007 (rendu à Boucher) ; Ananoff, t. I, n° 119, p. 53.

ANALOGIES

DESSINS

Il existe au Louvre deux dessins très proches de notre feuille, l'un autographe, l'autre attribué à Boucher (Guiffrey & Marcel, n°s 1419 et 1420).

GRAVURES

Jeune fille vue de dos, gravée par Boucher lui-même, puis par Demarteau (Jean-Richard n°s 27 et 636) ; *Vendeuse de sçelery*, gravée par Ingram (*op. cit.*, n° 1207).

Il est très difficile de dater précisément ces compositions de Boucher, scènes galantes et pastorales comme il en existe tant dans son œuvre à partir des années 1740. On sait que par goût et par nécessité Boucher se prêta très volontiers sur la fin de sa vie au commerce de ses dessins, feuilles plaisantes que les amateurs s'arrachaient encore quand les commandes importantes commençaient de lui échapper.

Si les gravures que nous signalons en analogie ont été publiées entre 1744 (Ingram) et 1756 (Demarteau), notre dessin présente aussi des similitudes intéressantes avec certaines pastorales datées des années 1765-1770, ce qui conclut à l'impossibilité de le dater. Notons ainsi, pour mémoire, les *Lavandières* de New York (Metropolitan Museum of Art), où se retrouvent par exemple le personnage de la jeune fermière et le chien (chien que l'on pourrait confondre avec un mouton sur notre dessin). De fait, il faut sans doute se résoudre à voir d'abord dans ces personnages des archétypes propres à Boucher, réutilisés à de nombreuses reprises, parfois placés dans des saynètes aimables dessinées pour des amateurs. Le personnage de la jeune fille vue de dos correspond ainsi à un motif très prisé par le peintre : la ligne ondoyante de la robe, légèrement relevée de la main droite, la cambrure du dos contrariée par la torsion de la tête que le chignon met en valeur, la position si délicate des pieds décalés en angle droit, lui permettent de composer un type parfaitement équilibré. Ici porteuse d'un panier, elle tient ailleurs un enfant, un paquet, un fagot de bois…

La scène est composée à l'aide de plusieurs de ces caractères : à la jeune fille, Boucher ajoute, sur la droite, un berger, un chien et un mouton pris au vocabulaire de la pastorale, tandis qu'à gauche apparaissent plusieurs personnages esquissés, dont un homme de profil, barbu et le front dégarni comme certains de ces vieillards qu'il aime à placer dans des scènes religieuses. La plume est précise et nerveuse. Le lavis de sanguine qui balaye toute la composition contribue enfin à envelopper d'un voile irréel une composition que, malgré le sujet, le dessinateur ne veut pas rendre de manière naturaliste.

Sans doute Boucher se souvient-il de l'exemple de Watteau qu'il a gravé pour Jean de Julienne, le grand ami et admirateur du peintre des *fêtes galantes.* Comme celui-ci, il compose ses scènes à l'aide de caractères pris à la réalité ; mais il les recompose à son gré et en tire un vocabulaire propre à créer un langage très personnel — certes le plus éloigné possible de la nature, mais sans doute aussi un des plus harmonieux de l'art français du XVIIIe siècle.

9 *Portrait de Johann Georg Wille*

- Trois crayons (pierre noire, sanguine et craie) sur papier
- H. : 311 ; L. : 253 mm (en format rectangulaire rapporté à l'ovale par l'adjonction d'un cache)
- D. Dut. 1038

INSCRIPTION

- S.D.h.d. : *g. f. Schmidt del. a paris 1744.*

PROVENANCE

Coll. J. G. Wille ; coll. P. A. Wille, son fils (?) ; ? ; vente Guichardot, 1875 : «un autoportrait aux trois crayons» (?) ; coll. Dutuit (L. 709a) ; legs Dutuit à la Ville de Paris, 1902.

BIBLIOGRAPHIE

Crayen, 1789, p. [o] (introduction non paginée) ; Leblanc, 1847, p. XVI ; Portalis & Béraldi, 1882, t. III, 2e partie, p. 701 ; Michel, 1903, p. 242 ; Lapauze, 1907, n° 1038 ; Lapauze, 1909, p. 259 ; Lapauze, 1925, n° 1094.

ŒUVRES EN RAPPORT

GRAVURES

Le dessin a été gravé en sens inverse en 1753 par Jean Henri Rode (*fig. 11*), élève de Wille, sur une planche mêlant neuf portraits (dont Peiresc, Vouet, ...) ; une autre gravure est signalée par Portalis & Béraldi, réalisée par Kauke (nous ne l'avons pas vue).

ANALOGIES

PEINTURE

Greuze, *Portrait de Wille en 1763* (Paris, Institut de France, musée Jacquemard-André).

Le portrait que nous présentons n'a pas été gravé par Schmidt lui-même, ce qui a longtemps empêché d'en reconnaître le modèle. Une hypothèse tenant à la date que porte notre dessin était particulièrement séduisante : en 1744 Schmidt quitte la France et laisse de nombreux amis derrière lui. Qu'il ait désiré laisser un souvenir à l'un d'entre eux, son portrait par exemple, ne paraissait guère invraisemblable. C'est ainsi que nous avons cherché à en retrouver la trace.

Les relations de Schmidt avec Wille, et surtout leur rocambolesque rencontre dans une auberge strasbourgeoise, sur le chemin de la fortune qui conduisait les deux artistes vers Paris, font l'objet d'un passage savoureux du journal de Wille :

«(...) nous retournâmes à notre auberge, où nous trouvâmes que logeoit également G.-F. Schmidt, jeune graveur de Berlin, qui allait aussi se rendre à Paris. Il était déjà habile et devint par la suite très-célèbre par ses superbes gravures au burin, et parfait dans l'imitation du genre de Rembrandt, dont jamais artiste n'avoit aussi bien saisi la savante et pittoresque manière que lui. Schmidt, à notre première entrevue, devint mon ami, et l'amitié entre nous a été sincère et constante jusqu'à la fin de sa vie. Il avoit quatre ans de plus que moi. Nous fîmes notre voyage ensemble, notre but étoit le même.» (*Mémoires de Jean-Georges Wille*, Paris, 1857, t. I, p. 48).

Il aurait été sans doute plus intéressant de retrouver quelque passage relatant la séparation des deux amis en 1744 ; hélas, le journal s'arrête en 1743, pour ne reprendre qu'en 1756.

Nous avons retrouvé la première mention du dessin dans le *Catalogue de l'œuvre de G.-F. Schmidt* établi en 1789 par Crayen : «Avant de quitter Paris, il dessina le portrait de son ami Wille, qui le possède encore, sur lequel se trouve son nom et l'année 1744. Ce portrait est gravé à Paris, 1753, à l'eau-forte par Rode (*fig. 11*). Schmidt possédait à un haut degré le talent, qui n'est pas commun, même chez les meilleurs graveurs, de dessiner d'après nature» (dernier paragraphe de l'introduction non paginée). A la suite de Crayen, Charles Leblanc le mentionne en 1847, mais ne semble pas connaître son propriétaire : «Nous avons le portrait de Wille : (...) dessiné par son ami G.-F. Schmidt et gravé par J.-H. Rode en 1753. Pet. in 8°, ovale, très rare.» (Leblanc, p. XVI). Enfin Portalis & Béraldi reprennent l'information sans rien lui ajouter.

Sans doute, le dessin s'est-il égaré assez tôt pour que Dutuit lui-même, pourtant en général si bien informé, n'en signale pas l'existence, et encore moins sa propriété. Dans la notice iconographique qu'il rédige en tête de l'inventaire de l'œuvre de Wille (Inventaire manuscrit des gravures de l'école française, t. II, p. 259) — il ne dit rien au chapitre consacré à Schmidt —, le collectionneur signale en effet l'existence d'une gravure «très rare» de Rode représentant l'artiste, gravure qu'il n'a d'évidence jamais vue puisqu'il semble ignorer qu'il en possède lui-même le dessin original. L'identification du modèle permet aujourd'hui de rendre une fois encore hommage au goût très sûr, fût-ce même dans l'ignorance, du plus important donateur du Petit Palais.

Georg Friedrich Schmidt est traditionnellement rattaché à l'école allemande. Pourtant, à l'instar de Wille, le graveur a fait une carrière importante à Paris et fut même agréé, puis reçu à l'Académie royale en 1744, l'année même de son retour en Allemagne (*Portrait de Pierre Mignard*, gravure d'après Rigaud), l'année aussi de notre dessin. Celui-ci est ainsi très caractéristique de la période française de l'artiste plus proche des influences que Schmidt a reçues des portraitistes parisiens que révélateur de sa manière future, à savoir «l'imitation du genre de Rembrandt» (Wille, *op. cit.*).

Signalons, en conclusion, la ressemblance assez frappante avec le portrait que Greuze donnera vingt ans plus tard de Wille : Greuze a-t-il vu le portrait aux trois crayons de Schmidt ? C'est fort possible, ce dessin étant alors la propriété du modèle. La pose est la même, la mise en page, l'expression sont identiques, et l'on peut sans scrupule citer les mots que Diderot eut alors pour louer cette peinture : «C'est l'air brusque et dur de Wille, c'est sa raide encolure, c'est son petit œil ardent, effaré.» (Diderot, *Salon de 1765*).

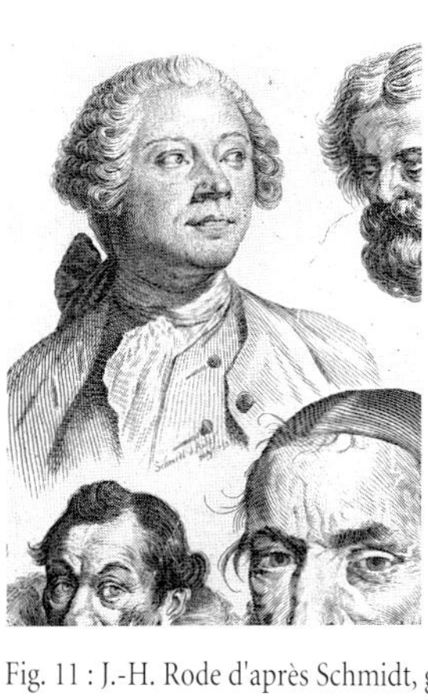

Fig. 11 : J.-H. Rode d'après Schmidt, gravure.

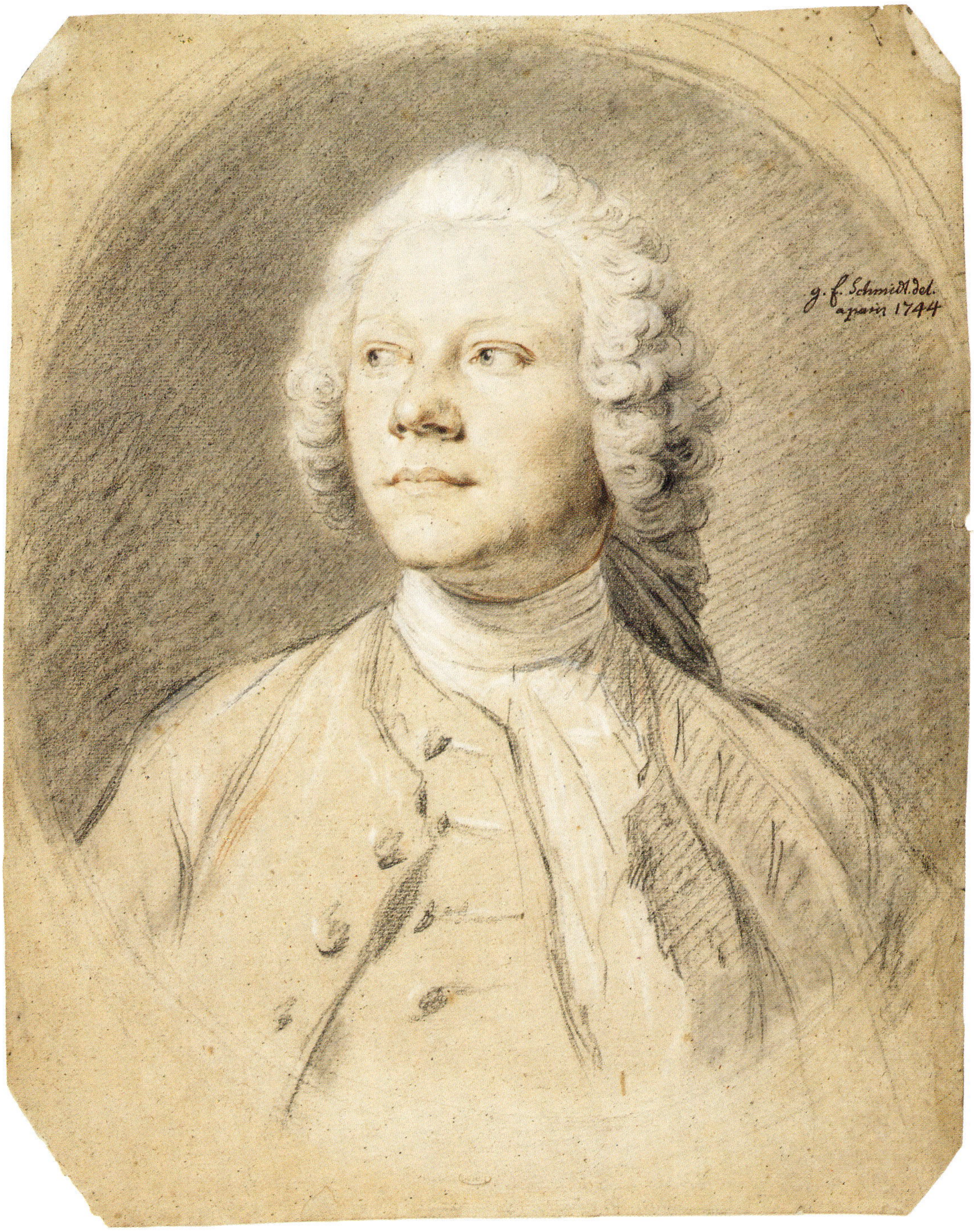
g. f. Schmidt del.
a paris 1744

10 *Etude de mains d'après Rigaud*

- Pierre noire et craie blanche sur papier gris bleuté
- H. : 332 ; L. : 517 mm
- D. Dut. 1096

INSCRIPTION

- S.D.b.d. : *des. par J. G. W. d'après M. Rigaud 1739.*

PROVENANCE

Coll. Dutuit (L. 709a) ; legs Dutuit à la Ville de Paris, 1902.

BIBLIOGRAPHIE

Ce dessin ne figure pas dans les catalogues sommaires de la collection Dutuit (Lapauze, 1907 et Lapauze, 1925) ; Roland Michel, 1987, p. 79 (ill. n° 48, p. 61).

ANALOGIES

Hyacinthe Rigaud : *Portrait du comte Philippe Louis Sinzendorf* (Vienne, Kunsthistorisches Museum ; *fig. 12, 13, 14*).

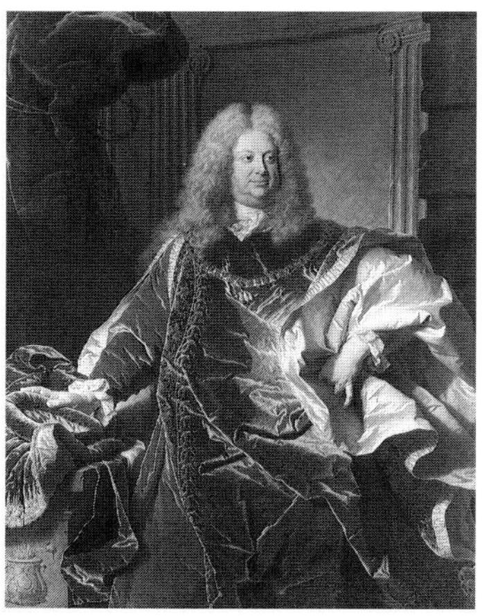

Fig. 12 : H. Rigaud, *Portrait de Ph. L. Sizendorf*, Vienne, Kunsthistorisches Museum.

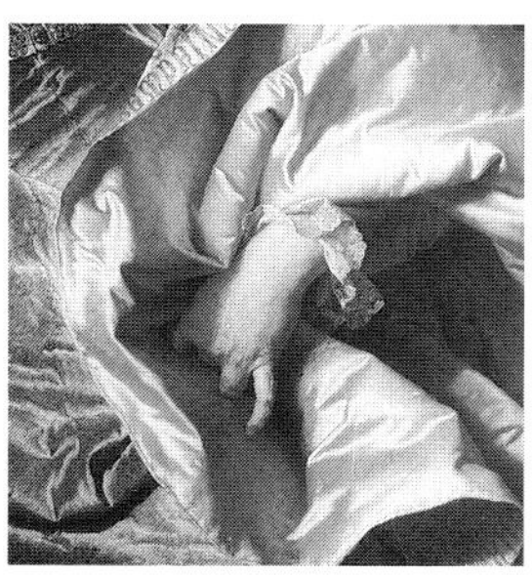

Fig. 13 : Détail.

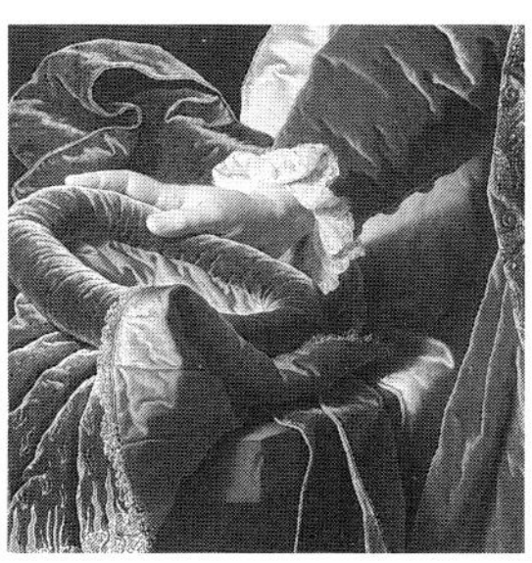

Fig. 14 : Détail.

Les relations entre le graveur allemand Johann Georg Wille et le portraitiste français Hyacinthe Rigaud sont bien connues. Wille en parle lui-même, et longuement dans ses mémoires (publiées partiellement par Duplessis, Paris, 1857). Ainsi dit-il qu'après avoir fréquenté l'atelier de Largillière, il décide de rendre visite à Rigaud. L'entretien se passe bien et le grand portraitiste l'engage à graver l'un de ses tableaux par ces mots : «Votre courage à entreprendre et l'amour que vous faites paraître de votre art me font également plaisir. Je veux vous être utile. Voici le portrait du maréchal de Belle-Isle sur ce chevalet, auquel je dois retoucher quelque chose... Venez me voir dans huit jours. En attendant, je tâcherai d'obtenir de M. le Duc la permission de vous remettre son portrait, afin que vous l'exécutiez soigneusement en gravure...» (Duplessis, 1857, t. I, p. 72).

Les portraits gravés par Wille d'après Rigaud sont nombreux, mais correspondent pour l'essentiel à des peintures conservées alors en France et que Wille pouvait de fait copier directement. Le cas de notre dessin est différent : signé et daté de 1739, il se rapporte directement au *Portrait du comte Philippe Louis Sinzendorf en chevalier de la Toison d'Or* (Vienne, Kunsthistorisches Museum ; *fig. 12*), tableau réalisé à Paris en 1728, d'évidence rapporté à Vienne peu après, lors du retour de l'ambassadeur en Autriche, et dont on ne connaît aucune copie complète.

L'anecdote que nous rapportons concernant l'exécution du portrait du maréchal de Belle-Isle ne doit pas nous abuser, des études de détails comme celle que nous exposons pouvant aussi bien avoir été réalisées d'après des études peintes ou dessinées par Rigaud lui-même ou par son atelier. De plus, et c'est là peut-être que notre dessin prend toute sa valeur, on sait par de nombreux documents que Rigaud composait la plupart de ses portraits en puisant çà et là, sur des feuilles d'études réalisées antérieurement, les éléments de seconde importance : bras, mains, jambes, pieds, détails de costume, accessoires, éléments de décor... — nombre de ces détails devaient être par ailleurs exécutés par ses assistants, Rigaud y mettant les derniers glacis. Le mouvement des doigts, si caractéristique, se retrouve ainsi, avec quelques variantes, sur d'autres portraits réalisés par Rigaud (citons, par exemple, la main gauche du *Portrait de Louis XV en habit de sacre* de 1721, Madrid, Palais Royal).

Peu de feuilles d'études autographes ont été conservées ; deux études peintes (Montpellier, musée Fabre, et Rouen, musée des Beaux-Arts) retiennent en particulier notre attention par le fait qu'elles se présentent comme des répertoires de mains (voir Schnapper, in *Revue du Louvre*, 1980, n° I, pp. 53-58). Nos mains n'y figurent sans doute pas, mais l'existence de telles études nous permet de supposer qu'il pouvait en exister d'autres, aujourd'hui disparues, que Wille aurait pu ici copier. Le dessinateur prend bien soin de préciser à côté de sa signature : «d'après M. Rigaud», ce qui suggère qu'il a eu sous les yeux une étude autographe du maître ; d'autre part, les deux mains de notre dessin sont évidemment celles qui se retrouvent sur le portrait de Sinzendorf, reprenant jusqu'aux détails des morceaux de velours tenus entre les doigts du modèle — ce qui est, dans une certaine mesure, contradictoire avec l'idée plus aléatoire d'un répertoire de gestes. Notons enfin que l'artiste ne fait aucune mention du modèle.

Wille a-t-il réalisé notre dessin d'après une étude spécifique pour le portrait de Sinzendorf, d'après une étude de mains dont il pouvait ignorer qu'elles avaient servi pour ce tableau, d'après une copie du tableau lui-même, ou bien encore d'après la gravure ou des études réalisées pour la gravure qu'en avait faite Claude Drevet dès 1730 ? On le voit, les hypothèses sont nombreuses ; même si la première nous semble la plus logique, il est difficile de rien affirmer en l'absence du document original qui peut-être un jour réapparaîtra.

Reste l'œuvre, bien sûr, magnifique étude d'une finition exemplaire qui permet de juger à sa vraie valeur l'art réputé secondaire du graveur. Copie d'école réalisée pour «se former la main et le goût» (Roland Michel, p. 79), notre dessin témoigne ainsi des très grandes exigences techniques imposées aux artistes à tous les niveaux de la création. Faut-il ici admirer Wille ou Rigaud ? Ou bien encore l'efficacité d'un enseignement artistique qui sollicitait partout le talent ?

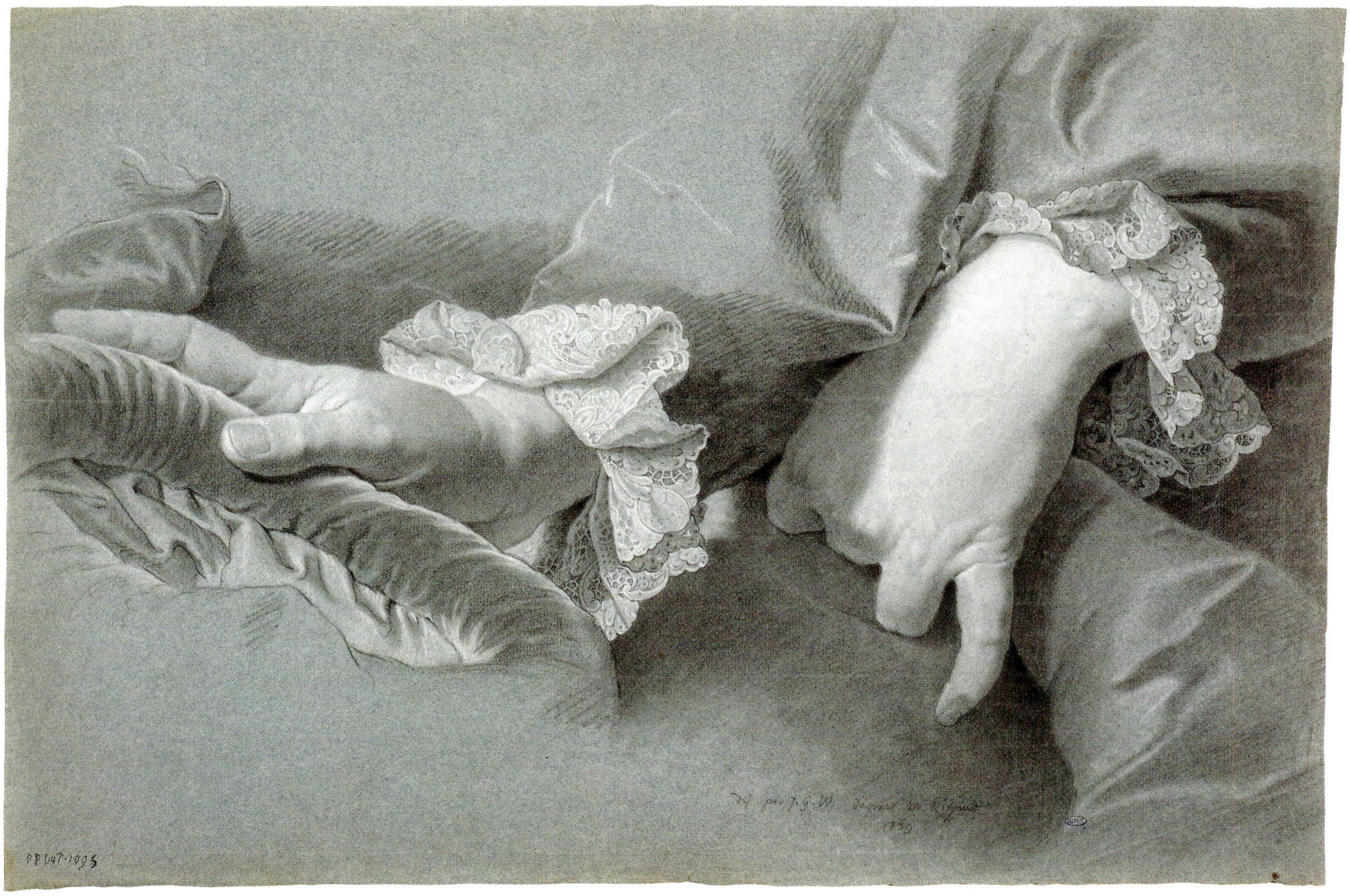

Joseph-Marie Vien

Montpellier, 1716 ; Paris, 1809

11 à 34 *«La Caravane du Sultan à la Mecque»*

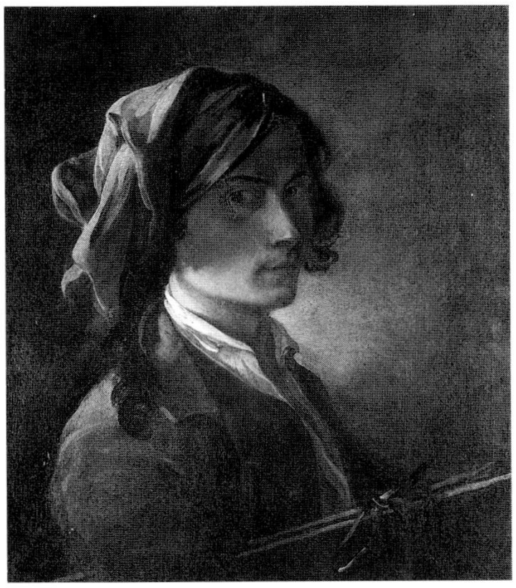

Fig. 15 : Vien, *Autoportrait en 1745*, Château de Versailles.

Joseph-Marie Vien est né à Montpellier, le 18 juin 1716, dans une famille d'artisans serruriers. Son goût pour la peinture paraît se manifester très tôt ; ainsi, vers 1727, il est déjà placé comme apprenti dans l'atelier du portraitiste Legrand. Après quelques années de formations assez diverses — il travaille comme peintre sur faïence —, il entre vers 1734 dans l'atelier de l'ancien Prix de Rome, élève de Lafosse, Jacques Giral. C'est sans doute ce dernier qui pousse le jeune Joseph-Marie à monter à Paris en 1740 muni de recommandations pour les peintres Charles Natoire, professeur à l'Académie, et Charles Parrocel. En 1743, Vien obtient le grand prix de peinture d'histoire (*David se soumettant à la volonté du Seigneur*, Paris, Ecole nationale supérieure des Beaux-Arts). Il se rend à Rome l'année suivante. Il est alors âgé de vingt-huit ans.

L'Académie de France à Rome, installée au Palais Mancini, à l'entrée du Corso, était dirigée par Jean-François de Troy depuis 1738. Vien fut très tôt l'un des pensionnaires préférés de de Troy, qui ne lui refusa jamais son affection ni son soutien. C'est grâce à lui, notamment, qu'il put demeurer à Rome plus longtemps que les trois années prévues par le règlement.

Auprès de Natoire et de Parrocel, à Paris, puis auprès de de Troy, à Rome, Vien s'était formé au goût de la grande peinture d'histoire française, fidèle à la tradition héritée des Jouvenet, des Lemoyne, des Lafosse... Dans ses mémoires, rédigées à la fin de sa vie, le peintre se présente pourtant très vite comme le restaurateur en herbe du grand genre, observant ainsi «que [s]es camarades ne suivaient pas la bonne route» (*Mémoires...* cité par Gaehtgens et Lugand, p. 293), c'est-à-dire l'étude des grands maîtres, Raphaël, Michel-Ange, le Dominiquin, les Carrache, et surtout l'observation de la nature. Ses premières œuvres se veulent une illustration de ces principes réformateurs. Mais peut-on voir dans l'*Ermite endormi*, par exemple (1750, Paris, Musée du Louvre), qui connut à Rome un immense succès et fut boudé par la critique parisienne, un témoignage éloquent de l'ambition nouvelle du peintre, telle qu'il l'exprime du moins cinquante ans après ?

Les *Mémoires* du peintre sont pleines de notations critiques à l'égard de ses condisciples, voire de ses professeurs, à qui il reproche sans cesse de ne pas étudier d'après la nature et d'imiter les mauvais maîtres. Ne dit-il pas de Natoire que «ainsi que ses contemporains, [il] ne peignait jamais d'après nature», ajoutant de manière assez

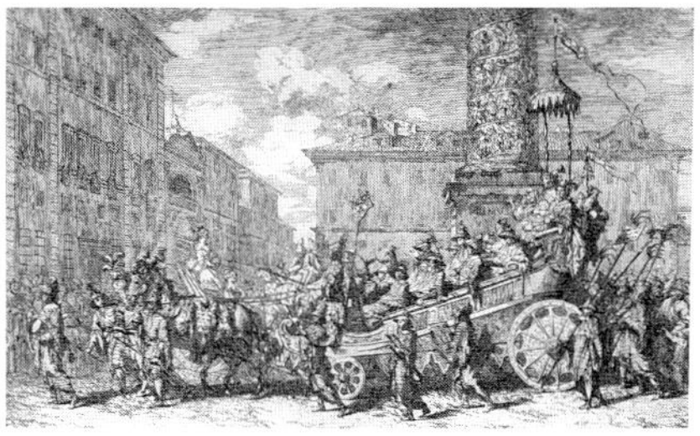

Fig. 16 : J.B.M. Pierre, *Mascarade chinoise*, gravure.

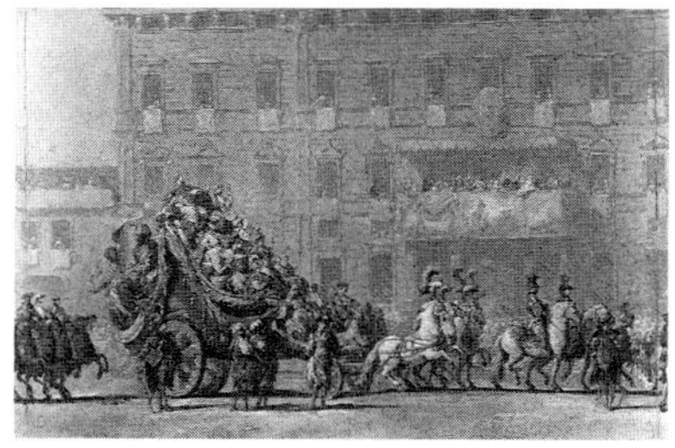

Fig. 17 : Jean Barbault, détail de la *Mascarade des Quatre Parties du Monde*, Besançon, musée des Beaux-Arts.

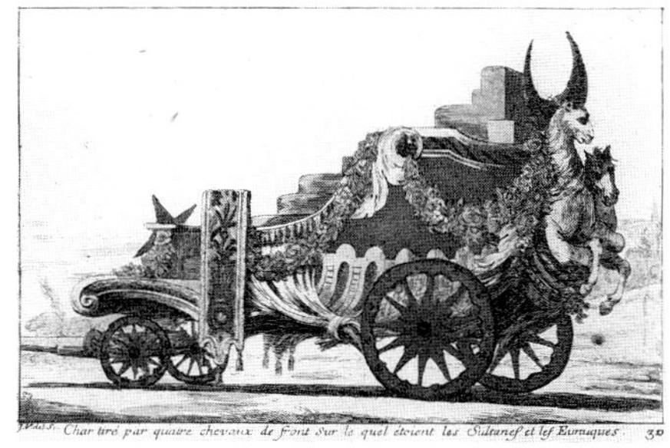

Fig. 18 : Vien, la *Caravane*..., «Le char», gravure.

insolente que «la conversation sur le sujet se termina là, car il aurait été fort embarrassé pour me répondre» (*op. cit.*, p. 301) ? Par certains côtés, on a l'impression de voir renaître, soixante ans après, l'éternelle querelle des Anciens et des Modernes, avec cette différence que Vien, en 1750 tout au moins, revendique l'héritage des Modernes contre leurs héritiers, ses maîtres. L'erreur, nous semble-t-il, serait de trop prendre au sérieux les allégations du vieux mémorialiste empêtré dans son désir de théoriser des phénomènes qui, croyons-nous, doivent tout d'abord à la mode. En 1750, Vien revient d'Italie *italien*. A Paris, règne le goût rocaille, ce *rococo* à la française illustré d'abord par la dictature de Boucher. Vien cherche à s'imposer : fort de son expérience, sinon de son instruction, il relance la querelle sur la couleur et le dessin. Le paradoxe est que le succès lui reviendra, quinze à vingt ans plus tard, lorsqu'il aura développé un style qui doit tout au dessin et fort peu à la couleur. On a souvent observé que le premier Néo-classicisme, ce goût néo-grec lancé par Vien avec la *Marchande à la toilette* (1763, Château de Fontainebleau) «reste en parfaite harmonie avec un environnement on ne peut plus rococo» (Rosenblum, *L'Art au XVIIIe siècle*, 1989 p. 25). Sans doute son rôle de professeur doit-il modérer cette critique, et il n'est guère douteux que l'instructeur de la génération néo-classique ait fondé son enseignement sur ces mêmes principes qu'il voulait défendre en 1750, mais qu'il a dû en partie délaisser pour être à la mode. Vien professeur à l'Académie s'oppose bien souvent au peintre à succès des Salons des années 1760.

Sans chercher à exagérer l'importance des dessins réalisés d'après la mascarade de 1748, remarquons toutefois que nous possédons là un des ensembles les plus importants de la période où le jeune artiste forme son style et élabore sa théorie. A peu près contemporaines de l'*Ermite* du Louvre qu'il considère, à son retour en France, comme une sorte de manifeste «naturaliste», ces études témoignent aussi à leur manière de cette même idée qu'il place alors au-dessus de tout, idée qu'il développera largement lorsqu'il sera professeur : l'étude de la nature est la base de l'art du peintre.

La mascarade

C'est surtout aux auteurs du catalogue de l'exposition «Barbault» de 1974 et à Marianne Roland Michel, dans l'article qu'elle donna la même année pour rendre compte de cette exposition (*Bulletin des musées et des monuments lyonnais*, 1975, 5, n° 2, pp. 303-321), que nous devons de connaître les sources de la mascarade. Auparavant, la confusion qui régnait entre les différentes séries de dessins conservées avait retenu toute l'attention des commentateurs, l'argument de la *Caravane*... étant alors réduit à une fantaisie exotique sans grande originalité.

Le carnaval romain était, au XVIIIe siècle, une fête importante qui excitait l'énergie de tous les habitants de la ville éternelle. Parmi ceux-ci, les étudiants de l'Académie de France n'étaient pas en reste. Si nous ne conservons aujourd'hui de témoignages que sur trois des fêtes que les pensionnaires du palais Mancini donnèrent à cette occasion, il faut sans doute penser que leur collaboration aux réjouissances de carnaval devait être certainement plus régulière.

En 1735, les élèves de l'Académie participèrent à une mascarade chinoise. L'un d'eux, J.-B.-M. Pierre, nous en a laissé le souvenir dans une gravure qui montre le défilé passant dans le Corso, devant le palais Mancini (*fig. 16*). La chinoiserie était alors à la mode.

En 1738, une autre mascarade, cette fois-ci sur le thème plus traditionnel de la *commedia dell'arte*, dut être organisée à l'instigation du sculpteur Edme Bouchardon. Nous en gardons deux dessins représentant l'événement (Paris, Musée du Louvre, cabinet des dessins).

Evoquons aussi le cas si particulier de la *Mascarade des Quatre Parties du Monde* dont on conserve le souvenir grâce à un ensemble de peintures (Besançon, musée des Beaux-Arts, *fig. 17*) exécutées par Jean Barbault, un des participants de la *Caravane*... Les tableaux sont datés de 1752, mais aucune preuve n'existe pour témoigner si la mascarade a bien été donnée cette année-là (voir, sur ce point, Beauvais, 1974).

Mais c'est en 1748 qu'eut lieu sans doute la plus somptueuse de toutes ces fêtes : la *Caravane du Sultan à la Mecque*. Les témoignages ne manquent pas pour en rapporter le succès. Nous voulons ici reproduire les textes les plus importants connus à ce jour.

Les témoignages

Extrait des Mémoires de Joseph-Marie Vien

«Je ne passerai pas sous silence la bonne harmonie qui régnait alors parmi les pensionnaires. On travaillait beaucoup mais chacun dans sa manière de voir et de penser. Nous vivions fort heureusement avec un directeur dont nous ne pouvions que nous louer. Il voyait avec plaisir les amusements que nous prenions le soir et il ne se faisait aucune partie, les fêtes ou les dimanches, que nous n'y fussions admis, mais ces amusements avaient toujours un but utile ; la Mascarade du grand Seigneur à la Mecque en offrira la preuve : cette Mascarade fut imaginée le lendemain de la fête des Rois. Chaque pensionnaire se vit chargé dans cette pièce d'un rôle que le sort lui désigna. La variété des costumes, le luxe des habillements, la richesse et le goût des ornements produisaient un tableau si magnifique et si imposant que notre Directeur regretta que les

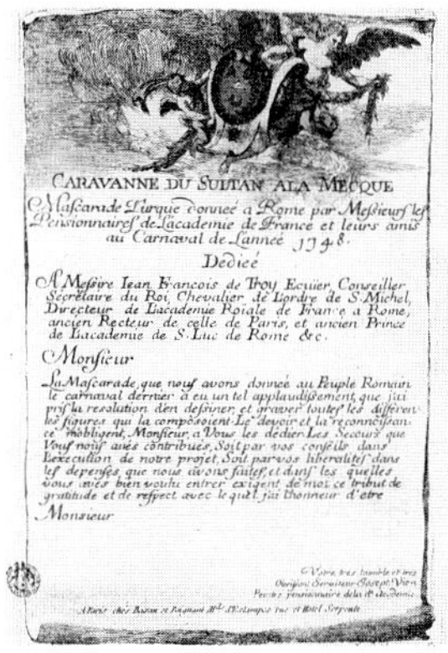

Fig. 19 : Vien, la *Caravane…*, page de titre, gravure.

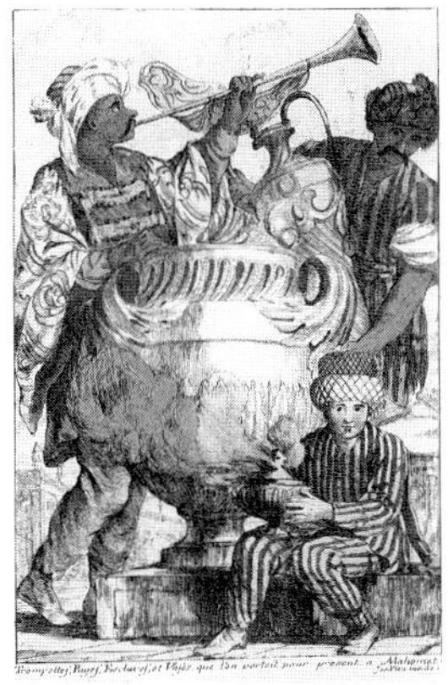

Fig. 20 : Vien, la *Caravane…*, frontispice, gravure.

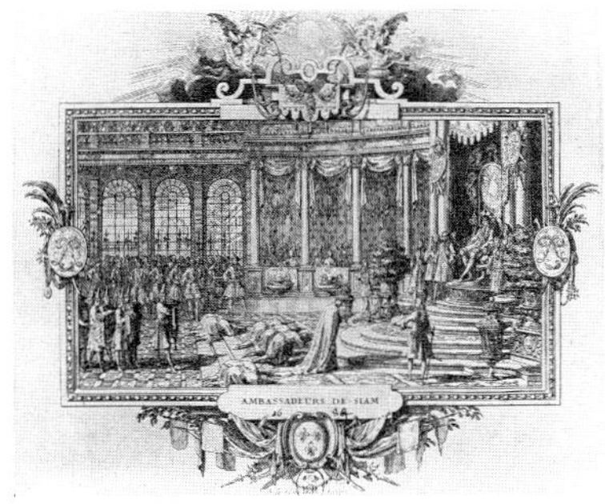

Fig. 21 : S. Leclerc, *Audience de Louis XIV avec l'Ambassadeur de Siam*, gravure.

Romains n'eussent pas une idée de notre fête ; ces regrets excitèrent notre enthousiasme. Nous résolûmes de donner une fête publique à l'Ambassadeur de France qui par son mérite et ses vertus avait su se rendre digne du respect des Romains, de la vénération des Français et de l'admiration des étrangers.

«Il fut donc question de trouver un sujet capable de produire un grand effet sur le peuple. On proposa différents triomphes d'Empereurs ; mais je fis observer que Rome, si riche en monuments, offrait des triomphes dans tous les bas-reliefs des édifices publics ; qu'on pourrait d'ailleurs croire que nous voulions flatter les Italiens, ce qui ne serait digne ni d'artistes ni de Français. — Imaginons, leur dis-je, la fête d'une nation totalement étrangère au pays que nous habitons, et je proposai la Caravane du grand Seigneur à la Mecque. Cette marche, ajoutai-je, est susceptible des plus grands effets ; la gravité des personnages, le luxe des habits, la magnificence des présents, la richesse des tapis qui doivent couvrir le tombeau de Mahomet, l'odeur enivrante des parfums, le char éclatant d'or et d'azur sur lequel doivent être placées les Sultanes, leur parure asiatique, les Eunuques dans leurs costumes et les chevaux au lieu de chameaux, tout cela réuni, en nous rapprochant de la vérité historique le plus qu'il nous sera possible, doit former le tableau le plus magnifique du divan, du sérail et des chefs de la religion musulmane.

«Ma proposition fut accueillie par tous les pensionnaires et par tous les Français qui cultivaient les arts comme nous : à l'instant on dressa le programme de la fête. Le Directeur nous engagea à en faire un dessin pour être présenté à l'Ambassadeur, afin de lui donner une idée de ce que cette fête pourrait devenir, étant exécutée par les artistes qui l'avaient conçue. Le dessin fut reçu par le Cardinal comme nous pouvions le désirer. Son Eminence voulait contribuer à la dépense, mais nous avions prévenu Mr de Troie que si le Cardinal lui en faisait la proposition, il le remerciât de notre part parce que notre délicatesse serait blessée qu'il entrât dans la dépense d'une fête que nous voulions lui donner. Elle eut lieu dans le Carnaval de 1748. L'Ambassadeur en avait parlé à Benoit Quatorze qui, sur les récits pompeux qu'on lui en faisait déjà de toutes parts, voulut en prendre une idée et passa pour cet effet de son palais au jardin Colone. Il est impossible de décrire l'enthousiasme que cette Cavalcade produisit sur les Romains, les cris de joie, les applaudissements et les boîtes de dragées qui furent répandues à nos pieds. C'était une espèce d'ivresse ; l'on entendait les vieillards dire à leurs enfants : — Jamais on n'a rien vu de semblable, non jamais ! — Et les officiers allemands (nation avec laquelle nous étions alors en guerre) criaient de toutes parts : — Vive la France !… — Il fallut que cette fête eût fait une grande impression sur toute l'Italie puisque partout on en a conservé le souvenir. Enfin, vingt-sept ans après, le Roi de Naples en offrit une pareille et y remplit même le rôle du 1er personnage. Le dernier jour que nous parcourûmes la ville, Mr l'Ambassadeur nous fit servir à l'Académie un souper des plus délicats. Comme nous en avions été prévenus, nous fîmes dresser une table en fer à cheval de manière que ses officiers nous servirent par l'intérieur. Les quatre trompettes et les timbales (qui ouvraient la marche de la Cavalcade) étaient aux fenêtres et exécutaient des morceaux d'une musique turque fort originale, mais qui ne parlait pas plus à l'âme qu'à l'esprit. Les Romains qui remplissaient les rues répondaient à cette musique par des cris mille fois répétés de — Vive les Français ! Vive l'Académie de France ! Après le souper Mr de Troye nous donna un bal que vinrent embellir par leur parure et leur beauté toutes les plus belles femmes de Rome, et c'est ainsi que se termina notre Carnaval. Mr l'Ambassadeur, avant de partir, nous remercia et nous assura qu'il informerait le Roi de l'honneur que nous avions fait à la France.

«Sans doute les anciens Romains étaient passionnés pour les fêtes, mais les habitants modernes de Rome ne leur cèdent en rien sur cet article : j'eus l'occasion de m'en convaincre lors de la démolition de notre char ; plusieurs habitans de Rome, jeunes et vieux, qui étaient présens, voyant que nous ne voulions pas nous en servir davantage, versaient des larmes de regrets.

«Peut-être trouvera-t-on que je me suis trop étendu sur le récit de cette fête. Cependant j'ai passé sous silence une foule de particularités intéressantes ; je n'ai rien dit sur les recherches que nous avions faites, les costumes que nous avions étudiés et sur les difficultés que nous éprouvâmes pour exécuter avec une fidélité scrupuleuse le tableau le plus vrai et le plus pompeux de la cour du Grand-Seigneur. Quoi qu'il en soit la mémoire que l'on conservait à Rome de notre Cavalcade et le plaisir qu'elle avait causé me détermina à en faire un dessin de chaque personnage en particulier. Ces dessins furent gravés. Lorsque cette suite parut, tout le monde se l'arrachait ; mais un de mes camarades qui s'était réservé le soin de graver la marche générale mourut sans l'avoir terminée.»

(Béziers, musées des Beaux-Arts, fonds Vien, fol. 37 à 43, repris par Gaehtgens et Lugand, *op. cit.*, pp. 296-297)

Lettre du cardinal de La Rochefoucauld, ambassadeur de France à Rome, au marquis de Puisieulx

«à Rome, le 21 février 1748

«… Je crois devoir vous rendre compte que les pensionnaires de l'Académie de France, joints à d'autres Français de leurs amis, peintres et sculpteurs comme eux, se sont fait grand honneur ce Carnaval par une mascarade singulière de leur invention, dans laquelle ils ont trouvé moyen de faire paroître leurs talens. Ils y ont fait entrer plus de quarante habillemens différens, de toutes les Nations de l'Orient et des principaux personnages de la cour du Grand Seigneur. Il y en avait une vingtaine à cheval, le reste sur un chariot, dont ils ont fait un char magnifique par sa

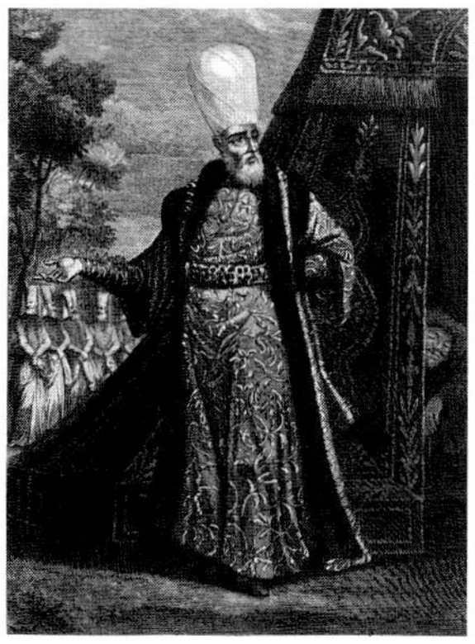

Fig. 22 : Scotin d'après Van Mour, *Le Janissaire-Aga*, gravure.

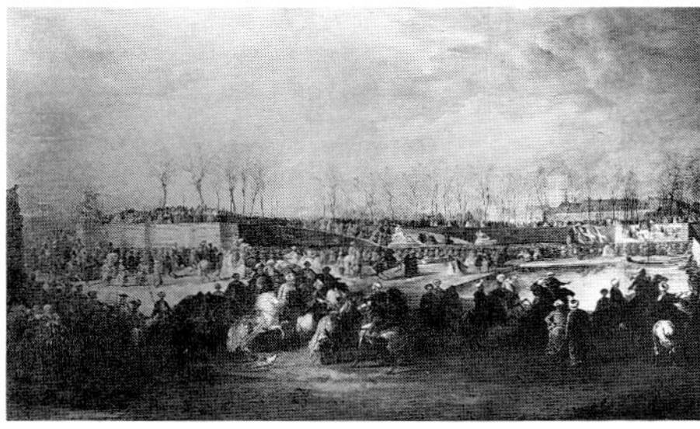

Fig. 23 : Ch. Parrocel, *L'entrée de Mehmet Effendi, ambassadeur turc, aux Tuileries*, Château de Versailles.

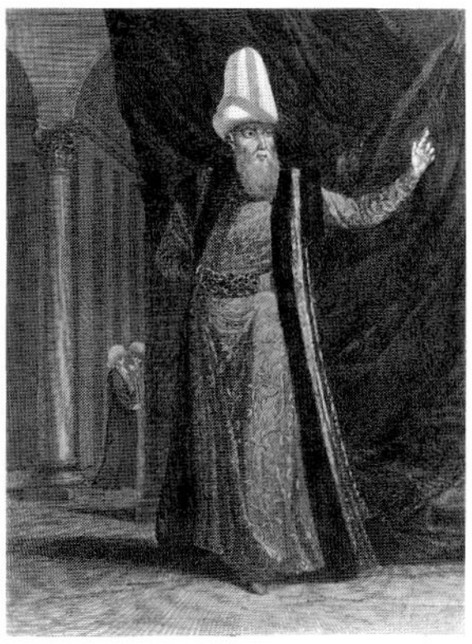

Fig. 24 : Scotin, d'après Van Mour, *Le Grand Vizir*, gravure.

forme et son élévation. Les habits, qui ne sont que de toile, sont si bien peints que, même de près, rien ne ressemble mieux à des étoffes et à des broderies magnifiques.

«Vous ne sauriés croire combien cette mascarade, qui est fort du goût de ce pays-ci, a été applaudie, quand elle s'est promenée dans le Cours, non seulement par le peuple, mais même par toute la noblesse, et combien elle a fait honneur à ces jeunes gens et à M. de Troy, directeur de l'Académie, qui les a dirigés par ses conseils. Il faut rendre justice à ces jeunes gens ; ils sont véritablement d'une sagesse et d'une application fort exemplaires...»

(C.D.A., t. X, pp. 142-143)

Lettre de Jean-François de Troy au Directeur des Bâtiments du roi, Lenormant de Tournehem

«J'eus l'honneur de vous décrire, dans ma dernière lettre, le détail et la réussite de la mascarade de nos pensionnaires. Toutes les gazettes des différentes villes d'Italie en font des éloges surprenants. Si la dépense qu'ils ont fait n'eût pas un peu dérangé leurs bourses, ils auroient gravé la marche et chaque figure en particulier sur des planches séparées ; chacun en a fait des desseins à part qui peuvent leur servir d'étude pour les habillemens des Orientaux, qui étaient conformes à toutes les qualités des personages qu'ils représentoient avec une très exacte recherche...»

(C.D.A., t. X, p. 146)

Journal de Barthélemy-Michel Hazon

A. de Launay, qui publia le journal de Hazon en 1940 dans un ouvrage consacré à la famille Brongniart à laquelle le peintre était lié, ne crut pas utile de citer in extenso le passage relatif à la mascarade. Ce parti pris sans doute regrettable nous oblige, à sa suite, à citer ce texte de manière lacunaire. On remarquera que Hazon ne mentionne à aucun moment son camarade Vien.

«... Afin que la chose parut plus naturelle, l'on n'avait point mis de masques, mais seulement des barbes ou des crocs à ceux dont le caractère le demandait. Toutes les différentes étoffes, qui n'étaient que des toiles lustrées peintes en façon de moires, de damas, de velours, etc., et relevées en or et en argent, imitaient si parfaitement le vrai, que chacun dans Rome a cru, avant d'en venir à un examen particulier, que cette fête se faisait aux dépens de M. l'Ambassadeur ; personne ne pouvait s'imaginer que d'autres qu'un Prince pussent suffire à une telle dépense. Jamais fête n'a été plus goûtée que celle-ci dans Rome de l'avis même des vieillards. Ceux mêmes qui sont les moins portés dans ce pays pour la nation française oubliaient pour lors leurs préventions contre elle. On s'est fait un devoir pendant les différents jours de sortie, pour satisfaire tous les princes et cardinaux qui paraissaient prendre plaisir à cette fête, de passer devant leurs palais, ainsi que devant plusieurs couvents de religieuses qui avaient fait faire cette demande. Comme la tournée que l'on avait à faire chaque jour conduisait généralement fort tard, dès que la nuit venait chaque esclave portait une torche allumée, ce qui rendait le coup d'œil encore plus brillant.

«Pour terminer cette fête, M. l'Ambassadeur, voulant donner une preuve de sa satisfaction, fit servir le mardi gras au soir un magnifique repas dans l'Académie, auquel furent invités tous ceux qui avaient été de la mascarade. Chacun était assis sur un coussin, les jambes croisées à la turque et placé à son rang ; on était servi par les esclaves. Pendant le festin, la salle fut toujours remplie de personnes de la première distinction qui eurent la curiosité d'y assister. Le souper fini, l'on passa dans l'appartement de M. de Troy, où l'on trouva grand nombre de dames qu'il avait invitées pour un très beau bal. Il fut ouvert par le Grand Seigneur et sa Sultane favorite et dura jusqu'au jour... Nous nous ressentons encore de la fête, n'ayant pu jusqu'à présent consommer toutes les friandises qui nous ont été envoyées des couvents devant lesquels nous avions passé.

«Je ne veux pas oublier de vous dire que Sa Sainteté a eu le plaisir de voir notre fête ; cela s'est découvert malgré toutes les précautions que l'on avait prises ; il était incognito dans le Palais du Prince Colonna où il était entré par une porte de derrière qui donne vis-à-vis le Palais de Monte Cavallo. L'on dit qu'il a aussi été très satisfait ; cependant il ne nous en a point fait de compliments.»

(A. de Launay, *Les Brongniart*, 1940, pp. 185-186)

Dédicace de Joseph-Marie Vien au Directeur, Jean-François de Troy

«Caravane du Sultan à la Mecque / Mascarade Turque donnée à Rome par Messieurs les pensionnaires de l'Académie de France et leurs amis au Carnaval de l'année 1748. / Dédiée / A Messire Jean François de Troy, Ecuïer, Conseiller Sécrétaire du Roi, Chevalier de L'ordre de St Michel, Directeur de l'Académie Roïale de France a Rome, ancien Recteur de celle de Paris, et ancien Prince de L'académie de St Luc de Rome etc.

«Monsieur

«La Mascarade, que nous avons donnée au Peuple Romain le carnaval dernier a eu un tel applaudissement, que j'ai pris la résolution d'en dessiner, et graver toutes les différentes figures qui la composaient. Le devoir et la reconnoyssance m'obligent, Monsieur, a vous les dédier. Les Secours que Vous nous avés contribués, Soit par vos conseils dans l'exécution de notre projet, Soit par vos libéralités dans les dépenses que nous avons faites, et dans les quelles vous avés bien voulu entrer exigent de moi ce tribut de gratitude et de respect avec le quel j'ai l'honneur d'être / Monsieur / Votre tres humble et tres / Obeissant Serviteur Joseph Vien / Peintre Pensionnaire de la d[e] Académie.»

(Caravane du Sultan à la Mecque, recueil des gravures, pl. 1 ; *fig. 19*)

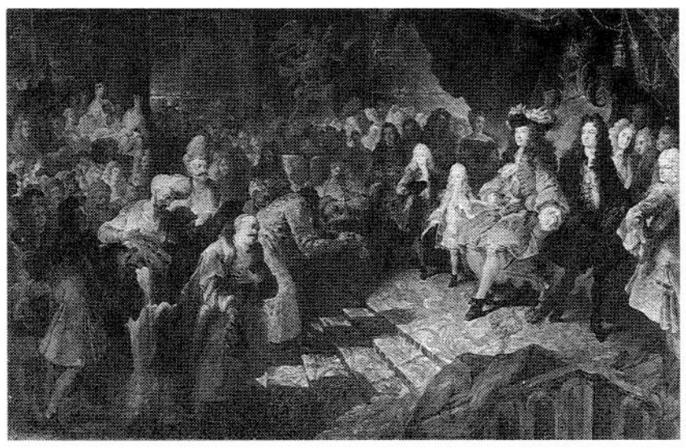

Fig. 25 : A. Coypel, *Louis XIV reçoit les envoyés de la Perse dans la Galerie des Glaces*, Château de Versailles.

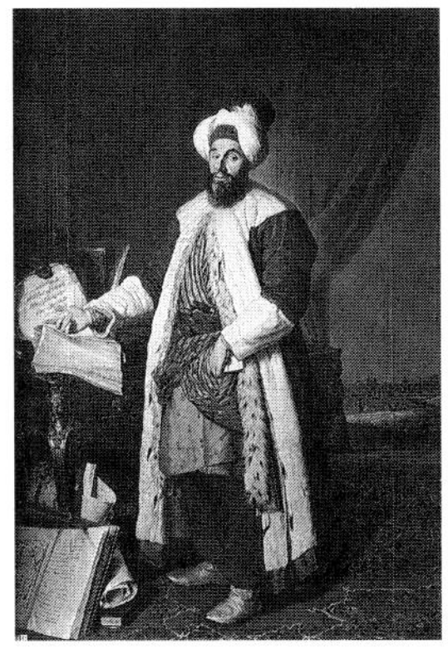

Fig. 26 : J. Aved, *Saïd Pacha, ambassadeur de la Porte Ottomane*, Château de Versailles.

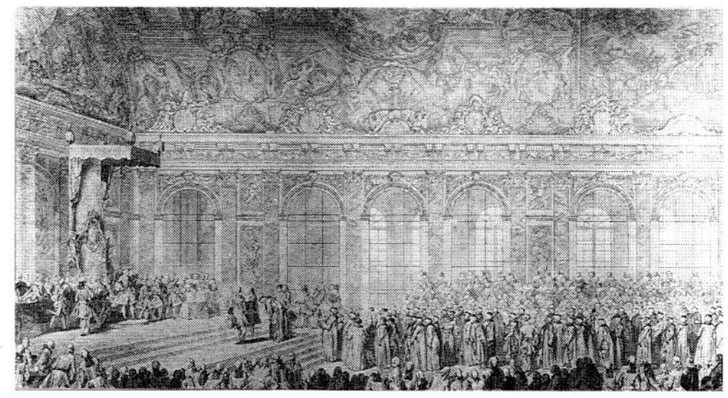

Fig. 27 : Ch.-N. Cochin, *Ambassade turque de 1742*, dessin, coll. part.

L'argument de la mascarade

Pourquoi une mascarade turque ? Vien apporte sa propre réponse dans ses *Mémoires*. Nous en avons reproduit le passage important et ce texte nous paraît se passer de commentaires. Nous voudrions ici évoquer une hypothèse donnée par Guiffrey en 1901. Elle vaut surtout par l'anecdote rapportée et n'emporterait peut-être pas aujourd'hui l'assentiment de tous les spécialistes. Selon lui, le choix d'une mascarade turque pouvait ainsi faire référence à une dispute épistolaire entre le Pape, Benoît XIV, et Voltaire, auteur d'un *Mahomet* joué à Paris en 1742, pièce qu'il avait insolemment dédicacée au souverain pontife. La tragédie qui prenait pour thème le fanatisme se présentait comme une attaque à peine déguisée contre toutes les religions :

Aujourd'hui c'est un prince, il triomphe, il domine
Imposteur à la Mecque, et prophète à Médine
Il sait faire adorer à trente nations
Tous ces mêmes forfaits qu'ici nous détestons
(Acte I, scène I)

Le pape, plutôt que de jouer le courroux, avait rejoint l'écrivain sur son propre terrain. «La narquoise réponse du souverain pontife avait certainement mis les rieurs de son côté, et Voltaire n'avait pas eu tout l'avantage comme cela du reste lui arriva plus d'une fois, dans cette lutte d'épigrammes à peine déguisées où s'était fait sentir l'ironie malicieuse de son adversaire. Cette circonstance avait mis les Turcs tout à fait à l'ordre du jour, et il ne pouvait déplaire au souverain pontife qu'on lui rappelât le souvenir d'un incident où le beau rôle lui était resté» (Guiffrey, 1901, pp. 8-9). Ajoutons qu'en effet l'affaire dut faire assez de bruit pour que l'édition de *Mahomet* publiée en 1748 à Dresde reproduisît en introduction la dédicace incriminée suivie des lettres échangées par Voltaire et Benoît XIV.

Les costumes de la mascarade

Les costumes de la mascarade furent très certainement l'objet de recherches assez poussées. Vien le dit lui-même, et avec lui les commentateurs ne cessent d'évoquer les efforts évidents mis à rendre les travestissements crédibles. Dans une certaine mesure, on doit même dire que ce soin à inventer puis, pour certains, à dessiner leurs costumes fut sans doute le premier souci des participants.

C'est à Thomas Gaehtgens que l'on doit d'avoir le premier éveillé l'attention sur un recueil de gravures publié en 1714-1715 et intitulé : *Recueil de cent estampes représentant différentes nations du levant tirées sur les tableaux peints d'après nature en 1707 et 1708 par les ordres de M. de Ferriol, Ambassadeur du Roi à la Porte et gravées en 1712 et 1713*. Ce recueil, dû au graveur Scotin, sur l'inspiration du peintre Van Mour, a très vraisemblablement servi de modèle aux organisateurs de la mascarade de 1748, comme nous l'indiquons, lorsque les rapprochements s'imposent, dans chaque notice de notre catalogue. En plus des gravures proprement dites, on y trouve aussi des «explications» qui, sous forme de notices plus ou moins courtes, décrivent de manière assez détaillée le rôle de chaque personnage. Nous les citons aussi à l'occasion.

Un autre ensemble d'estampes parues dans les mêmes années, gravées par les Bonnart, famille d'artistes spécialisés dans la vulgarisation des gravures «de mode», et sans doute inspirées en partie du recueil de Scotin, peut avoir aussi servi de source. Regroupées sous le titre de *Costumes du temps de Louis XIV*, elles représentent de très nombreuses figures orientales, dont plusieurs portent les noms utilisés par Vien et ses camarades en 1748. Ajoutons que certaines de ces gravures présentent aussi des «nations étrangères» qui ne sont pas sans évoquer des ambassadeurs de la *Caravane du Sultan* — nous commentons les rapprochements éventuels dans nos notices.

En plus de ces deux recueils de gravures dont tout porte à croire qu'ils pouvaient être à la disposition des pensionnaires, il convient de citer aussi certaines des grandes compositions peintes ou gravées pour garder le souvenir des ambassades reçues à Paris du temps de Louis XIV.

Deux ambassades siamoises furent reçues à Paris sous le règne de Louis XIV : la première en 1681, la seconde et la plus fastueuse en 1684, dont on conserve une gravure de Sébastien Leclerc (*Audience de Louis XIV avec l'ambassadeur de Siam* ; *fig. 21*).

Plusieurs ambassades turques furent reçues à Paris aux XVIIe et XVIIIe siècles, après que la paix de Passarowitz eut rééquilibré les relations entre la Porte et l'Occident : en 1699, Louis XIV reçoit à Versailles Soliman Aga, ambassadeur du Grand Seigneur ; retenons aussi l'ambassade de 1721, qui inspire deux toiles importantes à Charles Parrocel (*L'entrée de Mehmet Effendi, ambassadeur turc, aux Tuileries le 21 mars 1721*, *fig. 23*, et *La sortie de Mehmet Effendi, ambassadeur turc, des Tuileries le 21 mars 1721*, Château de Versailles) et l'ambassade de 1742, représentée par Charles-Nicolas Cochin (*Ambassade turque de 1742*, *fig. 27*) et Joseph Aved (*Saïd Pacha, ambassadeur de la Porte ottomane*, Château de Versailles ; *fig. 26*).

Des ambassades perses furent reçues aussi à plusieurs reprises, dont la plus importante, celle du 19 février 1715, fut aussi la dernière du règne de Louis XIV (Antoine Coypel : *Louis XIV reçoit les envoyés de la Perse dans la galerie des glaces*, Château de Versailles ; *fig. 25*).

Deux ambassades du Maroc revêtirent particulièrement un certain faste : celle de Mohammed Temin en février 1682 (Antoine

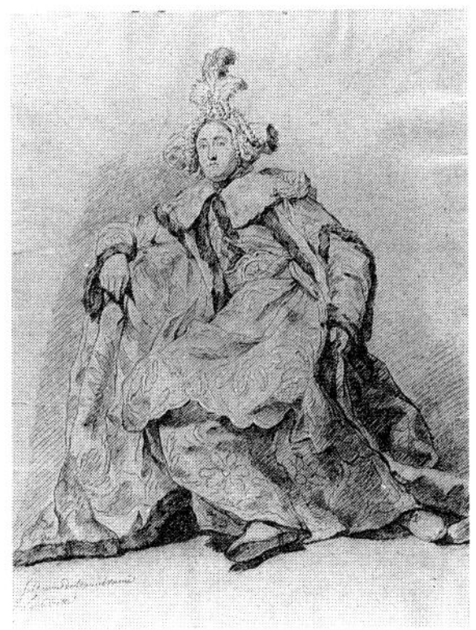

Fig. 28 : Série A, *La Sultane de Transylvanie*, Paris, Musée du Louvre.

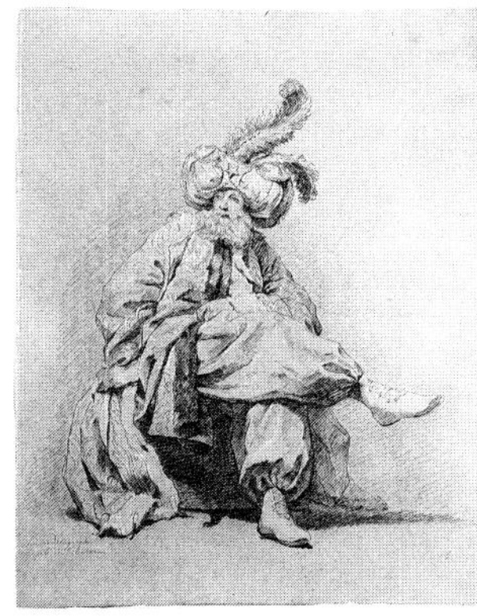

Fig. 29 : Série A, «*Le Prestre de la Loy*» New York, Metropolitan Musem of Art.

Coypel : *L'ambassadeur du Maroc et sa suite à la comédie italienne à Paris*) et celle de 1699.

Pour être complet, il faudrait sans doute évoquer les compositions de Le Brun à Versailles : dans la Galerie des Glaces bien sûr, avec les *Ambassades envoyées des extrémités de la terre*, et dans l'escalier des Ambassadeurs. Mais peut-on réellement citer ces œuvres sans revenir à leurs propres sources, italiennes bien sûr, et même plus particulièrement romaines.

Enfin il ne faudrait pas oublier, pour ce qui concerne les chinoiseries, les grandes compositions de Boucher présentées au Salon de 1742 (Besançon, musée des Beaux-Arts), plus tard traduites en tapisseries. Retenons-en plus particulièrement l'*Audience de l'ambassadeur de la Chine* qui se présente comme une fantaisie sur le thème des ambassades orientales.

Les acteurs de la mascarade

En premier, il faut citer les douze pensionnaires officiels du palais Mancini.

Document : rapport de de Troy à Tournehem

«A Rome, ce 28 may 1748.

«... L'Académie est composée aujourd'hui de douze élèves : quatre peintres, quatre sculpteurs et quatre architectes. Le s[r] *Saly*, sculpteur, arrivé le 13 octobre 1740, a fait en marbre la statue de l'*Antinoüs*, dernier mis au Capitole, et qui est une des plus belles copies qui aient jamais été faites ici ; il a fait plusieurs ouvrages de sa composition avec un très grand succès, et ce sera un des grands sculpteurs qu'ait la France.

«Le s[r] *Lorrain*, peintre, arrivé le 30 décembre 1740, fait pour le Roy une copie au Vatican. Il a bien des talens en tous les genres de la peinture.

«Le s[r] *Challes* l'aîné, peintre, arrivé le 3 novembre 1742, fait une copie au Vatican.

«Le s[r] *Vien*, peintre, arrivé le 21 décembre 1744, attend qu'il y ait une place au Vatican pour faire une copie. On peut compter sur lui comme devant être un jour un excellant homme. Il a fait ici plusieurs grands tableaux bien composés, bien dessinés et de grande manière.

«Le s[r] *Challes* le cadet, sculpteur, arrivé le 21 décembre 1744, fait pour le Roy le bas-relief de l'Antinoüs qui est chez M. le Cardinal Alexandre Albani. C'est un jeune homme qui ira bien loin.

«Le s[r] *Jardin*, architecte, arrivé le 21 décembre 1744, se dispose à retourner en France avec le s[r] *Saly* et a fait beaucoup de progrès.

«Le s[r] *Tiersonnier*, peintre, arrivé le 1er novembre 1745, attend une place au Vatican pour y faire une copie.

«Les s[rs] *Larchevêque* et *Gillet*, sculpteurs, *Petitot*, architecte, arrivés le 25 mai 1746, travaillent à se perfectionner chacun dans leurs talens.

«Le s[r] *Hason*, arrivé le 1er juin, et le s[r] *Moreau*, le 1er septembre 1746, tous deux architectes, s'appliquent avec succès.

«Voilà, Monsieur, les élèves de cette école du côté des talens et des mœurs. Je n'ai que lieu d'en être très content.»

(C.D.A., t. X, pp. 149-150.)

En plus des douze pensionnaires, il faudrait parler aussi de certains éléments extérieurs dont de Troy évoque à l'occasion l'existence et le talent : tout d'abord, Jean Barbault, qu'il parviendra à faire entrer à l'Académie après le départ du sculpteur Larchevêque, ce qui déséquilibre la répartition des pensionnaires selon leur art ; citons aussi Claude Desbatisse, ou De Baptiste, vague cousin de Jean-Baptiste Pigalle, qu'il recommande à Tournehem à plusieurs reprises, et enfin Claude-Olivier Gallimard et Jacques-François Martin, dont la présence à Rome est aussi attestée par de Troy.

Mais dans la mascarade apparaissent en théorie treize participants supplémentaires. Nous verrons dans chaque notice qui ils sont, lorsqu'ils sont identifiés bien sûr. Qu'il suffise ici de dire qu'il s'agit en général d'artistes étrangers — l'Académie n'était ouverte qu'aux Français —, Italiens comme Brunias, ou Anglais comme Wilton (ou Wilson ?), ou bien encore d'artistes français non pensionnaires qui avaient entrepris le voyage d'Italie à leurs propres frais, comme La Rue, Belle, Clément, Castagnier ou Le Prince (dont on ne connaît rien).

Les dessinateurs de la mascarade

Une des principales difficultés à laquelle on se trouve confronté lorsque l'on aborde la mascarade de 1748 est la multiplicité des œuvres de mains différentes reproduisant les mêmes personnages. Le commentaire que de Troy donne de la participation des pensionnaires au spectacle rapporte que «chacun en a fait des desseins à part qui peuvent leur servir d'études pour les habillemens des Orientaux» (C.D.A. t. X, p. 146, cité plus haut) même si Th. Gaehtgens conteste avec quelque vraisemblance cette assertion du directeur : «Tout le monde ne dessinait probablement pas : les architectes s'intéressaient sûrement moins que les autres à l'étude du costume.» (Beauvais..., 1974, p. 28). Nous voulons ici résumer l'état de la question.

Huit séries d'œuvres sont aujourd'hui connues : cinq séries de dessins, deux séries de peintures et une série de gravures, réparties comme suit :

Joseph-Marie Vien a dessiné, peint et gravé la mascarade. Le Petit Palais conserve toutes ces œuvres ; notre catalogue les décrit et les reproduit intégralement.

Jean Barbault a dessiné et peint (*fig. 30, 31*) plusieurs person-

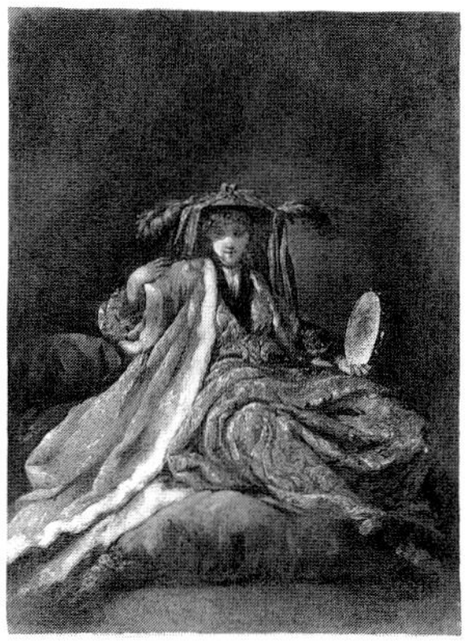

Fig. 30 : J. Barbault, *La Sultane grecque*,
Paris, Musée du Louvre.

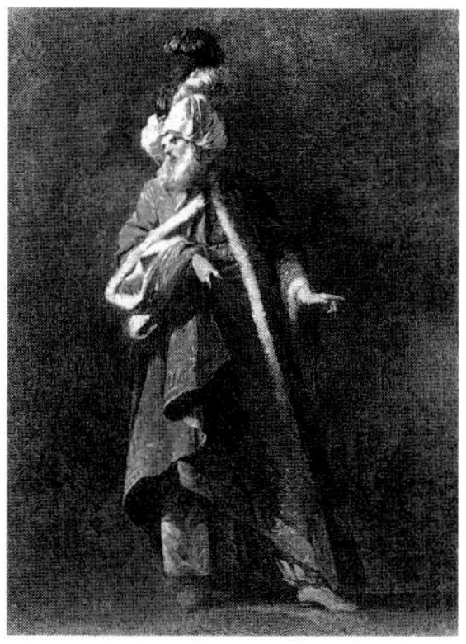

Fig. 31 : J. Barbault, «*Le Prestre de la Loy*»,
Paris, Musée du Louvre.

nages (au contraire de Vien, on ignore s'il les a tous pris comme modèle, certaines œuvres s'étant alors égarées).

En plus de ces deux noms attestés, on connaît trois autres séries de dessins, très lacunaires et encore anonymes, que nous nommons :

Série A ; Série B ; Série C.

C'est cette classification — celle des auteurs du catalogue *Barbault* de 1974 — que nous suivons tout au long de nos notices pour signaler les œuvres en rapport avec les dessins de Vien que nous exposons. Signalons enfin que d'autres dessins sont cités par Boucher (B.S.H.A.F., 1962) et que plusieurs dessins ou tableaux réapparus depuis 1974 dans le commerce d'art se laissent difficilement classer dans les séries existantes (nous avons essayé de les mentionner à l'occasion dans nos notices).

Des trois séries répertoriées de dessins anonymes, c'est la série A qui a suscité le plus de commentaires (*fig. 28, 29*). Le grand intérêt de ces études, outre leur très belle qualité, est de fournir régulièrement dans une petite annotation manuscrite portée en bas à gauche de chaque feuille, le nom du rôle et le nom du modèle de chaque personnage. Boucher (*op. cit.*), qui fut peut-être le dernier à voir ces dix-huit dessins en totalité avant leur dispersion, les donne à Vien lui-même. Depuis, les spécialistes sont unanimement revenus sur cette attribution, et les commentaires vont bon train pour leur trouver un auteur vraisemblable. Les auteurs du catalogue Barbault de 1974 ont avancé avec prudence le nom d'un artiste méconnu dont la présence est attestée à Rome en 1748 et que l'on connaît surtout par l'amitié qui le lia à l'un des pensionnaires, Michel-Barthélemy Hazon : il s'agit de Guillaume Voiriot. Cette attribution reposait essentiellement sur l'attribution ancienne à Voiriot de l'un des dessins de cette série (*Le Mouphti*) à l'époque où il était entre les mains d'un descendant de Hazon, le chimiste Jean-Baptiste Dumas. Dès 1975, M. Roland Michel contestait cette hypothèse en soulignant «que la présence d'Hazon en Muphti dans la collection Dumas est due à ce qu'il représente Hazon, et non à ce qu'il soit l'œuvre de Voiriot». Et le même auteur de conclure, après avoir énuméré le nom de tous les peintres dont la participation à la mascarade est attestée, que «devant une telle liste, qui n'est même pas limitative, nous mesurons à la fois notre ignorance, et les progrès faits (...) dans la connaissance du milieu romain de la mi-dix-huitième siècle».

Nous voudrions conclure par une réflexion et une nouvelle hypothèse, toutes deux avancées avec la plus grande des prudences.

Parmi les documents nous donnant la description de la mascarade, la lettre de de Troy à Tournehem n'a jamais été considérée, semble-t-il, comme digne de foi, notamment lorsque son auteur précise que «chacun [il semble parler essentiellement des pensionnaires] en a fait des desseins à part». Si l'idée d'écarter des dessinateurs de la mascarade les élèves architectes et sculpteurs est justifiable, quoique bien arbitraire, la conclusion où l'on arrive en général et qui revient à n'attribuer aucun dessin aux élèves peintres — en dehors de Vien naturellement — nous paraît quelque peu surprenante. Certes, cela provient davantage, aux dires mêmes des commentateurs, de l'impossibilité à comparer avec les dessins de la mascarade connus des œuvres datées de ces artistes, que d'une exclusion de principe.

De nombreuses copies des dessins de la mascarade sont connues. Si beaucoup d'entre elles sont simplement des faux, on peut supposer que d'autres furent réalisées comme travaux d'atelier d'après les études originales des anciens acteurs du spectacle — Vien, par exemple, a toujours conservé avec lui ses études et semble les avoir parfois proposées comme modèles à certains de ses élèves. Nous avons choisi de ne pas évoquer l'existence de ces copies dans nos notices pour ne pas alourdir inutilement l'état de la question. Cependant, parmi toutes les œuvres répertoriées et d'évidence postérieures à 1748, nous avons retenu deux dessins dénommés l'*Aga des Janissaires* et la *Sultane* (Reine ?) dont la bonne fortune nous a permis de retrouver la trace. Il s'agit de deux dessins de Jean-Michel Moreau le Jeune mentionnés par Emmanuel Bocher (Paris, 1882, p. 708). Ces dessins sont perdus aujourd'hui — du moins, nous n'en connaissons pas la localisation actuelle. Lorsque l'on sait que Moreau le Jeune fut élève à l'Académie du peintre Louis Le Lorrain, l'un des acteurs de la mascarade de 1748, figuré justement dans le rôle de la *Sultane Reine*, qu'il suivit même son maître jusqu'en Russie lorsque celui-ci y fut invité pour diriger l'Académie de Saint-Pétersbourg, on ne peut qu'être tenté de suivre cette nouvelle trace — citons aussi du même Moreau un ensemble de gravures publiées en 1782 dans un recueil intitulé : *Voyage pittoresque de la Grèce*, dans lequel figurent plusieurs orientaux, dont un *Grand-Seigneur* (Bocher, *op. cit.*, pp. 137-139). Le Lorrain serait-il l'un des dessinateurs anonymes de la mascarade, et si oui, lequel ? Nous n'en avons certes aucune preuve. Rappelons pourtant que Jean-François de Troy le loue régulièrement dans ses rapports, précisant qu'il «a bien des talens dans tous les genres de la peinture» (C.D.A., *op. cit.*) et que Charles-Nicolas Cochin dit de lui qu'il «dessinoit agréablement et avec goût» (*Mémoires inédits de Ch.-N. Cochin*, publiés par Ch. Henry, 1880, repris par M. Roland Michel, *op. cit.* note 45 ; voir aussi, sur Le Lorrain, Rosenberg, 1978, pp. 173-202).

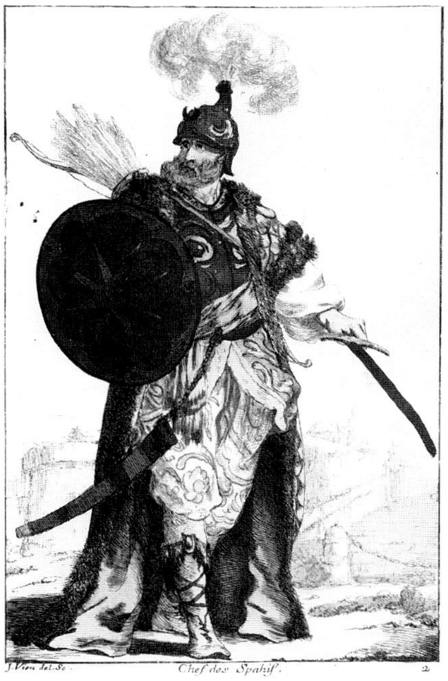

Fig. 32 : *Le Chef des Spahis.*

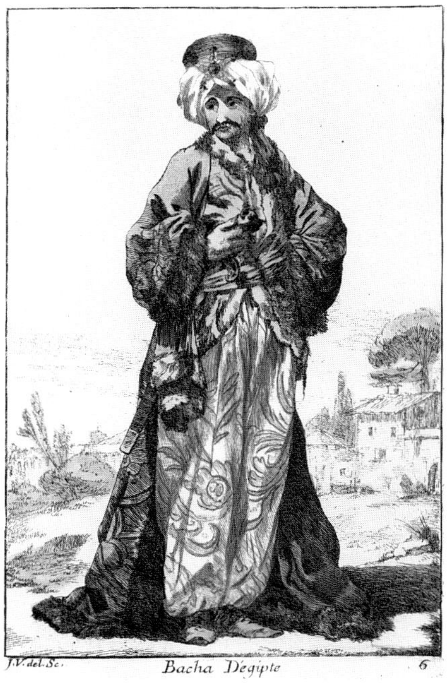

Fig. 33 : «*Le Bacha d'Egipte* ».

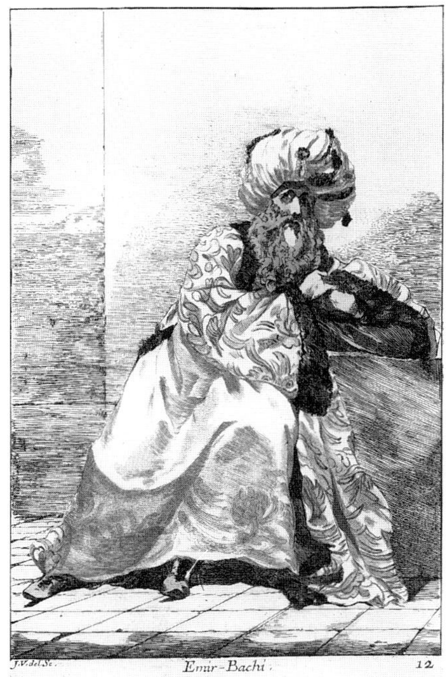

Fig. 34 : *L'Emir-Bachi.*

Avertissement

La suite des gravures comporte vingt-neuf figures plus la page de titre, le frontispice et la vue du char. Seuls vingt-deux dessins correspondants ont été conservés, ce sont ceux que nous présentons ici. A notre connaissance, aucun dessin de Vien complétant notre série n'a jamais réapparu sur le marché ni pour les sept costumes manquants ni pour les deux figures de tête (page de titre et frontispice) ni pour le *Char* (pl. n° 30).

Nous avons jugé utile de faire figurer ici les sept figures manquantes sous la forme de gravure. Le Petit Palais conserve en plus des dessins vingt-deux eaux-fortes pures en feuilles volantes et un recueil des gravures rehaussées d'aquarelle. C'est de ce dernier ensemble, le plus complet, que sont extraites ces figures. Pour plus de renseignements, on se reportera à la monographie de Th. Gaehtgens et J. Lugand (*op. cit., Dessins*, n°s 20, 24, 30, 31, 38, 43, 46). Signalons que les auteurs ajoutent à cet ensemble un dernier dessin non gravé, *Un Turc debout*, localisé dans le commerce d'art parisien (n° 50).

Fig. 32 : *Le Chef des Spahis* (pl. n° 2) :
Le modèle est inconnu.

Fig. 33 : «*Le Bacha d'Egipte*» (pl. n° 6) :
Le modèle est inconnu.

Fig. 34 : *L'Emir-Bachi* (pl. n° 12) :
Le modèle est le graveur Galimard (1719-1774), non pensionnaire de l'Académie (cité par Boucher, 1962, p. 73).

Fig. 35 : *Le Garde du Grand Seigneur* (pl. n° 13) :
Le modèle est inconnu.

Fig. 36 : *Le Chef des Eunuques* (pl. n° 20) :
Le modèle est un certain M. de Rondu, personnage parfaitement obscur (le dessin de la série A était la propriété de la galerie Cailleux en 1972).

Fig. 37 : *La Sultane blanche* (pl. n° 25) :
Le modèle est un certain Beblon, dont on ne sait rien (le dessin de la série A était la propriété de la galerie Cailleux en 1972).

Fig. 38 : *La Sultane noire* (pl. n° 28) :
Le modèle est le peintre Castagnier (le dessin de la série A est conservé à Boston, Museum of Fine Arts, cité par Boucher, 1962, p. 72).

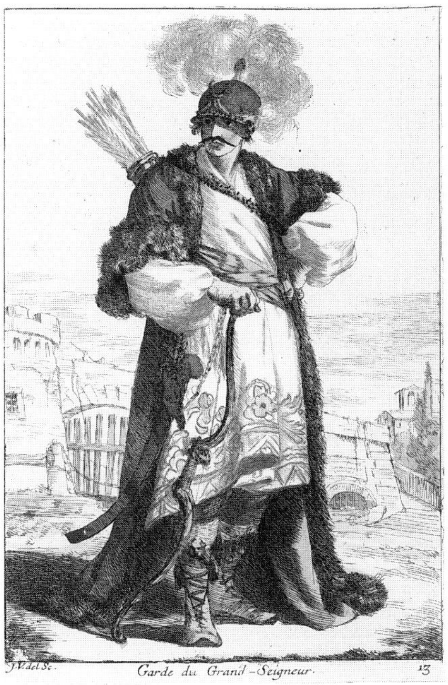

Fig. 35 : *Le Garde du Grand Seigneur.*

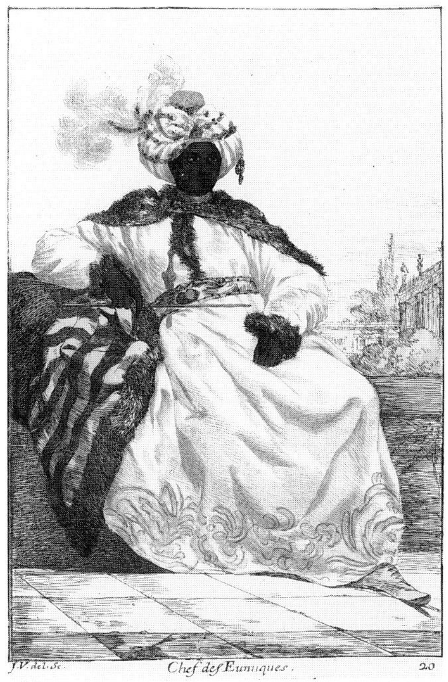

Fig. 36 : *Le Chef des Eunuques.*

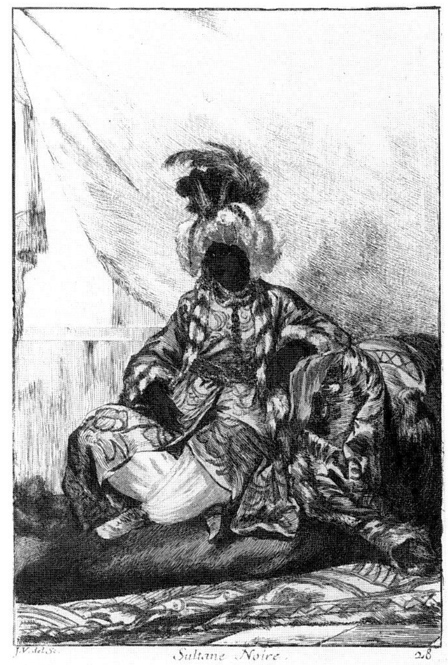

Fig. 38 : *La Sultane noire.*

Bibliographie

Nous signalons ici les ouvrages essentiels à consulter sur la question. Nous faisons figurer les références des expositions en tête de chaque notice.

Paillet, 1809, p. 28, n°s 143-144 ; Blanc, 1857, t. I, p. 117, 1858, t. II, pp. 254-256 ; Portalis, 1877, pp. 730-731 ; Guiffrey, 1901 ; Guiffrey, 1909, pp. 102-109 ; Cohen, 1912, pp. 1014-1015 ; Lapauze, 1924, t. I, pp. 220, 238, 244, 245, 288 ; Launay, 1940, pp.183-186 ; Boucher, 1961, pp. 88-91 ; Boucher, 1962, pp. 69-76 ; C.D.A., t. X, pp. 142, sq. ; Rosenberg, 1972, pp. 412-434 (version française, pp. 447-453) ; Gaehtgens, 1974, pp. 25-30 ; Roland Michel, 1975, pp. 303-321 ; Gaehtgens & Lugand, 1988, plus particulièrement pp. 137-138, 233-237, 281-284, 296-297.

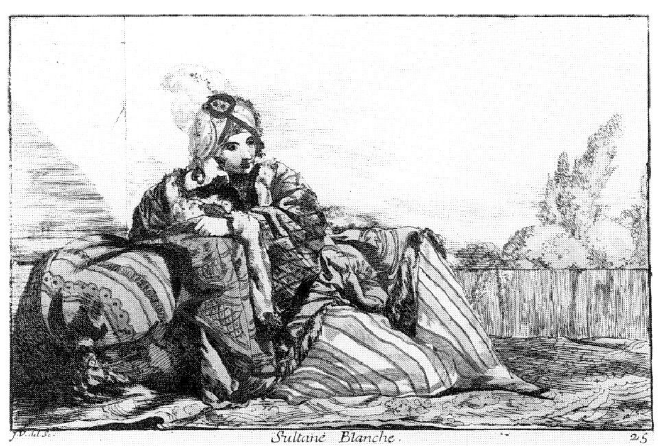

Fig. 37 : *La Sultane blanche .*

11 L'Aga des Janissaires

- Dessin à la pierre noire avec rehauts de blanc sur papier gris-bleu
- H. : 494 ; L. : 313 mm
- D. Dut. 1070

EXPOSITIONS

Beauvais, Angers, Valence, Dijon, 1974-1975, n° 11 ; Berlin, 1989, n° 9/33 (ill. 859).

ŒUVRE EN RAPPORT

GRAVURE

Vien a gravé le dessin sous le même titre (pl. n° 1, *fig. 39*).

ANALOGIES

DESSINS

Série A
Sotheby's, Londres (25-3-82, repr. au cat.). Le dessin porte une inscription, en bas à gauche : *Aga des Janissaires. M. Gillet.*

Série C
musée Carnavalet.

Barbault
vente Rouen (8-9-1971)

PEINTURE

Barbault : Venise (coll. Cini)

COPIE

Un dessin de Moreau le Jeune est signalé (vente Nyon, n° 139, avec «la Sultane»).

Le modèle est Nicolas-François Gillet (1712-1791), sculpteur ; second prix en 1743 puis en 1745, il séjourne à Rome de 1746 à 1752. De retour à Paris, il est agréé à l'Académie en 1753 et devient académicien en 1757 (*Le berger Pâris*, Paris, musée du Louvre). En 1757, Gillet se rend en Russie, à Moscou d'abord, puis à Saint-Pétersbourg (statues de Pierre le Grand et du grand-duc Paul). Il retrouve la France en 1779 (Lami, 1910).

L'Aga — ou général en chef— des Janissaires, corps d'élite de l'armée ottomane composé traditionnellement d'enfants chrétiens arrachés à leur famille et élevés dans le culte de la vie militaire, était l'un des personnages les plus redoutés de l'entourage du Sultan ; égal du Grand Vizir, il avait le pouvoir de faire et de défaire les gouvernements. L'Histoire rend les Janissaires responsables des plus importantes victoires de l'Empire ottoman sur le front austro-hongrois, ce qui contribua sans doute à asseoir leur réputation en Occident.

La gravure de Scotin (pl. XXIX), assez proche du dessin de Vien, porte le même titre, mais inversé : *Janissaire Aga.* Dans l'explication de la figure, l'auteur le définit ainsi : «Le Janissaire Aga est sans difficulté le second Officier de l'Empire, quand il a trois queuës. Un Sultan disoit que, s'il n'étoit pas Grand Seigneur, il voudroit être Janissaire Aga. On le prend d'ordinaire du Corps des Janissaires, quoyque ce ne soit pas une regle établie. Il est Juge de Police.» La gravure de Bonnart, plus fantaisiste quant au costume, porte le titre exact repris par Vien : *Aga des Janissaires.*

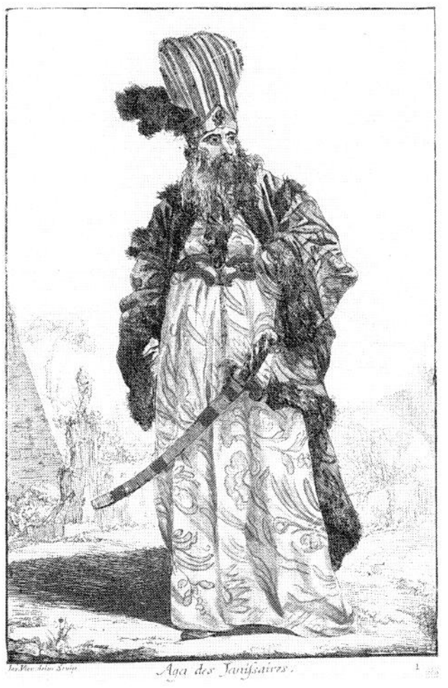
Fig. 39 : Vien, gravure.

L'attitude du personnage diffère sensiblement d'une série à l'autre, ce qui confirme que plusieurs séances de poses ont eu lieu : ainsi, le tableau et le dessin de Barbault représentent le personnage désarmé, la main droite légèrement levée dans un geste d'autorité, le pied droit en avant et la tête penchée, tandis que Vien, comme l'auteur de la série A, pose un Aga plus solennel, plus raide aussi, muni d'un long sabre qu'il semble prêt à saisir, le poing droit sur la hanche et la tête fièrement redressée dans une attitude de défi. Sa coiffe extraordinaire, sorte de haute toque brodée de rangs de perles et ornée à l'arrière d'un plumet, est inspirée librement de motifs orientaux connus. La tunique est peu détaillée — n'oublions pas qu'il s'agissait de toile peinte — tandis que les bordures de fourrure du manteau sont rendues avec virtuosité grâce à la technique de la pierre noire estompée.

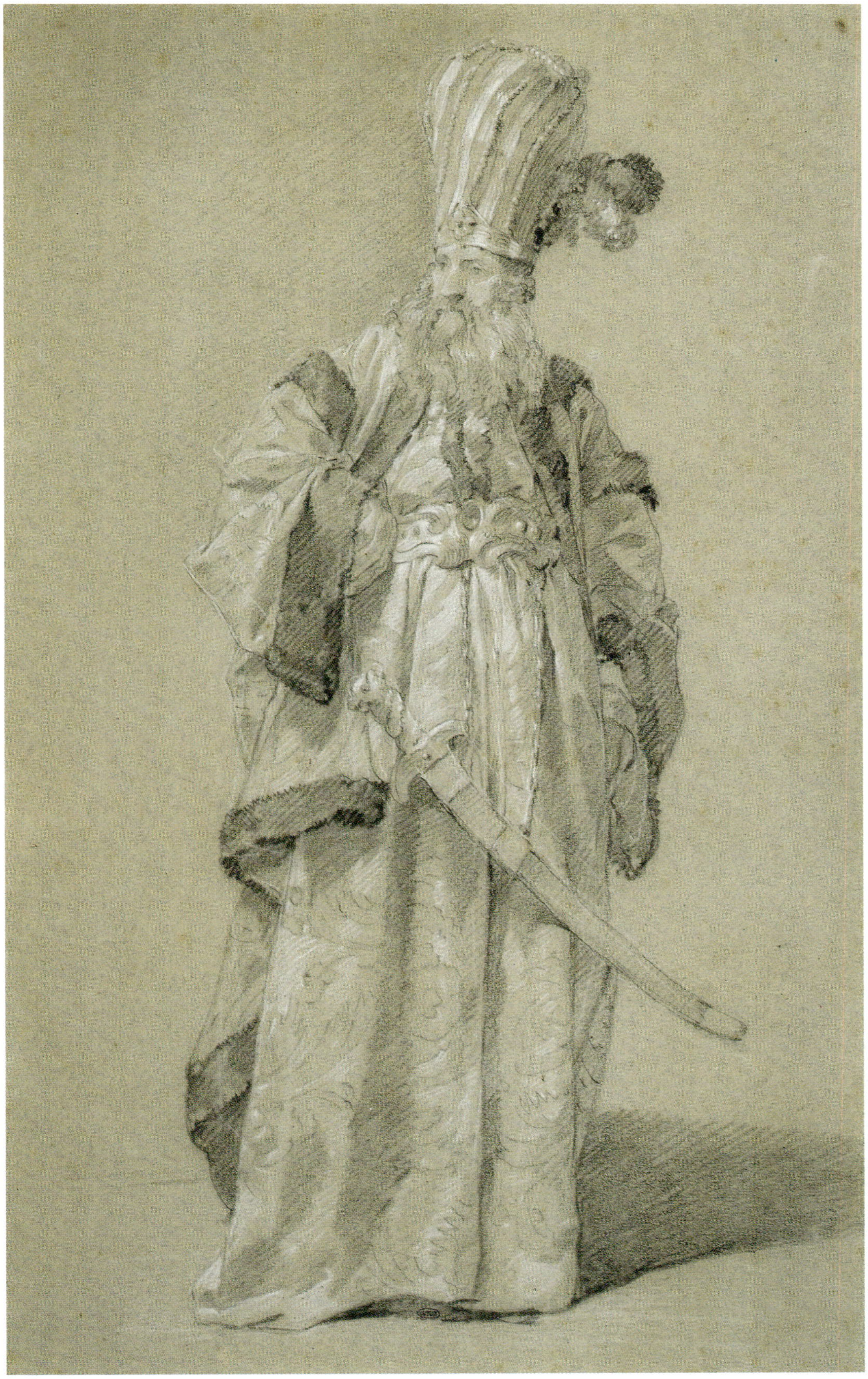

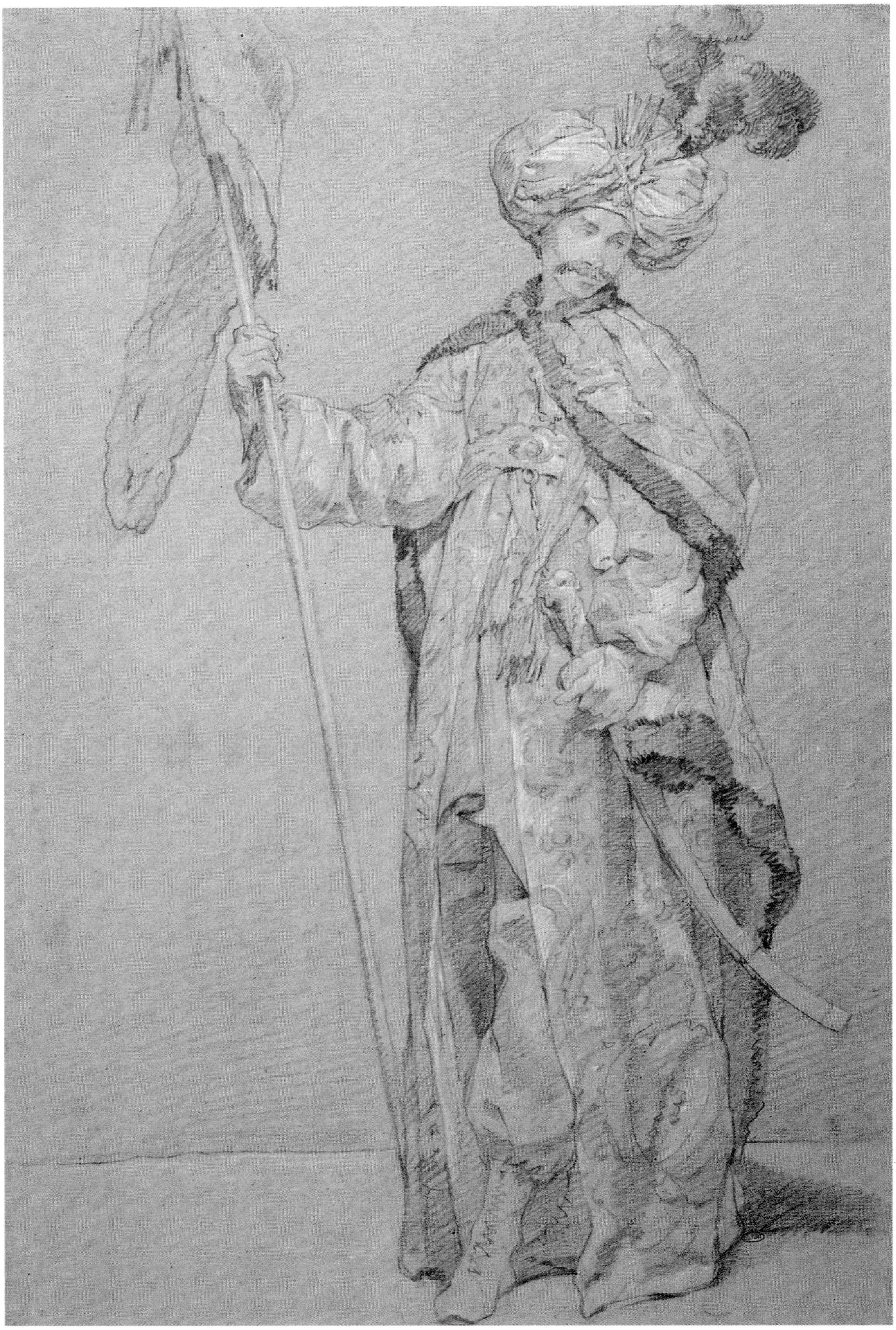

12 *Le Porte-enseigne*

- Dessin à la pierre noire avec rehauts de blanc sur papier gris-bleu
- H. : 471 ; L. : 320 mm
- D. Dut. 1071

EXPOSITIONS

Beauvais, Angers, Valence, Dijon, 1974-1975, n° 16 (ill.) ; Berlin, 1989, n° 9/30 (ill. 858).

ŒUVRE EN RAPPORT

GRAVURE

Vien a gravé le dessin sous le même titre (pl. n° 3, *fig. 40*).

ANALOGIES

DESSINS

Série A

Boston (Museum of Fine Arts). Le dessin porte une inscription, en b. à g. : *hadelesquier. M. Barbeau.*

Série B

autrefois à San Francisco (coll. G. Troche).

Autre série

Varsovie (Bibliothèque universitaire, cabinet des dessins). Autrefois attribué à Carle Van Loo, ce dessin que nous ne connaissons que par une photographie est de même technique et de mêmes dimensions que ceux de Barbault ; toutefois cette attribution n'est généralement pas retenue, notamment à cause des nombreuses différences qu'il présente avec le tableau de Barbault de la collection Cini dont il devrait être une étude préparatoire.

PEINTURE

Barbault : Venise (coll. Cini).

Le modèle est le peintre Jean Barbault (1718-1762). Après avoir échoué au prix de Rome en 1745, Barbault, que l'on dit élève de Restout, décide de se rendre dans la Ville éternelle où il pénètre, avec succès semble-t-il, le milieu de l'Académie. Remarqué par le directeur lui-même, Jean-François De Troy, il se voit commander plusieurs tableaux dont la série la plus célèbre, et qui nous intéresse plus particulièrement ici, représente les personnages de la mascarade de 1748. Exceptionnellement admis comme pensionnaire en 1750, en remplacement de Pierre-Hubert Larchevêque (voir notice n° 23 : *Le Grand Seigneur*), il semble alors se laisser aller peu à peu à des comportements dont la négligence, voire l'irrégularité irritent l'Académie. Si Jean-François De Troy paraît l'avoir soutenu jusqu'au bout, l'arrivée de Charles Natoire au poste de directeur en 1751 précipite la disgrâce du peintre. Il est prié de quitter l'Académie en 1753 (Beauvais..., 1974-1975).

Le *Porte-enseigne*, grâce à la version peinte par Barbault lui-même, est supposé nous offrir le seul exemple identifié d'autoportrait de toutes les séries connues. Comme de juste, c'est aussi un des costumes qui présente le plus de variantes dans le détail : tantôt barbu (Barbault), tantôt moustachu (Vien), tantôt imberbe (série B), il tient parfois l'enseigne de son rôle, et parfois un sabre court qu'il dégaine. Des modifications importantes apparaissent aussi dans le costume lui-même : le manteau est d'évidence différent, à manches chez Barbault, simplement rejeté en cape chez les autres ; la tunique est nouée sous la ceinture sur le tableau et tombe plus librement sur les dessins ; la culotte bouffante est attachée là aux chevilles, et ici aux mollets, au-dessus de bottines montantes... Il est appelé en outre «hadelesquier» et non porte-enseigne sur le dessin de la série A.

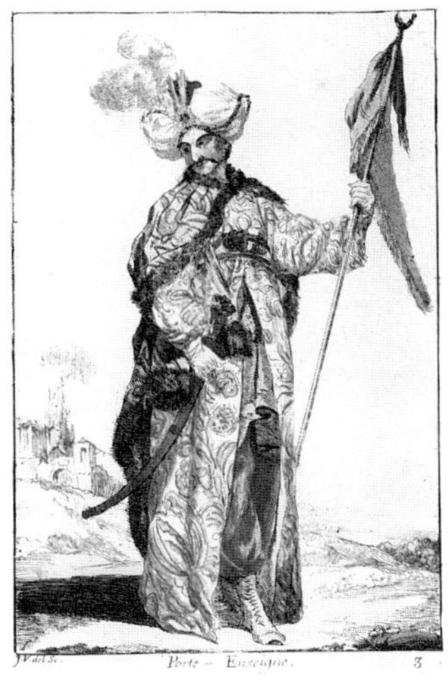

Fig. 40 : Vien, gravure.

Il semble ainsi évident que plusieurs séances de pose ont eu lieu, et l'on pourrait même se demander si plusieurs acteurs n'ont pas tenu le rôle pour permettre notamment à Barbault de peindre lui-même son costume — d'où la barbe abondante dont il s'affuble et qui empêche de reconnaître ses traits ? A tout le moins, la comparaison du dessin de Vien avec les œuvres analogues met particulièrement en évidence le peu de soin apporté par chaque artiste à saisir quelque ressemblance : exercices de style avant tout, ces études valent d'abord pour leurs qualités d'expression.

13 *Le Bacha à trois queues*

- Dessin à la pierre noire avec rehauts de blanc sur papier gris-bleu
- H. : 476 ; L. : 322 mm
- D. Dut. 1072

ŒUVRE EN RAPPORT

GRAVURE
Vien a gravé le dessin sous le même titre (pl. n° 4, *fig. 41*).

ANALOGIE

PEINTURE
Barbault : autrefois à Paris, galerie Fleurville.

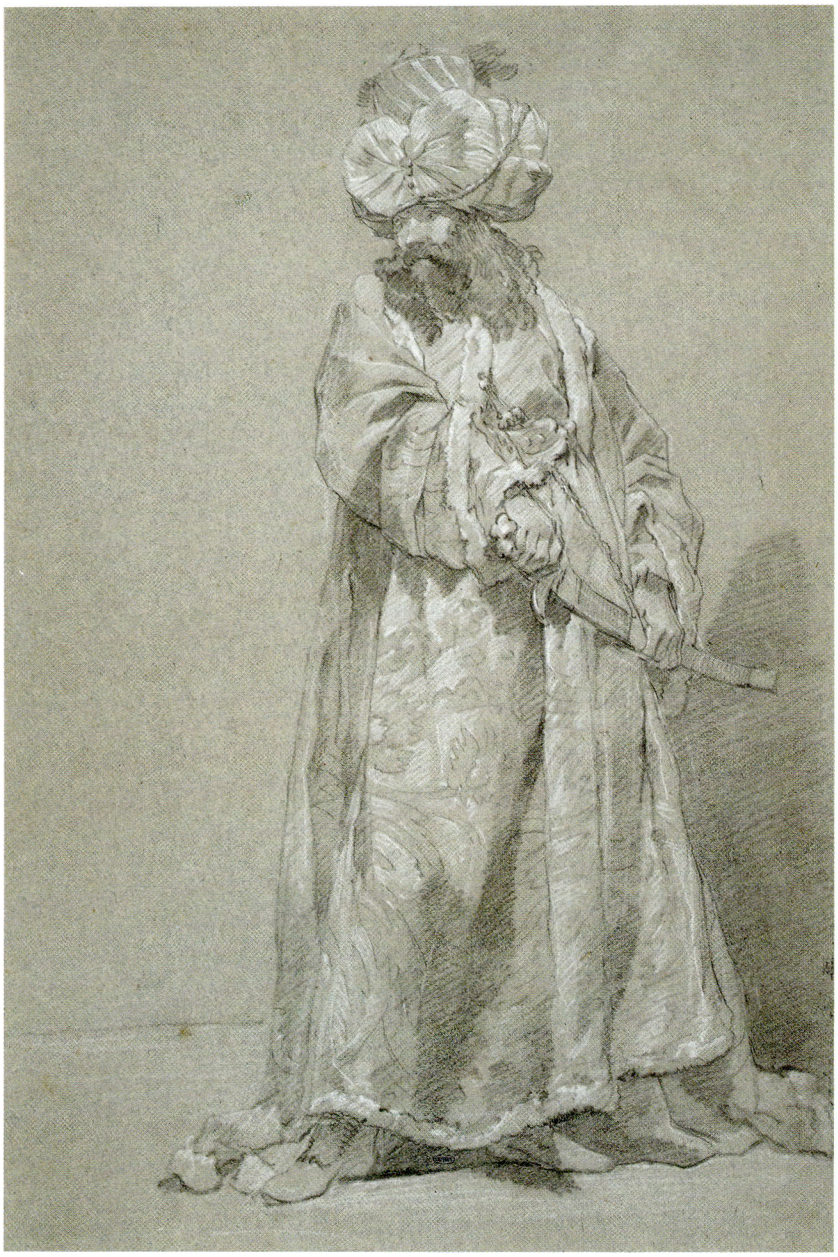

En l'absence du dessin de la série A, le personnage représenté n'est pas identifié. Il pourrait s'agir de Jacques-François Saly, sculpteur pensionnaire de l'Académie en 1748, de Vien lui-même (nous préférons toutefois reconnaître ce dernier sous un autre déguisement : peut-être l'*Ambassadeur de Siam*), à moins qu'il ne s'agisse d'un ami des pensionnaires encore inconnu aujourd'hui...

Les Bachas, ou Pachas, étaient les gouverneurs des anciennes provinces de l'Empire ottoman. Leur rang était symbolisé par une lance (*tough*) où étaient attachées deux ou trois queues de cheval, d'où leur nom. Plus que ce détail qui n'est repris sur aucune œuvre, il semble que ce soit l'exubérance du nom qui ait séduit les participants de la mascarade. Notons que Scotin cite à plusieurs reprises cette tradition de la lance à trois queues, pour le *Janissaire Aga* et le *Grand Vizir* par exemple.

Le personnage est représenté ici dans l'attitude d'un guerrier, la main sur la garde de son sabre qu'il s'apprête à dégainer : l'ampleur du geste ajoutée à la position des pieds, écartés, l'épaisseur du manteau et du turban permettent à Vien de déployer sa figure d'une manière très théâtrale en mettant l'accent sur les plis nombreux des tissus.

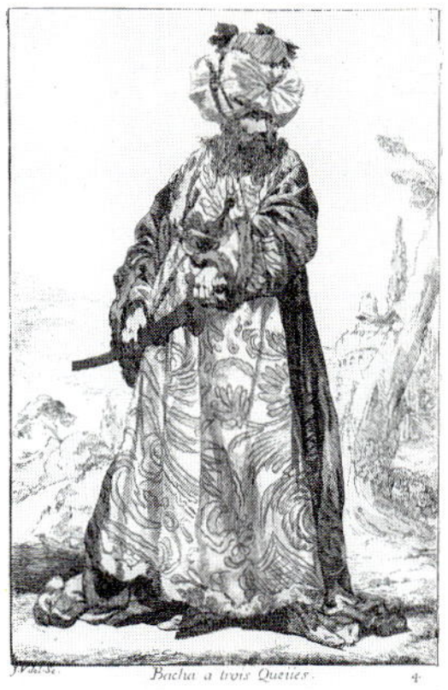

Fig. 41 : Vien, gravure.

14 *Le Grand Vizir*

- Dessin à la pierre noire avec rehauts de blanc sur papier gris-bleu
- H. : 429 ; L. : 289 mm
- D. Dut. 1073

EXPOSITIONS

Beauvais, Angers, Valence, Dijon, 1974-1975, n° 22 ; Berlin, 1989, n° 9/29, ill. 853 (par suite d'une confusion, l'œuvre exposée réellement était l'*Ambassadeur du Mogol*, n° 25).

ŒUVRE EN RAPPORT

GRAVURE

Vien a gravé le dessin sous le même titre (pl. n° 5, *fig. 42*).

ANALOGIE

DESSIN

Série A - Musée du Louvre, cabinet des dessins. Avec une inscription, en bas à gauche : *Grand Vizir. M. Challes.*

Le modèle est Michel-Ange Challes (1718-1778), élève de Boucher, peintre, architecte et dessinateur de pompes funèbres. Premier prix de peinture en 1739 (*La guérison de Tobie*), il séjourne à Rome en qualité de pensionnaire de 1742 à 1749. De retour à Paris, il connaît une grande faveur auprès de la Cour qui lui vaut notamment d'être anobli en 1770. Il reçut de nombreuses commandes, notamment comme organisateur des grandes pompes du règne de Louis XV — celle de la naissance du Dauphin, dont il régla aussi les funérailles, ainsi que celles du roi et de la reine (Lance, 1872).

Le *Grand Vizir* est aussi l'un des modèles de Scotin, avec le même titre, mais présenté d'une manière très différente. L'explication de la figure rapporte un nombre considérable d'événements ayant opposé le Grand Vizir, Hussein Pacha, à M. de Ferriol, ambassadeur de France, qui le font apparaître comme le personnage le plus redoutable de la cour du Grand Seigneur. Premier ministre des Califes, le Grand Vizir était en effet l'un des tout premiers personnages de la Cour. Il est ici l'une des figures les plus imposantes de la mascarade.

Saisi dans une attitude très posée, de face, la main droite tenant une sorte de sceptre ou de bâton de commandement qu'il appuie sur un socle, la main gauche repliée sur sa poitrine, notre *Grand Vizir* s'apparente d'évidence au genre du portrait officiel de souverain. On s'amuse de voir Challes, le futur grand ordonnateur des pompes royales, se prêter ainsi à cette comédie.

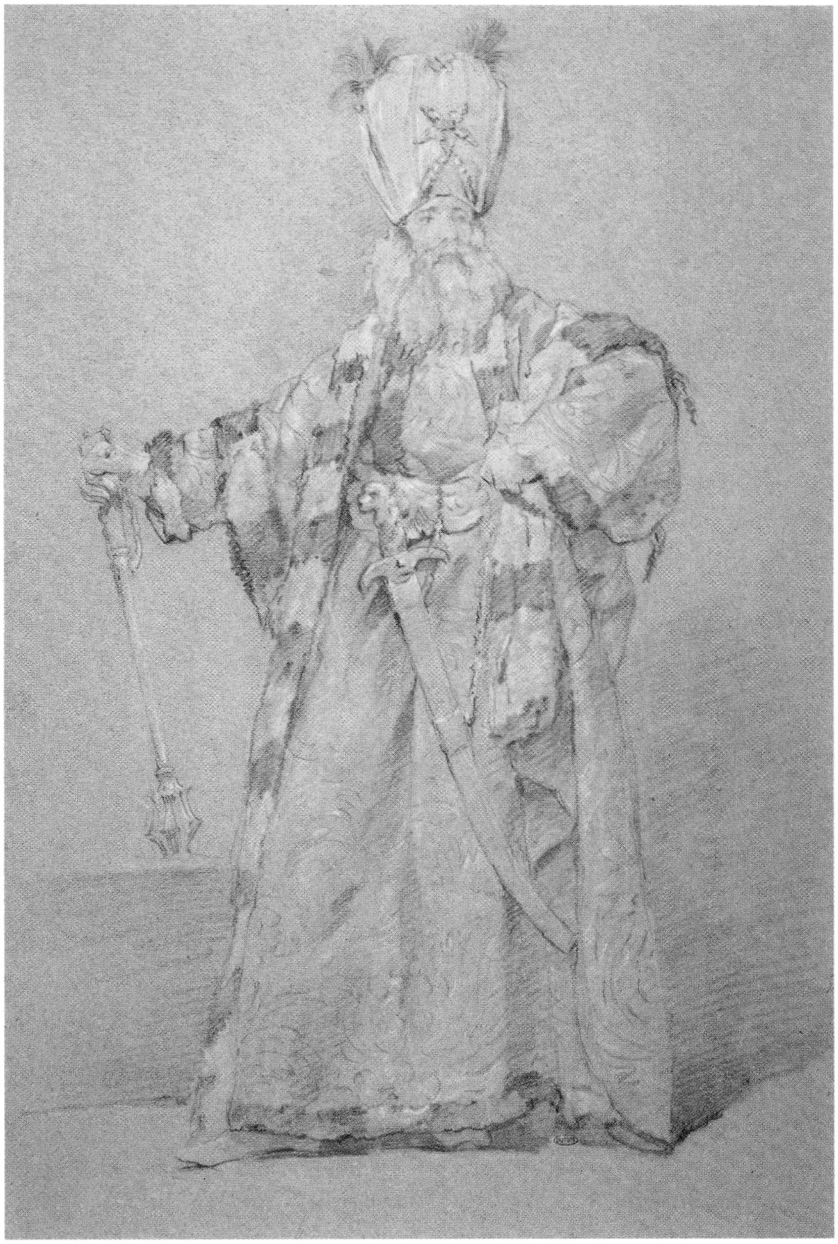

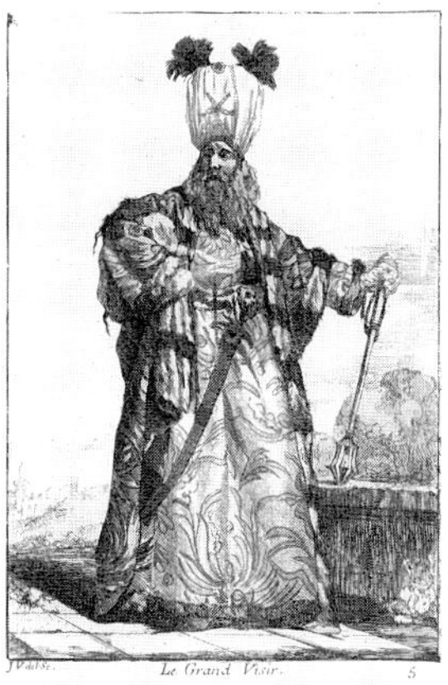

Fig. 42 : Vien, gravure.

15 Le Bacha de Caramanie

- Dessin à la pierre noire avec rehauts de blanc sur papier gris-bleu
- H. : 475 ; L. : 320 mm
- D. Dut. 1074

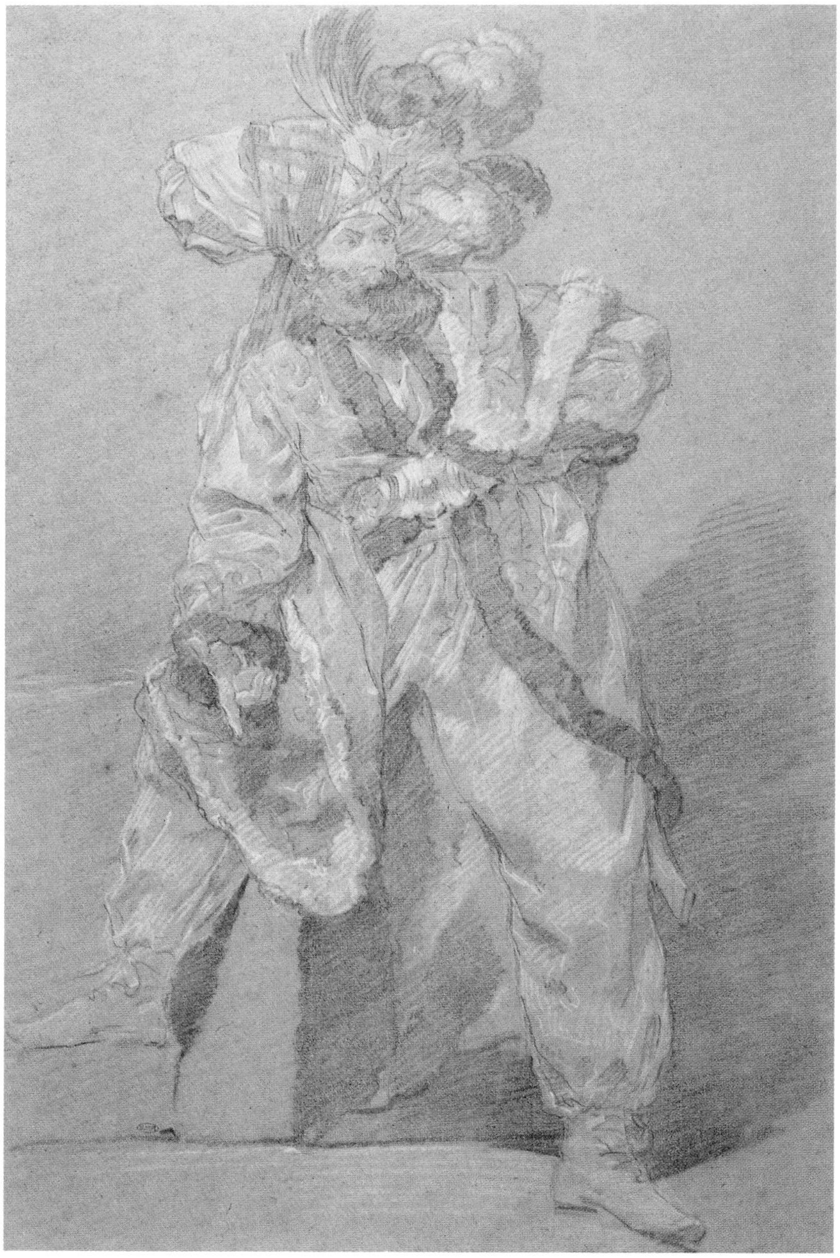

ŒUVRE EN RAPPORT

GRAVURE

Vien a gravé le dessin sous le même titre (pl. n° 7, *fig. 43*).

Le personnage représenté n'est pas connu. Comme pour le *Bacha à trois queues*, on a le choix entre les deux pensionnaires non identifiés (Vien et Saly) ou quelque artiste étranger à l'Académie et encore inconnu.

Gouverneur de la Caramanie, ancienne province turque située dans le sud de l'Asie mineure, ce Bacha fait partie de la suite directe du *Grand Seigneur*. L'opulence de son costume, et particulièrement du turban, l'originalité de sa pose en font l'un des types les plus exubérants de la suite.

Présenté dans une attitude qui rappelle les poses d'atelier, il devient pour le dessinateur un pur exercice de virtuosité.

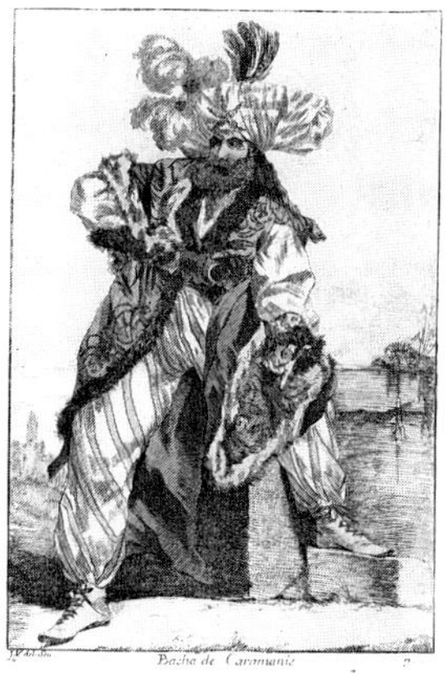

Fig. 43 : Vien, gravure.

16 Le Chef des Indiens

- Dessin à la pierre noire avec rehauts de blanc sur papier gris-bleu
- H. : 392 ; L. : 275 mm
- D. Dut. 1075

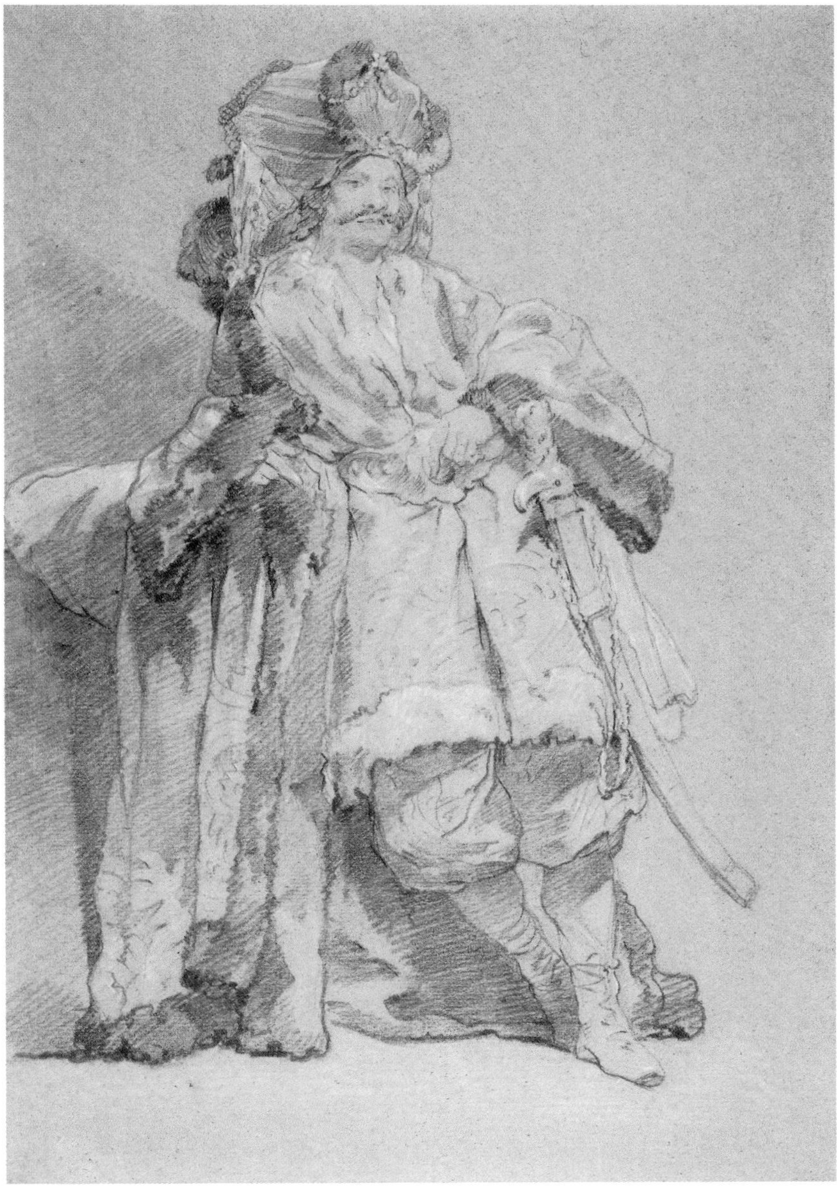

ŒUVRE EN RAPPORT

GRAVURE

Vien a gravé le dessin sous le même titre (pl. n° 8, *fig. 44*).

ANALOGIE

DESSIN

Série A

France (coll. part.). Le dessin porte une inscription, en b. à g. : *Chef des hermites. M. Petitot.*

Le modèle est Edmond-Alexandre Petitot (1727-1801), architecte, premier prix en 1745 (sur un projet de phare). Il séjourne comme pensionnaire à Rome de 1746 à 1750. En 1760, il entre au service du duc de Parme dont il devient le premier architecte. Il construisit peu (façade de l'église Saint-Pierre à Parme), fit quelques projets ambitieux pour son protecteur et se consacra surtout à l'enseignement (Lance, 1872).

L'Inde eut à connaître plusieurs invasions islamiques. Au XVIIe et au XVIIIe siècle, une grande partie du territoire indien demeurait ainsi sous l'autorité, souvent relative, du Sultan. Mais il ne faut sans doute chercher ici aucune crédibilité historique à notre personnage. Le dessin de la série A donne un autre nom au costume, *Chef des hermites* ; faut-il y voir un lien avec les légendes, très populaires en Occident, relatives aux Fakirs, moines musulmans qui menaient une existence retirée de pure contemplation ?

La base du costume reste la même : turban, tunique peinte aux accents soyeux, manteau ourlé de fourrure, culotte bouffante et bottines montantes ; et il n'est plus que l'attitude faussement décontractée s'opposant à l'expression particulièrement redoutable du personnage pour introduire une variation.

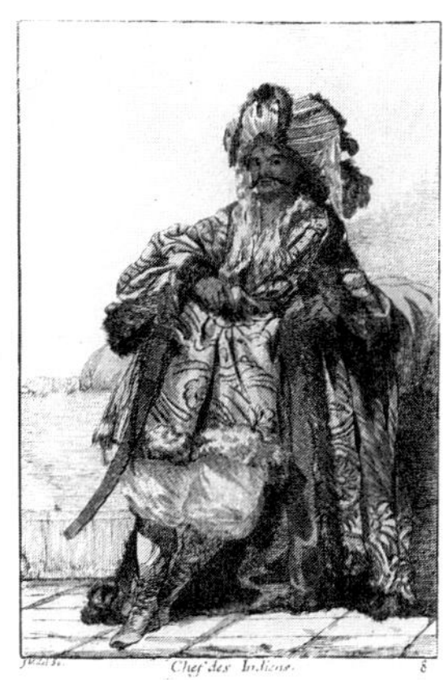

Fig. 44 : Vien, gravure.

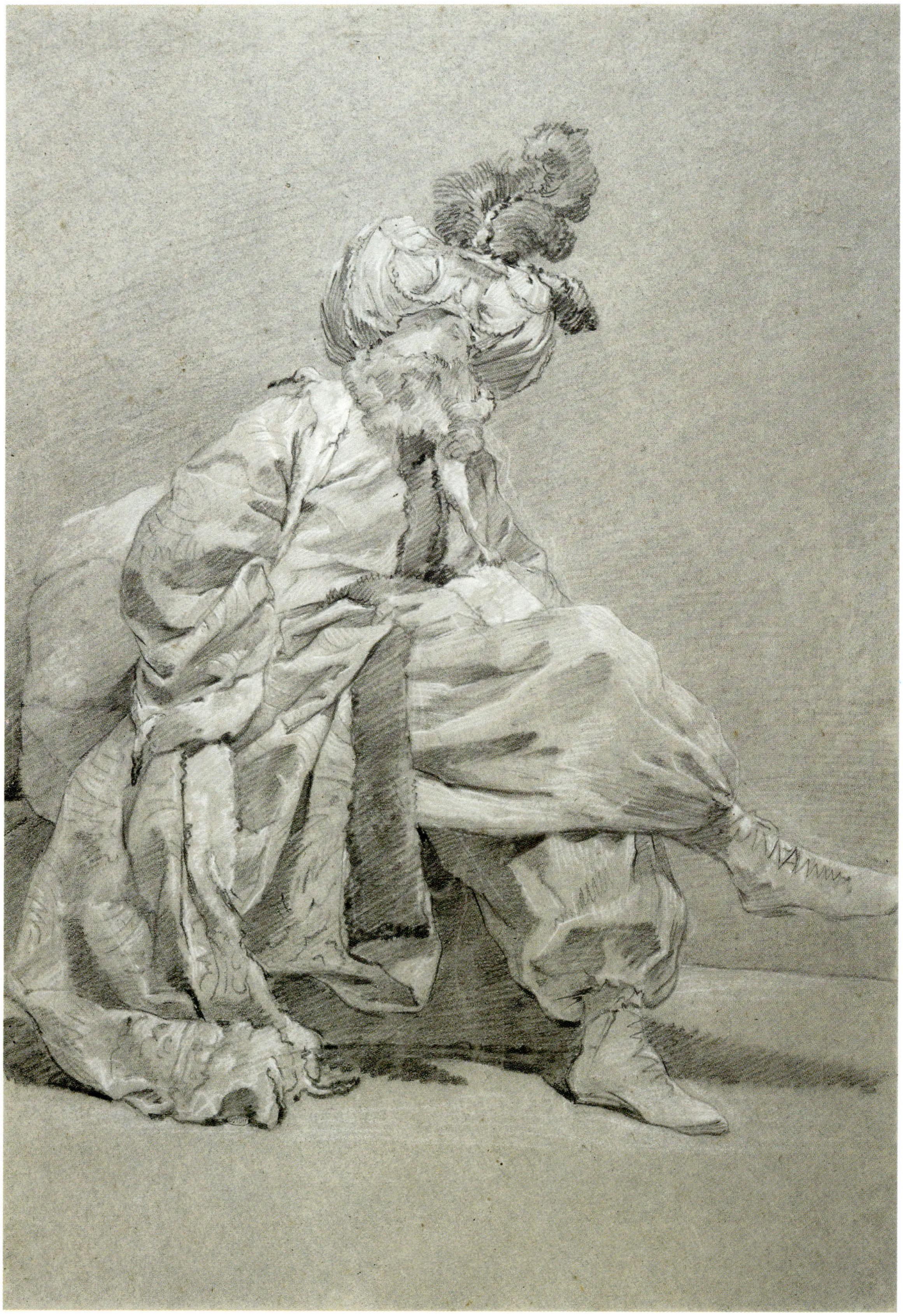

17 «Le Prestre de la Loy»

- Dessin à la pierre noire avec rehauts de blanc sur papier gris-bleu
- H. : 458 ; L. : 322 mm
- D. Dut. 1076

EXPOSITIONS

Vienne, 1966, n° 93 ; Berlin, 1989, n° 9/36, ill. 860 (par suite d'une confusion, l'œuvre exposée réellement était le *Moufti*, n° 18).

ŒUVRE EN RAPPORT

GRAVURE

Vien a gravé le dessin sous le même titre (pl. n° 9, *fig. 45*).

ANALOGIES

DESSINS

Série A

New York (Metropolitan Museum of Art), avec une inscription en b. à g. : *himan de la grande mosquée. M. Clément.*

Barbault

Oxford (Ashmolean Museum), cité et reproduit in G.B.A. (mars 1977).

PEINTURE

Barbault : Musée du Louvre.

Le modèle serait un certain Clément, peintre (?), dont nous ne savons rien. Notons que le dessin de la série A qui porte le nom du modèle indique un autre personnage : *l'Himan de la grande Mosquée...* Ainsi, faut-il sans doute donner au *Prestre de la Loy* les mêmes fonctions que celles de l'*Himan*, celles de docteur, de gardien de la Loi islamique. Scotin pose un personnage assez semblable sous le titre de *Docteur de la loy*, porteur du Coran, dont la pose évoque aussi notre *Moufti* (n° 18).

Comme pour le *Porte-enseigne*, la présence de la série presque complète des dessins met en évidence certaines variantes, le nom du costume, nous venons de le voir, n'étant pas la moins importante. La pose change ainsi sur le tableau de Barbault, où le personnage est figuré debout, dans un costume quelque peu différent — mais il est vrai que les interprétations de Barbault sont régulièrement très différentes. Toutefois, l'homogénéité des trois dessins conservés (série A, série B et Vien) est ici assez forte pour confirmer l'idée avancée par Mme Prouté à propos du *Chef des Huissiers* (Prouté, 1974), à savoir que le décalage sensible des points de vue permettrait d'en déduire «qu'ils ont été dessinés par [des] artistes placés à peu de distance l'un de l'autre». Ici, on peut d'ailleurs en retrouver la disposition exacte : Vien au centre, l'artiste A à droite, l'artiste B à gauche.

Vien est ainsi, semble-t-il, le mieux placé face au modèle : la frontalité très marquée du visage, notamment grâce au turban dont la haute plume prolonge l'axe du corps, s'oppose ici de la manière la plus séduisante à la torsion du buste. Il paraît en outre prendre un soin tout particulier à la mise en page de son dessin : il est le seul à noter le coussin et la ligne du sol, détails que l'on retrouve dans sa gravure. Faut-il en déduire qu'il envisageait dès l'origine une interprétation plus finie, en gravure, de ses études ?

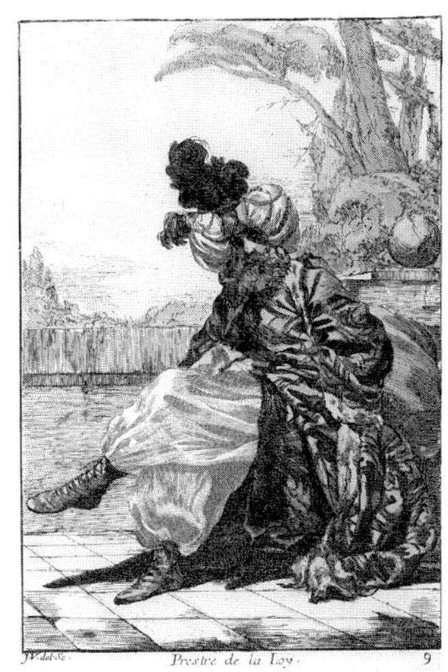

Fig. 45 : Vien, gravure.

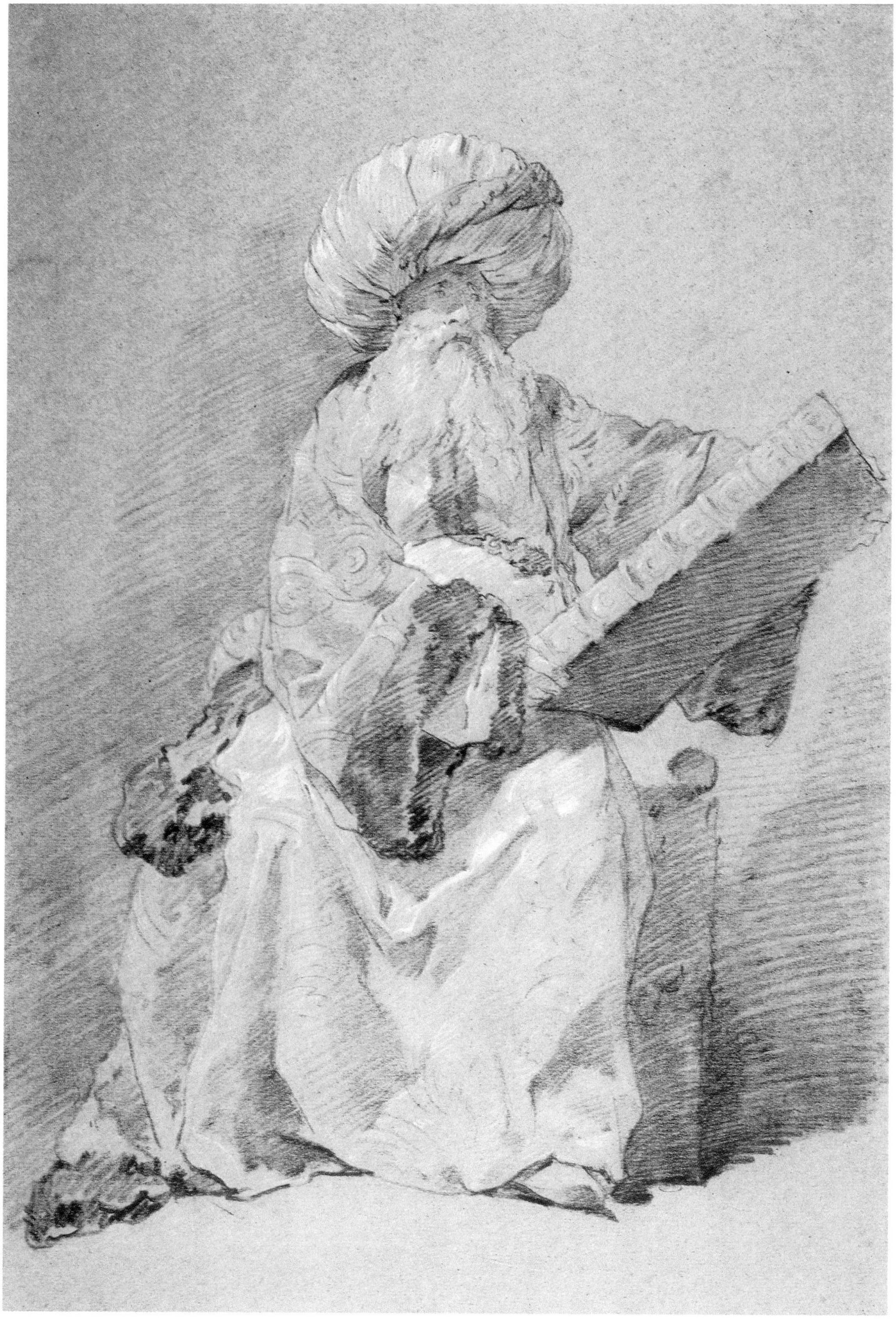

18 *Le Moufti*

- Dessin à la pierre noire avec rehauts de blanc sur papier gris-bleu
- H. : 468 ; L. : 320 mm
- D. Dut. 1077

EXPOSITION

Berlin, 1989 (exposé à la suite d'une confusion avec le *Prestre de la Loy*, n° 17).

ŒUVRE EN RAPPORT

GRAVURE

Vien a gravé le dessin sous le même titre (pl. n° 10, *fig. 46*).

ANALOGIES

DESSINS

Série A

galerie Heilbrun (1961). Le dessin porte l'inscription : *Grand Moufti hazon.*

Série B

Lyon (Bibliothèque), considéré comme un astronome de Le Prince par M. Roland Michel.

Le modèle est Barthélemy-Michel Hazon (1722-1816), architecte. Deuxième prix en 1745, la même année que Petitot (voir le *Chef des Indiens*, n° 16), il séjourne à Rome en qualité de pensionnaire de 1746 à 1749, date à laquelle il est contraint de revenir «pour raison familiale». A son retour, il est nommé «Intendant ordonnateur des bâtiments, jardins, arts et manufactures du roi». Il est admis à l'Académie en 1756 (Lance, 1872).

Chef de la religion mahométane, le *Moufti* est ici somptueusement figuré tenant dans ses mains un grand livre (le Coran ?). Ce nouvel accessoire permet à Vien de décliner une attitude quelque peu différente : on retient de ce dessin la merveilleuse opposition entre la rondeur parfaite du turban, posé comme une auréole sur la tête du personnage, et les lignes droites et orthogonales du livre. De fait, la pose n'est pas sans évoquer certaines représentations d'évangélistes. Remarquons que Scotin pose un *Moufti* très proche (pl. XX), où se retrouve le grand turban si caractéristique ; il donne à sa figure l'explication suivante : «Le Moufti est le Chef et l'interprete de la Loy : le Grand Seigneur l'appelle son pere, et ne se leve sur le Sofa que pour luy seul, quand il entre dans sa chambre. Le Moufti dispose de tous les emplois de la judicature ; et son Festa ou sa signature est necessaire pour la décision des affaires importantes, soit pour une déclaration de guerre, ou pour la mort des Grands.»

Comme de coutume, le dessinateur paraît prendre le plus grand plaisir à rendre les fourrures et à marquer les drapés du manteau. Le visage, dévoré par la barbe et l'ombre du turban, se réduit à deux yeux et à l'arête du nez.

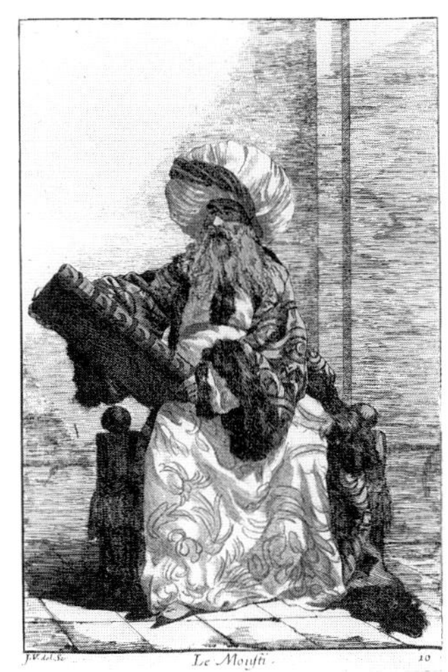

Fig. 46 : Vien, gravure.

19 *L'Himan de la Grande Mosquée*

- Dessin à la pierre noire avec rehauts de blanc sur papier gris-bleu
- H. : 450 ; L. : 315 mm
- D. Dut. 1078

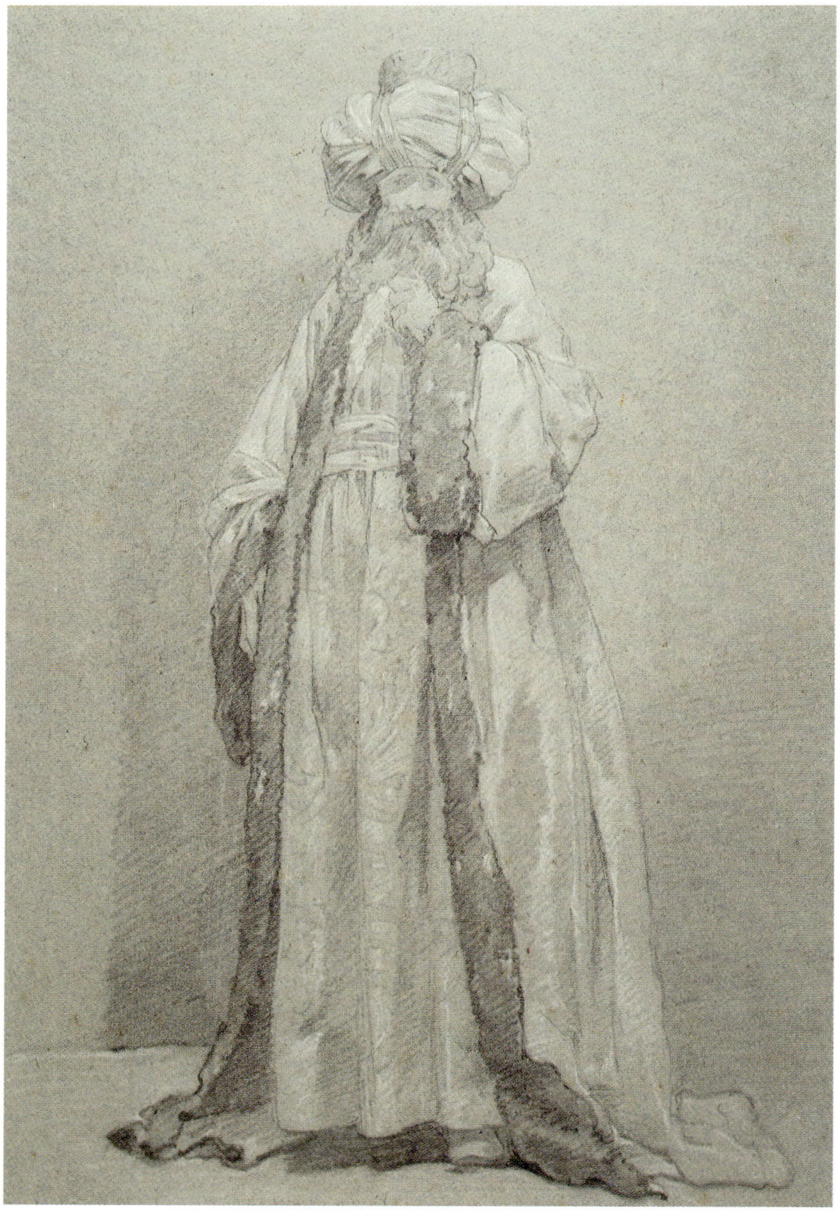

EXPOSITIONS

Beauvais, Angers, Valence, Dijon, 1974-1975, n° 41 (exposé par erreur).

ŒUVRE EN RAPPORT

GRAVURE

Vien a gravé le dessin sous le même titre (pl. n° 11, *fig. 47*).

ANALOGIES

DESSINS

Série A

galerie de Bayser (1961) ; cité par Boucher, non reproduit (1962) avec un titre différent, «le grand derviche», et le nom du modèle, «De La Rue».

Autre série

contre-épreuve d'une sanguine attribuée à Barbault (citée par L. Thornton, in *Mahmals et Attatichs*, Paris, 1975-1976).

Le modèle est le peintre et dessinateur Philibert-Benoît de La Rue (*ca.* 1725-1780), élève de Parrocel. Deuxième prix en décembre 1748, c'est-à-dire après s'être rendu de lui-même à Rome, il ne fut jamais pensionnaire de l'Académie.

L'Himan, ou Imâm, était grand prêtre, ou plus exactement docteur de la religion mahométane. Scotin représente de manière sensiblement différente un «Imam, ministre d'une mosquée» (pl. XXIII), et le définit par ces mots : «L'Imam est comme le Curé d'une Paroisse».

Seul le turban introduit ici une différence avec les autres costumes : plus étroit, lié par des rubans à la toque, plus haute, qui apparaît au centre. Le reste du dessin est plus esquissé et le costume presque réduit aux grandes retombées des bordures de fourrure. En fait, Vien s'est surtout plu à rendre le geste songeur et quelque peu comique d'un personnage qui se caresse la barbe en fixant le spectateur.

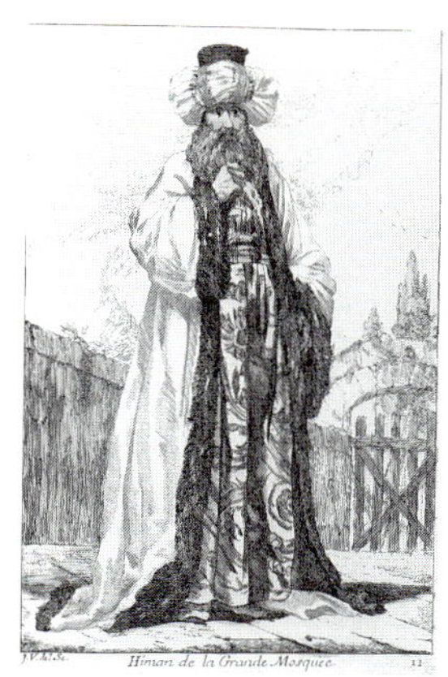

Fig. 47 : Vien, gravure.

20 Le Chef des Huissiers

- Dessin à la pierre noire avec rehauts de blanc sur papier gris-bleu
- H. : 494 ; L. : 323 mm
- D. Dut. 1079

ŒUVRE EN RAPPORT

GRAVURE

Vien a gravé le dessin sous le même titre (pl. n° 14, *fig. 48*).

ANALOGIE

DESSIN

Série A

galerie Prouté (1974, n° 24, repr.). Le dessin porte l'inscription : *Chef des Huissiers du Grand Seigneur. M. Le Prince.*

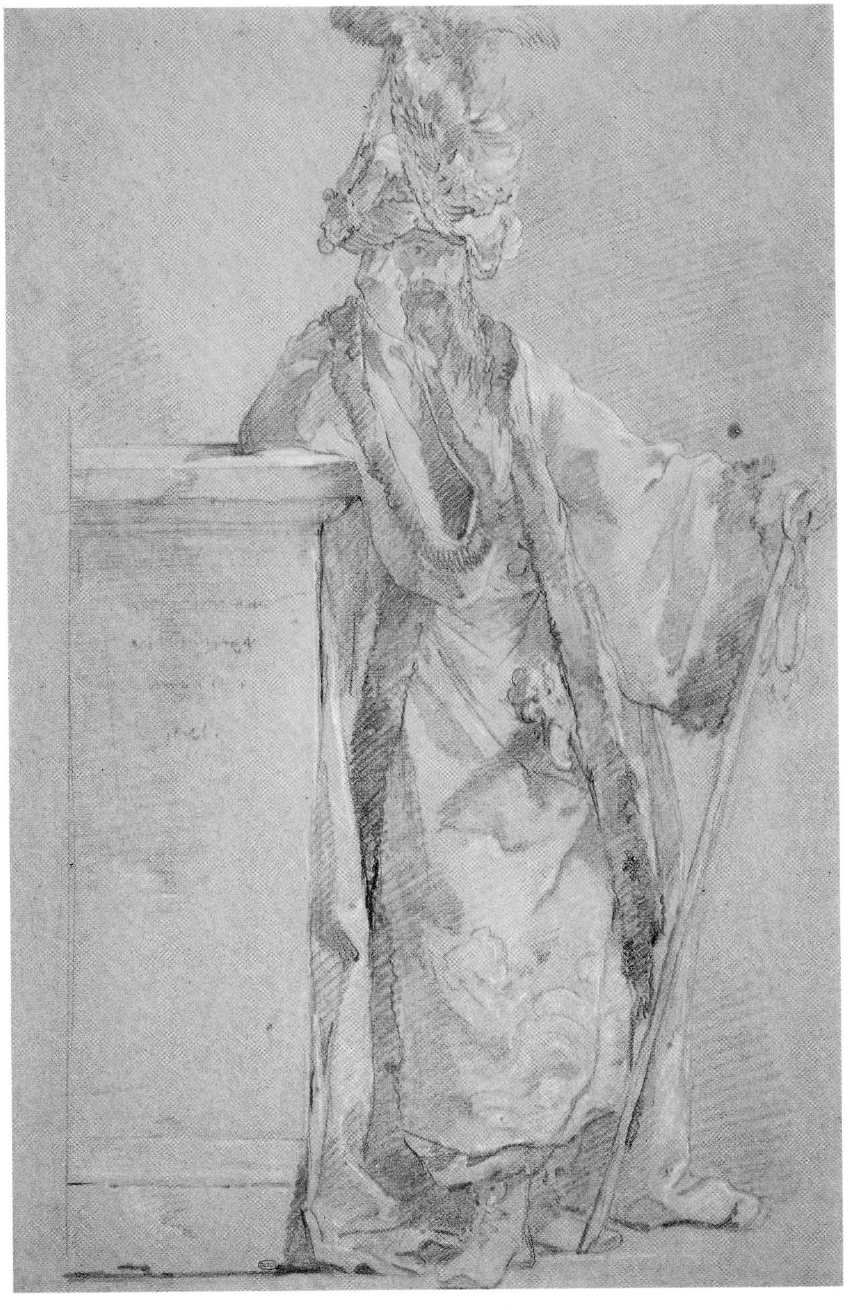

Le personnage représenté serait un certain Le Prince, artiste inconnu qui ne peut être le célèbre peintre des russeries, Jean-Baptiste Leprince (1734-1781).

Scotin représente le même personnage (pl. XIV), en précisant son titre exact : «Le Bach-Chiaoux est le Chef des Huissiers.»

Là encore, c'est l'exubérance de la coiffe qui devient un des motifs principaux du dessin : turban large qui s'achève en une efflorescence de plumes en aigrettes. On peut noter la présence du haut piédestal, à gauche, qui évoque le mobilier d'une salle d'étude et permet de varier la pose : le personnage y appuie nonchalamment le coude droit, le poing serré contre la joue dans une attitude d'observateur quelque peu menaçant. La main gauche fortement écartée vient s'appuyer sur un bâton dans un geste mi-altier, mi-décontracté.

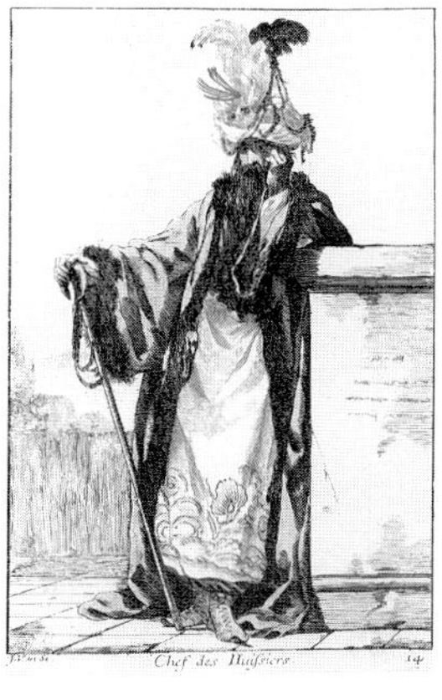

Fig. 48 : Vien, gravure.

21 *L'Ambassadeur de la Chine*

- Dessin à la pierre noire avec rehauts de blanc sur papier gris-bleu
- H. : 432 ; L. : 290 mm
- D. Dut. 1080

EXPOSITIONS

Vienne, 1966, n° 91 ; Séoul, 1977, n° 33.

ŒUVRE EN RAPPORT

GRAVURE

Vien a gravé le dessin sous le même titre (pl. n° 15, *fig. 49*).

ANALOGIES

DESSINS

Série A

galerie de Bayser, 1961; cité et reproduit par Boucher (1962) qui ne relève pas, hélas, l'inscription portée sur la feuille. Nous croyons qu'il faut lire : *L'Ambassadeur de la Chine. M. Challes.*

Barbault

vente Rouen (8/9-8-1971)

Le dessin de la série A cité et reproduit par Boucher (*cf.* B.S.H.A.F, 1963) a disparu depuis. Seule demeure la photographie du B.S.H.A.F, dont les auteurs du catalogue Barbault ne parviennent pas à lire l'inscription. Toutefois, par recoupements, il nous semble possible d'y lire l'inscription : *L'ambassadeur de la Chine. M. Challes,* dont Boucher affirme bien qu'il était représenté dans la mascarade, omettant hélas de dire sous quel costume.

Simon Challes (1719-1765), sculpteur, frère cadet du peintre et architecte Michel-Ange Challes (voir n° 14, *le Grand Vizir*), est deuxième prix en 1741 (*La guérison de Tobie*), puis premier prix en 1743 (*David se résignant à la volonté du Seigneur...*). Envoyé comme pensionnaire à Rome de 1744 à 1752, il retrouve son frère au palais Mancini. Il est agréé à l'Académie royale en 1754, puis devient académicien en 1756 (Lami, 1910).

Autre fleuron de la mode exotique, la chinoiserie fut par exemple le thème de la mascarade des pensionnaires de l'Académie de France de 1735, tel que Bouchardon nous en a laissé le souvenir (Paris, Musée du Louvre, cabinet des dessins). Ici, dans le cadre d'une turquerie, ce poncif du déguisement devient l'un des costumes les plus exubérants. De fait, c'est sans doute par goût du contraste et au souvenir des grandes fêtes chinoises que les organisateurs de la mascarade ont convoqué cet ambassadeur parfaitement déplacé dans la suite d'un Sultan ! Si Scotin ne représente aucun Chinois dans sa suite de gravures, Bonnart figure, lui, quelques représentants de cet empire ; précisons cependant qu'il ne s'agit pas d'ambassadeurs mais de personnages communs, qui sont de fait assez différents.

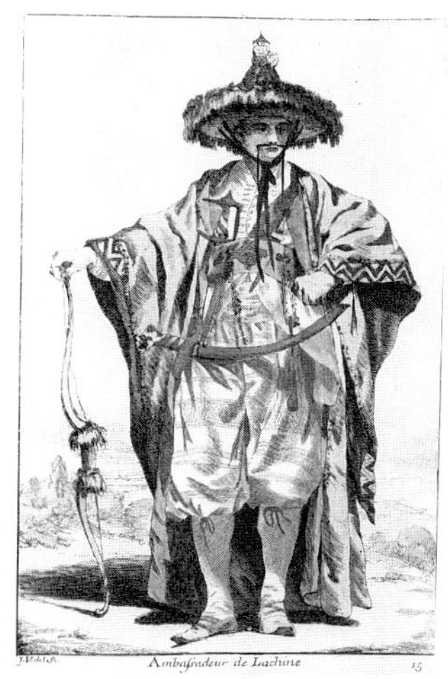

Fig. 49 : Vien, gravure.

Le large chapeau, chinois comme de juste, l'arc sur lequel le personnage s'appuie de la main gauche, le détail des longues moustaches tombantes et la position curieuse du sabre, accroché horizontalement sur le ventre, permettent à Vien de composer une figure particulièrement originale. Notons que le dessinateur A représente le même personnage appuyé sur une longue flèche, tandis que Barbault le figure la main gauche tendue dans un geste identique, mais vide...

Le costume lui-même différencie très notablement notre ambassadeur oriental des autres personnages : point de fourrure mais plutôt de la soie (ou quelque tissu peint imitant la soie), point de plume non plus ; la culotte remonte plus haut, au-dessus du mollet, et le manteau devient une ample cape retombant sur les bras en larges plis flottants.

D'évidence, Vien s'est plu à souligner les pompons, les cordons et les rubans qui pendent à tous les niveaux du costume, depuis le chapeau jusqu'à la ceinture, et imitent les raides moustaches de ce fier oriental.

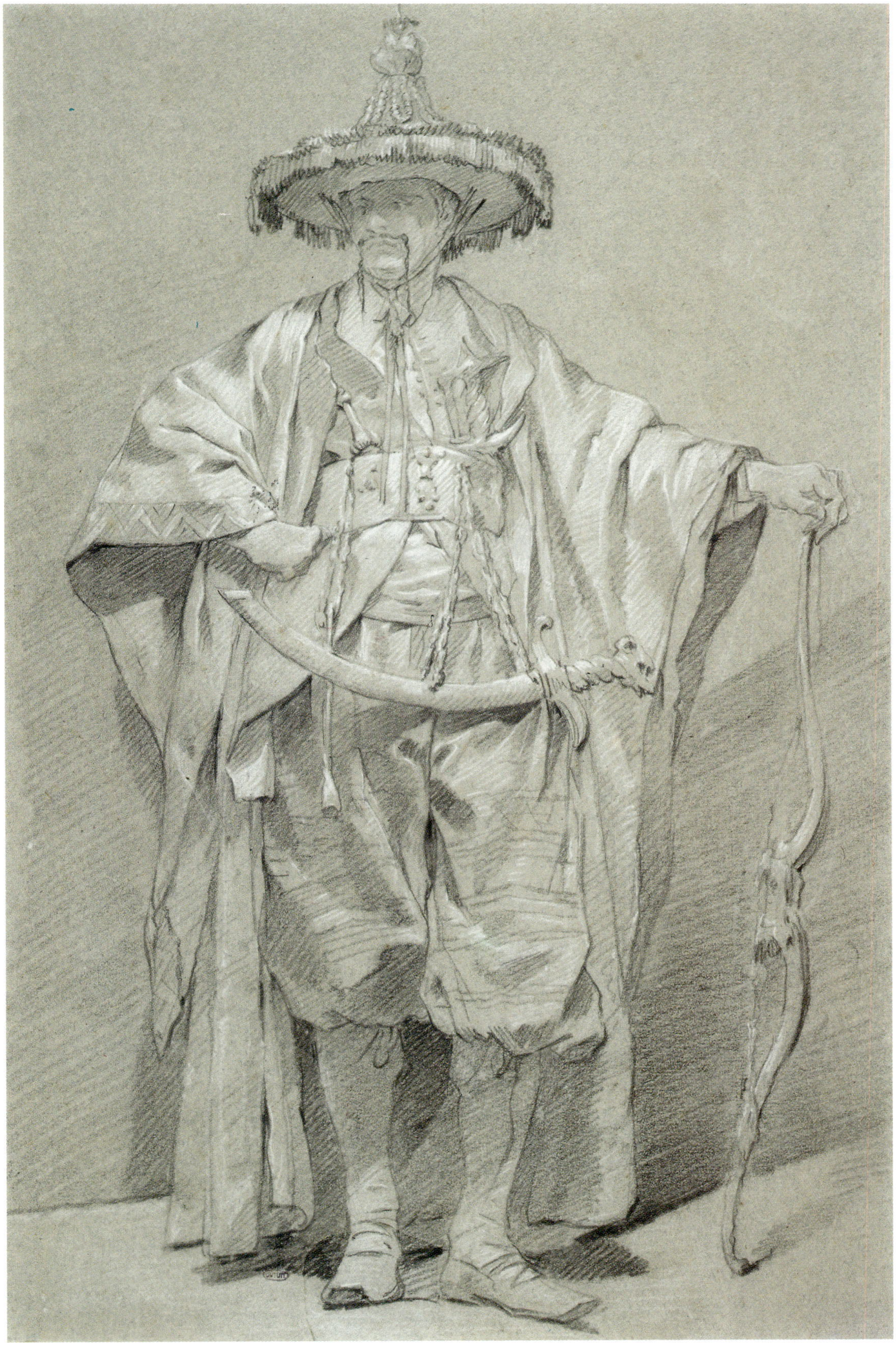

22 *L'Ambassadeur de Siam*

- Dessin à la pierre noire avec rehauts de blanc sur papier gris-bleu
- H. : 479 ; L. : 325 mm
- D. Dut. 1081

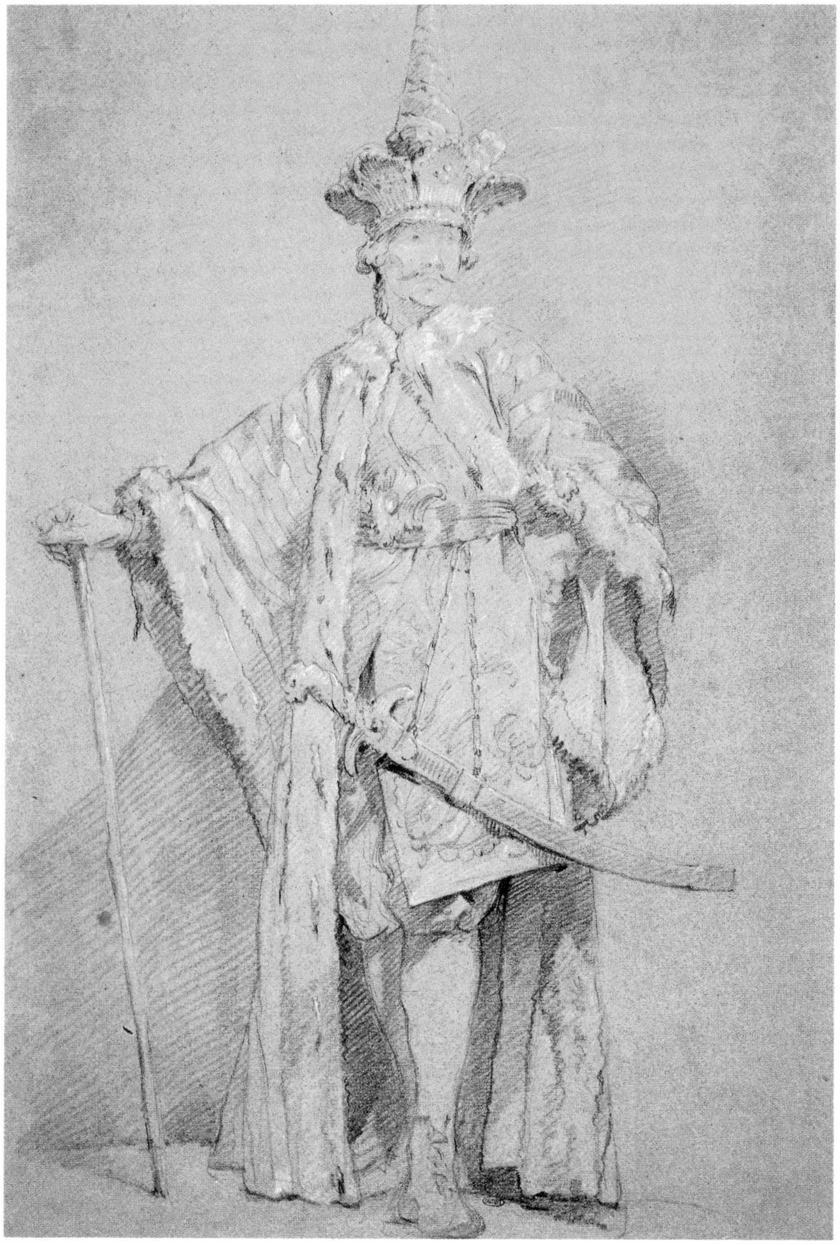

ŒUVRE EN RAPPORT

GRAVURE

Vien a gravé le dessin sous le même titre (pl. n° 16, *fig. 50*).

Le personnage représenté n'est pas identifié à ce jour. Mais il est l'un des rares personnages dont les traits ne sont pas cachés derrière une épaisse barbe ou dans l'ombre dévorante de son couvre-chef. Bien qu'esquissés, le front que l'on devine haut, les pommettes saillantes, le menton volontaire marqué d'une fossette et le nez fin et long ne sont pas sans évoquer les traits de Vien lui-même… Les portraits de l'artiste jeune sont assez rares : un autoportrait daté de 1745 (reproduit dans notre texte d'introduction, *fig. 15*) et un portrait par Alexandre Roslin en 1757 (tous deux conservés au Château de Versailles) nous permettent cependant d'imaginer sa physionomie vers 1748.

Le Siam est l'ancien nom de la Thaïlande. Convoité par les Hollandais et les Anglais qui y établirent des comptoirs dès le XVIe siècle, il se tourna vers la France au XVIIe siècle et délégua une somptueuse ambassade auprès de Louis XIV en 1684. De nombreuses vues (gravures et tableaux, voir *fig. 21*) ont conservé le souvenir de cet événement extraordinaire et il n'est guère douteux que Vien et ses camarades aient consulté ces documents, notamment pour le détail caractéristique du couvre-chef inspiré directement de modèles siamois.

Notons que la pose adoptée reprend exactement celle de l'*Ambassadeur de la Chine*, mais inversée, et constitue de fait une sorte de pendant à cette dernière composition. Le bâton sur lequel le personnage s'appuie se retrouve dans le *Chef des Huissiers*. Le sabre est le même que celui porté par la plupart des personnages. Le costume, à proprement parler, ne se différencie guère et l'on aperçoit parfaitement sous le manteau la culotte et les bas de ville du modèle.

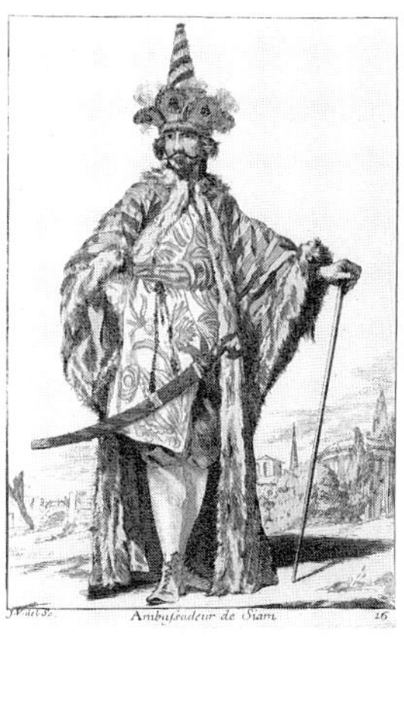

Fig. 50 : Vien, gravure.

23 *Le Grand Seigneur*

- Dessin à la pierre noire avec rehauts de blanc sur papier gris-bleu
- H. : 483 ; L. : 319 mm
- D. Dut. 1082

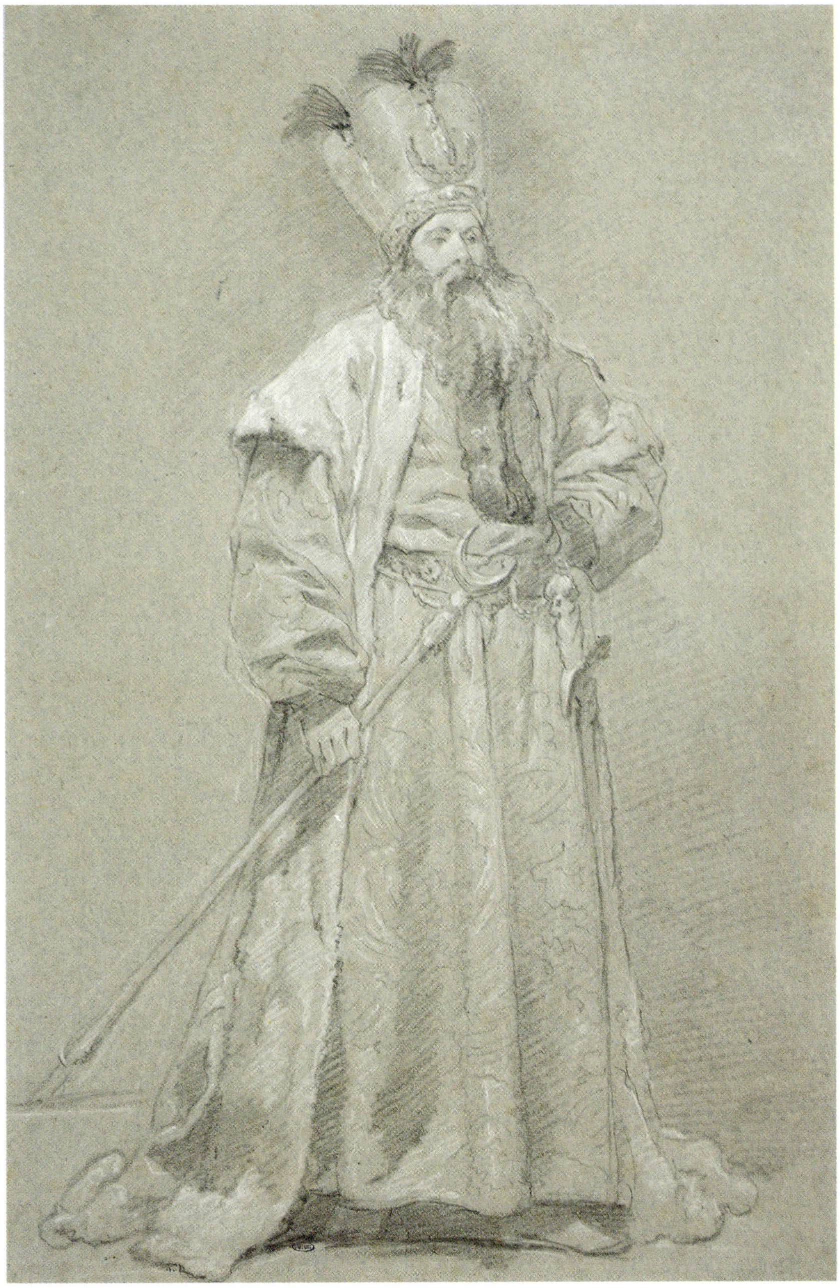

ŒUVRE EN RAPPORT

GRAVURE
Vien a gravé le dessin sous le même titre (pl. n° 17, *fig. 51*).

ANALOGIE

DESSIN
Série A
galerie de Bayser, 1961 ; cité par Boucher (1962), avec une inscription : *Sulltan. M. Larchevêque.*

Le modèle est Pierre-Hubert Larchevêque (1721-1778). Elève de Bouchardon, il remporte le premier prix de sculpture en 1745 (*Salomon faisant transporter l'arche dans le temple*). Il séjourne à Rome en qualité de pensionnaire de 1746 à 1749. Agréé à l'Académie royale en 1755, il est appelé en Suède en 1760, s'installe à Stockholm où il exécute sur commande royale divers monuments (statue pédestre de Gustave Wasa, fondue en 1770, statue équestre de Gustave Adolphe...), devient membre, puis directeur de l'Académie de sculpture, où il a notamment comme élève Sergell. Il revient en France en 1776 (Lami, 1911).

Comme le suggère l'inscription portée sur le dessin de la série A, il s'agit en fait du Sultan, personnage principal de la mascarade. Sa haute tiare ornée du croissant et son bâton de commandement surmonté du même emblème de la religion islamique le signalent comme le personnage le plus important de la mascarade. Scotin n'omet évidemment pas de représenter lui aussi un *Grand Seigneur* (pl. I), de même que Bonnart. Toutefois, ces deux antécédents ne peuvent être considérés comme des modèles de notre dessin.

Que Vien ne lui ait pas donné quelque attitude plus pompeuse, alors que le rôle est le plus important, suggère bien le caractère aléatoire de l'attribution des costumes et des poses, et nous rappelle qu'il ne s'agissait bien, en fait, que d'exercices d'étude.

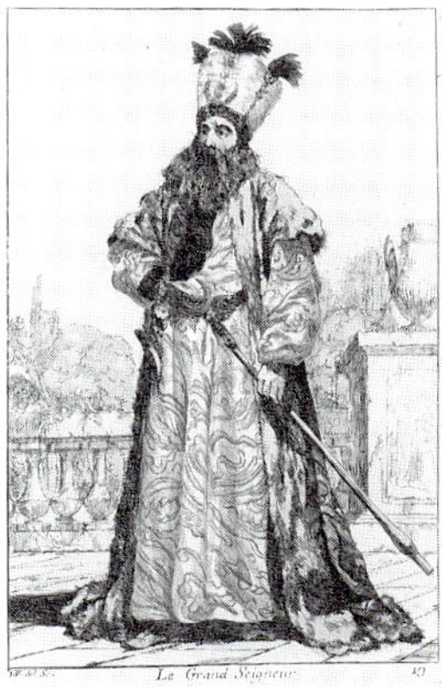

Fig. 51 : Vien, gravure.

24 *L'Ambassadeur de la Perse*

- Dessin à la pierre noire avec rehauts de blanc sur papier gris-bleu
- H. : 473 ; L. : 319 mm
- D. Dut. 1083

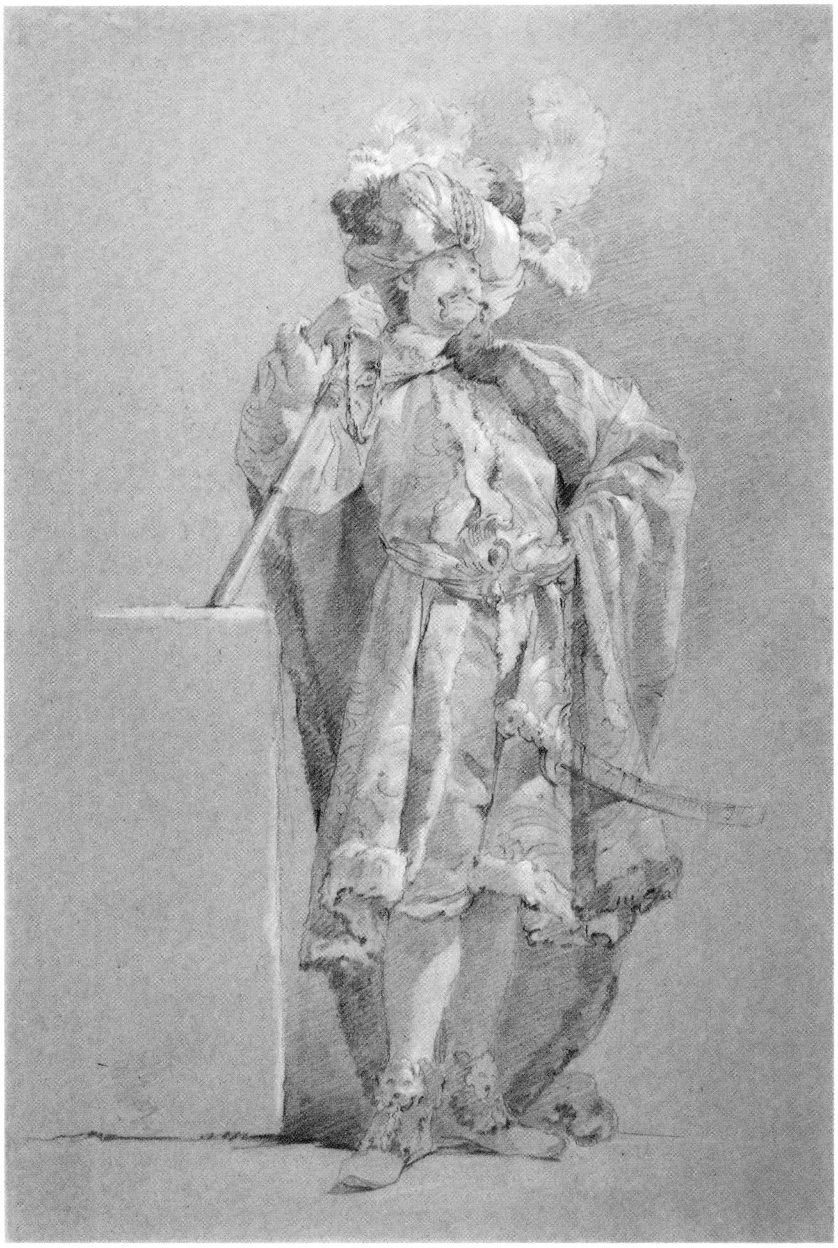

EXPOSITION

Berlin, 1989, n° 9/34 (ill. 855).

ŒUVRE EN RAPPORT

GRAVURE

Vien a gravé le dessin sous le même titre (pl. n° 18, *fig. 52*).

ANALOGIES

DESSINS

Série A
galerie Heilbrun (1961)
Autre série
dessin d'une série de deux (The Israel Museum), copie du Vien ?

PEINTURE

Barbault : Beauvais (Musée départemental de l'Oise)

Le modèle est Nicolas-Henri Jardin (1720-1802), architecte. Grand prix en 1741 (projet d'un «chœur d'église cathédrale»), il séjourne à Rome de 1744 à 1748. En 1754 ou 1755, il est appelé à Copenhague par le roi Frédéric V qui le nomme professeur à l'Académie et intendant des bâtiments royaux. Il construisit beaucoup au Danemark (Copenhague, église royale, château de Bernsdorf, palais d'Amaliegade) avant de revenir en France, en 1771, où il fut nommé à l'Académie, puis décoré de l'ordre de Saint-Michel (Lance, 1872).

Jadis une des nations les plus riches et les plus influentes du monde islamique, la Perse représentait encore pour le XVIIIe siècle occidental une des terres exotiques les plus populaires. Si Scotin, on l'a vu, ne figure aucun ambassadeur étranger, Bonnart, en revanche, représente le *Grand Sophy ou Roy de Perse.*

L'ambassadeur qui est présenté ici n'offre à vrai dire rien de bien persan, ni par son costume — il porte le large turban empanaché du *Bacha de Caramanie* par exemple —, ni par sa pose où l'on retrouve les instruments habituels de l'atelier d'étude : le socle et le bâton. Reste bien sûr le soin avec lequel Vien marque le moindre pli de son habit et suggère les différents matériaux, plumes et tissus, et le bonheur évident qu'il prend à raffiner, par la technique de l'estompe, le modelé du vêtement.

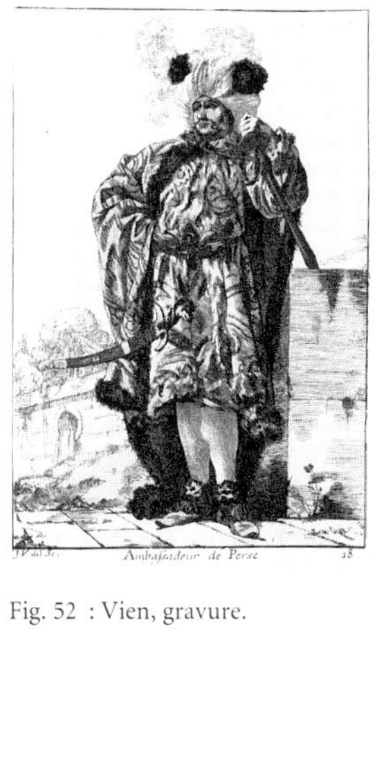

Fig. 52 : Vien, gravure.

25 *L'Ambassadeur du Mogol*

- Dessin à la pierre noire avec rehauts de blanc sur papier gris-bleu
- H. : 484 ; L. : 320 mm
- D. Dut. 1084

EXPOSITIONS

Séoul, 1977, n° 34 ; Berlin, 1989 (exposé à la suite d'une confusion avec le *Grand Vizir*, n° 14).

ŒUVRES EN RAPPORT

GRAVURE

Vien a gravé le dessin sous le même titre (pl. n° 19, *fig. 53*).

PEINTURE

Vien a répété à l'huile la tête du modèle (musée du Petit Palais, *fig. 54*).

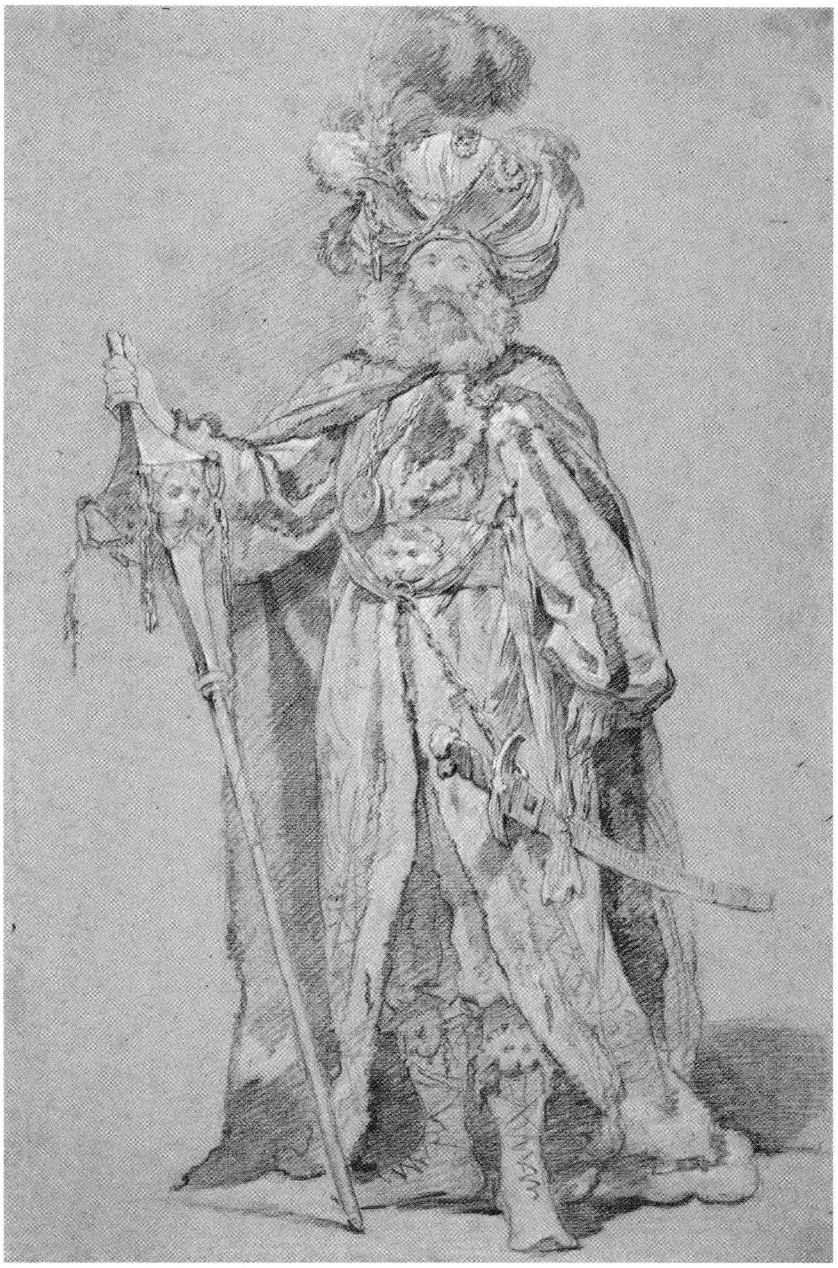

Le modèle n'a pas été identifié. Comme pour le *Bacha à trois queues*, le *Bacha de Caramanie* ou l'*Ambassadeur de Siam*, il pourrait s'agir de Jacques-François Saly, sculpteur pensionnaire de l'Académie en 1748, de Vien lui-même, ou encore d'une personnalité extérieure invitée par les pensionnaires.

Le Mogol — dérivation de Mongol — est le nom des anciens souverains musulmans qui régnèrent sur le nord de l'Inde à partir du XVIe siècle. Bonnart représente le *Grand Mogol ou Empereur des Indes* dans une pose très proche, mais sans doute trop conventionnelle pour être réellement caractéristique.

La pose de cet ambassadeur se distingue ici par une lourde masse sur laquelle il prend appui de la main droite. Le costume est assez similaire aux autres déguisements de la mascarade : signalons encore le sabre qu'il porte au côté gauche et que nous retrouvons sur de nombreux autres dessins. De même que pour le *Grand Vizir* ou l'*Ambassadeur de Siam*, notre *Ambassadeur du Mogol* se présente dans la pose officielle du portrait de souverain.

Le Petit Palais conserve aussi une peinture à l'huile de Vien représentant le même personnage (présentée dans l'exposition, *fig. 54*). Il peut paraître surprenant que notre artiste se consacre soudain à l'exécution d'un vrai portrait, rapproché de surcroît… Toutefois, cette peinture, reprenant très exactement le détail de la tête de notre dessin, à la position des rubans ou des plumes près, doit sans doute être considérée comme une répétition à l'huile de celui-ci, et non comme une seconde étude prise sur le vif.

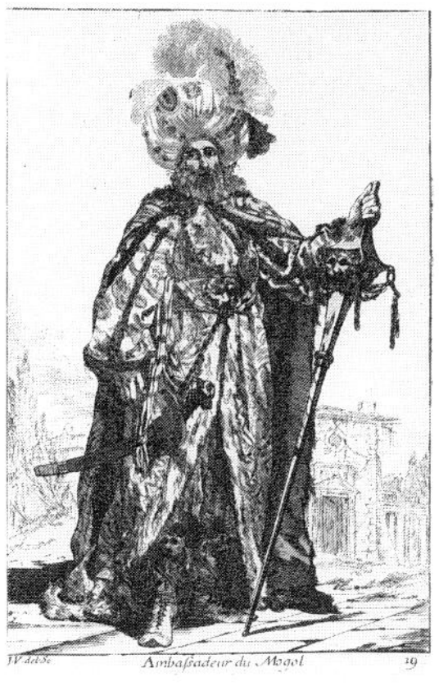

Fig. 53 : Vien, gravure.

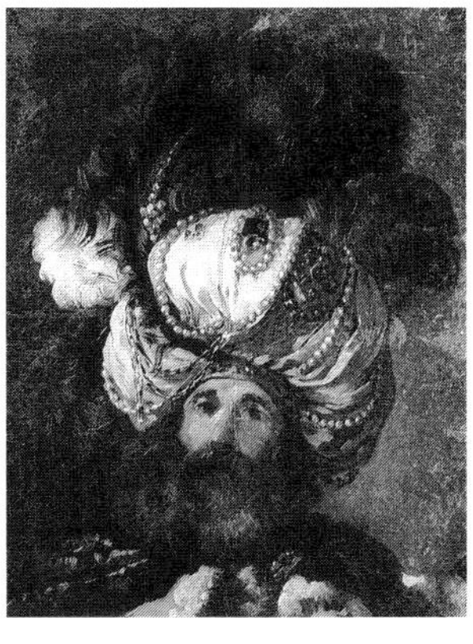

Fig. 54 : Vien, peinture, musée du Petit Palais.

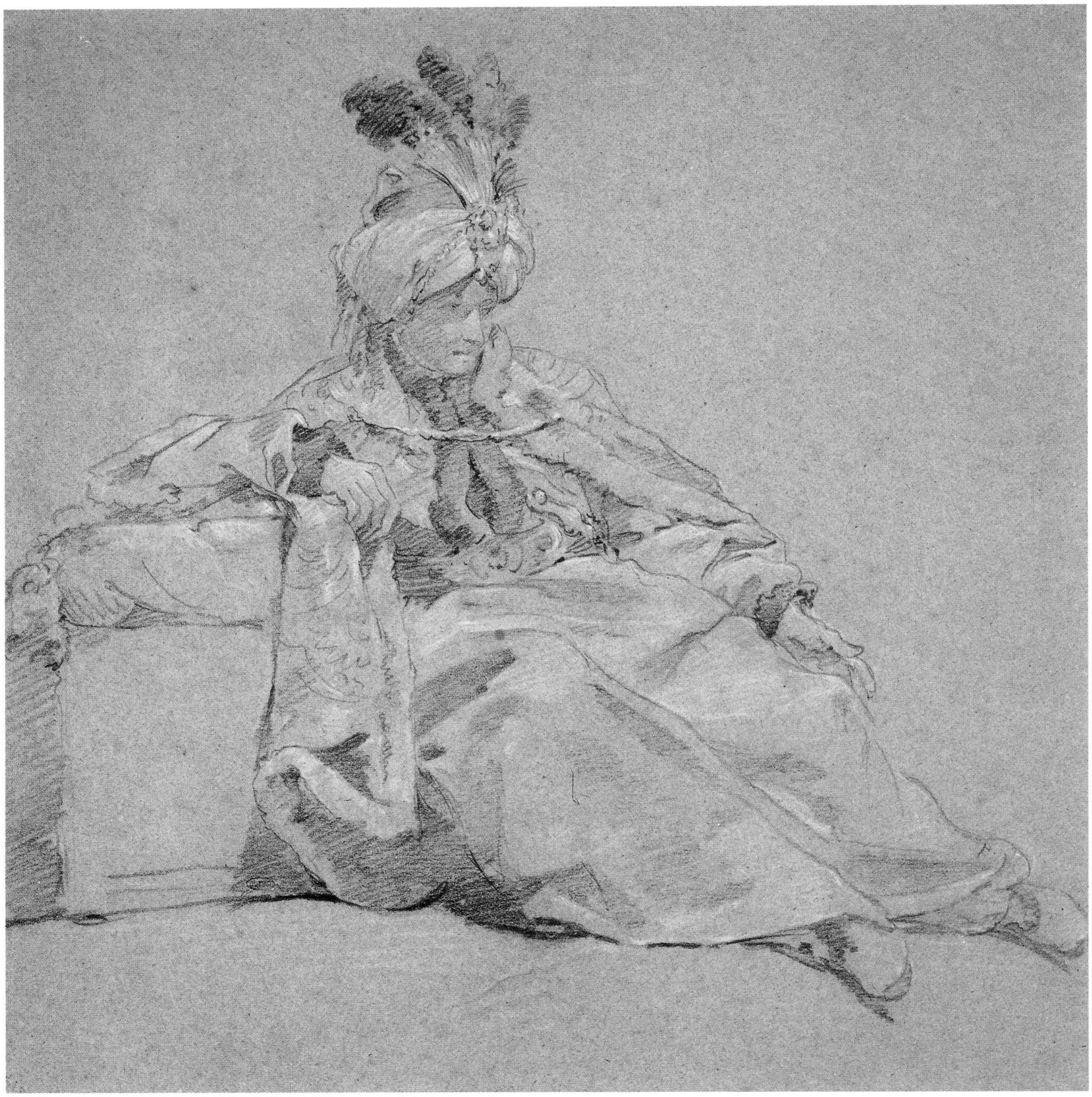

26 *L'Eunuque noir*

- Dessin à la pierre noire avec rehauts de blanc sur papier gris-bleu
- H. : 311 ; L. : 314 mm
- D. Dut. 1085

ŒUVRE EN RAPPORT

GRAVURE

Vien a gravé le dessin sous le même titre (pl. n° 21, *fig. 55*).

ANALOGIES

DESSIN

Série A

galerie de Bayser, 1961; cité par Boucher (1962)

PEINTURE

Barbault : Christie's

Le modèle serait le peintre Jacques-François Martin. On ne sait pas grand-chose de lui : arrivé à Rome vers 1745 (*Correspondance des Directeurs...*, mai 1746, cité par Boucher, p. 73), toujours refusé à l'Académie pour mauvaise conduite, il semble avoir fréquenté le milieu du palais Mancini en 1748. Le seul tableau connu de cet artiste est une représentation générale de la *Mascarade* (Suisse, coll. part.). P. Rosenberg (Beauvais..., 1974, p. 38) le fait naître vers 1720 ; Boucher (*op. cit.*) signale qu'il fut longtemps confondu avec son père, le sculpteur Jacques-François Martin, ce dernier reçu à l'Académie de Saint-Luc en 1732, le premier en 1763 (?). Toutefois, il faut se demander si Boucher ne fait pas encore erreur, confondant ce Martin qui expose à l'Académie de Saint-Luc en 1763 avec un autre Martin, peut-être Gilles-François Martin (mort vers 1795) ? Une autre possibilité serait alors de reconnaître, dans le modèle de notre *Eunuque noir*, ce «camarade» dont Vien nous dit qu'il «s'était réservé le soin de graver la marche générale [de la *Mascarade*, mais] mourut sans l'avoir terminée». Il serait tentant en effet d'associer le seul tableau connu du défilé à cette réflexion de Vien pour confondre les deux artistes ; dans une certaine mesure — et quoique cela ne soit pas une preuve —, la mort précoce du peintre expliquerait aussi la pauvreté de son œuvre et de sa biographie.

L'*Eunuque noir* correspond à l'un des types déjà représentés par Scotin et Bonnart ; le premier cependant figure un Eunuque garde du sérail, ou «Kislar Aga» (pl. IV) qui se rapproche davantage d'un *Chef des Eunuques noirs*, tandis que le second montre un *Eunuque More* vêtu très différemment.

A la suite du *Grand Seigneur*, de sa garde et des ambassadeurs, la *Caravane* comprenait un *Char tiré par quatre chevaux de front sur le quel étoient les Sultanes et les Eunuques* (voir gravure n° 30, *fig. 19*). Usant du subterfuge de cette mise en scène, Vien reproduit ainsi notre *Eunuque* nonchalamment assis à terre, le coude droit appuyé sur un socle bas. De même, il en profite pour changer le format de sa feuille (ou tout au moins la mise en page). Le travestissement du personnage est tout juste esquissé ici : une ombre un peu plus marquée sur le visage suggère peut-être la coloration de la peau. En gravure, et plus particulièrement dans la version coloriée des eaux-fortes que nous présentons aussi dans l'exposition, le visage est alors entièrement noirci. Le costume est simplifié — sans doute un simple eunuque ne devait-il pas se vêtir avec le même luxe —, et la droite aigrette du turban devient un merveilleux artifice technique servant à souligner la longue diagonale du corps.

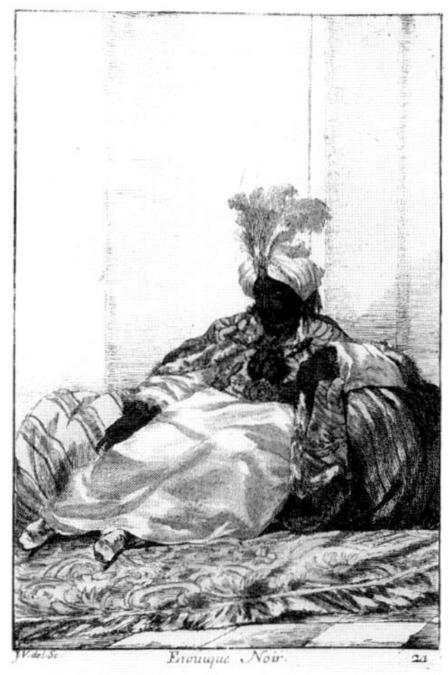

Fig. 55 : Vien, gravure.

27 *L'Eunuque blanc*

- Dessin à la pierre noire avec rehauts de blanc sur papier gris-bleu
- H. : 418 ; L. : 281 mm
- D. Dut. 1086

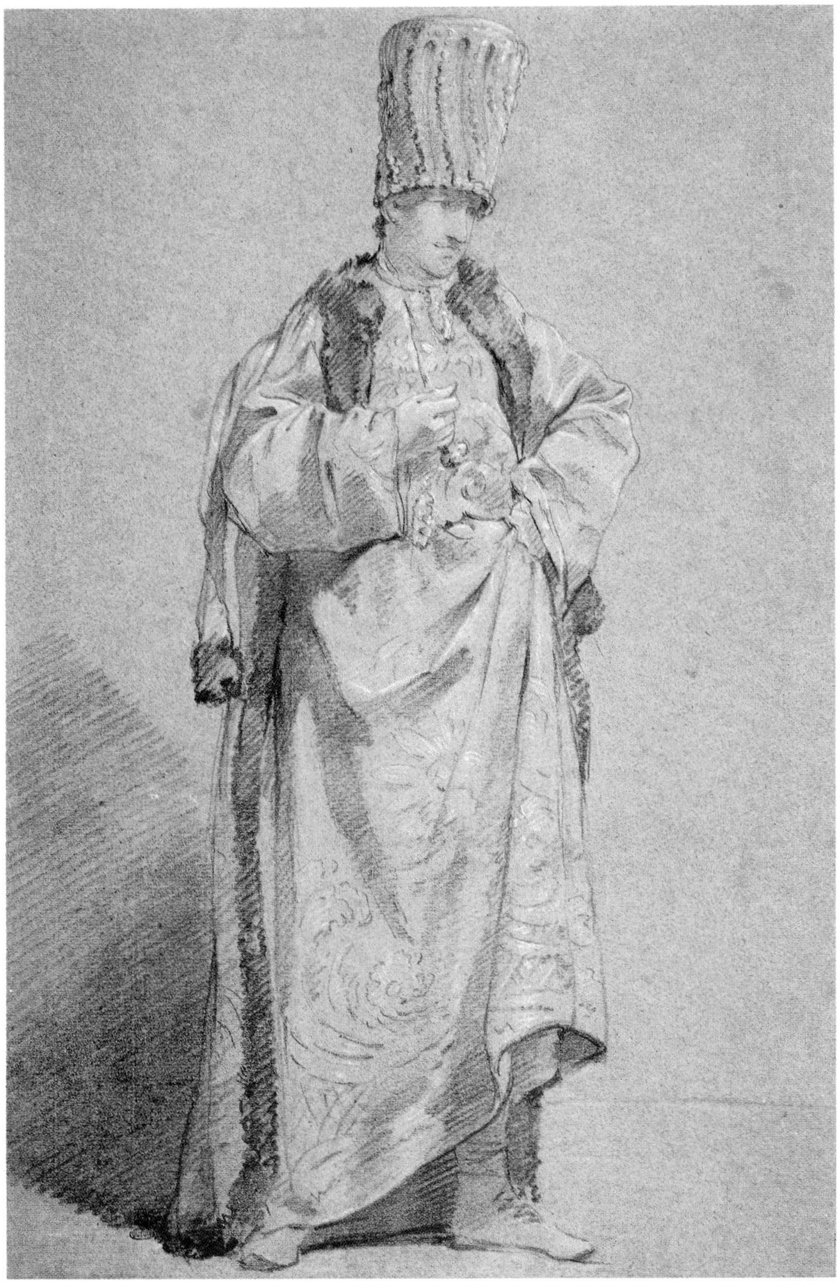

EXPOSITION

Berlin, 1989, n° 9/31 (ill. 854).

ŒUVRE EN RAPPORT

GRAVURE

Vien a gravé le dessin sous le même titre (pl. n° 22, *fig. 56*).

ANALOGIE

DESSIN

Série A

vente Londres, Christie's, 25 juin 1968, n° 37a (repr. au cat. ; attribué à Vien).

Le modèle est le peintre Agostino Brunias (1730-1796). Romain d'origine et, de fait, non pensionnaire de l'Académie, il semble avoir beaucoup fréquenté le milieu des artistes étrangers à Rome. On le retrouve en 1756, en compagnie de l'architecte anglais R. Adam et du Français Ch. Clérisseau, pour faire les relevés du palais de Dioclétien à Spalato, en Dalmatie. Il fit ensuite de fréquents séjours en Angleterre, où il exposa dans diverses sociétés de peintres, puis s'embarqua pour les Antilles anglaises, à Trinidad notamment (H. Hunth, in *The Connoisseur*, déc. 1962, pp. 263-269 ; et communication orale, M. Pereira, octobre 1989).

Pendant logique de l'*Eunuque noir*, l'*Eunuque blanc* est pourtant figuré debout. Sans doute faut-il voir dans ce parti pris le désir de mettre en valeur la silhouette longiligne du personnage remarquablement soulignée par la haute toque cannelée qui lui sert de couvre-chef. Le dessin de la série A se montre plus précis dans la description de cette coiffe et l'on reconnaît parfaitement entre les cannelures suggérées par Vien des rangs de perles cousues.

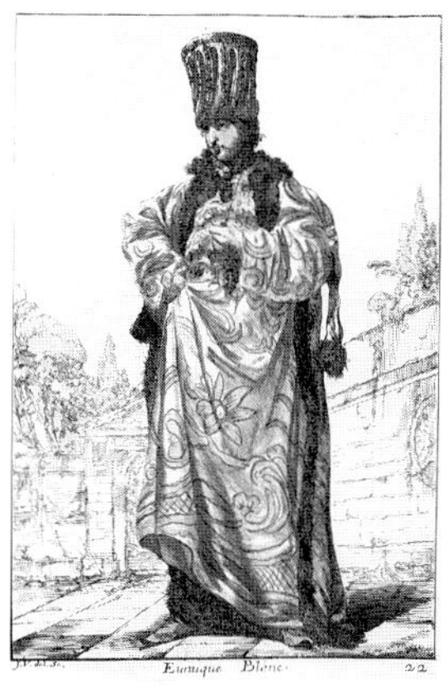

Fig. 56 : Vien, gravure.

28 *La Sultane de Transylvanie*

- Dessin à la pierre noire avec rehauts de blanc sur papier gris-bleu
- H. : 464 ; L. : 321 mm
- D. Dut. 1087

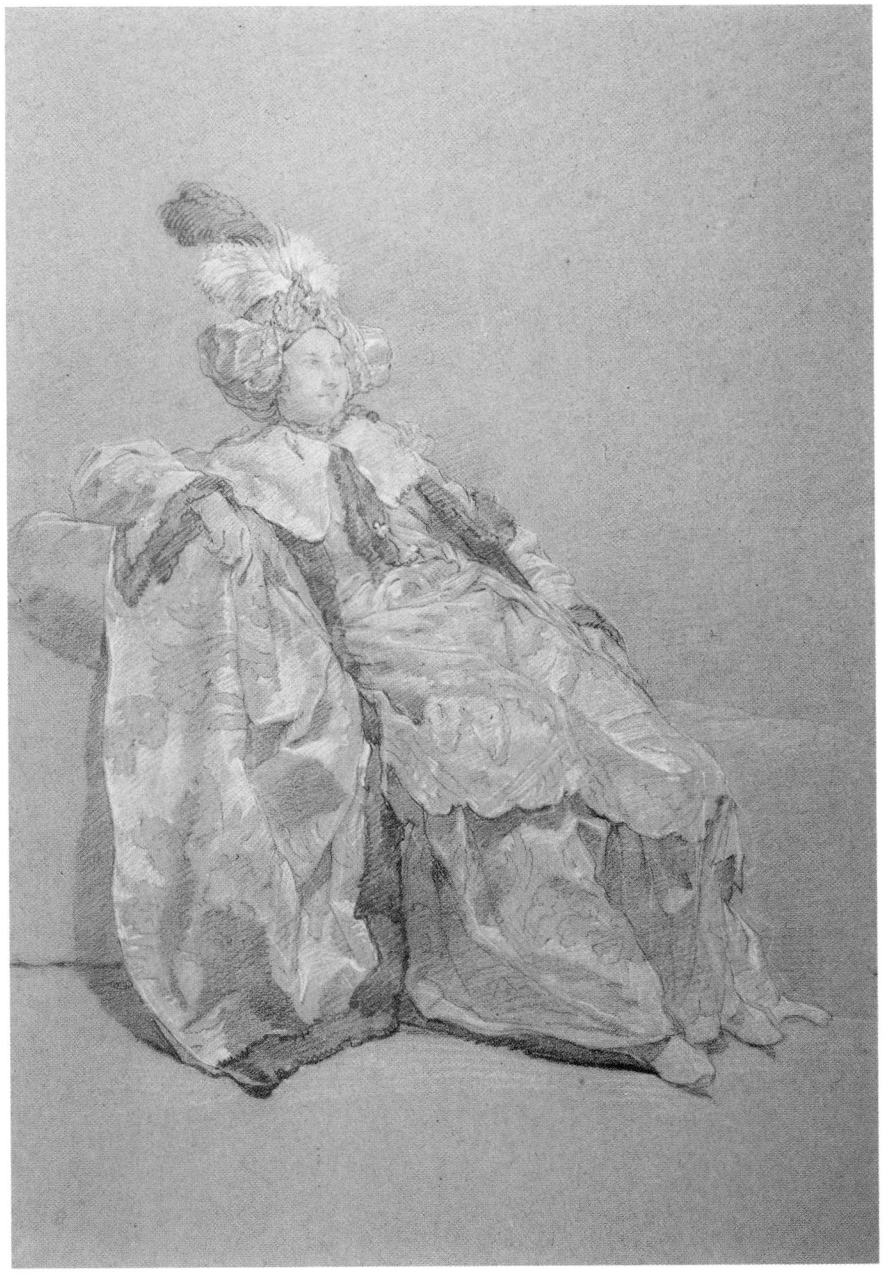

EXPOSITIONS

Beauvais, Angers, Valence, Dijon, 1974-1975, n° 73.

ŒUVRE EN RAPPORT

GRAVURE

Vien a gravé le dessin sous le même titre (pl. n° 23, *fig.57*).

ANALOGIES

DESSINS

Série A Musée du Louvre, cabinet des dessins.

Série B Lyon (Bibliothèque) ; contre-épreuve à Dijon (musée des Beaux-Arts), avec une attribution ancienne à J.-B. Leprince.

Le modèle serait le peintre Clément-Marie Belle (1722-1806), fils d'Alexis-Simon Belle et père d'Augustin-Louis Belle, peintres également. Aucun document ne mentionne sa présence à Rome en 1748, sinon le dessin de la série A — rappelons que l'inscription ne donne cependant aucun prénom.

La Transylvanie, province du centre de la Roumanie actuelle, fut au centre des conflits qui opposèrent, au XVIIe siècle, la Porte et l'empire Habsbourg, passant successivement sous la tutelle des uns et des autres jusqu'au traité de Karlowitz, en 1699, date à laquelle elle fut annexée par la maison d'Autriche. De fait, l'invention d'une sultane de Transylvanie est un anachronisme en 1748.

De même que pour l'*Eunuque noir*, la pose assise du personnage peut se justifier par son appartenance au char de la mascarade, mais il permet aussi à Vien de varier l'attitude de son modèle. Vraisemblablement appuyée sur le même socle qui servit à d'autres séances de pose, socle qui se trouve ici recouvert d'une draperie fleurie que Vien reprend exactement en gravure, notre *Sultane de Transylvanie* porte une longue robe ornée d'un grand col à rabats blancs. Son turban, là encore le motif le plus soigné du costume, se compose de deux larges coques qui encadrent le visage et accentuent accessoirement la rondeur des traits du modèle.

L'existence de deux dessins autrefois attribués à Jean-Baptiste Leprince — l'un étant la contre-épreuve de l'autre — (musées de Lyon et de Dijon) a suscité de nombreuses interrogations. M. Roland Michel a fait le point sur la question dans un article paru en 1975.

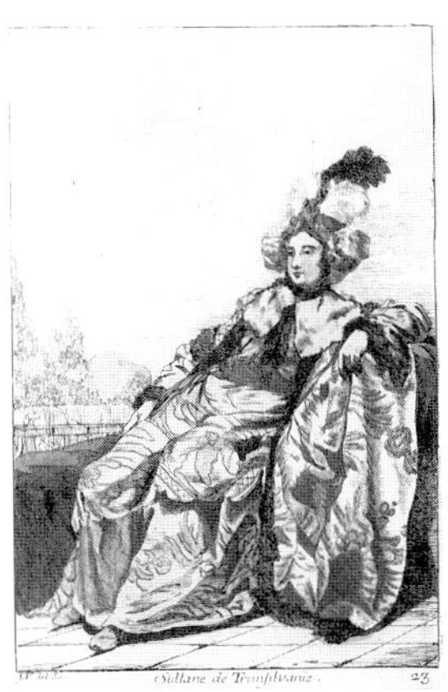

Fig. 57 : Vien, gravure.

29 La Sultane blanche

- Dessin à la pierre noire avec rehauts de blanc sur papier gris-bleu
- H. : 446 ; L. : 302 mm
- D. Dut. 1088

EXPOSITION

Berlin, 1989, n° 9/35 (ill. 856).

ŒUVRES EN RAPPORT

GRAVURE

Vien a gravé le dessin sous le même titre (pl. n° 24, *fig. 58*).

ANALOGIES

DESSIN

Série A Sotheby's, New York, 12-6-1982 (repr. au cat.) ; le dessin porte l'inscription suivante : «Sultane blanche M. Wilton (ou Vilson, ou Vilton ?)».

PEINTURE

Barbault : Christie's

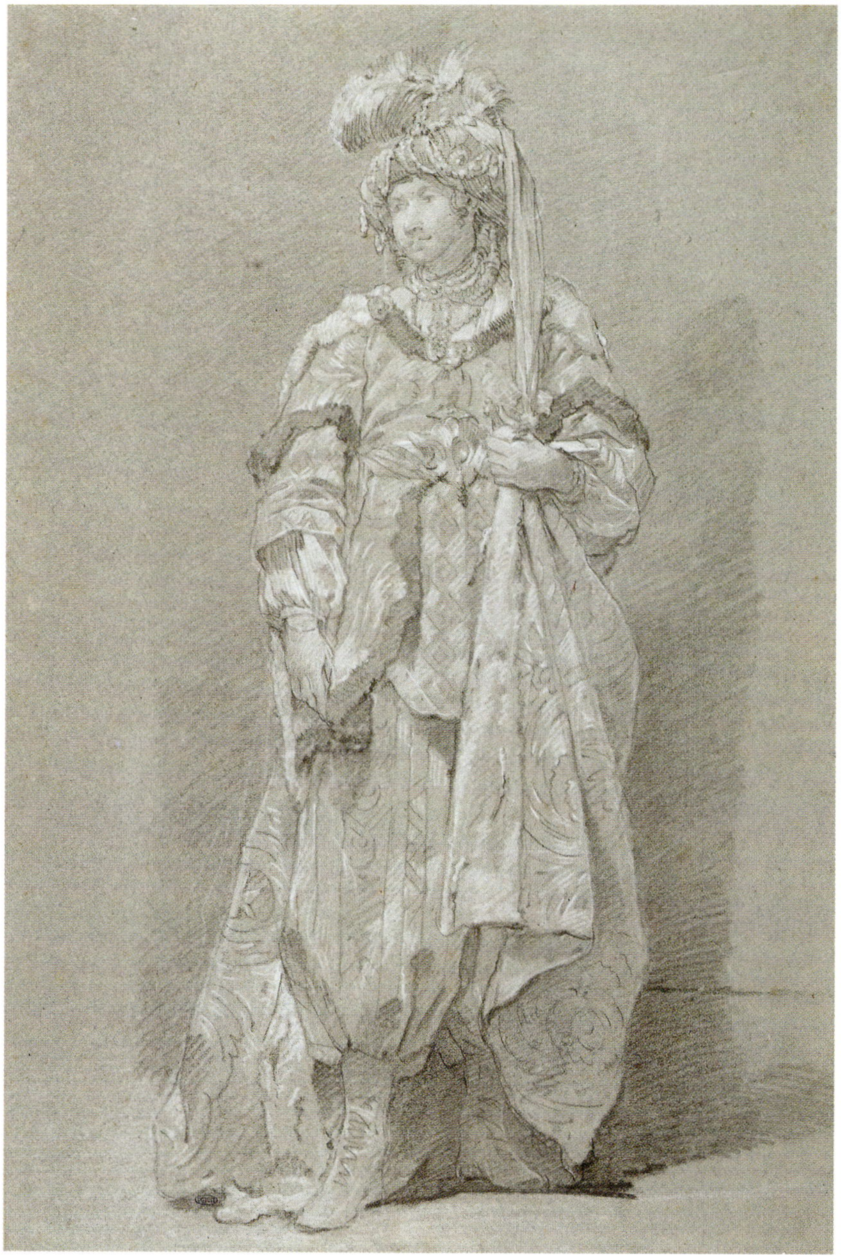

L'inscription portée en marge du dessin de la série A qui peut se lire «Wilton» ou «Wilson» rend l'identification du modèle difficile. Il pourrait s'agir du sculpteur anglais Joseph Wilton (1722-1803). De voyage en France, à Paris, en 1744, où il devient l'élève de Jean-Baptiste Pigalle, Wilton se rend en Italie, à Rome puis à Florence, de 1747 à 1755, date à laquelle il retrouve l'Angleterre où il connaît une carrière officielle très brillante. Quoique très connu dans le milieu des artistes étrangers fixés à Rome, ses rapports avec l'Académie de France ne sont pas attestés à la date qui nous intéresse. Mais rien n'empêche à vrai dire d'en faire un proche des pensionnaires du palais Mancini. Notons toutefois que P. Rosenberg (Beauvais..., 1974, p. 41) penche plutôt pour une identification avec le paysagiste Richard Wilson (1713 ou 1714-1782), dont la présence à Rome en 1748 n'est pourtant pas plus documentée.

Il existe une seconde *Sultane blanche* dans la série des eaux-fortes (n° 25 des gravures), représentée couchée dans le sens opposé à celui de la *Sultane noire* et qui s'impose de fait comme son pendant. On peut s'étonner que pour ces deux seuls costumes, les organisateurs de la *Mascarade* n'aient pas voulu donner deux noms différents, alors que dans d'autres cas un même costume recevait deux appellations contradictoires ?

L'absence totale d'accessoire et la simplicité du costume accentuent l'impression de grande sobriété qui se dégage de la figure.

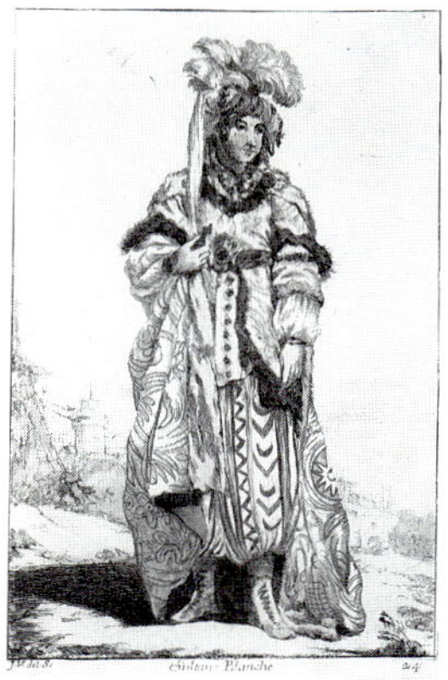

Fig. 58 : Vien, gravure.

30 *La Sultane grecque*

- Dessin à la pierre noire avec rehauts de blanc sur papier gris-bleu
- H. : 324 ; L. : 458 mm
- D. Dut. 1089

EXPOSITIONS
Vienne, 1966, n° 92 ; Beauvais, Angers, Valence, Dijon, 1974-1975, n° 83 ; Séoul, 1977, n° 35 ; Berlin, 1989, n° 9/25 (ill. 857).

ŒUVRE EN RAPPORT
GRAVURE - Vien a gravé le dessin sous le même titre (pl. n° 26, *fig. 59*).

ANALOGIES
DESSIN - Série A : New York, galerie Schikmann, 1968 (repr. au cat.).
PEINTURE - Barbault : Musée du Louvre ; autre esquisse à l'huile (New York, 1987, gal. Richard L. Feigen & Cy, repr. in *Burlington*, déc. 87).

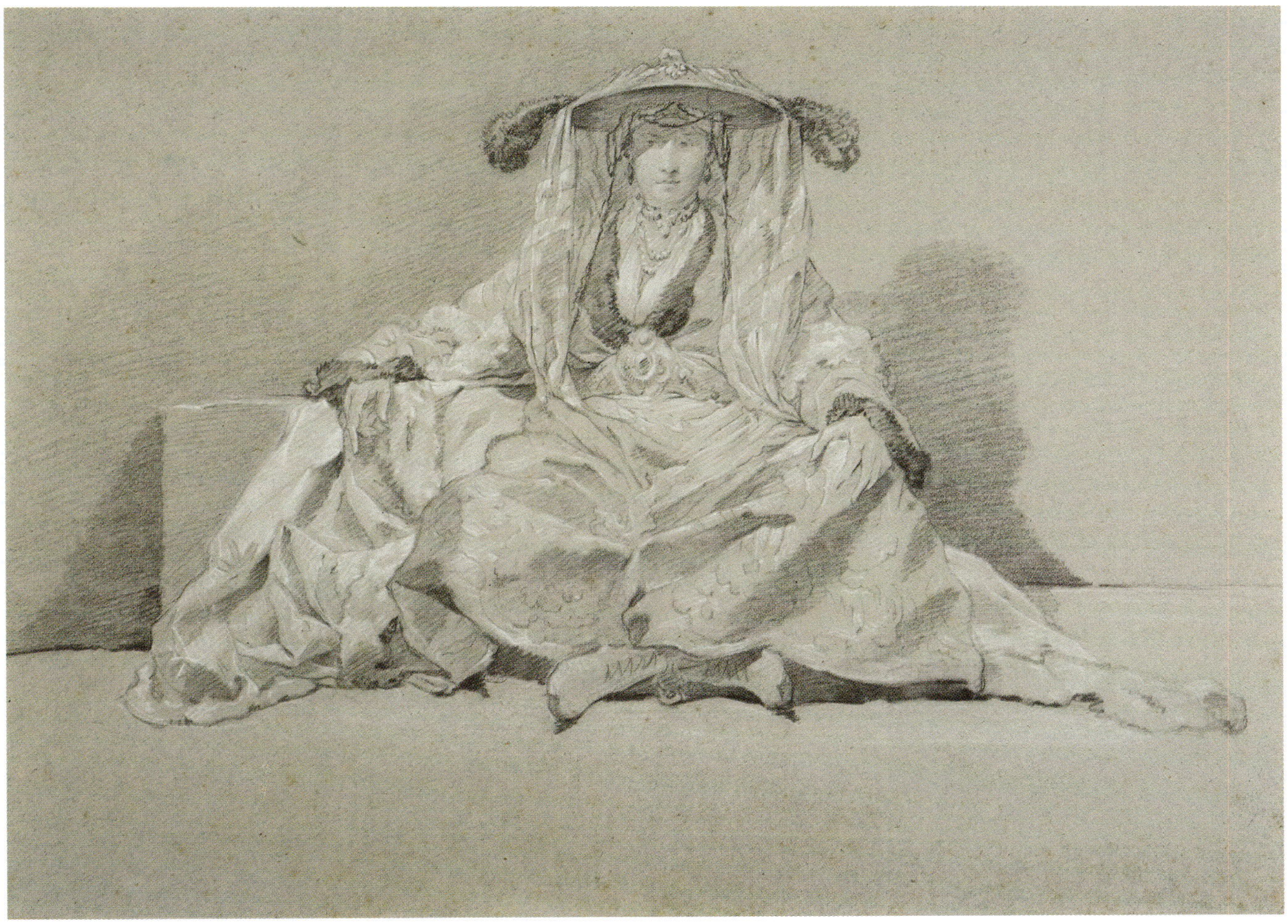

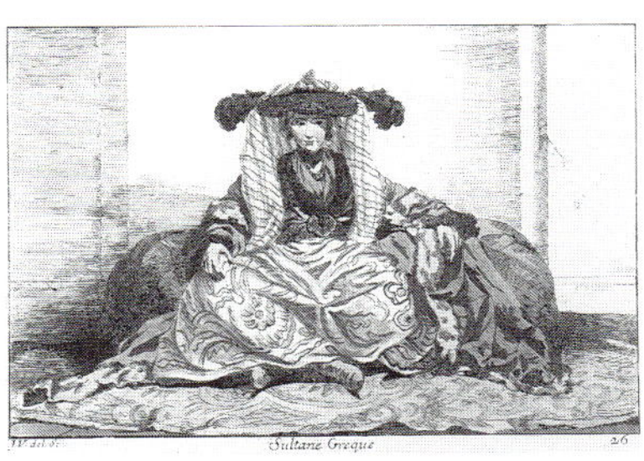

Fig. 59 : Vien, gravure.

Le modèle est le peintre Louis Simon Tiersonnier (1713 ou 1718-1773), pensionnaire du palais Mancini de 1746 à 1751. Sa carrière est à peu près inconnue.

Longtemps occupée par les Turcs, la Grèce ne retrouva son indépendance qu'en 1829. Scotin figure une *Novi, ou fille grecque dans la cérémonie du mariage* très proche de notre dessin (pl. LXIX) ; sa description du personnage est particulièrement instructive : «Cette fille porte sur la tête un rond d'argent, où il y a du clinquant d'or qui tombe sur ses épaules : on en coupe des morceaux pour donner aux garçons et aux filles de la nôce. Elle ne mange point de tout le jour, si elle ne l'a fait avant de venir sur le Sopha, où elle demeure dans le silence comme une statuë.»

La pose de cette sultane, assise en tailleur et présentée de face, prouve encore, s'il en était besoin, que Vien bénéficiait très généralement du meilleur point de vue pour saisir ses camarades costumés. L'interprétation peinte qu'en donne Barbault, sensiblement décalée, place dans sa main gauche un tambourin que sa main droite s'apprête à faire sonner. Remarquons aussi qu'il féminise les traits du modèle beaucoup plus que ne le fait Vien. Notre dessin jouant davantage sur l'immobilité du personnage, la frontalité très marquée de la pose est accentuée par la double retombée du voile de part et d'autre du visage. Le détail des plumes jaillissant des extrémités du chapeau comme deux plateaux d'une balance met un contrepoint comique à la rigidité quasi hiératique de ce «bouddha» travesti. Le sérieux extrême du modèle, les lèvres serrées et le regard fixe, parachèvent le tableau. On sent pourtant ce délicat équilibre vaciller, et l'on croit voir poindre l'éclat de rire…

31 *La Sultane noire*

- Dessin à la pierre noire avec rehauts de blanc sur papier gris-bleu
- H. : 272 ; L. : 430 mm
- D. Dut. 1090

EXPOSITION

Berlin, 1989, n° 9/27 (ill. 851).

ŒUVRES EN RAPPORT

GRAVURE

Vien a gravé le dessin sous le même titre (pl. n° 27, *fig. 60*).

PEINTURE

Vien a répété à l'huile la tête d'un modèle de sultane noire qui n'est peut-être pas celle-ci (musée du Petit Palais, *fig. 61*).

ANALOGIE

DESSIN

Série A

Cailleux (1972) ; France (coll. part.).

Le modèle est l'architecte Jean Moreau. Premier prix en 1743 (sur un sujet de «chapelle»), il séjourne à Rome en qualité de pensionnaire de 1746 à 1752. Sa carrière est quasiment inconnue (Lance, 1872).

Comme nous l'avons déjà remarqué, la parfaite symétrie de ce dessin avec la seconde *Sultane blanche* (gravure n° 25 reproduite dans notre introduction, le dessin de Vien est perdu) suggère de le considérer comme son pendant, tandis que la ressemblance avec la pose de l'*Eunuque noir* appelle aussi un rapprochement. Cette volonté de composer des ensembles provient-elle davantage de la mise en scène adoptée sur le char même pendant le défilé, ou bien est-elle le fait d'une volonté d'organiser la suite des portraits comme un ensemble cohérent ? Les deux solutions ne sont certes pas contradictoires : Vien ordonnateur du défilé n'est sans doute guère différent du peintre de la mascarade.

Une peinture reproduisant la *Sultane noire* est aussi conservée au Petit Palais (présentée à l'exposition, *fig. 61*). Contrairement à ce qui est avancé d'ordinaire, nous préférons y voir plutôt une interprétation de la seconde *Sultane noire* (modèle : Castagnier ; gravure n° 28 reproduite dans notre introduction, *fig. 38*) dont nous ne possédons pas le dessin originel. La pose y est en effet différente, et le détail de la coiffe ne s'y retrouve pas. En outre, ainsi que nous l'avons dit à propos de l'*Ambassadeur du Mogol*, nous pensons que ces peintures sont des versions peintes à partir du dessin plutôt que des études brossées sur le vif — ce qui serait contradictoire avec la différence de pose.

Le format s'inverse et s'étire en largeur — l'*Eunuque noir* est simplement compris dans un carré — afin de donner une ampleur maximum au dessin. La composition en triangle se simplifie en une monumentale étude de draperies où les traits du modèle disparaissent presque complètement. Peu de dessins de la série imposent une telle monumentalité avec aussi peu de moyens. Signalons le détail de la bottine à lacets qui émerge du costume, en bas à droite, si loin du corps qu'elle semble réduite à marquer la diagonale de la feuille.

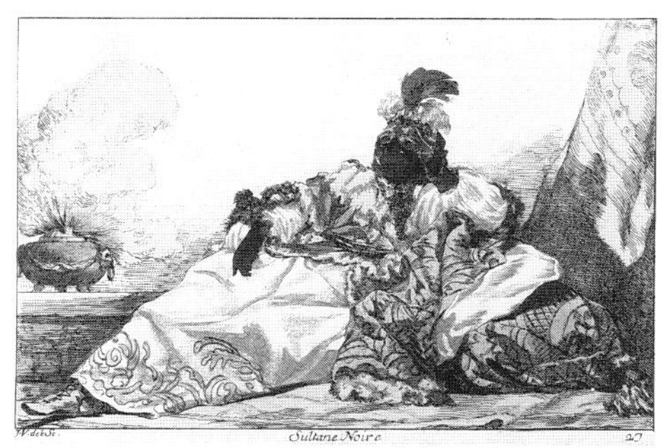

Fig. 60 : Vien, gravure.

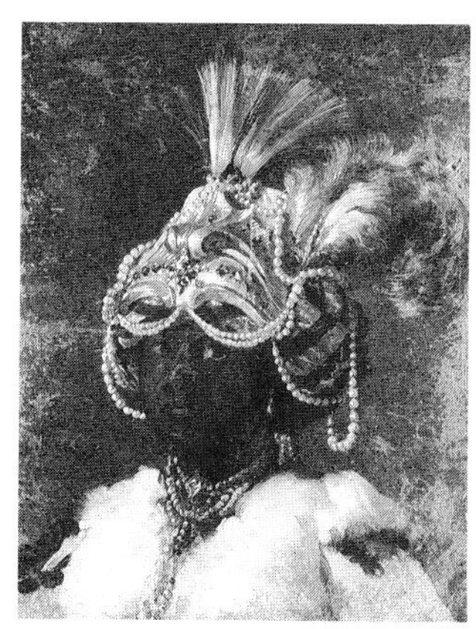

Fig. 61 : Vien, peinture.

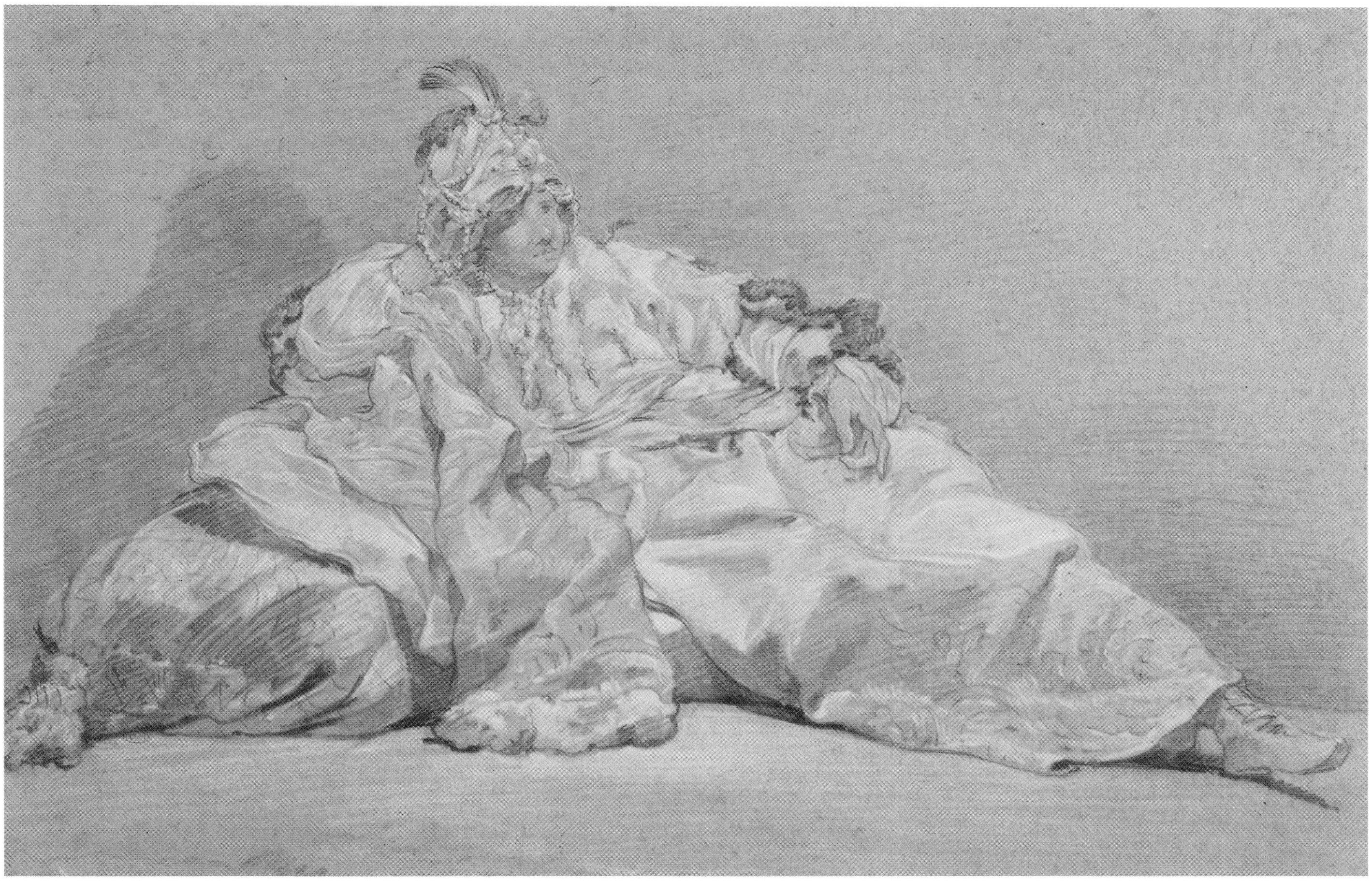

32 La Sultane Reine

- Dessin à la pierre noire avec rehauts de blanc sur papier gris-bleu
- H. : 498 ; L. : 319 mm
- D. Dut. 1091

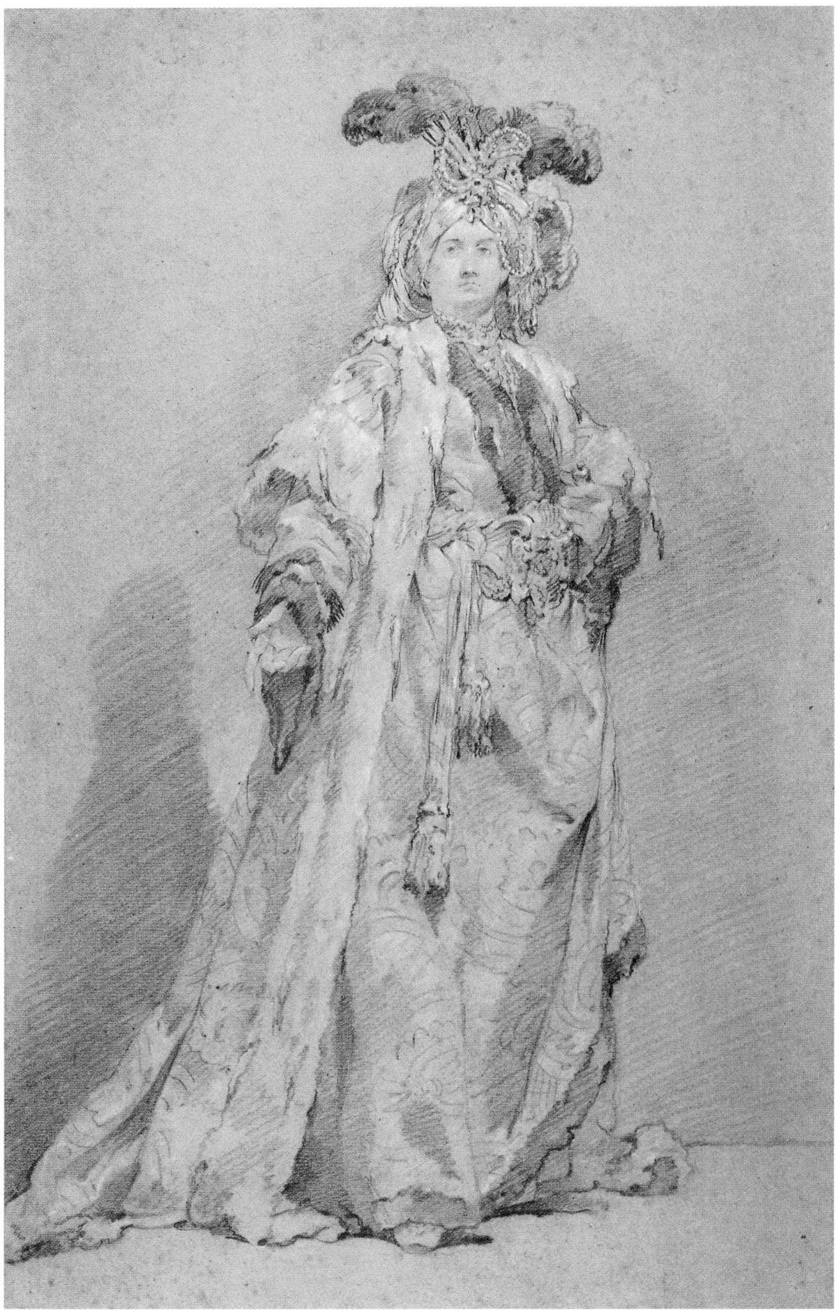

EXPOSITIONS
Séoul, 1977, n° 36 ; Berlin, 1989, n° 9/32 (ill. 852).

ŒUVRES EN RAPPORT
GRAVURE
Vien a gravé le dessin sous le même titre (pl. n° 29, *fig. 62*).
PEINTURE
Vien a répété à l'huile la tête du modèle (musée du Petit Palais, *fig. 63*).

ANALOGIES
DESSIN
Série A : vente Londres, Christie's, 25 juin 1968, n° 37a (attr. à Vien). Avec l'inscription suivante : *«Grande sultane. M. Lorrain.»*
Autres séries
dessin attribué à Bocquet, Londres (British Museum) ;

COPIE
Un dessin de «Sultane» par Moreau le Jeune est signalé (vente Nyon, n° 139, avec «l'Aga des Janissaires»).

Le modèle est le peintre Louis Le Lorrain (1715-1759), élève de Jacques Dumont, dit le Romain. Premier prix en 1739, il séjourne très longtemps à Rome en qualité de pensionnaire, de 1740 à 1748. Agréé à l'Académie royale en 1752, reçu académicien en 1756, il se rend en Russie où il est nommé directeur de l'Académie de Saint-Pétersbourg en 1758.

La Sultane Reine s'impose d'évidence comme la première épouse du Grand Seigneur, dont elle reprend d'ailleurs l'attitude et l'autorité hiératique.

Scotin figure une *Sultane Asseky ou Sultane Reine* (pl. III) qu'il décrit ainsi : «Représente une Sultane dans son appartement. La Sultane Asseky ou Sultane Reine, est celle qui a le premier fils vivant ; s'il meurt, sa dignité passe à une autre.» Bonnart représente lui aussi la *Grande Sultane.*

Une étude peinte par Vien existe aussi pour ce personnage (présentée à l'exposition). Cette feuille reprend exactement le détail de la tête de notre dessin et nous conforte dans l'idée qu'elle est d'abord inspirée par celui-ci plutôt que réalisée comme une seconde étude ; on y retrouve ainsi le détail des colliers de perles tombant de la coiffe (voir aussi la *Sultane noire*, peinture), et les plumes.

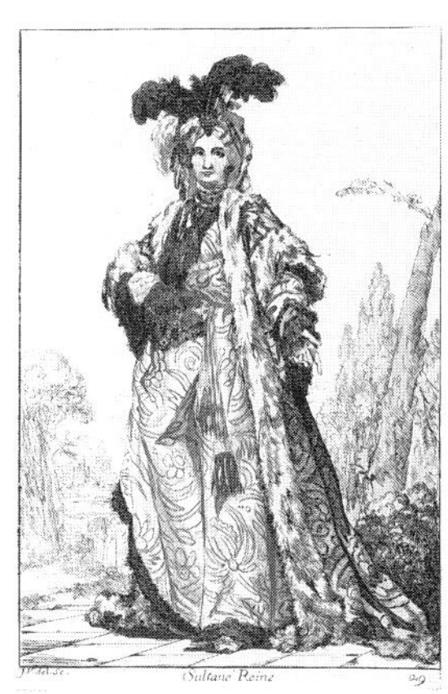

Fig. 62 : Vien, gravure.

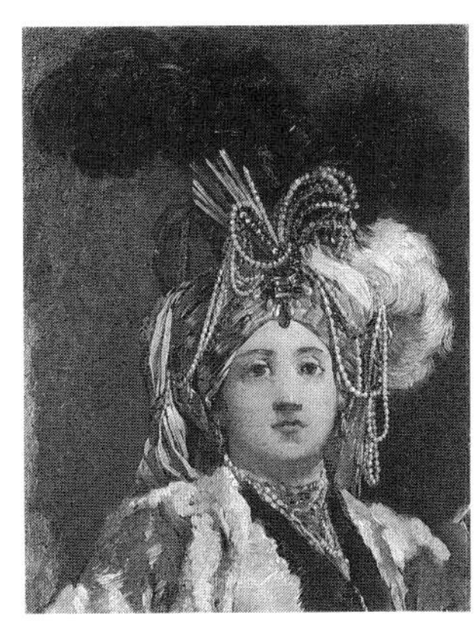

Fig. 63 : Vien, peinture, musée du Petit Palais.

33 Le Chef des Eunuques

- Dessin à la pierre noire avec rehauts de blanc sur papier gris-bleu
- H. : 484 ; L. : 287 mm
- D. Dut. 1092

PROVENANCE

Vente J.-M. Vien, 1809, n° 143 ou 144 ? ; ? ; coll. Dutuit (L. 709a) ; legs Dutuit à la Ville de Paris, 1902.

EXPOSITION

Vienne, 1966, n° 94.

ŒUVRE EN RAPPORT

Ce personnage est le seul de notre série qui n'a pas été gravé par Vien dans son recueil, ni dessiné par un autre artiste.

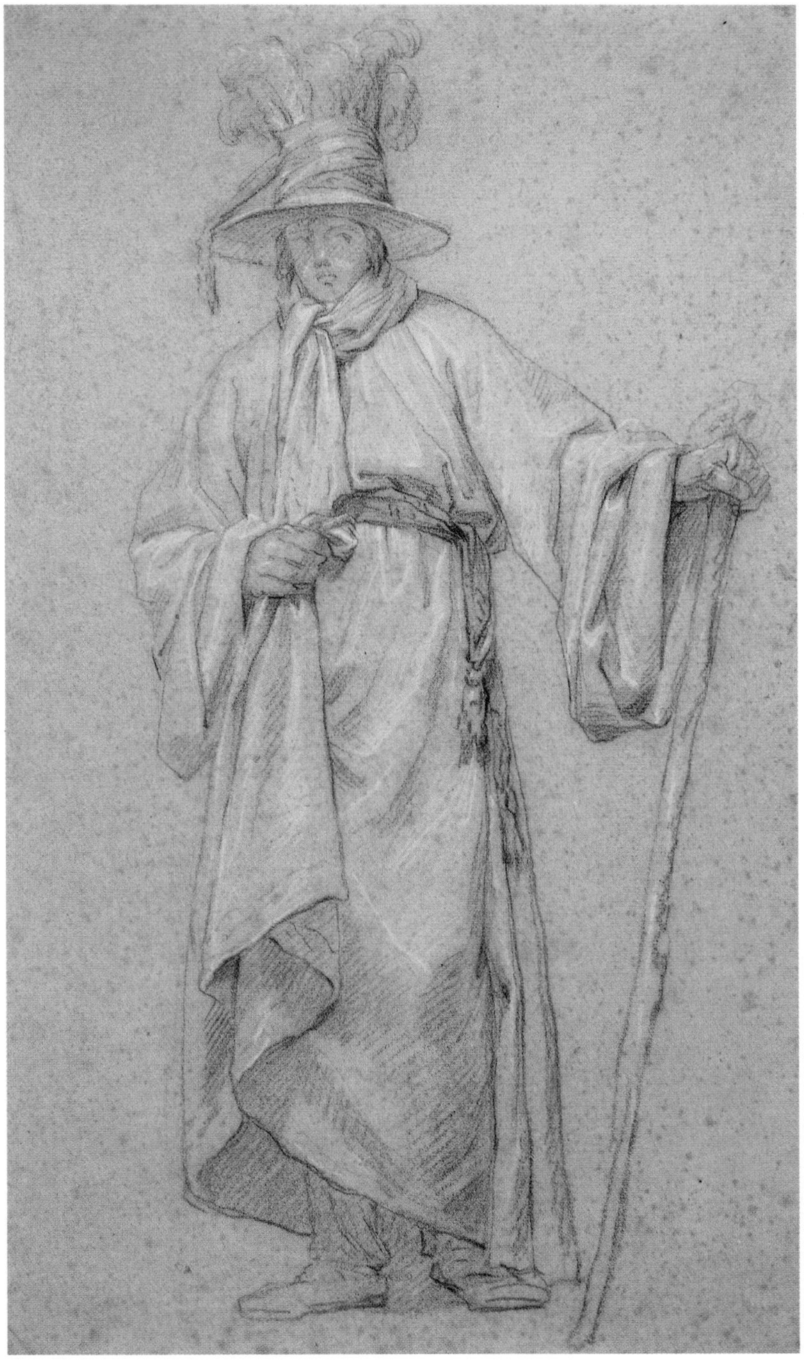

Ce dessin a parfois été contesté pour ses moindres qualités graphiques et surtout par le fait qu'il n'existe aucune gravure de Vien pour le rattacher à l'ensemble de la mascarade. Signalons toutefois que Th. Gaehtgens l'accepte dans son catalogue (1988, *Dessins*, n° 49). Boucher rappelle à ce sujet que la mascarade comprenait en fait plus de personnages que les vingt-neuf répertoriés par la gravure (1962, p. 76) ; l'ambassadeur de France à Rome rapporte aussi qu'il y avait «plus de quarante habillements différents, une vingtaine à cheval, le reste sur un chariot...» (*Correspondance des Directeurs*..., t. X, p. 142). Sans doute est-ce en effet l'un de ces personnages secondaires oubliés, à moins qu'il ne s'agisse d'un simple croquis d'atelier reproduisant un essai de costume non retenu... En tous les cas, nous pensons volontiers que la différence sensible de qualité du dessin est due au fait que Vien, dans ce cas précis, n'envisageait pas d'en donner une version gravée, ni peinte.

34 *Tivoli, la ville depuis la vallée*

dit autrefois *Paysage des environs de Rome*

- Pierre noire et rehauts de craie blanche sur papier gris bleuté
- H. : 290 ; L. : 435 mm
- D. Dut. 1050

PROVENANCE

Vente J.-M. Vien, 1809, n° 143 ou 144 avec les dessins de la *Mascarade* (?) ; ? ; coll. Dutuit (L. 709a) ; legs Dutuit à la Ville de Paris, 1902.

BIBLIOGRAPHIE

Ne figure pas dans les catalogues sommaires de la collection Dutuit (Lapauze, 1907 et 1925).

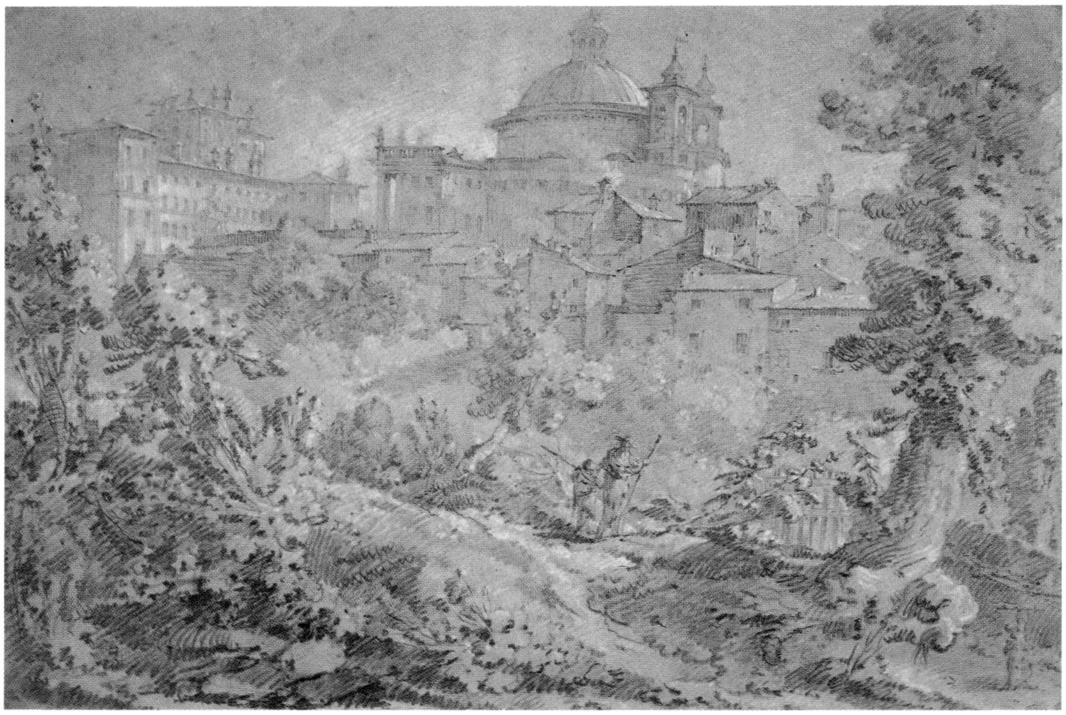

Ce beau dessin était inventorié comme anonyme jusqu'à ces derniers temps. J.-F. Méjanès nous a confié qu'il devait sans doute revenir à Vien (communication orale). De fait, il se rapproche beaucoup par sa technique d'une série de paysages datés du premier séjour de l'artiste à Rome, entre 1744 et 1750, (musées de Rouen, Quimper et coll. part.). Notons cependant que si le même J.-F. Méjanès ainsi que F. Bergot et P. Rosenberg donnent ces paysages à Vien sans réserve (Washington…, 1981-1982, n°s 116 et 117), Th. Gaehtgens semble les contester (Gaehtgens, 1988, n°s 479 à 483).

Nous avons retrouvé dans l'*Inventaire manuscrit des gravures* de la collection une note d'Auguste Dutuit inscrivant ce dessin dans la suite des portraits de la *Mascarade* (*Inventaire manuscrit des gravures de l'école française*, t. II, p. 257), ce qui tendrait à confirmer cette attribution, et donne à notre paysage la même provenance.

Les vues de Tivoli constituaient un exercice obligé pour tous les peintres en séjour à Rome. Le caractère extrêmement pittoresque de ces paysages à demi sauvages où s'élèvent certains des plus beaux monuments de l'Antiquité et de la Renaissance invitait les artistes à les dessiner sur leurs carnets de croquis. Si la plupart, tel Vien, ne s'en inspirèrent guère plus que le temps de leurs études romaines, d'autres, comme Hubert Robert y puisèrent un sujet d'inspiration inlassablement renouvelé (voir notre n° 40).

35 *Le Vieux Palais, à Rouen*

- Crayon, plume et encre sur papier
- H. : 297 ; L. : 447 mm
- D. Dut. 1059

INSCRIPTION

- Inscription et signature en b. à g. : *Le Vieux Palais a Rouen . Lallemant.*

PROVENANCE

Coll. Dutuit (L. 709a) ; legs Dutuit à la Ville de Paris, 1902.

BIBLIOGRAPHIE

Ne figure pas dans les catalogues sommaires de la collection Dutuit (Lapauze, 1907 et 1925).

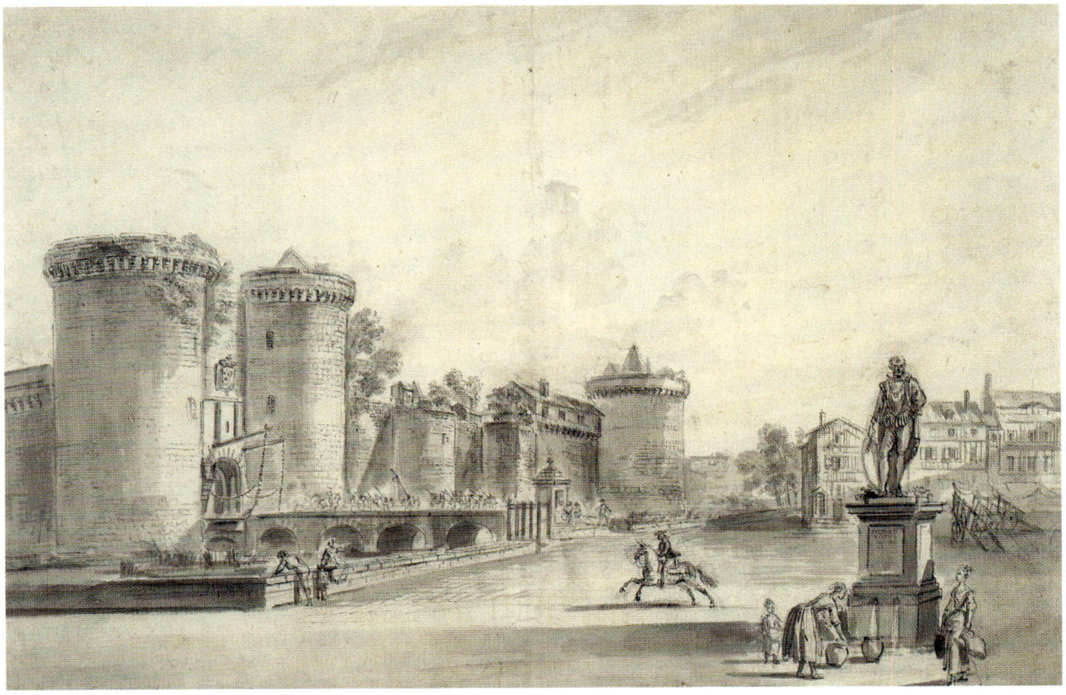

Arrivé à Paris en 1744, Lallemand est reçu à l'Académie de Saint-Luc en 1745 comme peintre de paysage ; en 1747, il se rend à Rome où il mûrit alors son style au contact des nombreux védutistes italiens et étrangers qui fréquentent alors la ville éternelle (voir à ce sujet O. Michel, «Recherches sur Jean-Baptiste Lallemand», in *Actes du colloque Piranèse et les français*, Rome, 1976). De retour en France, il se spécialise dans le genre très prisé alors de la topographie régionale. Beaucoup de ses œuvres ont servi à illustrer le *Voyage pittoresque de la France* de Laborde, notamment les vues de la Bourgogne.

A notre connaissance, ce dessin n'a pas été gravé. Mêlant, comme de coutume chez Lallemand, la précision topographique au goût du pittoresque, il représente la place du Vieux Palais, à Rouen, au moment du retour d'une garnison. Au centre de la composition, on voit la troupe des soldats passer le pont-levis tandis que plusieurs groupes de personnages animent le reste du paysage : à gauche, deux badauds sur le muret des fossés ; au milieu, un soldat à cheval ; à droite, près de la fontaine, un groupe de deux femmes et d'un enfant remplissant des cruches d'eau.

Le Vieux Palais de Rouen, bâti au XVe siècle à la pointe ouest des remparts de la ville, près des quais de la Seine, et la statue d'Henri IV qui surmontait une fontaine publique (ici, à droite) ont été démolis en 1793 (voir N. Périaux, *Histoire sommaire et chronologique de la ville de Rouen*, Brionne, 1874, rééd. 1970, p. 627).

36 *L'Accordée de village*

- Plume et encre noire avec lavis gris et brun sur traits à la pierre noire, sur papier
- H. : 352 ; L. : 495 mm
- D. Dut. 968

PROVENANCE

Coll. du marquis Jean-Joseph de la Borde ; sa vente, 16 mai 1783, n° 38 ; coll. Vaudreuil ; sa vente 26 novembre 1787, n° 162 (acquis par Lebrun) ; coll. J.B.L. Boyer de Fonscolombe ; sa vente, 18 janvier 1790, n° 189 ; coll. baron Roger ; sa vente, 23-24 décembre 1842, n° 131 ; coll. Auguste Simon ; sa vente, 10-15 mars 1862, n° 30 ; coll. Dutuit (L. 709a) ; legs Dutuit à la Ville de Paris, 1902.

EXPOSITIONS

Paris, 1879, n° 569 ; Zurich, 1947, n° 75 ; U.S.A., 1952-1953, h.c. ; Hartford, San Francisco, Dijon, 1976-1977, n° 30 ; Tokyo, 1982-1983, n° 70 (pl. 71).

BIBLIOGRAPHIE

Chennevières, 1879, p. 203 ; Mauclair, 1906, n° 114 ; Lapauze, 1907, n° 968 ; Martin, 1908, p. 9, n° 114 ; Lapauze, 1909, p. 255, repr. p. 256 ; Lapauze, 1925, n° 1014 ; Paris, 1984-1985, p. 227 (*analogies autographes*).

ŒUVRES EN RAPPORT

PEINTURE

L'Accordée de village (Paris, Musée du Louvre, *fig. 64*).

DESSINS

Il existait quatre autres études d'ensemble : une à l'aquarelle (vente Julienne, 1767 ; vente Grimod de la Reynière ; 1797 ; vente Revil, 1842 ; disparue) ; une à l'encre de Chine (vente Vaudreuil, 1787 ; disparue) ; une à l'aquarelle gouachée (Meunié, 1935) ; une dernière de technique inconnue (vente du comte de V., 1858, disparue). D'autre part, il existe de très nombreuses études de détails ; citons, pour mémoire, l'une des plus célèbres figurant la tête du père de la fiancée (New Haven, Yale University, Art Gallery).

GRAVURE

Le tableau a été gravé par Flippart d'après un dessin : celui du Petit Palais ?

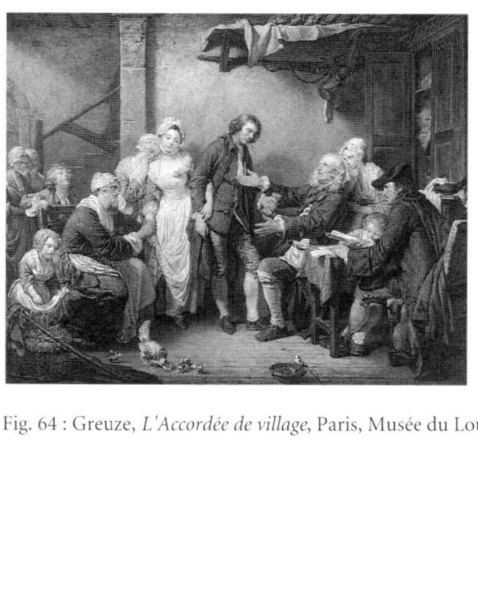

Fig. 64 : Greuze, *L'Accordée de village*, Paris, Musée du Louvre.

Ce dessin est l'étude finale pour le tableau présenté par Greuze au Salon de 1761 (*fig. 64*). Diderot a donné de celui-ci un commentaire fort développé dont il nous semble utile de rapporter le début :

«C'est un père qui vient de payer la dot de sa fille. Le sujet est pathétique, et l'on sent gagner une émotion douce en le regardant. La composition m'en a paru très belle ; c'est la chose comme elle a dû se passer. Il y a [ici treize...] douze figures ; chacune est à sa place, et fait ce qu'elle doit. Comme elles s'enchaînent toutes ! Comme elles vont en ondoyant et en pyramidant ! Je me moque de ces conditions ; cependant, quand elles se rencontrent dans un morceau de peinture par hasard, sans que le peintre ait eu la pensée de les y introduire, sans qu'il leur ait rien sacrifié, elles me plaisent.

«A droite de celui qui voit le morceau est un tabellion assis devant une petite table, le dos tourné au spectateur. Sur la table, le contrat de mariage, et d'autres papiers. Entre les jambes du tabellion, le plus jeune des enfants de la maison. Puis en continuant de suivre la composition de droite à gauche, une fille aînée debout, appuyée sur le dos du fauteuil de son père. Le père assis dans le fauteuil de la maison. Devant lui son gendre debout, et tenant de la main gauche le sac qui contient la dot. L'accordée debout aussi, un bras passé mollement sous celui de son fiancé ; l'autre bras saisi par la mère qui est assise au-dessous. Entre la mère et la fiancée, une sœur cadette debout, penchée sur la fiancée, et un bras jeté autour de ses épaules. Derrière ce groupe, un jeune enfant qui s'élève sur la pointe des pieds pour voir ce qui se passe. Au-dessous de la mère sur le devant, une jeune fille assise qui a de petits morceaux de pain coupé dans son tablier. Tout à fait à gauche, dans le fond, et loin de la scène, deux servantes debout qui regardent. Sur la droite, un garde-manger bien propre avec ce qu'on a coutume d'y renfermer, faisant partie du fond. Au milieu une vieille arquebuse pendue à son croc. Ensuite un escalier de bois qui conduit à l'étage au-dessus. Sur le devant, à terre, dans l'espace vide que laissent les figures, proche des pieds de la mère, une poule qui conduit ses poussins auxquels la petite fille jette du pain ; une terrine pleine d'eau, et sur le bord de la terrine, un poussin, le bec en l'air, pour laisser descendre dans son jabot l'eau qu'il a bue. Voilà pour l'ordonnance générale (...)»

Rien ne manque à cette description, ou presque : seul le personnage qui gravit l'escalier sur notre dessin disparaît dans la composition définitive telle que Diderot la décrit.

Le talent de dessinateur de Greuze explose dans ce dessin : la précision graphique, la force de la composition, la puissance d'expression des caractères sont rendues à la perfection par la technique de l'encre passée à la plume et rehaussée de lavis brun et gris. Dans une certaine mesure, il faut même convenir que tout ce qui plaît moins aujourd'hui chez l'artiste, le fini du modelé ou le caractère convenu des expressions, fait ici place a quelque chose de plus incisif et de plus naturel, en un mot de plus fort.

Il est assez instructif que la critique de Diderot s'applique aussi bien au dessin préparatoire. Certes, l'écrivain ne s'intéresse régulièrement qu'au «dessin», c'est-à-dire au sujet et à la composition du tableau — il dit un peu plus loin, dans la même critique : «Je crois Teniers fort supérieur à Greuze pour la couleur.» De plus, la composition est d'évidence arrêtée, tous les détails sont réglés, les expressions parfaitement étudiées, et la lumière modèle les contours en suggérant déjà les valeurs à poser dans le tableau. Mais Greuze avait aussi coutume de réaliser des dessins parachevés qu'il mettait à l'égal de ses peintures — on se souvient des dessins en pendants, *le Fils puni* et *le Fils ingrat* (Lille, musée des Beaux-Arts), présentés au Salon de 1765, et qu'il ne transpose en peinture que treize ans plus tard, en 1778. D'évidence, un dessin comme celui que nous présentons était plus, bien plus pour Greuze, pour Diderot, pour leurs contemporains, qu'une simple étude préparatoire, fût-elle définitive : œuvre complète, œuvre finie dont la mise en peinture est plus une traduction qu'un achèvement, presqu'une formalité, elle était sans doute destinée à l'exposition. Ainsi Diderot, encore lui, n'hésite pas à clore sa critique par ces mots, qu'une sensibilité moderne jugerait sans doute abominables : «Une bonne copie en émail est presque regardée comme un original ; et cette sorte de peinture est particulièrement destinée à copier.»

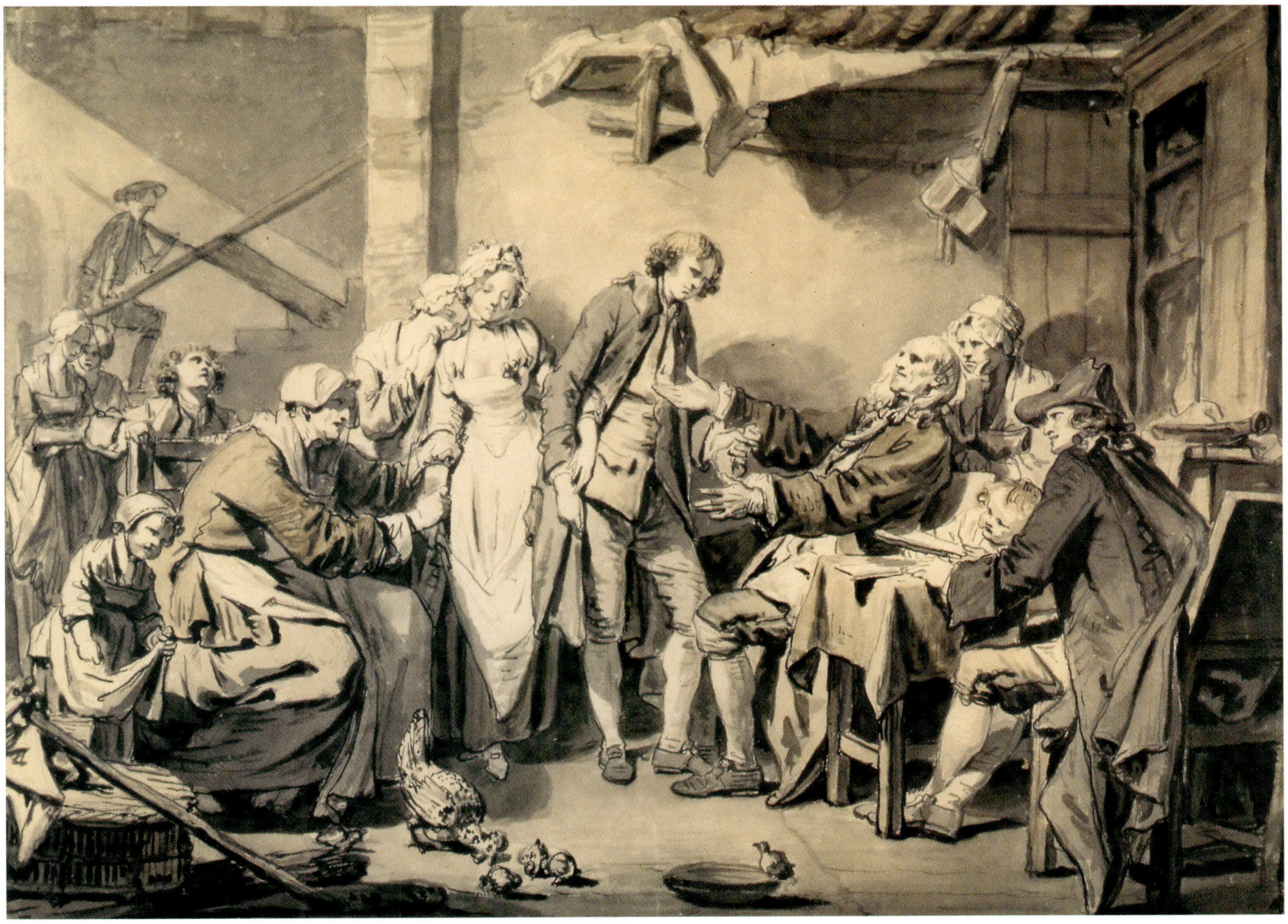

37 *L'orage*

- Pierre noire sur papier
- H. : 270 ; L. : 328 mm
- D. Dut. 1069

PROVENANCE

Coll. Dutuit (L. 709a) ; legs Dutuit à la Ville de Paris, 1902.

BIBLIOGRAPHIE

Ne figure pas dans les catalogues sommaires de la collection Dutuit (Lapauze, 1907 et 1925).

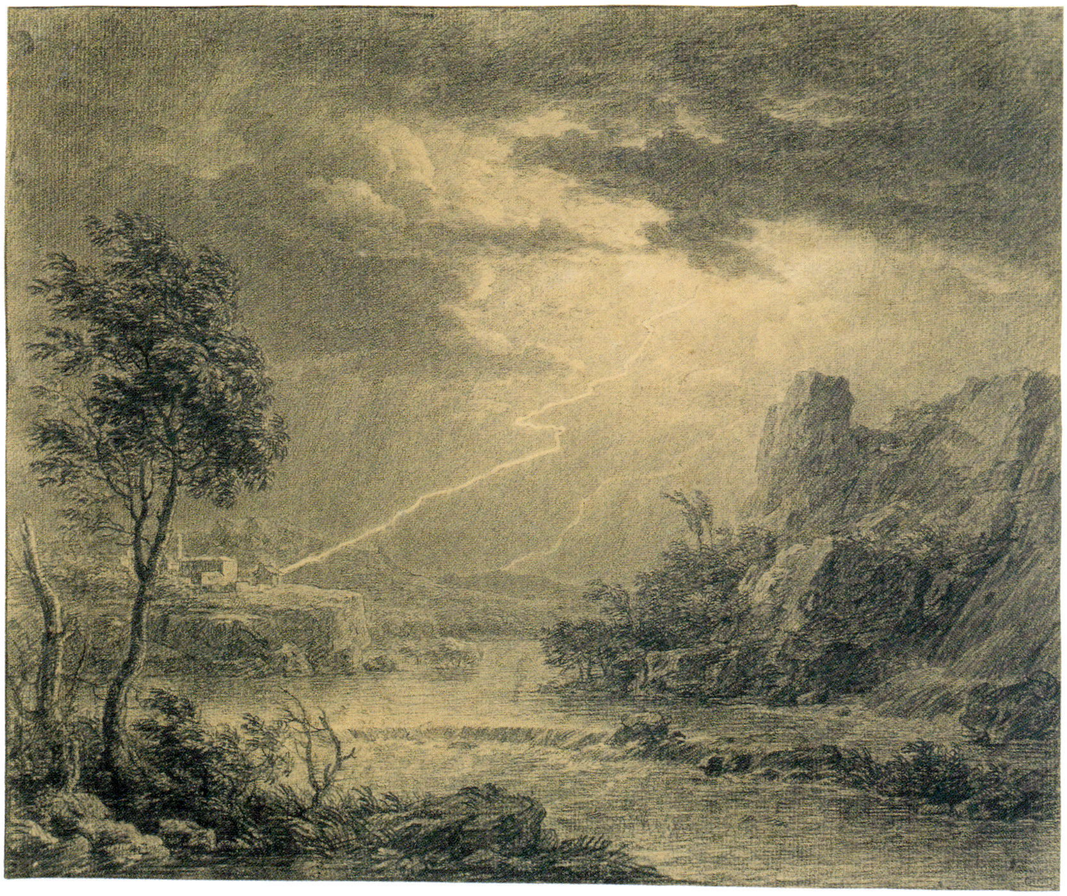

Ce beau dessin, un peu sec, figurait dans les inventaires sous une attribution généreuse à Joseph Vernet. Il peut paraître gratuit de rendre un dessin non signé à Lantara, cet imitateur un peu mécanique de Vernet, toutefois, une inscription ancienne, mais non contemporaine de l'œuvre, figurant au dos du dessin (doublé au XIXe siècle) et portant le nom de Lantara nous a incité à faire cette modification ; non que notre réattribution à Lantara en soit pour autant prouvée, mais parce qu'elle permet sans doute de se rapprocher davantage de la réalité. De très nombreux dessins de Lantara, ou attribués à Lantara sont passés en vente à la fin du XIXe siècle. Il est difficile de reconnaître absolument dans ces listes notre paysage ; beaucoup de dessins peuvent lui correspondre (vente Marmontel, 1898 : *Paysage, effet d'orage* ; vente Marmontel, 1883 : *L'orage* ; vente Norblin, 1860 : *Paysage, effet d'orage*), mais l'un d'eux (vente Denesle, 1860) est évoqué par une description plus précise et plus convaincante : «L'orage, on voit la foudre sillonner la nue et venir frapper une ville bâtie au haut d'un monticule.»

38 *L'allée ombreuse*

- Lavis de bistre sur papier
- H. : 457 ; L. : 347 mm
- D. Dut. 966

PROVENANCE

Coll. Sireul ; sa vente, 3 décembre 1781, n° 242 — à moins qu'il ne s'agisse, comme le suggère Ananoff, des *Grands cyprès de la villa d'Este* de l'Albertina : «Un superbe dessin de ce maître, lavé au bistre sur papier blanc. Il représente une longue avenue en perspective. Ce dessin est d'un effet piquant et orné de figures analogues.» (vendu 149 livres 19 à Paillet) ; coll. Saint ; sa vente, 4 mai 1846, n° 13 (99 F 50, à Mayor de Londres) ; coll. Hippolyte Walferdin ; sa vente après décès, 12-16 avril 1880, n° 206 (1 816 F à Malinet) ; coll. Jean Gigoux (L. 1164), sa vente, 20-23 mars 1882, n° 583 (2 030 F à Clément, l'acheteur des frères Dutuit) ; coll. Dutuit (L. 709a) ; legs Dutuit à la Ville de Paris, 1902.

EXPOSITIONS

Paris, 1879, n° 581 ; Paris, 1934, n° 460 ; Zurich, 1947, n° 72 ; Londres, 1949-1950, n° 415, pl. 77 ; Vienne, 1950, n° 125 ; Amsterdam, 1951, n° 168, pl. 33 ; Londres, 1952, n° 84 ; U.S.A., 1952-1953, n° 88, pl. 29 ; Berne, 1954, n° 63 ; Londres, 1977, n° 84 ; Tokyo, Sapporo, Kyoto, 1979-1980, n° 21 ; Paris, 1987-1988, n° 186 ; Rome, 1991, n° 165.

BIBLIOGRAPHIE

Portalis, 1889, p. 293, repr. p. 40 ; Alexandre, 1902, p. 20, repr. p. 15 ; Cain, 1905, t. I, pl. 5 ; Pannier, 1905 ; Lapauze, 1907, n° 966 ; Lapauze, 1909, p. 256, repr. p. 257 ; Leclère, 1913, p. 67, repr. p. 105 ; Lapauze, 1925, n° 1012 ; Martine, 1927, n° 12 ; Guimbaud, 1947, p. 9 ; Lavallée, 1948, p. 81 ; Sterling, 1955, pp. 55-56 ; Ananoff, 1961, t. I, n° 327, repr. fig. 120.

ŒUVRES EN RAPPORT

L'allée ombreuse, huile sur toile, Metropolitan Museum of Art, New York (*fig. 65*). *L'Allée ombreuse*, lavis de bistre avec reprises à la plume — apocryphes dit Ananoff, Paris, coll. part. (voir Paris, 1987-1988, n° 187) : ce dessin est parfois contesté (voir Rome, 1991, n° 165 : *œuvres en rapport*).

Comme pour *Un Parc à l'italienne* (n° 39), la datation de l'*Allée ombreuse* n'est pas connue avec certitude. Rapproché très tôt des œuvres italiennes, notre dessin fut d'abord daté par Portalis du premier voyage en Italie, vraisemblablement par comparaison avec les *Grands cyprès de la villa d'Este* (Vienne, Albertina, et Besançon, musée des Beaux-Arts) ; précisons toutefois qu'à l'époque, le premier séjour en Italie était le mieux connu. Depuis, il semble unanimement rattaché au second séjour en Italie, celui que Fragonard fit avec son mécène, le fermier général Bergeret de Grancourt. Et c'est, semble-t-il, pour des raisons techniques — à cette époque Fragonard utilise le plus couramment et le mieux le lavis —, qu'on le date aujourd'hui des années 1773-1774 (voir Paris, 1987-1988).

Comme le dit P. Rosenberg (Paris, 1987-1988, n° 186), «les discussions vont bon train pour ce qui est de la localisation du site». La première pensée va à l'Italie bien sûre, que ce soit à la villa Mattei, à Rome (Réau) ou à toute autre villa visitée en chemin... Mais nombreux sont aussi les commentateurs qui choisissent la France, voulant retrouver ce paysage dans les propriétés de Bergeret par exemple : au château de Nointel, près de Paris, ou au château de Négrepelisse, près de Montauban. Une réflexion s'impose ici : on ne peut tout à la fois accorder à ce dessin les qualités des œuvres réalisées en Italie en 1773-1774, ce que s'accordent pourtant à penser la plupart des critiques, et suggérer une datation antérieure... En effet, Fragonard et son hôte n'ont séjourné qu'à l'aller à Négrepelisse (le journal de Bergeret est sur ce point très précis : le seul séjour a eu lieu du 12 au 26 octobre 1773), tandis que les visites à Nointel doivent être datées de bien avant (ils n'y séjournent pas, semble-t-il, avant de partir), ou de bien après (Fragonard se dispute avec Bergeret au retour d'Italie et ne reverra Nointel qu'après la mort de celui-ci). En fait, les allées monumentales, de platanes ou de quelque autre essence d'arbre, étaient très courantes dans les jardins du XVIIIe siècle, aussi bien en Italie qu'en France, et il nous paraît pour le moins hasardeux de vouloir absolument localiser le site de notre *Allée ombreuse.*

Il existe à Paris (coll. part.) une seconde *Allée ombreuse* de même technique et de dimensions très proches (445 x 344 mm), parfois contestée ; il existe aussi à New York (Metropolitan Museum of Art, *fig. 65*) une toile de même sujet qui forme une paire avec un paysage appelé : *Vue d'une villa italienne avec cascade*, les deux tableaux étant de dimensions sensiblement inférieures aux dessins (292 x 241 mm). Cette dernière composition est traditionnellement rapprochée de plusieurs

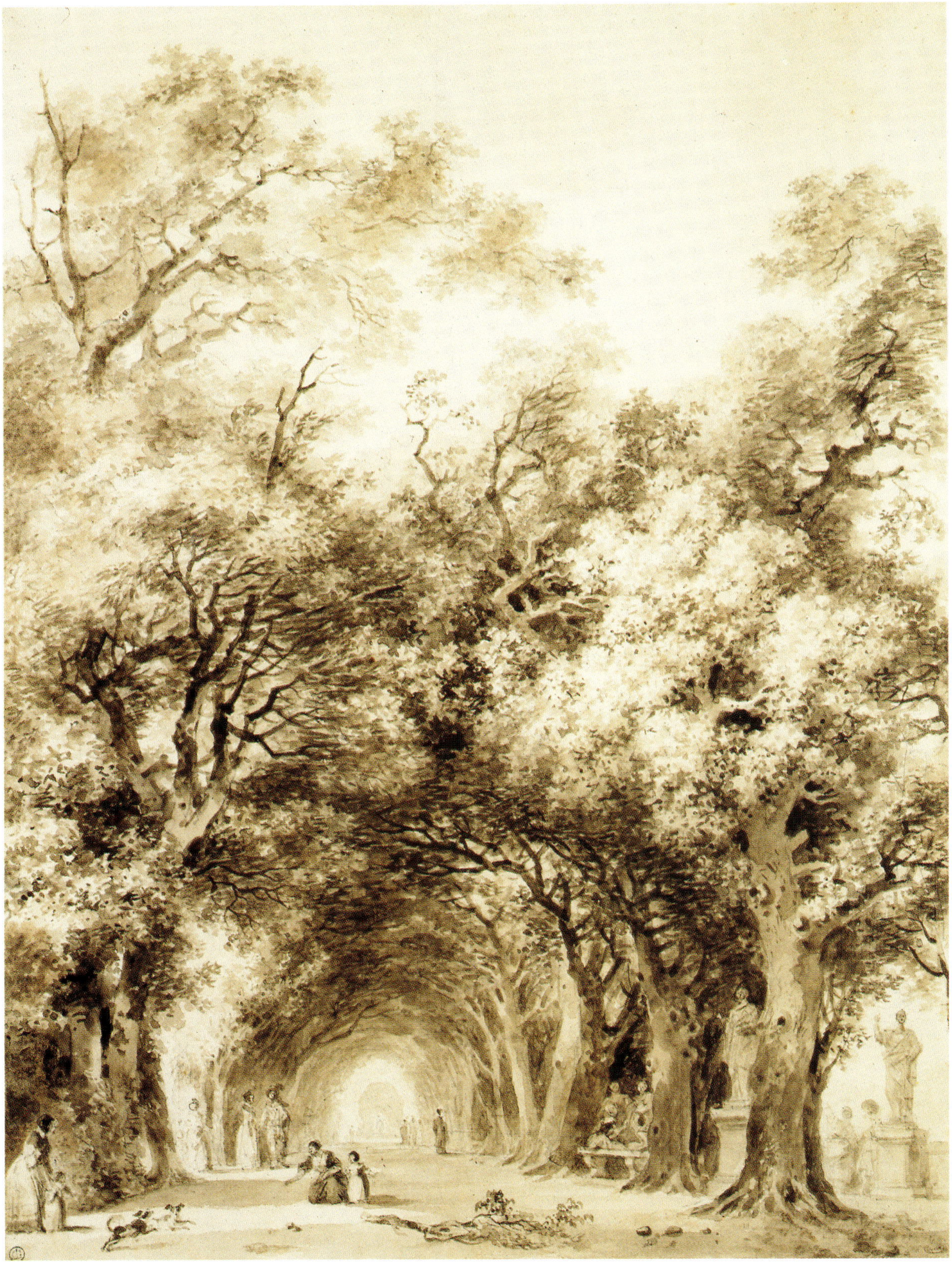

dessins au lavis dénommés *Vue d'un parc italien* (Paris, coll. part. ; New York, coll. part. ; Stockholm, Nationalmuseum) de techniques et de dimensions très comparables à notre feuille, dont l'un (New York, coll. part.) est pourtant daté (inscription apocryphe ?) de 1780. P. Rosenberg reconstitue ainsi la chronologie : certaines *Vues d'un parc italien* de même que l'*Allée ombreuse* du Petit Palais dateraient du voyage en Italie ; les tableaux de New York auraient été réalisés «au retour du voyage vers 1780» (c'est-à-dire après que l'artiste fut parvenu à reprendre ses dessins à Bergeret) ; enfin, la seconde *Allée ombreuse*, par les différences notables de composition qu'elle présente par rapport à la toile et par quelques points techniques, devrait recevoir une datation encore postérieure...

Une étude attentive du dessin laisse apparaître certains détails importants : sous le lavis, on peut apercevoir nettement marquées à grands traits de pierre noire les lignes de fuite principales de la composition sur lesquelles prennent place naturellement les groupes de promeneurs et les éléments de décor (bancs et piédestaux des statues). De plus, contrairement à ce que l'on a pu dire en comparant les deux dessins de même sujet, il nous semble que la proximité des troncs d'arbres, le plus grand nombre de statues ainsi que la disposition et la taille des personnages tendent à mieux mettre en valeur la puissance quasi-architecturale du site. Enfin, il nous semble évident que notre *Allée ombreuse* présente des proportions sensiblement différentes et plus construites : la voûte des arbres est plus longue (l'horizon lumineux, plus lointain, est plus petit), plus ronde aussi (presque en berceau), les troncs sont plantés plus régulièrement, comme des colonnes. Et il faut noter une incohérence de perspective qui nous paraît décisive : les arbres, vus de plus près sur notre dessin montent pourtant moins haut, comme écrasés, laissant apparaître un plus grand coin de ciel qui, loin de conférer plus de naturel à la composition, contribue bien davantage à en renforcer artificiellement la monumentalité.

Pour nous résumer, disons plus simplement qu'il nous paraît vraisemblable de reconnaître dans notre dessin un travail de composition calculé qui s'oppose en partie à l'idée d'une étude sur le motif. Que Fragonard ait répété très fidèlement la composition sur la toile de New York (*fig. 65*), mieux : qu'il lui ait adjoint un pendant semble le confirmer ; l'*Allée ombreuse* du Petit Palais est une construction imaginaire, un «caprice naturel» que l'on aimerait davantage voir associé aux *Grandes Galeries* d'Hubert Robert. La branche cassée, au premier plan, n'est pas une notation réelle mais un artifice de composition : seul élément horizontal qui bloque la perspective au bord de la feuille ; les deux chiens sautillant se retrouvent sur mille autres dessins, de même que les couples mère-fille, à gauche, ou, de l'autre côté, les amoureux penchés sur une balustrade. La statue que l'on voit à droite, enfin, peut-être inspirée de la Junon du Capitole (quoique les plis de la toge soulignent plutôt une anatomie masculine), est très proche des nombreuses statues que Fragonard aime à placer dans ses vues italiennes — peut-on voir à ce sujet une de ces notations humoristiques chères à l'artiste dans l'association de ce geste de mise en garde, main pointée vers le ciel, et de la branche cassée au milieu du chemin ?

On aimerait enfin croire, sans preuve, que Théodore Rousseau ait pu voir ce dessin et s'en soit souvenu avant de peindre l'*Allée de châtaigniers* du Louvre...

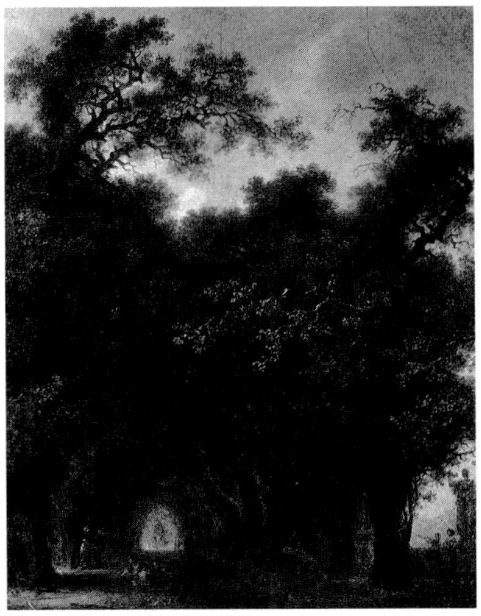

Fig. 65 : Fragonard, *L'allée ombreuse*, New York, Metropolitan Museum of Art.

39 *Un parc à l'italienne* ou *Les Jardins de la villa d'Este* ou *Jardin des environs de Rome*

- Lavis de bistre sur traits de pierre noire
- H. : 347 ; L. : 463 mm
- D. Dut. 965

INSCRIPTION

- Signé à l'encre, en b. à g., sur le terre-plein : *fragonard.*

PROVENANCE

Coll. Hippolyte Walferdin ; sa vente après décès, 1880, n° 237 (3 120 F, à M. Malinet) ; coll. Dutuit, dès 1889 (L. 709a) ; legs Dutuit à la Ville de Paris, 1902.

EXPOSITIONS

Paris, 1879, n° 580 ; Paris, 1934, n° 452 ; Zurich, 1947, n° 72 ; Londres, 1949-1950, n° 419, pl. 77 ; Amsterdam, 1951, n° 167 ; Londres, 1952, n° 66 ; U.S.A., 1952-1953, n° 88, pl. 29 ; Berne, 1954, n° 63 ; Londres, 1977, n° 83 ; Tokyo, 1982, n° 69, pl. 72 ; Paris, 1987-1988, n° 183 ; Rome, 1991, n° 164.

BIBLIOGRAPHIE

Portalis, 1889, p. 316 ; Alexandre, 1902, p. 20 ; Michel, 1903, p. 243 ; Lapauze, 1907, n° 965 ; Lapauze, 1909, p. 256, repr. ; Leclère, 1913, p. 67, repr. p. 105 ; Lapauze, 1925, n° 1011 ; Martine, 1927, n° 13 ; Guimbaud, 1947, p. 8 ; Fosca, 1954, n° 24 ; Ananoff, 1970, t. IV, n° 2151, repr. fig. 585 ; Mazars, 1971, p. 11.

La diversité des titres donnés à ce dessin rend bien compte de la difficulté et du désir de ses nombreux commentateurs à situer précisément le paysage représenté. L'ancienne appellation identifiant la villa d'Este est tombée d'elle-même devant l'impossibilité de retrouver quelque point de vue du célèbre parc de Tivoli. Il nous semble aujourd'hui tout aussi arbitraire de vouloir reconnaître ici un jardin italien, a fortiori «des environs de Rome».

On sait par quelques dessins datés, trop rares, combien Fragonard se plut jusque très tard à répéter librement ces motifs de parcs à l'italienne : un dessin signé et daté de 1786 (Sacramento, Crocker Art Museum, reproduit dans le catalogue de l'exposition de Paris, 1987-1988, n° 302) représente ainsi un paysage assez proche : mêmes arbres (à gauche les longs fuseaux de cyprès ou de peupliers, à droite les grands cônes de sapins ou de cèdres) disposés en masses parallèles, même motif de la colonne portant une sphère baguée (un cadran solaire ?), même échappée à gauche vers un horizon de collines. Certes la technique différencie notablement les œuvres : les contrastes très forts qui font la grande qualité du lavis du Petit Palais ne se retrouvent pas sur la feuille de Sacramento dont P. Rosenberg semble déplorer «les touches de lavis papillotantes, comme éparpillées sur la feuille». Force est alors de reconnaître à l'un la grande liberté «plus impressionniste» typique de la maturité de l'artiste, et à notre dessin cette grande fermeté de composition soutenue par la maîtrise impeccable d'un lavis fort et contrasté où l'on retrouve la plénitude du second voyage en Italie.

Que la plupart des auteurs s'accordent à dater ce dessin autour de 1774 commande-t-il de le dater précisément du second séjour en Italie ? La parenté, sinon de composition du moins d'inspiration, avec la célébrissime *Fête à Saint-Cloud*, datée traditionnellement du retour d'Italie et par P. Rosenberg de peu avant, vers 1773 (Paris, 1987-1988, n° 161), nous montre combien délicate paraît toute tentative d'affiner les datations des œuvres de cette époque. Ici et là on retrouve les mêmes promeneuses, élégantes armées d'ombrelles, les mêmes ifs taillés en cônes, et surtout la même volonté de théâtraliser une nature foisonnante .

Au premier plan, la ribambelle des acteurs se déroule comme un bas-relief, frise de silhouettes (les personnages du deuxième plan ne sont pas repassés au lavis), comme le bas-relief qui décore l'autel, au centre de la composition — peut-on à ce propos évoquer les *Bergers d'Arcadie*, lointaine réminiscence tournée en dérision : les «bergers», dos à l'autel, interrogent leur chien !

Notons la présence de l'*Hercule Farnèse*, en bas à droite ; ce qui ne prouve rien non plus, sinon un souci de paysagiste plus français que romain : en effet, alors que l'original était encore placé dans la première cour du Palais Farnèse en 1774, de nombreuses copies ornaient à la même époque les jardins français, à Versailles par exemple et à Vaux-le-Vicomte, envois des élèves sculpteurs de l'Académie de France.

En fait, ces points de vue originaux et renouvelés tant loués par ses commentateurs ne nous semblent en définitive que prouver le génie d'invention de Fragonard. Le dessin du Petit Palais est en ce sens un chef d'œuvre d'invention poétique et théâtrale. Monumental rideau de verdure, le bosquet d'arbres bloque la composition au centre, tandis que les points de fuite à droite avec les escaliers et à gauche avec la campagne, côté cour et côté jardin, désignent les coulisses.

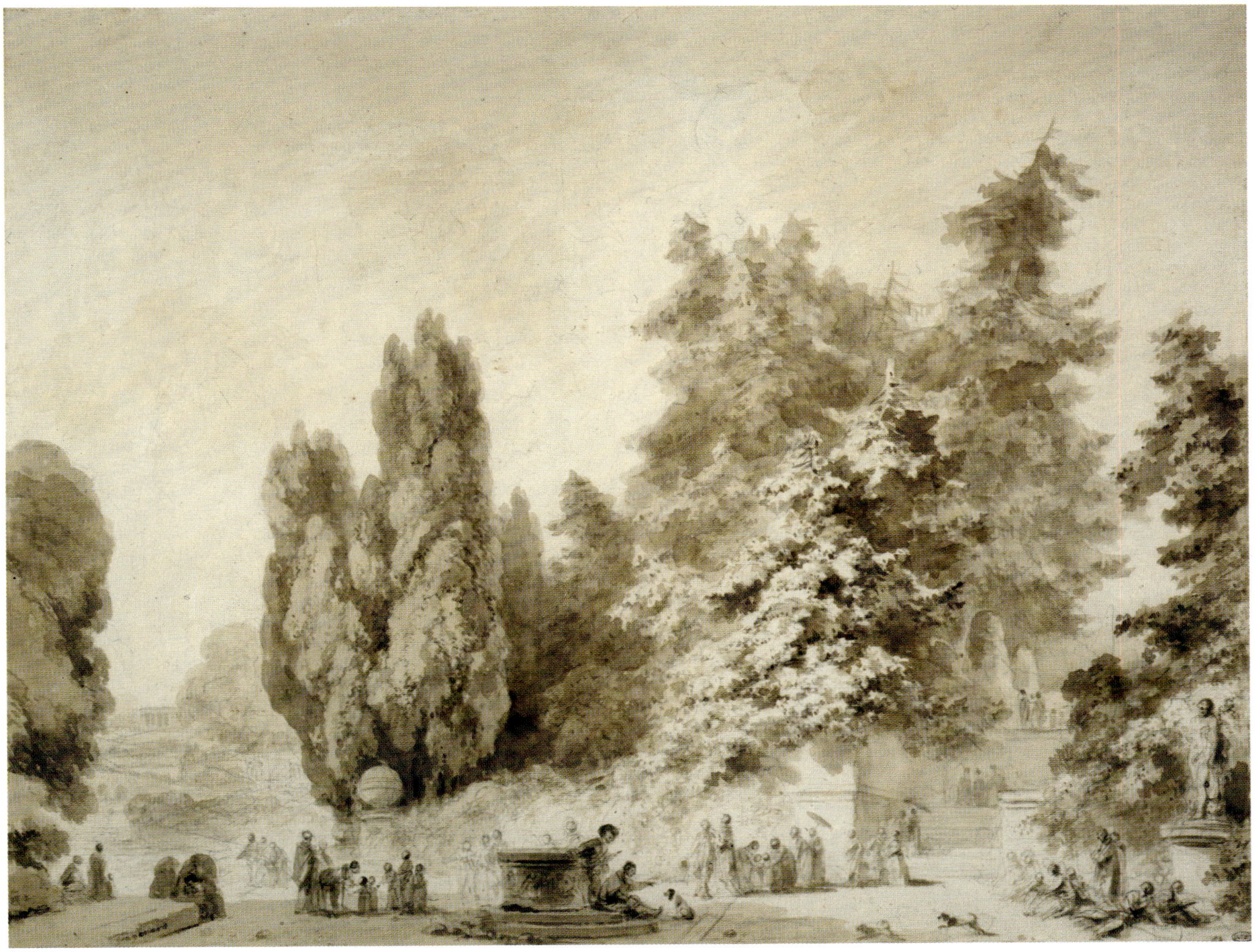

40 *Le temple de la Sibylle tiburtine*
ou *Souvenir du temple de la Sibylle à Tivoli*

- Plume, lavis de bistre et d'aquarelle sur traits de pierre noire sur papier
- H. : 285 ; L. : 362 mm
- D. Dut. 1895

INSCRIPTIONS

- Une première inscription, sur le linteau de la porte du temple : *SIBILLA TIBURTINA* ; une deuxième inscription, sur un socle renversé, à l'avant-plan, à gauche : *dessiné a l'arsenal le 26 février 1778 jour de la naissance de mon fils charles Robert.* L'artiste a signé une deuxième fois le dessin, en b. à g., avec une nouvelle date : *Robert 1779.*

PROVENANCE

Coll. Casimir Stralem ; coll. Donald D. Stralem ; commerce d'art parisien ; acquis en 1992 sur les arrérages du legs Dutuit (commission du 23 janvier ; délibération du 30 mars).

EXPOSITIONS

Peut-être l'un des «différents dessins coloriés représentant des monuments antiques et modernes tant d'après nature que de composition», exposés au Salon de 1779, n° 96 ; Londres, 1968, n° 603.

BIBLIOGRAPHIE

Carlson, 1968 ; Cayeux, 1987, p. 54 (ill. n° 38, p. 52).

Ce très beau caprice architectural d'Hubert Robert, acquisition récente du musée réalisée en vue de l'exposition, nous permet d'inscrire le nom indispensable de cet artiste à côté de celui de son ami de toujours, Fragonard. Les deux hommes, qui se connaissent depuis leur séjour commun à Rome, dès 1756, se retrouvent en 1778 à Paris et plus précisément au Louvre où Robert obtient, à l'automne, un logement voisin de celui de Fragonard.

Au début de cette année capitale pour Hubert Robert, année que l'on «doit considérer comme l'année du grand tournant, tant dans sa vie familiale que dans sa carrière» (J. de Cayeux, 1989, p. 223), l'artiste est touché par deux événements familiaux importants : l'un triste, son père Nicolas Robert meurt le 14 janvier, l'autre gai, son fils, Charles-Hubert, naît le 26 février ; il habite alors à l'Arsenal, comme l'atteste aussi l'inscription portée sur notre dessin.

Ce paysage de ruines mélange divers monuments réels, comme c'est régulièrement le cas pour les compositions italiennes réalisées par Robert à son retour en France, et comme il faut aussi l'observer sur nombre de dessins exécutés sur place.

Le temple rond de la Sibylle tiburtine (en réalité il s'agit d'un temple consacré à Vesta) en est le principal sujet. L'artiste s'en est sans doute inspiré à plusieurs reprises (signalons un dessin à la sanguine daté vers 1762, Valence, musée des Beaux-Arts, *fig. 66* ; voir sur ce point *Rome*, 1991, p. 170, n° 112), mais pour tous les artistes français ayant séjourné à Rome, le temple de Tivoli est en fait un motif obligé : à la suite des auteurs de la remarquable exposition *Hubert Robert et Fragonard* qui s'est tenue à Rome en 1991 (*op. cit.*), évoquons ici les *Temples...* de Fragonard, de Berthélemy, de Vincent, d'Ango, etc.

Nul doute qu'Hubert Robert ait conservé dans ses cartons des vues de Rome et des environs (on connaît plusieurs carnets de croquis sur ce thème), et donc des vues de Tivoli qu'il pouvait à l'occasion réemployer ici ou là. Remarquons pourtant — et cela ne doit pas nous étonner chez Robert — que le temple est sensiblement modifié : tout d'abord ses proportions sont légèrement agrandies par rapport aux personnages, la partie droite du bâtiment ainsi que son socle sont complétés, tout au moins pour ce qui concerne le mur intérieur, enfin, détail plus important, le temple est représenté par la face opposée à celle traditionnellement reproduite. Certes, l'artiste a pu choisir de montrer l'autre côté du monument — d'habitude, le souci de figurer le site en contre-plongée, depuis la vallée, avec les deux niveaux de soubassements visibles imposait le point de vue opposé — ; certes, le caractère fantaisiste de la composition rend quelque peu aléatoire une telle discussion, cependant il nous semble aussi possible qu'Hubert Robert ait employé comme modèle de ce dessin la contre-épreuve d'une étude antérieure, peut-être réalisée sur le motif...

A droite, au fond, derrière le temple rond, on aperçoit quelques rangs de colonnes d'un vaste monument qui n'est pas sans évoquer la célèbre colonnade du Bernin, devant la basilique Saint-Pierre. Certains détails semblent confirmer cette hypothèse, comme la présence de statues dressées sur l'entablement au droit des colonnes et surtout le plan courbe parfaitement sensible. Notons ici que l'on connaît peu de dessins de Robert réalisés sur ce motif, hormis une belle sanguine datée vers 1763 (Valence, musée des Beaux-Arts ; voir Rome, 1991, n° 129) qui emploie un tout autre point de vue, mais déforme tout autant le contexte architectural de l'édifice.

Au premier plan, à gauche, le grand sarcophage à demi brisé est inspiré de modèles qu'Hubert Robert a pu voir à Rome (musées du Vatican et du Capitole). La

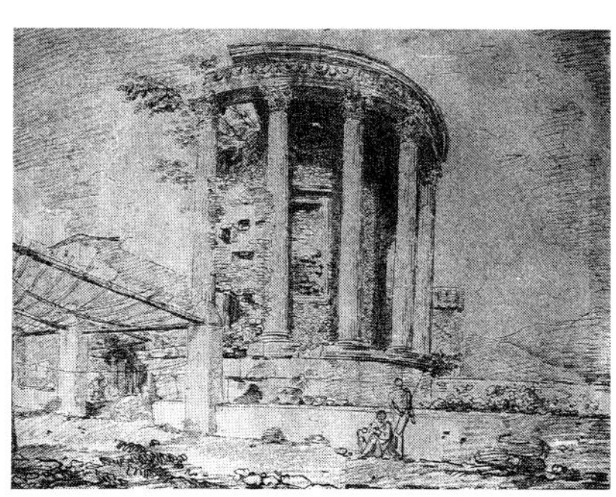

Fig. 66 : H. Robert, *Le Temple de la Sybille à Tivoli*, Valence, musée des Beaux-Arts.

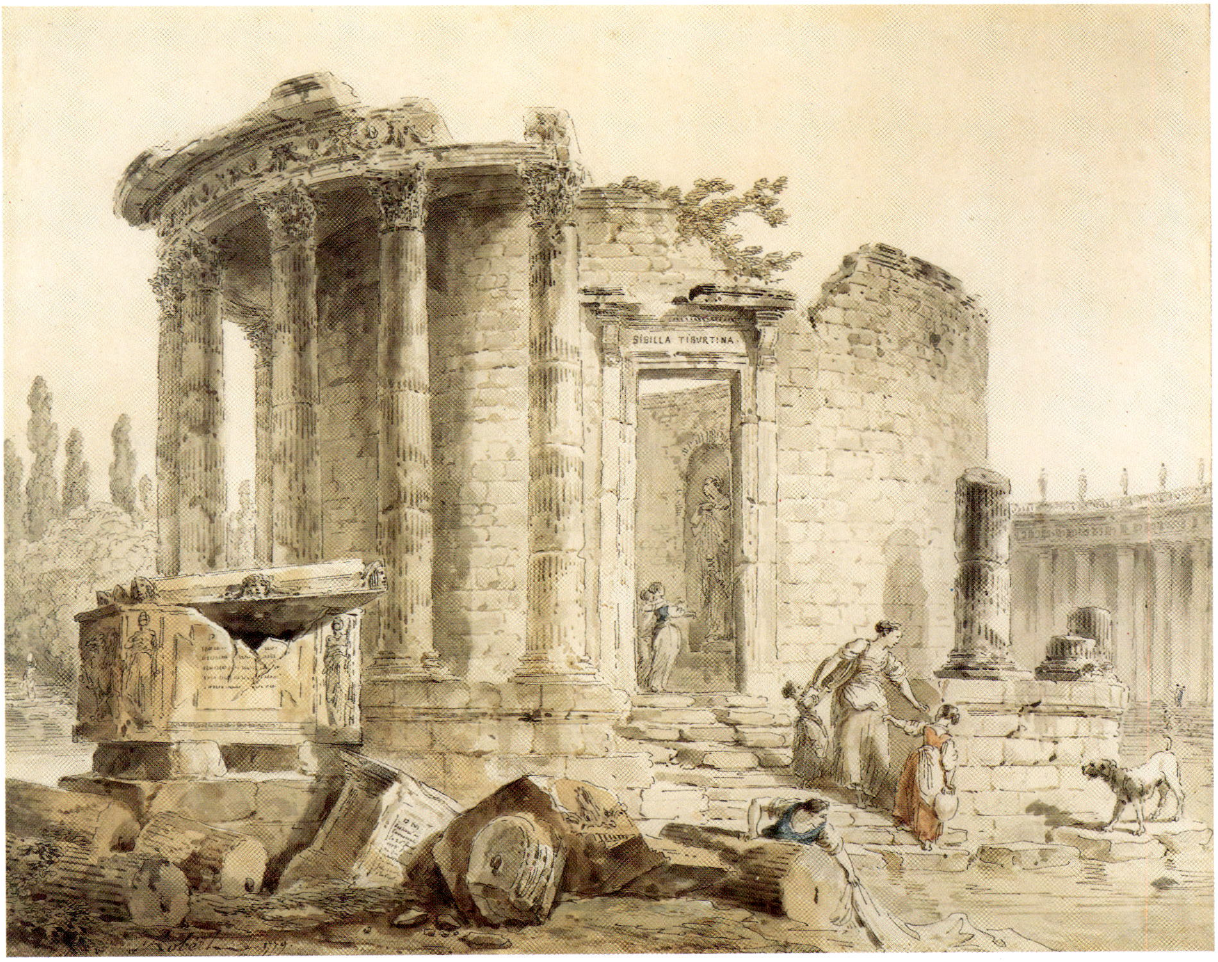
SIBILLA TIBURTINA

statue que l'on aperçoit dans le temple, difficilement reconnaissable, est sans doute aussi dérivée de sculptures antiques vues sur place (un modèle proche de la *Diane de Gabies* ?).

Faut-il chercher une interprétation symbolique à notre dessin ? L'inscription portée par l'artiste lui-même sur la stèle funéraire, au premier plan, nous y engage. Hubert Robert réalise ce dessin le jour de la naissance de son fils, Charles-Hubert, le 26 février 1778. Le mois précédent, il a perdu son père. Il serait dès lors tentant de voir dans cette composition une allégorie familiale : le groupe de la femme tenant par la main deux enfants pourrait représenter la femme et les deux filles de l'artiste, tandis que le sarcophage ouvert évoquerait la mort de son père. Entre ces deux images, la stèle à demi exhumée relatant la naissance du fils symboliserait en quelque sorte l'émergence d'un nouvel espoir.

La double signature peut étonner. La faible lisibilité de l'inscription justifie, dans une certaine mesure, l'apposition d'une nouvelle signature. La différence des dates, à notre sens, n'est pas aberrante : sans doute Robert a-t-il voulu redater son dessin au moment où il s'en est défait, peut-être lors de sa première exposition. En 1779, il exposait ainsi «différents dessins coloriés représentant des monuments antiques et modernes tant d'après nature que de composition» (Livret du Salon n° 96).

Le style de notre dessin est tout à fait caractéristique des œuvres réalisées par Hubert Robert à la fin des années 1770. Plus nerveux, utilisant des techniques plus picturales, comme le lavis et l'aquarelle, il se présente comme une œuvre finie, de celles que l'artiste destinait d'évidence au commerce. Caprice architectural, fantaisie de composition, il s'impose par une grande puissance graphique et un sens de l'équilibre admirable. Autour du temple rond, dont l'asymétrie est soigneusement composée en spirale, les divers éléments, groupes animés et morceaux d'architecture, s'agencent d'une manière très dynamique, comme pris dans une ronde : le mouvement démarre à l'intérieur du temple, avec les deux jeunes filles postées devant la statue, se poursuit sur les marches, avec le groupe de la femme et des enfants, tourne vers la gauche, en suivant le chien, contourne enfin le paysage en suivant la colonnade, avant de revenir sur la gauche sur la nature morte de ruines, pour s'achever au premier plan avec la lavandière qui tire son drap hors de l'eau. C'est peu dire que, par là, Hubert Robert évite la monotonie d'un motif usé.

41 à 43 *Trois scènes de sacrifices païens*

Caresme est de ces artistes dont le XVIIIe siècle libertin raffola et que le XIXe siècle enterra à demi dans l'oubli. Parent, par sa mère, des Coypel, une des dynasties de peintres les plus brillantes que la France ait connues, il était sans doute promis à une belle carrière. Formé dans l'atelier de Charles Coypel, agréé à l'Académie dès 1766, il connut hélas des déboires — certains évoquent des difficultés financières (Portalis, 1877, p. 43), d'autres parlent d'un refus d'exécuter son morceau de réception (Bellier de la Chavignerie) — qui provoquèrent rapidement sa disgrâce et lui fermèrent les portes des milieux officiels. Il semble avoir peu peint et s'être assez tôt spécialisé dans la réalisation à la gouache de nombreuses scènes légères d'inspiration antique : bacchanales, sacrifices païens, scènes de nymphes et de satyres…

Diderot, qui comptait parmi ses amateurs, en parle à plusieurs reprises dans ses *Salons*. En 1767, il dit ainsi : «Mais parlons de ses têtes peintes, de ses études, et surtout de ses dessins coloriés et lavés, ils en valent pardieu la peine. Ils étaient accrochés au dessous des morceaux de sculpture de Le Moine, et l'on était là plus courbé que debout. Ces dessins sont charmants et un grand maître ne les désavouerait pas. Ce sont des faunes, des satyres, c'est un petit sacrifice bien pensé et bien touché. Peut-être ce Caresme peindra-t-il un jour, je n'en sais rien ; mais s'il ne peut pas peindre, qu'il dessine.» (*Salon de 1767*, in *Œuvres complètes de Diderot*, Paris, 1990, p. 463). Mais son jugement évolue et, conservant toute son affection à l'artiste, il remarque pourtant en 1769 : «Caresme n'est pas un artiste sans talent, il dessine très bien ; mais qu'est-ce que cela est devenu ? Ma foi, je n'en sais rien. Il est très difficile à un homme sans fortune de se perfectionner. La misère le condamne à la médiocrité.» (*Salon de 1769*, in *Œuvres complètes de Diderot*, Paris, 1990, p. 653)

Le XIXe siècle ne put remettre à l'honneur cet artiste pourtant plein de grâce. La violence de ses opinions jacobines pendant la période révolutionnaire fit sans doute beaucoup contre lui, mais moins très certainement que sa réputation sulfureuse d'artiste licencieux. Edmond de Goncourt, qui pourtant collectionna des dessins de Caresme, ne se montre guère tendre pour celui qu'il définit ainsi : «Un bistreur, un aquarelliste, un gouacheur, toujours érotique, volontiers obscène, au dessin lourd, à la grâce mastoc, à la sensualité toute matérielle, et dont l'éternelle bacchanale ressemble à une suite de dessins copiés d'après de mauvais bas-reliefs de la décadence romaine» (Goncourt, 1881, t. I, p. 57, cité par E. Launay, 1991, p. 247).

Les trois compositions que nous présentons permettent sans doute de se faire une opinion plus nuancée. Artiste brillant, plus peintre à vrai dire que dessinateur — Diderot parle bien de peinture à la gouache —, Caresme montre ici un talent sûr et original : sans doute produisit-il des bacchanales en séries, mais on ne peut rester insensible au goût qu'il met à en varier la composition. La maîtrise technique est réelle, le trait est sûr et nerveux, les couleurs agréables et les groupes s'équilibrent harmonieusement. Ses couples d'enfants enlacés ne le cèdent en rien aux bambins de Boucher et ses nus féminins ne sont certes pas dénués de charmes. Reste le sujet, sinon l'absence de sujet… Sans doute peut-on s'irriter encore aujourd'hui de ces nymphettes alanguies, de ces termes un peu niais et de ces faunes hilares campés dans des poses très suggestives, quoique conventionnelles, mais le dessin demeure convaincant pour ce qu'il prétend être : un caprice comique, une fantaisie légère.

Notons enfin que Caresme, comme tous les artistes de sa génération, se trouva confronté au changement de goût qui bouleversa les années 1760. Son *Offrande à Pan* témoigne ici merveilleusement de l'usage que pouvait faire du Néo-classicisme un lointain héritier de Boucher en limitant à l'accessoire le souci du détail archéologique. Il est amusant de comparer ainsi cette scène d'offrande païenne aux sous-entendus évocateurs — d'aucuns pourraient voir en Pan un Priape voilé par une fumée opportune — aux très vertueuses *Athéniennes* que Joseph-Marie Vien peignit vers 1762…

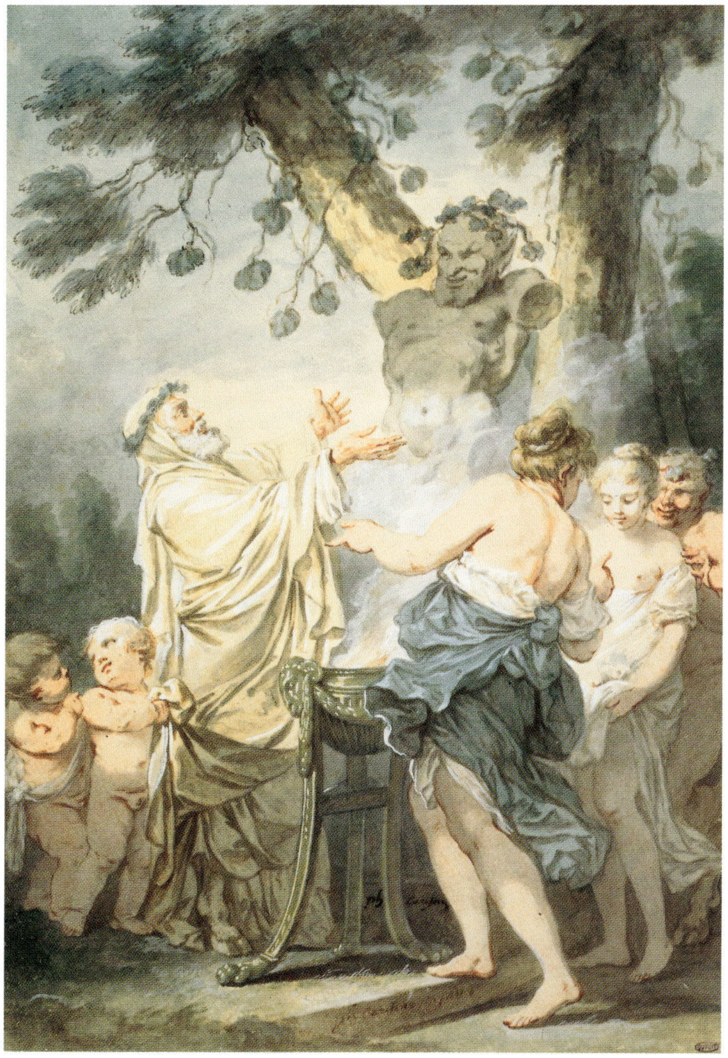

41 *L'offrande à Pan*

- Pierre noire, craies de couleur et rehauts de gouache sur papier
- H. : 364 ; L. : 252 mm
- D. Dut. 1046

INSCRIPTIONS

- Signé deux fois : en b., sur la contremarche : *Ph. Caresme 17*[68] ; et sous le trépied : *Ph. Caresme* (les deux signatures paraissent de la même main).

PROVENANCE

Coll. Dutuit (L. 709a) ; legs Dutuit à la Ville de Paris, 1902.

42 *Nymphes et Satyres auprès d'un terme de Bacchus*

- Pierre noire, craies de couleur et rehauts de gouache sur papier
- H. : 272 ; L. : 361 mm
- D. Dut. 1045

PROVENANCE

Coll. Dutuit (L. 709a) ; legs Dutuit à la Ville de Paris, 1902.

EXPOSITION

Séoul, 1977, n° 29 (repr.).

43 *Nymphes et Satyres*

- Pierre noire, gouache, plume et encre brune sur papier
- H. : 189 ; L. : 247 mm
- D. Dut. 1047

INSCRIPTION

- Signé au milieu, sur la ceinture de la table : *Ph. Caresme, 1767.*

PROVENANCE

Coll. Dutuit (L. 709a) ; legs Dutuit à la Ville de Paris, 1902.

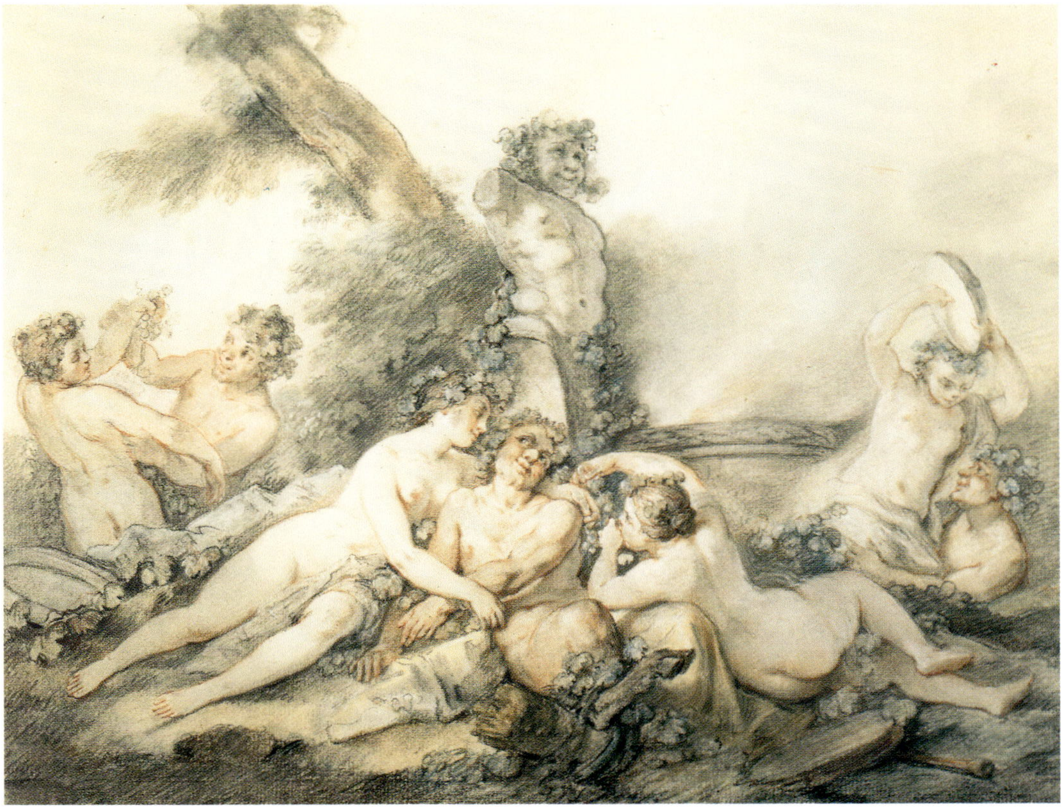

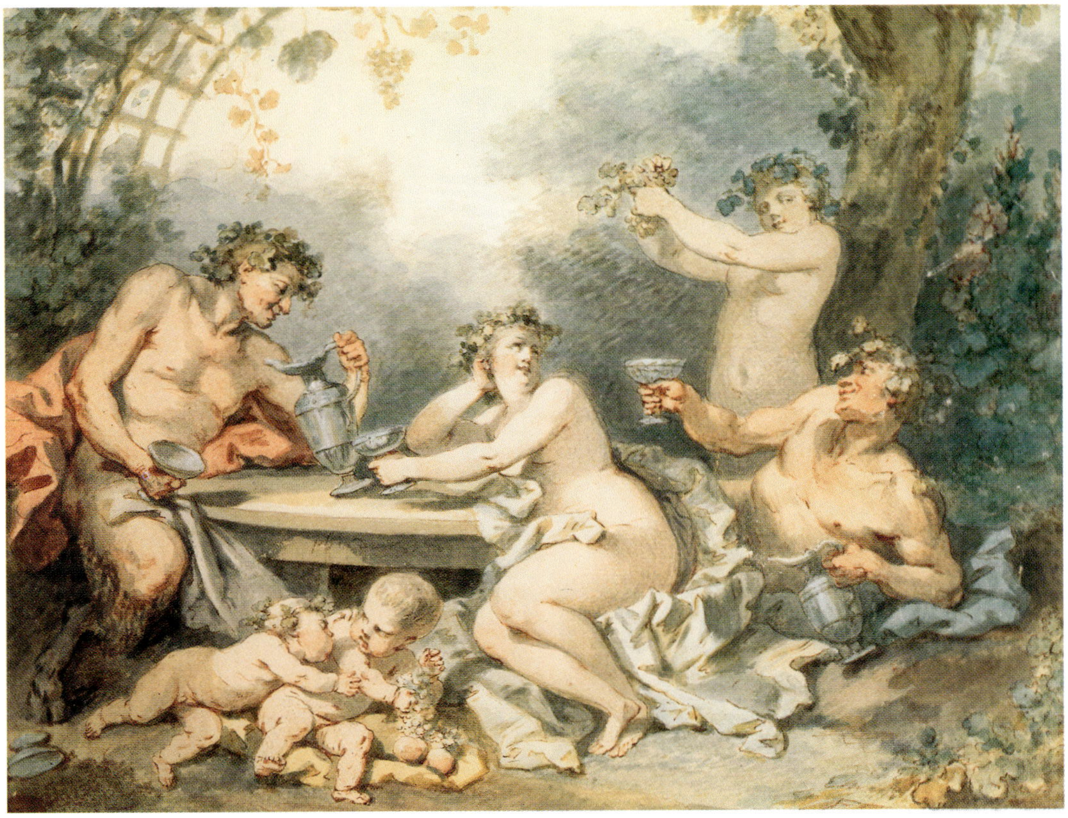

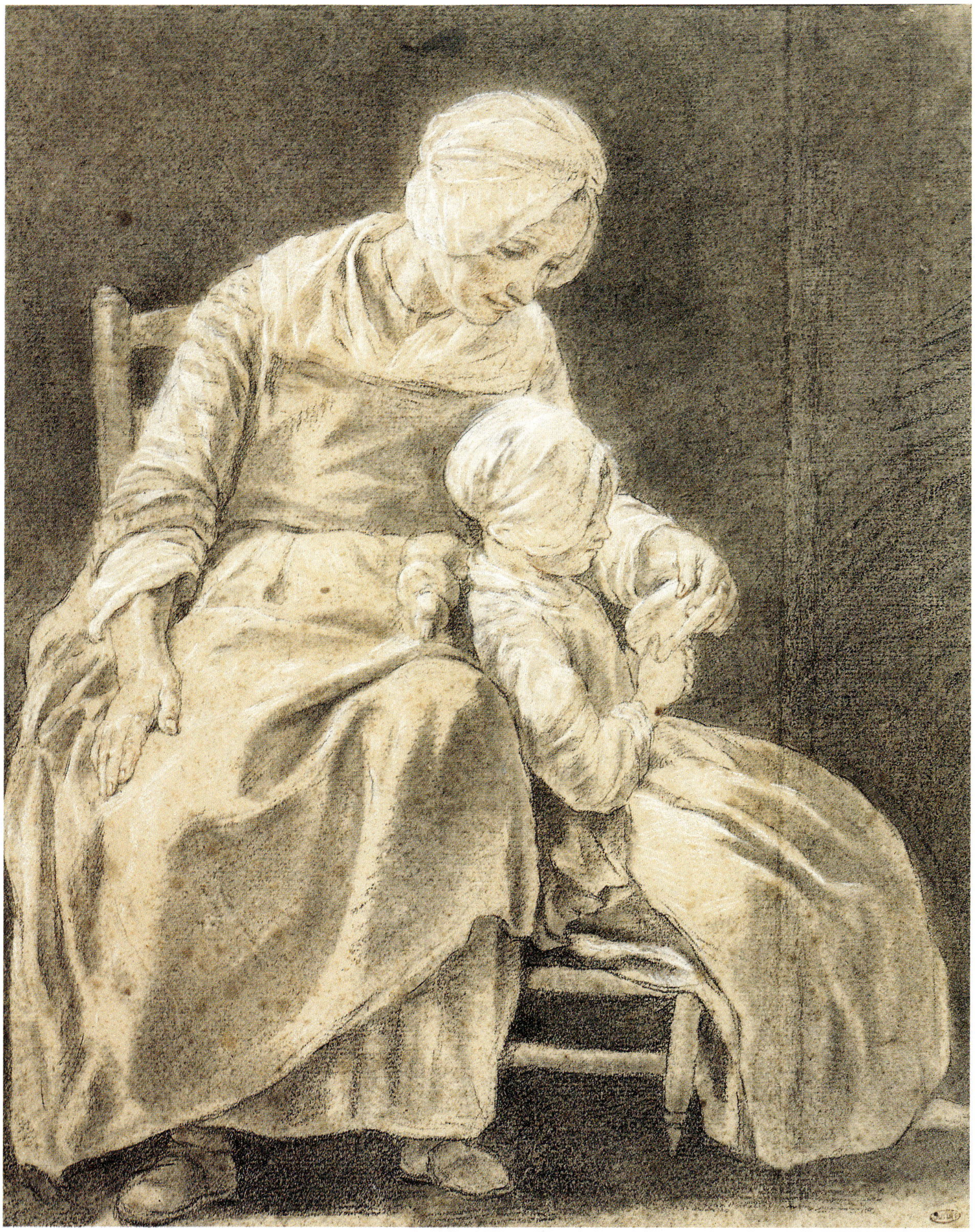

44 La lecture

- Trois crayons sur papier
- H. : 340 ; L. : 274 mm
- D. Dut. 970

PROVENANCE

Coll. Dutuit (L. 709a) ; legs Dutuit à la Ville de Paris, 1902.

BIBLIOGRAPHIE

Lapauze, 1907, n° 970 ; Lapauze, 1925, n° 1018 ; Gaston-Dreyfus, 1923 ; Burollet, 1980, pp. 143-144.

ŒUVRES EN RAPPORT

PEINTURES

L'atelier du menuisier, 1774, salon de 1775 (localisation inconnue) ; étude pour l'*Atelier du menuisier* : la grand mère et la fillette (Londres, Wallace Collection, *fig. 67*).
L'atelier du menuisier, réplique du tableau de 1774, elle aussi «réformée» par Lépicié (coll. Boitelle; coll. baronne d'Erlanger ; galerie Wildenstein de Londres en 1968)

GRAVURE

Le tableau a été gravé par Le Bas avant sa «réforme».

ANALOGIE

Une copie du tableau originel d'après Le Bas a été signalée (Gaston-Dreyfus, 1923, n° 180).

Il s'agit vraisemblablement d'un dessin préparatoire pour la célèbre composition de Lépicié : *L'Atelier du menuisier*, présenté au Salon de 1775 (n° 21). Le tableau, perdu, représentait une scène d'intérieur d'inspiration galante : un jeune homme séduisant conte fleurette à une jeune fille dans le dos de la mère de famille occupée à suivre la lecture de sa petite fille. Notre dessin reprend exactement ce dernier groupe.

En 1783, Lépicié, converti au jansénisme, décide de «réformer», voire de détruire toutes les œuvres «qui pouvaient donner lieu à penser mal», dont bien sûr l'*Atelier du menuisier.* D'après les documents que nous connaissons et suivant en cela l'avis de Ph. Gaston-Dreyfus, seul le groupe du jeune galant «que quelques touches transformèrent à peu de frais en père vertueux» (*op. cit.*, p. 77), était mis en cause. La partie de la composition qui fait l'objet de notre dessin ne semble ainsi pas avoir souffert de cette reprise du peintre, ce qui nous fait dire que celui-ci doit être daté vraisemblablement vers 1774, année de la préparation du tableau, et non vers 1783, année de sa «réforme». Quelques variantes de détails confortent cette idée : l'enfant, par exemple, représentée ici avec une coiffe est tête nue sur la réplique réalisée d'après la gravure de Le Bas (Gaston-Dreyfus, *op. cit.*, p. 77, repr.) et sa robe est un peu différente ; la mère semble plus jeune ; enfin des modifications sont visibles sur la chaise.

La composition est solide, bien équilibrée et s'impose comme une scène indépendante que l'absence du groupe principal n'altère pas. Dans une certaine mesure, cela nous permet de saisir l'inspiration de l'artiste, plus occupé d'évidence à réaliser un morceau intimiste qu'à composer une scène libertine.

Le caractère très fini de cette œuvre est commun à de nombreux dessins préparatoires de Lépicié : dessinateur confirmé, il réalisait ainsi des études très poussées, souvent prises sur le vif, qu'il pouvait transposer en peinture. Nous serions tentés de croire ainsi que cette étude a été réalisée avant même que Lépicié ne décide de l'inclure dans une composition plus ambitieuse. On connaît l'affection de Lépicié pour ces humbles modèles saisis dans l'intimité de la vie quotidienne. La *Lecture* nous en semble une illustration exemplaire.

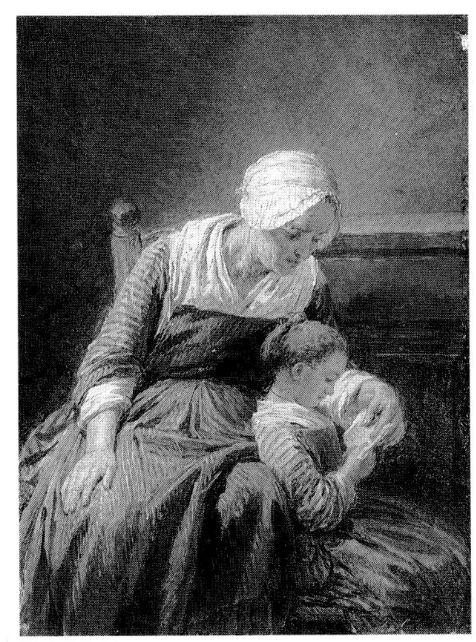

Fig. 67 : N.-B. Lépicié, *La leçon de lecture*, Londres, Wallace Collection.

45 *Paysage de ruines antiques avec des personnages*

- Encre, aquarelle et gouache sur papier
- H. : 431 ; L. : 553 mm
- D. Dut. 1058

PROVENANCE

Coll. Dutuit (L. 709a) ; legs Dutuit à la Ville de Paris, 1902.

BIBLIOGRAPHIE

Ne figure pas dans les catalogues sommaires de la collection Dutuit (Lapauze, 1907 et 1925).

ANALOGIES

A rapprocher des séries de dessins des musées du Louvre et de l'Ermitage réalisés pour *Le Voyage dans les Iles de Sicile de Malte et de Lipari*, publié par Hoüel à Paris, en 1788.

Hoüel a voyagé à deux reprises en Italie, et plus particulièrement dans les îles du sud. Au retour du deuxième voyage, en 1779, il publie son célèbre recueil : *Le Voyage de la Sicile, de Malte et de Lipari*. Nous croyons utile d'en rapporter le texte de présentation paru au moment de la souscription :
«M. Hoüel, peintre du Roi, agréé de son Académie royale de Peinture et de Sculpture, après avoir passé rapidement en 1770 par la Sicile, pour se rendre à Malte, y vit un nombre considérable de monumens antiques très curieux, et dont on n'avait fait encore aucune description ; il ne put résister à l'envie d'en peindre quelques uns ; les tableaux qu'il en fit augmentèrent en lui quelques temps après le regret de n'avoir pas dessiné les autres : tourmenté du désir d'avoir la collection complète de ces monumens, il retourna en Sicile au commencement de l'année 1776, pour examiner plus en détail ce pays si intéressant par les restes de son ancienne splendeur, et les singuliers phénomènes que la nature offre de tous côtés. Entraîné comme malgré lui, chaque jour, à la recherche de nouvelles découvertes, cet artiste, dont le séjour ne devait être que d'un an, a passé quatre années à visiter la Sicile, l'île de Malte et celle de Lipari ; il en a rapporté un nombre considérable de tableaux peints à la gouasse, représentant les vues perspectives, avec les plans, coupes et élévations géométrales de tous les monumens épars que ces îles offrent à la curiosité du voyageur.» (*Prospectus du Voyage… proposé par souscription*, 1788, p. 1)

On connaît un grand nombre de ces gouaches rapportées d'Italie, la plupart conservées aux musées du Louvre et de l'Ermitage. Parmi celles-ci, la série du Louvre offre l'avantage de se retrouver presque complètement dans les quatre volumes de la publication. Toutefois, certains dessins gravés n'ont pas été retrouvés, tandis que d'autres, conservés dans diverses collections, n'ont pas servi à la publication.

Les dimensions de notre dessin, sa technique, sa mise en page et même le montage sur une feuille de papier gris (identique aux dessins du Louvre et de l'Ermitage) le rapprochent d'évidence des paysages réalisés par Hoüel à cette occasion. Nous n'avons pas retrouvé notre dessin dans les recueils de gravures, ni identifié, hélas, le site représenté : s'agit-il d'une vue de Sicile, de Malte ou de Lipari ou bien de quelque autre paysage italien écarté de la publication parce qu'il ne représentait pas les régions décrites ? On sait qu'en chemin le peintre s'inspirait volontiers des paysages qu'il traversait, qu'il les destinât ou non à la publication. Par malheur, le monument représenté ici n'est sans doute pas assez caractéristique pour qu'il soit aisé de le localiser. Tout juste, nous semble-t-il, peut-on reconnaître dans les deux personnages figurés ces paysans du sud de l'Italie, dont ailleurs, dans d'autres dessins, il décrit plus précisément le costume.

Comme Fragonard ou Hubert Robert sous la direction de Saint-Non, Hoüel illustre parfaitement la mode de ces védutistes passionnés de l'Italie, de l'archéologie et du voyage grâce à qui, en quelques années, furent publiées les plus importantes sommes topographiques du XVIIIe siècle décrivant les monuments anciens de l'Italie.

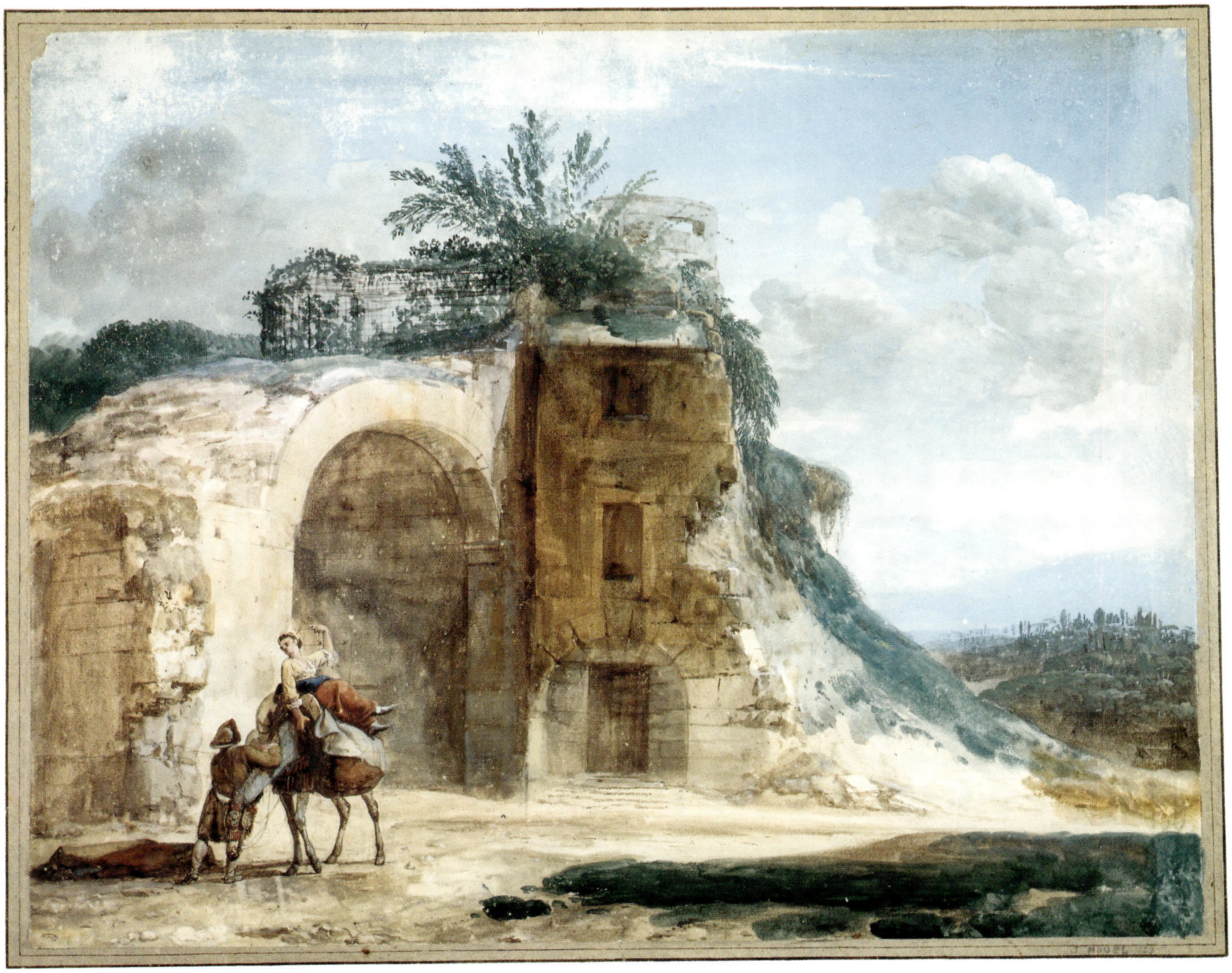

46 *La chercheuse de puces*

- Plume et encre noire, aquarelle sur papier
- H. : 211 ; L. : 160 mm
- P.P.D. 3650

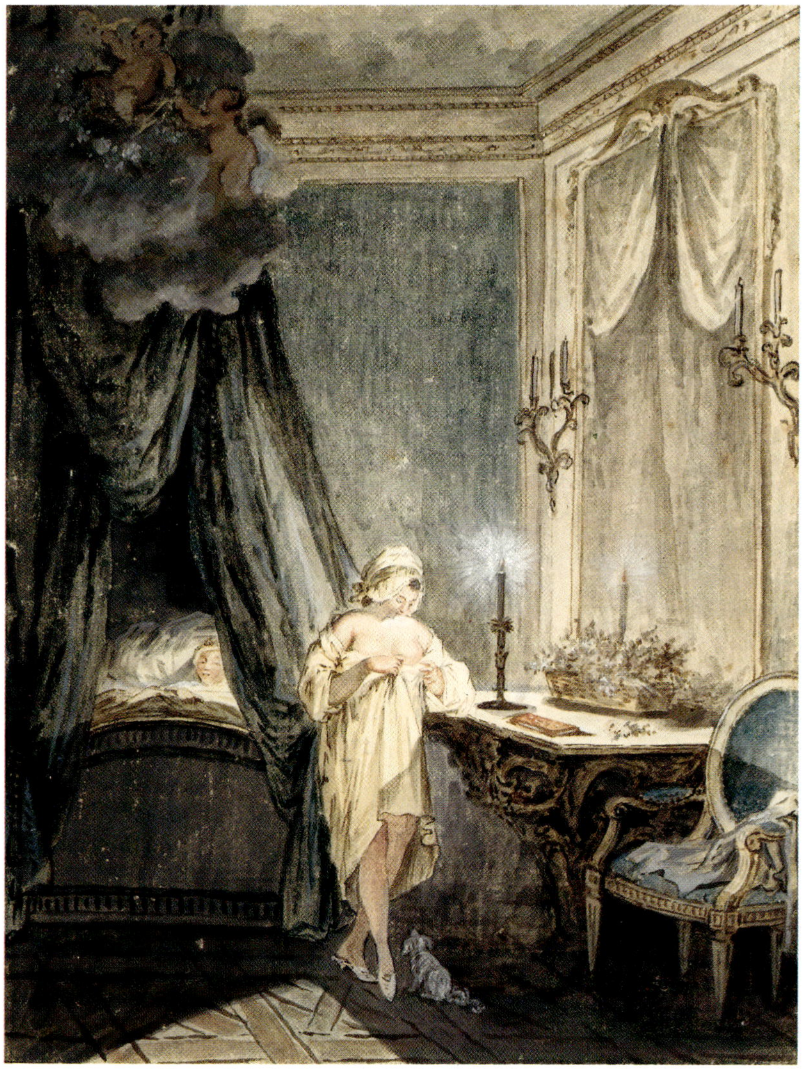

PROVENANCE

Vente G. et T., 31 janvier 1898 (?) ; coll. Ocampo ; don Charles-Vincent Ocampo à la Ville de Paris pour le musée du Petit Palais, 1930, sous réserve d'usufruit ; abandon de l'usufruit en 1942.

BIBLIOGRAPHIE

Inédit

On dit régulièrement de Lavreince qu'il reprit sous Louis XVI la spécialité de ces petites scènes de genre souvent érotiques qui avaient fait la gloire de Baudoin sous Louis XV.

Venu une première fois de Suède à Paris en 1756, où il reste trois ans avant de retourner à Stockholm *via* l'Allemagne, Lavreince revient dans la capitale française en 1771, puis en 1774, pour un séjour prolongé qui dure dix-neuf ans.

En prenant pour sujet une scène d'intérieur d'apparence anodine, une jeune femme en chemise de nuit se lève pour chasser une puce (*sic*), Lavreince brosse ici une de ces compositions gentiment érotiques qui ont fait sa renommée. La «chercheuse de puces» est présentée de face, à demi dénudée à la lueur d'une chandelle dont la faible luminosité suffit à peine à tirer les murs de sa chambre, et plus particulièrement le lit, hors de l'ombre. Un petit chien est assis à ses pieds : est-ce encore le symbole traditionnel de la fidélité, ou bien faut-il deviner dans la position de l'animal une invitation à suivre la direction qu'il nous désigne ? Derrière les courtines du lit, c'est tout juste si l'on peut distinguer le visage d'un homme dont l'expression rieuse laisse deviner ses intentions. On se demande si la jeune femme se dévêt réellement pour se débarrasser de ses puces…

Notre dessin date vraisemblablement des années 80 : le style du mobilier, franchement Louis XVI, et la parenté de style avec d'autres œuvres connues de l'artiste le suggèrent. La scène est plutôt charmante, sans grivoiserie réelle. Composée sans doute de manière quelque peu rigide, sans grande imagination, elle est assez caractéristique du style de ce petit maître dont Edmond de Goncourt aimait à noter la «coloration aimable», le «travail précieux» ou le «badinage de pinceau dans les étoffes, léger, volant, zigzaguant» (Goncourt, 1881, t. II, p. 103).

47 *Scène champêtre* ou *Le retour du marché*

- Pierre noire sur papier
- H. : 243 ; L. : 153 mm
- D. Dut. 973

PROVENANCE

Legs Dutuit à la Ville de Paris, 1902.

EXPOSITION

Séoul, 1977, n°41.

BIBLIOGRAPHIE

Lapauze, 1907, n° 973 (*Ecole française, XVIIIe siècle*) ; Lapauze, 1925, n° 1027 (*Ecole française, XVIIIe siècle*) ; Réau, 1928, pl. 5 (Boucher)

ŒUVRE EN RAPPORT

DESSIN

Le musée de Boston conserve un dessin similaire, signé *Huet* et daté *1776* (courrier 26-4-1991).

ANALOGIES

DESSINS

A rapprocher de divers dessins de Boucher : Ananoff, t. I, chap. II : *Scènes de campagne* et plus particulièrement les n°s 54, 55 et suivants.

GRAVURES

Plusieurs gravures d'après Boucher reprennent la même composition (Jean-Richard n°s 1184, 1243, 1617).

Ce beau dessin inspiré de compositions stéréotypées de Boucher gravées à de nombreuses reprises est entré dans les collections du Petit Palais sans attribution. Donné successivement à l'école de Boucher, à l'entourage de Boucher, parfois à Boucher lui-même (Réau, 1928, pl. 5), il est finalement rendu à Huet en 1974 par P. de la Vaissière (communication orale). Récemment, nous avons appris l'existence d'un dessin très proche conservé à Boston (Museum of Fine Art) signé et daté : *J.-B. Huet 1776*, qui confirme cette attribution. Ce dessin est enrichi de rehauts de gouache et de craie qui ne se retrouvent pas sur notre feuille, ce qui fait dire à E. Zafran, auteur de sa notice (non publiée), qu'il lui est vraisemblablement antérieur (?).

L'attribution à Huet est aujourd'hui la plus vraisemblable. Graveur et dessinateur prolifique, formé dans l'atelier de Leprince, puis dans celui de Boucher dont il a copié de très nombreuses compositions pour la gravure, Huet est l'un de ces artistes à qui il faudrait sans doute rendre bon nombre d'œuvres réalisées dans le style de ces maîtres.

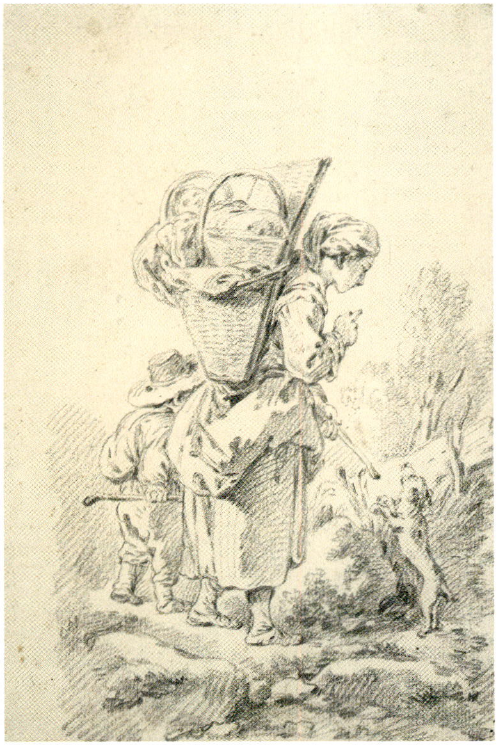

48 *L'heureuse mère*

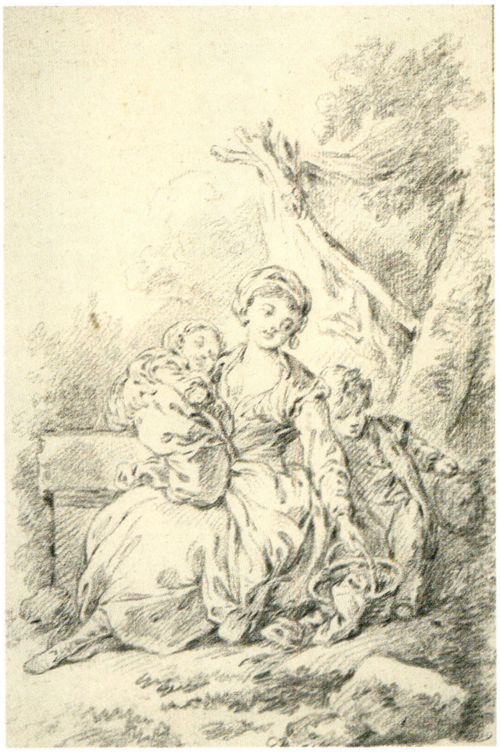

- Pierre noire sur papier
- H. : 243 ; L. : 153 mm
- D. Dut. 974

PROVENANCE

Legs Dutuit à la Ville de Paris, 1902.

EXPOSITIONS

Séoul, 1977, n°42 (ill.).

BIBLIOGRAPHIE

Lapauze, 1907, n° 974 (*Ecole française, XVIIIe siècle*) ; Lapauze, 1925, n° 1028 (*Ecole française, XVIIIe siècle*).

ANALOGIES

A rapprocher de divers dessins de Boucher : voir Ananoff, t. I, chap. II : Scènes champêtres, n°s 36 à 44.

Ce dessin figurait dans la collection Dutuit comme pendant du dessin précédent. Les dimensions, la technique, la facture sont les mêmes et il ne nous paraît pas opportun de lui refuser la même attribution à Huet.

Le titre appelle de fait des rapprochements avec de nombreuses compositions de Boucher (voir Ananoff, t. I, pp. 34, 35 et suiv.). Il est vrai que le thème nous apparaît plutôt comme un poncif : une jeune femme est assise à terre, dans ses bras un nourrisson dort ; à sa gauche, un tout jeune garçon joue avec un cerceau. Combien de fois Boucher et ses émules n'ont-ils pas reproduit une scène similaire ? Notons toutefois que nous n'avons pu retrouver aucune gravure réalisée d'après le maître qui évoque de manière satisfaisante notre dessin.

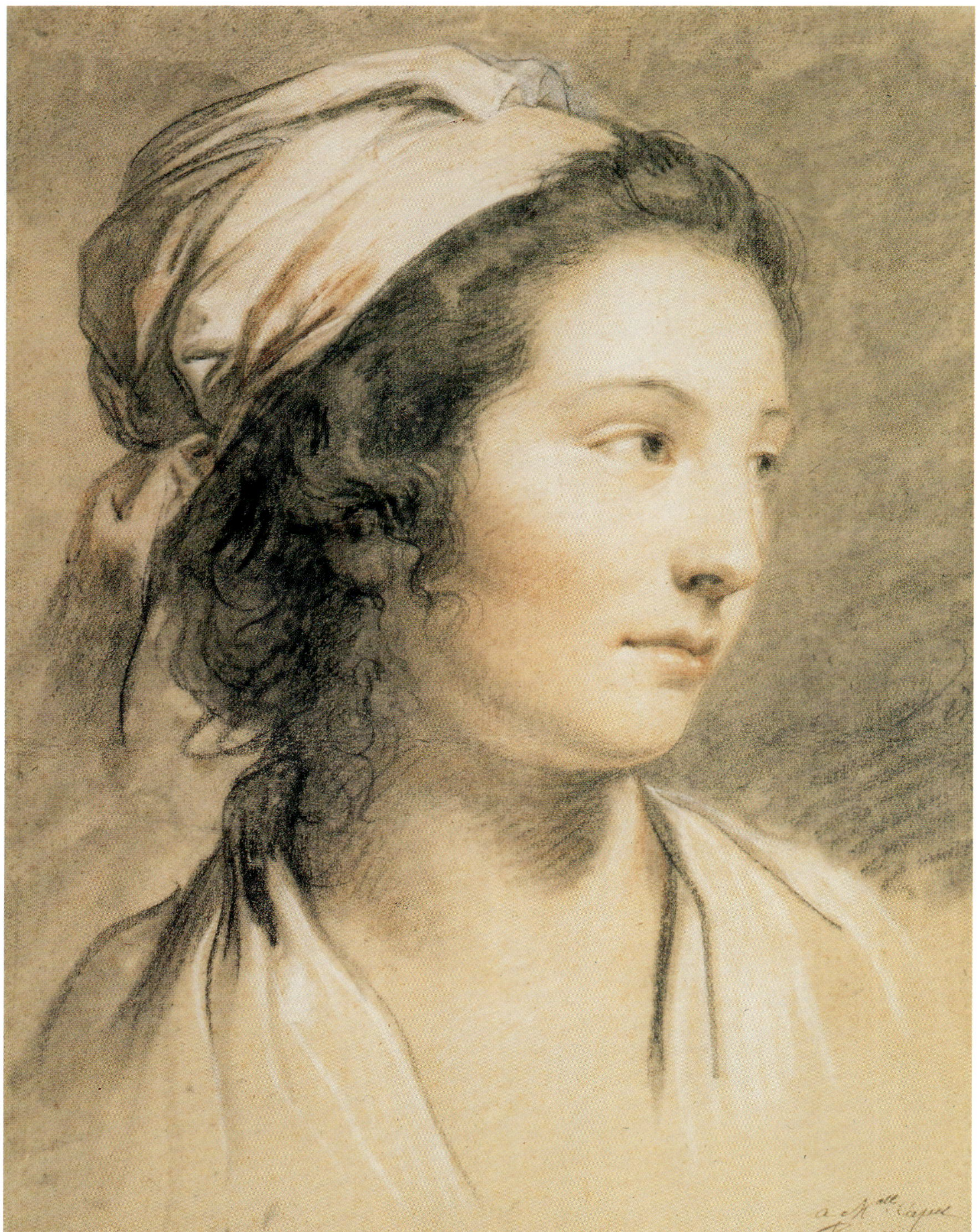

49 *Portrait de Marie-Gabrielle Capet*

- Trois crayons (pierre noire, sanguine et craie) sur papier
- H. : 432 ; L. : 335 mm
- P.P.D. 1482

INSCRIPTION

- Inscriptions, en h. à d. : *a Mlle Capet 1815* et au m. à d., début de signature : *Vin....*

PROVENANCE

Don Munier-Jolain à la Ville de Paris pour le musée du Petit Palais, novembre 1931.

EXPOSITIONS

Séoul, 1977, n° 37.

BIBLIOGRAPHIE

Doria, 1934, p. 42, 88 (n° 5, fig. 1) ; Cuzin, 1988, n° 56 (repr.).

ANALOGIES

Plusieurs dessins de Vincent reproduisant le même modèle (vente H. D., 14 mai 1936, n° 115 ; vente H. Lavedan, 28 nov. 1941 ; vente X, 22 juin 1951, n° 53).

Marie-Gabrielle Capet s'est représentée à de nombreuses reprises (voir Doria, 1934, n°s 5, 7, 38, 49, 70, 107)

Ce très beau portrait aux trois crayons représente une élève d'Adélaïde Labille-Guiard et de François-André Vincent, Marie-Gabrielle Capet (1761-1817).

Adélaïde Labille-Guiard (1749-1803) connaissait Vincent depuis ses plus jeunes années : elle avait été l'élève de Vincent père avant d'être celle du fils. Lorsqu'elle se marie avec le peintre en 1800, après avoir divorcé de Nicolas Guiard, comme les nouvelles lois l'y autorisent, elle régularise en fait un concubinage vieux de vingt années qui avait défrayé bien souvent la chronique du milieu artistique. Elle avait reçu Mlle Capet dans son atelier dès 1781, c'est-à-dire au début de son installation avec Vincent : un grand portrait de sa main (New York, Metropolitan Museum of Art), exposé au Salon de 1785, la représente ainsi avec deux de ses élèves, Mlle Capet et Mlle Carreaud de Rosemond (*fig. 68*).

Les relations du couple Vincent avec leur élève préférée semblent s'être maintenues sans trouble jusqu'à leur mort. Le testament du peintre, daté du 22 mai 1816, en apporte le dernier témoignage : «En reconnaissance de la constante amitié que m'a témoignée Mlle Capet (Marie-Gabrielle) et des soins affectueux qu'elle n'a cessé de me prodiguer dans mon chagrin et pendant tout le cours de notre paisible société, et pour régler la promesse que j'ai faite à feue ma femme de ne point oublier dans mes dispositions testamentaires Mlle Capet (Marie-Gabrielle) qu'elle chérissait, je donne et lègue à la susdite Mlle Capet, peintre (...)» (cité par A. M. Panz, 1973, p. 310). On sait par ailleurs que Vincent avait donné à son élève plusieurs dessins dédicacés, l'année précédente : outre notre portrait, il existe ainsi au Cabinet des Estampes de la Bibliothèque nationale (dépôt de la bibliothèque de l'Arsenal), un portrait de jeune homme non identifié qui porte à peu près la même dédicace, avec une signature plus lisible de Vincent (voir Cuzin, 1988, n° 57).

On connait de très nombreux portraits représentant le modèle : de Vincent lui-même, plusieurs dessins sont passés en vente ; une gravure d'après Vincent en manière de crayon par Demarteau reproduit un profil dans lequel il faut sans doute aussi reconnaître ses traits ; d'Adélaïde Labille-Guiard, outre le grand portrait déjà cité, un portrait de l'élève seule, daté de 1798 (autrefois Paris, coll. David-Weil) ; enfin de Marie-Gabrielle Capet elle-même, connue essentiellement pour ses talents de miniaturiste, plusieurs autoportraits sont identifiés (Doria, 1934, p. 88).

La date que porte notre dessin, 1815, est d'évidence la date de la dédicace et non celle de l'exécution. Mlle Capet est alors âgée de cinquante-quatre ans, alors que son portrait la représente comme une jeune femme de vingt-cinq ans tout au plus, ce qui revient à le dater vers 1786 (Doria, *op. cit.*). A cette époque, Vincent est déjà membre de l'Académie où il enseigne comme «adjoint à professeur», il expose régulièrement aux Salons et se voit confier certaines de ses commandes les plus importantes ; son style, en peinture, est celui du Néo-classicisme qui connaît ses années triomphantes... Il est curieux de constater combien cet artiste brillant, ami et condisciple de Fragonard et d'Hubert Robert en Italie, puis inventeur du dessin néo-classique par excellence, le dessin anatomique au trait (*Zeuxis et les filles de Crotone*, 1789, Musée du Louvre), sait conserver aussi la technique du portrait aux trois crayons telle qu'elle fut illustrée pendant tout le XVIIIe siècle, technique que, pourrait-on croire, le Néo-classicisme avait définitivement discréditée. Aussi bien, J.-P. Cuzin, conclut son éloge de l'artiste par ces mots : «Les dessins sont là, admirables, comme une somme de toute la richesse du dessin du XVIIIe siècle et, bien souvent, comme une stimulante ouverture sur les expériences les plus novatrices du siècle suivant (*op. cit.*, p. 9).»

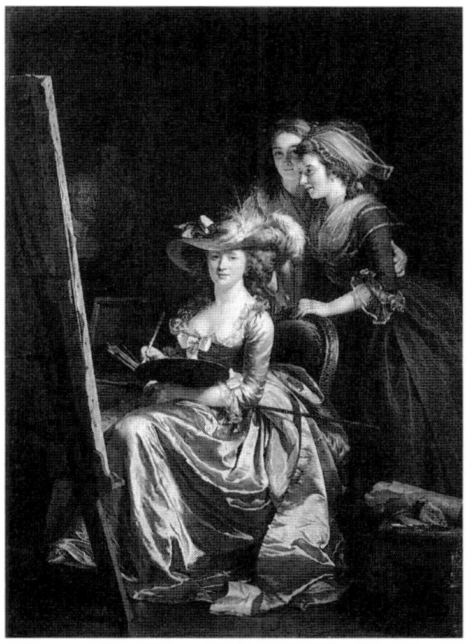

Fig. 68 : A. Labille-Guiard, *Autoportrait avec Mlle Capet et Mlle Carreaud de Rosemond*, New York, Metropolitan Museum of Art.

50 *La douleur d'Andromaque*

- Plume et encre noire, lavis gris, sur traits à la pierre noire sur papier
- H. : 290 ; L. : 246 mm
- P.P.D 1801

INSCRIPTION

- S.D.b.g. à la plume et à l'encre noire : *L. David. f. et inv. 1782.*

PROVENANCE

Coll. N. Revil ; sa vente, 23 mars-2 avril 1842 (n° 66) ; sans doute coll. Boilly ; sa vente, 19-20 mars 1869 (n° 99) ; coll. Martensa ; sa vente, Londres, Sotheby's, 25 juillet 1922 (n° 34) ; inventorié au musée à partir de 1946 (?).

EXPOSITIONS

Londres, 1972, n° 552 (pl. LXXXIV) ; Rome, 1981-1982, n° 31 ; Tokyo, 1982-1983, n° 68 ; Paris, 1989-1990, n° 60.

BIBLIOGRAPHIE

Brookner, 1958, p. 71 (repr. p. 68, fig. 3) ; Gonzalez-Palacios, 1973, p. 35 (repr.) ; Schnapper, cat. expo. Paris, Detroit, New York, 1974-1975 (cité au n° 31) ; Serrullaz-Volle, 1976, p. 78 (repr.) ; Schnapper, 1980 (cité p. 69) ; Nanteuil, 1985, p. 20 (repr.).

ŒUVRES EN RAPPORT

PEINTURES

Outre la réalisation finale en peinture, morceau de réception de l'Académie (Ecole nationale supérieure des Beaux-Arts, en dépôt au Musée du Louvre, *fig. 69*), il existe plusieurs esquisses peintes ; les auteurs de la rétrospective parisienne de 1989-1990 ne retiennent que celle de Moscou (musée Pouchkine) et rejettent deux des trois autres esquisses proposées par M. Florisoone dans le catalogue de l'exposition des Tuileries (Paris, 1948, M.O. 11, *Dessins et études*), l'une jugée sans rapport avec notre sujet (coll. Mme Audard, cf. Paris, 1989-1990, n° 45), l'autre refusée dans l'œuvre de David (coll. Wildenstein, *idem*, n° 45, fig. 47) ; la dernière esquisse évoquée par M. Florissoone (coll. Charles Ier de Roumanie) n'est plus commentée.

DESSINS

Il existe de très nombreux dessins préparatoires pour le tableau. Retenons ici les trois études d'ensemble les plus importantes qui permettent de suivre la réalisation de la composition finale telle qu'elle apparaît dans notre dessin : pierre noire (coll. part., Paris 1989-1990, n° 58) ; pierre noire et encre brune (Mulhouse, bibliothèque municipale, *idem*, n° 59) ; pierre noire, plume et encre brune (coll. part., *ibidem*, n° 59, fig. 50) ; notons encore l'existence d'un dessin inédit passé en vente à Paris, en 1983 que sa faiblesse et son mauvais état de conservation rendent douteux aux yeux d'A. Serrulaz (*ibidem*, n° 56, *Œuvres en rapport*).

GRAVURE

Lithographie de Durand-Duclos.

Morceau de réception présenté à l'Académie le 22 août 1783, et approuvé à l'unanimité, la *Douleur d'Andromaque* est l'un des tableaux les plus importants des «débuts» de David (*fig. 69*). Trois ans après *Saint Roch...* (Marseille, musée des Beaux-Arts), deux ans après *Bélisaire*, son morceau d'agrément à l'Académie (Lille, musée des Beaux-Arts), le tableau témoigne à la perfection de l'évolution du peintre vers plus de rigueur, plus de froideur diront certains, en un mot vers la réalisation du style épuré qu'il atteint l'année suivante, en 1784, dans son œuvre manifeste : *Le serment des Horaces.*

Le dessin que nous présentons est la plus achevée des études préparatoires connues, ce qui peut paraître étonnant si l'on considère qu'il est daté de 1782, l'année précédant l'achèvement du tableau. La grande activité de David à cette époque — on sait qu'il réfléchissait en même temps à l'*Andromaque...* et aux *Horaces....* —, l'enjeu du tableau et surtout la technique de travail de l'artiste peuvent le justifier. Cependant il convient d'ajouter que l'on touche ici à deux œuvres dont la chronologie demeure des plus confuses. Au début de l'année 1783 David renonçait à présenter les *Horaces* au Salon de la même année. Avait-il cru possible jusque-là d'achever les deux œuvres en même temps, ou bien, comme la datation de notre dessin le laisserait supposer, avait-il mis d'abord tous ses efforts à la réalisation de l'*Andromaque* ? L'étude la plus finie que l'on connaisse pour le *Serment des Horaces* (Lille, musée des Beaux-Arts) porte une date que l'on a longtemps lue comme étant identique à celle que porte notre dessin : 1782. Cette date est souvent contestée, et nombreux sont les spécialistes qui refusent de croire David capable d'achever la composition avant son second séjour à Rome, en 1783-1784. Pourtant la précision serait ici essentielle : selon que l'on croit à une réalisation contemporaine des deux œuvres ou non, l'importance de la *Douleur d'Andromaque* pour l'élaboration du grand style davidien change sensiblement.

On a parfois remarqué la ressemblance de Sabine dans les *Horaces* avec le personnage d'Andromaque : même pose, assise, tournée vers le spectateur, la tête légèrement rejetée en arrière, les bras posés sur les genoux. Certes, il s'agit là d'un poncif sur le thème de la femme affligée tel qu'il a pu être traité depuis Poussin, dans la *Mort de Germanicus* (Minneapolis Institute of Arts) par exemple, jusqu'à Greuze, dans la *Veuve inconsolable* (Londres, coll. Wallace). On pourrait aussi le rapprocher d'un autre dessin de David, traditionnellement daté des mêmes années et que l'on a souvent — et abusivement pensent les auteurs de l'exposition de 1989 — considéré comme une étude préparatoire à la *Douleur d'Andromaque* (Paris, 1989-1990, n° 61). Le lit de mort est assurément l'un des thèmes les plus populaires de la peinture d'histoire du XVIIIe siècle. La référence à la *Mort de Germanicus* est obligée pour tous les artistes qui, dans les années 1760-1790, veulent illustrer quelque épisode de mort illustre et édifiante, comme Greuze, Ménageot, Lépicié, Brenet... (voir sur ce point R. Rosenblum, *op. cit.*) et David bien sûr. Celui-ci a déjà abordé le thème en 1773 dans la *Mort de Sénèque* (Paris, musée du Petit Palais), et le reprend en 1787 dans la *Mort de Socrate* (New York, Metropolitan Museum of Art), puis en 1793 dans *La mort de Marat* (Bruxelles, musées royaux des Beaux-Arts) et dans *Le Pelletier de*

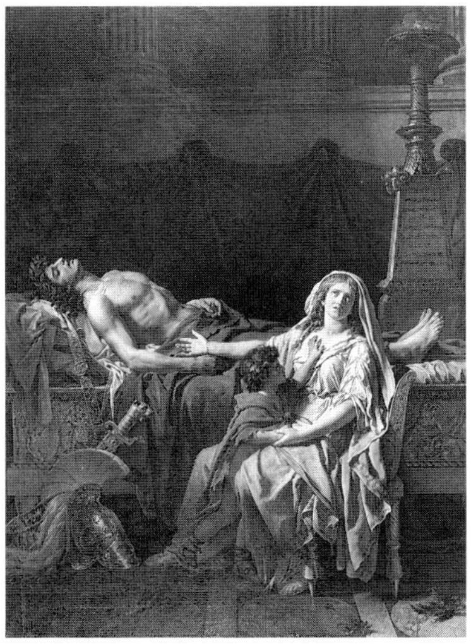

Fig. 69 : David, *La douleur d'Andromaque*, Paris, Musée du Louvre (dépôt de l'Ecole nationale supérieure des Beaux-Arts).

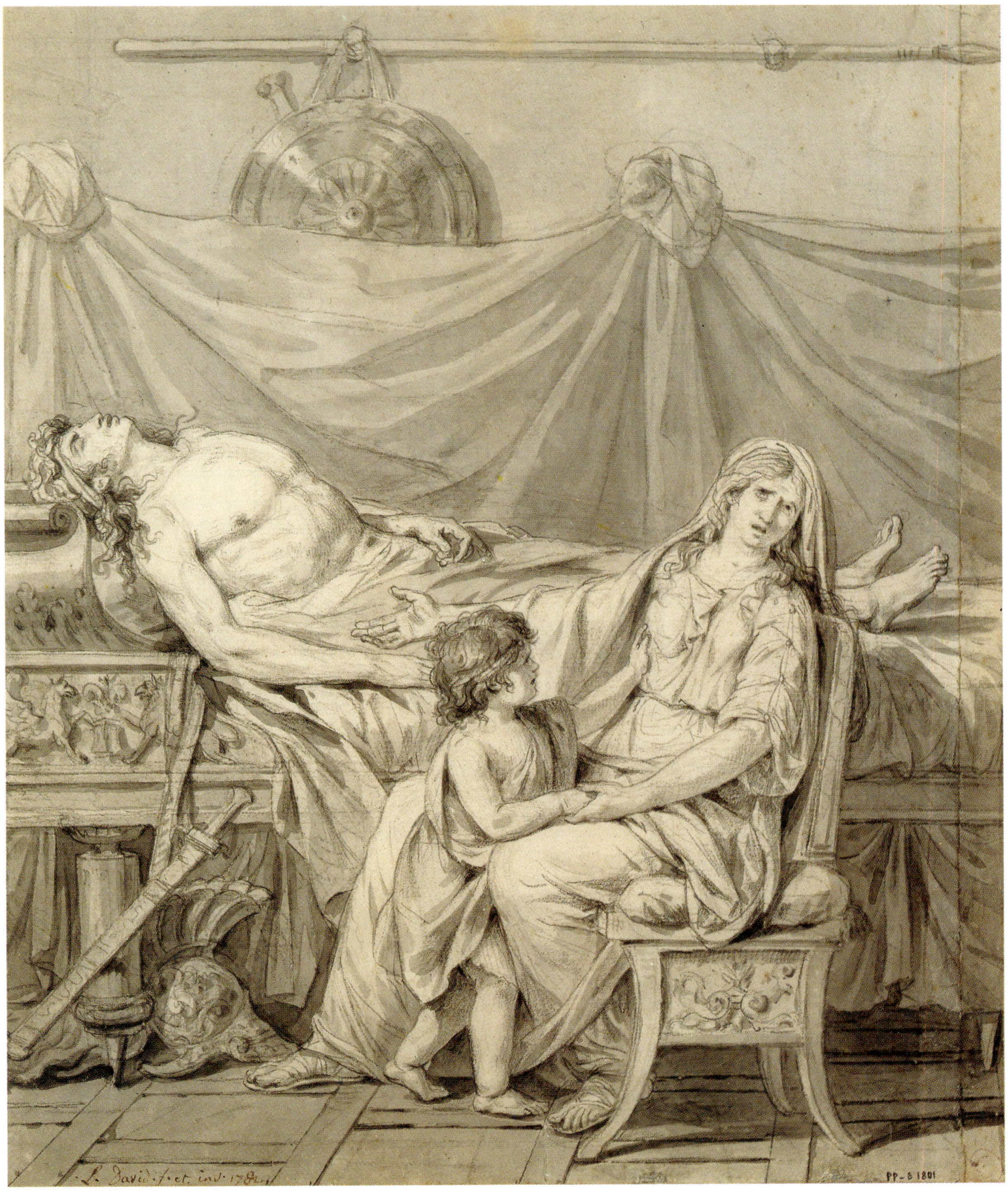

Saint-Fargeau sur son lit de mort (disparu). Cependant la *Douleur d'Andromaque* est sans doute l'œuvre qui fait les emprunts les plus importants à Poussin : on a déjà vu le groupe de la veuve éplorée et de son fils, citons aussi, à la suite de tous les commentateurs, le motif de la draperie nouée qui ferme l'arrière-plan selon un principe de composition réutilisé jusqu'à l'épuisement après David. Toutefois, comme le dit A. Schnapper dans le catalogue de la rétrospective de 1989, plus que le détail c'est «aussi la caractéristique étude de l'expression des passions» qui évoque Poussin.

Parmi les variantes de composition attestées par notre dessin, signalons que le rideau cache ici un mur nu où prennent place le bouclier et la lance du héros liés en une sorte de trophée, alors que le tableau présente trois bases de colonnes cannelées. Motifs plus essentiels dans la composition, le grand candélabre est absent de notre dessin et le lit d'Hector subit quelques modifications de décor. Enfin, les pieds recourbés de la chaise d'Andromaque deviennent droits dans le tableau ; il est intéressant de remarquer que le dessin de Mulhouse, pourtant réputé antérieur..., annonce pour ce détail le tableau, alors que l'esquisse de Moscou suit notre dessin (en outre, cette dernière montre Andromaque un sein dévoilé, alors que notre dessin la revêt de la même tunique que le tableau ; faut-il vraiment voir dans l'étude de Moscou le *modello* final présenté à l'Académie en mars 1783 ?)

David a aussi procédé à des modifications pour rectifier quelques maladresses visibles sur notre feuille. Ainsi en est-il d'un défaut assez sensible dans la longueur du buste d'Andromaque, et plus particulièrement dans la hauteur de ses jambes : Astyanax est du même coup grandi et sa main gauche touche la gorge et non plus la poitrine de sa mère. Enfin, le casque à cimier d'Hector, plus réduit sur notre dessin, devient un élément important de la nature morte du premier plan sur le tableau.

Le dessin du Petit Palais est de ces œuvres qui illustrent à merveille la démarche du peintre. Après avoir établi la base de la composition et la pose de ses personnages, David modifie par petites touches tel ou tel détail. Dans la grande tradition académique, il condense, resserre, ferme progressivement sa composition pour en tirer une incontestable puissance dramatique. La technique de la pierre noire enrichie d'encre et d'un lavis gris lui permet de poser la lumière et presque de recréer des effets de couleur. Rien ne manque, semble-t-il. Et l'on comprend mieux la critique qui lui fut faite, lors de la présentation du tableau au Salon, d'utiliser un coloris trop sombre : l'élaboration d'un dessin parfaitement équilibré lui importait alors sans doute davantage.

51 à 53 *Trois vues des environs de Rouen*

«Elève vrai ou supposé de Vernet. Tant est-il vrai que, lorsqu'on peint des tempêtes, des naufrages, des orages, des clairs de lune, on ne peut être qu'inspiré par ce modèle» (Roland Michel *in Des Monts et des Eaux. Paysages de 1715 à 1850*, n° 24), Alexandre-Jean Noël est encore de ces artistes à demi inconnus dont la légende plus que l'histoire nous brosse une carrière mouvementée et lacunaire.

Le Louvre possède de lui plusieurs scènes d'Indiens de Californie (Guiffrey-Marcel, t. X, n°s 168 à 177) et des dessins d'Egypte datés de 1814 qui révèlent un grand voyageur (*op. cit.*, n°s 178 et 179). D'autres dessins témoignent aussi de voyages en Espagne et au Portugal. Récemment enfin, le musée national du Château de Malmaison a acquis deux vues du domaine d'esprit beaucoup plus topographique, vraisemblablement plus tardives, qui ont permis de découvrir un pan méconnu de la carrière du dessinateur (voir Giot in *Revue du Louvre...*, 1979, n° 1, pp. 69-71 et Hubert et Pougetoux in *Châteaux de Malmaison et de Bois-Préau*, 1989, p. 120, n^{os} I. 406-407). Signalons aussi qu'il fut un peintre védutiste de Paris (Paris, musée Carnavalet).

On le dit plus sûrement élève de Jacques-Augustin de Silvestre (1719-1809), petit-fils du grand Israël Silvestre (voir la notice biographique du catalogue de la collection de Jacques-Augustin rédigé par F.-L. Regnault-Delalande, Paris, 1810), ce qui nous est ici d'un plus grand intérêt puisque l'on retrouve au travers de cette filiation l'attachement à la ville de Rouen.

Les trois vues des environs de Rouen de la collection Dutuit témoignent d'une époque mal documentée de la carrière de Noël, après le retour des Amériques (1769) et avant les voyages en Espagne et au Portugal (vers 1800). On peut vraisemblablement dater aussi de cette époque diverses vues répertoriées de paysages normands à Harfleur ou Bolbec (vente Silvestre, Paris, 1810, n° 432). Mais plus intéressante est sans doute la différence de style très sensible que l'on se doit de remarquer dans ces œuvres : alors que Noël est davantage connu pour ses vues pittoresques lavées d'encre (voyage en Californie), ou repassées à la gouache et à l'aquarelle (scènes de naufrage et paysages néo-classiques), nos dessins se présentent comme de parfaites épures à la mine de plomb, et, par là, appellent davantage le souvenir des grands paysagistes hollandais (Van de Velde, Doomer ou Zeeman, par exemple), voire de certains paysagistes français, comme Israël Silvestre. Faut-il y retrouver de fait la marque plus sensible de son maître, Jacques-Augustin de Silvestre ? Celui-ci, en effet, semble s'être consacré assez tard à l'enseignement, à une époque, sans qu'on la connaisse véritablement, que l'on serait tenté de situer dans les années 1770. De là à imaginer que Noël a fréquenté ses cours, et, plus important encore, consulté ses très riches portefeuilles de dessins et d'estampes dans les mêmes années — n'oublions pas qu'il n'avait que vingt-cinq ans en 1777 — il n'y a qu'un pas qu'il serait tentant de franchir.

Présentés comme des vues topographiques des environs de Rouen saisies d'une rive à l'autre de La Seine, nos paysages s'imposent en fait comme des «marines» traditionnellement composées où le soin du relevé documentaire s'efface devant le goût du pittoresque : l'avant-plan y privilégie la représentation de scènes quotidiennes (mariniers affairés autour de leurs bateaux, pêcheurs au filet ou à la ligne, etc.), les vues de bateaux prennent toute l'importance du centre de la composition, tandis que les paysages architecturaux sont en quelque sorte relégués à un rôle de décor. Certes, il est possible de reconnaître ici ou là tel édifice connu (le Gros-Horloge, le Parlement ou l'Hôtel de la Douane sur la vue prise «près du Cours Dauphin»), mais, assurément, ce n'est pas l'essentiel de la composition. Au demeurant, il faut remarquer que sur les trois vues, deux représentent la rive gauche de la Seine, le côté le moins construit de la ville. S'agit-il d'exercices d'école, voire d'imitations «à la manière de» ? La composition un peu forcée de ces «marines» rouennaises nous inviterait presque à penser que Noël n'a pas eu besoin de se rendre à Rouen pour en prendre le motif — seules les légendes manuscrites tendent à le prouver. Toutefois, qu'il s'agisse de paysages de fantaisie ou de vues topographiques, ces paysages n'en demeurent pas moins des œuvres très séduisantes qui révèlent certainement une technique et un goût très sûrs.

Ces trois dessins nous viennent directement de la collection des frères Dutuit, rouennais d'origine et de surcroît grands amateurs — Eugène surtout — des écoles paysagistes du Nord. Qu'ils se soient portés acquéreurs de ces dessins précisément, de préférence à tout autre de l'artiste, est ainsi également dans la logique de leur goût de collectionneur.

51 *Vue des environs de Rouen prise des chantiers de construction*

- Mine de plomb sur papier
- H. : 349 ; L. : 548 mm
- D. Dut. 1062

INSCRIPTION

- Inscription en légende, sur la même feuille, simplement séparée par un filet : *Vue des environs de Rouen prise des chantiers de construction. Noël fecit. 1777.*

PROVENANCE

Coll. Dutuit (L. 709a) ; legs Dutuit à la Ville de Paris, 1902.

BIBLIOGRAPHIE

Lapauze, 1925, n° 1019.

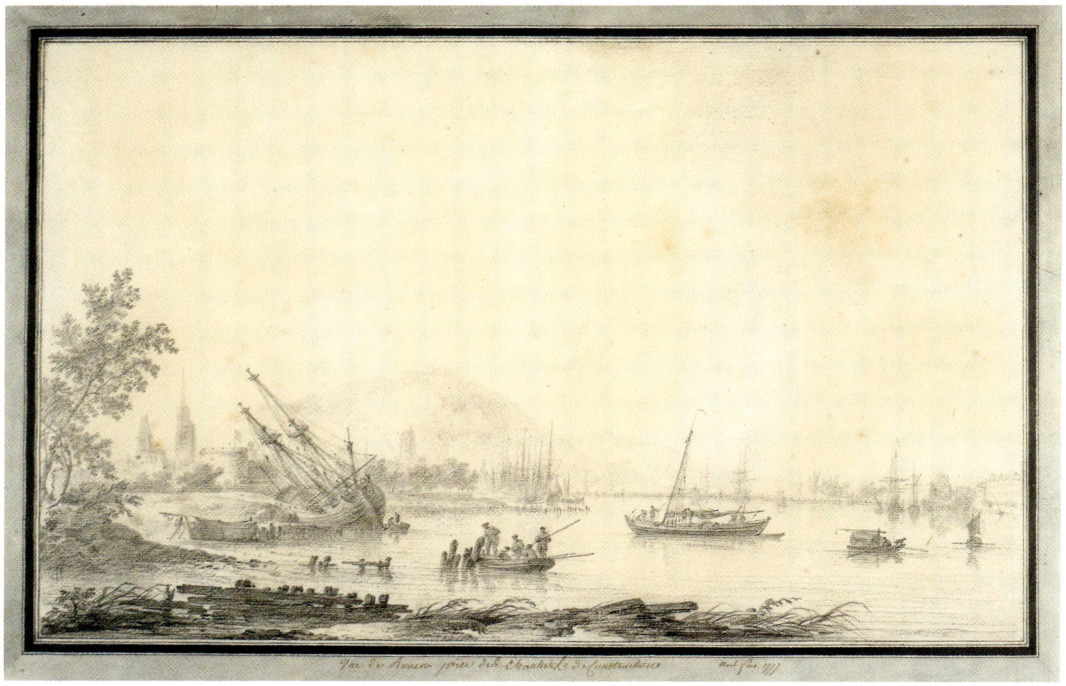

52 *Vue du port de Rouen du côté du cours Dauphin*

- Mine de plomb sur papier
- H. : 349 ; L. : 548 mm
- D. Dut. 1063

INSCRIPTION

- Inscription en légende, sur la même feuille, simplement séparée par un filet : *Vue du port de Rouen du côté du cours Dauphin. Noël fecit. 1777.*

PROVENANCE

Coll. Dutuit (L. 709a) ; legs Dutuit à la Ville de Paris, 1902.

EXPOSITIONS

Londres, 1977, n° 141.

BIBLIOGRAPHIE

Lapauze, 1925, n° 1020.

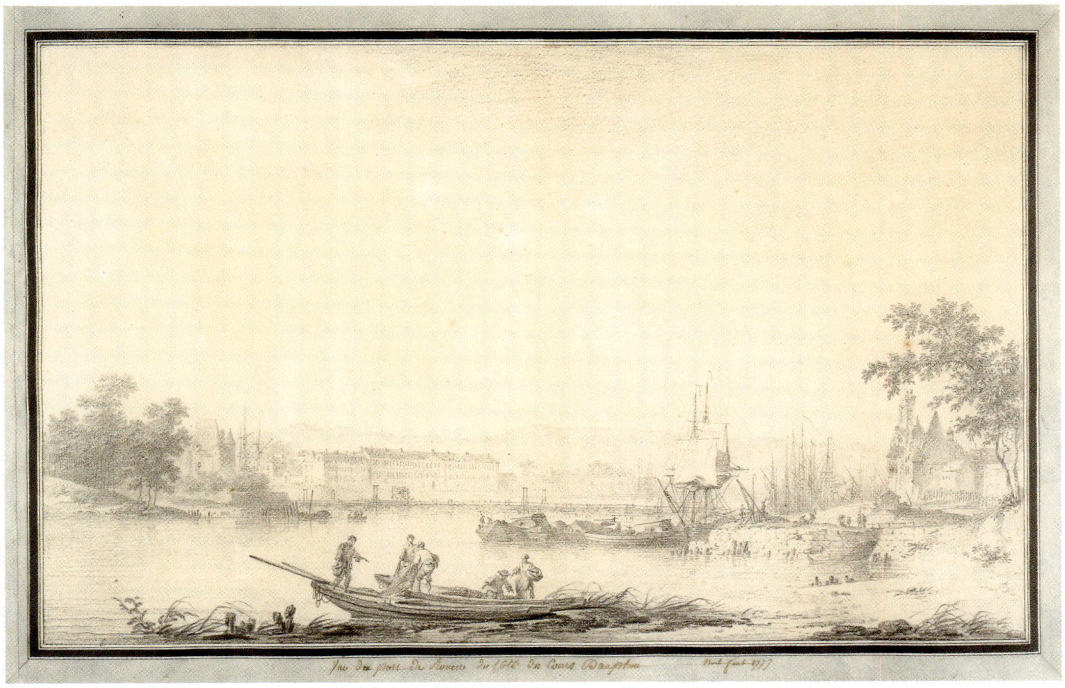

53 *Le mont Sainte-Adresse vu du port Saint-Ouen, près de Rouen*

- Mine de plomb sur papier
- H. : 349 ; L. : 548 mm
- D. Dut. 1064

INSCRIPTION

- Inscription en légende, sur la même feuille, simplement séparée par un filet : *Le mont Ste Adresse vu du port Saint-Ouen, près de Rouen ./. Noël fecit 1777.*

PROVENANCE

Coll. Dutuit (L. 709a) ; legs Dutuit à la Ville de Paris, 1902.

EXPOSITIONS

Séoul, 1977, n° 32 (repr.).

BIBLIOGRAPHIE

Lapauze, 1925, n° 1021.

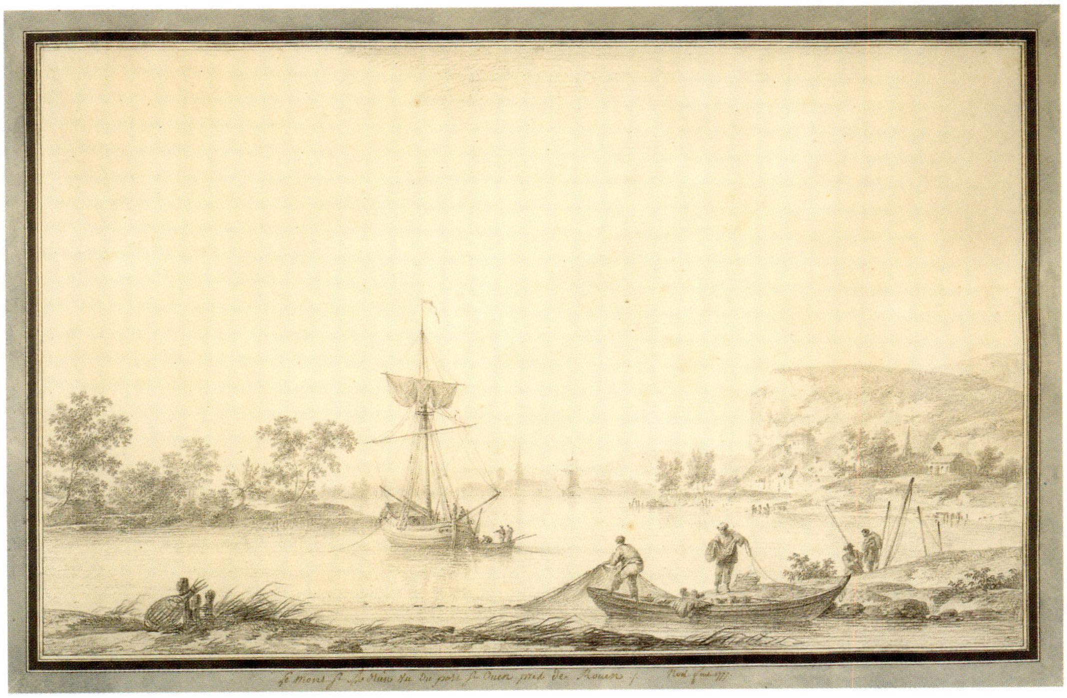

54 *Portrait d'Aniéla Angélique Radziwill*

- Pastel sur papier tendu sur châssis
- H. : 430 ; L. : 328 mm
- D. Dut. 1168

PROVENANCE

Coll. Haviland ; sa vente, 2 juin 1932, n° 102, (repr.) ; coll. Paul Cailleux ; coll. part. (?) ; coll. J. Zarnowski ; achat auprès d'un particulier sur les arrérages du legs Dutuit pour le musée du Petit Palais, 1969.

EXPOSITIONS

Paris, 1983 (voir M.-C. Boucher, 1983, n° 165).

BIBLIOGRAPHIE

Bizardel, 1964, vol. V, pp. 13-16 (fig. 1) ; Boucher, 1983, n° 165 (repr.).

ŒUVRE EN RAPPORT

PEINTURE

Portrait d'Aniéla Angélique Radziwill, princesse Czartoryska (Varsovie, palais de Nieborow, *fig. 70*).

En 1789, au mois d'octobre, Elisabeth Vigée-Lebrun, portraitiste officielle de la Reine Marie-Antoinette et de la Cour, quitte la France. Elle n'y reviendra qu'en 1802. L'Italie, d'abord, puis l'Autriche, l'Allemagne et enfin la Russie, où elle arrive en 1795, lui réservent le meilleur accueil, et son talent de portraitiste, loin d'être délaissé, trouve là des milieux privilégiés qui lui apportent un nombre considérable de commandes.

Loin de la tourmente révolutionnaire, Saint-Pétersbourg fut pour le peintre comme la renaissance du paradis perdu de Versailles. Les plus grandes familles de l'aristocratie russe et polonaise (la Pologne venait d'être annexée) se disputaient l'honneur d'être son modèle : le roi déchu de Pologne, Stanislas-Auguste Poniatowski, posa ainsi deux fois pour elle. Elle rapporte aussi dans ses *Mémoires* (Paris, 1837) que, pendant les six années de son exil russe, elle réalisa plus de quarante portraits.

Peu avant son départ, en 1801, le prince Radziwill lui passa commande d'un portrait de sa fille, Angélique. Le peintre fit alors une «étude au pastel qui servirait de base à un portrait à l'huile, aux dimensions beaucoup plus importantes (...) [mais] le temps manqua à Mme Vigée-Lebrun pour entreprendre son tableau à l'huile et le mener à bien avant son départ. Elle emporta donc le pastel dans ses bagages, au printemps de 1801, décidée à en tirer le portrait définitif une fois arrivée à Paris» (Bizardel, 1964, p. 14).

Plusieurs lettres autographes du peintre nous renseignent sur l'avancement du portrait et nous en reproduisons ici quelques lignes (ces lettres sont conservées au musée Narodow de Varsovie) ; nous n'avons eu connaissance de leur origine que par des notes incomplètes :
«Je demande au prince qu'il vous dise ou qu'il me mande où il faut lui expédier le portrait de la princesse Angélique. Comme je pars pour Londres vers le 25, il m'est important de savoir ce qu'il aura décidé. On a voullu hier me l'acheter, croyant que c'était un tableau de fantaisie. Vous imaginez bien que je n'en ferais pas une affaire tel prix qu'on m'en offrirait» (lettre du ? mai 1801)
«Le portrait de votre chère Angélique a séduit tout le monde & plusieurs amateurs ont voullu me l'acheter pour leur cabinet. Mais c'est une chose sacrée.» (Lettre du 28 décembre 1802.)

Notons aussi que, sur le chemin du retour, s'arrêtant à Berlin, elle fut sollicitée pour réaliser le portrait de la reine de Prusse, Louisa Augusta Amelia von Mecklemburg Strelitz, puis celui de Louisa Frederika Von Hohenzollern, princesse Radziwill, et par là même cousine d'Angélique Radziwill (les deux, vente Christie's, Londres, 14 avril 1992). Ces deux portraits furent tout d'abord esquissés selon la même technique, au pastel, avant d'être exécutés en peinture à Paris.

Au printemps 1803, le portrait à l'huile d'Angélique Radziwill part pour Varsovie, au palais de Nieborow, où il se trouve encore. Le pastel qui servit d'étude resta vraisemblablement dans les affaires du peintre, puis fut vendu à sa mort. Il faut attendre le début du XXe siècle pour le voir réapparaître.

Etude rapide et, par là même, témoin incomparable de l'élégance de la touche du peintre, notre pastel montre bien le portrait d'une jeune fille romantique des premières années du XIXe siècle. Dans le tableau final (*fig. 70*), la princesse Radziwill est vêtue à la grecque, ce qui n'apparaît certes pas dans notre pastel où le haut de la robe est à peine esquissé ; en revanche, les cheveux sont noués simplement selon la dernière mode.

On connait peu de portraits tardifs de Mme Vigée-Lebrun ; l'histoire n'a retenu que sa période versaillaise et les grands portraits officiels de la Reine. Notre pastel permet sans doute de se faire une meilleure idée de l'évolution du style de l'artiste sous l'effet du nouveau Romantisme naissant.

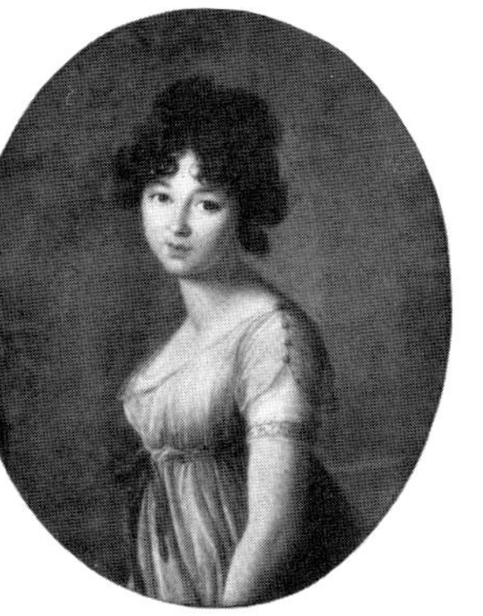

Fig. 70 : E. Vigée-Lebrun, *Portrait d'Aniéla Angélique Radziwill*, Varsovie, palais de Nieborow.

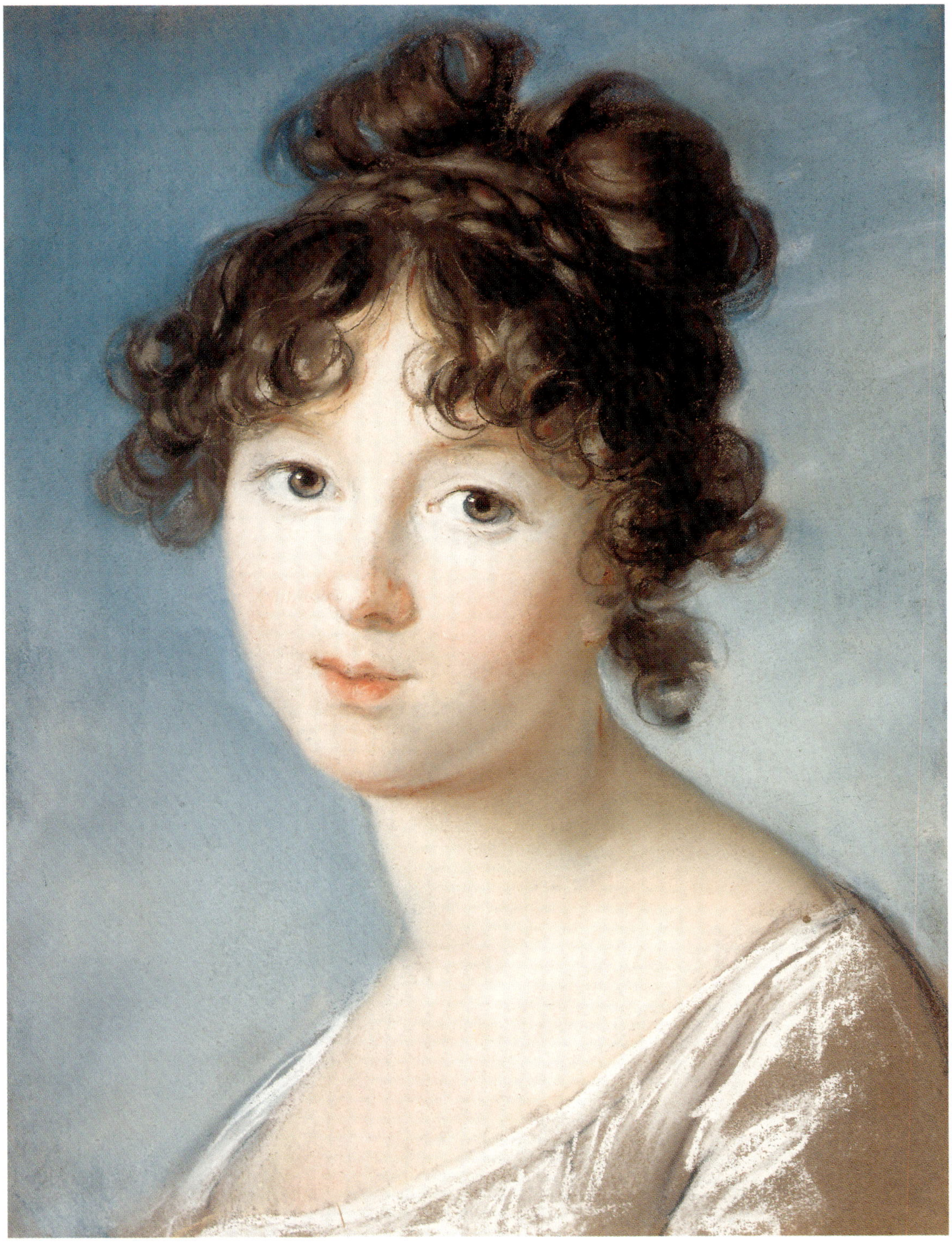

55 *Académie d'homme debout*

- Pierre noire et craie blanche sur papier gris bleuté
- H. : 614 ; L. : 362 mm
- P.P.D. 245 bis

PROVENANCE

Coll. Ch. de Boisfremont (L. 353) ; coll. Boisfremont fils ; sans doute coll. Jaquette (avec le n° 56) ; coll.de la Ville de Paris (L. 2012c) ; déposé au collège Chaptal ; inventorié au musée à partir de 1927.

EXPOSITIONS

Paris, 1900, n° 1240 ; Paris, 1958, n° 209 ; Paris, 1986, n° 72B.

BIBLIOGRAPHIE

Guiffrey, 1924, n° 1175 ; Gronkowski, 1927, n° 728.

On connait un nombre considérable d'académies d'hommes ou de femmes dessinées par Prud'hon (voir Guiffrey, 1924, n°s 1112 à 1245). La plupart se présentent sur papier bleu, sont de même technique et de dimensions similaires (le musée de Dijon et le Musée du Louvre en possèdent aujourd'hui le plus grand nombre). Beaucoup proviennent, comme notre dessin, de la collection de Charles de Boisfremont, légataire de l'artiste. L'importance de cet ensemble d'études d'hommes ou de femmes saisis dans de multiples poses d'atelier a suscité de nombreuses interrogations sur la date de leur exécution — et sur leur authenticité : leur très grande qualité empêche souvent d'y reconnaître de simples travaux d'école et l'on pense que Prud'hon en a réalisé tout au long de sa carrière.

L'*Académie* du Petit Palais réalise, comme ses pareilles, la synthèse entre l'étude traditionnelle de l'*académie* d'atelier et le modèle de la statuaire classique — antique ou moderne. Ici, le mouvement très étudié de ce jeune homme dessiné d'évidence d'après nature allie, par exemple, le croisement des jambes typique du *pothos* grec connu par des copies romaines (Rome, musées capitolins, palais des Conservateurs, sous le titre de *Faunes*) au croisement des bras inspiré des représentations de Marsyas, ou d'Apollon (l'*Apollino* de Florence), pour ne pas citer la première référence qui vient à l'esprit, les *Esclaves* sculptés par Michel-Ange pour le tombeau de Jules II.

Mais réduire l'œuvre de Prud'hon à un bon travail académique affaiblit sans nul doute son libre talent d'artiste moderne. A la suite de R. Michel, il convient ainsi de noter qu'il «introduit dans l'imitation des marbres consacrés une dose de réel, qui tient à des notations subtiles : tremblement du contour (...), pilosité pubienne, (...), *chiaroscuro* magistral qui joue avec les chairs pour en souligner la densité vibrante (et presque le grain), et joue avec les fonds, à coups de hachures, pour sculpter sur le papier bleu l'éclat tendre du corps. Ce n'est plus un marbre, c'est un nu. (...) Mais la chevelure est libre, sinon frémissante. Et l'expression toute moderne, sinon personnelle.» (*Le beau idéal*, Paris, 1989, p. 65). Ajoutons, pour reprendre la formule de Goncourt, que notre académie laisse «apparaître déjà dans l'étude de la nature, le caractère de tête prud'honien» (Goncourt, 1876, p. 295), ce visage angélique qui est tout à la fois une réminiscence du Corrège ou de Léonard et l'incarnation de l'expression romantique.

Il faut voir en Prud'hon l'un des rares artistes de l'époque — sinon de l'école — néo-classique à avoir concilié l'étude de la nature et le souci du beau idéal. Ses *Académies* en sont la plus parfaite illustration. L'admiration constante qu'elles ont toujours inspirée en est la preuve.

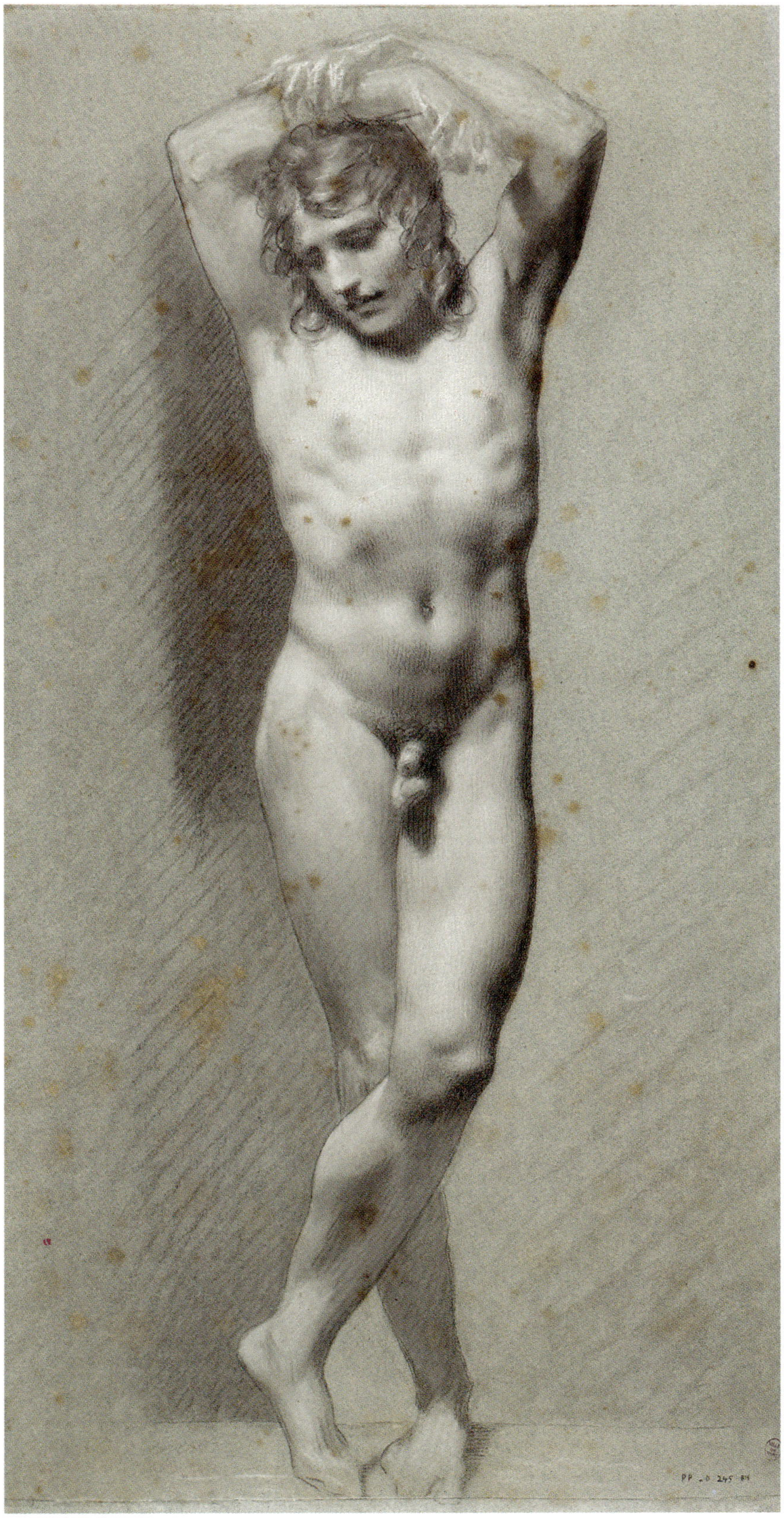

56 *Le flambeau de Vénus*

- Pierre noire et craie blanche sur papier gris bleuté
- H. : 147 ; L. : 262 mm
- P.P.D. 245

PROVENANCE

Coll. Boisfremont (L. 353) ; sa vente, 9 avril 1870, n° 27 (700 f) ; legs Jaquette à la Ville de Paris ; coll. de la Ville de Paris (L. 2012c) ; déposé au collège Chaptal ; inventorié au musée à partir de 1927.

EXPOSITION

Paris, 1958, n° 40.

BIBLIOGRAPHIE

Clément, 1872, p. 33 ; Goncourt, 1876, p. 315 ; Guiffrey, 1924, n° 203 ; Gronkowski, 1927, n° 727.

ŒUVRES EN RAPPORT

Le dessin a servi à Constance Mayer pour réaliser un tableau, *Le flambeau de Vénus*, présenté au Salon de 1808. Une esquisse se trouve à Chantilly (musée Condé attribuée à Prud'hon, *fig. 71*) ; une première version du tableau se trouve au Napoleonmuseum d'Arenenberg am Untersee (Thurgau, Suisse).

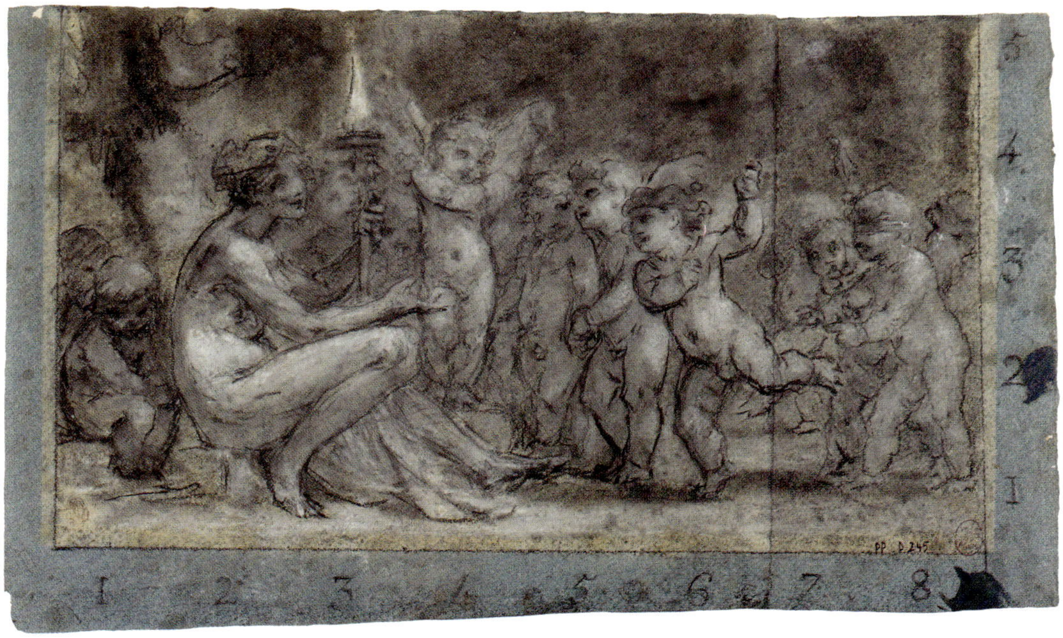

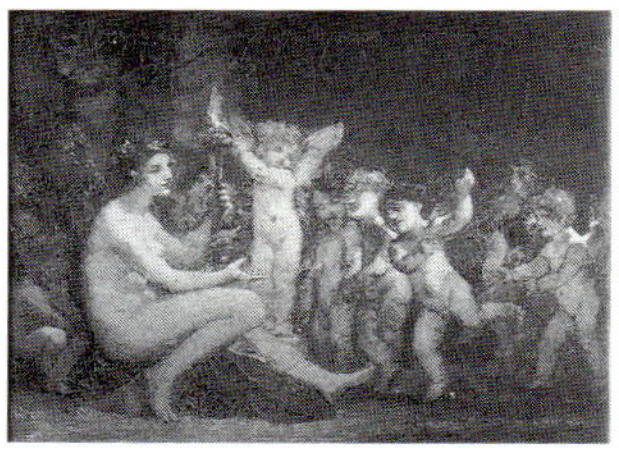

Fig. 71 : P.-P. Prud'hon ou C. Mayer, *L'hommage à la beauté* (*sic*), Chantilly, musée Condé.

Les liens de Prud'hon avec Constance Mayer (1775-1821), son élève et protégée, ont bien souvent attiré l'attention des biographes du peintre. On connaît la violence passionnée de leurs relations qui conduisit la malheureuse au suicide. Mais on ignore à peu près tout du détail de leur collaboration : à plusieurs reprises Constance Mayer emprunta des compositions au maître pour réaliser ses tableaux. Travaillaient-ils réellement de concert, ou bien se satisfaisait-elle d'emprunts ponctuels dont elle décidait elle-même de donner une version peinte ? Il est encore aujourd'hui très difficile de le savoir, et nous ne sommes pas le premier à déplorer cet état de fait. Espérons que la grande rétrospective de l'artiste que nous attendons prochainement saura répondre mieux que nous ne le faisons ici à cette question importante pour l'étude de l'œuvre de Prud'hon.

La confusion des œuvres du maître et de l'élève est telle pour les dessins dont on connaît une version peinte signée de Constance Mayer que Guiffrey souligne cette incohérence de principe : «On cite bien peu de dessins de Mlle Mayer et ceux mêmes qui se rapportent à ses tableaux sont presque tous attribués à Prud'hon» (1924, p. X, n. 1). Trop d'inconnues subsistent dans la connaissance des deux artistes. Et la technique ne suffit certainement pas à les séparer, puisque l'on sait que Constance Mayer dessinait aussi à l'imitation de son maître.

Goncourt, qui décrit ainsi le sujet : «Vénus à son réveil, invite les Amours à s'allumer à son flambeau» (1876, p. 315), ne semble pas remarquer un détail important, détail qui modifie sensiblement l'interprétation de la scène : les Amours, en effet, ne se portent au devant de la déesse que pour pousser l'un d'entre eux, les yeux masqués par un bandeau, à venir se brûler à la torche. Ainsi, c'est l'Amour aveugle plus que l'Amour naissant qui est ici symbolisé…

Le dessin se présente comme une esquisse rapide tracée à la pierre noire sur une feuille cadastrée. L'artiste se sert d'un crayon plus gras pour souligner les contours — ce qui est une technique propre à Prud'hon —, use de l'estompe pour modeler les corps et de la craie pour éclairer la composition, et allumer le flambeau. Le caractère des personnages, très prud'honien, de même que l'iconographie ne sont pas sans évoquer nombre de compositions contemporaines pour la plupart inspirées de frises antiques (signalons pour mémoire les dessins préparatoires pour le décor des objets offerts à l'impératrice Marie-Louise à l'occasion de son mariage avec Napoléon, en 1810).

Le tableau de Constance Mayer figura au Salon de 1808, ce qui nous permet de dater notre dessin de peu avant, vers 1807.

57 *Thémis et Némésis*

- Pierre noire et craie blanche sur papier gris bleuté
- H. : 282 ; L. : 335 mm
- D. Dut. 971

PROVENANCE

Coll. Révil ; sa vente, 29 mars-2 avril 1842, n° 203 (1 000 F) ; coll. F.-M. Marcille ; coll. Camille Marcille, son fils ; sa vente, 6-7 mars 1876, n° 110 (2 600 F) ; coll. Dutuit (L. 709a) ; legs Dutuit à la Ville de Paris, 1902.

EXPOSITIONS

Paris, 1846, n° 61 ; Chartres, 1858, n° 100 ; Chartres, 1869, n° 34 ; Paris, 1874, n° 230 ; Zurich, 1947, n° 78 ; Vienne, 1950, n° 142 ; Genève, 1951, n° 181 ; Japon, 1954-1955, n° 58, (Album, n° 57) ; Tokyo, 1982, n° 88 (pl. 76) ; Paris, 1986, n° 7.

BIBLIOGRAPHIE

Anonyme, 1842, pp. 132-133 ; Blanc, 1845, p. 268 ; Montaiglon, 1847, pp. 54-55 ; Clément, 1872, pp. 317-319 ; Goncourt, 1876, p. 162, n° 75 ; Lapauze, 1907, n° 971 ; Lapauze, 1909, pp. 257-258 ; Guiffrey, 1924, n° 357 ; Lapauze, 1925, n° 1022 ; Régamey, 1928, pl. 36 ; Slayman, 1970, p. 45, p. 188, n° 76 ; Weston, 1975, p. 354, fig. 24.

ŒUVRES EN RAPPORT

PEINTURE

Le tableau n'a jamais été réalisé.

DESSINS

Paris, Musée du Louvre, cabinet des dessins (Guiffrey, 1924, n° 358). Guiffrey recense deux autres dessins : n°s 359 et 361, études partielles pour *Thémis* ou *Némésis*, aujourd'hui disparues, sur l'authenticité desquelles S. Laveissière émet des doutes (Paris, 1986, pp. 23-24).

GRAVURE

Une lithographie de Jules Boilly exécutée en 1849 reproduit notre dessin ; la chevelure de Némésis y est pourtant représentée flottante, comme sur le dessin du Louvre (Paris, 1986, n° 7A) ; une gravure sur bois qui semble dériver de la lithographie de Jules Boilly a été exécutée par Louis Dujardin (Paris, 1986, n° 7B).

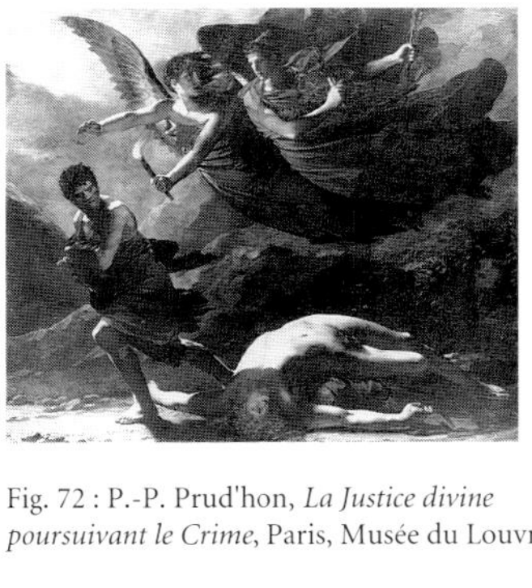

Fig. 72 : P.-P. Prud'hon, *La Justice divine poursuivant le Crime*, Paris, Musée du Louvre.

On connaît parfaitement aujourd'hui la double genèse du chef-d'œuvre de Prud'hon, *La Justice et la Vengeance divine poursuivant le Crime* (Paris, Musée du Louvre, *fig. 72*), depuis que Sylvain Laveissière lui a consacré une importante exposition-dossier au département des peintures du Musée du Louvre (Paris, 1986).

Charles Blanc, le grand historien d'art du XIXe siècle, fut le premier, en 1842, à rapporter l'anecdote légendaire qui aurait été à l'origine du tableau :
«Un jour que Prud'hon dînait à sa table, M. Frochot lui parla d'un tableau à faire pour être suspendu dans la salle de la cour criminelle, et laissa tomber dans la conversation ces vers d'Horace :

Raro antecedentem scelestum
Deseruit Pœna…

Il n'avait pas achevé que Prud'hon se lève, demande la permission de se retirer dans le cabinet du préfet, et là, prenant une plume et du papier, il trace la composition qu'il venait de saisir.» (Charles Blanc, *Le National*, 10 déc. 1842, voir Paris, 1986, p. 14.)

L'anecdote fut souvent répétée, par Charles Blanc lui-même dans ses études sur Prud'hon, puis par tous les biographes du peintre. Mais cela n'en assure certes pas l'authenticité. Retenons-en l'essentiel : en 1804 ou 1805 — les documents, hélas, sont rares et imprécis — le préfet de la Seine, Nicolas Frochot, passait commande à son ami, Prud'hon, d'un tableau pour le Palais de Justice. Deux séries d'études nous sont parvenues : la première (Louvre et Petit Palais), correspond à notre composition, *Thémis et Némésis* ; la deuxième (Louvre et Chantilly) prépare directement la composition finale telle que Prud'hon l'exécuta en peinture. Ces deux séries furent-elles successives ou concomitantes ? Sylvain Laveissière fait un exposé complet de la question dans son catalogue, et nous ne reviendrons pas dessus, sinon pour exposer l'hypothèse par laquelle il conclut et que nous nous devons d'accepter : *«Prud'hon soumet deux projets à la fois : les deux grands dessins de mêmes dimensions du Louvre* [inv. 32589, *fig. 73*] *et de Chantilly (…) En avril et en juin 1805, peut-être pour des questions de forme, il rédige à nouveaux ces deux projets, peut-être accompagnés des nouveaux dessins (respectivement 6A ou 7 pour* Thémis [n°s 58 et 57] *et 16 pour la* Justice [Louvre, R.F. 14]), *ce dernier étant retenu pour l'exécution»* (Paris, 1986, p. 18).

Postérieurs à la grande feuille du Louvre (*fig. 73*), les deux dessins que nous présentons ici constituent donc la dernière pensée de Prud'hon pour la première composition, celle qui ne fut pas retenue. En réalité, ces deux dessins n'en sont qu'un puisqu'ils se complètent. A l'origine une même feuille réunissait la partie droite de notre n° 57 et notre n° 58 ; Prud'hon coupa cette feuille dans le sens de la diagonale (la trace est parfaitement visible) pour séparer les deux groupes. Il compléta alors la composition en collant une pièce en place de la partie manquante où il fit une variante pour le groupe de gauche (c'est ce dernier dessin composite que nous présentons ici).

Remarquons toutefois que la chronologie des dessins n'a pas toujours été interprétée de cette façon. Comme le souligne S. Laveissière (*op. cit.*), la taille et le plus grand degré de finition du dessin du Louvre ont longtemps fait croire qu'il était une étude finale et non préliminaire ; l'ordre des variantes était de fait inversé et les critiques, comme A. de Montaiglon, tendaient naturellement à préférer ce qu'ils pensaient être l'œuvre aboutie.

A gauche, *Némésis*, la Vengeance divine, traîne des coupables, le Crime, devant le tribunal de *Thémis*, la Justice, reconnaissable au glaive qu'elle brandit de la main droite ; celle-ci siège entourée de la Force, à droite, de la Prudence, voilée, à gauche, et de la Modération, le mors à la main, au centre de la composition. Au pied de *Thémis*, la Victime et son enfant ensanglantés gisent à terre, sans vie.

La composition générale de l'œuvre a été arrêtée, semble-t-il, assez tôt. Notre dessin reprend dans ses grandes lignes la feuille du Louvre, première dans l'ordre chronologique. Le groupe de droite, la Justice, la Prudence, la Modération et la Force, ne change guère d'un dessin à l'autre — tout au plus remarque-t-on quelques mouvements de tête et des bras qui se croisent plus haut. Le groupe de gauche, en revanche, fut l'objet de plus durables hésitations de la part de Prud'hon, et c'est peut-être dans ces hésitations qu'il faut voir une des causes principales de l'abandon de la composition.

Tout le problème était, semble-t-il, de lier la masse rigide, inflexible, du tribunal, et la dynamique violente du groupe de la Vengeance. L'opposition entre ces deux scènes devait faire bien sûr la puissance de la composition, mais Prud'hon a d'évidence eu beaucoup de peine à lui trouver une unité. Le dessin du Louvre présente ainsi *Némésis* traînant par les cheveux deux coupables :

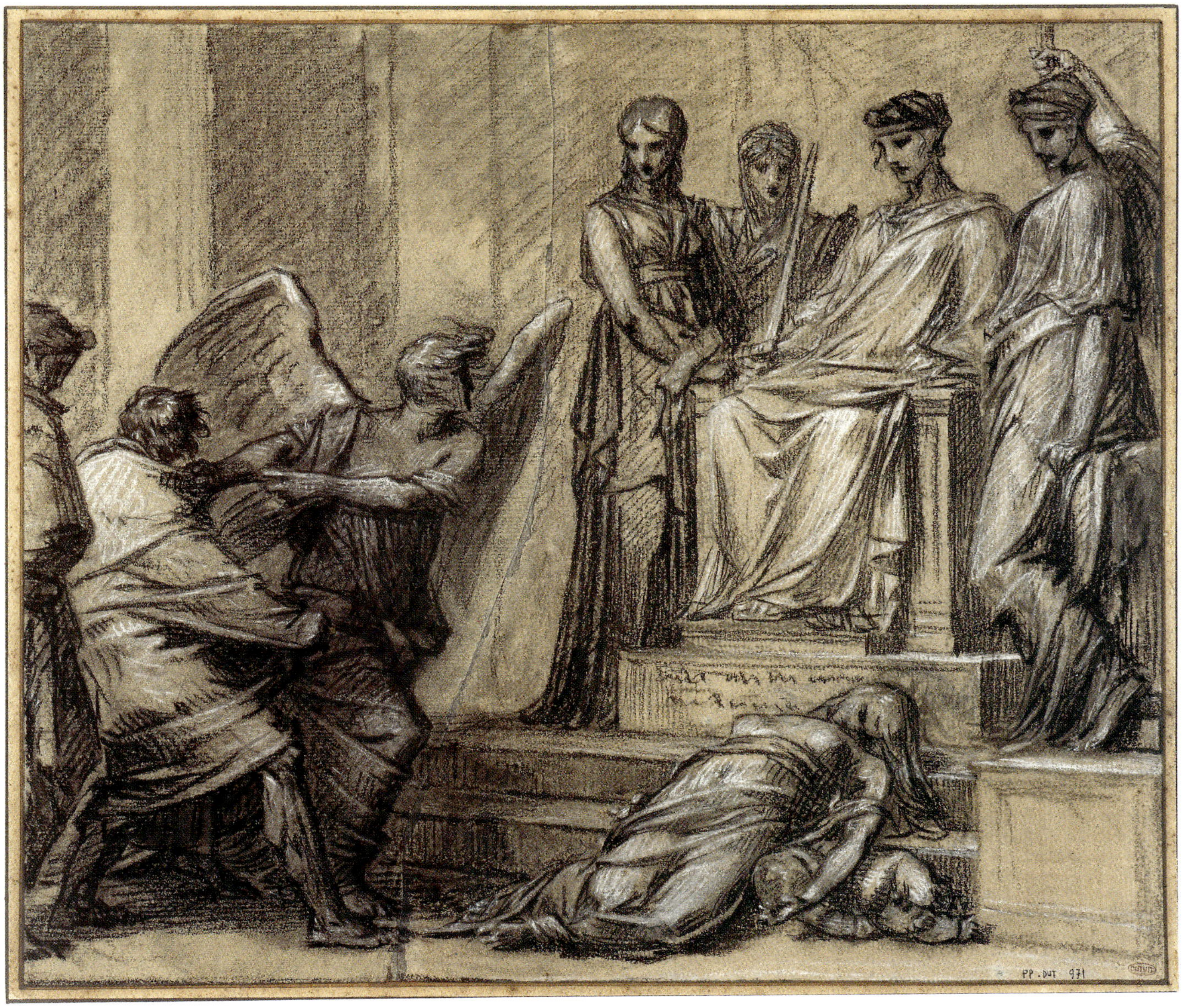

le Crime et la Scélératesse. Mais la composition ne tient pas ; malgré la grande diagonale de la Victime gisant à terre qui devait permettre un lien visuel entre les deux scènes, le groupe de la Vengeance est trop frêle. C'est pourquoi dans une deuxième étape qu'illustre notre n° 58, Prud'hon imagine de redresser les coupables afin de leur donner plus de présence. Le mieux est visible, mais jugé insuffisant puisque dans une dernière étape, celle de notre dessin, les coupables sont séparés : la Vengeance, présentée alors de face, ses deux ailes éployées, désigne le Crime à la Justice ; à gauche, la Scélératesse, dressée à la limite de la feuille, veille, mauvaise conseillère. Sans doute, la dynamique de la scène devient ainsi plus cohérente, l'action se déploie de manière plus heureuse en suivant impeccablement la diagonale du dessin, relayée par des mouvements de mains et d'ailes mieux conjugués.

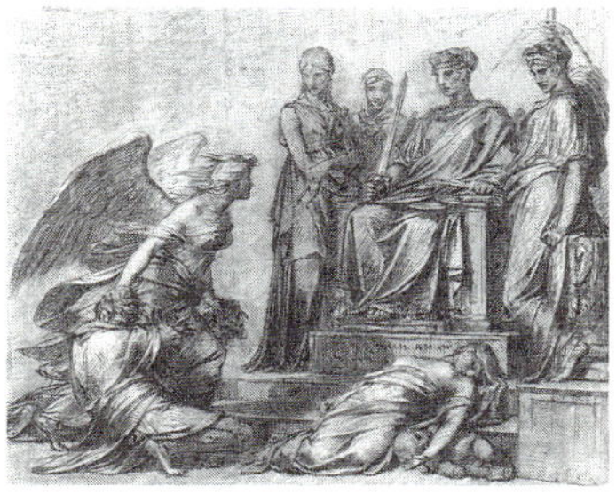

Fig. 73 : P.-P. Prud'hon, *Thémis et Némésis*, Paris, Musée du Louvre, Cabinet des dessins.

58 *Némésis*

- Pierre noire et craie blanche sur papier gris bleuté
- H. :280 ; L. : 229 mm
- D. Dut. 1508

- Etude pour *Thémis et Némésis* ; ce dessin est en fait la partie gauche découpée du dessin précédent.

INSCRIPTION

- S.b.g. : *P. Prud'hon.*

PROVENANCE

Coll. Auguste-Joseph Carrier, élève de Prud'hon ; sa vente, 9-10 mars 1846, n° 206 (115 F) ; coll. F.-M. Marcille ; coll. Camille Marcille, son fils ; sa vente, 6-7 mars 1876, n° 109 (805 F) ; coll. Henri Lehmann ; sa vente, 2-3 mars 1883, n° 211 (1 100 F) ; coll. J.-P. Heseltine ; sa vente, Londres, 27-29 mai 1935, n° 264 ; acquis d'un particulier par la Ville de Paris sur les arrérages du legs Dutuit pour le musée du Petit Palais (délibération du 23 mars 1987).

EXPOSITIONS

Paris, 1846, n° 62 ; Chartres, 1858, n° 101 ; Chartres, 1869, n° 35 ; Paris, 1874, n° 231 ; Londres, 1909-1910, n° 110 ; représenté par une photographie ancienne à l'exposition du Louvre, Paris, 1986, n° 6.

BIBLIOGRAPHIE

Blanc, 1845, p. 269 ; Delacroix, 1846, p. 442 ; Montaiglon, 1847, p. 55 ; Clément, 1872, p. 319 n. ; Duplessis, 1876, p. 436 ; Goncourt, 1876, pp. 162-163, n° 75 ; Monod, 1910, p. 261 n° 1; J. Guiffrey, 1924, n° 360 ; Slayman, 1970, p. 188, n° 76 ; Weston, 1975, p. 354, n° 2.

ŒUVRES EN RAPPORT

DESSINS

Voir notice précédente.

GRAVURE

Une gravure sur bois a été exécutée par Laurent Hotelin et Hurel d'après notre dessin (cf. Paris, 1986, n° 6C)

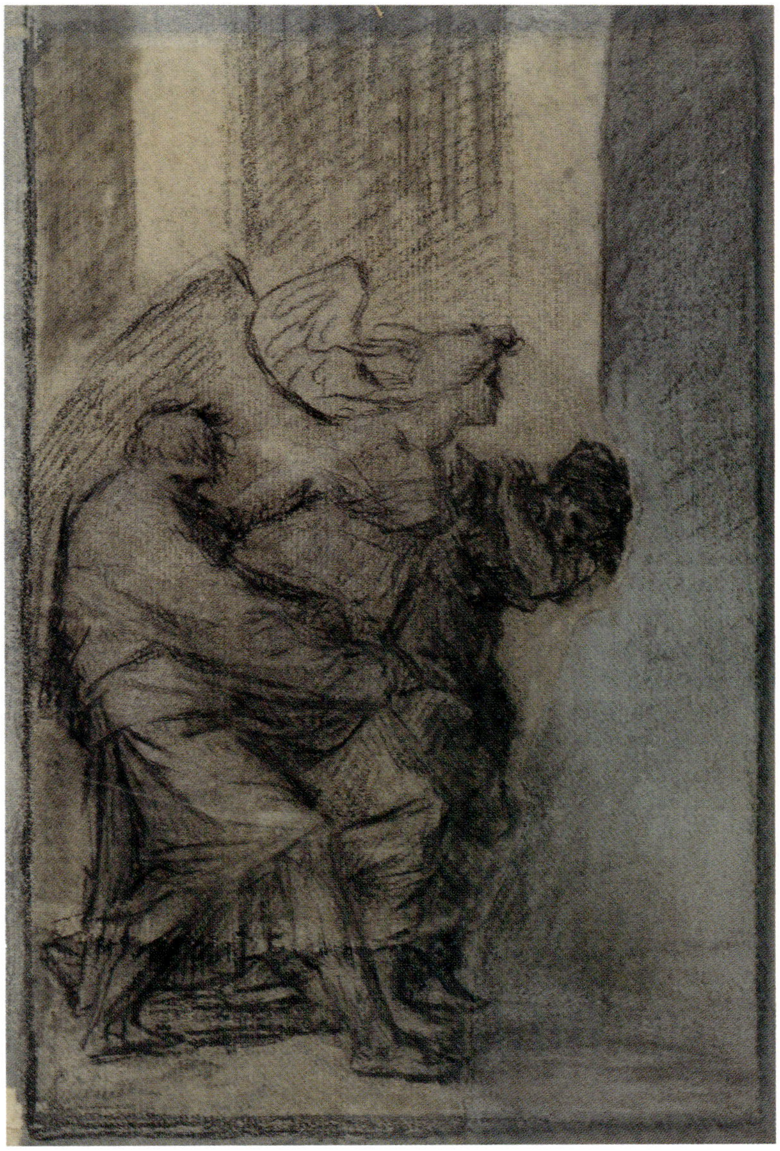

C'est en quelque sorte un miracle que ce dessin ait pu retrouver son faux jumeau dans les collections du musée. Etape intermédiaire entre la grande feuille du Louvre et notre dessin composite, ce fragment est un témoin essentiel de l'évolution du projet : de la première, il reprend l'attitude de *Némésis*, vue de profil, les ailes à demi repliées (c'est là un des éléments qui ont permis à S. Laveissière de reconstituer la chronologie des œuvres), tandis qu'il annonce la pose du Crime telle qu'elle est fixée dans la variante finale (voir notice précédente). Les deux personnages sont redressés mais conservent leurs caractères, et l'on serait presque tenté d'y voir un développement de poses observées en atelier. Remarquons aussi qu'entre la version du Louvre (*fig. 73*) et ce dessin d'une part, et la version finale présentée à la notice précédente d'autre part, Prud'hon inverse le sens du vent qui souffle dans les cheveux de *Némésis.* Ici, ce vent semble venir de la Justice elle-même, tandis que, dans la dernière version (voir notice précédente), il pousse le Crime vers la Justice... et rabat les cheveux sur les yeux de *Némésis* : la Vengeance aveuglée.

Isolé, le groupe de la Vengeance acquiert ici l'équilibre qui lui manque sans doute dans la composition générale et devient pour ainsi dire autonome. L'on comprend mieux la difficulté qu'il pouvait y avoir à lui trouver un lien assez fort pour que l'opposition avec la staticité du groupe de la Justice ne rompe pas l'harmonie de la composition. On serait d'ailleurs tenté de croire que si Prud'hon n'est pas parvenu à composer la scène entière de manière satisfaisante, c'est peut-être faute d'avoir voulu reconsidérer l'ensemble de la composition, et non point seulement un groupe.

59 Académie d'homme couché

- Crayon et sanguine sur papier
- H. : 223 ; L. : 280 mm
- P.P.D. 1855

INSCRIPTION

- S.b.g. : *Girodet.*

PROVENANCE

Coll. Coupin ; donation Coupin à la Ville de Paris (L. 2012c).

BIBLIOGRAPHIE

Coupin, 1829, p. XXXIV (peut-être confondu avec *Mercure couché sur un tertre...*, dessin préparatoire pour une composition du château de Compiègne).

ŒUVRE EN RAPPORT

GRAVURE

Enée aux portes des Enfers et assailli par des monstres, gravé par Dassy, élève de Girodet, Livre VI, pl. V de la suite de compositions pour illustrer l'*Enéïde*. Voir, plus particulièrement, le guerrier mort, au premier plan à droite.

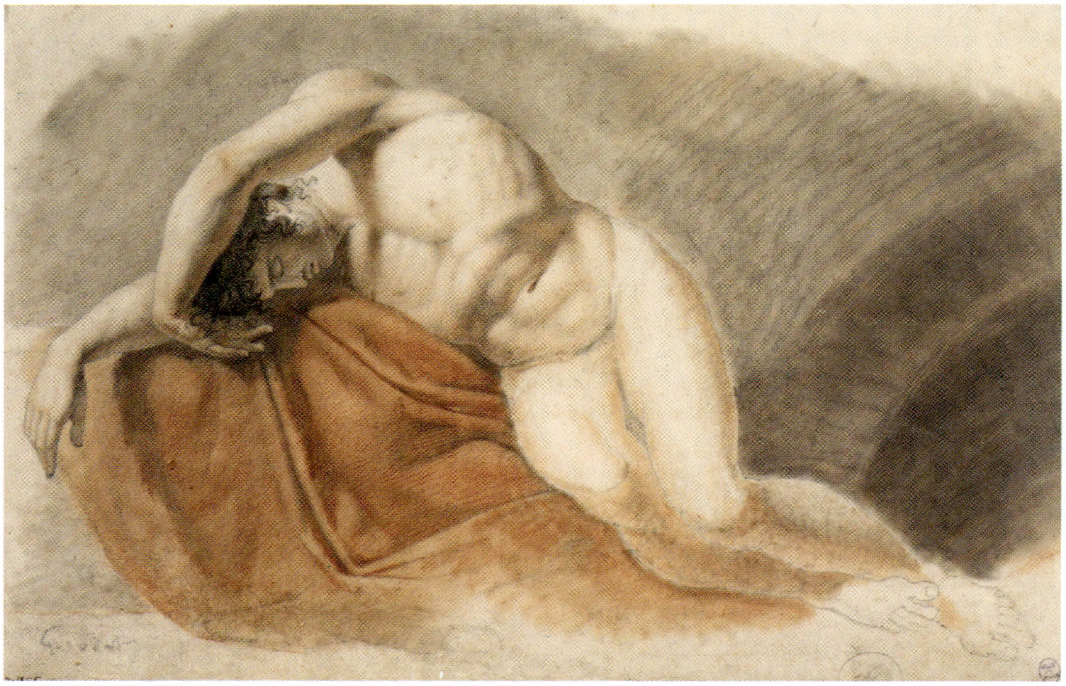

Il s'agit vraisemblablement d'une *académie*, c'est-à-dire d'une étude de pose sur le modèle. L'attitude très recherchée de cet homme allongé à terre, le buste soutenu par un socle recouvert d'une draperie — accessoires traditionnels de l'atelier —, les bras repliés au dessus de la tête, les yeux clos, évoque la mort, ou le sommeil.

On sait que Girodet, comme la plupart des artistes de l'école néo-classique, exécutait un grand nombre de dessins préparatoires pour ses tableaux et s'inspirait volontiers d'études académiques réalisées en atelier. Le dessin que nous présentons ici peut être mis en rapport avec certaines des compositions les plus célèbres de l'artiste, comme le *Sommeil d'Endymion* (Paris, Musée du Louvre) ou les deux figures couchées du plafond de la galerie de bal du château de Compiègne, *Mercure* et *Ariane* (voir sur ce point J. Pruvost-Auzas *in Connaissance* des Arts, août 1971, pp. 49-55). La pose s'y retrouve, de même que l'accessoire du tertre et la draperie. Mais il nous semble plus satisfaisant de rapprocher notre figure d'un ensemble de dessins réalisés pour illustrer l'*Enéïde* de Virgile et, plus particulièrement, de la planche V du recueil de gravures réalisées par Dassy d'après Girodet, *Enée aux portes des Enfers et assailli par des monstres*, où figure un guerrier mort, au premier plan, à droite, couché, nu, sur un tertre couvert d'une draperie. Quelques différences de détail, dans la tête ou le bras gauche, par exemple, suggèrent que notre dessin n'a pas été utilisé directement. De plus, la composition est inversée par rapport à notre figure. Mais la similitude nous en paraît très convaincante.

Le dessin a été donné à la Ville de Paris par l'ami et le premier biographe de Girodet, P.-A. Coupin.

LE DESSIN D'ILLUSTRATION
AU XVIIIe SIECLE

Il est convenu que l'art de l'illustrateur est un art mineur. Les nécessités de la traduction en gravure — c'est-à-dire, pour le XVIIIe siècle, l'eau-forte et le burin, combinés ou dissociés — imposent au dessinateur une technique rigoureuse : le tracé des contours doit être défini, les valeurs indiquées éventuellement par un lavis d'encre ou d'aquarelle doivent être simples et bien cernées, enfin, mais dans une moindre mesure, le format se montre très contraignant. Les techniques employées sont donc le plus souvent la mine de plomb, plus sèche et plus pointue que la pierre noire, ou l'encre passée à la plume et éventuellement lavée. On le voit, la discipline est sévère et ne laisse guère à l'artiste cette liberté de la main qui est sensée faire la vraie valeur d'un dessin.

La traduction en gravure de ces dessins pose des problèmes techniques très particuliers, mais il serait erroné de croire pour autant que si le dessinateur est un artiste, le graveur n'est que l'artisan d'un travail de reproduction. Jusqu'au XVIIIe siècle, la discipline de la gravure était un art à part entière, enseigné à l'Académie, honoré et primé à l'égal des autres arts. Il y eut ainsi des artistes qui, distingués au Prix de Rome en peinture, sont revenus de leur formation italienne pour se consacrer à la gravure. Les nécessités du marché en étaient sans doute responsables, tous les artistes ne pouvant faire une carrière de peintre à succès, mais la notoriété de certains graveurs laissait aussi espérer une carrière très honorable.

Certains des artistes les plus célèbres du siècle ont aussi commencé dans des ateliers de gravure : Boucher graveur de Watteau (voir n°s 2 à 7) en est sans doute le plus insigne exemple — rappelons qu'il a aussi illustré le *Théâtre* de Molière. Les eaux-fortes de Vien pour la *Caravane du Sultan à La Mecque* (n°s 11 à 34), ou les compositions réalisées par Fragonard en Italie pour illustrer l'ouvrage de l'abbé de Saint-Non, *Le voyage pittoresque de Naples et de Sicile*, en apportent encore d'éloquents témoignages.

L'art de l'illustration littéraire est sans doute plus contraignant encore, imposant une soumission totale, du moins dans l'absolu, au texte qu'il vient servir. Alors se pose la question suivante : doit-on d'emblée négliger l'intérêt iconographique de ces œuvres, sous prétexte qu'elles sont assujetties à des contraintes indépendantes de l'artiste, ou peut-on lui reconnaître une valeur d'invention réelle ? Il est difficile de répondre à cette question aujourd'hui, dans la mesure où l'œuvre des illustrateurs a toujours été étudiée sans tenir compte de ce rapport essentiel à ses sources littéraires.

Il convient alors de différencier de manière un peu arbitraire deux sortes d'artistes : d'une part les professionnels de l'illustration, que l'on soupçonne régulièrement de pauvreté stylistique — à trop illustrer d'auteurs divers, on perd sans doute son goût propre —, d'autre part les illustrateurs occasionnels, jeunes peintres qui se font la main, ou ceux, plus vieux, dont la mode a passé et qui ne reçoivent plus d'autre commande. En tous les cas, la production d'illustrations est toujours entachée d'une sorte de vice originel dû à son caractère d'activité commerciale — alimentaire dirait-on aujourd'hui. Faut-il corriger ce point de vue ?

Nous présentons ici l'œuvre de sept illustrateurs très différents : Cochin, Gravelot, Moreau le Jeune et Augustin de Saint-Aubin d'une part ; Peyron et Fragonard d'autre part. Gabriel de Saint-Aubin étant un cas vraiment particulier — illustrateur traditionnel, comme son frère, il est surtout connu pour la production de ces catalogues illustrés de croquetons que nous étudions plus attentivement au chapitre qui le concerne. Les premiers, d'évidence, se rattachent à la famille des professionnels du genre ; les deux autres sont manifestement des peintres qui se sont compromis dans cette activité secondaire. Les ensembles exposés sont datés de 1743 (Cochin) à 1807 (Moreau) ; ils correspondent ainsi très exactement à la période cruciale, pour l'histoire de l'art au XVIIIe siècle, où revient à l'ordre du jour la question essentielle de la noblesse des sujets. 1743, c'est l'apogée de l'art rocaille et de la peinture de genre galant, c'est la dictature de Boucher ; 1807, c'est, après la révolution néo-classique, les débuts du romantisme, qui précède, et dans une certaine mesure précipite, l'agonie de la peinture d'histoire. Entre ces deux dates se jouent les quatre actes de la tragi-comédie néo-classique : acte I, la découverte de l'Antiquité à Herculanum et Pompéi, vers 1750, et l'invention du goût néo-grec ; acte II, le retour en force de la peinture d'histoire avec les grandes commandes du comte d'Angiviller, vers 1775 ; acte III, la Révolution, triomphe et mort des héros ; acte IV, le sacre de Napoléon, en 1804. On l'a souvent remarqué, Néo-classicisme et Néo-historicisme, les deux moteurs de cette pièce, ne concordent pas vraiment. Le premier, mouvement formel et d'abord pictural, commence par se plaquer sur l'art rocaille et s'impose comme une nouvelle mode ; le deuxième, d'apparence plus idéologique, fait appel à toute la mythologie nationale, l'histoire bien sûr, mais aussi la littérature. Par bien des aspects l'un ressemble à une coquille vide que l'autre vient remplir plus tard.

A moins de jouer sur le double sens du mot, il n'est pas dans notre idée de vouloir réduire la peinture de grand genre à un art d'*illustration*. Il est toutefois permis de s'interroger sur ce point : les années 1750-1810 marquent un formidable renouvellement de l'édition de luxe : on publie beaucoup, on illustre aussi beaucoup. Et parmi les textes ainsi publiés et illustrés, se retrouvent les principales gloires du panthéon littéraire national. Certes les sujets mythologiques qui servent d'arguments à la grande peinture d'histoire ne sont pas le monopole de la littérature française — de même que les *Contes* de La Fontaine ne sont pas l'unique source de la peinture galante ; la culture humaniste de l'époque fait d'Homère, d'Ovide ou de Tite-Live des auteurs aussi proches que Corneille, Racine ou Crébillon. Et la tradition académique des beaux-arts est tout entière fondée sur cette culture classique. C'est là l'exemple même du concept de culture global : peinture et littérature appartiennent au même monde et se nourrissent aux mêmes sources. Il est cependant difficile de penser que l'époque de l'*Encyclopédie* a pu être pour moitié aveugle à l'activité des éditeurs plus classiques. Dans un monde où le livre est roi — n'a-t-on pas dit que les éditeurs avaient fait la Révolution ? —, il est pour le moins paradoxal de lui dénier, pour la moitié de sa production, la moindre importance ? Quelques années plus tard, la génération romantique se saisira très franchement du patrimoine littéraire pour renouveler une inspiration héroïque un peu usée. Ne peut-on croire que le mouvement s'est en fait amorcé plus tôt ? On sait, par exemple, la gloire dont jouit, en son temps, le *Bélisaire* de Marmontel, et ses nombreux avatars artistiques.

Il est rare que les plus grands artistes se soient consacrés à l'illustration des plus grands auteurs au moment où les uns et les autres étaient à la mode. On l'a vu, le préjugé défavorable dont est entaché l'art des illustrateurs en est sans doute responsable : Cochin illustre à ses débuts les *Contes* de La Fontaine ; Gravelot, artiste un peu vieilli en 1760 donne une édition du *Théâtre* de Racine ; et l'édition des *Contes* de La Fontaine illustrée par Fragonard échoue en pleine période révolutionnaire, sans doute pour la raison que ni Fragonard ni La Fontaine ne pouvaient plus guère intéresser un monde qui se reconnaissait davantage dans les tragédies antiques. C'est toujours avec un certain retard sur le goût le plus neuf, semble-t-il, que l'art de l'illustration produit ses chefs-d'œuvre. L'activité des éditeurs de livres illustrés est d'abord celle de diffuseurs, moins d'inventeurs. Mais, par là même, elle joue sur la durée et échappe à la fièvre des révolutions de Salons. Par bien des aspects, elles fait figure de conservatoire, du goût littéraire bien entendu, mais aussi du goût artistique, c'est-à-dire, plus précisément, d'une tradition iconographique. On l'a bien souvent oublié, mais combien de tableaux célèbres prennent pour argument une intrigue littéraire ? Greuze, bien sûr, en donne de nombreux exemples, mais David aussi, sans parler d'un artiste comme Girodet qui en a fait sans doute le plus grand usage. Par bien des aspects, la grande peinture du XVIIIe siècle est d'abord un art littéraire — comme la peinture du XVIIe siècle était un art historique. Nous croyons que l'étude de l'art *secondaire* des illustrateurs peut nous permettre de retrouver plus justement la mesure de sa signification véritable : *ut pictura poesis*.

Dans ce rapport de l'art à la littérature, le soin de la fidélité au texte est sans doute un élément déterminant. C'est ce qui permet souvent aux artistes de renouveler des modèles usés. Il est évident que tous les artistes que nous présentons ici ont lu avec attention les auteurs qu'ils devaient servir. Aussi, il nous a semblé essentiel de citer le plus que nous pouvions les textes de référence. Pour certains, comme le *Théâtre* de Racine, l'évidence de leur célébrité nous a permis de ne pas alourdir inutilement les citations de notes un peu fastidieuses. Pour d'autres moins connus, voire tout-à-fait oubliés, il nous paraissait nécessaire d'accompagner les extraits choisis. Notre vœu est aussi, ne le cachons pas, de réconcilier auprès du public ces deux pans de la culture du XVIIIe siècle.

60 à 75 «Contes et Nouvelles en vers» de La Fontaine

(Amsterdam [Paris, David jeune], 1743, 2e et 3e éd. en 1745, 2 vol. in-12)

PROVENANCE

Les seize dessins du Petit Palais ayant au moins deux provenances distinctes, nous avons préféré reporter cette rubrique en tête de chaque notice. Pour plus de renseignements concernant l'historique des soixante-neuf dessins, voir Michel, 1987, p. 193.

BIBLIOGRAPHIE

Jombert, 1770, 134 ; Rochambeau, 1911, nos 68, 69 et 71 ; Cohen, 1912, pp. 557-558 ; Rahir, 1924, p. 486 ; Tchermezine, 1977, t. III, p. 861 ; I.F.F., t. IV, p. 262, n° 104 et t. IX, p. 45, n° 84 ; Michel, 1987, pp. 26, 50, 64 et pp. 193-197, n° 26.

Ecrits dans les débuts de la carrière de La Fontaine, les *Contes et Nouvelles en vers* ont connu un succès considérable sous la Régence puis pendant tout le XVIIIe siècle. Nous livrons une étude plus poussée sur ce thème au chapitre consacré aux illustrations qu'en donna Fragonard.

Trois éditions des *Contes et Nouvelles* illustrées par Cochin paraissent en 1743 et en 1745. L'édition de 1743 et la première édition de 1745 comportent quelques vignettes d'après Lancret reprises d'une suite d'estampes parues peu de temps auparavant, publiées et gravées en partie par Nicolas de Larmessin — la *Suite de Larmessin* reprenait des compositions de Lorrain, Lemesle, Pater, Lancret, Boucher, Le Clerc et Vleughels. Seule la deuxième édition de 1745 donne l'intégralité des vignettes de Cochin.

L'artiste n'a pas trente ans lorsqu'il réalise cette série. Son style est encore celui de ses jeunes années, tout imprégné de l'enseignement reçu à l'Académie sous l'autorité de son père tout d'abord, le graveur Charles-Nicolas dit «le Vieux», qui s'illustra essentiellement en reproduisant les grands peintres français de la Régence, Lafosse, Jouvenet, Coypel ou Watteau ; mais on y décèle aussi l'influence certaine de Boucher.

Soixante-neuf dessins ont été réalisés ; les graveurs Chedel, Fessard et Ravenet furent chargés de les traduire sur le cuivre, sans les signer — hormis quelques exemplaires qui nous permettent de mettre un nom sur une gravure. Les dessins originaux ont été dispersés. Le Petit Palais s'est porté acquéreur d'un ensemble de seize d'entre eux lors d'une vente publique parisienne en 1990.

Lorsque Cochin s'attache à sa commande, les illustrateurs des *Contes* de La Fontaine sont déjà nombreux, même si aucune publication exhaustive de l'ouvrage n'a suivi la première édition illustrée par Romain de Hooge, parue à Amsterdam en 1685. En fait, les *Contes* ont davantage servi de source iconographique à des peintres en peine de sujets légers ou libertins. En plus des artistes choisis par Larmessin, il faudrait citer les noms de Subleyras, Pierre, Lemoyne, Taraval... et sans doute de nombreux autres encore, tant il est vrai que peu d'artistes de ces années-là n'ont pas un jour peint un *Cuvier* ou un *Bât*. De fait, Cochin ne montre pas toujours une grande originalité dans le choix des scènes figurées. Mais faut-il en conclure pour autant qu'il «modernise les vêtements, donne un caractère plus preste à la composition, mais se plie à la tradition pour le choix des sujets» (Michel, 1987, p. 52) ?

Parmi les seize dessins que nous présentons, deux correspondent aux vignettes absentes des premières éditions : *On ne s'avise jamais de tout* et *Les Rémois*. Il est de fait tentant et instructif de les comparer directement avec les sujets de Lancret qu'ils remplacent. *On ne s'avise jamais de tout* est de ces contes, nous semble-t-il, où le choix du sujet ne doit rien à la tradition, mais tout à La Fontaine. Un épisode surtout retient l'attention du lecteur : celui où la belle infidèle reçoit «fort à propos plein un panier d'ordure». Scène digne de la farce, elle permet à La Fontaine de donner un tour comique à une vulgaire histoire d'adultère, selon un procédé satirique commun à de nombreux contes qui consiste à détourner des éléments empruntés à d'autres genres — ici la comédie, ailleurs, la tragédie, l'épopée ou la mythologie —, cela afin d'enrichir tout à la fois son style et les anecdotes rapportées, celles-ci étant le plus souvent maigrelettes. Lancret, pourtant, ne choisit pas ce moment : coquetterie déplacée, manque d'à-propos ? Il figure le moment où le mari trompé vérifie dans un livre si le subterfuge employé par les amants est attesté : «Foin, dit-il , celui-là / N'est dans mon livre et je suis pris pour dupe»... comme si le peintre avait voulu figurer la morale du conte, alors qu'en fait de morales, les *Contes* de La Fontaine — et c'est bien là leur agrément — en sont régulièrement dépourvus. Cochin se montre ici plus inventif ou tout du moins plus attentif au texte : l'épisode important ne lui échappe pas.

Si le format est sans doute bien réduit, il faut avouer que le dessinateur montre un art confondant dans la composition et l'animation de ces scènes minuscules. Tout se trouve dans ces vignettes : la chandelle du *Muletier*, le tapis de *Nicaise*, l'âne du *Bât*, le poignard de la *Cruche*, la voisine de la *Servante justifiée*, les fusils de chasse de Fédéric, l'heureux amant du *Faucon*, ou les dix doigts de Jean, le héros de *Tenir est un et promettre est un autre*. Le dessinateur ne s'empêche pas de placer autant de personnages que nécessaire pour rendre la scène compréhensible et dispose, en plus de tous les instruments nécessaires à l'intrigue, tous ceux qui lui servent à composer une atmosphère : bougeoir, tableaux aux murs dont on distingue même le sujet (voir *Les Rémois*), porte entr'ouverte où disparaît la silhouette d'une servante... Il construit en outre le paysage en plusieurs plans et parvient même à peupler des fonds de scène lointains (*On ne s'avise...*) et à bâtir des villes et des villages (*Le fleuve Scamandre*).

Mais le format, dans les contraintes qu'il lui impose, ne lui sert pas qu'à doubler d'adresse pour dessiner petit, il lui offre aussi un avantage, celui de devoir condenser le sujet. Par là, Cochin est peut-être l'illustrateur le plus fidèle de La Fontaine : l'étroitesse des vignettes fait bien souvent écho à la prestesse des vers ; leur taille force l'œil à deviner ce que le conteur ne dévoile que d'un mot ; les attitudes, d'autant plus suggestives que la scène est petite, répondent à merveille au style épigrammatique des contes. *Le Villageois qui cherche son veau* nous en donne un exemple charmant : le texte, bref, amène la chute avec la même maladresse feinte qui fait dessiner à Cochin un paysan prêt à tomber sur le couple enlacé : «Hommes de bien qui voyez tant de choses / Voyez-vous point mon Veau ? dites-le moi». Certes, cela s'applique moins bien aux nouvelles plus développées où l'épigramme fait place à une parodie d'épopée. Mais ne sont-ce pas là aussi les morceaux les moins brillants de La Fontaine — et ceux où les prédécesseurs aussi bien que les successeurs de Cochin ne réussiront guère mieux ?

Cochin, comme Fragonard trente ans plus tard, a lu avec une réelle attention les *Contes* de La Fontaine, mieux peut-être que Boucher ou Lancret qui, format oblige, se laissent plus facilement porter à composer des scènes galantes et convenues. En ce sens, il doit sans doute être considéré comme le plus fidèle illustrateur de l'ouvrage. Romain de Hooge pêche le plus souvent par un style décoratif trop touffu ; Eisen cédera volontiers à l'inspiration scabreuse. Cochin sait rester dans les limites de son art : précis, narratif et discret.

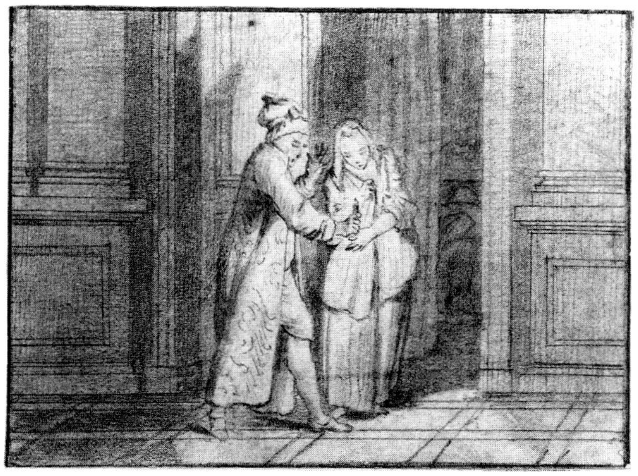

60 Le Muletier

- Mine de plomb sur vélin ▪ H. : 52 ; L. : 70 mm
- Le dessin était anciennement monté avec les nos 61, 64, 67, 68 et 75
- D. Dut. 1842

PROVENANCE

Vente Jombert, 1776, nos 86 ou 87 ; ? ; vente Versailles (Trianon Palace), 16 mai 1971, n° 3 ; vente Paris (Drouot), 10 déc. 1990 ; acquis sur les arrérages du legs Dutuit pour le musée du Petit Palais.

ŒUVRE EN RAPPORT

Gravé par Fessard au même format, en sens inverse (vol. I, p. 35).

L'usage était chez le peuple Lombard
Que quand le Roi, qui faisait lit à part,
Comme tous font, voulait avec sa femme
Aller coucher, seul il se présentait
Presque en chemise, et sur son dos n'avait
Qu'une simarre : à la porte il frappait
Tout doucement ; aussitôt une dame
Ouvrait sans bruit, et le Roi lui mettait
Entre les mains la clarté qu'il portait ;
Clarté n'ayant grand'lueur ni grand'flamme.
(…)
Chaque royaume a ses cérémonies.
Le muletier remarqua celle-ci ;
Ne manqua pas de s'ajuster ainsi ;
Se présenta comme c'était l'usage,
S'étant caché quelque peu le visage.
La dame ouvrit (…)
(extrait)

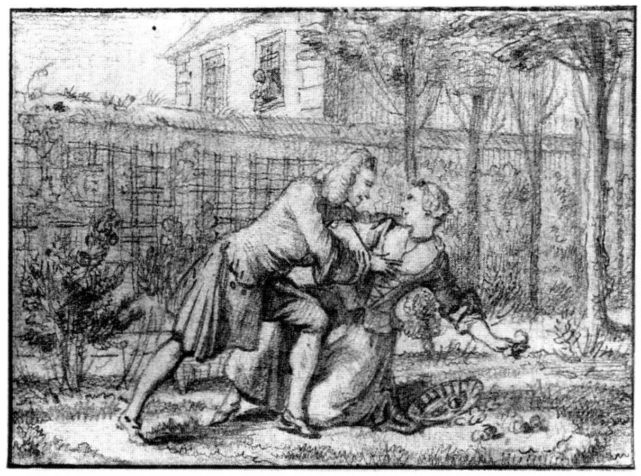

61 La Servante justifiée

- Mine de plomb sur vélin ▪ H. : 52 ; L. : 70 mm
- Le dessin était anciennement monté avec les nos 60, 64, 67, 68 et 75
- D. Dut. 1843

PROVENANCE

Vente Jombert, 1776, nos 86 ou 87 ; ? ; vente Versailles (Trianon Palace), 16 mai 1971, n° 3 ; vente Paris (Drouot), 10 déc. 1990 ; acquis sur les arrérages du legs Dutuit pour le musée du Petit Palais.

ŒUVRE EN RAPPORT

Gravé par ? (Fessard, Ravenet ou Chedel) au même format, en sens inverse (vol. I, p. 41).

Un mari volage entreprend un jour la servante de sa femme…

Il la baisa pour en avoir raison
Tant et si bien qu'ils en vinrent aux prises.
En cet étrif la servante tomba.
Lui d'en tirer aussitôt avantage.
Le malheur fut que tout ce beau ménage
Fut découvert d'un logis près de là :
Nos gens n'avaient pris garde à cette affaire.
Une voisine aperçut le mystère.
(extrait)

Pour se tirer d'affaire et justifier la servante devant le témoin importun, le mari répétera la même scène avec sa femme quelques instants plus tard.

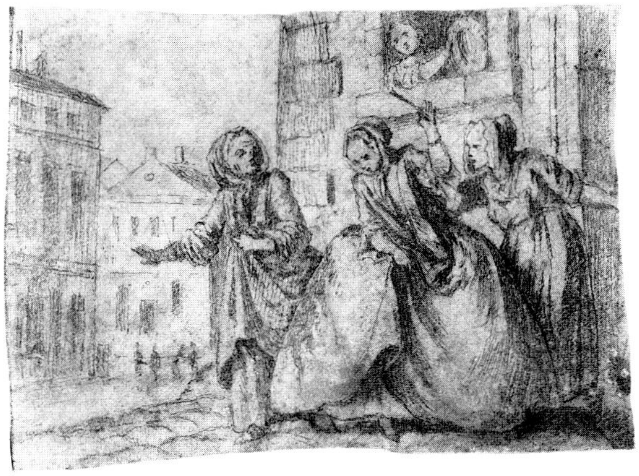

62 On ne s'avise jamais de tout

■ Mine de plomb sur vélin ■ H. : 46 ; L. : 61 mm
■ Le dessin, très abîmé, a été recoupé. Il était monté sur un même passe-partout avec les n°s 65, 69 et 73 ■ D. Dut. 1853

PROVENANCE

Vente Jombert, 1776, n°s 86 ou 87 ; ? ; vente Destailleur, 26 mai 1893, n° 14 ; vente X (Welles de la Valette), 20 mars 1899, n° 16 ; vente Schuhmann, 7 déc. 1934, n° 75 ; ? ; vente Paris (Drouot), 10 déc. 1990 ; acquis sur les arrérages du legs Dutuit pour le musée du Petit Palais.

ŒUVRES EN RAPPORT

Absent de l'édition de 1743 où figure une vignette d'après Lancret reprise en format réduit de la suite de Larmessin. Gravé par ? (Fessard, Ravenet ou Chedel) au même format, en sens inverse, et publié uniquement en 1745 (vol. I, p. 72).

Un galant inventif parvient à tromper la jalousie d'un mari particulièrement soupçonneux en provoquant un incident de rue…

Certain jaloux ne dormant que d'un œil,
Interdisait tout commerce à sa femme.
(…)
Un jour de Fête arrive que la dame,
En revenant de l'église, passa
Près d'un logis, d'où quelqu'un lui jeta
Fort à propos plein un panier d'ordure.
On s'excusa : la pauvre créature,
Toute vilaine entra dans le logis ;
Il lui fallut dépouiller ses habits.
(extrait)

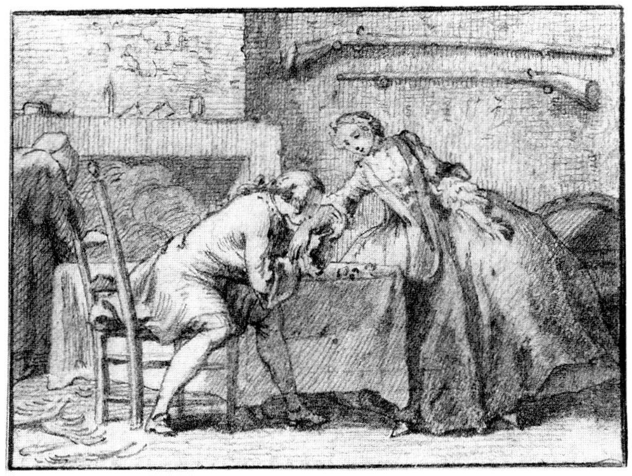

63 Le Faucon

■ Mine de plomb sur vélin ■ H. : 52 ; L. : 70 mm
■ Le dessin était anciennement monté avec les n°s 66, 70, 71, 72 et 74
■ D. Dut. 1848

PROVENANCE

Vente Jombert, 1776, n°s 86 ou 87 ; ? ; vente Versailles (Trianon Palace), 16 mai 1971, n° 3 ; vente Paris (Drouot), 10 déc. 1990 ; acquis sur les arrérages du legs Dutuit pour le musée du Petit Palais.

ŒUVRE EN RAPPORT

Gravé par ? (Fessard, Ravenet ou Chedel) au même format, en sens inverse (vol. I, p. 126).

Un amoureux patient mais ruiné, Fédéric, n'ose attendre que sa belle, Clitie, mariée et mère d'un garçon, soit libre. Le destin le favorise un jour en envoyant *ad-patres* le mari de Clitie. Son fils tombe alors malade et réclame dans un dernier caprice de voir le faucon de chasse de Fédéric, dernier bien qu'il n'a pu se résoudre à brader. Clitie se rend chez celui-ci pour accéder au désir du jeune moribond. Par une malheureuse circonstance, Fédéric décide de rôtir l'oiseau pour accueillir dignement sa maîtresse. Mise au courant du drame, elle sent ses forces l'abandonner…

Non, Fédéric, dit-elle, je déclare
Que c'est assez, vous ne m'avez jamais
De votre amour donné plus grande marque.
Que mon fils soit enlevé par la Parque,
Ou que le ciel le rende à mes souhaits,
J'aurai pour vous de la reconnaissance.
Venez me voir, donnez m'en l'espérance.
Encore un coup venez nous visiter.
Elle partit, non sans lui présenter
Une main blanche, unique témoignage
Qu'Amour avait amolli ce courage.
Le pauvre Amant prit la main, la baisa,
Et de ses pleurs quelque temps l'arrosa.
Deux jours après l'enfant suivit le père.
(extrait)

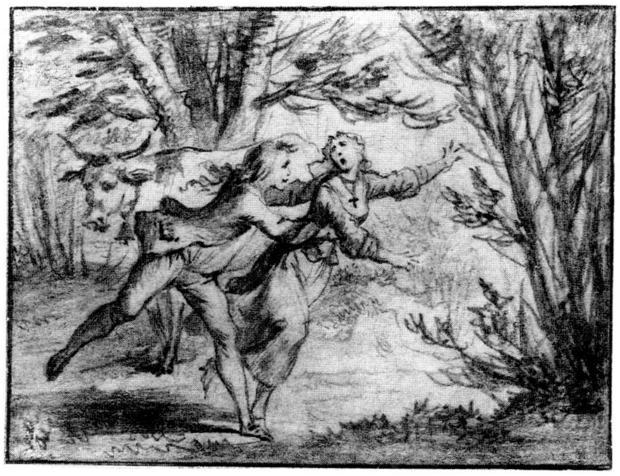

64 La Clochette

■ Mine de plomb sur vélin ■ H. : 52 ; L. : 70 mm
■ Le dessin était anciennement monté avec les n°s 60, 61, 67, 68 et 75
■ D. Dut. 1844

PROVENANCE

Vente Jombert, 1776, n°s 86 ou 87 ; ? ; vente Versailles (Trianon Palace), 16 mai 1971, n° 3 ; vente Paris (Drouot), 10 déc. 1990 ; acquis sur les arrérages du legs Dutuit pour le musée du Petit Palais.

ŒUVRE EN RAPPORT

Gravé par ? (Fessard, Ravenet ou Chedel) au même format, en sens inverse (vol. I, p. 189).

Un jeune pâtre invente une ruse peu honnête pour attirer sa belle dans les bois…

Que fit l'Amant ? Croyant tout artifice
Libre en amours, sur le coi de la nuit
Le compagnon détourne une génisse
De ce bétail par la fille conduit.
(…) la jeune pucelle
S'en va pleurant, et demande aux Echos,
De celle-là, dont le drôle à propos
Avait d'abord étoupé la clochette ;
Puis il la prit, puis la faisant sonner,
Il se fit suivre, et tant que la fillette
Au fond du bois se laissa détourner.
(…) O belles, évitez
Le fond des bois, et leur vaste silence.
(extrait)

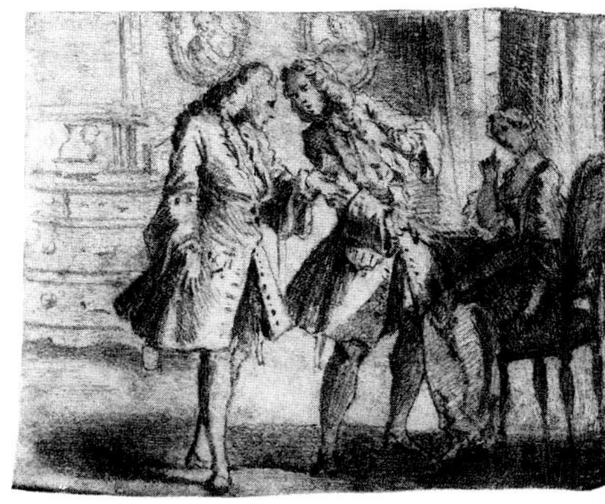

65 Les Deux amis
Conte tiré d'Athénée

■ Mine de plomb sur vélin ■ H. : 43 ; L. : 54 mm
■ Le dessin, très abîmé, a été recoupé. Il était monté sur un même passe-partout avec les n°s 62, 69 et 73 ■ D. Dut. 1852

PROVENANCE

Vente Jombert, 1776, n°s 86 ou 87 ; ? ; vente Destailleur, 26 mai 1893, n° 14 ; vente X (Welles de la Valette), 20 mars 1899, n° 16 ; vente Schuhmann, 7 déc. 1934, n° 75 ; ?; vente Paris (Drouot), 10 déc. 1990 ; acquis sur les arrérages du legs Dutuit pour le musée du Petit Palais.

ŒUVRE EN RAPPORT

Gravé par ? (Fessard, Ravenet ou Chedel) au même format, en sens inverse (vol. I, p. 193).

Axiocus avec Alcibiades
Jeunes, bien faits, galants, et vigoureux,
Par bon accord, comme grands camarades,
En même nid furent pondre tous deux.
Qu'arrive-t-il ? L'un de ces amoureux
Tant bien exploite autour de la donzelle,
Qu'il en naquit une fille si belle,
Qu'ils s'en vantaient tous deux également ;
Le temps venu que cet objet charmant,
Put pratiquer les leçons de sa mère,
Chacun des deux en voulut être amant ;
Plus n'en voulut l'un ni l'autre être père.
Frère, dit l'un, ah ! vous ne sauriez faire
Que cet enfant ne soit vous tout craché ;
Parbieu, dit l'autre, il est à vous compère ;
Je prends sur moi le hasard du péché.
(texte intégral)

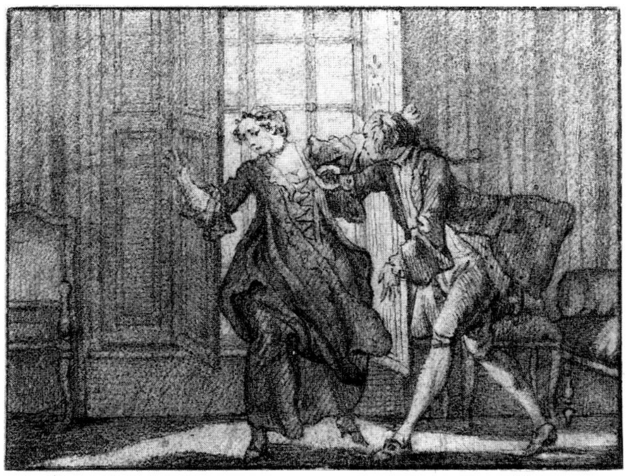

66 Richard Minutolo

- Mine de plomb sur vélin ▪ H. : 52 ; L. : 70 mm
- Le dessin était anciennement monté avec les nos 63, 70, 71, 72 et 74
- D. Dut. 1851

PROVENANCE

Vente Jombert, 1776, nos 86 ou 87 ; ? ; vente Versailles (Trianon Palace), 16 mai 1971, n° 3 ; vente Paris (Drouot), 10 déc. 1990 ; acquis sur les arrérages du legs Dutuit pour le musée du Petit Palais.

ŒUVRE EN RAPPORT

Gravé par ? (Fessard, Ravenet ou Chedel) au même format, en sens inverse (vol. 2, p. 8).

Richard Minutolo est l'amant malheureux de la trop fidèle dame Catelle. Pour parvenir à ses fins, il imagine de la convaincre qu'elle est trompée par son mari en lui faisant prendre la place de la maîtresse de celui-ci, lors d'un rendez-vous que l'on prendra soin de tenir dans une pénombre propice au quiproquo. L'heure venue, Dame Catelle se dévoile devant celui qu'elle croit encore être son mari...

Va, déloyal ; va-t-en : je te le dis.
Je suis bien sotte, et bien de mon pays,
De te garder la foi de mariage :
A quoi tient-il, que pour te rendre sage,
Tout-sur-le-champ je n'envoye querir
Minutolo, qui m'a si fort chérie ?
Je le devrais afin de te punir ;
Et sur ma foi j'en ai presque l'envie.
A ce propos le galant éclata.
Tu ris, dit-elle : ô dieux ! quelle insolence !
Rougira-t-il ? Voyons sa contenance.
Lors de ses bras la belle s'échappa,
D'une fenêtre à tâtons approcha,
L'ouvrit de force, et fut bien étonnée
Quand elle vit Minutol son amant.
(extrait)

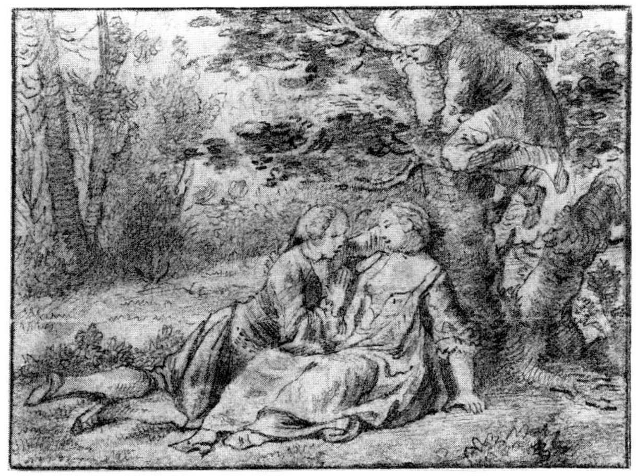

67 Le Villageois qui cherche son veau

- Mine de plomb sur vélin ▪ H. : 52 ; L. : 70 mm
- Le dessin était anciennement monté avec les nos 60, 61, 64, 68 et 75
- D. Dut. 1846

PROVENANCE

Vente Jombert, 1776, nos 86 ou 87 ; ? ; vente Versailles (Trianon Palace), 16 mai 1971, n° 3 ; vente Paris (Drouot), 10 déc. 1990 ; acquis sur les arrérages du legs Dutuit pour le musée du Petit Palais.

ŒUVRE EN RAPPORT

Gravé par ? (Fessard, Ravenet ou Chedel) au même format, en sens inverse (vol. 2, p. 49).

Un villageois ayant perdu son veau,
L'alla chercher dans la forêt prochaine.
Il se plaça sur l'arbre le plus beau,
Pour mieux entendre, et pour voir dans la plaine.
Vient une dame avec un jouvenceau.
Le lieu leur plaît, l'eau leur vient à la bouche :
Et le galant, qui sur l'herbe la couche,
Crie, en voyant je ne sais quels appas :
Ô dieux, que vois-je, et que ne vois-je pas !
Sans dire quoi ; car c'étaient lettres closes.
Lors le manant les arrêtant tout coi.
Hommes de bien qui voyez tant de choses,
Voyez-vous point mon veau ? dites-le moi.
(texte intégral)

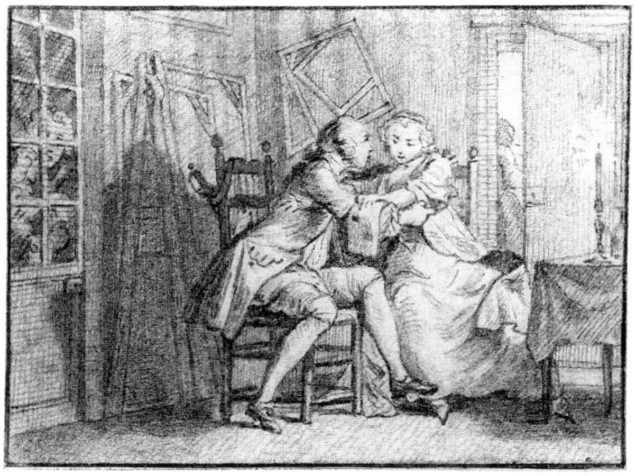

68 Les Rémois

■ Mine de plomb sur vélin ■ H. : 52 ; L. : 70 mm
■ Le dessin était anciennement monté avec les n°s 60, 61, 64, 67 et 75
■ D. Dut. 1840

PROVENANCE

Vente Jombert, 1776, n°s 86 ou 87 ; ? ; vente Versailles (Trianon Palace), 16 mai 1971, n° 3 ; vente Paris (Drouot), 10 déc. 1990 ; acquis sur les arrérages du legs Dutuit pour le musée du Petit Palais.

ŒUVRES EN RAPPORT

Absent de l'édition de 1743 où figure une vignette d'après Lancret reprise, en format réduit, de la suite de Larmessin. Gravé par ? (Fessard, Ravenet ou Chedel) au même format, en sens inverse, et publié uniquement en 1745 (vol. 2, p. 81).

Deux bourgeois de Reims sont voisins d'un couple peu banal : elle, «la plus trompeuse femme», «friande assez pour la bouche d'un roi», lui, peintre de profession et «grâce à certain talent / Très bon époux, encor meilleur galant». La femme les invite un jour à dîner, leur faisant espérer le succès de leur assiduité. Le mari survient. Ils se cachent dans un réduit voisin de l'atelier. La femme, pour se défaire de son embarras, soutient à son mari qu'elle a invité aussi ses voisines, Alis et Simonette, épouses des bourgeois. On les fait venir à leur tour ...

Le souper mis presque au même moment,
Le Peintre prit par la main les deux femmes,
Les fit asseoir, entr'elles se plaça.
(...)
(Il envoie sa femme à la cave accompagnée de Simonette)
Le Peintre reste avec Madame Alis,
Provinciale assez belle, et bien faite,
Et s'en piquant, et qui pour le païs
Se pouvait dire honnêtement coquette.
Le compagnon vous la tenant seulette,
La conduisit de fleurette en fleurette
Jusqu'au toucher et même un peu plus loin,
Puis tout-à-coup levant la colerette,
Prit un baiser dont l'époux fut témoin.
(extrait)

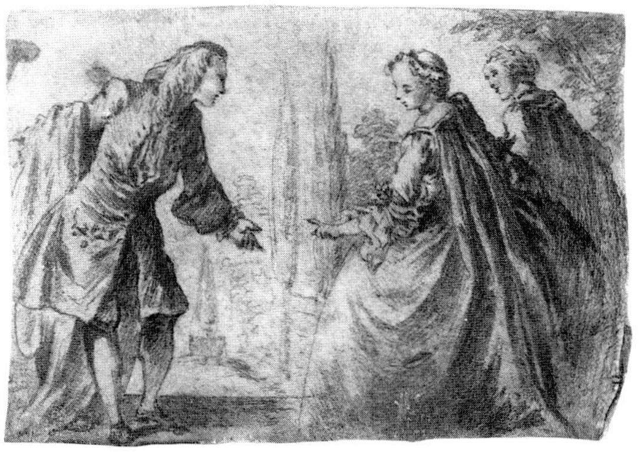

69 Nicaise

■ Mine de plomb sur vélin ■ H. : 38 ; L. : 54 mm
■ Le dessin, très abîmé, a été recoupé. Il était monté sur un même passe-partout avec les n°s 62, 65 et 73. ■ D. Dut. 1855

PROVENANCE

Vente Jombert, 1776, n°s 86 ou 87 ; ? ; vente Destailleur, 26 mai 1893, n° 14 ; vente X (Welles de la Valette), 20 mars 1899, n° 16 ; vente Schuhmann, 7 déc. 1934, n° 75 ; ? ; vente Paris (Drouot), 10 déc. 1990 ; acquis sur les arrérages du legs Dutuit pour le musée du Petit Palais.

ŒUVRE EN RAPPORT

Gravé par ? (Fessard, Ravenet ou Chedel) au même format, en sens inverse (vol. 2, p. 100).

Nicaise, jeune homme velléitaire, promet trop à sa fiancée et ne sait tenir ses promesses, toujours à trouver quelque prétexte pour remettre l'occasion attendue. Alors qu'elle-même a arrangé un rendez-vous dans la campagne, accompagnée d'une amie chargée de faire le guet, il fuit à nouveau pour chercher un tapis qui rendrait leur étreinte plus confortable. Elle finit par se lasser...

Non pas cela, reprit la belle :
Mon pucelage dit qu'il faut
Remettre l'affaire à tantôt.
(...)
Vous êtes apprenti marchand
Faites-vous apprenti galant :
Vous n'y serez pas sitôt maître.
(...)
Vous savez des étoffes vendre,
Et leur prix en perfection ;
Mais ce que vaut l'occasion
Vous l'ignorez, allez l'apprendre.
(extrait)

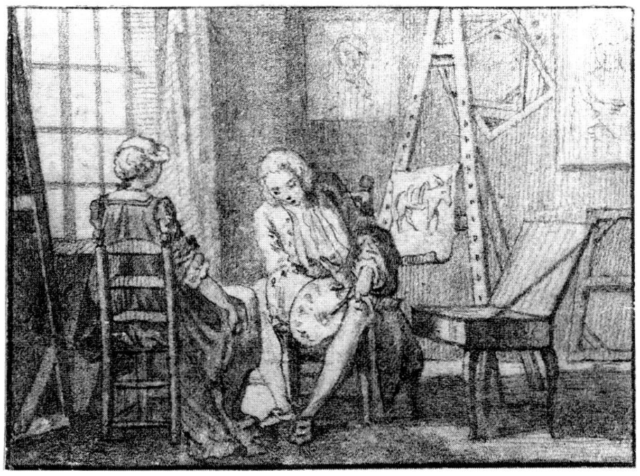

70 Le Bât

- Mine de plomb sur vélin ▪ H. : 52 ; L. : 70 mm
- Le dessin était anciennement monté avec les n°s 63, 66, 71, 72 et 74
- D. Dut. 1847

PROVENANCE

Vente Jombert, 1776, n°s 86 ou 87 ; ? ; vente Versailles (Trianon Palace), 16 mai 1971, n° 3 ; vente Paris (Drouot), 10 déc. 1990 ; acquis sur les arrérages du legs Dutuit pour le musée du Petit Palais.

ŒUVRE EN RAPPORT

Gravé par ? (Fessard, Ravenet ou Chedel) au même format, en sens inverse (vol. 2, p. 205).

Un peintre était, qui jaloux de sa femme,
Allant aux champs lui peignit un baudet
Sur le nombril en guise de cachet.
Un sien confrère amoureux de la dame
La va trouver, et l'âne efface net,
Dieu sait comment ; puis un autre en remet
Au même endroit, ainsi que l'on peut croire.
A celui-ci, faute de mémoire,
Il mit un bât, l'autre n'en avait point.
L'époux revient, veut s'éclaircir du point.
Voyez, mon fils, dit la bonne commère,
L'âne est témoin de ma fidélité.
Diantre soit fait, dit l'époux en colère,
Et du témoin, et de qui l'a bâté.
(texte intégral)

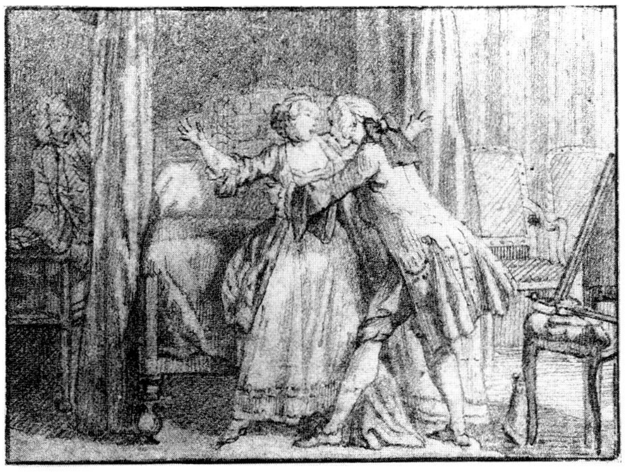

71 Le Faiseur d'oreilles et le Racommodeur de moules

- Mine de plomb sur vélin ▪ H. : 52 ; L. : 70 mm
- Le dessin était anciennement monté avec les n°s 63, 66, 70, 72 et 74
- D. Dut. 1849

PROVENANCE

Vente Jombert, 1776, n°s 86 ou 87 ; ? ; vente Versailles (Trianon Palace), 16 mai 1971, n° 3 ; vente Paris (Drouot), 10 déc. 1990 ; acquis sur les arrérages du legs Dutuit pour le musée du Petit Palais.

ŒUVRE EN RAPPORT

Gravé par ? (Fessard, Ravenet ou Chedel) au même format, en sens inverse (vol. 2, p. 206).

Sire Guillaume est un mari malheureux. Compère André est parvenu à séduire sa femme, dame Alix : prétextant que l'enfant qu'elle attend n'a qu'une oreille, il s'est offert à réparer cette infirmité sur le champ par une opération bien peu honnête, quoique naturelle. A son retour, le mari, sire Guillaume, est mis au courant de l'affaire par l'innocente elle-même. Il décide de se venger en usant des mêmes armes. Il demande à sa femme de faire venir André chez lui, le force à se cacher en apparaissant lui-même, puis invite la femme du coupable…

André m'a fait un notable service ;
Parquoi devant que vous sortiez d'ici,
Je lui rendrai, si je puis, la pareille.
En mon absence il a fait une oreille
Au fruit d'Alix ; je veux d'un si bon tour
Me revancher ; et je pense une chose.
Tous vos enfans ont le nez un peu court :
Le moule en est assurément la cause.
Or je les sais des mieux racommoder.
Mon avis donc est que sans retarder
Nous pourvoyions de ce pas à l'affaire.
Disant ces mots, il vous prend la commère,
Et près d'André la jeta sur le lit ;
Moitié raisin, moitié figue, en jouit.
(extrait)

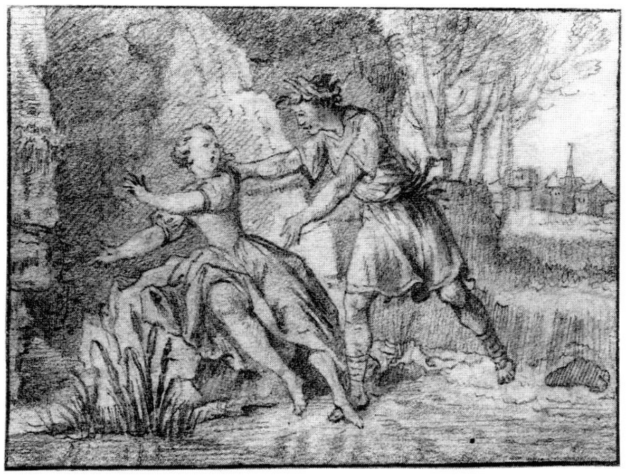

72 Le Fleuve Scamandre

▪ Mine de plomb sur vélin ▪ H. : 52 ; L. : 70 mm
▪ Le dessin était anciennement monté avec les nos 63, 66, 70, 71 et 74
▪ D. Dut. 1850

PROVENANCE

Vente Jombert, 1776, nos 86 ou 87 ; ? ; vente Versailles (Trianon Palace), 16 mai 1971, n° 3 ; vente Paris (Drouot), 10 déc. 1990 ; acquis sur les arrérages du legs Dutuit pour le musée du Petit Palais.

ŒUVRE EN RAPPORT

Gravé par ? (Fessard, Ravenet ou Chedel) au même format, en sens inverse (vol. 2, p. 214).

Dans la Grèce antique, un jeune homme banni de son pays s'en va découvrir les ruines de Troyes, près des rives du fleuve Scamandre…

Cimon, le héros de ces vers,
Se promenait près du Scamandre.
Une jeune ingénue en ce lieu se vient rendre,
En goûter la fraîcheur sur ces bords toujours verts.
(…)
Notre banni se cache : il contemple il admire,
Il ne sait quels charmes élire ;
Il dévore des yeux et du cœur cent beautés.
Comme on était rempli de ces divinités
Que la Fable a dans son empire,
Il songe à profiter de l'erreur de ces temps ;
Prend l'air d'un dieu des eaux, mouille ses vêtements.
Se couronne de joncs et d'herbe dégoûtante ;
Puis invoque Mercure, et le dieu des amants.
Contre tant de trompeurs qu'eût fait une innocente ?
(extrait)

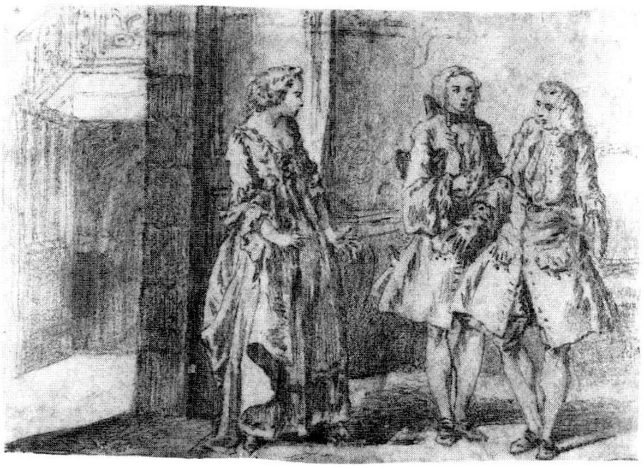

73 Les Quiproquos

▪ Mine de plomb sur vélin ▪ H. : 44 ; L. : 63 mm
▪ Le dessin, très abîmé, a été recoupé. Il était monté sur un même passe-partout avec les nos 62, 65 et 69 ▪ D. Dut. 1854

PROVENANCE

Vente Jombert, 1776, nos 86 ou 87 ; ? ; vente Destailleur, 26 mai 1893, n° 14 ; vente X (Welles de la Valette), 20 mars 1899, n° 16 ; vente Schuhmann, 7 déc. 1934, n° 75 ; ? ; vente Paris (Drouot), 10 déc. 1990 ; acquis sur les arrérages du legs Dutuit pour le musée du Petit Palais.

ŒUVRE EN RAPPORT

Gravé par Chedel au même format, en sens inverse (vol. 2, p. 242).

Clidamant, heureux époux d'une femme fidèle, est volage. Un jour vient qu'il s'entiche de la soubrette de sa femme, Alix, et lui propose un rendez-vous dans les caves de sa maison. Celle-ci va d'emblée avouer toute l'affaire à sa maîtresse qui, pour se venger, imagine de prendre la place d'Alix l'heure venue. Entre-temps, Clidamant confie sa bonne fortune à un ami, qui lui propose aussitôt de se joindre au rendez-vous. Ce qui est convenu…

La fête étant de la sorte passée,
Du noir séjour ils n'eurent qu'à sortir.
L'associé des frais et du plaisir
S'encourt en haut en certain vestibule ;
Mais quand l'époux vit sa femme monter,
Et qu'elle eût vu l'ami se présenter,
On peut juger quel soupçon, quel scrupule,
Quelle surprise eurent les pauvres gens :
Ni l'un ni l'autre, ils n'avaient eu le tems
De composer leur mine et leur visage.
(extrait)

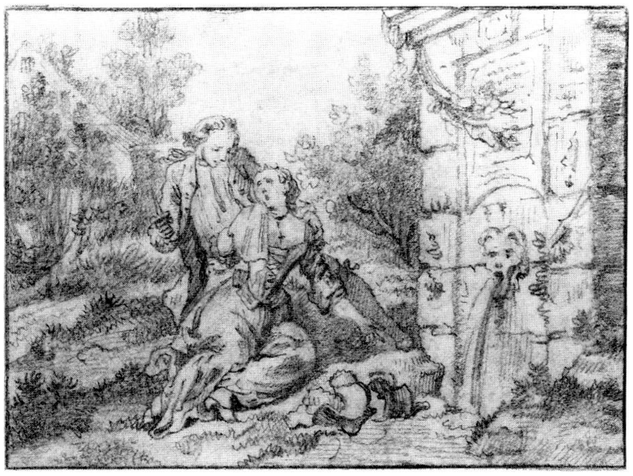

74 La Cruche

- Mine de plomb sur vélin ■ H. : 52 ; L. : 70 mm
- Le dessin était anciennement monté avec les nos 63, 66, 70, 71 et 72
- D. Dut. 1845

PROVENANCE

Vente Jombert, 1776, nos 86 ou 87 ; ? ; vente Versailles (Trianon Palace), 16 mai 1971, n° 3 ; vente Paris (Drouot), 10 déc. 1990 ; acquis sur les arrérages du legs Dutuit pour le musée du Petit Palais.

ŒUVRE EN RAPPORT

Gravé par Chedel au même format, en sens inverse (vol. 2, p. 254).

Le conte n'est pas de La Fontaine. L'argument est connu : Jeanne, courant à la fontaine, tombe et casse sa cruche. Au plus grand désespoir, elle veut se tuer. Un voisin arrive qui essaye de l'en dissuader, mais en vain…

Hé bien, veux-tu que je te tue,
Lui dit-il. Volontiers. Lui sans autre façon
Vous la jette sur le gazon,
Obéit à ce qu'elle ordonne ;
A la tuer des mieux aprête ses efforts,
Lève sa cotte, et puis lui donne
D'un poignard à travers le corps.
On a grande raison de dire
Que pour les malheureux la mort a ses plaisirs,
Jeanne roule les yeux, se pâme, enfin expire.
(extrait)

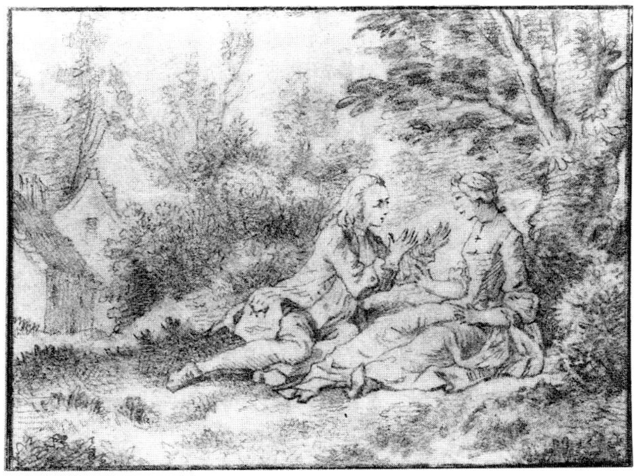

75 Promettre est un et tenir est un autre

- Mine de plomb sur vélin ■ H. : 52 ; L. : 70 mm
- Le dessin était anciennement monté avec les nos 60, 61, 64, 67 et 68
- D. Dut. 1841

PROVENANCE

Vente Jombert, 1776, nos 86 ou 87 ; ? ; vente Versailles (Trianon Palace), 16 mai 1971, n° 3 ; vente Paris (Drouot), 10 déc. 1990 ; acquis sur les arrérages du legs Dutuit pour le musée du Petit Palais.

ŒUVRE EN RAPPORT

Gravé par Chedel au même format, en sens inverse (vol. 2, p. 257).

Le conte n'est pas de La Fontaine.

Jean amoureux de la jeune Perrette,
Ayant en vain auprès d'elle employé
Soupirs, serments, doux jargon d'amourette,
Sans que jamais rien lui fut octroyé,
Pour la fléchir s'avise de lui dire,
En lui montrant de ses mains les dix doigts,
Qu'il lui pourrait prouver autant de fois
Qu'en fait d'amour il était un grand sire.
De tels signaux parlent éloquemment,
Et pour toucher ont souvent plus de force,
Que soins, soupirs, et que tendre serment.
Perrette aussi se prit à cette amorce.
(extrait)

Jean ne tiendra qu'à demi ses promesses et devra jurer à la bien exigeante Perrette qu'il acquittera une autre fois son dû.

Gabriel de Saint-Aubin

Paris, 1724 ; Paris, 1780

76 à 83 *L'invention des guides et des catalogues illustrés*

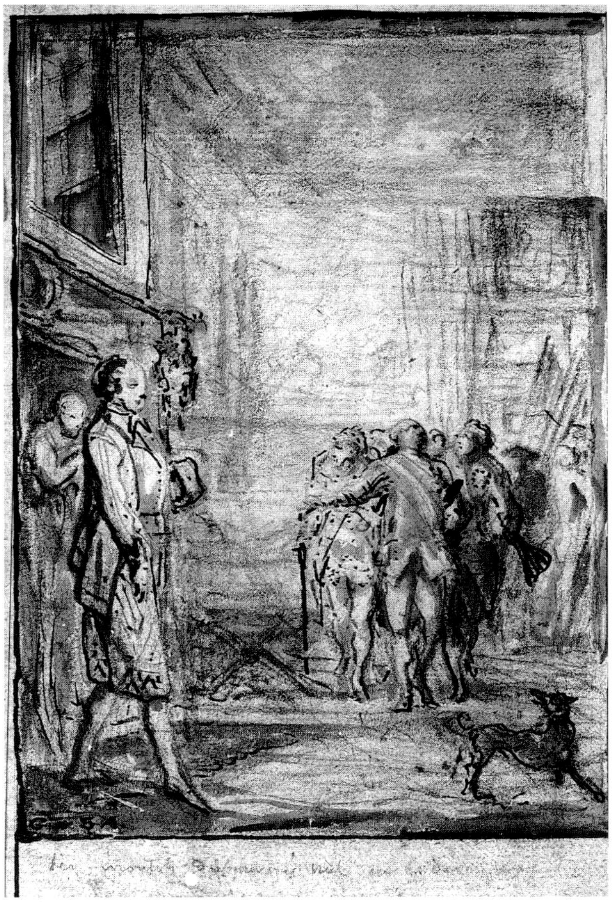

Fig. 74 : Cat. Crozat, page de garde.

J'ai trouvé à cette vente un peintre brocanteur qui avait fait un travail aussi curieux qu'intéressant. A côté de la description de chaque tableau, il avait fait à la marge du catalogue un petit croquis de dessin en lavis qui mettait parfaitement au fait de l'ordonnance des dispositions et même des principaux effets du tableau ; car ces croquis, quoique extrêmement petits, étaient lavés en plusieurs couleurs. J'eus la curiosité de lui demander combien il exigerait pour arranger un autre exemplaire du catalogue de la même façon, et il me semble qu'il me demanda cinq louis. Il est certain qu'une suite de différents catalogues de tableaux fameux, arrangés de cette manière, ne laisserait pas que d'avoir son prix ; car avec un peu d'imagination et un peu d'habitude, on se ferait, moyennant ces croquis, une idée nette et juste du tableau.
(Correspondance littéraire… *de Grimm, Diderot, etc., t. IX, p. 497).*

«Un priapisme de dessin»

Gabriel de Saint-Aubin, élève de Jeaurat, de Colin de Vermont et de Boucher, se destinait à la peinture d'histoire. En 1754, après trois échecs successifs au concours, il renonce à intégrer le circuit officiel de l'Académie.

Qui connaît Saint-Aubin connaît aussi le mot de Greuze disant qu'il avait «un priapisme de dessin». La formule est piquante. Dacier, voulant la compléter, mais dans un style plus réservé, ajoute qu'il était atteint aussi de «la monomanie de la légende». Charles-Germain de Saint-Aubin, son frère aîné, nous a laissé, quant à lui, ce portrait de Gabriel : «Gabriel-Jacques de Saint-Aubin, né le 14 avril 1724, suit la peinture. Plein de connaissances et d'érudition, reste en chemin de son talent, quoiqu'il dessine en tout temps et en tout lieu. Singulier, farouche et malpropre, heureusement il reste vieux garçon. Il meurt

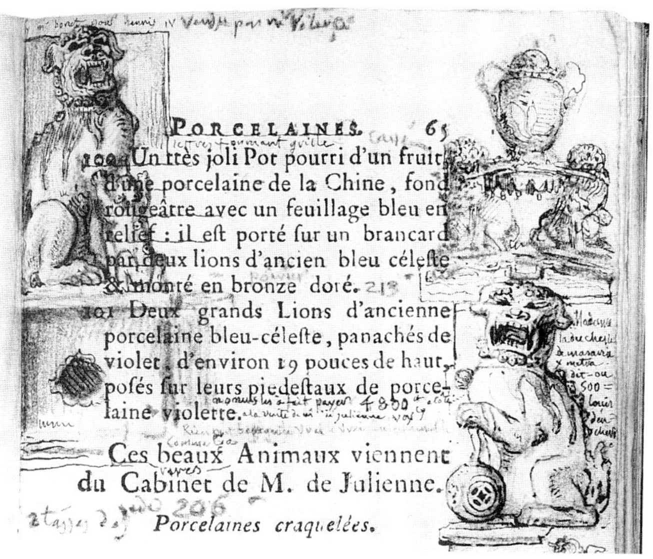
PORCELAINES. 65
200 Un très joli Pot pourri d'un fruit d'une porcelaine de la Chine, fond rougeâtre avec un feuillage bleu en relief : il est porté sur un brancard par deux lions d'ancien bleu céleste & monté en bronze doré.
201 Deux grands Lions d'ancienne porcelaine bleu-céleste, panachés de violet, d'environ 19 pouces de haut, posés sur leurs piedestaux de porcelaine violette.
Ces beaux Animaux viennent du Cabinet de M. de Julienne.
Porcelaines craquelées.

Fig. 75 : Cat. Gaignat, p. 65.

Fig. 76 : Cat. Gaignat, p. 84.

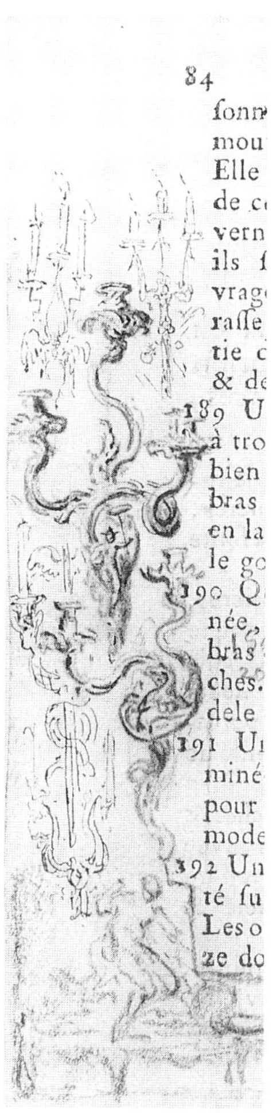
84

en 1780, chez son frère aîné où on l'avait transporté quelques jours auparavant. Il laisse beaucoup d'esquisses en mauvais état.» Ajoutons que l'un de ses tableaux les plus connus, *L'Académie particulière*, montre un dessinateur assis à terre qui prend sur le modèle une femme alanguie, couchée, nue, devant une cheminée. L'homme est ainsi cerné, croqué, caricaturé. On n'en saura rien de plus.

Reste son œuvre. Cette œuvre extraordinaire qui échappe à toute norme : «Il fit peu de tableaux, dit encore son frère, qu'il gâta même en les corrigeant et les répétant plusieurs fois» ; à quoi il faut ajouter quelques gravures — une cinquantaine, pas plus, mais, «si elles manquaient à l'histoire de la gravure au XVIIIe siècle, dit Dacier, on ne trouverait rien d'équivalent pour les suppléer» (Dacier, 1925, p. 16) — ; enfin des dessins, un nombre incalculable de dessins, où il faut compter ces fameux catalogues de vente, livrets de Salons et autres *Descriptions* touristiques dont l'artiste a couvert les marges de croquis minuscules et qui sont aujourd'hui devenus, Grimm l'avait bien prévu, d'inestimables trésors.

Interrogeons-nous un instant sur le mythe Saint-Aubin : on s'étonne que la psychanalyse ne s'y soit pas intéressée tant les témoignages concordent pour en faire un «cas». Dessinateur précoce, mais impuissant à mener à bien sa carrière, dessinateur obsessionnel, observateur de tout, voyeur, impatient, pressé, voilà Saint-Aubin. Ajoutons le nom, Gabriel de Saint-Aubin, qui réunit les vertus d'un archange, d'un saint et la blancheur de l'aube... On s'étonne bien plus encore que la légende ne s'en soit pas déjà saisie. Grimm en parle, Sedaine était un de ses amis, gageons que Diderot l'a croisé à plusieurs reprises.

Manque l'œuvre, sans doute, puisque aussi bien quelques centaines de dessins jetés sur des feuilles volantes, quelques milliers de croquetons serrés dans les marges étroites d'une trentaine de livrets de Salons ou de ventes n'ont pas même suffi à attirer sur lui l'attention d'une poignée de spécialistes, sauf peut-être à lui concéder l'invention du «catalogue illustré». Si Emile Dacier, au début de notre siècle, a fait un travail exemplaire en récolant, en étudiant, en commentant et en publiant l'œuvre de Saint-Aubin — travail d'une fourmi penchée sur les traces d'une patte de mouche : il y a véritablement quelque chose de l'entomologiste chez ces hommes —, concédons aux Goncourt d'avoir eu quelques lignes inspirées sur l'artiste :

«Ces croquis tiennent du miracle ; cette phrase seule peut exprimer ce miraculeux talent qui dans cela, que vous prenez tout d'abord pour des pattes de mouche, vous y fait découvrir des académies d'hommes et de femmes dessinées anatomiquement dans l'effet de lumière d'un grand tableau. Il y a des paysages dont la perspective se déroule dans un frottement au pouce d'un peu de pierre noire ; il y a des charges de cavalerie dont la furie est rendue, sur le papier qui boit, par quelques traits de plume, guère plus visibles que ce que garde d'une lettre encore fraîche le papier brouillard d'un buvard. Ici une tache savante rend la nuit d'une peinture de Rembrandt ; là des petites mythologies, au milieu du rien de blanc réservé dans la salissure du papier, nagent dans une gloire à la Boucher. Il est de ces petits croquetons, ainsi que «l'Accordée de village» d'après Greuze, ainsi que le «Tombeau de Monseigneur le Dauphin» qui, repris après coup à la maison, lavés de bistre, d'encre de Chine, d'eau blanchie de gouache, et retravaillés à la plume, sont des chefs-d'œuvre, de vrais chefs-d'œuvre. Et toujours, même en ces minusculités, ce contour dont nous avons parlé, ce contour ressenti dans l'ombre, qui semble toujours dessiné d'après la ronde-bosse, ou du moins veut en donner l'effet, et qui, dans ces réductions des choses d'art à la grandeur d'une pierre gravée, les détache et les met en relief, comme s'il les dessinait d'après l'empreinte de soufre de cette pierre gravée.» (Goncourt, 1873, t. II, p. 372).

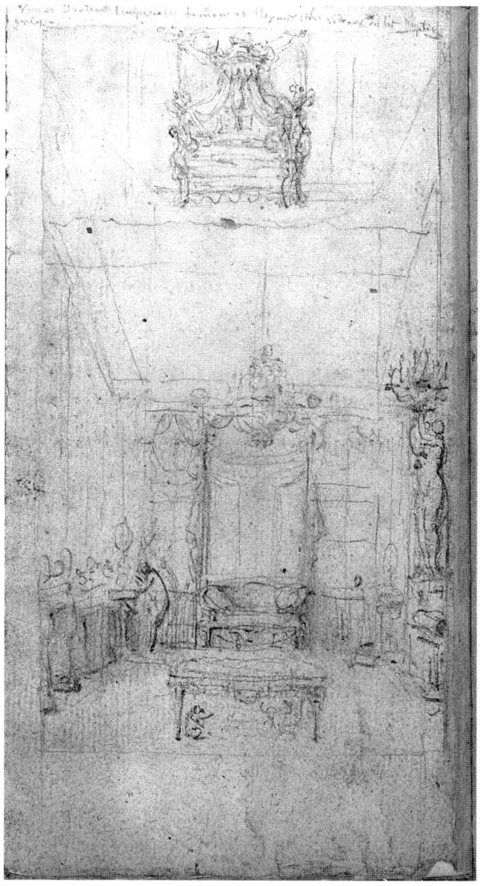

Fig. 77 : Cat. «d'un artiste», p. 1.

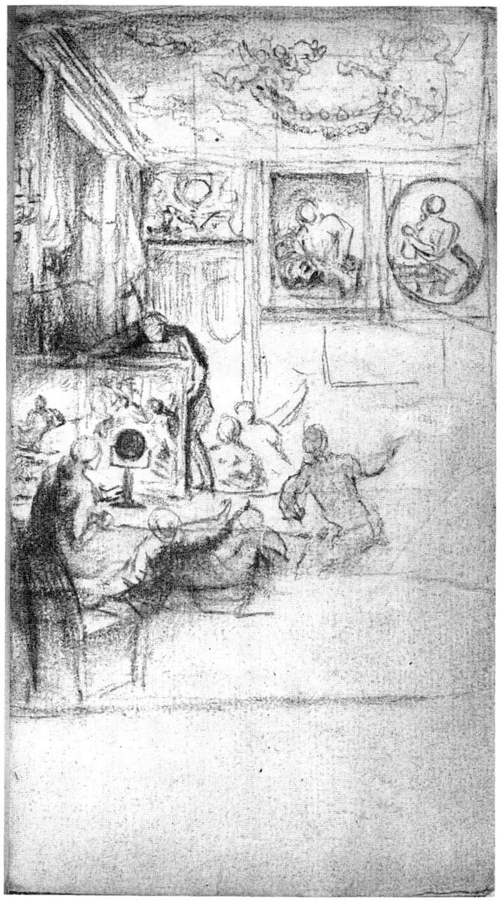

Fig. 78 : Cat. du Barry, p. 58.

La genèse des livres illustrés

Selon l'inventaire établi par Dacier en 1929, Saint-Aubin a illustré trente-sept catalogues de ventes ou de collections, trois livrets de Salons (1761 ; 1769 ; 1777), deux guides touristiques (Piganiol et Gueffier) et un recueil de poésie (Sedaine). Le cabinet des estampes de la Bibliothèque nationale, le cabinet des dessins du Louvre et le Petit Palais se partagent aujourd'hui l'essentiel de ces ouvrages. On y ajoute traditionnellement les dessins, aquarelles et gravures représentant les Salons de 1753, de 1757, de 1765, de 1767 et de 1777.

S'il est difficile de donner les raisons exactes qui poussèrent Saint-Aubin à produire ces œuvres, on ne peut qu'être intrigué par la concordance des dates qui lui fait commencer cette production au lendemain de son dernier échec au concours de l'Académie. De là à en expliquer la genèse par la frustration de l'artiste de ne pouvoir participer plus illustrement à ces grandes messes de l'art qu'étaient au XVIIIe siècle, comme aujourd'hui d'ailleurs, les grandes ventes et les Salons, il n'y a qu'un pas, que nous hésitons pourtant à franchir. Il faut se souvenir en effet que la représentation des galeries de peintures, salles de vente ou salons d'exposition, était une tradition déjà ancrée au début du XVIIIe siècle — citons l'italien Pannini, grand innovateur dans tous les genres du paysage. De même, il convient d'observer que les premiers livrets de Salons illustrés datent des années 1760 et les premiers catalogues de ventes traités de la même manière des années 1770 — le catalogue Crozat, premier du genre, s'il est édité en 1755, n'est en fait illustré par Saint-Aubin qu'au moment de la vente, en 1771-1772. Ainsi, il semble bien que Saint-Aubin illustrateur de catalogues s'inspire d'abord du védutiste de Salons. Et l'inflation de sa production dans les quinze dernières années de son existence peut de fait être imputée autant à sa folie qu'à l'air du temps : n'oublions pas que c'est dans ces années que se réalisèrent certaines des ventes de collections les plus importantes ; n'oublions pas aussi que c'est l'époque où Diderot rédige ses *Salons*.

Comment Saint-Aubin s'y prenait-il pour prendre note de tous ces objets aperçus ? Si la question mérite bien sûr d'être posée tant l'accumulation de ces croquis donne l'impression qu'ils ont été produits dans un accès de fièvre — «priapique» dirait Greuze —, il ne faut pas s'attendre à lui trouver une réponse unique. L'étude cas par cas des livrets apporte en fait autant de réponses qu'il y a de livrets. Le catalogue Crozat, on l'a vu, édité dès 1755, est illustré par Saint-Aubin entre 1771 et 1772 : c'est dire s'il a eu tout son temps pour croquer les tableaux. Le catalogue Gaignat est d'un genre différent : catalogue de vente, édité à l'occasion de cette vente et diffusé vraisemblablement dans les jours, tout au plus dans les semaines qui la précédèrent, il correspond vraisemblablement davantage à ce qu'observait Grimm. N'y voyons pas cependant un crayonnage rapide et pressé réalisé au moment même où les œuvres étaient adjugées : hier comme aujourd'hui, les ventes étaient précédées d'expositions publiques plus ou moins longues pendant lesquelles notre dessinateur pouvait tout à loisir se livrer à son travail.

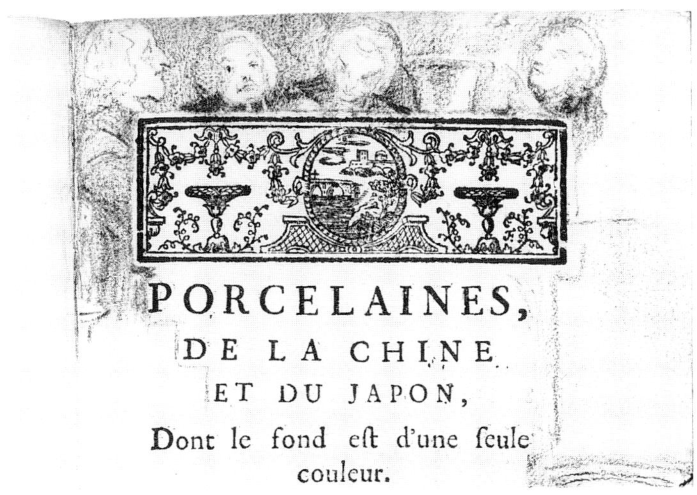

Fig. 79 : Cat. Gaignat, p. 57.

Le style des dessins y est d'ailleurs sensiblement différent : retravaillés à la plume, parfois à la sanguine, ils portent la marque d'un achèvement ultérieur, peut-être lors de la vente, sans doute en atelier. Il y a aussi ces ventes moins illustres pour lesquelles le temps lui a été certainement plus compté : c'est là que l'on trouve les griffonnages les plus imprécis, les plus rapides, où l'on croirait presque discerner l'usure du crayon entre la première et la dernière page.

S'il a vraisemblablement inventé le genre du catalogue illustré, Saint-Aubin ne fut sans doute pas le seul à en réaliser : il fut imité, voire copié. On connaît ainsi quelques livrets couverts de croquis dans sa manière dont l'authenticité reste douteuse. Si le mot de Grimm que nous rapportons en exergue laisse à penser qu'il a pu répéter à l'occasion pour tel ou tel amateur — quoique l'on n'en ait identifié encore aucun — un de ces livrets de vente ou de Salons, d'autres échappent d'évidence à sa production. Dacier signale ainsi, à la suite des Goncourt, un catalogue illustré de la vente du duc d'Aumont, datée de 1782, qui porte une mention autographe de Charles-Germain de Saint-Aubin. Mais il cite aussi d'autres catalogues enrichis de la même manière, anonymes ceux-là, comme celui de la vente Le Blanc de 1781, de la vente Le Bœuf de 1783 ou d'une vente anonyme de décembre 1780, qui, pour les mêmes raisons de chronologie, ne peuvent revenir à Gabriel (Dacier, 1909, t. I, pp. 22-23). Pierre Rosenberg (communication écrite), nous a récemment signalé aussi un «double» de notre catalogue de la vente d'un artiste (n° 78) dans une collection privée new-yorkaise.

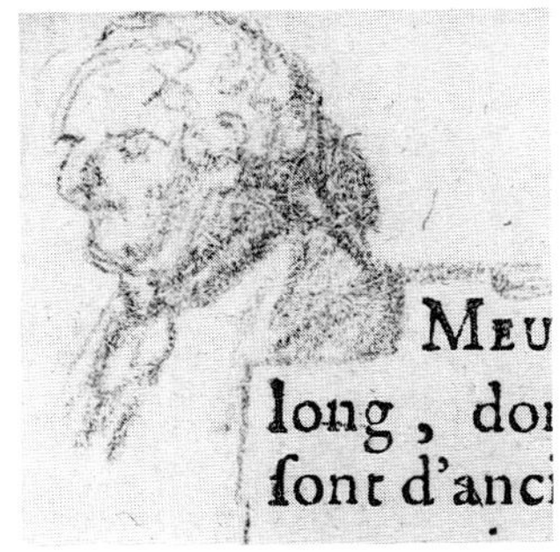

Fig. 80 : Cat. Gaignat, p. 81.

La nature des croquis

Saint-Aubin s'intéresse à tout et à tout le monde, mais il nous paraît pourtant évident que la peinture retient d'abord son attention. Dacier, le premier, a relevé de nombreuses annotations qui montrent véritablement ses préférences : ici, il conteste telle attribution que donne le catalogue, là il porte un jugement sur un tableau mal commenté, là encore, il complète l'historique de l'œuvre. Toutefois la peinture n'est pas tout et les pages illustrées de la *Description de Paris...* (n° 83) donnent certains des plus beaux exemples de l'esprit critique de l'artiste, voire de l'historien. Le guide est assez ancien quand Saint-Aubin le couvre de croquis et, depuis 1742, date de sa publication, Paris a déjà changé et le goût de Piganiol n'est pas celui de notre dessinateur. Ainsi pouvons-nous relever à la page concernant Saint Pierre de Montmartre (t. II, p. 621), à la suite d'un mot de Piganiol disant que «l'église paroissiale de Montmartre est sous l'invocation de S. Pierre, et n'a rien de remarquable», ces quelques mots de Saint-Aubin : «Qu'une chapelle de M. Coustou et la statuë de M. Pigalle en 1770». Ailleurs (t. IV, p. 454), il note, à propos d'une statue de la Vierge dont Piganiol dit qu'elle «est assez estimée des connaisseurs : pas de moi» — d'ailleurs il ne la dessine pas. En dessous, il croque un tableau non décrit qu'il juge «digne de Le Brun». Ces annotations sont précieuses pour la connaissance de l'homme aussi bien que pour celle des objets qu'il décrit. Elles sont aussi souvent très pertinentes, parfois acerbes et parfois drôles.

Fig. 81 : Cat. Crozat, p. III.

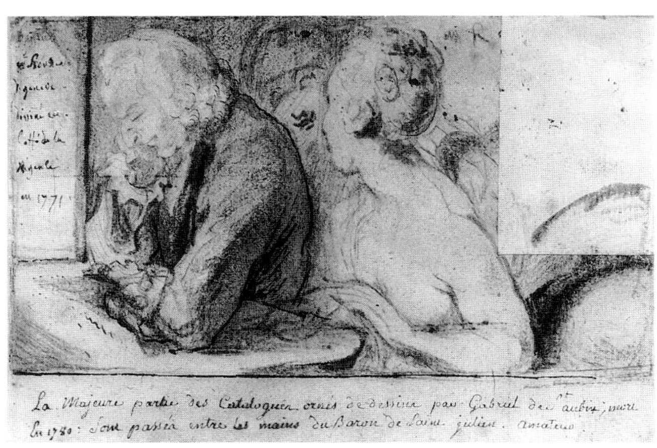

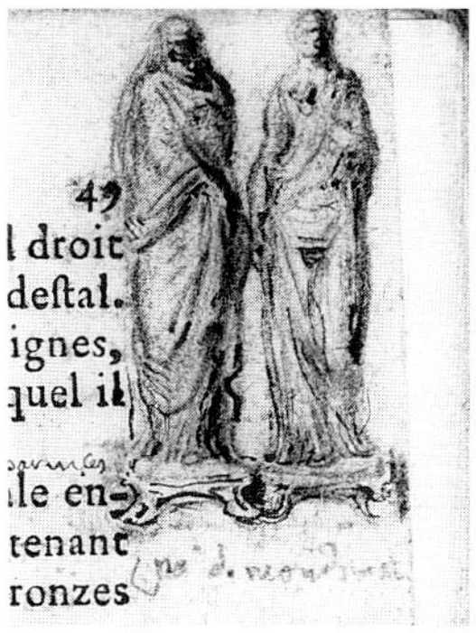

Fig. 82 : Cat. Gaignat, p. 49.

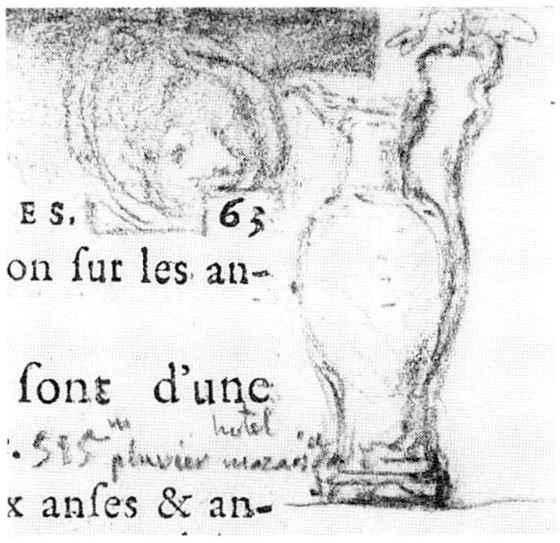

Fig. 83 : Cat. Gaignat, p. 65.

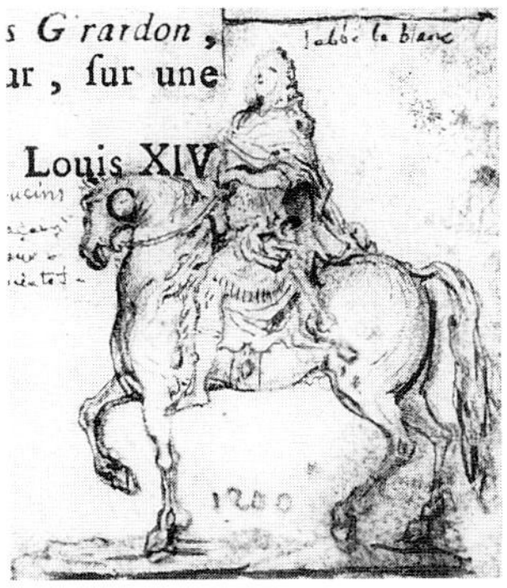

Fig. 84 : Cat. Gaignat, p. 49.

On pourrait relever encore de nombreuses autres annotations — toutes n'accompagnent pas des croquis — qui témoignent de l'esprit de Saint-Aubin et de sa curiosité universelle. Mais il nous semble que c'est encore dans certains croquis plus libres que la verve de l'homme se montre le mieux. En ce sens, le catalogue de la vente Gaignat est exemplaire (n° 77). La vacation a commencé par la galerie de tableaux ; c'est là que Saint-Aubin a produit certains de ses plus beaux croquis. En second lieu sont venus les dessins, puis les objets d'art : là encore, le dessinateur déploie une rare maîtrise pour rendre à la taille d'un timbre-poste un petit bronze de la *Statue équestre de Louis XIV* d'après Girardon (p. 49 ; *fig. 84*) ou un groupe figurant *Didon sur le bûcher* (p. 50) ; ensuite eut lieu la vente des «chinoiseries», dont une série de magots — ou de «pagodes» pour reprendre le terme de l'époque — que Saint-Aubin trace d'une plume aiguë en s'attachant davantage, nous semble-t-il, au caractère terrifiant de ces petites statuettes qu'à leur intérêt esthétique (pp. 65-69 ; *fig. 75*). Enfin, et ce sont les dernières pages du catalogue, eut lieu la vente des petits objets d'art (tabatières, boîtes en tous genres) et de la vaisselle. A ce moment-là, d'évidence, Saint-Aubin commence à s'ennuyer. Son crayon devient plus mou. Il multiplie les esquisses de boîtes rondes sans chercher à les différencier, il trace des formes de gobelets, de plats, d'assiettes qui se chevauchent et restent inachevées. Alors, se détournant des objets de la vente, il se retourne parfois vers le public et saisit sur le vif tel spectateur attentif (p. 81 ; *fig. 80*), un couple d'élégantes en discussion (p. 91), un quatuor d'amateurs prisant une potiche (p. 57 ; *fig. 79*), ou bien encore la tête d'un chien que flatte du bout des doigts la main de sa maîtresse (p. 63).

Saint-Aubin «reporter»

Le mot n'est pas de nous, Dacier déjà avait cru bon de l'employer, impressionné par la passion de cet homme qui sait ne pas s'arrêter à ce qui lui est montré, mais cherche aussi alentour le spectacle du quotidien. Quand il s'ennuie à une vente, nous venons de le voir, Saint-Aubin se retourne vers le public. Mais cela n'est pas tout. Quand il se rend à l'exposition de la collection Crozat, il fait halte à la terrasse du Café de la Régence, au Palais-Royal, et croque sur le vif «M. Rousseau de Genève» (Jean-Jacques Rousseau ; *fig. 81*). Sur la page de garde du même catalogue, il représente encore un visiteur de qualité dans les salons de l'hôtel Crozat (*fig. 74*) — on a voulu y reconnaître Louis XV, mais la chose n'est pas sûre. Il complète enfin le même ouvrage en donnant des vues générales des Salons. Et tout cela, en effet, évoque le métier d'un journaliste qui réunit sa documentation et traque le *scoop*.

Dans la *Description de Paris* ..., l'ouvrage que Saint-Aubin a sans doute le plus souvent eu entre ses mains, ces mêmes notations journalistiques abondent. Mais ce qui s'y retrouve encore davantage, c'est une efflorescence de notations rapides de tout et de rien, souvent sans intérêt, presque toujours datées avec précision et localisées. Ici, ce peut être le dos d'une jeune femme aperçue lors d'un concert «le 2 juillet 1775» (t. IV, dernière page de garde). Ailleurs, c'est ce groupe réuni dans les jardins des Tuileries «le 28 may 1776» (n° 83, t. II). Ailleurs encore, c'est un palmier vu au jardin des Plantes (t. IV, p. 640 ; *fig. 87*)... Si Saint-Aubin a été souvent considéré comme un *reporter* de son époque — on se souvient des dessins et des gravures illustrant l'*Illumination de la Galerie de Versailles en 1751*, ou le *Couronnement de Voltaire au Théâtre français en 1778* —, les croquis qu'il réalise au quotidien dans la *Description de Paris*... relèvent davantage des faits divers.

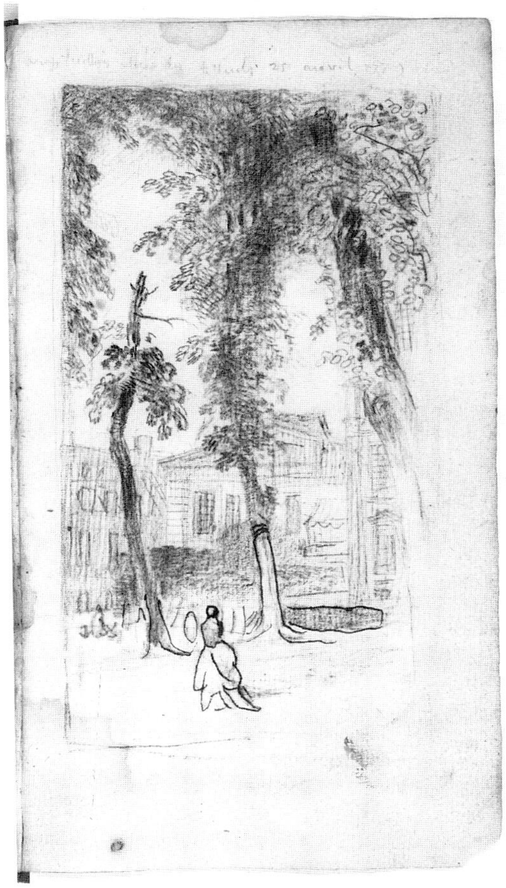

Fig. 85 : *Description*..., t. II dernière page de garde.

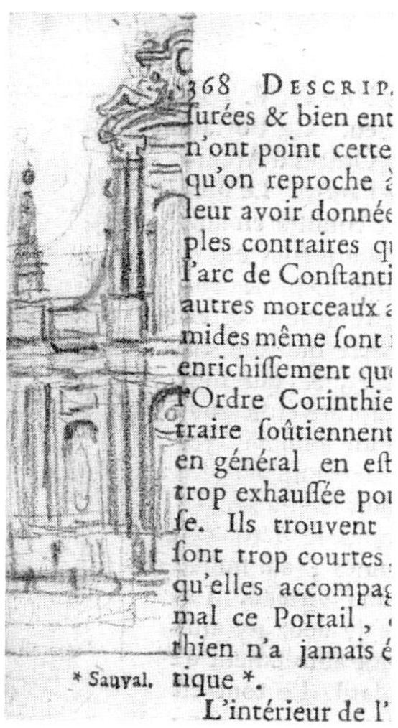
368 Descrip.
-rées & bien ent
n'ont point cette
qu'on reproche à
leur avoir donné
ples contraires q
l'arc de Conſtanti
autres morceaux
mides même ſont
enrichiſſement qu
l'Ordre Corinthie
traire ſoûtiennent
en général en eſt
trop exhauſſée po
ſe. Ils trouvent
ſont trop courtes
qu'elles accompa
mal ce Portail,
rien n'a jamais é
* Sauval. tique *.
L'intérieur de l'

Fig. 86 : *Description*... t. II, p. 368.

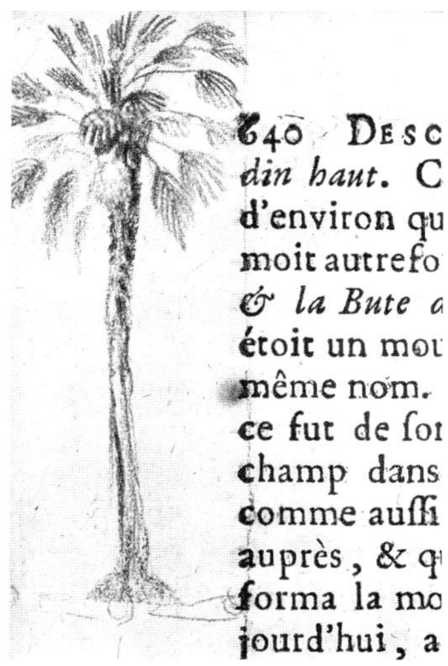
640 Desc
din haut. C
d'environ qu
moit autrefo
& la Bute a
étoit un mou
même nom.
ce fut de ſo
champ dans
comme auſſi
auprès, & q
forma la mo
jourd'hui, a

Fig. 87 : *Description*... t. IV, p. 640.

Mais il y a encore un autre Saint-Aubin, plus archiviste que journaliste, plus historien que chroniqueur, moins artiste peut-être, mais plus passionnant pour l'histoire de l'art. C'est le témoin visionnaire de tout ce qui allait peu après disparaître, collections de tableaux ou tombeaux d'église, monuments ou paysages détruits, défigurés ou dispersés : «Disparue la porte Saint-Antoine dont il nous a détaillé les sculptures ; fondus, les quatre anges d'argent de Jacques Sarrazin et de Coustou le jeune (*sic*) ; démolis les Jacobins et les Feuillants de la rue Saint-Honoré (*fig. 86*), dont il nous a conservé les façades (...) ; rasée la chapelle des Saints Martyrs de Montmartre dans la crypte duquel il nous a introduit (*fig. 88*) ; perdues, les sculptures du couvent des Picpuces, les peintures de Notre-Dame et de Saint-Victor» (Dacier, 1908, pp. 217-218).

Ce Saint-Aubin est encore connu et utilisé par les spécialistes. Combien de tableaux que l'on croyait perdus ont été identifiés grâce à ces croquetons relevés dans l'espace d'un ongle, combien d'attribution ont été revues, combien d'artistes sont réapparus grâce au témoignage de ces «minusculités». Les Goncourt, encore eux, soulignaient l'importance du catalogue de la vente Natoire (Paris, Bibliothèque nationale ; mais on peut citer aussi notre catalogue de la vente Crozat, avec un croquis d'après *Saint Basile* ..., p. 56) grâce auquel «il vous est permis de faire connaissance avec l'œuvre si peu connu de Subleyras» (Goncourt, t. II, p. 370). Aujourd'hui, Subleyras est réhabilité depuis qu'une exposition a permis de réunir à nouveau une partie de son œuvre (Paris, Rome, 1987). Si Saint-Aubin n'en est peut-être pas entièrement responsable, tout au moins ses témoignages inestimables ont-ils été largement utilisés. De même, certaine page du catalogue de la vente Gros permit un jour à Pierre de Nolhac de prouver le passage de Fragonard en Hollande (n° 80) — la notice du catalogue aurait peut-être seule suffi, mais le croquis de Saint-Aubin a certainement apporté une preuve supplémentaire.

Il reste sans doute encore beaucoup à apprendre de Saint-Aubin ; mais il reste encore plus à apprendre sur Saint-Aubin. L'intérêt évident de ses livrets illustrés a, nous semble-t-il, occulté en partie la valeur réelle de l'artiste. L'importance de ses témoignages précieux, la précision, la méticulosité de ses notules et de ses croquetons a détourné notre regard de l'artiste, comme si l'usage obligé d'une loupe pour décrypter ses pattes de mouches avait rendu aveugle aux alentours.

Saint-Aubin s'est-il passionné pour l'œuvre des autres afin d'oublier sa carrière ratée ? C'est ce que tous ses biographes disent à demi mot. La leçon est sévère : en travaillant à conserver le souvenir de ce qui fuyait sous ses yeux, il s'est aussi employé à s'enterrer à demi dans l'oubli.

«Certes, il serait du dernier ridicule de découvrir aujourd'hui Gabriel de Saint-Aubin, fût-ce comme illustrateur de livrets de Salons et de catalogues de ventes», conclut Dacier en 1909 (*op. cit.*, p. 43). L'optimisme quelque peu élitiste du grand archiviste ne nous paraît plus de rigueur — mais n'oublions pas qu'il écrit cela cinquante ans après les Goncourt dont l'*Art du XVIII*ᵉ *siècle* continue alors d'être beaucoup lu.

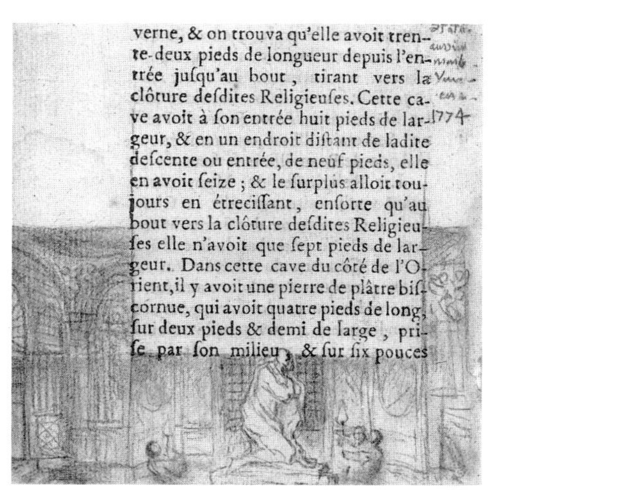
verne, & on trouva qu'elle avoit tren-
te-deux pieds de longueur depuis l'en-
trée juſqu'au bout, tirant vers la
clôture deſdites Religieuſes. Cette ca-
ve avoit à ſon entrée huit pieds de lar-
geur, & en un endroit diſtant de ladite
deſcente ou entrée, de neuf pieds, elle
en avoit ſeize ; & le ſurplus alloit tou-
jours en étreciſſant, enſorte qu'au
bout vers la clôture deſdites Religieu-
ſes elle n'avoit que ſept pieds de lar-
geur. Dans cette cave du côté de l'O-
rient, il y avoit une pierre de plâtre biſ-
cornue, qui avoit quatre pieds de long
ſur deux pieds & demi de large, pri-
ſe par ſon milieu, & ſur ſix pouces

Fig. 88 : *Description*... t. II, p. 614.

76 «*Catalogue des tableaux du Cabinet de M. Crozat, baron de Thiers.*»

- Paris, De Bure l'Aîné, 1755, in-8, 96 p.
- L. Dut. 1153

PROVENANCE

Coll. baron de Saint-Julien ; coll. Jacobsen ; coll. Benjamin Fillon ; vente Emeric-David (1862, 115 F) ; vente vicomte d'Auteuil (1864, 128 F) ; Coll. Georges Pannier ; acquis en vente publique en 1919 par la Ville de Paris sur les arrérages du legs Dutuit pour le musée du Petit Palais.

BIBLIOGRAPHIE

Dacier, 1909, t. I (notre catalogue y est reproduit en fac-similé et commenté abondamment) ; Dacier, 1929, n° 1030.

La collection de peinture de Louis-Antoine Crozat, baron de Thiers, était sans doute l'une des plus belles du XVIIIe siècle. Installée dans les deux hôtels de la place Louis-le-Grand (aujourd'hui place Vendôme) que l'architecte Bullet avait bâtis pour Antoine Crozat, grand oncle du baron de Thiers, et pour le comte d'Evreux, son oncle par alliance, elle connaissait un tel succès que son propriétaire «s'avisa de publier, en 1755, un catalogue de sa galerie de tableaux à l'usage des visiteurs» (Dacier, *op. cit.*, 49). C'est ce catalogue que Gabriel de Saint-Aubin illustrera avant la vente de toute la collection en 1772 à l'impératrice de Russie, Catherine II. On connaît le détail des tractations qui précédèrent le départ de ces richesses inestimables pour Saint-Pétersbourg grâce à Diderot qui en fut l'un des agents les plus actifs. La totalité est encore conservée aujourd'hui au musée de l'Ermitage.

Nous avons choisi de présenter ici deux des pages les plus riches et les plus impressionnantes du catalogue — qui comporte au total cent-trente croquis. La précision du dessin est telle, nous semble-t-il, que même sans connaître les œuvres, il serait presque possible d'en retrouver justement les auteurs. On ne s'étonnera pas d'y voir les peintres des écoles du Nord triompher : le goût du XVIIIe siècle en général et le goût de Crozat en particulier allaient tout spécialement à ces artistes.

Le catalogue a aussi la particularité de posséder sur ses pages de garde un portrait dit de Louis XV visitant les salons du collectionneurs et surtout un portrait saisissant de Jean-Jacques Rousseau assis à une table du Café de la Régence, au Palais-Royal. Nous n'avons pas voulu ouvrir le livre sur ces dessins très connus ; on en retrouvera cependant une reproduction dans notre texte d'introduction.

On trouvera ci-dessous la liste des tableaux, leurs auteurs et les annotations de Saint-Aubin quand il y en a. La localisation actuelle des œuvres étant pour toutes la même (Saint-Pétersbourg, musée de l'Ermitage), il ne nous a pas paru nécessaire de la rappeler.

PAGE 86

Gerard Ter Borch, «Femme tenant un verre et un pot, et étant en la compagnie d'un cavalier qui lui présente de l'argent» (décrit p. 88) — sans annotation.

Nicolaes Berghem, «Pastorale, sur le devant de laquelle on voit des vaches, des chèvres et des moutons, avec deux femmes, dont l'une est à pied et l'autre montée sur un âne» (décrit p. 88). — Saint-Aubin reporte le nom de l'artiste, mais déformé : *Berguehem* et l'on a inscrit un numéro : *342*.

Adriaen van Ostade, «Tabagie» (décrit p. 91). — Saint-Aubin inscrit le nom de l'artiste : *Ostade*, et l'on a reporté un numéro : *360*.

Paul Bril, «Paysage avec arbres, rochers et quelques moutons» (décrit p. 88). Saint-Aubin reporte le nom de l'artiste : *Bril*, mais sur le croquis voisin ; sans numéro.

Philips Wouwermans, «Bataille, où est sur le devant un homme le pistolet à la main, ayant une écharpe rouge, monté sur un cheval blanc» (décrit pp. 87-88). — Saint-Aubin a inscrit le nom de l'artiste : *Vouvermans*, et l'on a reporté un numéro : *360*.

Anonyme, «Buste de femme». — On a reporté un numéro : *319*. Le nom : *Bril* se rapporte au croquis voisin.

Anonyme, «Buste de femme». — Inscription de la main de Saint-Aubin, mais illisible, et l'on a reporté un numéro : *320*.

Adriaen Van der Werff, «Portrait d'homme» ; s'agit-il du portrait de l'artiste «assis devant son chevalet et se mettant en devoir de peindre» (décrit p. 90), Dacier semble en douter. — Saint-Aubin a inscrit le nom de l'artiste : *vander Verf* ; sans numéro.

Lucas de Leyde, «Saint Paul conduit à Damas après son aveuglement» (décrit p. 90). Saint-Aubin a inscrit le prénom : *Lucas*, et l'on a reporté un numéro : *n° 338*.

Philips Wouwermans, scène non identifiée. — Saint-Aubin a inscrit le nom de l'artiste : *Vouvermans* ; sans numéro.

Albrecht Durer, «Notre Seigneur conduit au Calvaire» (décrit p. 90). — Saint-Aubin a inscrit le nom de l'artiste : *albert durer*, et l'on a reporté un numéro : *n° 352*.

Anonyme, paysage non identifié. — sans inscription de Saint-Aubin ni numéro.

Blomaert (?), scène non identifiée. — Saint-Aubin a inscrit un nom : *blomaer*, mais le nom de Blomaert est absent du catalogue… ; sans numéro.

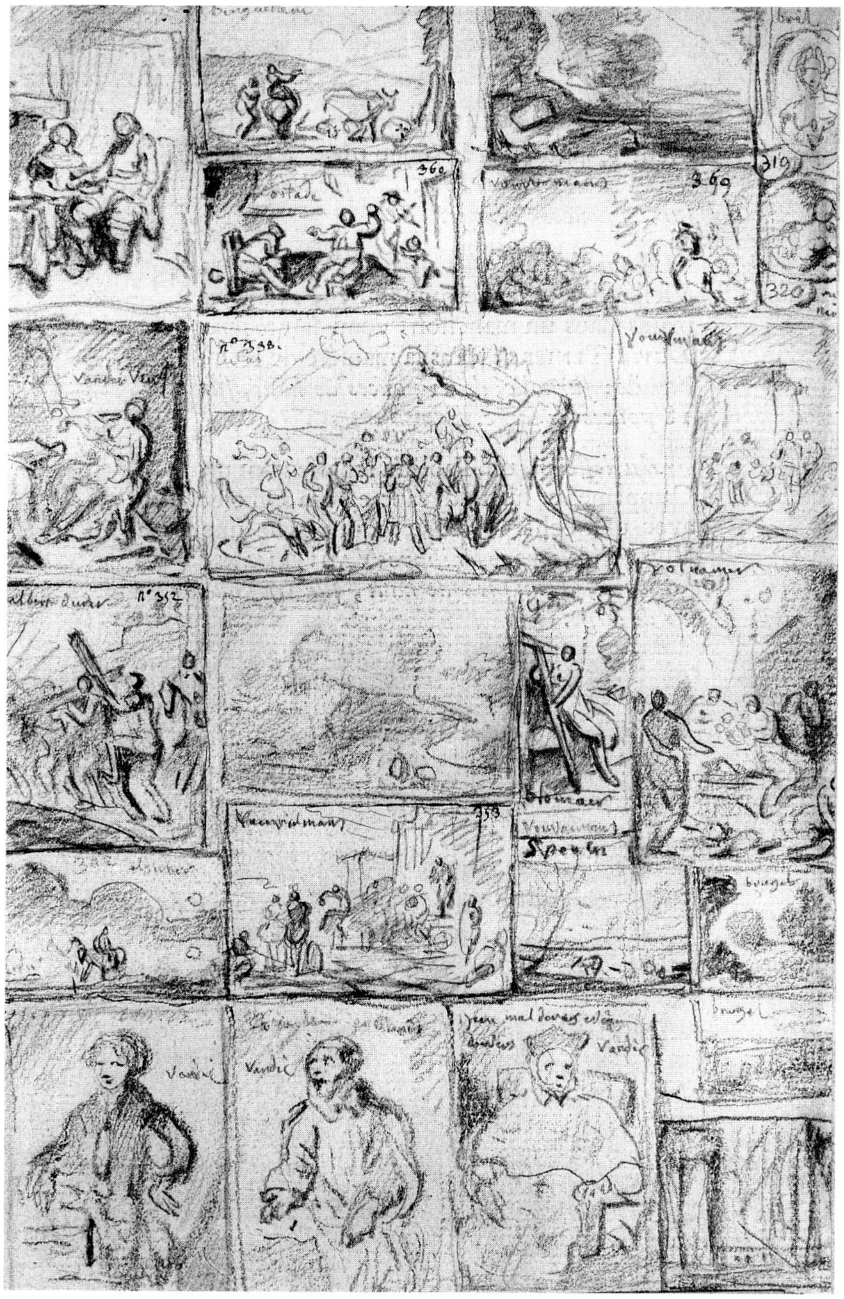

Rothenamer, «l'Enfant Jésus dans la Crèche adoré par les Anges et par les Pasteurs» (décrit p. 91). — Saint-Aubin a reporté le nom de l'artiste : *Rotnamer* ; sans numéro.

Adam Elsheimer, «Fuite en Egypte» (décrit p. 77). — Saint-Aubin a inscrit un nom, très effacé : *elseimer*, et l'on a reporté un numéro : *302*.

Philips Wouwermans, «Paysans qui se divertissent, et un homme et une femme ayant les mains dans son manchon, qui les regardent» (décrit p. 90). — Saint-Aubin a inscrit le nom de l'artiste : *Vouvermans* ; sans numéro.

Anonyme, paysage non identifié. — Saint-Aubin a inscrit deux noms, l'un, à peu près illisible : peut-être *Spengler*, l'autre : *Vouvermans* ; sans numéro.

Breughel (?), deux paysages (voir peut-être notice p. 77). — Saint-Aubin a reporté deux fois le nom : *brugel* ; sans numéro.

Antony Van Dyck, portrait d'un «jeune homme ayant les cheveux blonds, & la main appuyée sur le piédestal d'une colonne» (décrit p. 7) ; ce portrait bien connu était autrefois considéré comme un autoportrait. — Saint-Aubin a inscrit le nom : *Vandic* ; sans numéro.

Antony Van Dyck, «portrait d'un médecin vêtu de noir, et vû de trois quarts, une main appuyée sur le bras d'un fauteuil» soit en fait le *Portrait de Lazarus Markijzus* (décrit p. 5). — Saint-Aubin a inscrit le nom : *Vandic* et a ajouté une légende illisible ; sans numéro.

Antony Van Dyck, «portrait de Jean Malderus, évêque d'Anvers» (décrit pp. 43-44). — Saint-Aubin a inscrit le nom de l'artiste : *Vandic* et le nom du modèle : *jean malderus évêque d'anvers* ; sans numéro.

PAGE 87

Alessandro Saluzzi, «Paysage de ruines avec de l'architecture» (décrit p. 91). — Saint-Aubin a inscrit un nom sous son croquis : *saluci*, où Dacier reconnaît Saluzzi… ; sans numéro.

Titien, «Vieillard achetant les faveurs d'une jeune personne qui tient un globe de verre auquel sont attachées deux ailes, ce qui peut être un emblème de l'inconstance et de la fragilité de l'amour», (décrit p. 20). — Saint-Aubin a inscrit le nom de l'artiste : *titien*, et l'on a reporté un numéro : *n° 76*.

Bartholomaus Breenbergh, «Paysage avec un pont» (décrit p. 91). — Saint-Aubin a reporté le prénom de l'artiste : *bartholomé* ; sans numéro.

Anonyme, paysage non identifié. — sans annotation ni numéro.

Rembrandt, «le portrait jusqu'aux genoux d'un jeune homme coeffé d'un chapeau et ayant un rabat» (décrit p. 26). — sans annotation ni numéro.

Adam Elsheimer, «Cérès cherchant pendant la nuit sa fille Proserpine» (décrit p. 87). — sans annotation de la main de Saint-Aubin ; avec un numéro : *n° 340*.

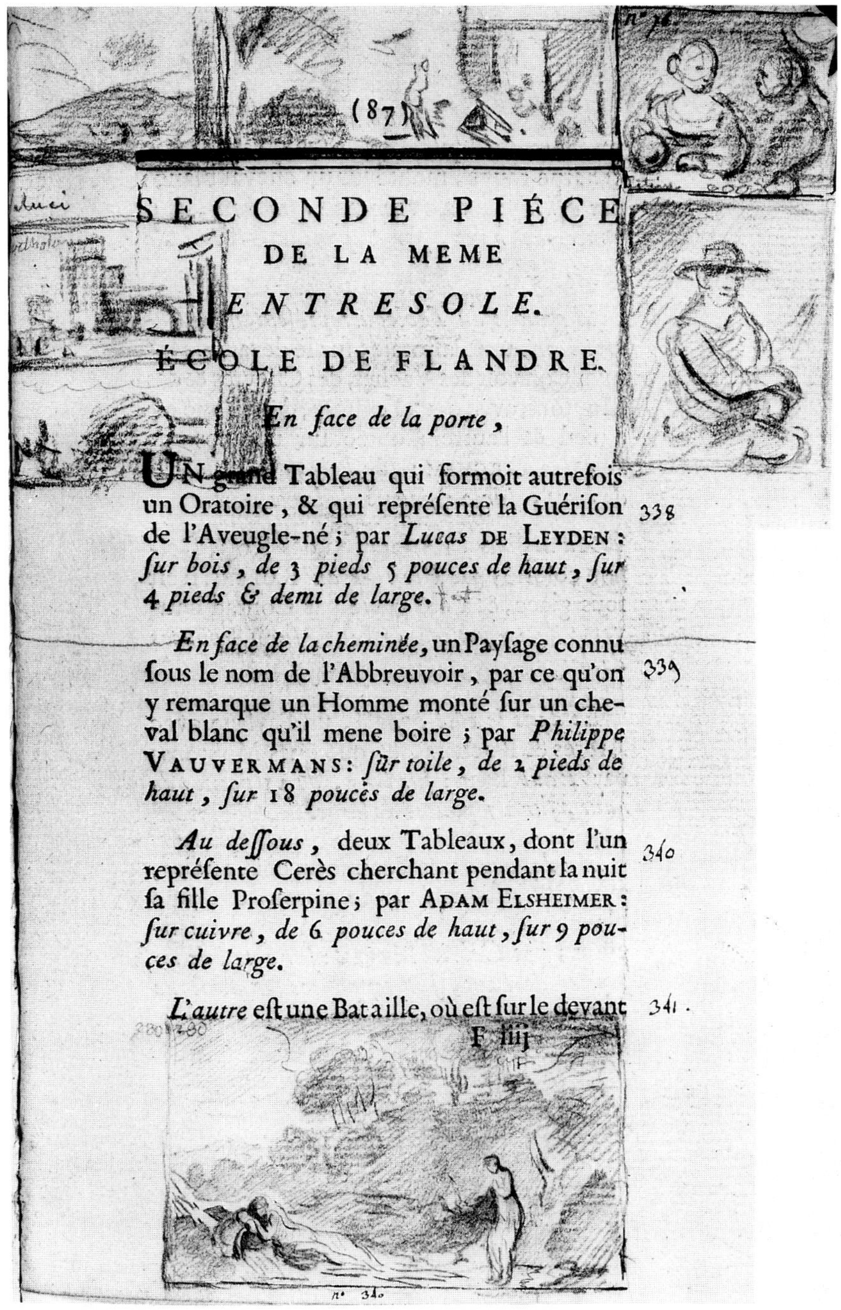

(87)

SECONDE PIÉCE
DE LA MEME
ENTRESOLE.
ÉCOLE DE FLANDRE.

En face de la porte,

UN grand Tableau qui formoit autrefois un Oratoire, & qui repréfente la Guérifon de l'Aveugle-né ; par *Lucas* DE LEYDEN : *fur bois, de 3 pieds 5 pouces de haut, fur 4 pieds & demi de large.* 338

En face de la cheminée, un Payfage connu fous le nom de l'Abbreuvoir, par ce qu'on y remarque un Homme monté fur un cheval blanc qu'il mene boire ; par *Philippe* VAUVERMANS : *fur toile, de 2 pieds de haut, fur 18 pouces de large.* 339

Au deffous, deux Tableaux, dont l'un repréfente Cerès cherchant pendant la nuit fa fille Proferpine ; par ADAM ELSHEIMER : *fur cuivre, de 6 pouces de haut, fur 9 pouces de large.* 340

L'autre eft une Bataille, où eft fur le devant 341

F iiij

77

«Catalogue raisonné des tableaux, groupes et figures de bronze qui composent le Cabinet de feu Monsieur Gaignat, ancien Secrétaire du Roi et Receveur des Consignations.»

- Paris, Vente, 1768, in-8, 96 p.
- L. Dut. 1171

PROVENANCE

Coll. baron de Saint-Julien (selon une annotation en tête du catalogue) ; coll. J. Boilly ; sa vente (19, 20-3-69) ; coll. Galichon ; coll. B^ne du Teil, née Galichon ; sa vente (20 janvier 1934) ; acquis par la Ville de Paris sur les arrérages du legs Dutuit pour le musée du Petit Palais.

BIBLIOGRAPHIE

Dacier, 1921, t. VI (notre catalogue y est reproduit en fac-similé et savamment commenté) ; Dacier, 1929, n° 1032.

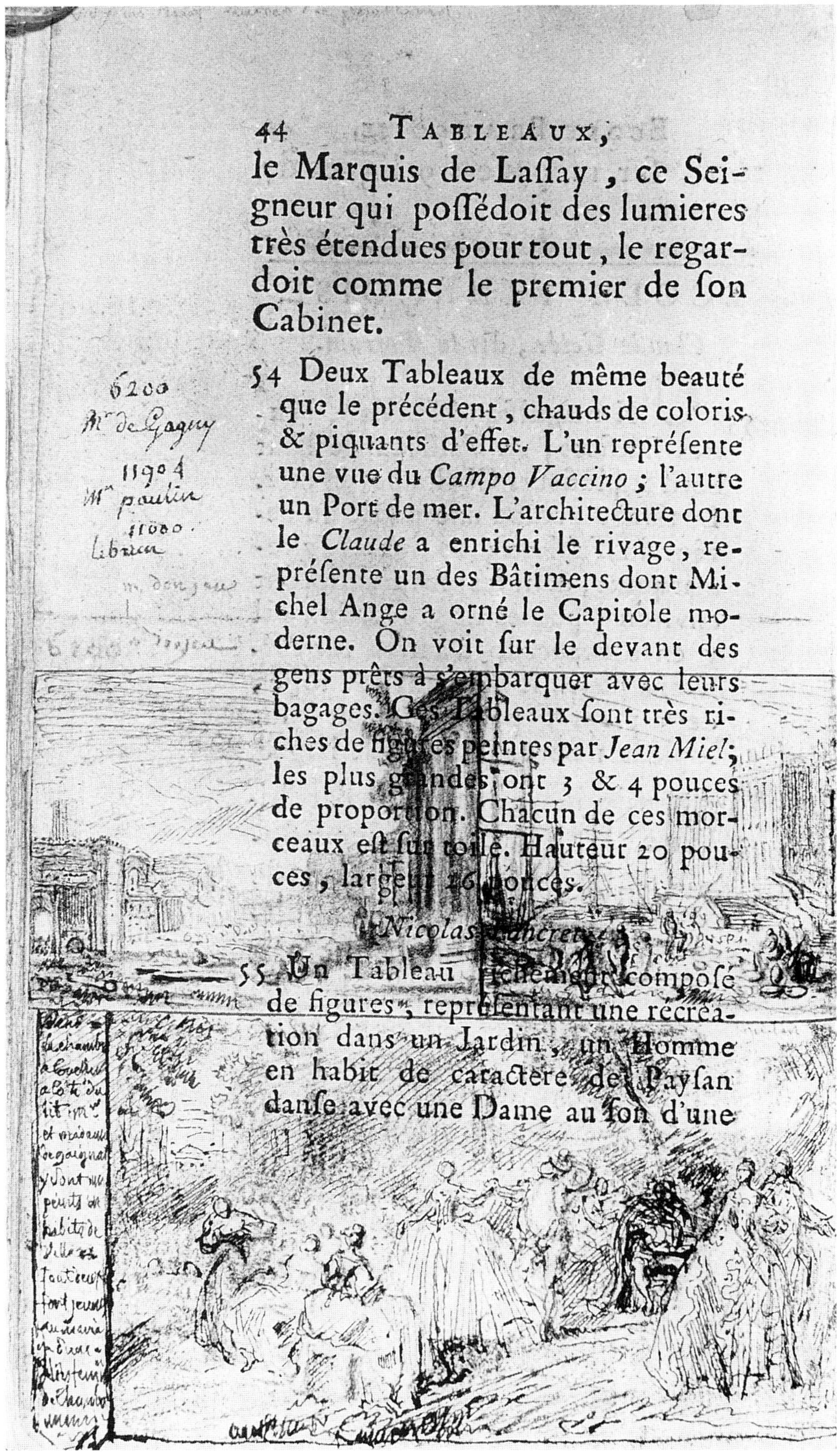

44 TABLEAUX,

le Marquis de Laſſay, ce Seigneur qui poſſédoit des lumieres très étendues pour tout, le regardoit comme le premier de ſon Cabinet.

54 Deux Tableaux de même beauté que le précédent, chauds de coloris & piquants d'effet. L'un repréſente une vue du *Campo Vaccino*; l'autre un Port de mer. L'architecture dont le *Claude* a enrichi le rivage, repréſente un des Bâtimens dont Michel Ange a orné le Capitole moderne. On voit ſur le devant des gens prêts à s'embarquer avec leurs bagages. Ces Tableaux ſont très riches de figures peintes par *Jean Miel*; les plus grandes ont 3 & 4 pouces de proportion. Chacun de ces morceaux eſt ſur toile. Hauteur 20 pouces, largeur 26 pouces.

Nicolas Lancret.

55 Un Tableau richement composé de figures, repréſentant une récréation dans un Jardin, un Homme en habit de caractere de Payſan danſe avec une Dame au ſon d'une

La collection Gaignat, sans avoir eu la notoriété de la collection Crozat, était aussi considérée comme l'une des plus importantes de Paris ; en tous les cas une des plus importantes à avoir été dispersée dans la deuxième moitié du XVIIIe siècle. Elle n'eut pas la chance d'être achetée par un seul amateur ; les tableaux sont aujourd'hui dispersés. Si certains sont revenus ou restés en France (les Lorrain par exemple), plusieurs ont aujourd'hui disparu.

Nous avons choisi une page particulièrement séduisante : les compositions de Lorrain et de Lancret y sont certainement parmi les plus belles vignettes dues à la patte de mouche de Saint-Aubin. C'est peu dire que de faire remarquer qu'on reconnaît là les œuvres ; on croirait presque y retrouver aussi leurs couleurs et la touche du peintre.

Les croquis de Saint-Aubin sont décrits selon leur ordre propre, de haut en bas et de gauche à droite, ce qui correspond ici à l'ordre des notices auxquelles ils se rapportent.

PAGE 44

n° 54, Claude Gellée dit le Lorrain, à gauche «une vue du *Campo Vaccino*», connue aujourd'hui sous le même titre, (Paris, Musée du Louvre, *cf.* Roethlisberger, 1986, n° 59) et à droite «un Port de mer», connu aujourd'hui sous le titre de *Port avec le Capitole* (Paris, Musée du Louvre, *cf.* Roethlisberger, 1986, n° 60). On peut noter que le catalogue indique une participation de Jean Miel pour les figures, hypothèse non retenue de nos jours.

n° 55, Nicolas Lancret, «une récréation dans un jardin» (non localisé).

PAGE 45

n° 56, Carlette (Carlo Caliari, fils de Véronèse, dit «Carletto» ou «Carlette»), «une Présentation au Temple (...) quelques amateurs prétendent que ce tableau est de *Paul Véronèse* lui même, et qu'il a servi à cet Artiste pour faire le grand de même composition, qui étoit chez M. le Duc de Tallard, n° 10 du catalogue fait après son décès [1757]» (non localisé).

n° 57, «Deux tableaux originaux d'un Maître Flamand qui peignoit dans le goût de Breughel. L'un représente un Paysage très riche où l'on voit un Repos en Egypte et des Anges ; l'autre est aussi un paysage, des Maisons, des Figures et des Animaux» (non localisés).

n° 58, «Deux Sujets de la Métamorphose, qui sont le Triomphe de Neptune et d'Amphytrite, et la Naissance de l'Amour» (non localisés).

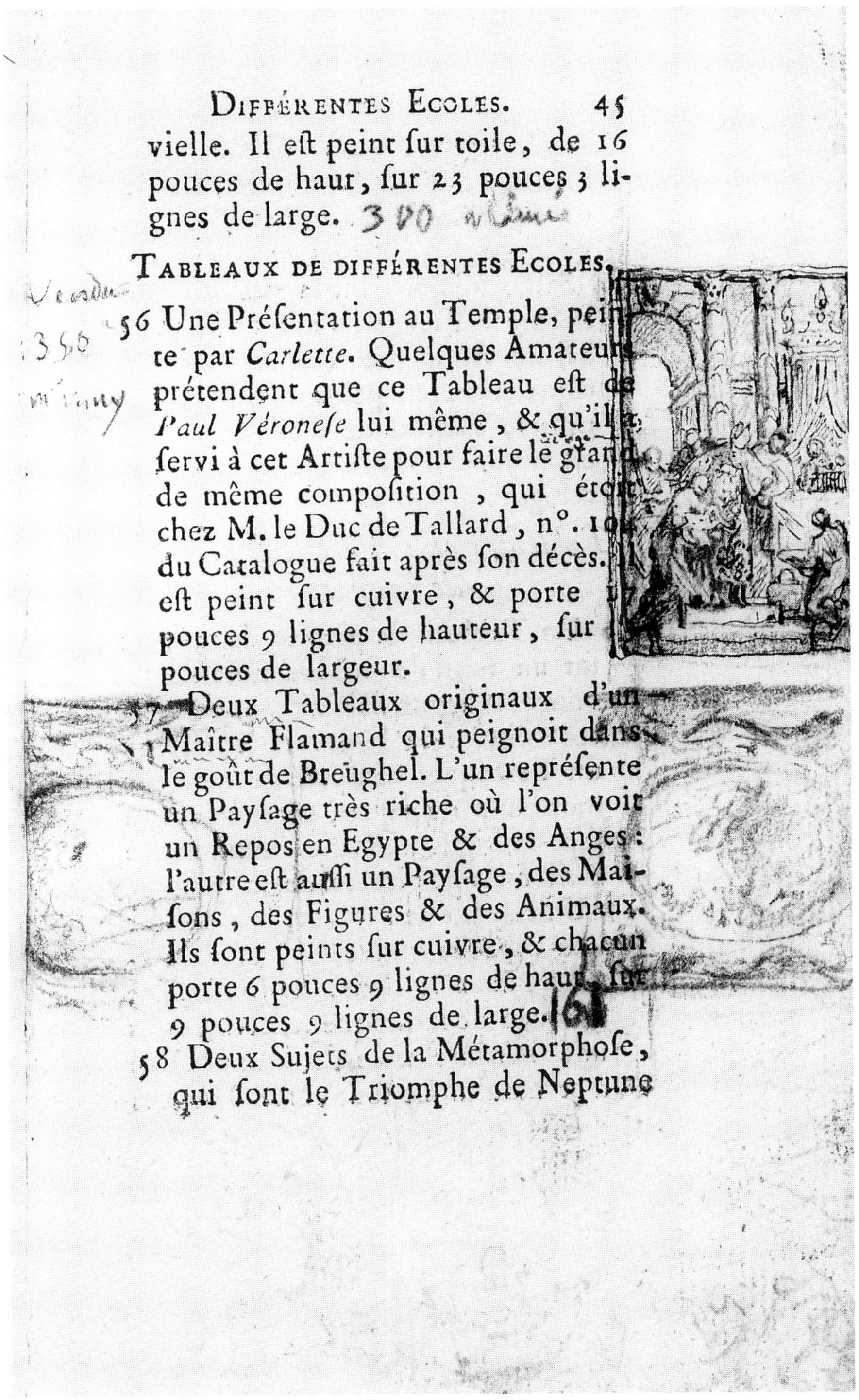
DIFFÉRENTES ECOLES. 45
vielle. Il est peint sur toile, de 16 pouces de haut, sur 23 pouces 3 lignes de large.

TABLEAUX DE DIFFÉRENTES ECOLES.

56 Une Présentation au Temple, peinte par *Carlette*. Quelques Amateurs prétendent que ce Tableau est de *Paul Véronese* lui même, & qu'il a servi à cet Artiste pour faire le grand de même composition, qui étoit chez M. le Duc de Tallard, n°. 10 du Catalogue fait après son décès. Il est peint sur cuivre, & porte ... pouces 9 lignes de hauteur, sur ... pouces de largeur.

57 Deux Tableaux originaux d'un Maître Flamand qui peignoit dans le goût de Breughel. L'un représente un Paysage très riche où l'on voit un Repos en Egypte & des Anges : l'autre est aussi un Paysage, des Maisons, des Figures & des Animaux. Ils sont peints sur cuivre, & chacun porte 6 pouces 9 lignes de haut, sur 9 pouces 9 lignes de large.

58 Deux Sujets de la Métamorphose, qui sont le Triomphe de Neptune

78

«Catalogue des tableaux originaux de bons maîtres des écoles d'Italie, des Pays-Bas et de France, qui composent le Cabinet d'un Artiste.»
«Cette vente se fera le Lundi 13 Décembre 1773»

- Paris, Musier Père, imprimé chez Didot, 1773, in-8, 35 p.
- L. Dut. 1154

PROVENANCE

Coll. Destailleur ; sa vente (26, 27-5-1893, n° 113) : coll. Jacques Doucet ; vente anonyme (9-5-1919) ; acquis par la Ville de Paris sur les arrérages du legs Dutuit pour le musée du Petit Palais.

BIBLIOGRAPHIE

Dacier, 1909, t. I, p. 15 (simplement cité, il ne fut pas publié ultérieurement en fac-similé) ; Dacier, 1929, n° 1036.

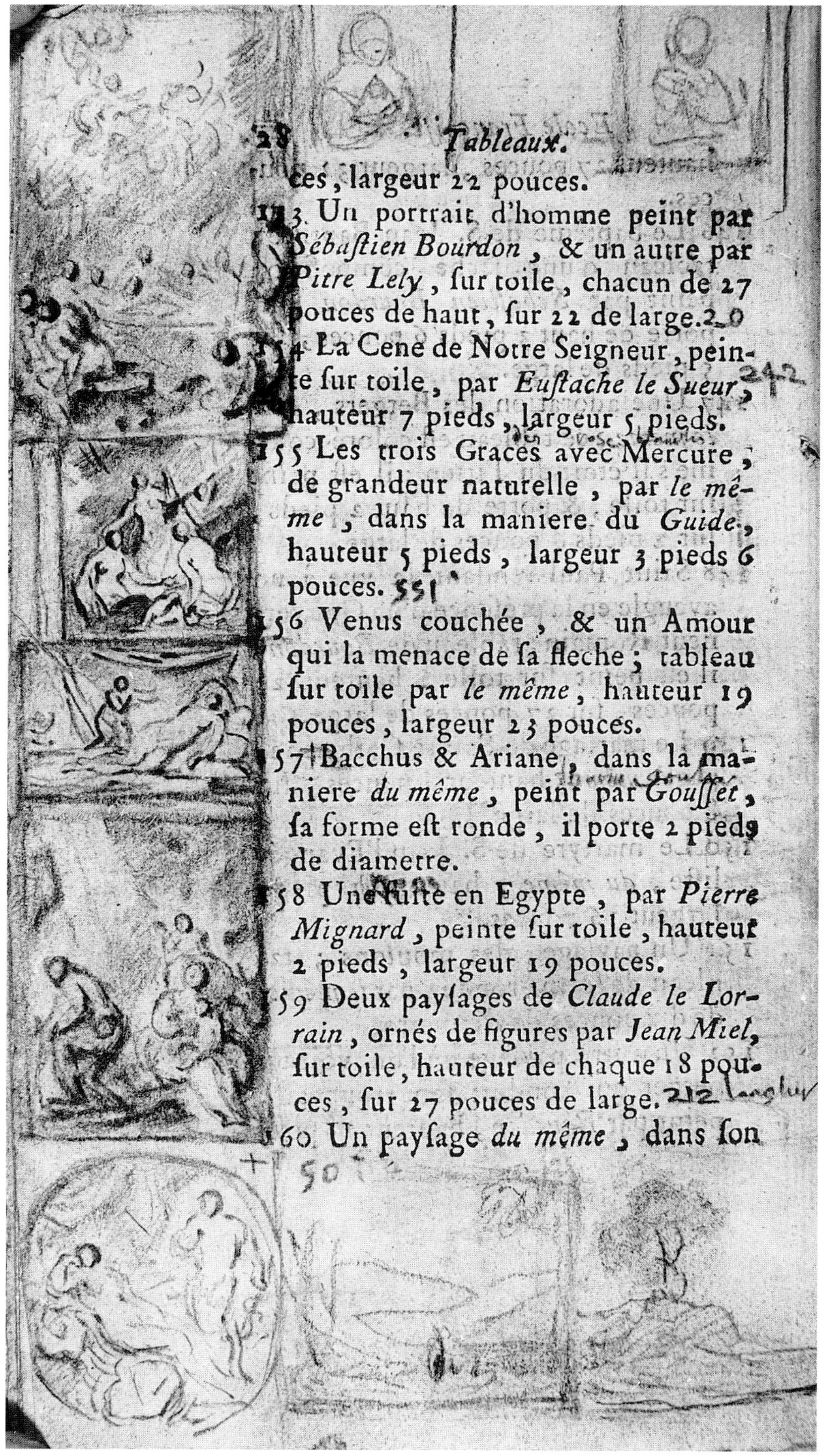

28 *Tableaux.*
ces, largeur 22 pouces.
153. Un portrait d'homme peint par *Sébastien Bourdon*, & un autre par *Pitre Lely*, sur toile, chacun de 27 pouces de haut, sur 22 de large. 20
154 La Cene de Notre Seigneur, peinte sur toile, par *Eustache le Sueur*, hauteur 7 pieds, largeur 5 pieds. 242
155 Les trois Graces avec Mercure, de grandeur naturelle, par *le même*, dans la maniere du *Guide*, hauteur 5 pieds, largeur 3 pieds 6 pouces. 551
156 Venus couchée, & un Amour qui la menace de sa fleche ; tableau sur toile par *le même*, hauteur 19 pouces, largeur 23 pouces.
157 Bacchus & Ariane, dans la maniere *du même*, peint par *Gousset*, sa forme est ronde, il porte 2 pieds de diametre.
158 Une fuite en Egypte, par *Pierre Mignard*, peinte sur toile, hauteur 2 pieds, largeur 19 pouces.
159 Deux paysages de *Claude le Lorrain*, ornés de figures par *Jean Miel*, sur toile, hauteur de chaque 18 pouces, sur 27 pouces de large. 212
160 Un paysage *du même*, dans son

Il s'agit d'une collection anonyme, de richesse moyenne mais où l'on peut retrouver pourtant quelques œuvres particulièrement importantes — la plupart hélas perdues aujourd'hui. On a parfois reconnu la collection d'un certain Martin, amateur dont on ne connaît pas grand-chose. Nous remercions enfin Pierre Rosenberg de nous avoir indiqué la copie avec quelques variantes — ou bien est-ce une répétition autographe ? — du même catalogue dans la collection de Mrs. Wrightsman (New York).

Nous avons choisi à dessein deux pages concernant la collection de peinture française du XVIIe siècle : les récentes recherches d'A. Mérot sur Le Sueur ou de J.-L. Bordeaux sur Lemoyne illustrent, à notre sens, toute la richesse que l'on peut tirer de ces miniatures miraculeuses.

Les croquis de Saint-Aubin sont décrits selon leur ordre propre, de haut en bas et de gauche à droite, et non selon l'ordre des notices auxquelles ils se rapportent.

PAGE 28

n° 153, Sébastien Bourdon, Portrait d'homme, et Peter Lely, Portrait d'homme.

n° 154, Eustache Le Sueur, «La Cène» (non localisé ; *cf.* Mérot, 1987, p. 362, n° M. 121).

n° 155, Eustache Le Sueur, «Les trois Grâces avec Mercure» (non localisé ; *cf.* Mérot, 1987, p. 371, n° M. 185).

n° 156, Eustache Le Sueur, «Vénus couchée et un Amour» (non localisé ; *cf.* Mérot, 1987, p. 372, n° M. 194).

n° 157, Thomas Gousset ou «Goussé» (beau-frère de Le Sueur), «Bacchus et Ariane» (non localisé ; *cf.* Mérot, 1987, pp. 43-44, n° 123).

n° 158, Pierre Mignard, «une fuite en Egypte» (non localisé).

n° 159, Claude Gellée dit Le Lorrain, deux paysages (non localisés).

PAGE 29

n° 160, Claude Gellée dit Le Lorrain, «Point de vue du pont Emolle» (non localisé ; *cf.* Roethlisberger, 1986, proche des n°s 129 et 143, mais plus petit...).

n° 161, Jacques Courtois dit «le Bourguignon», un tableau sur deux : «Bataille» (non localisé).

n° 162, Le Nain, «Une marchande de pain» (non localisé).

n° 163, Le Nain, «Scène dans un paysage d'architectures» (non localisé).

n° 164, Le Nain, «portrait de fille hollandaise» (non localisé).

n° 165, Charles de La Fosse, «Apollon et les Muses» (non localisé).

n° 166, François Le Moyne, *Persée et Andromède* (non localisé ; copie ou esquisse du tableau de Londres, *cf.* Bordeaux, 1984, n° 44).

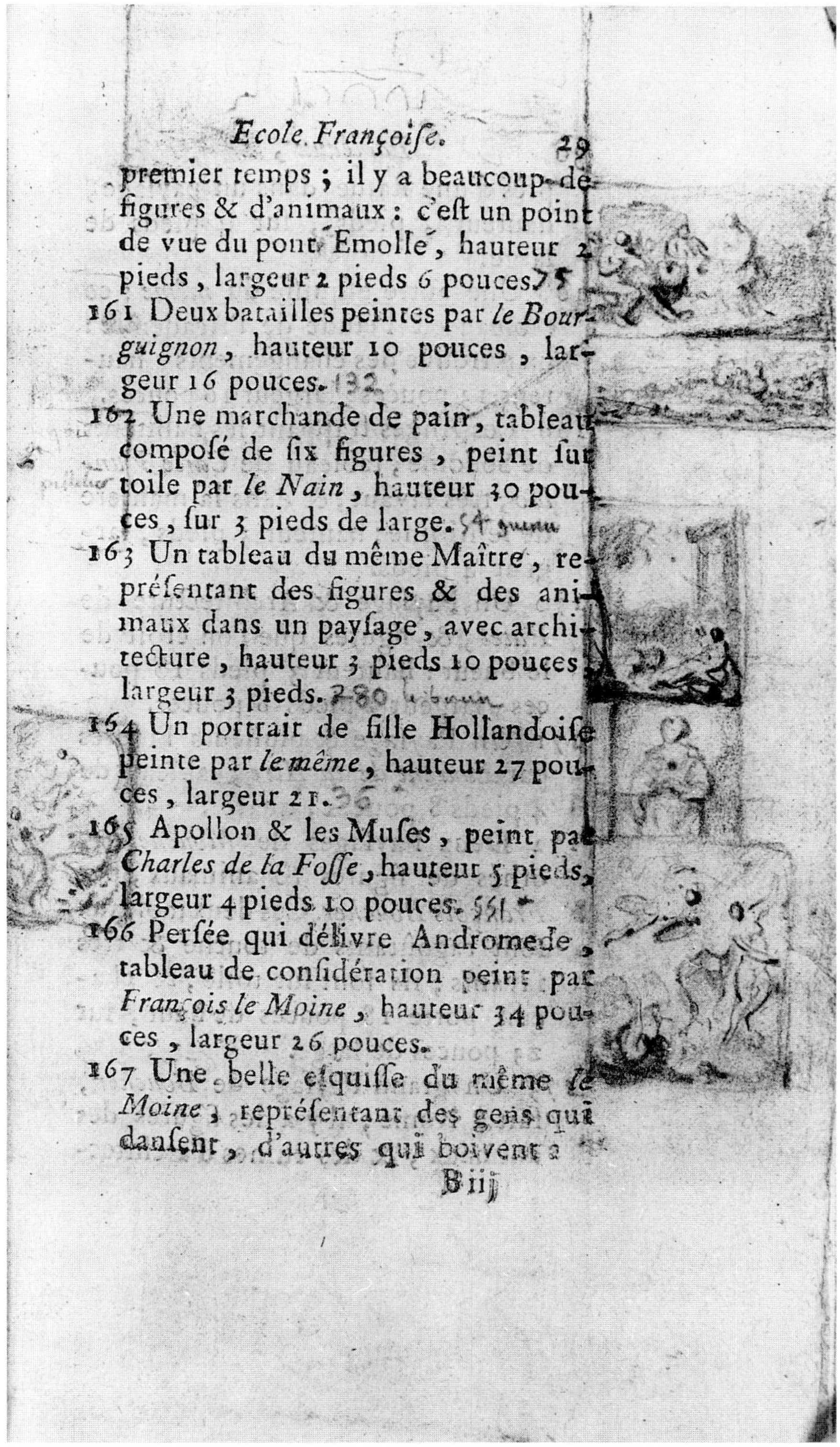
Ecole Françoise. 29
premier temps ; il y a beaucoup de figures & d'animaux : c'est un point de vue du pont Emolle, hauteur 2 pieds, largeur 2 pieds 6 pouces. 75
161 Deux batailles peintes par *le Bourguignon*, hauteur 10 pouces, largeur 16 pouces. 132
162 Une marchande de pain, tableau composé de six figures, peint sur toile par *le Nain*, hauteur 30 pouces, sur 3 pieds de large. 54
163 Un tableau du même Maître, représentant des figures & des animaux dans un paysage, avec architecture, hauteur 3 pieds 10 pouces, largeur 3 pieds. 280
164 Un portrait de fille Hollandoise peinte par *le même*, hauteur 27 pouces, largeur 21.
165 Apollon & les Muses, peint par *Charles de la Fosse*, hauteur 5 pieds, largeur 4 pieds 10 pouces. 551
166 Persée qui délivre Andromede, tableau de considération peint par *François le Moine*, hauteur 34 pouces, largeur 26 pouces.
167 Une belle esquisse du même *le Moine*, représentant des gens qui dansent, d'autres qui boivent &
Biij

79 *«Catalogue de tableaux originaux des bons maîtres des trois écoles ; figures et bustes de marbre et de bronze ; porcelaines et autres objets curieux qui composent le Cabinet de M.L.C. de D. [le comte du Barry]».*
«Cette vente se fera le Lundi 21 Novembre [1774]»

- Paris, P. Rémy & P. Le Brun, imprimé chez Didot, 1774, in-8, 57 p.
- L. Dut. 1155

PROVENANCE

Coll. Destailleur ; sa vente (26, 27-5-1893, n° 115) ; coll. Guyot de Villeneuve (1900, n° 498) ; coll. Jacques Doucet ; acquis en vente publique en 1919 par la Ville de Paris sur les arrérages du legs Dutuit pour le musée du Petit Palais.

BIBLIOGRAPHIE

Dacier, 1909, t. III ; Dacier, 1929, n° 1039.

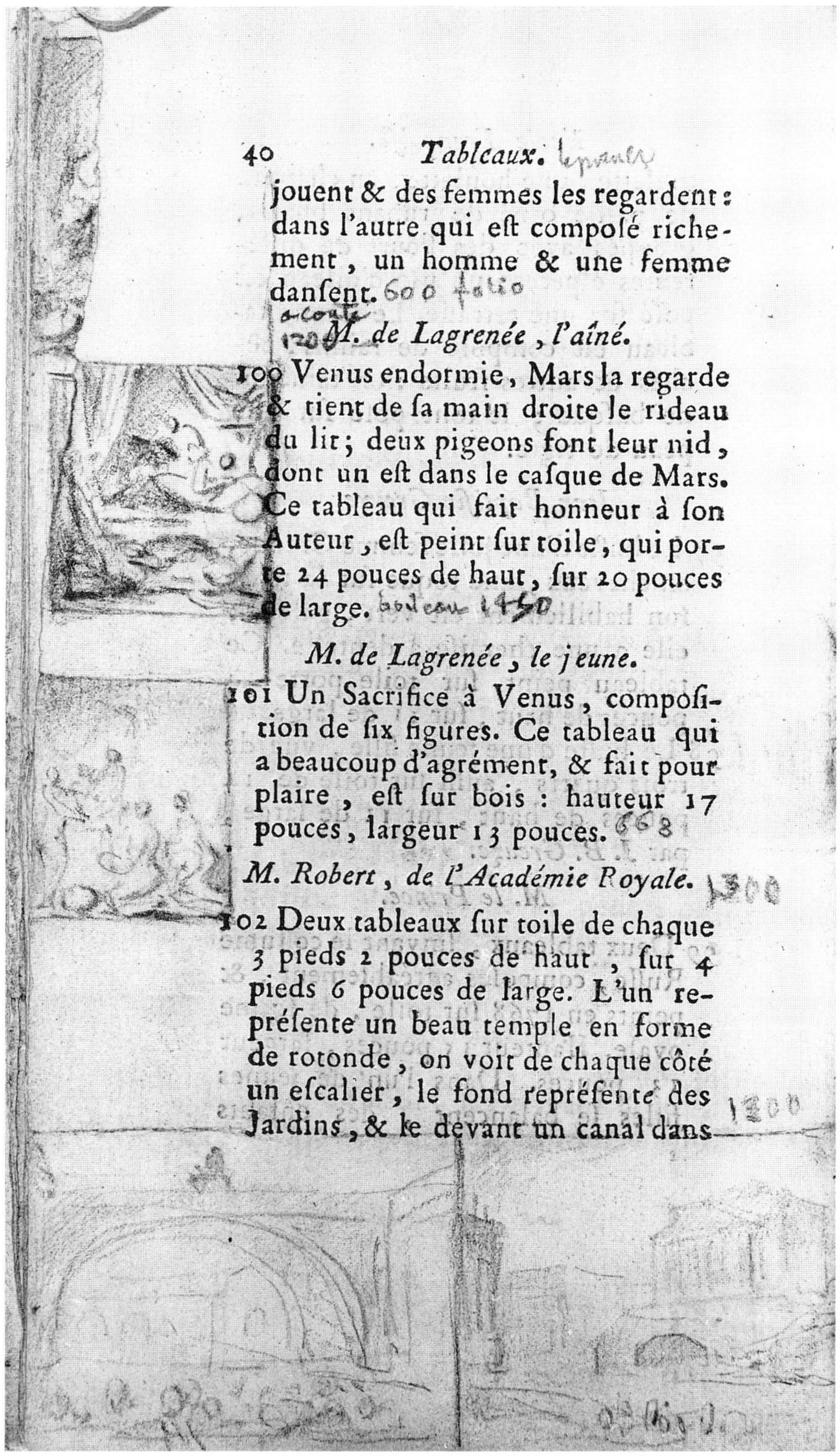
40 *Tableaux.*

jouent & des femmes les regardent : dans l'autre qui eſt compoſé richement, un homme & une femme danſent.

M. de Lagrenée, l'aîné.

100 Venus endormie, Mars la regarde & tient de ſa main droite le rideau du lit ; deux pigeons font leur nid, dont un eſt dans le caſque de Mars. Ce tableau qui fait honneur à ſon Auteur, eſt peint ſur toile, qui porte 24 pouces de haut, ſur 20 pouces de large.

M. de Lagrenée, le jeune.

101 Un Sacrifice à Venus, compoſition de ſix figures. Ce tableau qui a beaucoup d'agrément, & fait pour plaire, eſt ſur bois : hauteur 17 pouces, largeur 13 pouces.

M. Robert, de l'Académie Royale.

102 Deux tableaux ſur toile de chaque 3 pieds 2 pouces de haut, ſur 4 pieds 6 pouces de large. L'un repréſente un beau temple en forme de rotonde, on voit de chaque côté un eſcalier, le fond repréſente des Jardins, & le devant un canal dans

Autre collection très importante, la galerie de tableaux du vicomte du Barry était particulièrement réputée pour ses œuvres de l'école française contemporaine. On remarquera ainsi, dans les deux pages que nous avons ici choisies, les deux célébrissimes toiles d'Hubert Robert et les deux paysages de Fragonard — dont l'un est aujourd'hui perdu.

PAGE 40

n° 100, Louis-Jean-François Lagrenée dit l'Aîné : «Vénus endormie» ou *Mars et Vénus* ; acquis par Boileau pour 1 450 F ; coll. prince de Conti ; coll. Clos (perdu depuis 1812, *cf.* Sandoz, 1983, n° 215).

n° 101, Jean-Jacques Lagrenée, dit le Jeune : «Sacrifice à Vénus» (non localisé).

n° 102, Hubert Robert : «Temple rond» ou *Caprice architectural avec le Panthéon et le port de Ripetta* (Vaduz, coll. prince de Liechtenstein) ; «Palais vu sous une arche» ou *Port orné d'architecture* (Dunkerque, musée des Beaux-Arts).

PAGE 41

n° 103, Pierre-Antoine De Machy : «vestiges de l'ancien vestibule du Palais Royal» (non localisé) ; «petite porte de l'ancienne Eglise des Mathurins» (non localisé).

n° 104, Jean-Honoré Fragonard : «Deux paysages» ; l'un, à gauche : *Annette à l'âge de vingt ans* (Rome, Galleria Nazionale d'Arte Antica, *cf.* Rosenberg, 1989, n° 124) ; l'autre, à droite : *Annette à l'âge de quinze ans* (perdu, connu par sa gravure réalisée par F. Godefroy, et par une copie peinte, *cf.* Rosenberg, 1989, n° 123).

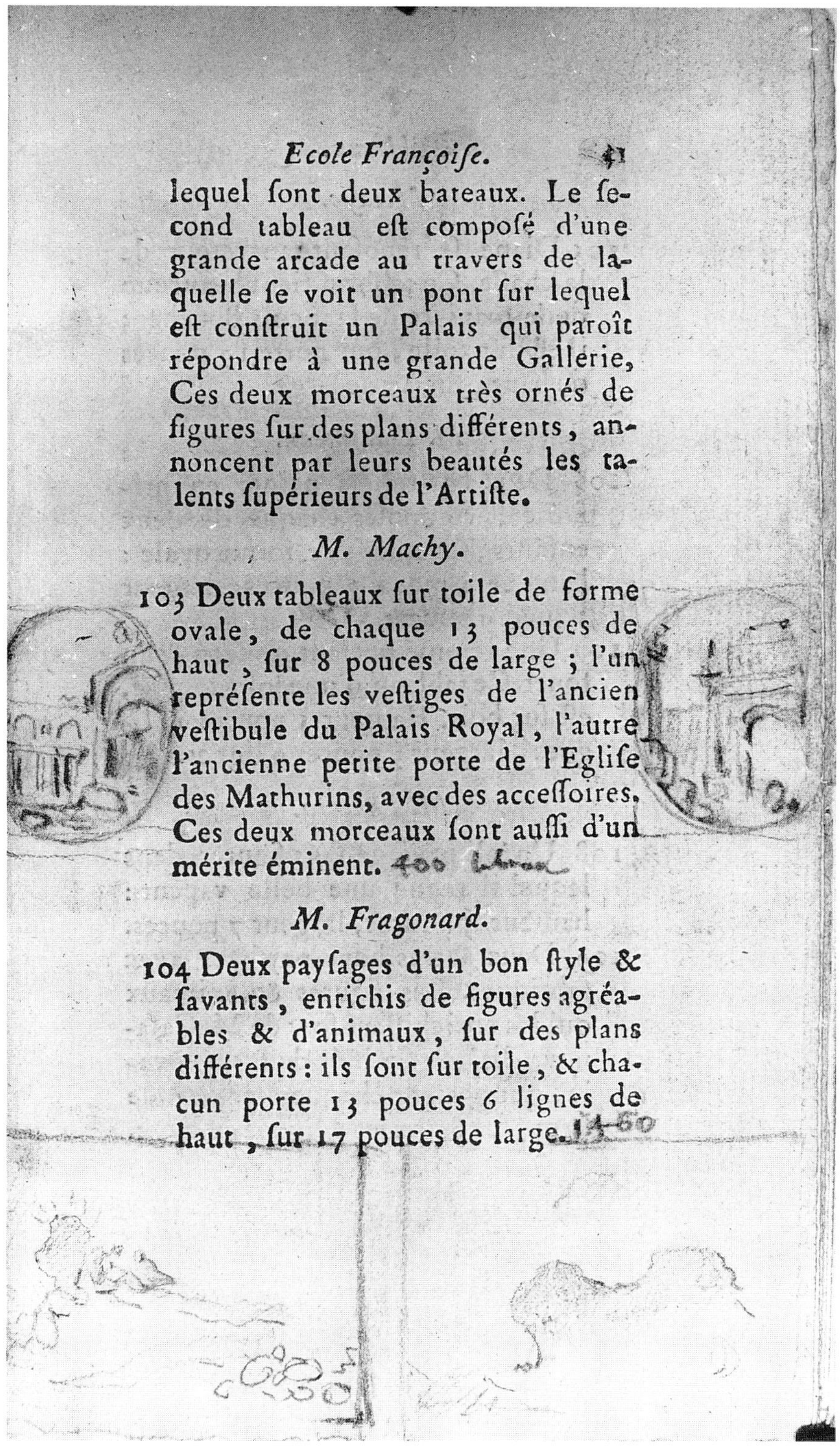

Ecole Françoiſe. 41

lequel ſont deux bateaux. Le ſecond tableau eſt compoſé d'une grande arcade au travers de laquelle ſe voit un pont ſur lequel eſt conſtruit un Palais qui paroît répondre à une grande Gallerie. Ces deux morceaux très ornés de figures ſur des plans différents, annoncent par leurs beautés les talents ſupérieurs de l'Artiſte.

M. Machy.

103 Deux tableaux ſur toile de forme ovale, de chaque 13 pouces de haut, ſur 8 pouces de large ; l'un repréſente les veſtiges de l'ancien veſtibule du Palais Royal, l'autre l'ancienne petite porte de l'Egliſe des Mathurins, avec des acceſſoires. Ces deux morceaux ſont auſſi d'un mérite éminent. 400 livres

M. Fragonard.

104 Deux payſages d'un bon ſtyle & ſavants, enrichis de figures agréables & d'animaux, ſur des plans différents : ils ſont ſur toile, & chacun porte 13 pouces 6 lignes de haut, ſur 17 pouces de large. 1460

80 *«Catalogue de tableaux des écoles hollandaise ; flamande et française ; dessins de Fragonard, Robert et autres ; bronzes, porcelaines ; provenans du Cabinet de M. Gros, Peintre.»*
«Dont la vente se fera le Mardi 14 [lundi 13] Avril 1778.»

- Paris, Chariot et Le Brun, imprimé chez Prault, 1778, in-8, 39 p.
- L. Dut. 1156

PROVENANCE

Coll. Jacques Doucet ; vente anonyme (9-5-1919, n° 46) ; acquis par la Ville de Paris sur les arrérages du legs Dutuit pour le musée du Petit Palais.

BIBLIOGRAPHIE

Dacier, 1913, t. IV ; Dacier, 1929, n° 1054.

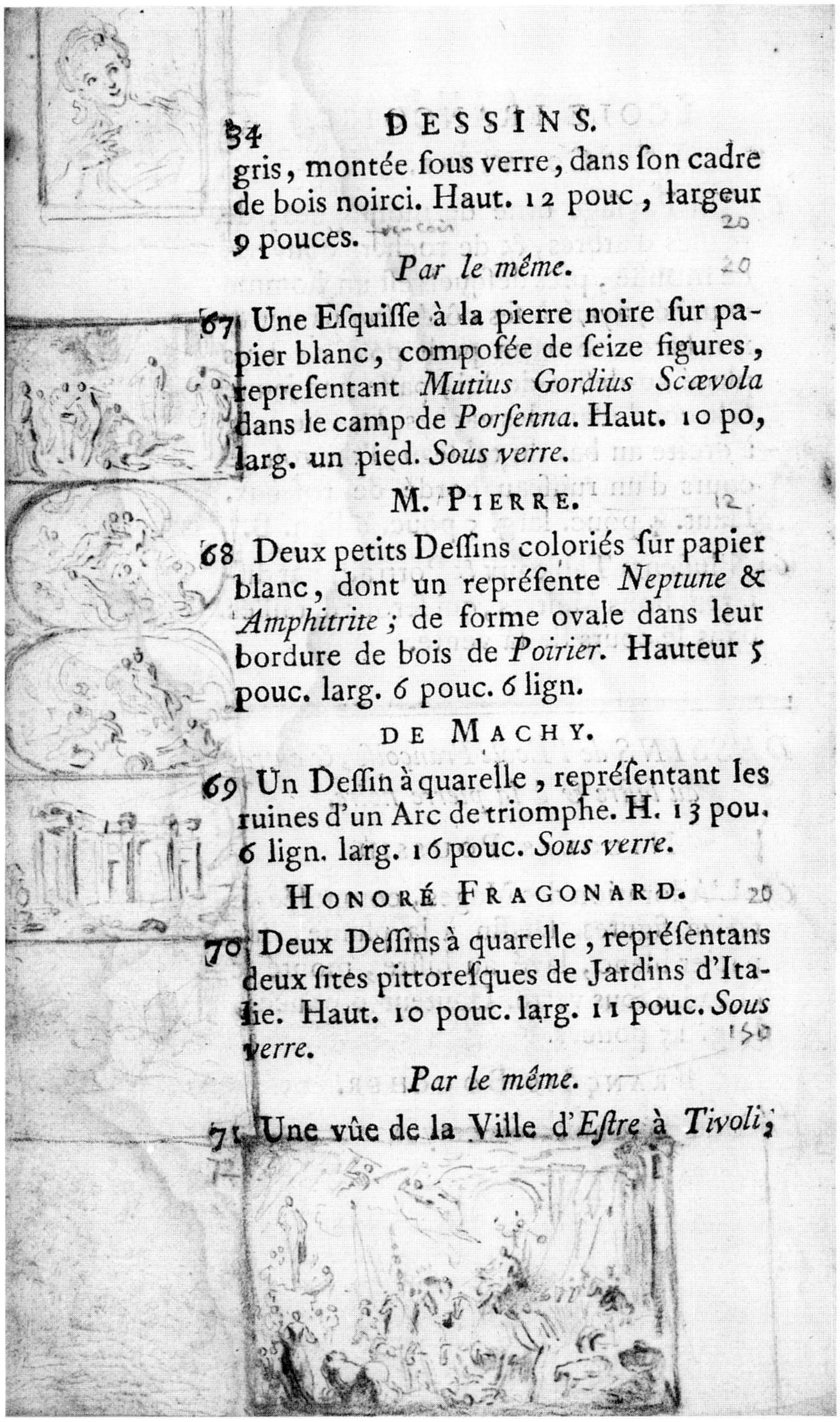

34 DESSINS.

gris, montée ſous verre, dans ſon cadre de bois noirci. Haut. 12 pouc, largeur 9 pouces.

Par le même.

67 Une Eſquiſſe à la pierre noire ſur papier blanc, compoſée de ſeize figures, repreſentant *Mutius Gordius Scævola* dans le camp de *Porſenna*. Haut. 10 po, larg. un pied. *Sous verre.*

M. PIERRE.

68 Deux petits Deſſins coloriés ſur papier blanc, dont un repréſente *Neptune* & *Amphitrite* ; de forme ovale dans leur bordure de bois de *Poirier*. Hauteur 5 pouc. larg. 6 pouc. 6 lign.

DE MACHY.

69 Un Deſſin à quarelle, repréſentant les ruines d'un Arc de triomphe. H. 13 pou. 6 lign. larg. 16 pouc. *Sous verre.*

HONORÉ FRAGONARD.

70 Deux Deſſins à quarelle, repréſentans deux ſites pittoreſques de Jardins d'Italie. Haut. 10 pouc. larg. 11 pouc. *Sous verre.*

Par le même.

71 Une vûe de la Ville d'*Eſtre* à *Tivoli*;

Comme la collection Du Barry, la collection Gros (père du peintre de l'Empire) était particulièrement réputée pour ses œuvres de l'école française du XVIIIe siècle. Nous avons choisi volontairement deux pages reproduisant des dessins de Fragonard réalisés d'après Rubens et Rembrandt : ceux-ci ne sont pas anodins, loin s'en faut, puisqu'ils permirent en son temps, en 1907, à Pierre de Nolhac (voir Paris, 1988, p. 181) de prouver la réalité d'un voyage du peintre français dans les Pays-Bas. On sera sensible aussi à la merveilleuse mise en abîme à laquelle nous invite Saint-Aubin dans la contemplation sans fin de ces dessins reproduisant des dessins réalisés d'après des peintures — célèbres de surcroît…

Les croquis de Saint-Aubin sont décrits selon leur ordre propre, de haut en bas et de gauche à droite, et non selon l'ordre des notices auxquelles ils se rapportent.

PAGE 34

n° 66, un dessin de François Boucher : «Portrait de femme» (non localisé).

n° 67, un dessin de François Boucher : «*Mutius Gordius Scævola* dans le camp de *Porsenna*» (cf. exp. Boucher, 1986-1987, cité p. 116, *Œuvres en rapport 1*, non localisé).

n° 68, deux dessins ovales de Jean-Baptiste Marie Pierre : «*Neptune et Amphitrite*» et son pendant non identifié (non localisé).

n° 69, un dessin de Pierre-Antoine De Machy : «ruines d'un Arc de triomphe» (non localisé, à moins qu'il ne s'agisse d'un croquis du deuxième paysage de Fragonard : voir numéro suivant).

n° 70, un dessin sur deux de Jean-Honoré Fragonard représentant des «Sites pittoresques de jardins d'Italie» (d'après Ananoff dans son cat. n° 2183 ou 2233, non localisés ; d'après nous, n° 2126, *Vue de Ronciglione*, aujourd'hui à Londres, British Museum).

n° 72, un dessin de Jean-Honoré Fragonard, «sujet allégorique d'après *Jordaens*», ou l'*Apothéose du Prince Frédéric Henri* (Ananoff n° 480, Paris, Musée du Louvre, cabinet des dessins).

PAGE 35

n° 71, un dessin de Jean-Honoré Fragonard : *La villa d'Este à Tivoli* (Ananoff n° 1438, non localisé).

n° 73, un dessin de Jean-Honoré Fragonard : «Garde Bourgeoise montée par les Bourguemestres d'*Amsterdam*, d'après le fameux tableau de *Rembrandt*», c'est-à-dire la *Compagnie du capitaine Frans Banningh Cocq*, plus connu sous le titre de la *Ronde de nuit* (Ananoff n° 2594, non localisé ; le tableau est conservé à Amsterdam, au Rijksmuseum).

n° 74, un dessin de Jean-Honoré Fragonard : «Différents Guerriers et Bourguemestres de Hollande faisant un traité, d'après le tableau faisant pendant du précédent», c'est-à-dire la *Compagnie du capitaine Roelot Bicker* de Bartholomeus Van der Helst. (Ananoff n° 2595, non localisé ; le tableau est conservé à Amsterdam, au Rijksmuseum).

n° 75, un dessin de Jean-Honoré Fragonard, «Le Baiser de Judas, d'après *Wandick* [Van Dyck]» (Ananoff n° 1071 (?) corrigenda t. IV, non localisé).

n° 76, un dessin de Jean-Honoré Fragonard, «L'Adoration des Mages, d'après Pierre-Paul Rubens» (Ananoff n° 1785, non localisé).

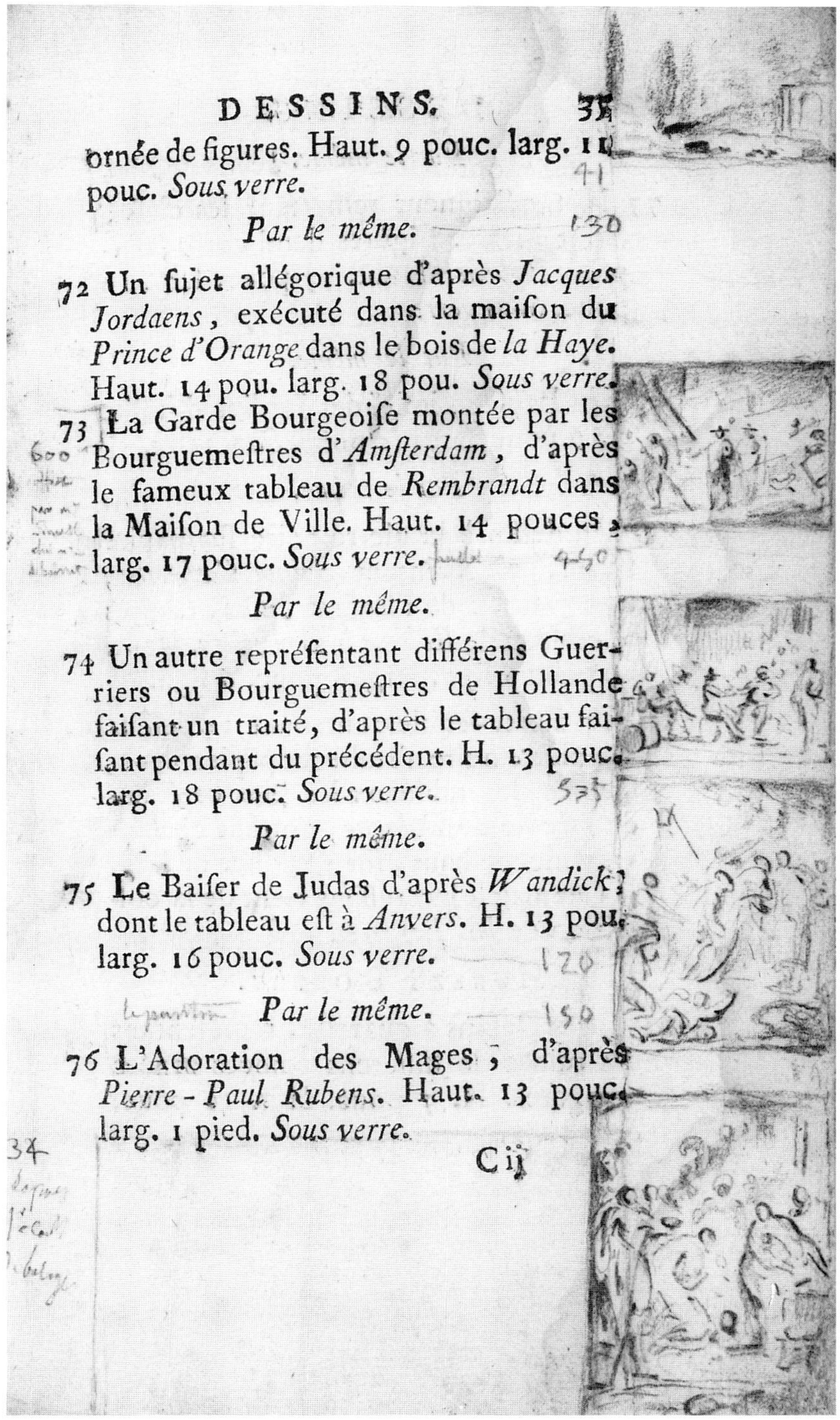
DESSINS. 35

ornée de figures. Haut. 9 pouc. larg. 11 pouc. *Sous verre.*

Par le même.

72 Un sujet allégorique d'après *Jacques Jordaens*, exécuté dans la maison du *Prince d'Orange* dans le bois de *la Haye*. Haut. 14 pou. larg. 18 pou. *Sous verre.*

73 La Garde Bourgeoise montée par les Bourguemestres d'*Amsterdam*, d'après le fameux tableau de *Rembrandt* dans la Maison de Ville. Haut. 14 pouces, larg. 17 pouc. *Sous verre.*

Par le même.

74 Un autre représentant différens Guerriers ou Bourguemestres de Hollande faisant un traité, d'après le tableau faisant pendant du précédent. H. 13 pouc. larg. 18 pouc. *Sous verre.*

Par le même.

75 Le Baiser de Judas d'après *Wandick*; dont le tableau est à *Anvers*. H. 13 pou. larg. 16 pouc. *Sous verre.*

Par le même.

76 L'Adoration des Mages, d'après *Pierre-Paul Rubens*. Haut. 13 pouc. larg. 1 pied. *Sous verre.*

C ij

81 *«Catalogue d'une collection de dessins choisis des maîtres célèbres des écoles italienne, flamande et française, tant en feuille que sous verre ; et d'un recueil d'estampes de feu M. d'Argenville, Conseiller du Roi en ses Conseils ...»*

- Paris, Musier, imprimé chez Didot, 1778, in-8, 102 p.
- L. Dut. 1157

PROVENANCE

Coll. Destailleur ; sa vente (26, 27-5-1893, n° 119) ; coll. Georges Pannier ; vente anonyme (9-5-1919) ; acquis par la Ville de Paris sur les arrérages du legs Dutuit pour le musée du Petit Palais.

BIBLIOGRAPHIE

Dacier, t. I, p. 21 (simplement cité, non reproduit en fac-similé) ; Dacier, 1929, n° 1058.

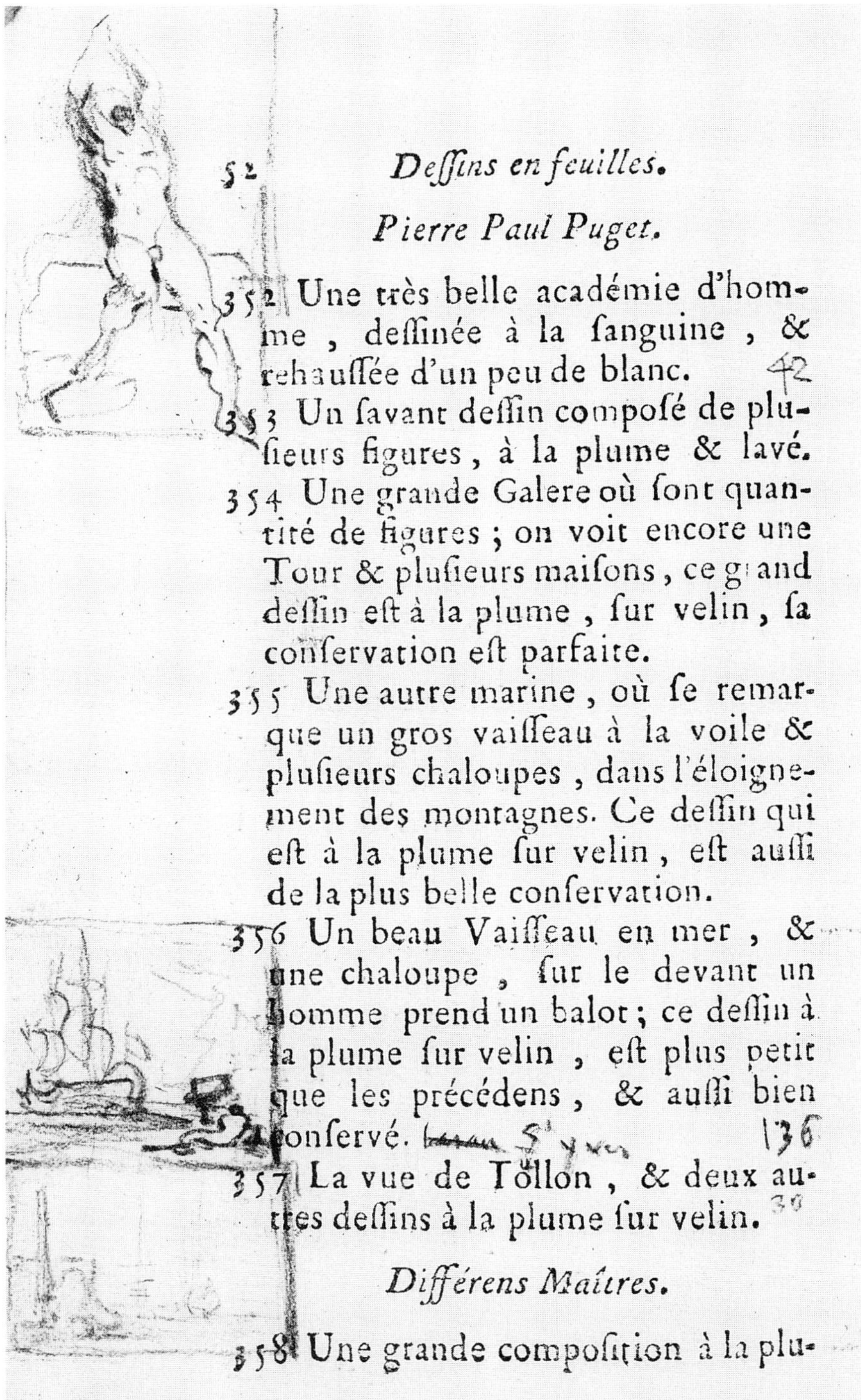
52 *Deſſins en feuilles.*

Pierre Paul Puget.

352 Une très belle académie d'homme, deſſinée à la ſanguine, & rehauſſée d'un peu de blanc. 42

353 Un ſavant deſſin compoſé de pluſieurs figures, à la plume & lavé.

354 Une grande Galere où ſont quantité de figures ; on voit encore une Tour & pluſieurs maiſons, ce grand deſſin eſt à la plume, ſur velin, ſa conſervation eſt parfaite.

355 Une autre marine, où ſe remarque un gros vaiſſeau à la voile & pluſieurs chaloupes, dans l'éloignement des montagnes. Ce deſſin qui eſt à la plume ſur velin, eſt auſſi de la plus belle conſervation.

356 Un beau Vaiſſeau en mer, & une chaloupe, ſur le devant un homme prend un balot ; ce deſſin à la plume ſur velin, eſt plus petit que les précédens, & auſſi bien conſervé. 136

357 La vue de Tollon, & deux autres deſſins à la plume ſur velin. 30

Différens Maîtres.

358 Une grande compoſition à la plu-

La collection de dessins de Dezallier d'Argenville était, après celle de Mariette — dont elle détenait d'ailleurs de nombreux chefs-d'œuvre — la plus importante du XVIIIe siècle (signalons à ce propos qu'une étude complète de cette collection est actuellement en chantier ; la publication de ce travail exemplaire réservera très certainement de grandes surprises). Dispersée en 1778, elle se réunit en fait par ensemble dans le cabinet de plusieurs amateurs (signalons ainsi Saint-Morys dont le cabinet fut saisi à la Révolution et transféré au Louvre).

La précision de ces croquis stupéfie : la suite des dessins de Bouchardon, par exemple, nous semble être l'une des plus heureuses compositions de Saint-Aubin. On sera sensible à l'évidente affinité spirituelle dont notre artiste témoigne ici à l'égard de ses pairs.

Les croquis de Saint-Aubin sont décrits selon leur ordre propre, de haut en bas et de gauche à droite, et non selon l'ordre des notices auxquelles ils se rapportent.

PAGE 52

n° 352, Pierre-Paul Puget, «Une très belle académie d'homme» (non localisée).

n° 356, Pierre-Paul Puget, «un beau Vaisseau en mer et une chaloupe, sur le devant un homme prend un balot» (non localisé).

n° 357, Pierre-Paul Puget, «La vue de Töllon [Toulon]» (sans doute Paris, Musée du Louvre, inv. 32593) ; et une marine très légèrement esquissée sur la droite du texte (non identifiable).

PAGE 53

n° 361, Edme Bouchardon, «Le frère Luce courant après une femme...», sans doute une illustration pour le conte de La Fontaine intitulé l'*Ermite* ou *Frère Luce* (non localisé).

n° 364, Edme Bouchardon, «cinq dessins, dont quatre à la sanguine» : un dessin non identifié, étude d'une femme nue (non localisé) ; un autre dessin non identifié, étude d'une tête de femme (non localisé) ; un *Projet de tombeau* (Paris, Musée du Louvre, inv. 24309, *cf.* Guiffrey & Marcel, 1907, t. II, p. 7, n° 820) ; *Saint Jean prêchant au désert* (Paris, Musée du Louvre, inv. 24675, *cf.* Guiffrey & Marcel, 1907, t. I, p. 123, n° 756) ; *Etude pour un lutrin* (Paris, Musée du Louvre, inv. 24684, *cf.* Guiffrey & Marcel, t. II, p. 8, n° 830).

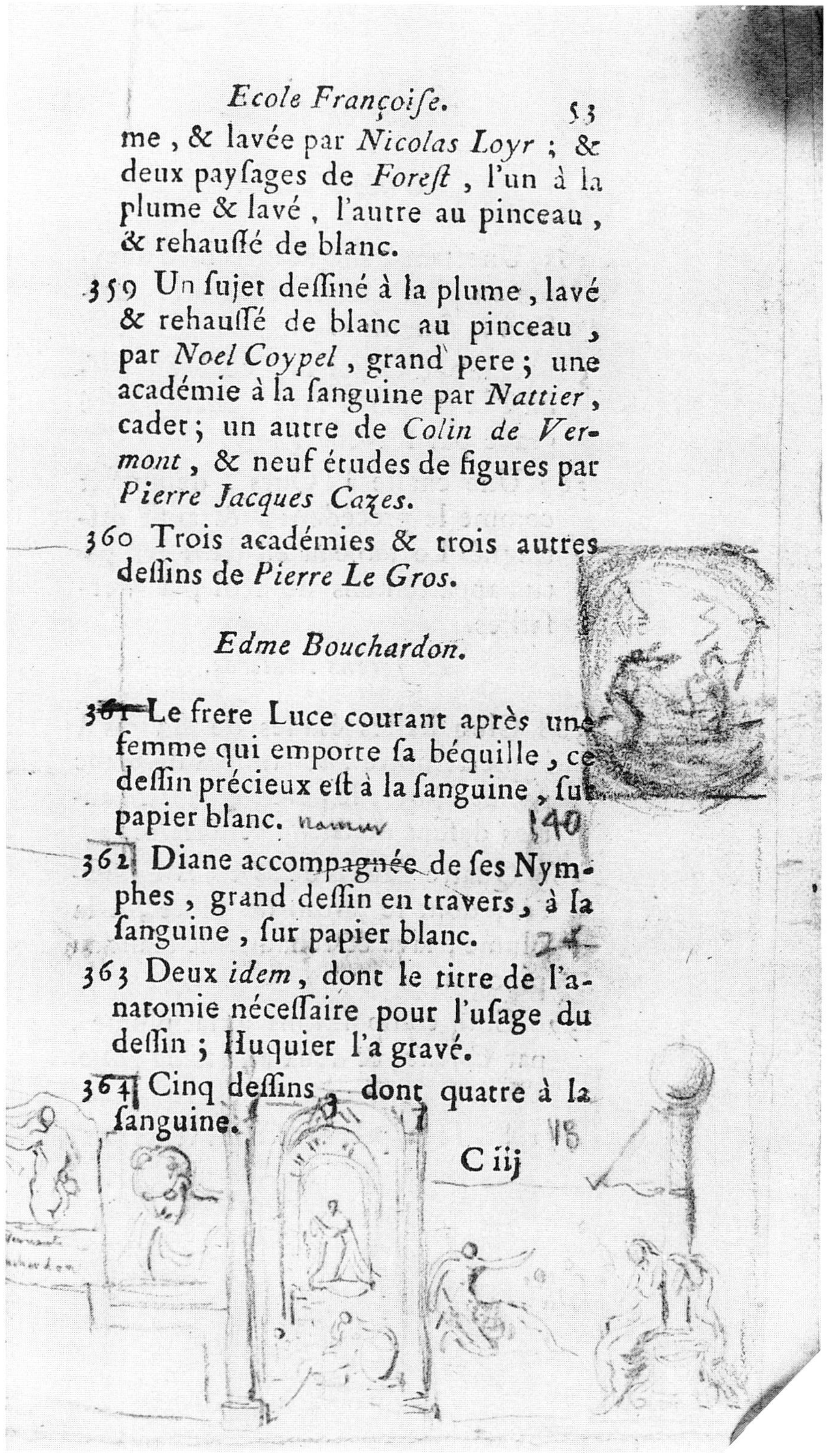
Ecole Françoise. 53

me, & lavée par *Nicolas Loyr* ; & deux paysages de *Forest*, l'un à la plume & lavé, l'autre au pinceau, & rehaussé de blanc.

359 Un sujet dessiné à la plume, lavé & rehaussé de blanc au pinceau, par *Noel Coypel*, grand pere ; une académie à la sanguine par *Nattier*, cadet ; un autre de *Colin de Vermont*, & neuf études de figures par *Pierre Jacques Cazes*.

360 Trois académies & trois autres dessins de *Pierre Le Gros*.

Edme Bouchardon.

361 Le frere Luce courant après une femme qui emporte sa béquille, ce dessin précieux est à la sanguine, sur papier blanc. 140

362 Diane accompagnée de ses Nymphes, grand dessin en travers, à la sanguine, sur papier blanc. 24

363 Deux *idem*, dont le titre de l'anatomie nécessaire pour l'usage du dessin ; Huquier l'a gravé.

364 Cinq dessins, dont quatre à la sanguine.

C iij

82 *«Catalogue de tableaux, estampes, figures et grouppes de bronze, médailles d'or, d'argent et de bronze, du Cabinet de Monsieur le Président de Lyert, Seigneur d'Andilly et autres lieux.»*
«Cette vente se fera le Lundi 22 Février [vendredi 5 mars] 1779.»

- Paris, Veuve Musier et Me Pignier, imprimé chez Didot, 1779, petit in-8, 20 p.
- L. Dut. 1172

PROVENANCE

Coll. B. Fillon ; librairie Morgand ; coll. Destailleur ; sa vente (26, 27-5-1893, n° 120) ; coll. Ephrassi : coll. Th. Reinach ; acquis dans le commerce parisien en 1934 par la Ville de Paris sur les arrérages du legs Dutuit pour le musée du Petit Palais.

BIBLIOGRAPHIE

Reinach, 1924, pp. 236-257 ; Dacier, 1929, n° 1059.

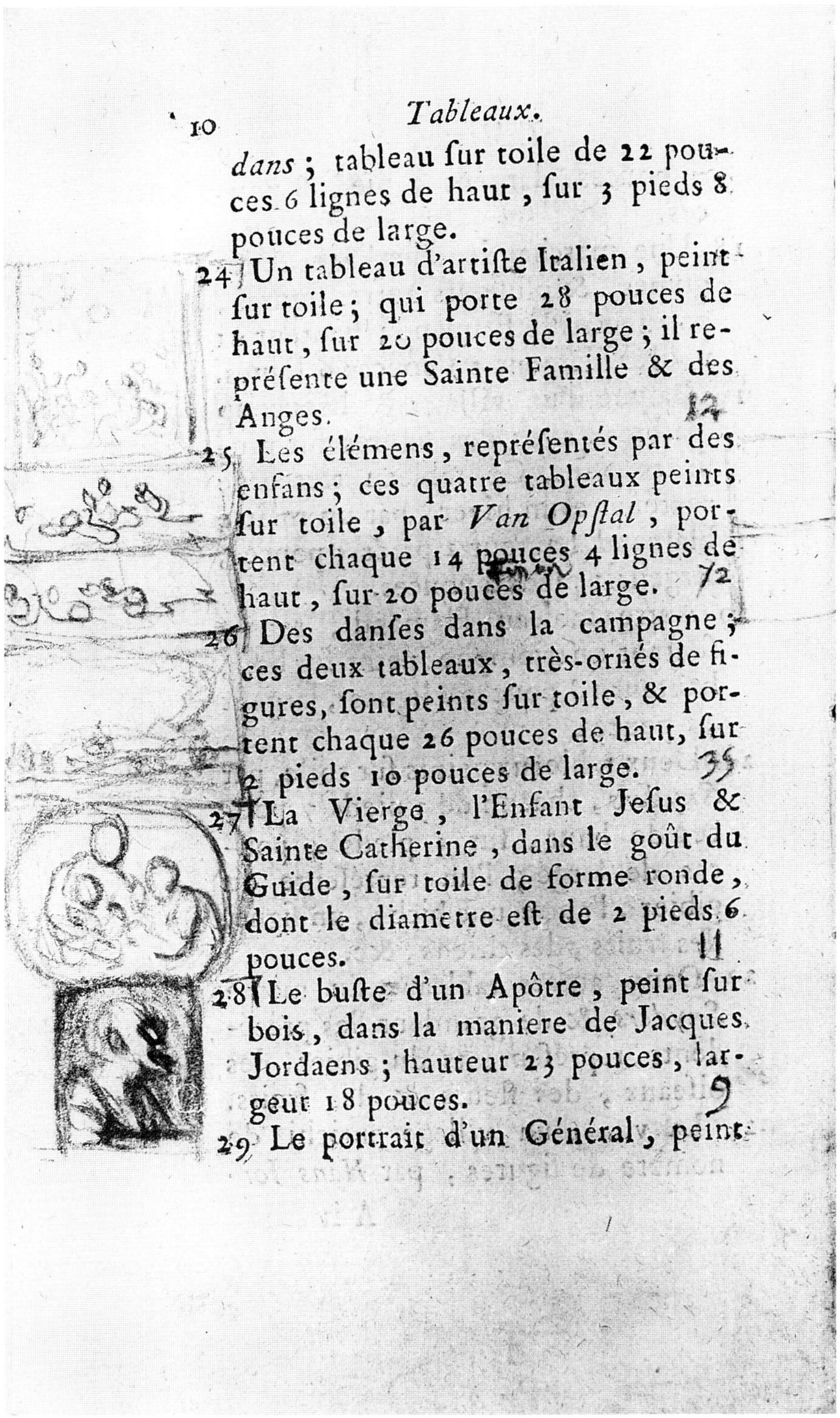
10 *Tableaux.*
dans ; tableau ſur toile de 22 pouces 6 lignes de haut, ſur 3 pieds 8 pouces de large.
24 Un tableau d'artiſte Italien, peint ſur toile ; qui porte 28 pouces de haut, ſur 20 pouces de large ; il repréſente une Sainte Famille & des Anges. 12
25 Les élémens, repréſentés par des enfans ; ces quatre tableaux peints ſur toile, par *Van Opſtal*, portent chaque 14 pouces 4 lignes de haut, ſur 20 pouces de large. 72
26 Des danſes dans la campagne ; ces deux tableaux, très-ornés de figures, ſont peints ſur toile, & portent chaque 26 pouces de haut, ſur 2 pieds 10 pouces de large. 35
27 La Vierge, l'Enfant Jeſus & Sainte Catherine, dans le goût du Guide, ſur toile de forme ronde, dont le diametre eſt de 2 pieds 6 pouces. 11
28 Le buſte d'un Apôtre, peint ſur bois, dans la maniere de Jacques Jordaens ; hauteur 23 pouces, largeur 18 pouces. 9
29 Le portrait d'un Général, peint

Tous les catalogues illustrés par Saint-Aubin ne peuvent être des musées de poche. Et, de ce point de vue, la collection du Président de Lyert, amateur parisien assez obscur dans ce XVIIIe siècle qui comptait tant de collectionneurs prestigieux, n'offre guère que des déceptions puisque rares sont les œuvres importantes à y avoir été localisées. Nous avons retenu cette double page pour la seule qualité des croquis de Saint-Aubin — une fois n'est pas coutume ; il convient ici de rendre d'abord hommage à la formidable curiosité de cet amateur un peu fou, et à ses propres talents d'artiste.

Aucun des tableaux représentés sur ces deux pages n'a été localisé.

Les croquis de Saint-Aubin sont décrits selon leur ordre propre, de haut en bas et de gauche à droite, et non selon l'ordre des notices auxquelles ils se rapportent.

PAGE 10

n° 24, «Un tableau d'artiste Italien (...) il représente une Sainte Famille et des Anges».

n° 25, Van Opstal, «quatre tableaux» qui représentent «les éléments» — Saint-Aubin n'en esquisse que deux, à gauche du texte, laissant deux cadres vides à droite.

n° 26, «Des danses dans la campagne (...) deux tableaux, très ornés de figures» — Saint-Aubin n'en esquisse qu'un, à gauche.

n° 27, «La Vierge, l'Enfant Jésus et Sainte Catherine, dans le goût du Guide [Guido Reni], sur toile de forme ronde».

n° 28, «Le buste d'un apôtre (...) dans la manière de Jacques [Jacob] Jordaens».

PAGE 11

n° 35, «Pan et Syrinx, et le jugement de Midas (...) dans le goût de Rothenamer».

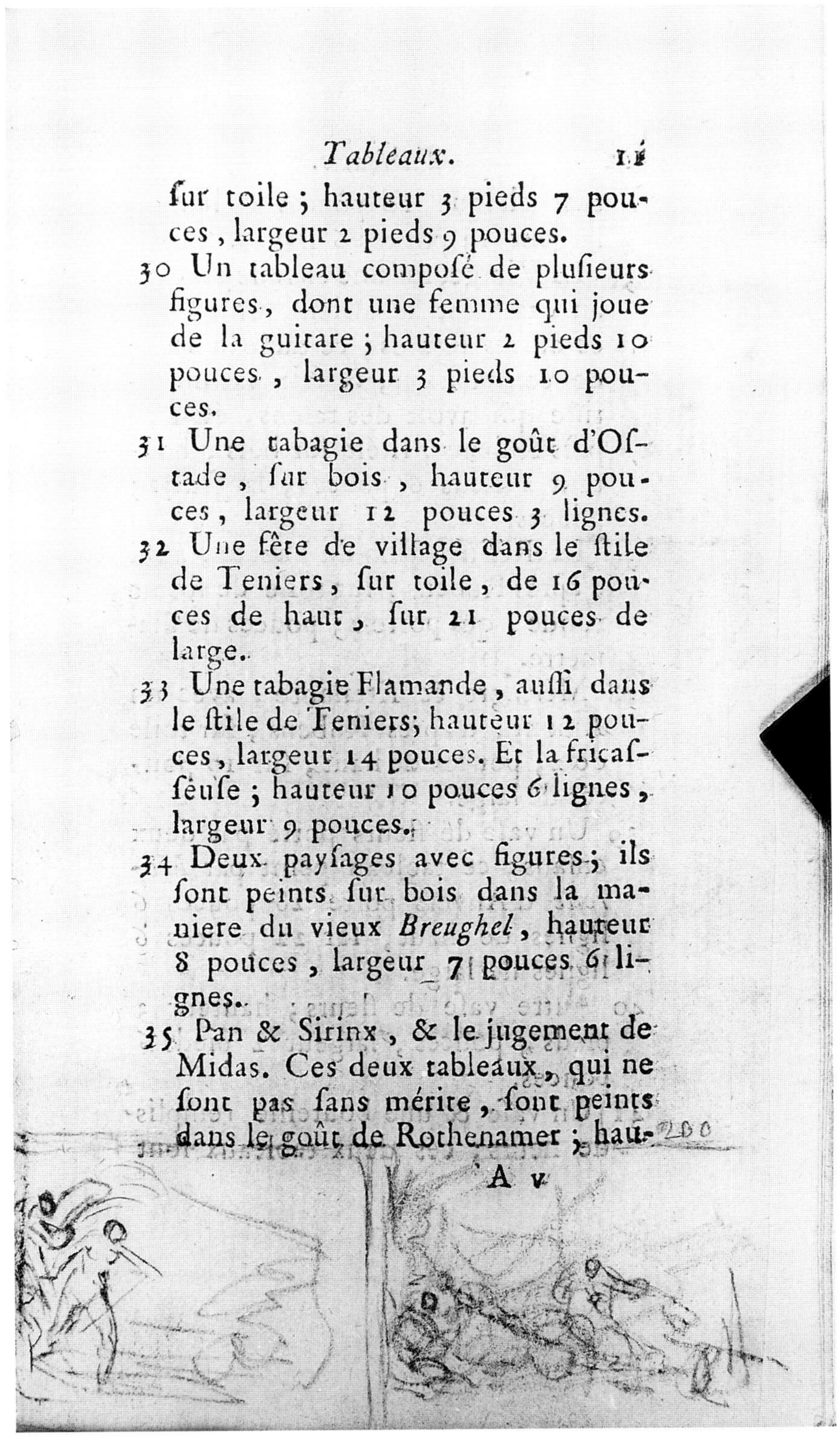
Tableaux. 11

ſur toile ; hauteur 3 pieds 7 pouces, largeur 2 pieds 9 pouces.

30 Un tableau compoſé de pluſieurs figures, dont une femme qui joue de la guitare ; hauteur 2 pieds 10 pouces, largeur 3 pieds 10 pouces.

31 Une tabagie dans le goût d'Oſtade, ſur bois, hauteur 9 pouces, largeur 12 pouces 3 lignes.

32 Une fête de village dans le ſtile de Teniers, ſur toile, de 16 pouces de haut, ſur 21 pouces de large.

33 Une tabagie Flamande, auſſi dans le ſtile de Teniers; hauteur 12 pouces, largeur 14 pouces. Et la fricaſſeuſe ; hauteur 10 pouces 6 lignes, largeur 9 pouces.

34 Deux payſages avec figures ; ils ſont peints ſur bois dans la maniere du vieux *Breughel*, hauteur 8 pouces, largeur 7 pouces 6 lignes.

35 Pan & Sirinx, & le jugement de Midas. Ces deux tableaux, qui ne ſont pas ſans mérite, ſont peints dans le goût de Rothenamer ; hau-

A v

83 *(I à VIII)* *«Description de Paris, de Versailles, de Marly, de Meudon, de S. Cloud, de Fontainebleau, Et de toutes les autres belles Maisons et Châteaux des Environs de Paris. Par M. Piganiol de la Force.»*

■ «A Paris, chez Charles-Nicolas Poirion, ruë S. Jacques, vis à vis la ruë des Noyers, à l'Empereur. 1742.», 8 vol. in-12.
■ L. Dut. 1152

PROVENANCE

Coll. de «Nicolas Savart en 1789» (son nom au dos d'une gravure ?) ; coll. de «Mlle de Pins» ou «de Puis» (son nom sur une page) ; bibliothèque de l'architecte Louis Triboulet (son cachet) ; coll. Jacques Doucet ; vente anonyme (9-5-1919) ; acquis par la Ville de Paris sur les arrérages du legs Dutuit pour le musée du Petit Palais.

BIBLIOGRAPHIE

Dacier, R.A.A.M., 1908, t. XXIII, p. 241 ; Dacier, B.S.H.P., 1908, t. XXXV ; Descoux, 1908, G.B.A., t. XXXIX, p. 329 ; Dacier, 1929, n° 1065.

D'un autre genre que les catalogues de collection et de vente ou les livrets de Salons, la *Description de Paris...* est l'un des ouvrages les plus curieux du *corpus* illustré par Gabriel de Saint-Aubin. Ancêtre en quelque sorte de notre moderne *Guide bleu*, le «Piganiol» se présente comme un guide historique et touristique de Paris et des environs classé selon les quartiers et les paroisses du Paris de 1742. Retenons ce détail : les huit volumes sont parfaitement indépendants de sorte à permettre au curieux de se promener dans chaque quartier avec l'ouvrage correspondant à son aire de promenade. N'en doutons pas, c'est exactement ce que Saint-Aubin a fait. Les nombreuses annotations qu'il porte en marge de ses dessins, entre les lignes — quand ce n'est pas sur le texte lui-même — et les dates qu'il n'oublie presque jamais de noter le prouvent. Il ne manque à un esprit méthodique et aussi méticuleux que Saint-Aubin lui-même que le soin d'enregistrer toutes ces dates pour retrouver certains des itinéraires de promenade de l'artiste.

Les huit volumes ne sont pas également illustrés : le quatrième ainsi, traitant des «quartiers de Saint Paul, de Sainte Avoye, du Temple, de Saint Antoine et de la place Maubert» est de loin le plus griffonné par la sublime patte de mouche (soixante pages plus ou moins couvertes de croquis). Ne nous en étonnons pas puisque Saint-Aubin habitait le Quartier latin, rue Jean-de-Beauvais et son frère aîné, Charles-Germain, le quartier des Halles, rue des Prouvaires.

Il est difficile de devoir faire un choix dans un tel ensemble : si tout croquis n'y est peut-être pas un chef-d'œuvre, encore qu'il y en ait réellement, tout est intéressant — le mot est faible : passionnant serait plus juste, pour faire écho à cette passion qui d'évidence a toujours saisi Saint-Aubin. Tel dessin, telle annotation rapportent des renseignements essentiels sur l'achèvement ou la destruction d'un monument, d'un tombeau, d'un tableau. Tel mot, tel croqueton nous informent sur un événement contemporain, sur le dessinateur lui-même ou bien nous donnent simplement à voir un groupe de badauds réunis sous la tonnelle d'un estaminet des Tuileries.

Nous avons voulu donner ici un florilège significatif des diverses facettes de ce journaliste peu commun : tout à la fois chroniqueur de la rue, touriste attentif et topographe attentionné, parfois brouillon, voire très franchement «négligé», mais toujours grand dessinateur. Il est des pages que nous regrettons amèrement de ne pouvoir livrer à la curiosité du public comme celle où l'on voit une statue de Pigalle (aujourd'hui disparue) croquée à Saint-Pierre de Montmartre ; comme cette autre page où Saint-Aubin reprend une gravure du livre montrant les Thermes de Cluny pour y ajouter deux tonneaux, un ballot de paille et une charrette à bras ; comme cette autre encore où il reprend une gravure montrant le tombeau de Richelieu par Girardon (chapelle de la Sorbonne) pour donner trois vues panoramiques du même monument sous des angles différents ; comme ces autres pages, enfin, de la table générale des matières où la marge est ornée des façades minuscules des monuments énumérés.

Ajoutons enfin qu'il est peu d'œuvres plus émouvantes que celle-ci dans la carrière de Saint-Aubin : pris et repris par le dessinateur, les volumes de la *Description de Paris* l'ont vraisemblablement accompagné jusqu'à sa mort, et l'on peut imaginer, comme E. Dacier ou Ph. Descoux, les poches de son habit trouées par ces maroquins aujourd'hui bien flétris. Les premiers croquis datés remontent à 1770, les derniers sont du printemps 1779. Saint-Aubin meurt l'hiver suivant, le 9 février 1780. Si les huit volumes de la *Description* ne sont certes pas son testament artistique — d'ailleurs était-il homme à laisser un testament ? —, il est permis de les considérer comme le journal le plus intime que ce dessinateur enragé nous ait pu laisser.

83 (I) *Description de Paris,... Tome Premier.*

«Contenant l'Histoire de Paris, son Gouvernement Ecclesiastique, Civil et Militaire et la Description du Quartier de la Cité.»

PAGE 382

«Quartier de la Cité» — «Isle Notre-Dame» — Cathédrale Notre-Dame.

Jean Jouvenet, *La guérison du paralytique* : «Le paralytique guéri par Jésus-Christ, qui lui dit : *Levez-vous, emportez votre lit, et allez-vous-en à votre maison ; et le Paralytique s'étant levé, s'en alla à sa maison.* S. Math. 9. V. 6 et 7. Ce tableau a été peint par *Jean Jouvenet* en 1673. Et a été gravé par *Vermeulen.*»

Louis de Boulogne, *La guérison du serviteur du centenier.* «Jésus-Christ qui guérit le serviteur du Centenier en faveur de sa foi vive et de son humilité. S. Math. 8 V. 5. 6. 7. et 13. Ce tableau a été peint par le même peintre que le précédent [Louis de Boulogne].»

Dacier signale que ces deux tableaux ont été remis par A. Lenoir au Museum en 1792 et 1793 (1908, p. 7, n. 3-4).

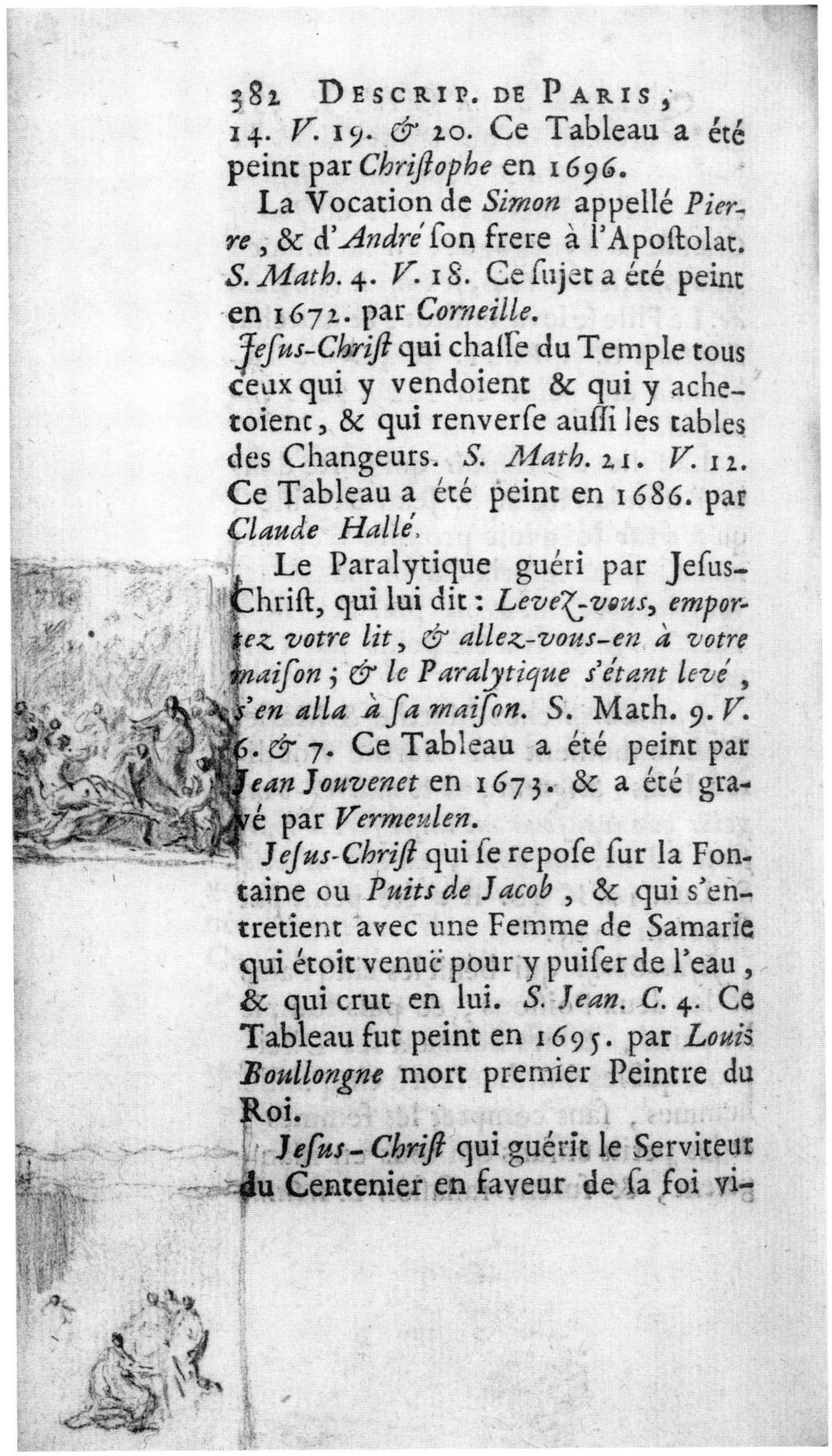

382 DESCRIP. DE PARIS,

14. *V.* 19. & 20. Ce Tableau a été peint par *Chriſtophe* en 1696.

La Vocation de *Simon* appellé *Pierre*, & d'*André* ſon frere à l'Apoſtolat. *S. Math.* 4. *V.* 18. Ce ſujet a été peint en 1672. par *Corneille.*

Jeſus-Chriſt qui chaſſe du Temple tous ceux qui y vendoient & qui y achetoient, & qui renverſe auſſi les tables des Changeurs. *S. Math.* 21. *V.* 12. Ce Tableau a été peint en 1686. par *Claude Hallé.*

Le Paralytique guéri par Jeſus-Chriſt, qui lui dit : *Levez-vous, emportez votre lit, & allez-vous-en à votre maiſon ; & le Paralytique s'étant levé, s'en alla à ſa maiſon.* S. Math. 9. *V.* 6. & 7. Ce Tableau a été peint par *Jean Jouvenet* en 1673. & a été gravé par *Vermeulen.*

Jeſus-Chriſt qui ſe repoſe ſur la Fontaine ou *Puits de Jacob*, & qui s'entretient avec une Femme de Samarie qui étoit venuë pour y puiſer de l'eau, & qui crut en lui. *S. Jean. C.* 4. Ce Tableau fut peint en 1695. par *Louis Boullongne* mort premier Peintre du Roi.

Jeſus-Chriſt qui guérit le Serviteur du Centenier en faveur de ſa foi vi-

83 (II) *Description de Paris, ... Tome Second.*

«Contenant les Quartiers de Saint Jacques de la Boucherie, de Sainte Oportune, du Louvre, du Palais Royal et de Montmartre.»

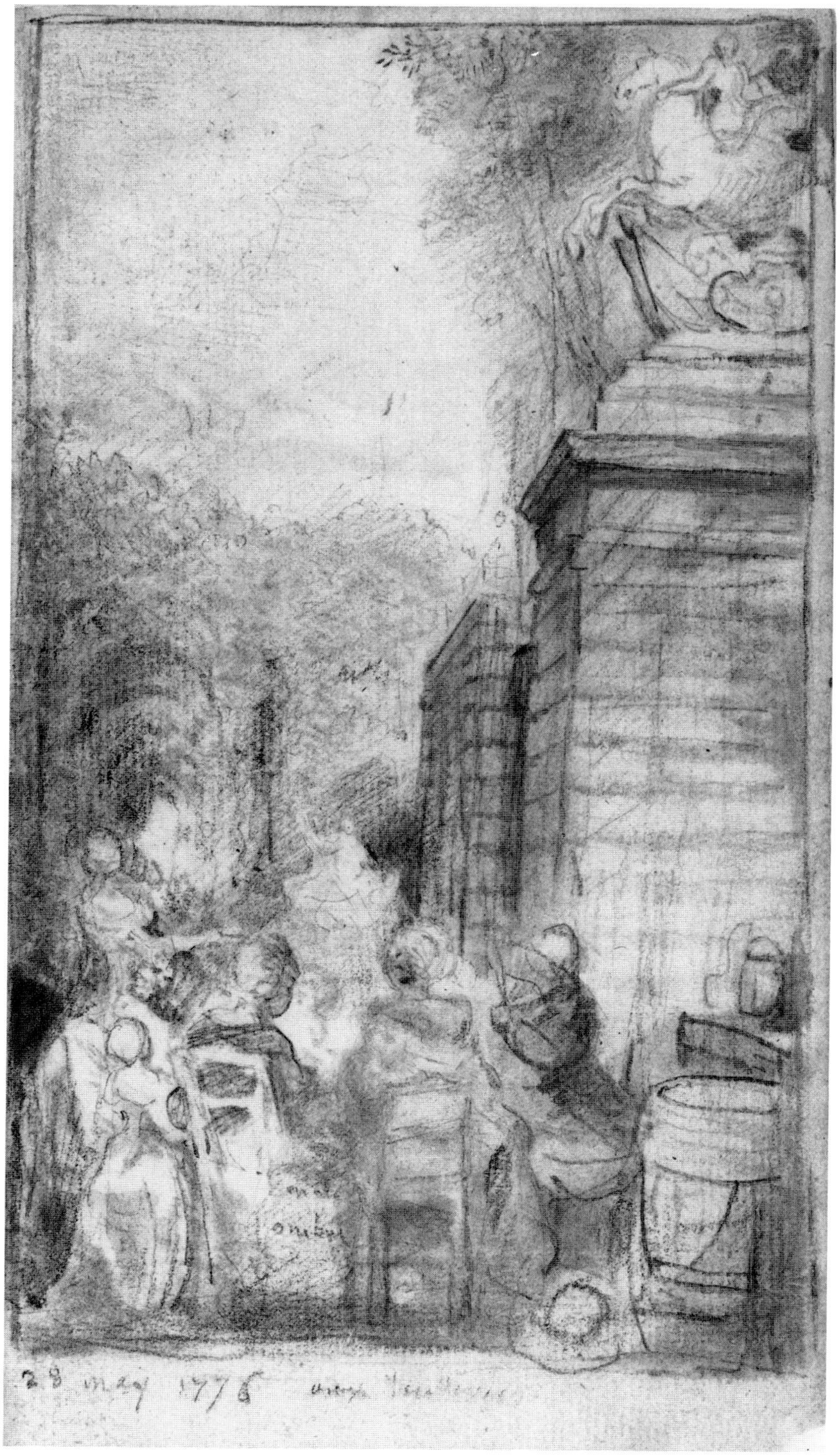

PAGE 647

«28 may 1776. Aux Tuileries».

Le dessin est réalisé sur la dernière page du volume, après les index.

Les jardins des Tuileries étaient au XVIIIe siècle comme aujourd'hui un lieu privilégié pour les promenades et les réunions. Des débits de boisson s'y étaient même installés et il était possible d'y boire assis une tasse de café ou de chocolat. La vue est prise depuis la place Louis XV (aujourd'hui place de la Concorde). Le dessin montre très clairement la *Renommée* de Coysevox installée là en 1719 avec son pendant, *Mercure*, lorsque les *Chevaux de Marly* de Coustou prirent leur place sur la terrasse de l'abreuvoir du château de Marly (aujourd'hui les quatre sculptures sont remplacées par des copies ; les originaux sont conservés au Louvre). La sculpture est vue de dos, avec les jardins des Tuileries à l'arrière-plan. On peut apercevoir aussi le groupe sculpté d'après l'antique de Corneille Van Cleve, *La Loire et le Loiret* (titre moderne), disposé sur le côté sud du bassin octogonal dès 1719. Comme il le fait souvent, Saint-Aubin prend soin de noter la date précise de son croquis.

83 (III) *Description de Paris, ... Tome Troisième.*

«Contenant les Quartiers de Saint Eustache, des Halles, de S. Denys, de S. Martin et de la Grève.»

Quartier des Halles — Eglise des Saints-Innocents.
Vue du déambulatoire de l'église des Saints-Innocents.

Il n'est pas rare que Saint-Aubin s'intéresse à l'architecture, et plus particulièrement à l'architecture gothique (voir les croquis des voûtes de Notre-Dame). Notons que les quelques pages que consacre Piganiol à l'église des Saints-Innocents et surtout au cimetière voisin ne rapportent rien sur les qualités architecturales de l'édifice lui-même. On sera sensible à ce goût prémonitoire qui dirige le regard du dessinateur vers ce qui sera détruit quelques années plus tard.

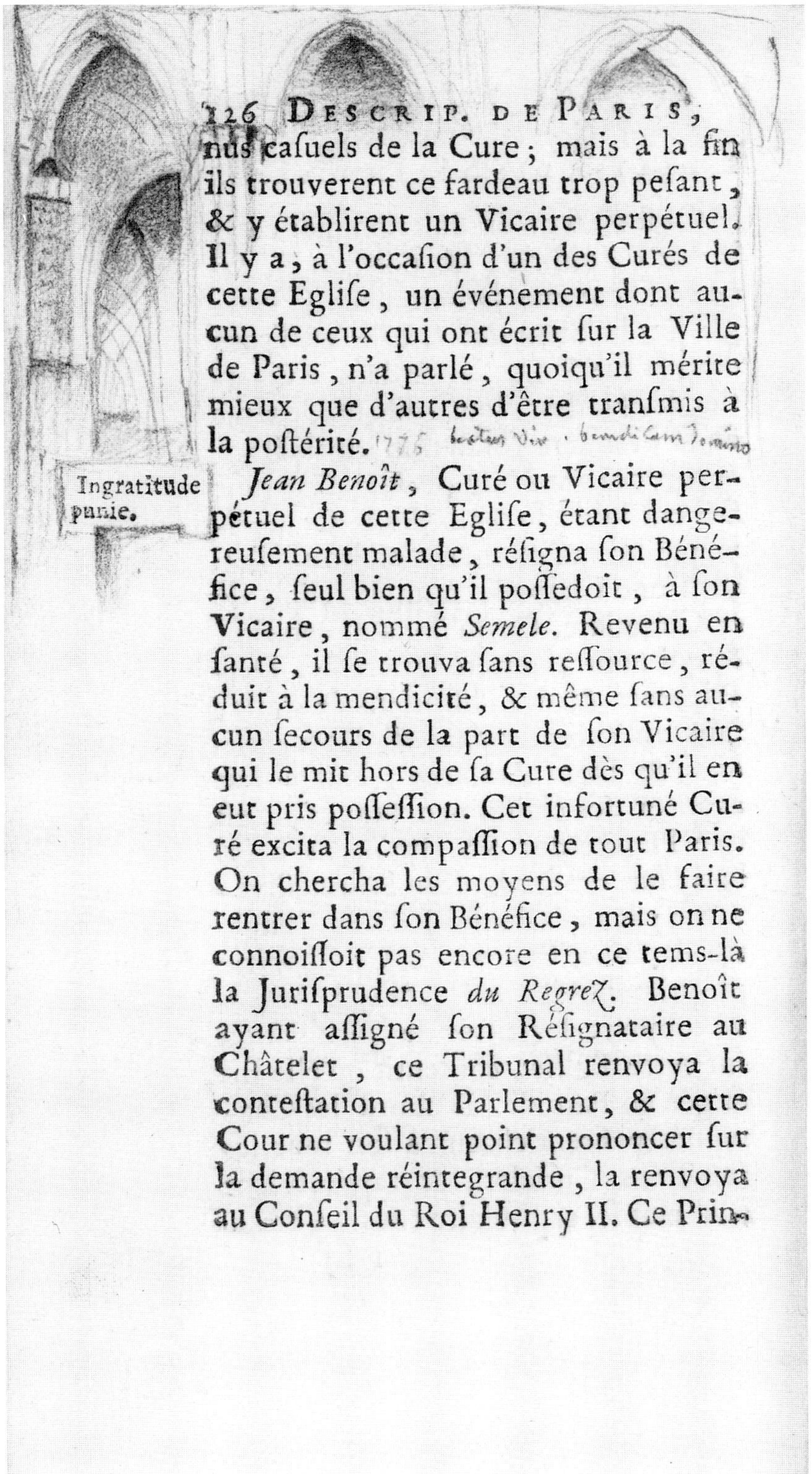

126 DESCRIP. DE PARIS,

nus casuels de la Cure ; mais à la fin ils trouverent ce fardeau trop pesant, & y établirent un Vicaire perpétuel. Il y a, à l'occasion d'un des Curés de cette Eglise, un événement dont aucun de ceux qui ont écrit sur la Ville de Paris, n'a parlé, quoiqu'il mérite mieux que d'autres d'être transmis à la postérité.

Ingratitude punie.

Jean Benoît, Curé ou Vicaire perpétuel de cette Eglise, étant dangereusement malade, résigna son Bénéfice, seul bien qu'il possedoit, à son Vicaire, nommé *Semele.* Revenu en santé, il se trouva sans ressource, réduit à la mendicité, & même sans aucun secours de la part de son Vicaire qui le mit hors de sa Cure dès qu'il en eut pris possession. Cet infortuné Curé excita la compassion de tout Paris. On chercha les moyens de le faire rentrer dans son Bénéfice, mais on ne connoissoit pas encore en ce tems-là la Jurisprudence *du Regrez.* Benoît ayant assigné son Résignataire au Châtelet, ce Tribunal renvoya la contestation au Parlement, & cette Cour ne voulant point prononcer sur la demande réintegrande, la renvoya au Conseil du Roi Henry II. Ce Prin-

83 (IV) *Description de Paris, ... Tome Quatrième.*

«Contenant les Quartiers de Saint Paul, de Sainte Avoye, du Temple, de Saint Antoine et de la place Maubert.»

PAGES 380-381

Quartier de Saint Antoine — Eglise des Grands Jésuites (Saint-Paul-Saint-Louis) — Chapelle Saint-Ignace.

Duval, *Christ en croix* : «La chapelle de Saint Ignace est de l'autre côté et sous le dôme. On voit sur l'autel, au lieu de tableau, un grand Crucifix de bronze, et S. Ignace à genoux. Ces figures sont à demi-relief, et ont été fondues par Duval, de même que les deux Anges de bronze qui sont sur le fronton, et qui tiennent le nom de *Jésus* enfermé dans un soleil, et les deux vases qui sont sur les acrotères des côtés.»

Ce retable sculpté était l'œuvre de Pierre Le Gros (les avis divergent pour savoir qui du fils, Pierre II, ou du père, Pierre Ier), sur un dessin de Jacques Sarrazin pour le Crucifix (marché du 21 déc. 1677). Duval était le fondeur. Le monument fut déplacé en 1798 et transféré au dépôt des Petits-Augustins sur les ordres d'Alexandre Lenoir. Les anges et les vases furent envoyés à la fonte en 1794. Le Crucifix et la statue de saint Ignace ont aujourd'hui disparu sans qu'on soit absolument sûr qu'ils ont été détruits. (Lami, 1906, t. II, p. 303 — attribué à Pierre II Le Gros ; Boinet, 1962, t. II, p. 127— attribué à Pierre Ier).

Jacques Sarrazin, *Mausolée du prince de Condé* : «Cette Chapelle renferme dans son enceinte un monument des plus magnifiques qu'il y ait, et que M. *Perrault* Président à la Chambre des Comptes, fit ériger à la mémoire de *Henry Duc de Bourbon*, Prince de Condé (...). Ce monument consiste en quatre Vertus de bronze, de grandeur naturelle, assises sur des piédestaux de marbre noir, et environnées de symboles qui les caractérisent. Plusieurs bas-reliefs qui représentent des histoires de l'Ancien Testament, allégoriques aux principales actions de Henry de Bourbon, [p. 382] et qui sont attachés à un appui de marbre noir qui sert de balustrade à cette Chapelle, concourent à enrichir ce mausolée. A chaque côté de l'entrée on a placé un Génie. L'un tient un bouclier où sont les armes de la Maison de Bourbon ; et sur l'autre, une table de marbre sur laquelle est cette inscription : HENRICO BORBONIO CONDÆO (...). Toutes ces figures ont été dessinées et modelées par *Sarrazin*, et ont été jetées en fonte par *Perlan*. On dit que ce monument a coûté à M. *Perrault* plus de deux cens mille livres, et que le Cavalier *Bernin* le regarda comme l'une des plus belles choses qui fussent pour lors en France.»

Ce monument a été déplacé par A. Lenoir en 1793 et transféré au dépôt des Petits-Augustins. Rendu en 1815 au Prince de Condé revenu d'exil, il fut tout d'abord entreposé à l'Hôtel de Lassay avant d'être envoyé au château de Chantilly. Le duc d'Aumale le fit remonter dans la chapelle du château neuf édifié par Daumet en 1883. Il s'y trouve encore aujourd'hui. (Lami, 1898, p. 510 ; Dacier, 1908, p. 24 ; Boinet, 1962, t. II, p. 127).

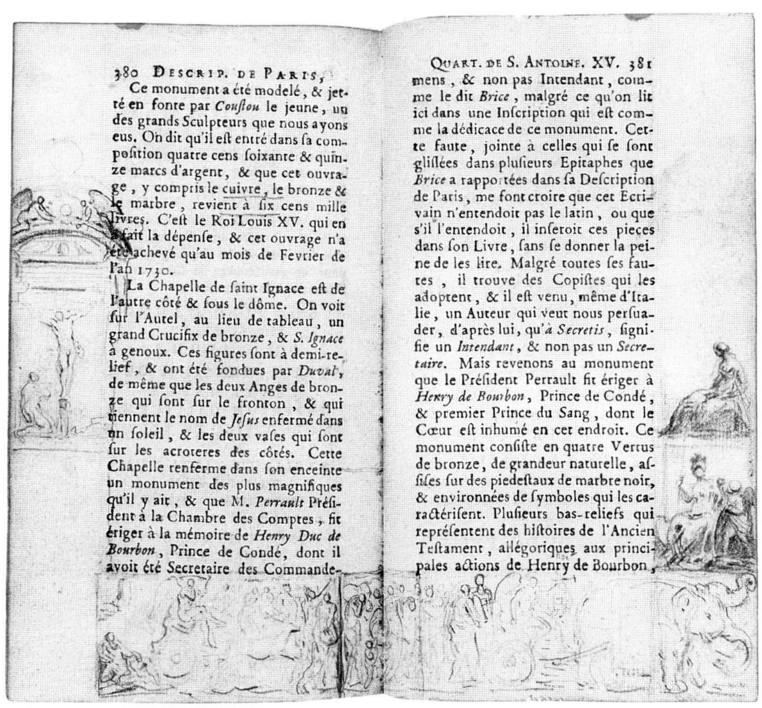
380 DESCRIP. DE PARIS,

Ce monument a été modelé, & jetté en fonte par *Couſtou* le jeune, un des grands Sculpteurs que nous ayons eus. On dit qu'il eſt entré dans ſa compoſition quatre cens ſoixante & quinze marcs d'argent, & que cet ouvrage, y compris le cuivre, le bronze & le marbre, revient à ſix cens mille livres. C'eſt le Roi Louis XV. qui en a fait la dépenſe, & cet ouvrage n'a été achevé qu'au mois de Fevrier de l'an 1730.

La Chapelle de ſaint Ignace eſt de l'autre côté & ſous le dôme. On voit ſur l'Autel, au lieu de tableau, un grand Crucifix de bronze, & *S. Ignace* à genoux. Ces figures ſont à demi-relief, & ont été fondues par *Duval*, de même que les deux Anges de bronze qui ſont ſur le fronton, & qui tiennent le nom de *Jeſus* enfermé dans un ſoleil, & les deux vaſes qui ſont ſur les acroteres des côtés. Cette Chapelle renferme dans ſon enceinte un monument des plus magnifiques qu'il y ait, & que M. *Perrault* Préſident à la Chambre des Comptes, fit ériger à la mémoire de *Henry Duc de Bourbon*, Prince de Condé, dont il avoit été Secretaire des Commande-

QUART. DE S. ANTOINE. XV. 381

mens, & non pas Intendant, comme le dit *Brice*, malgré ce qu'on lit ici dans une Inſcription qui eſt comme la dédicace de ce monument. Cette faute, jointe à celles qui ſe ſont gliſſées dans pluſieurs Epitaphes que *Brice* a rapportées dans ſa Deſcription de Paris, me font croire que cet Ecrivain n'entendoit pas le latin, ou que s'il l'entendoit, il inſeroit ces pieces dans ſon Livre, ſans ſe donner la peine de les lire. Malgré toutes ſes fautes, il trouve des Copiſtes qui les adoptent, & il eſt venu, même d'Italie, un Auteur qui veut nous perſuader, d'après lui, qu'*à Secretis*, ſignifie un *Intendant*, & non pas un *Secretaire*. Mais revenons au monument que le Préſident Perrault fit ériger à *Henry de Bourbon*, Prince de Condé, & premier Prince du Sang, dont le Cœur eſt inhumé en cet endroit. Ce monument conſiſte en quatre Vertus de bronze, de grandeur naturelle, aſſiſes ſur des piedeſtaux de marbre noir, & environnées de ſymboles qui les caractériſent. Pluſieurs bas-reliefs qui repréſentent des hiſtoires de l'Ancien Teſtament, allégoriques aux principales actions de Henry de Bourbon,

83 (V) *Description de Paris, ... Tome Cinquième.*

«Contenant le Quartier de Saint Benoist, et partie de celui de Saint André.»

PAGE 284

Quartier de Saint Benoist — Eglise Saint-Etienne.

Façade de l'église Saint-Etienne-du-Mont

«Le portail a beaucoup d'apparence. La Reine *Marguerite de Valois*, mère d'*Henri IV*, donna trois mille livres pour sa construction, et en posa la première pierre le 2 [p. 284] d'Août de l'an 1610. Les armes de cette Princesse sont gravées sur cette pierre, et sont accompagnées de cette Inscription :

DEO FAVENTE
S. Stephano deprecante, et auspiciis
MARGARETÆ VALESIÆ
Reginæ,
Anno Domini 1610. 2. Augusti.

Quatre colonnes d'Ordre Composite règlent la décoration de ce Portail, et sont même ce qu'il y a de plus beau, car d'ailleurs il est trop chargé d'ornemens, et la sculpture en est pitoyable.»

Faut-il ajouter quelque chose à la description peu flatteuse et surtout au croquis merveilleux de ce monument qui compte aujourd'hui parmi les plus beaux de Paris ?

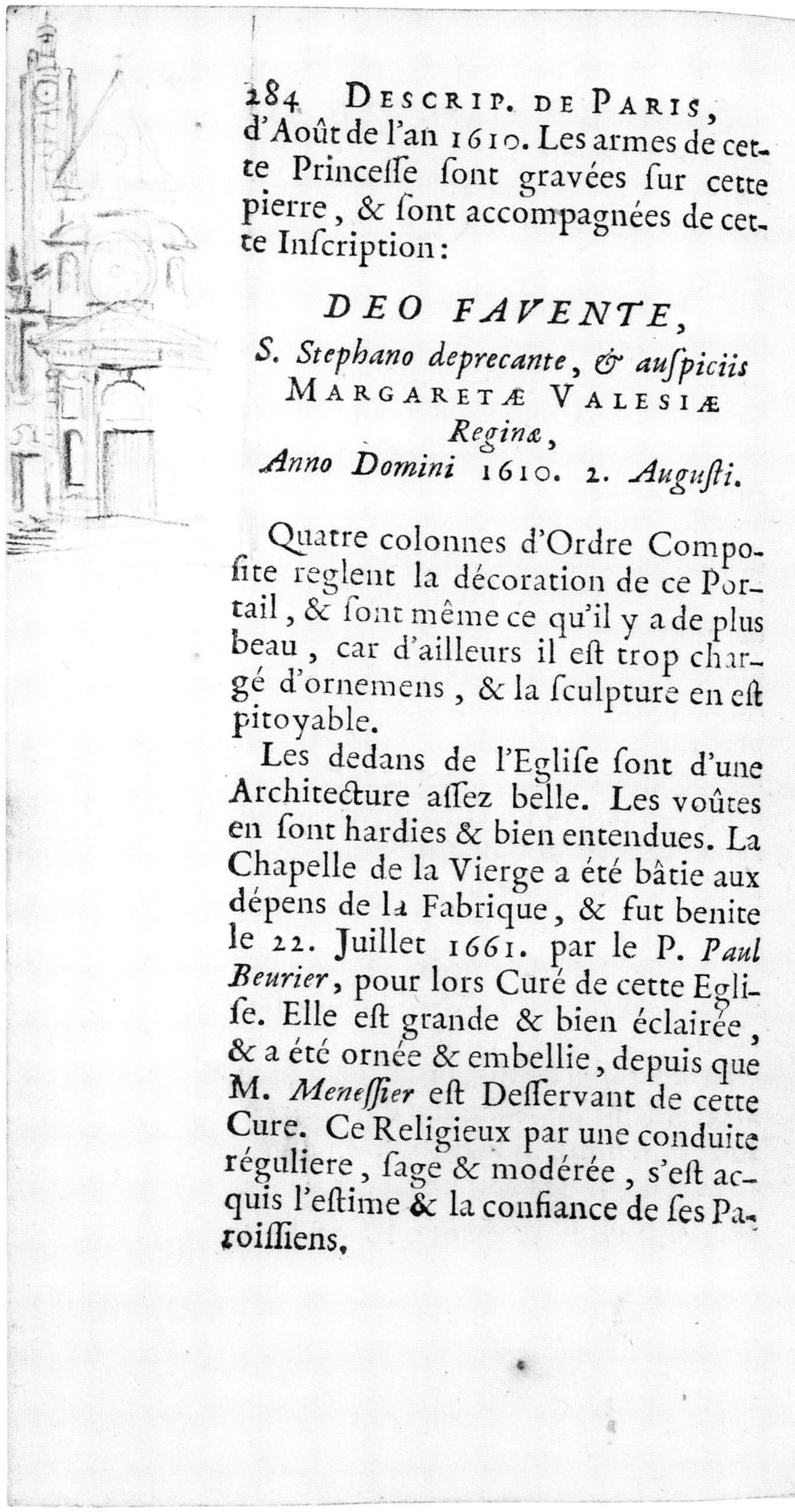

284 DESCRIP. DE PARIS,
d'Août de l'an 1610. Les armes de cette Princeſſe ſont gravées ſur cette pierre, & ſont accompagnées de cette Inſcription :

DEO FAVENTE,
S. Stephano deprecante, & auſpiciis
MARGARETÆ VALESIÆ
Reginæ,
Anno Domini 1610. 2. *Auguſti.*

Quatre colonnes d'Ordre Compoſite reglent la décoration de ce Portail, & ſont même ce qu'il y a de plus beau, car d'ailleurs il eſt trop chargé d'ornemens, & la ſculpture en eſt pitoyable.

Les dedans de l'Egliſe ſont d'une Architecture aſſez belle. Les voûtes en ſont hardies & bien entendues. La Chapelle de la Vierge a été bâtie aux dépens de la Fabrique, & fut benite le 22. Juillet 1661. par le P. *Paul Beurier*, pour lors Curé de cette Egliſe. Elle eſt grande & bien éclairée, & a été ornée & embellie, depuis que M. *Meneſſier* eſt Deſſervant de cette Cure. Ce Religieux par une conduite réguliere, ſage & modérée, s'eſt acquis l'eſtime & la confiance de ſes Paroiſſiens,

83 (VI) *Description de Paris, ... Tome Sixième.*

«Contenant l'autre partie du quartier de Saint André, et celui de Luxembourg.»

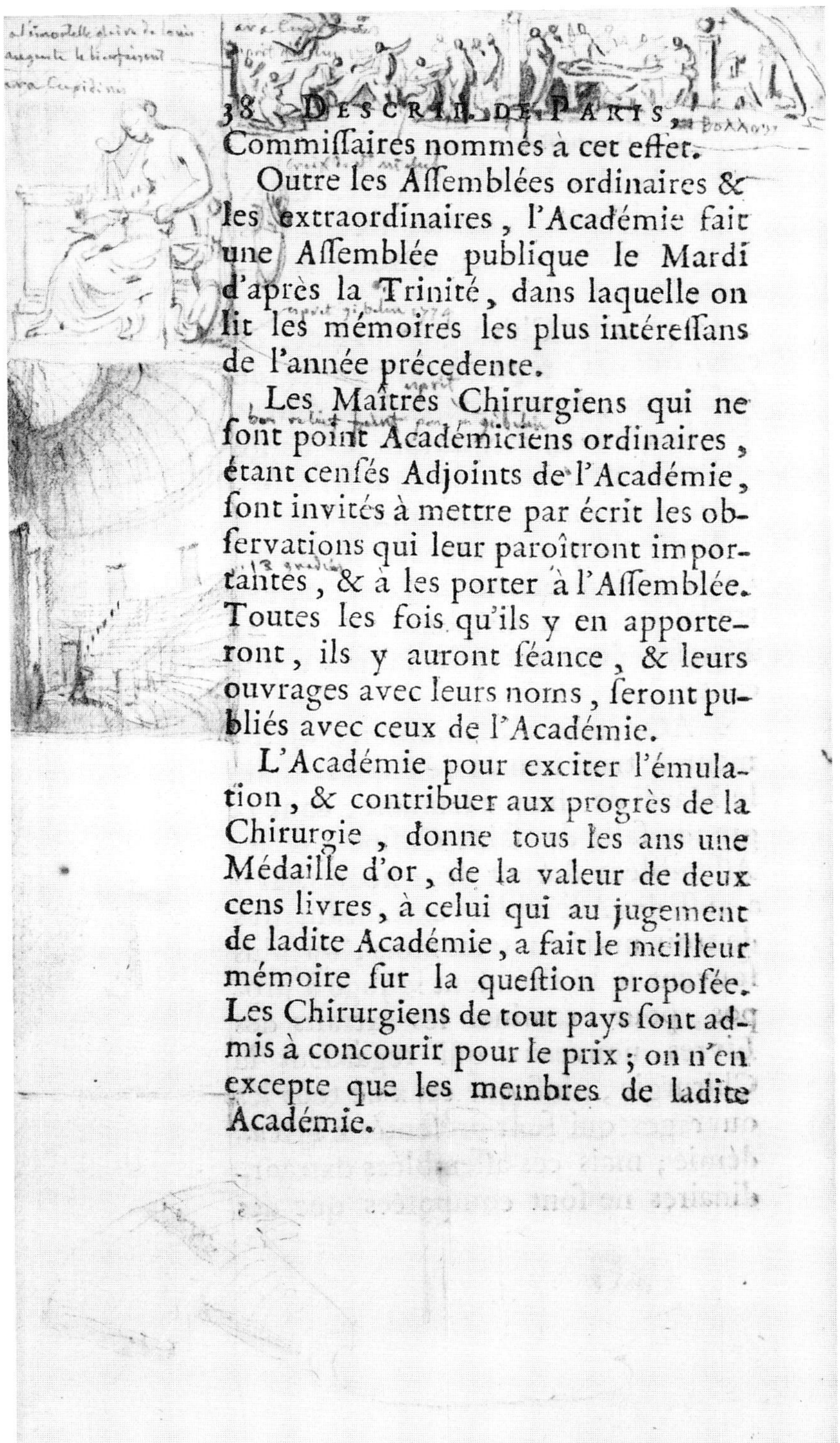
38 DESCRIPT. DE PARIS,

Commiſſaires nommés à cet effet.

Outre les Aſſemblées ordinaires & les extraordinaires, l'Académie fait une Aſſemblée publique le Mardi d'après la Trinité, dans laquelle on lit les mémoires les plus intéreſſans de l'année précedente.

Les Maîtres Chirurgiens qui ne ſont point Académiciens ordinaires, étant cenſés Adjoints de l'Académie, ſont invités à mettre par écrit les obſervations qui leur paroîtront importantes, & à les porter à l'Aſſemblée. Toutes les fois qu'ils y en apporteront, ils y auront ſéance, & leurs ouvrages avec leurs noms, ſeront publiés avec ceux de l'Académie.

L'Académie pour exciter l'émulation, & contribuer aux progrès de la Chirurgie, donne tous les ans une Médaille d'or, de la valeur de deux cens livres, à celui qui au jugement de ladite Académie, a fait le meilleur mémoire ſur la queſtion propoſée. Les Chirurgiens de tout pays ſont admis à concourir pour le prix; on n'en excepte que les membres de ladite Académie.

PAGE 38

Quartier de Saint André — Ecole de chirurgie

Vue de l'amphithéâtre de l'Ecole de Médecine

Construit entre 1691 et 1694 par les architectes Charles et Louis Joubert, l'amphithéâtre d'anatomie est la seule partie de l'ancienne école royale de chirurgie encore intacte aujourd'hui. Les croquis de Saint-Aubin sont enrichis de nombreuses annotations — dont certaines sont à peu près illisibles — ; en voici le relevé :

En haut à gauche : «A l'immortelle gloire de Louis-Auguste le bienfaisant» ; et puis : «Esprit Gibelin 1771».

On lit aussi : «Ara Cupidinis», répété deux fois ; ainsi que «Croix de S. Michel», avec une flèche désignant un détail du bas-relief ; et «Βολλαν».

Dans le texte : «Esprit Gibelin 1774» ; «bas relief peint (*sic*) par M. Esprit Gibelin» avec une flèche qui semble désigner la composition qui se trouve en haut à gauche ; et enfin «13 gradins».

Il faut sans doute reconnaître là certaines des compositions commandées au peintre Esprit Gibelin entre 1771 et 1774 dans la nouvelle Ecole de Médecine.

En 1777, Louis XVI faisait fermer l'ancienne école de chirurgie et en donnait la jouissance à l'*Ecole gratuite de dessin*. On peut se demander si ce n'est pas à cette occasion que Saint-Aubin put pénétrer dans cet amphithéâtre.

Cette page est, à notre sens, une des plus belles des huit volumes, qui réunit la passion de Saint-Aubin pour la peinture, l'architecture, la précision historique et ce remarquable sens de la mise en page rarement souligné.

83 (VII) *Description de Paris, ... Tome Septième. «Contenant le Quartier de Saint Germain des Prez.»*

VERSO DE LA PAGE DE GARDE

En face de cette page, une inscription porte : « 2 copies de mon *Tancrède* vendu à M. Lenoir (...)» ; suit, à la sanguine, une citation qui commence ainsi : «Il n'est plus le fameux Voltaire (...) avec une date : 30 may 1779».

S'il faut établir un lien entre l'inscription portée sur la page de droite (non reproduite) et le dessin que nous reproduisons, sans doute s'agit-il alors de la copie d'une composition réalisée par Gabriel de Saint-Aubin (dessin ou peinture ?), vendue à un certain M. Lenoir, illustrant une scène de la célèbre tragédie de Voltaire : *Tancrède.* On se souviendra que Saint-Aubin a déjà réalisé deux autres dessins sur ce thème, dessins qu'il a reproduits en gravures ; on se souviendra aussi de l'importante aquarelle rapportant le souvenir du *Couronnement* [posthume] *de Voltaire au Théâtre français le 30 mars 1778* (Paris, Musée du Louvre). Notons que Dacier, dans la notice qu'il donne sur cette page, ne voit aucun rapport avec cette inscription, et préfère considérer le dessin comme une pure fantaisie de Saint-Aubin (*op. cit.*, 1908, pp. 37-38).

Comme à son habitude, Saint-Aubin choisit la page de garde d'un livre — n'importe laquelle, n'importe lequel d'évidence, puisqu'il n'y a aucun rapport entre ce septième volume de la *Description...* et cette composition — pour croquer rapidement cette image qui lui passe par la tête, ce «ragoût extraordinaire» comme le dit Ph. Descoux (*op. cit.*).

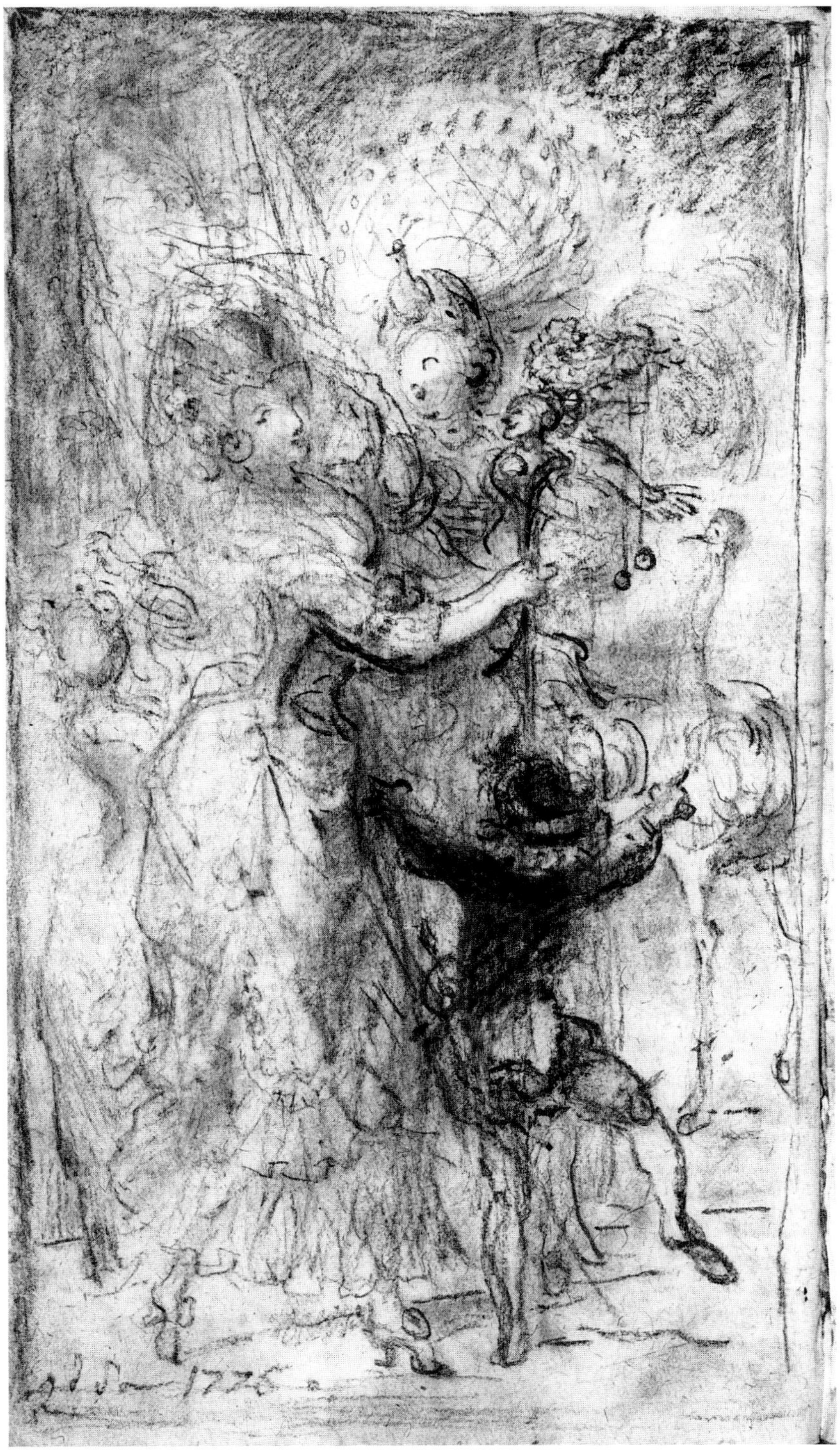

83 (VIII) *Description de Paris, ... Tome Huitième.*
«Contenant les Environs de Paris.»

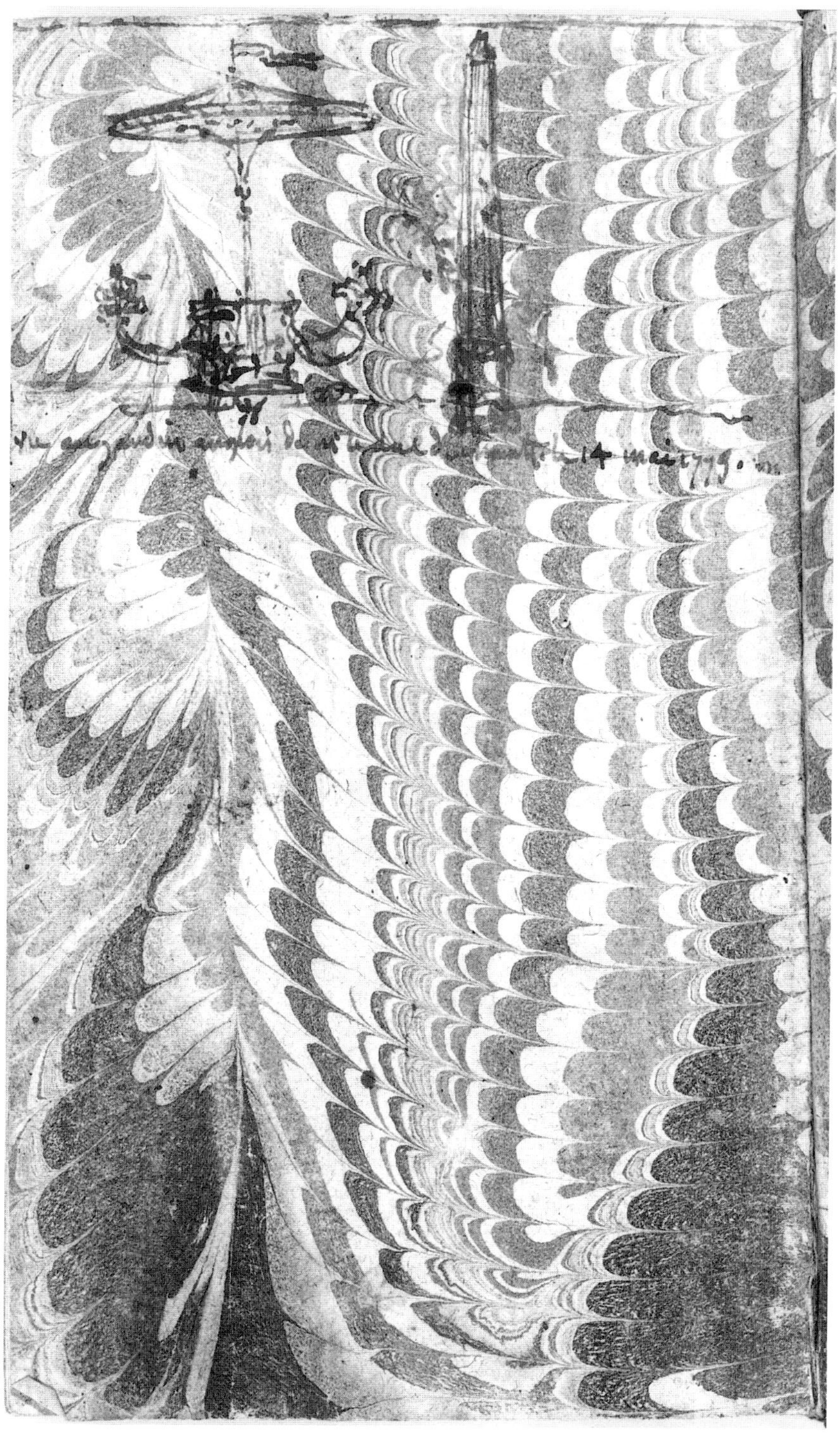

VERSO DE LA DERNIERE PAGE DE GARDE

Le huitième tome est fort peu illustré : nous en avons retenu à dessein le croquis de la dernière page de garde, même s'il est peu lisible, parce qu'il nous semble exemplaire tout à la fois de cette folie du dessinateur qui lui fait choisir — ou plus exactement ne pas choisir — les coins de feuilles les plus difficiles — ici un feuillet marbré — pour noter une idée, un souvenir..., et aussi parce que ces maigres traits de plume ont permis en son temps à Emile Dacier, le grand spécialiste de l'artiste, de retrouver une des œuvres les plus importantes de Saint-Aubin : la vue de la *Naumachie du Parc Monceau.* Citons ses propres termes : «Enfin on ne m'en voudra pas de rappeler que c'est un petit dessin, accompagné d'une note et d'une date relevée sur une des feuilles de garde du tome VIII de la *Description de Paris* (Collection J. Doucet [aujourd'hui Petit Palais]), qui m'a mis sur la voie d'une découverte toute récente et m'a permis de retrouver et d'identifier une grande peinture de Gabriel de Saint-Aubin lui-même, signée et datée de 1778, représentant une vue de la *Naumachie de Monceau.*»

Inscription : «vu au jardin anglais de M. le duc de Chartres, le 14 mai 1779». Il s'agit là de l'un des tout derniers croquis réalisés par Saint-Aubin dans la *Description...*

84 et 85 *Deux figures pour le Monument du Costume*

«C'est alors que l'ambition se lève dans quelques imaginations d'éditeurs de léguer à la postérité un livre qui manque aux sociétés anciennes, un livre-monument qu'on puisse appeler le *Code des Modes et des Manières de la France au XVIII*[e] *siècle.*

«Et bientôt paraît le livre splendide, royal, de Prault, imprimeur du Roi, édité par Ebertz. Il s'annonce comme un premier cahier, dessiné par Freudeberg, donnant comme la chronique intime et imagée de "l'extrêmement bonne compagnie" pendant les années 1773 et 1774. Mais l'éditeur n'est pas content de cette première suite, et il promet une nouvelle série pour l'année 1775. C'est Moreau qu'il a l'intelligence de charger de cette seconde suite, qui paraît seulement en 1777.» (Goncourt, 1882, t. II, p. 196.)

Au-delà de l'excès d'éloges coutumier chez Goncourt lorsqu'il parle de Moreau, son opinion rend assez bien compte de la vogue dont jouit longtemps cet ouvrage assez extraordinaire.

La démarche de sa publication en fut pour le moins originale : la suite des douze gravures d'après Freudeberg, puis les deux suites de vingt-quatre gravures d'après Moreau faisaient la base d'un livre constitué comme un recueil de figures de mode tel que l'on en avait publié de nombreux pendant tout le siècle. Prault, l'imprimeur, livra un texte qui devait accompagner les estampes et pour ainsi dire en donner la légende. Dans les quinze ans qui suivirent la parution de la première suite, le succès de l'ouvrage invita l'éditeur à en donner plusieurs versions nouvelles, dont certaines réduites au format in-18. Le texte de Prault, jugé sans doute démodé, y fut supprimé, les compositions de Freudeberg en furent peu à peu exclues, et l'on confia à Restif de la Bretonne le soin d'écrire un nouveau texte. La plus belle, et la dernière de ces rééditions parut en 1789 sous le titre de *Monument du Costume physique et moral de la fin du XVIII*[e] *siècle, ou Tableaux de la Vie.* C'est sous ce titre que la suite des compositions de Moreau nous est aujourd'hui parvenue.

Le texte de Restif, que nous reproduisons en partie dans nos notices, est bien intéressant, non point tant pour ses qualités littéraires, somme toute assez réduites, que par la manière dont il se saisit des tableaux de Moreau pour bâtir une nouvelle qui s'échappe bien vite de leur cadre. Cela commence un peu comme un *Salon* de Diderot et se poursuit souvent comme un conte galant, à la manière du même Diderot. Sans forcer l'interprétation des scènes peintes par l'artiste, on se doit ainsi de constater qu'elles appellent en effet la légende. L'illustration prend alors la place du texte, et le texte devient son illustration. Le paradoxe est plaisant.

C'est grâce à ce genre de compositions que Moreau acquit la grande renommée qui le suivit durant toute sa carrière. La précision du trait, l'élégance des figures et surtout la minutie avec laquelle il rend la moindre pièce de mobilier, le plus petit détail vestimentaire, charmaient son public. Si tout cela peut paraître aujourd'hui suranné, on peut encore admirer la parfaite maîtrise du dessinateur et la juste mesure (peut-être un peu trop juste d'ailleurs...) de ses compositions. Chroniqueur mondain de la vie quotidienne, il se présente souvent ici comme un Greuze optimiste.

84 *C'est un fils, Monsieur !*

- Plume et encre noire, lavis gris, aquarelle et gouache sur papier
- H. : 270 ; L. : 215 mm
- P.P.D. 2054

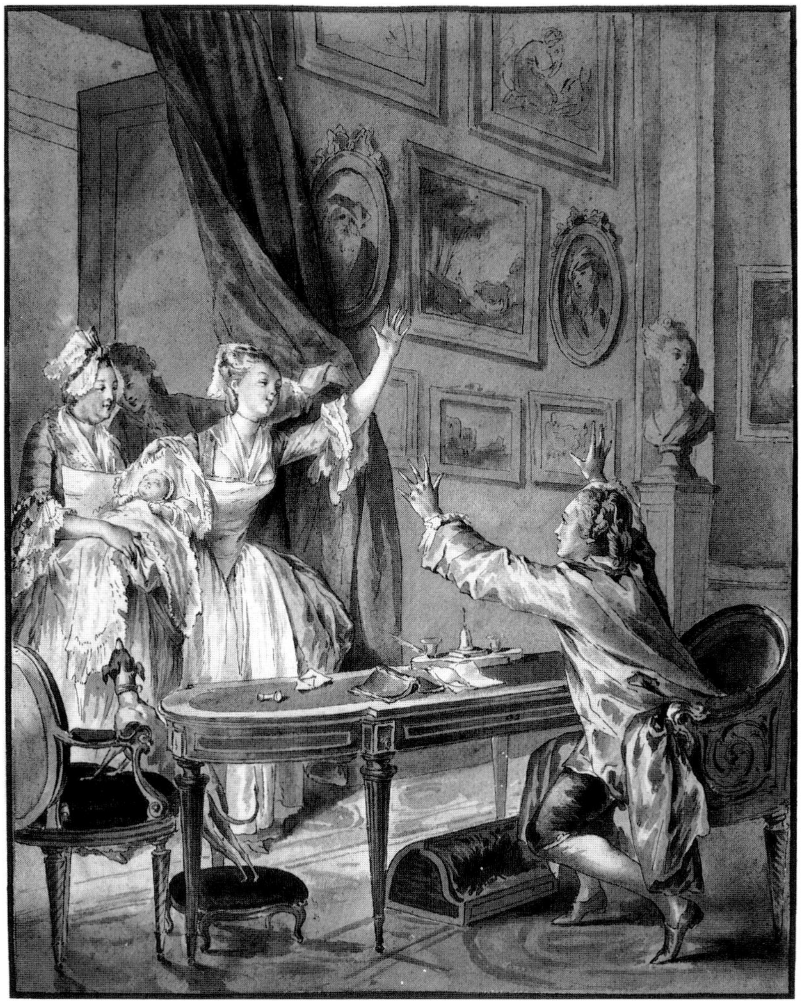

INSCRIPTIONS

- A l'encre noire, en bas à droite : *J. M. Moreau le jeune*

PROVENANCE

Legs de M. et Mme Philippe Delaroche-Vernet, née Suzanne Gustave Paraf, à la Ville de Paris pour le musée du Petit Palais, 1938.

BIBLIOGRAPHIE
(pour la gravure)

Goncourt, 1880-1882, t. II, p. 196 ; Bocher, 1882, n° 1352 ; Normand, 1909, p. 134 ; Cohen, 1912, p. 358 ; Jean Richard, 1985, pp. 62-63.

EXPOSITIONS

Rome, Milan, 1959-1960, n° 100 ; Séoul, 1977, n° 30, Tokyo, 1982-1983, n° 71.

ŒUVRES EN RAPPORT

DESSINS

Plusieurs dessins sont connus pour la même composition ; l'un d'eux appartenait naguère à la collection Edmond de Rotschild (Cohen).

GRAVURE

La composition a été gravée, sans doute d'après un autre dessin, par G. Baquoy dans le même sens, et publiée dans la deuxième suite parue en 1776.

Debout, en robe de chambre, n'ayant pas fermé l'œil de la nuit, le jeune Président de S. F. se promenait à grands pas, rempli d'inquiétudes. Pourquoi n'a-t-on pas voulu que je restasse auprès d'elle ? Y aurait-il du danger ?

(...)

En ce même moment, il entendit dans la rue comme une sorte de tumulte. Il court à la fenêtre, il l'ouvre... La Reine est accouchée, disait le Peuple. Nous avons un Dauphin ! Le Président était dans l'extase : non, dit-il, ce jour heureux ne fera pas couler mes larmes ! Il veut se remettre à sa table. Il y était à peine que la porte s'ouvre avec bruit. C'était Rosette, suivie de la garde... C'est un fils Monsieur ! s'écria la jeune fille. Un fils ! ô Ciel ! Je te bénis !
Restif de la Bretonne, *Le Monument du Costume*, p. 7.

85 Le lever

- Plume et encre noire, lavis gris, aquarelle et gouache sur papier
- H. : 251 ; L. : 215 mm
- P.P.D. 2055

PROVENANCE

Legs de M. et Mme Philippe Delaroche-Vernet, née Suzanne Gustave Paraf, à la Ville de Paris pour le musée du Petit Palais, 1938.

EXPOSITION

Séoul, 1977, n° 31.

BIBLIOGRAPHIE
(pour la gravure)

Goncourt, 1880-1882, t. II, p. 200 ; Bocher, 1882, n° 1366 ; Normand, 1909, p. 134 ; Cohen, 1912, p. 356 ; Jean Richard, 1985, p. 91.

ŒUVRES EN RAPPORT

DESSINS

Plusieurs dessins sont connus pour la même composition ; l'un d'eux appartenait naguère à la collection Edmond de Rotschild (Cohen).

GRAVURE

La composition a été gravée, sans doute d'après un autre dessin, par L. Halbou dans le même sens, et publiée dans la troisième suite parue en 1781.

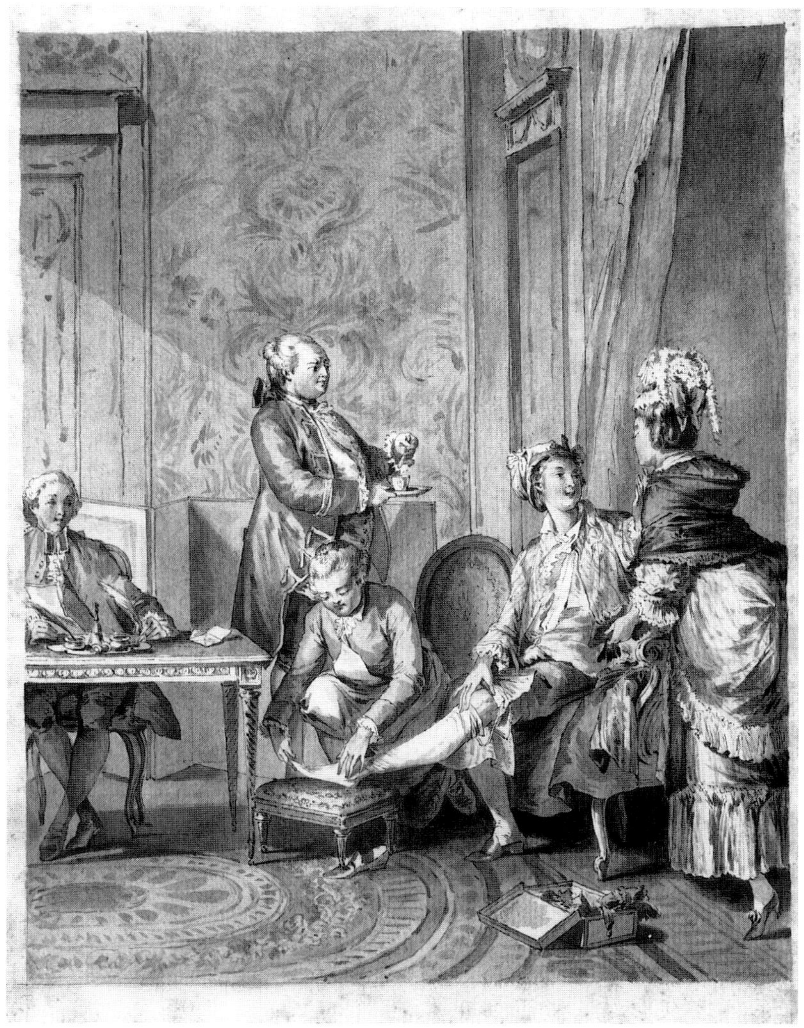

*Le jeune Duc de B*** venait de se lever : c'était un de nos agréables, bien fort, bien impudent, déjà maître de lui-même et d'une fortune capable d'enrichir cent familles. Son valet de chambre le chaussait, son maître d'hôtel lui apportait son chocolat ; son secrétaire, petit abbé coquet, écrivait, tantôt sous la dictée, tantôt de son chef, les billets doux de Monsieur le Duc : une jolie parfumeuse, au nez retroussé, apportait dans un carton des parfums, des savonnettes et des gants : elle présente les gants. Ah ! Ah ! elle est jolie, dit le Duc en lui prenant le menton. Monsieur le Duc, ces gants sont parfaits ! Votre lutine figure l'est bien davantage. Elle est voluptueuse... Touchez. C'est soyeux... Et votre peau satinée... Achetez cela. J'achéterai ceci... Combien ? Mais je badine... Ces marchés-là se font tête à tête...*

«L'abbé souriait : le gros Bonneau, qui produisait la marchande, la couvrait d'un regard protecteur : Monsieur le Duc prit son chocolat, on acheva de le chausser, et tout le monde sortit.

Restif de la Bretonne, *Le Monument du Costume*, p. 28.

86 à 99 «Œuvres» de Jean Racine

(A Paris, de l'imprimerie de Louis Cellot [chez Panckouke], 1768, 7 vol. in-8)

L'exemplaire du Petit Palais contient les dessins originaux de Gravelot reliés à la place des gravures (manquantes). Les reliures, sur maroquin vert, portent des fers exécutés sur les dessins du même artiste.

Seuls les n°s 87, 90, 93, 95, 98 et 99 ont été présentés à l'exposition.

■ L. Dut. 416

PROVENANCE

Vente Anisson-Duperron, 1795, n° 776 (65 000 F) ; vente d'Ourches, 1811, n° 877 (502 F) ; vente La Bédoyère, 1837, n° 847 (497 F) ; vente Soleinne (572 F) ; acquis par les frères Dutuit ; legs Dutuit à la Ville de Paris, 1902.

BIBLIOGRAPHIE

D'Anville, 1775 (réd. en 1853), pp. 8-9 ; Portalis, 1877, pp. 270-294 ; Goncourt, 1882, t. II, pp. 7-41 ; Rahir, 1899, p. 160, n° 416 ; Cohen, 1912, pp. 847-849 ; Rahir, 1924, p. 602 ; Rorschach, 1985.

Gravelot est un artiste quelque peu oublié aujourd'hui. Pourtant sa réputation fut grande au XVIIIe siècle. Spécialisé dans l'art de l'illustration, où il se fit reconnaître comme un maître, il connut aussi le succès dans la pratique de l'art de l'ornementation, notamment en Angleterre où il résida quinze ans.

L'édition des *Œuvres* de Racine à laquelle il participe en 1768 suit de quelques années deux ouvrages importants pour sa carrière : les *Œuvres* de Corneille, parues en 1764, pour lesquelles il livra trente-quatre dessins, et les *Œuvres* de Voltaire qui ne comprenaient pas moins de quarante compositions auxquelles il travaillait depuis longtemps , mais qui ne virent le jour qu'en 1768, année où paraît l'édition qui nous intéresse ici.

Les années 1750-1770 correspondent à un véritable âge d'or de l'édition française ; la parution d'une nouvelle édition des *Œuvres* de Racine en 1768 s'inscrit dans une tradition forte d'où il serait vain de vouloir extraire Gravelot. Le premier auteur tragique français avait connu l'honneur de nombreuses publications pendant tout le XVIIIe siècle : signalons ici l'édition de 1736 illustrée par Scotin, celle de 1743, illustrée par Du Bourg ou celle de 1760, illustrée par De Sève. Mais Gravelot, à vrai dire, s'inspire moins de ses prédécesseurs que de lui-même : son *Racine* complète en fait son *Corneille.*

En livrant quatorze dessins pour illustrer Racine, le dessinateur suit encore la tradition : une vignette par pièce, voilà ce que l'éditeur voulait, le choix de la scène illustrée étant en général dévolu à l'artiste. Cela peut paraître assez pauvre pour des sensibilités modernes accoutumées à la surabondance iconographique de certaines éditions du XIXe siècle, mais pour le XVIIIe siècle, cela pouvait suffire, le but étant moins d'illustrer l'œuvre d'un auteur que d'orner un livre. Dans une certaine mesure, il faut même convenir que le nombre limité de dessins à produire donnait plus de liberté au dessinateur, puisque celui-ci devenait alors entièrement maître de son sujet : choisir une scène à représenter dans une pièce de Racine était à tout prendre moins contraignant que de participer aux concours de l'Académie.

Gravelot choisit ses scènes avec une grande circonspection. Plus soucieux d'extraire un passage essentiel de l'intrigue que de chercher un moment pittoresque, plus attentif à trouver un noble sujet qu'à composer une vignette agréable, il raisonne en véritable peintre et non en illustrateur. Sans doute, l'artiste est-il alors âgé, et son goût est-il plus réactionnaire que visionnaire, sans doute Racine se prête-t-il à merveille à son style, mais il est indéniable que ses compositions ont toute l'ampleur que la peinture d'histoire du siècle passé accordait au genre : il y a du Le Brun dans le dessin d'*Alexandre le Grand* (ce qui ne doit guère étonner, eu égard au sujet) ; il y du Poussin dans la *Thébaïde* ou dans *Mithridate...*

Cette édition n'eut pas un grand succès. La mode allait passer bientôt, semble-t-il, de ces somptueuses éditions d'auteurs que le public ne lisait plus guère. En 1768, le paradoxe veut que si l'art galant du règne de Louis XV commence à se faner, l'art néo-classique n'a pas encore imposé ce qui fera une de ses principales caractéristiques : le retour de la peinture d'histoire. Et, de fait, illustrer Racine dans ces années-là n'est guère chose évidente.

Diderot annonce la parution de l'ouvrage en mars 1765, aussitôt après la sortie des *Œuvres* de Corneille illustrées par le même artiste, dans des termes bien peu amènes : «M. Luneau de Boisjermain propose au public une souscription pour les *Œuvres* de Racine. (...) Je crois bien que M. Gravelot fera d'aussi mauvais dessins pour Racine qu'il en a faits pour les *Œuvres* de Corneille (*Correspondance de Diderot. Grimm...*, Paris 1880, rééd. 1968, t. VI, p. 239).

Après 1768, il faut attendre un peu plus de trente ans pour voir paraître l'édition illustrée la plus somptueuse du *Théâtre* de Racine : en 1801, David et Didot l'Aîné s'associent pour en confier la réalisation aux artistes les plus notables de la génération néo-classique : Prud'hon, Girodet, Gérard, Chaudet, Peyron... y participent.

Est-il permis de croire que l'histoire a été injuste avec Gravelot ?

Le Rosenbach Museum de Philadelphie (U.S.A.) possède un ensemble de dessins préliminaires à nos études qui révèlent un travail exceptionnel de préparation. Procédant par ajouts successifs des divers éléments qui composent ses figures (personnages, décor, détails du premier plan...), Gravelot y montre un art minutieux et artisanal proche de la mise en scène, qui révèle aussi un art maîtrisé de la composition proche de la technique de certains peintres d'histoire (voir sur ce point, Rorschach, 1985).

86 Portrait de Jean Racine

■ Plume, encre de Chine et lavis brun sur papier ■ H. : 139 ; L. : 89 mm
■ Le dessin est collé en plein sur une page interfoliée dans le livre, à la place de la gravure

INSCRIPTIONS

■ S.b.d. : *H. Gravelot inven.* On lit en bas, sur le socle : «Racine», et sur le dos du livre, à droite : «ΕΡΙΠΙΔΕ» (Euripide)

ŒUVRES EN RAPPORT

DESSINS

Trois études préliminaires dans le même sens (The Rosenbach Museum, Philadelphie, U.S.A.).

GRAVURE

Gravé en sens inverse par Gaucher, avec le titre et la lettre : *J.B. Santerre pinx..* et *Car. Gaucher sculp. 1767* (t. I, p. xxii).

Ce portrait est la figure placée en tête de l'édition. Directement copié du grand portrait de Racine par Jean-Baptiste Santerre, tableau aujourd'hui perdu mais que l'on connaît par de nombreuses copies, il a été redessiné par Gravelot lui-même avant d'être traduit en gravure par Gaucher.

Dans ce dessin, on peut aisément apprécier le talent de décorateur de Gravelot. L'encadrement, le motif du trophée, l'angelot jouant de la lyre, révèlent le goût du dessinateur pour l'art de l'ornementation, l'autre aspect de sa carrière.

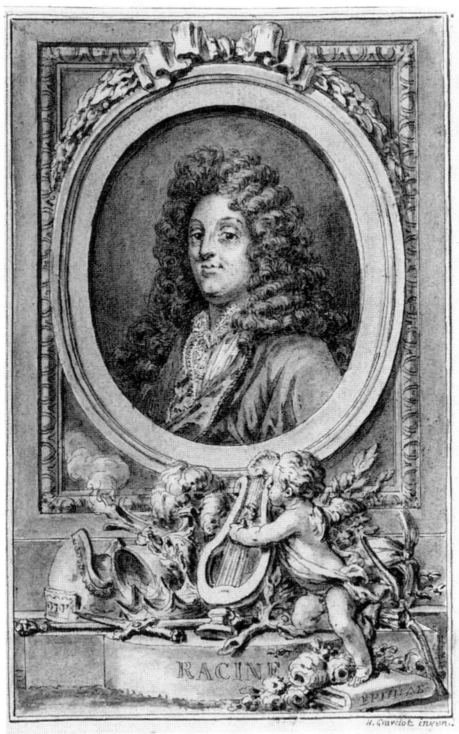

87 *La Thébaïde, ou Les frères ennemis*

▪ Plume, encre de Chine et lavis brun sur papier ▪ H. : 157 ; L. : 90 mm
▪ Le dessin est collé en plein sur une page interfoliée dans le livre, à la place de la gravure

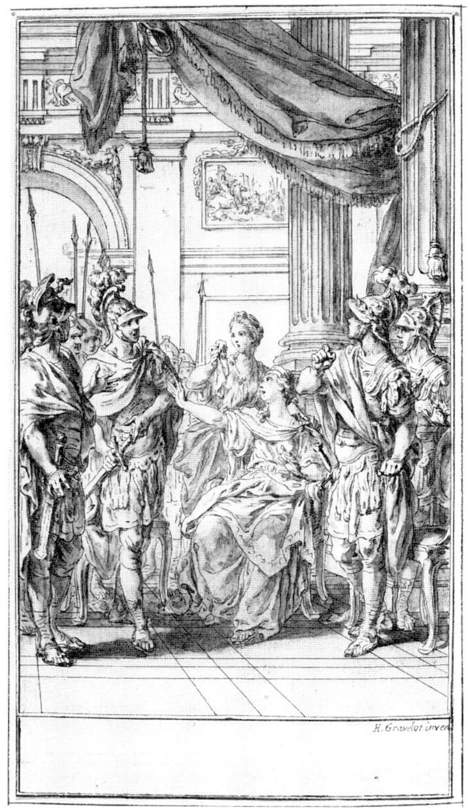

INSCRIPTION
▪ S.b.d. : *H. Gravelot inven.*

ŒUVRES EN RAPPORT

DESSINS
Trois études préliminaires dans le même sens (The Rosenbach Museum, Philadelphie, U.S.A.).

GRAVURE
Gravé en sens inverse par N. Le Mire, avec le titre, la lettre et la signature de Le Mire répétée dans la composition (t. I, p. cxliv).

C'est la scène III de l'acte IV qui est ici illustrée, scène qui voit la réunion de Jocaste et de ses deux fils, Etéocle et Polynice. Après avoir espéré qu'ils se réconcilieraient, Jocaste se rend à l'évidence. Le dilemme auquel elle est alors confrontée se résout dans un discours d'une grande intensité dramatique où elle s'offre elle-même en sacrifice :

Jocaste *Hâtez-vous donc cruel de me percer le sein ;*
Et commencez par moi votre horrible dessein ;
Ne considérez point que je suis votre mère,
Considérez en moi celle de votre frère.
Si de vos ennemis vous recherchez le sang,
Recherchez-en la source en ce malheureux flanc :
Je suis de tous les deux la commune ennemie,
Puisque votre ennemi reçut de moi la vie.

88 *Alexandre le grand*

▪ Plume, encre de Chine et lavis brun sur papier ▪ H. : 157 ; L. : 90 mm
▪ Le dessin est collé en plein sur une page interfoliée dans le livre, à la place de la gravure

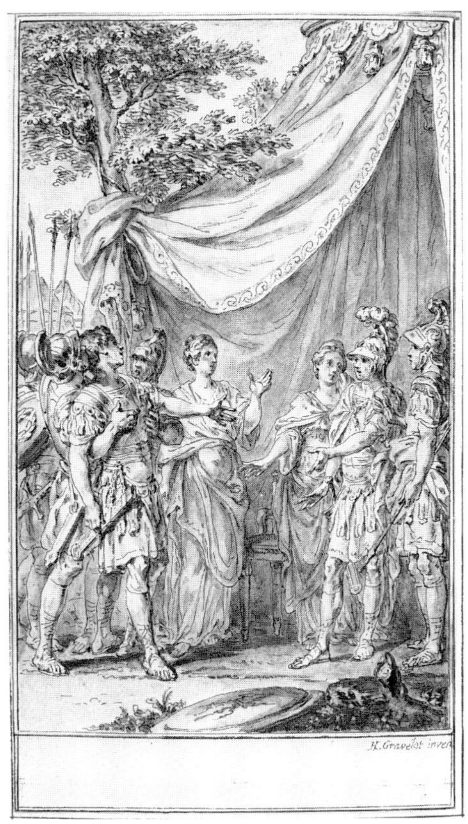

INSCRIPTION
▪ S.b.d. : *H. Gravelot inven.*

ŒUVRES EN RAPPORT

DESSINS
Trois études préliminaires dans le même sens (The Rosenbach Museum, Philadelphie, U.S.A.).

GRAVURE
Gravé en sens inverse par J.-J. Flippart, avec le titre et la lettre (t. I, p. 144).

On a assez dit que l'histoire d'Alexandre était de celles que Louis XIV aimait le plus à se faire rappeler : le plus grand prince de l'Antiquité était un modèle de vertu pour le Roi Soleil. Si la pièce de Racine se prête d'évidence à cette identification, comme les grandes compositions de Le Brun par exemple, la scène que choisit Gravelot (acte V, scène dernière), la clémence d'Alexandre envers Porus, en est bien sûr le moment le plus fort :

Alexandre *Hé bien, c'est donc en roi qu'il faut que je vous traite.*
Je ne laisserai point ma victoire imparfaite.
Vous l'avez souhaité, vous ne vous plaindrez pas.
Régnez toujours, Porus, je vous rends vos états.
Avec mon amitié recevez Axiane.
A des liens si doux tous deux je vous condamne.
Vivez, régnez tous deux ; et seuls, de tant de rois,
Jusques aux bords du Gange allez donner vos loix.

(à Cléofile)
Ce traitement Madame a de quoi vous surprendre ;
Mais enfin c'est ainsi que se venge Alexandre.

89 *Andromaque*

■ Plume, encre de Chine et lavis brun sur papier ■ H. : 157 ; L. : 90 mm
■ Le dessin est collé en plein sur une page interfoliée dans le livre, à la place de la gravure

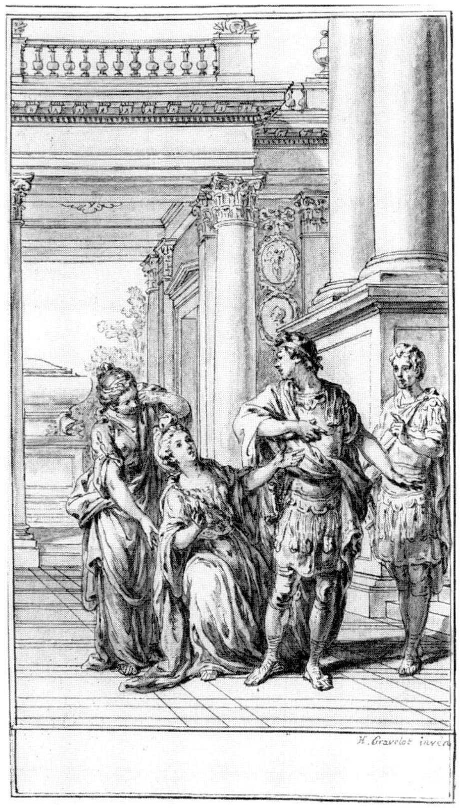

INSCRIPTION
■ S.b.d. : *H. Gravelot inven.*

ŒUVRES EN RAPPORT

DESSINS
Trois études préliminaires dans le même sens (The Rosenbach Museum, Philadelphie, U.S.A.).

GRAVURE
Gravé en sens inverse par N. Le Mire, avec le titre, la lettre et la signature de Le Mire répétée dans la composition (t. II, page de garde).

La tragédie d'*Andromaque*, une des plus célèbres de Racine, une des plus jouées encore au XVIIIe siècle, est bien connue : histoire de trois passions contrariées, celle de Pyrrhus et d'Andromaque, celle d'Hermione et de Pyrrhus, celle d'Oreste et d'Hermione, la pièce se construit autour d'une succession d'affrontements où les héros se mettent les uns les autres à l'épreuve. Andromaque, ici (acte III, scène VI), implore Pyrrhus de sauver son fils, Astyanax :

Andromaque (se jetant aux pieds de Pyrrhus)
Ah, Seigneur arrêtez ! Que prétendez-vous faire ?
Si vous livrez le fils, livrez-leur donc la mère.
Vos serments m'ont tantôt juré tant d'amitié ;
Dieux ! ne pourrai-je au moins toucher votre pitié ?
Sans espoir de pardon, m'avez-vous condamnée ?

90 *Les plaideurs*

■ Plume, encre de Chine et lavis brun sur papier ■ H. : 157 ; L. : 90 mm
■ Le dessin est collé en plein sur une page interfoliée dans le livre, à la place de la gravure

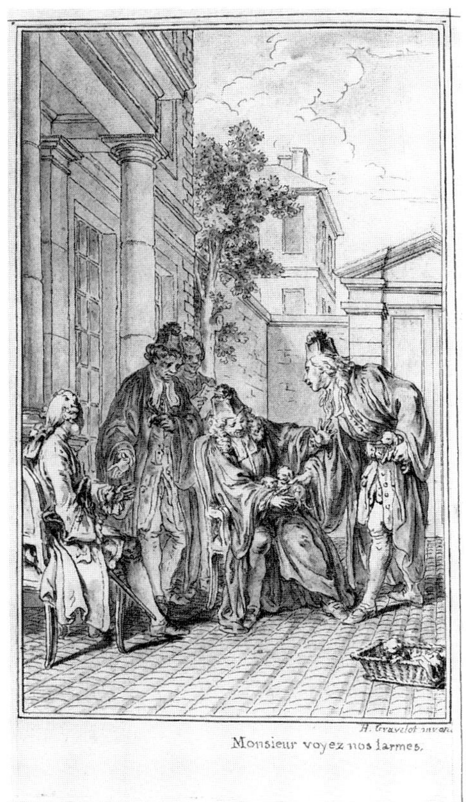

INSCRIPTIONS
■ S.b.d. : *H. Gravelot inven.*
Légende : *Monsieur voyez nos larmes*

ŒUVRES EN RAPPORT

DESSINS
Trois études préliminaires dans le même sens (The Rosenbach Museum, Philadelphie, U.S.A.).

GRAVURE
Gravé en sens inverse par J.-F. Rousseau, avec le titre et la lettre, parfois accompagné, de la légende (t. II, p. 162).

L'unique comédie de Racine prend pour sujet les juges et la justice. Dans la scène IV de l'acte III, Dandin, vieux juge quelque peu ridicule, est appelé à juger... un chien. Suivant la coutume, les enfants de l'inculpé, c'est-à-dire les chiots, sont appelés à la barre par l'avocat de la défense, l'Intimé, qui prend alors la parole en leur nom. La scène est du plus grand comique :

L'Intimé (lui présentant de petits chiens)
Venez, famille désolée !
Venez, pauvres enfants qu'on veut rendre orphelin,
Venez faire parler vos esprits enfantins.
Oui, Messieurs, vous voyez ici notre misère ;
Nous sommes orphelins, rendez-nous notre père,
Notre père, par qui nous fûmes engendrés,
Notre père, qui nous...

Dandin *Tirez, tirez, tirez.*

L'Intimé *Notre père, Messieurs...*

Dandin *Tirez donc. Quels vacarmes !*
Ils ont pissé partout.

L'Intimé *Monsieur, voyez nos larmes.*

91 *Britannicus*

▪ Plume, encre de Chine et lavis brun sur papier ▪ H. : 157 ; L. : 90 mm
▪ Le dessin est collé en plein sur une page interfoliée dans le livre, à la place de la gravure

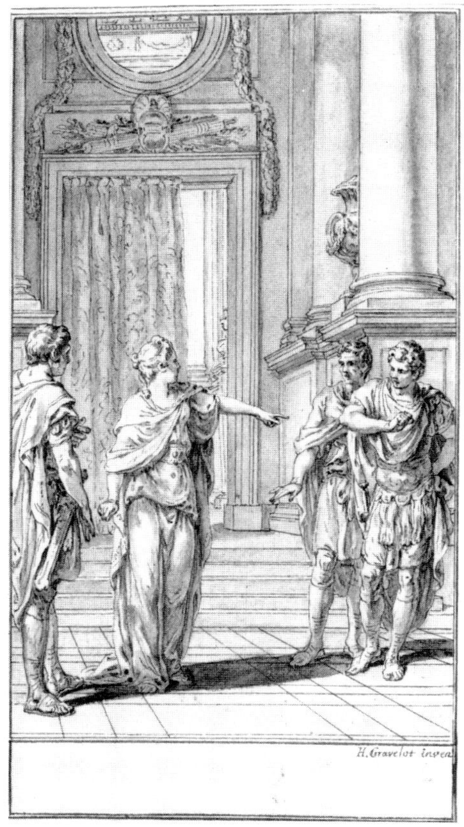

INSCRIPTION
▪ S.b.d. : *H. Gravelot inven.*

ŒUVRES EN RAPPORT

DESSINS
Trois études préliminaires dans le même sens (The Rosenbach Museum, Philadelphie, U.S.A.).

GRAVURE
Gravé en sens inverse par L. Lempereur, avec le titre et la lettre (t. II, p. 280).

C'est la scène VI de l'acte V qui est ici illustrée, scène qui précipite le dénouement final. Agrippine apparaît devant Néron :

Néron (voyant Agrippine)
Dieux !

Agrippine *Arrêtez Néron ; j'ai deux mots à vous dire :*
Britannicus est mort ; je reconnais les coups ;
Je connais l'assassin.

Néron *Et qui, Madame ?*

Agrippine *Vous.*

92 *Bérénice*

▪ Plume, encre de Chine et lavis brun sur papier ▪ H. : 157 ; L. : 90 mm
▪ Le dessin est collé en plein sur une page interfoliée dans le livre, à la place de la gravure.

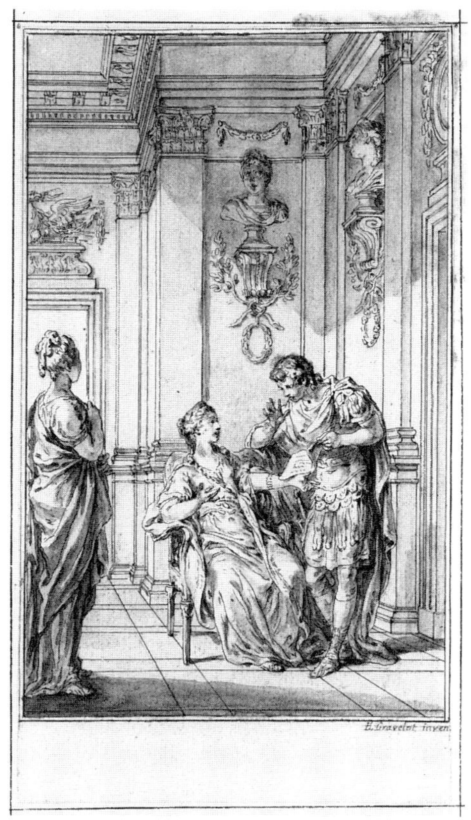

INSCRIPTION
▪ S.b.d. : *H. Gravelot inven.*

ŒUVRES EN RAPPORT

DESSINS
Trois études préliminaires dans le même sens (The Rosenbach Museum, Philadelphie, U.S.A.).

GRAVURE
Gravé en sens inverse par A.-J. Duclos, avec le titre et la lettre (t. III, page de garde).

«Titus, qui aimait passionnément Bérénice, et qui même à ce qu'on croyait, lui avait promis de l'épouser, la renvoya de Rome, malgré lui et malgré elle» (*Préface*). Dans la scène V de l'acte V, Titus se saisit d'une lettre où Bérénice lui dit sa résolution de mourir :

Bérénice *Vous m'avez arraché ce que je viens d'écrire.*
Voilà de votre amour tout ce que je désire.
Lisez, ingrat !, lisez, et me laissez sortir.

Titus *Vous ne sortirez point, je n'y puis consentir.*
Quoi ! ce départ n'est donc qu'un cruel stratagème ?
Vous cherchez à mourir ? Et de tout ce que j'aime
Il ne restera plus qu'un triste souvenir ?
Qu'on cherche Antiochus : qu'on le fasse venir.
(Bérénice se laisse tomber sur un siège.)

93 *Bajazet*

■ Plume, encre de Chine et lavis brun sur papier ■ H. : 157 ; L. : 90 mm
■ Le dessin est collé en plein sur une page interfoliée dans le livre, à la place de la gravure

INSCRIPTIONS
■ S.b.d. : *H. Gravelot inven.*
Légende : *Je me meurs...*

ŒUVRES EN RAPPORT
DESSINS
Trois études préliminaires dans le même sens (The Rosenbach Museum, Philadelphie, U.S.A.).
GRAVURE
Gravé en sens inverse par Cl. Le Vasseur, avec le titre et la lettre, parfois accompagnés de la légende (t. III, p. 126).

Roxane, première épouse du sultan Amurat, aime Bajazet, le propre frère de celui-ci. Lors d'une absence d'Amurat, Roxane propose à Bajazet de renverser le sultan et de la prendre pour épouse. Mais Bajazet aime en secret Atalide.

Dans l'acte IV, scène III, Roxane hésite encore entre l'obéissance et son amour. A l'occasion d'une entrevue avec Atalide, elle feint de prendre sa décision : Bajazet mourra. Atalide, d'émotion, s'évanouit, et trahit ainsi son amour. Par là même, elle le condamne.

Roxane *Je voudrais le sauver, je ne puis le haïr*
Atalide *Quoi donc ? Qu'avez-vous résolu ?*
Roxane *D'obéir.*
Atalide *D'obéir !*
Roxane *Et que faire en ce péril extrême ?*
Il le faut.
Atalide *Quoi ! ce prince aimable... qui vous aime,*
Verra finir ses jours qu'il vous a destinés !
Roxane *Il le faut ; et déjà mes ordres sont donnés.*
Atalide *Je me meurs.*
Zatime *Elle tombe, et ne vit plus qu'à peine.*
Roxane *Allez, conduisez-la dans la chambre prochaine.*
Mais au moins observez ses regards, ses discours,
Tout ce qui convaincra leurs perfides amours.

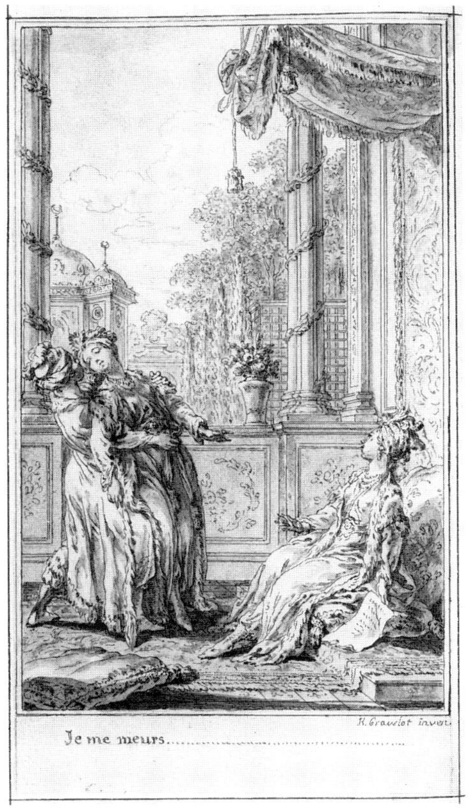

94 *Mithridate*

■ Plume, encre de Chine et lavis brun sur papier ■ H. : 157 ; L. : 90 mm
■ Le dessin est collé en plein sur une page interfoliée dans le livre, à la place de la gravure

INSCRIPTION
■ S.b.d. : *H. Gravelot inven.*

ŒUVRES EN RAPPORT
DESSINS
Trois études préliminaires dans le même sens (The Rosenbach Museum, Philadelphie, U.S.A.).
GRAVURE
Gravé en sens inverse par B.-L. Prévost, avec le titre et la lettre (t. III, p. 268).

La scène illustrée est la dernière et la plus célèbre de cette tragédie qui se termine bien. Scène de réconciliation, elle voit Mithridate, mourant, réunir son fils, Xipharès, et sa femme, Monime.

Monime *Ah ! que vois-je Seigneur, et quel sort est le vôtre ?*
Mithridate (que soutiennent des gardes)
Cessez, et retenez vos larmes l'un et l'autre.
(montrant Xipharès)
Mon sort, de sa tendresse et de votre amitié,
Veut d'autres sentiments que ceux de la pitié ;
Et ma gloire, plutôt digne d'être admirée,
Ne doit point par des pleurs être déshonorée.

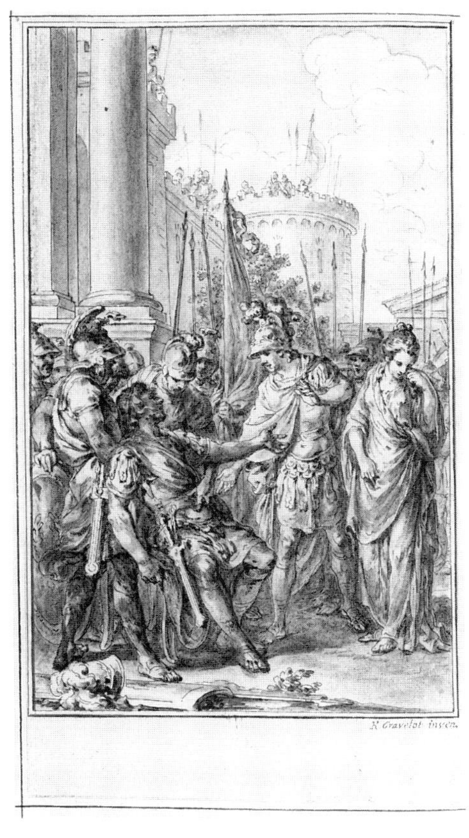

95 *Iphigénie*

▪ Plume, encre de Chine et lavis brun sur papier ▪ H. : 157 ; L. : 90 mm
▪ Le dessin est collé en plein sur une page interfoliée dans le livre, à la place de la gravure

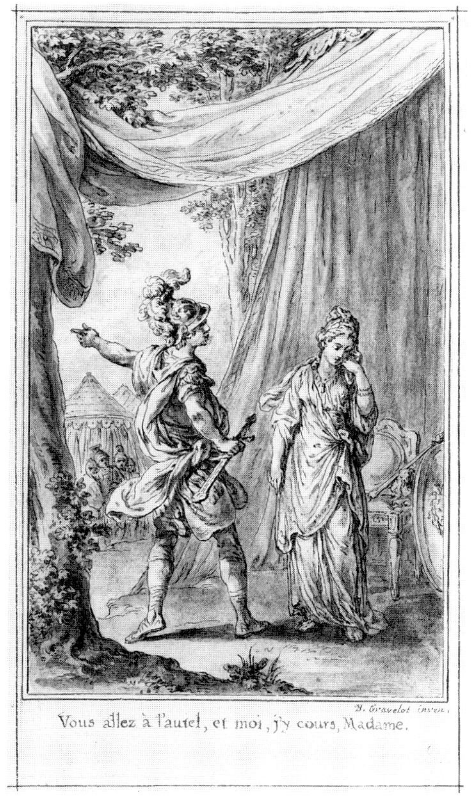
Vous allez à l'autel, et moi, j'y cours, Madame.

INSCRIPTIONS
▪ S.b.d. : H. Gravelot inven.
Légende : *Vous allez à l'autel, et moi j'y cours Madame.*

ŒUVRES EN RAPPORT
DESSINS
Trois études préliminaires dans le même sens (The Rosenbach Museum, Philadelphie, U.S.A.).
GRAVURE
Gravé en sens inverse par Cl. Le Vasseur, avec le titre et la lettre, parfois accompagnés de la légende (t. IV, page de garde).

La scène choisie pour l'illustration (acte V, scène III) est sans doute l'une des plus touchantes de la pièce : à cet instant, Iphigénie se résout au sacrifice qu'Agamemnon, son père, lui impose. Achille, son amant, veut tout tenter pour elle, fût-ce à son corps défendant ; mais devant son obstination, il perd tout espoir et cède à la violence de sa passion. Les deux amants s'affrontent alors dans un dialogue d'une cruauté extrême où se lit la marque du destin implacable qui a condamné Iphigénie.

Achille
Hé bien ! n'en parlons plus. Obéissez cruelle,
Et cherchez une mort qui vous semble si belle.
Portez à votre père un cœur où j'entrevoi
Moins de respect pour lui, que de haine pour moi.
Une juste fureur s'empare de mon ame.
Vous allez à l'autel, et moi j'y cours Madame.
Si, de sang et de mort le ciel est affamé,
Jamais de plus de sang ses autels n'ont fumé :
A mon aveugle amour tout sera légitime ;
Le prêtre deviendra la première victime.

96 *Phèdre*

▪ Plume, encre de Chine et lavis brun sur papier ▪ H. : 157 ; L. : 90 mm
▪ Le dessin est collé en plein sur une page interfoliée dans le livre, à la place de la gravure

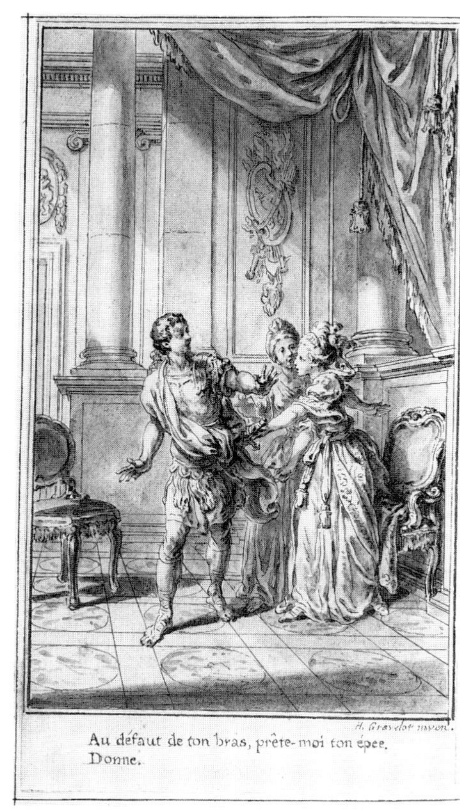
Au défaut de ton bras, prête-moi ton épée.
Donne.

INSCRIPTIONS
▪ S.b.d. : *H. Gravelot inven.*
Légende : *Au défaut de ton bras, donne moi ton épée. / Donne.*

ŒUVRES EN RAPPORT
DESSINS
Trois études préliminaires dans le même sens (The Rosenbach Museum, Philadelphie, U.S.A.).
GRAVURE
Gravé en sens inverse par J.-B. Simonet, avec le titre et la lettre, parfois accompagnés de la légende (t. IV, p. 210).

Le vers qui fait la légende est tiré de la dernière tirade du célèbre dialogue entre Phèdre et Hippolyte, dans la partie où Phèdre avoue entièrement son amour (acte II, scène V) ; comme il le fait très généralement, Gravelot choisit le point d'akmè de l'intrigue dramatique comme sujet de son illustration. Phèdre avoue ici tour à tour son amour, sa fureur, son désespoir dans un déchainement des passions admirable.

Phèdre
Ah cruel ! tu m'as trop entendue.
Je t'en ai dit assez pour te tirer d'erreur.
Eh bien ! connais donc Phèdre et toute sa fureur.
J'aime. Ne pense pas qu'au moment que je t'aime,
Innocente à mes yeux je m'approuve moi-même.
(…)
La veuve de Thésée ose aimer Hippolyte !
Crois-moi, ce monstre affreux ne doit point t'échapper ;
Voilà mon cœur : c'est là que ta main doit frapper
Impatient déjà d'expier son offense,
Au devant de ton bras je le sens qui s'avance.
Frappe : ou si tu le crois indigne de tes coups,
Si ta haine m'envie un supplice si doux,
Ou si d'un sang trop vil ta main serait trempée
Au défaut de ton bras, prête moi ton épée.
Donne.

97 *Esther*

▪ Plume, encre de Chine et lavis brun sur papier ▪ H. : 157 ; L. : 90 mm
▪ Le dessin est collé en plein sur une page interfoliée dans le livre, à la place de la gravure

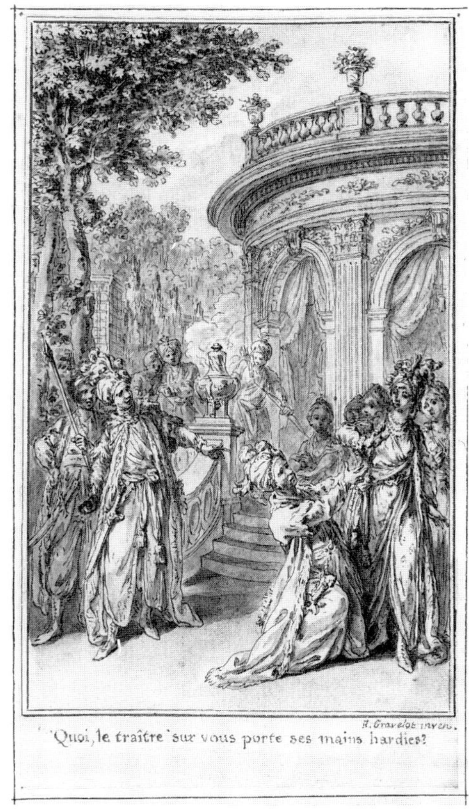

INSCRIPTIONS
▪ S.b.d. : *H. Gravelot inven.*
Légende : *Quoi le traître sur vous porte ses mains hardies ?*

ŒUVRES EN RAPPORT
DESSINS
Trois études préliminaires dans le même sens (The Rosenbach Museum, Philadelphie, U.S.A.).
GRAVURE
Gravé en sens inverse par D. Née, avec le titre et la lettre, parfois accompagnés de la légende (t. V, page de garde).

Il s'agit de la scène III de l'acte V qui décrit le moment où Assuérus ouvre les yeux et réalise la félonie d'Aman. Le dénouement heureux de la pièce s'y trouve amorcé.

Assuérus *Quoi le traître sur vous porte ses mains hardies ?*
Ah ! dans ses yeux confus je lis ses perfidies ;
Et son trouble, appuyant la foi de son discours,
De tous ses attentats me rappelle le cours.
Qu'à ce monstre à l'instant l'âme soit arrachée ;
Et que devant sa porte, au lieu de Mardochée,
Apaisant, par sa mort, et la terre et les cieux,
De mes peuples vengés il repaisse les yeux.
(Aman est emmené par les gardes)

98 *Athalie*

▪ Plume, encre de Chine et lavis brun sur papier ▪ H. : 157 ; L. : 90 mm
▪ Le dessin est collé en plein sur une page interfoliée dans le livre, à la place de la gravure

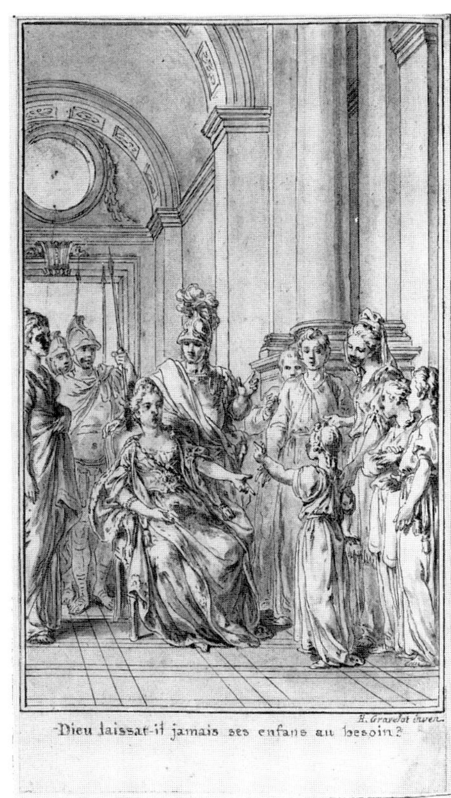

INSCRIPTIONS
▪ S.b.d. : *H. Gravelot inven.*
Légende : *Dieu laissat-il jamais ses enfants au besoin ?*

ŒUVRES EN RAPPORT
DESSINS
Trois études préliminaires dans le même sens (The Rosenbach Museum, Philadelphie, U.S.A.).
GRAVURE
Gravé en sens inverse par D. Née, avec le titre et la lettre, parfois accompagnés de la légende (t. IV, p. 130).

Cette scène (acte II, scène VII) est l'une des plus fortes en intensité dramatique : Athalie, devinant qu'elle a devant elle l'enfant qui la renversera, comme les visions du *songe* le lui ont enseigné, se laisse peu à peu séduire par ses propos. L'autorité divine de Joas alliée à l'innocence de son âge pénètre son aïeule d'un trouble puissant :

Athalie *Mais de vos premiers ans quelles mains ont pris soin ?*
Joas *Dieu laissa-t-il jamais ses enfants au besoin ?*
(...)
Athalie *Quel prodige nouveau me trouble et m'embarrasse !*
La douceur de sa voix, son enfance, sa grâce,
Font insensiblement à mon inimitié
Succéder... Je serais sensible à la pitié !

Gravelot suit ici la tradition. La première confrontation d'Athalie et de Joas est de toute la pièce une des scènes les plus originales. L'idée de faire jouer un enfant de dix ans était en effet des plus audacieuses. Racine, d'ailleurs, s'en explique longuement dans sa préface : «Je crois ne lui avoir rien fait dire qui soit au dessus de la portée d'un enfant de cet âge, qui a de l'esprit et de la mémoire. Mais quand j'aurais été un peu au-delà, il faut considérer que c'est ici un enfant tout extraordinaire».

99 Portrait de Pierre Corneille

▪ Plume, encre de Chine et lavis brun sur papier ▪ H. : 192 ; L. : 127 mm
▪ Le dessin est réalisé sur une feuille plus grande interfoliée directement dans le tome VI, p. 310
▪ L. Dut. 416[14]

ŒUVRE EN RAPPORT

Gravé dans le même sens par Gaucher, avec le titre et la lettre : *Carl. Le Brun pinx. et Car. Gaucher sculp.* (t. I, page de garde).

Comme pour le portrait de Racine, Gravelot s'inspire ici d'une peinture qui servit de nombreuses fois de référence à la gravure (Le Brun, *Portrait de Corneille*, Rouen, musée des Beaux-Arts). Notons que la gravure ne figure pas dans toutes les éditions, et que lorsqu'elle s'y trouve, elle est placée en tête du premier tome, avant même le portrait de Racine, face à la page de titre. Si le dessin n'est pas signé et s'il se présente sur une feuille d'un format sensiblement différent, il ne nous semble pas pour autant devoir être contesté.

Les ouvrages de référence qui étudient notre édition omettent le plus souvent de citer ce portrait. Sa situation, différente des éditions commercialisées, en est sans doute la cause.

Remarquons enfin que cette figure est absente aussi de l'ensemble d'études préliminaires du Rosenbach Museum (U.S.A., voir Rorschach, *op. cit.*).

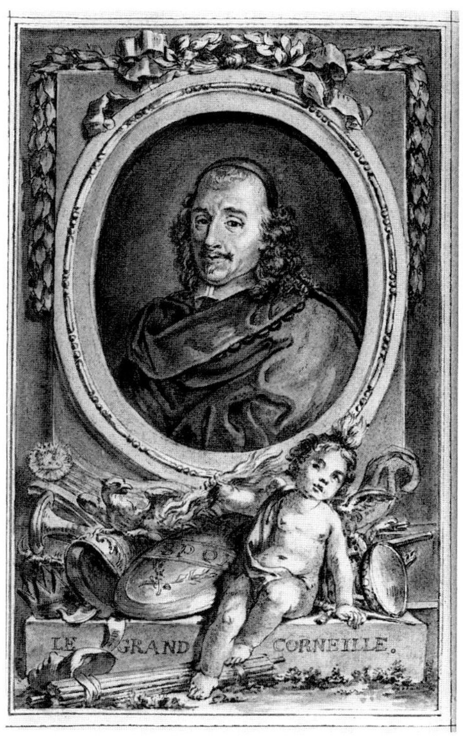

100 à 109 «Œuvres» de Crébillon Père

(A Paris, de l'imprimerie de Didot Jeune, chez Desray, an VII [1799], 2 vol. in-8)

Seuls les nos 104 et 108 ont été présentés à l'exposition.

■ L. Dut. 423

PROVENANCE

Coll. La Bédoyère ; sa vente, 4 avril 1837, n° 869 ; coll. Soleinne ; sa vente, 13 novembre 1844 (n° 1617) ; coll. Dutuit ; legs Dutuit à la Ville de Paris, 1902.

BIBLIOGRAPHIE

Portalis, 1877, t. II, p. 500 ; Cohen, 1912, p. 264 ; Reynaud, 1955, pp. 101-102 ; Rosenberg & van de Sandt, 1983, n° 149, p. 140.

Le prospectus édité pour la deuxième édition de Desray en l'an VII (une édition première était parue chez Maillard deux ans plus tôt : les dessins du Petit Palais sont reliés dans la seconde) évoque de la manière la plus claire l'ambition de ce projet :

«Didot a soigné la partie typographique et pour que cette nouvelle édition ne laissât rien à désirer, on a choisi parmi les plus grands peintres, celui qui dans son art réunit les qualités qui s'accordent le mieux avec le génie dramatique de Crébillon. Le citoyen Peyron a bien voulu se charger de la composition des dessins, et de la direction de la gravure qui n'a été confiée qu'au burin des plus célèbres graveurs. On aimera à retrouver dans tous les dessins de Peyron, la noblesse, la pureté, le beau style, la pompe de composition, et le fini qui caractérisent les ouvrages de cet artiste célèbre» (cité par Rosenberg et Van de Sandt).

On ne peut qu'être frappé en effet par la communion d'inspiration qui unit ici Crébillon et Peyron. On meurt beaucoup chez Crébillon, on meurt sur scène, on meurt en public et avec éclat. Juste après Racine, Crébillon marque en effet la fin des règles traditionnelles du théâtre et notamment de celle de convenance. Et l'on peut se demander si Peyron, l'auteur des *Funérailles de Miltiade* et de la *Mort d'Alceste* (les deux, Paris, Musée du Louvre), fidèle défenseur de ce néo-poussinisme héroïque que David transforma en mouvement, aurait pu trouver meilleur source d'inspiration que le théâtre funèbre et quelque peu grandiloquent de Crébillon. Certes, la Révolution et l'iconographie patriotique qu'elle promeut, surtout au lendemain de la Terreur, alors que la France est en guerre contre toute l'Europe, est tout autant responsable de cette formidable mode des «lits de mort» que la propre inspiration des artistes. Mais il est permis d'y voir aussi un heureux concours de circonstances. Quatre ans plus tard, quand Bonaparte laisse percer peu à peu Napoléon, quand la France commence à remporter des victoires sur ses ennemis et retrouve un peu de sa prospérité, c'est à l'illustration du théâtre de Racine, plus pudique sinon moins violent, édité par le même Didot, que seront invités les artistes de la nouvelle génération — dont Peyron à nouveau pour *Mithridate*.

Il est de tradition de voir dans ces œuvres de Peyron le produit d'une commande purement commerciale. L'artiste semble alors connaître le début de son déclin ; il est malade et ne reçoit plus guère de commande importante ; l'illustration est l'une des dernières activités auxquelles il peut se consacrer — l'année précédente, en 1796, il avait donné une série de dessins pour une édition du *Temple de Gnide* de Montesquieu. On admirera cependant la verve tragique du dessinateur — la *Mort de Germanicus* de Poussin lui revient souvent en mémoire. Et c'est visiblement avec un réel intérêt qu'il s'attache à mettre en scène ces tableaux d'une Antiquité tragique très actuelle comme autant d'études pour des tableaux de Salon qu'il n'a plus guère le courage d'entreprendre. On remarquera que ce sont là des dessins de peintre et non d'illustrateur.

100 Buste de Prosper Jolyot de Crébillon

▪ Plume, encre brune et noire, lavis brun et rehauts de blanc sur papier
▪ H. : 139 ; L. : 89 mm (mesures prises au filet) ▪ Le dessin est réalisé sur une pleine page in-8 interfoliée en face de la page de titre de la pièce (t. I, page de garde)

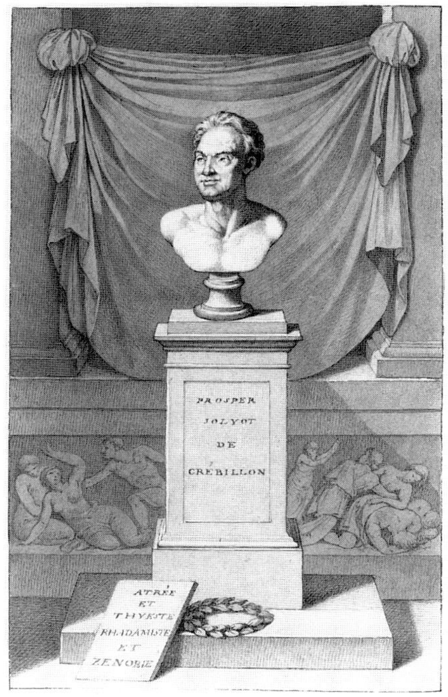

INSCRIPTIONS

▪ En b. à g. : *Peyron inv.* (au crayon et d'une autre écriture)
Sur le socle : *PROSPER / JOLYOT / DE / CREBILLON* ;
sur la tablette : *ATREE / ET / THYESTE / RHADAMISTE / ET / ZENOBIE*

ŒUVRE EN RAPPORT

Gravé en sens inverse par L. Petit (t. I, page de garde).

Ce portrait en buste posé sur un piédestal s'inspire vraisemblablement d'un buste en terre cuite de Jean-Baptiste Lemoine présenté au Salon de 1761, ou de la réplique en marbre de ce buste réalisée par J.-B. d'Huez en 1770 (Paris, Comédie-Française) et gravée par Aug. de Saint-Aubin en 1778.

101 Idoménée

▪ Plume, encre brune et noire, lavis brun et rehauts de blanc sur papier
▪ H. : 139 ; L. : 89 mm (mesures prises au filet) ▪ Le dessin est réalisé sur une pleine page in-8 interfoliée en face de la page de titre de la pièce (t. I, p. 6)

JDOMENEE

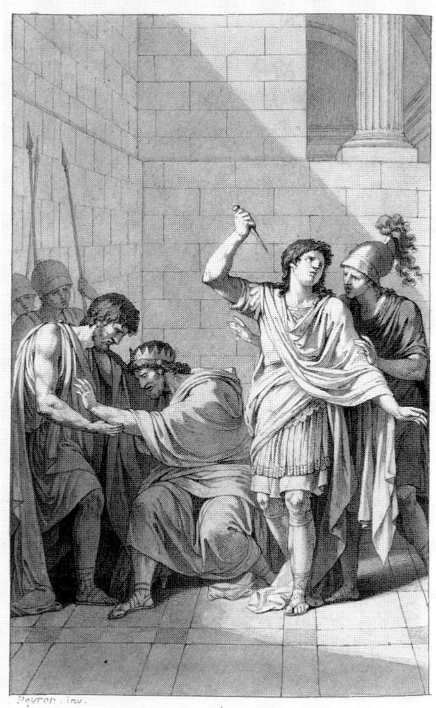

Peyron inv.
Dieux recevez mon sang ; voila votre victime.

INSCRIPTIONS

▪ S.b.g. : *Peyron inv.*
Légende : *Dieux recevez mon sang ; voilà votre victime.*

ŒUVRE EN RAPPORT

Gravé dans le même sens par J.-J. Hubert (t. I, p. 78).

Acte V, scène V : Peyron illustre ici la scène finale de la tragédie. Idamante, fils d'Idoménée, met fin à ses jours pour éviter à son père de devoir le sacrifier comme les dieux le lui ont ordonné :

Idamante *Puisque par ma douleur je ne puis rien sur vous,*
Soyez donc le témoin du transport qui m'anime.
(Il se tue)
Dieux recevez mon sang, voilà votre victime…
(…)
Idoménée *Qu'avez-vous fait mon fils ?*
Idamante *Mon devoir et le vôtre.*
Telle en était Seigneur, l'irrévocable loi ;
Il fallait le remplir ou par vous, ou par moi.

102 Atrée et Thyeste

▪ Plume, encre brune et noire, lavis brun et rehauts de blanc sur papier
▪ H. : 139 ; L. : 89 mm (mesures prises au filet) ▪ Le dessin est réalisé sur une pleine page in-8 interfoliée en face de la page de titre de la pièce (t. I, p. 90)

INSCRIPTIONS
▪ S.b.g. : *Peyron inv.*
Légende : *Mais que vois-je, perfide ! ah grands dieux quelle horreur ! / C'est du sang !*

ŒUVRE EN RAPPORT
Gravé dans le même sens par N. Thomas (t. I, p. 156).

L'histoire des Atrides est des plus horribles que l'Antiquité nous ait laissée. Crébillon, comme souvent, ne nous épargne aucune scène pénible. La scène V de l'acte V voit ainsi Atrée offrir à son frère, Thyeste, une coupe pleine du sang de son fils, Plisthène, qu'auparavant il croyait de sa propre lignée et qu'il vient de faire assassiner.

Thyeste *Donnez… Mais cependant je ne vois point mon fils.*
(Il prend la coupe des mains d'Atrée)

Atrée *Il n'est point de retour ? Rassurez-vous mon frère ;*
Vous reverrez bientôt une tête si chère :
C'est de notre union le nœud le plus sacré ;
Craignez moins que jamais d'en être séparé.

Thyeste *Soyez donc les garants du salut de Thyeste,*
Coupe de nos aïeux.
(…)
Mais que vois-je, perfide, ! ah grands dieux quelle horreur !
C'est du sang! Tout le mien se glace dans mon cœur.
Le soleil s'obscurcit et la coupe sanglante
Semble fuir d'elle même à cette main tremblante.
Je me meurs. Ah mon fils ! qu'êtes-vous devenu ?

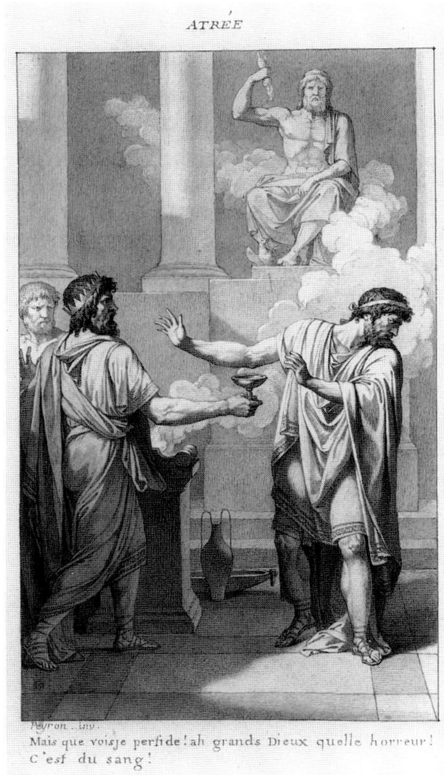

103 Electre

▪ Plume, encre brune et noire, lavis brun et rehauts de blanc sur papier
▪ H. : 139 ; L. : 89 mm (mesures prises au filet) ▪ Le dessin est réalisé sur une pleine page in-8 interfoliée en face de la page de titre de la pièce (t. I, p. 168)

INSCRIPTION
▪ Légende : *Ton frère ! quoi ! je meurs de la main de mon fils !*

ŒUVRE EN RAPPORT
Gravé en sens inverse par Patas (t. I, p. 240).

Acte V, scène VIII et dernière : Le drame des Atrides se poursuit. La malédiction des dieux qui produit à chaque génération un nouveau parricide condamne ici Clytemnestre de la main de son propre fils, Oreste.

Clytemnestre *Ton frère ! quoi ! je meurs de la main de mon fils !*
Dieux justes ! mes forfaits sont-ils assez punis ?
Je ne te revois donc, fils digne des Atrides,
Que pour trouver la mort dans tes mains parricides ?

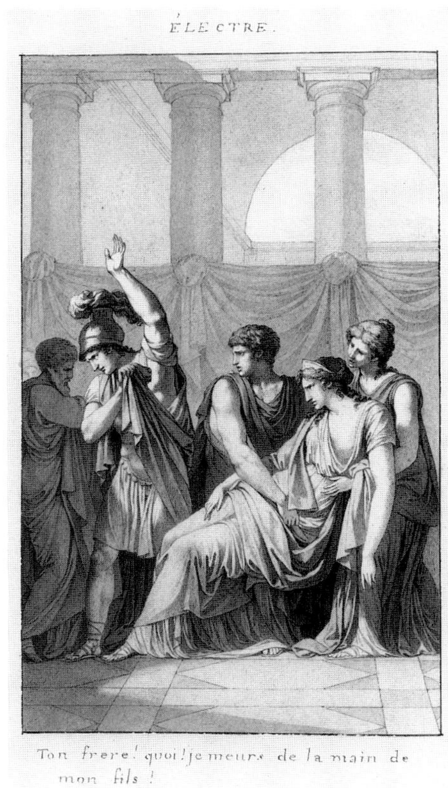

104 Rhadamiste et Zénobie

■ Plume, encre brune et noire, lavis brun et rehauts de blanc sur papier
■ H. : 139 ; L. : 89 mm (mesures prises au filet) ■ Le dessin est réalisé sur une pleine page in-8 interfoliée en face de la page de titre de la pièce (t. I, p. 308)

INSCRIPTIONS
■ S.b.g. : *Peyron inv. et fe.*
Légende : *Sèche tes pleurs : adieu ma chère Zénobie / Mithridate est vengé.*

ŒUVRE EN RAPPORT
Gravé en sens inverse par Ph. Trière (t. I, p. 245).

Acte V, scène VII et dernière : Zénobie est la fille de Mithridate que son propre frère, Pharasmane, a autrefois assassiné. Elle est mariée à Rhadamiste, fils ignoré de Pharasmane. Au début de l'acte V, Pharasmane a tué Rhadamiste. Celui-ci revient sur scène pour mourir, porté sur une civière par des gardes et se dévoiler à son père et assassin :

Rhadamiste *Quoique ma mort approche,*
N'en craignez pas, seigneur, un injuste reproche.
J'ai reçu par vos mains le prix de mes forfaits :
Je ne méritais pas de jouir de la vie.
(à Zénobie)
Sèche tes pleurs : adieu, ma chère Zénobie ;
Mithridate est vengé.
Pharasmane *Grands dieux ! qu'ai-je entendu ?*
Mithridate ! Ah ! quel sang ai-je donc répandu ?

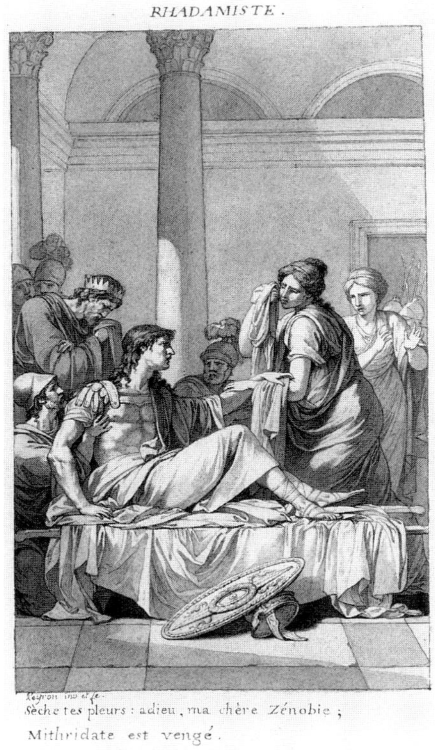

105 Xerxès

■ Plume, encre brune et noire, lavis brun et rehauts de blanc sur papier
■ H. : 139 ; L. : 89 mm (mesures prises au filet) ■ Le dessin est réalisé sur une pleine page in-8 interfoliée en face de la page de titre de la pièce (t. I, p. 312)

INSCRIPTIONS
■ S.b.g. : *Peyron inv. et fec.*
Légende : *Regarde si tu peux, ce témoin sans trembler.*

ŒUVRE EN RAPPORT
Gravé en sens inverse par P. Baquoy (t. I, p. 376).

Acte IV, scène VII : Xerxès, roi de Perse, vient d'être assassiné par son capitaine des gardes et ministre, Artaban. Darius, fils de Xerxès, est soupçonné. Artaban produit l'arme du crime devant Darius pour le faire accuser, en présence d'Artaxerce, son frère et héritier du trône :

Artaban (à Darius)
J'ai voulu voir, barbare,
Jusqu'où pourrait aller une audace si rare ;
Mais sous tes propres coups il te faut accabler.
Regarde, si tu peux, ce témoin sans trembler.
(Il lui montre son poignard.)
Darius *Grands dieux !*
Artaban (à Artaxerce)
Voyez, seigneur, voyez ce fer perfide
Que du sang de son père a teint le parricide,
Encor tout dégouttant de ce sang précieux
Dont l'aspect fait frémir la nature et les dieux.

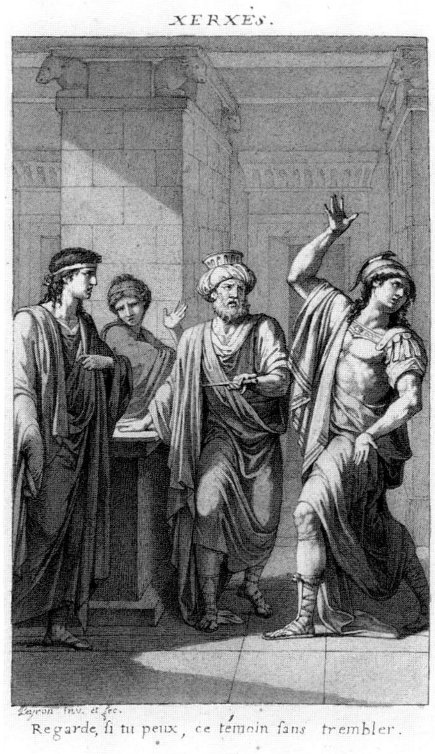

106 *Sémiramis*

■ Plume, encre brune et noire, lavis brun et rehauts de blanc sur papier
■ H. : 139 ; L. : 89 mm (mesures prises au filet) ■ Le dessin est réalisé sur une pleine page in-8 interfoliée en face de la page de titre de la pièce (t. II, p. o)

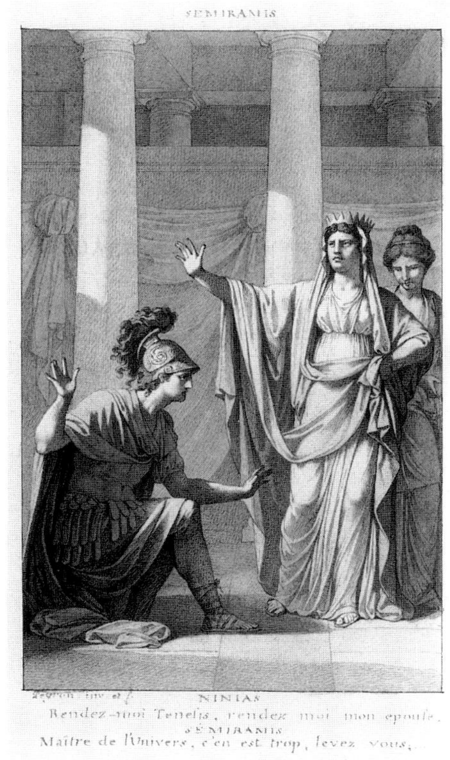

INSCRIPTIONS
■ S.b.g. : *Peyron inv. et f.*
Légende : *NINIAS :Rendez-moi Ténésis, rendez-moi mon épouse... / SEMIRAMIS : Maître de l'Univers, c'en est trop ; levez-vous,...*

ŒUVRE EN RAPPORT
Gravé en sens inverse par N. Thomas (t. II, p. 70).

Acte V, scène III et dernière : Sémiramis, reine de Babylone, est renversée par son fils, Ninias. Celui-ci revient sur scène pour affronter la fureur de sa mère. Il se jette à ses pieds pour implorer que la reine lui rende son épouse, Ténésis, qu'elle détient :

Ninias *Rendez-moi Ténésis, rendez-moi mon épouse.*
Est-ce à moi d'éprouver votre fureur jalouse ?

Sémiramis *Maître de l'univers, c'en est trop ; levez-vous :*
Ce n'est pas au vainqueur à fléchir les genoux.

107 *Pyrrhus*

■ Plume, encre brune et noire, lavis brun et rehauts de blanc sur papier
■ H. : 139 ; L. : 89 mm (mesures prises au filet) ■ Le dessin est réalisé sur une pleine page in-8 interfoliée en face de la page de titre de la pièce (t. II, p. 78)

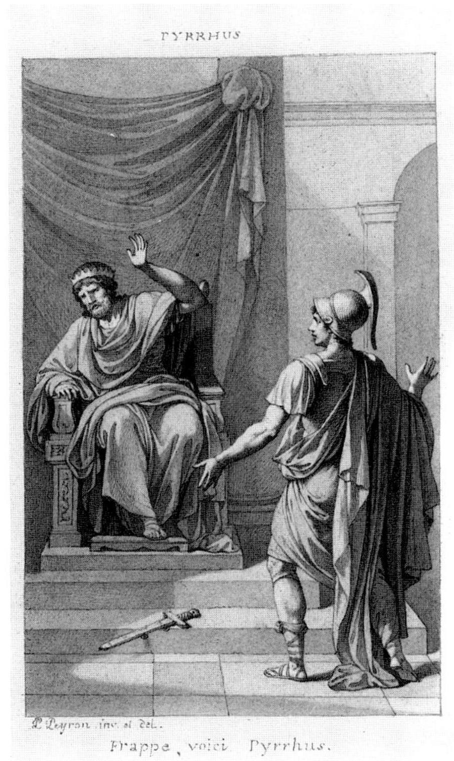

INSCRIPTIONS
■ S.b.g. : *Peyron inv. et del.*
Légende : *Frappe, voici Pyrrhus.*

ŒUVRE EN RAPPORT
Gravé en sens inverse par P. Baquoy (t. II, p. 148).

Acte V, scène III et dernière : Néoptolême, usurpateur de l'Epire est combattu par Pyrrhus qui veut lui reprendre son trône. Pyrrhus, qui se fait appelé Hélénus, se présente désarmé devant son rival et lui promet de lui livrer son ennemi. Soudain, il révèle son identité.

Pyrrhus *S'il ne craignait que toi, tyran, ta barbarie*
Te coûterait bientôt et le trône et la vie.
Voyons donc jusqu'où peut aller ta fermeté.
Je vais te rassurer contre un fer redoutable
Qui rendrait dans mes mains ta perte inévitable.
(Il jette son épée aux pieds de Néoptolême.)
Frappe, voici Pyrrhus.

108 Catilina

■ Plume, encre brune et noire, lavis brun et rehauts de blanc sur papier
■ H. : 139 ; L. : 89 mm (mesures prises au filet) ■ Le dessin, coupé à l'extérieur du filet (H. : 150 ; L. 98 mm), est collé en plein sur une pleine page in-8 interfoliée en face de la page de titre de la pièce (t. II, p. 154)

INSCRIPTIONS

■ S.b.g. : *P. Peyron inv. et deli.*
Légende : *Qu'heureusement pour vous la force m'abandonne !*

ŒUVRE EN RAPPORT

Gravé en sens inverse par N. Le Mire (t. II, p. 230).

Acte V, scène VII et dernière : Catilina, vaincu, vient mourir sur scène devant Cicéron et Caton à qui il promet un funeste avenir.

Catilina *Amis infortunés, ma vie vient de répandre*
Ce sang que j'aurais dû verser pour vous défendre.
(Voyant paraître Cicéron et Caton.)
Il ne me restait plus, pour comble de douleur,
Que d'expirer aux yeux de mon lâche vainqueur.
(à Cicéron.)
Approche plébéien ; viens voir mourir un homme
Qui t-a laissé vivant pour la honte de Rome.
(à Caton)
Et toi dont la vertu ressemble à la fureur,
Au gré de mes désirs tu feras son malheur.
Cruels, qui redoublez l'horreur qui m'environne,
(Il fait un mouvement pour se lever.)
Qu'heureusement pour vous la force m'abandonne !
Mais croyez qu'en mourant mon cœur n'est point changé.
O César ! si tu vis, je suis assez vengé.

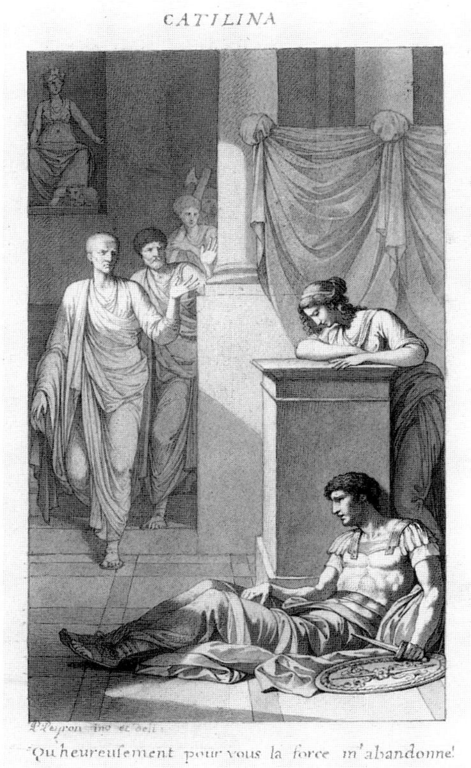

109 Le Triumvirat, ou La mort de Cicéron

■ Plume, encre brune et noire, lavis brun et rehauts de blanc sur papier
■ H. : 139 ; L. : 89 mm (mesures prises au filet) ■ Le dessin, coupé au filet, est collé en plein sur une pleine page in-8 interfoliée en face de la page de titre de la pièce (t. II, p. 234).

INSCRIPTIONS

■ S.b.g. : *Peyron inv. et delin.*
Légende : *Traître, pour assouvir la fureur qui t'anime, / Tourne les yeux, voilà ta dernière victime.*

ŒUVRE EN RAPPORT

Gravé en sens inverse par P. Baquoy (t. II, p. 306).

Acte V, scène III et dernière : suite de *Catilina*, le *Triumvirat* relate l'accession au pouvoir d'Octave et l'assassinat de Cicéron. La dernière scène de la pièce, au comble de l'horreur, fait découvrir à Tullie, fille de Cicéron, la tête tranchée de son père. Elle accuse Octave et se suicide :

Tullie *Dieux quel affreux objet !*
La tête de mon père !... Ah monstre impitoyable !
A quels yeux offres-tu ce spectacle effroyable ?

Octave *L'horreur qui me saisit à ce terrible aspect,*
Pourrait justifier l'homme le plus suspect.
On n'en peut accuser que la main de Fulvie.

Tullie *La tienne a-t-elle moins fait voir de barbarie ?*
Ne lui conteste point un coup digne de toi.
O Sextus ! Tout est mort et pour vous et pour moi.
Traître, pour assouvir la fureur qui t'anime,
(Elle se tue)
Tourne les yeux ; voilà ta dernière victime.

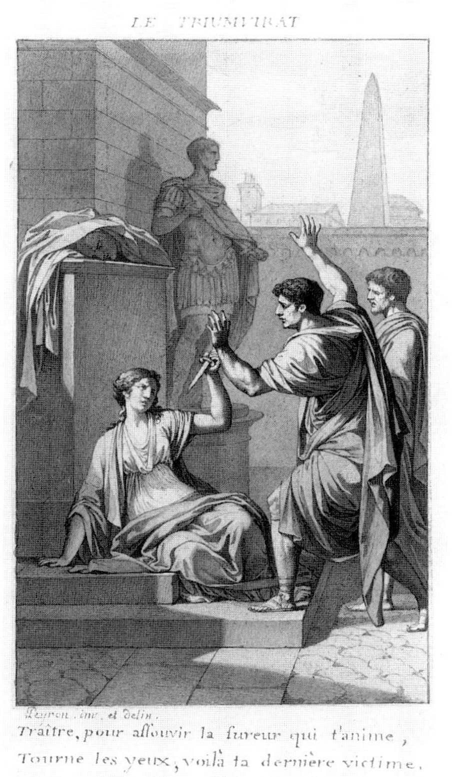

Augustin de Saint-Aubin
Paris, 1736 ; Paris, 1807

110 à 119 *«Œuvres» de Gresset*

(A Paris, chez Antoine-Augustin Renouard, 1811)

Exemplaire unique sur vélin, 3 tomes in-8, reliés en 7 volumes in-4. La reliure en maroquin rouge est de Thouvenin. Les dessins de Moreau se présentent en feuilles volantes ; le portrait de Gresset par Saint-Aubin est collé à la place de la gravure.

▪ L. Dut. 338

PROVENANCE

Bibliothèque d'Ant.-Aug. Renouard ; sa vente, 1854, n° 1370 (905 F) ; coll. Dutuit ; legs Dutuit à la Ville de Paris, 1902.

BIBLIOGRAPHIE

Portalis (pour Moreau), 1877, t. II, p. 468 ; Bocher (pour Moreau), 1882, p. 694 ; Rahir, 1899, p. 130, n° 338 ; Cohen, 1912, p. 463.

J.-M. Moreau le Jeune
Paris, 1741 ; Paris, 1814

120 à 127 *«Œuvres» du Comte Antoine Hamilton*

(A Paris, chez Antoine-Augustin Renouard, 1812)

Exemplaire unique sur vélin, 3 tomes in-8, reliés en 7 volumes in-4. La reliure en maroquin vert est de Thouvenin. Les dessins de Moreau se présentent en feuilles volantes, les portraits de Saint-Aubin sont collés à la place des gravures.

Seuls les n°s 121, 124, 125, 126 et 127 ont été présentés à l'exposition.

▪ L. Dut. 576

PROVENANCE

Bibliothèque d'Ant.-Aug. Renouard ; sa vente, 1854, n° 2378 (735 F) ; coll. Dutuit ; legs Dutuit à la Ville de Paris, 1902.

BIBLIOGRAPHIE

Portalis (pour Moreau), 1877, t. II, p. 469 ; Bocher (pour Moreau), 1882, p. 694 ; Rahir, 1899, p. 215, n° 576 ; Cohen, 1912, p. 474.

Il est difficile de parler de collaboration entre les deux artistes pour la réalisation de ces deux éditions illustrées. Si Jean-Michel Moreau a en effet beaucoup produit pour Renouard ou Didot à la fin de sa vie, travaillant à la commande avec cette impeccable maîtrise qu'on lui connaît, Augustin de Saint-Aubin, pour sa part, a terminé sa carrière aussi lamentablement, semble-t-il, que le nom maudit des Saint-Aubin pouvait le lui laisser espérer ; ainsi l'inscription de son nom en tête de nombreuses éditions du début du XIXe siècle ne provient-elle le plus souvent que d'une réutilisation savamment mesurée par l'éditeur Renouard de l'ensemble des portraits qu'il avait commandés à l'artiste quelques années plus tôt. Aussi bien, il ne faut pas tenir rigueur à Saint-Aubin de ces têtes charmantes, sans doute, mais un peu fades, il faut l'admettre, qui viennent orner un peu arbitrairement nos ouvrages.

Quant à Moreau le Jeune, c'est peu dire que si ses vieux jours ne virent pas s'éteindre sa gloire, les critiques du XIXe siècle se chargèrent avec soin d'y remédier. Gageons que le surnom qu'il s'était lui-même attribué pour se différencier de son frère aîné ne fut pas pour rien dans cette aversion bileuse qui entâcha sa dernière production. Les Goncourt, dont on a vu pourtant en quelle estime ils tenaient l'auteur du *Monument du Costume*, ces mêmes Goncourt qui lui reconnaissaient «un talent, un génie rare et qui lui est absolument personnel», n'hésitent pas à dire de ses dernières œuvres que «ce ne sont plus des Moreau, ce sont des bistres maigres, peinés, miniaturés (...) délices des éditions de Renouard que se dispute le goût ignare des bibliophiles». Portalis, plus mesuré, cite ces mêmes propos mais s'interdit de les contredire. Et Bocher, le grand biographe de l'artiste, pose à son tour le regard le plus distant possible sur cette partie de sa carrière. Faut-il aujourd'hui réhabiliter un peu le vieux Moreau ? — alors que le jeune n'est plus guère non plus à la mode... Il nous semble bien que oui, ne serait-ce que pour effacer la désastreuse opinion des dix-huitiémistes sur des œuvres qui d'évidence appartiennent déjà au XIXe siècle. Le Romantisme a passé par là — et non la Révolution comme le disent les Goncourt —, et nous serions tentés aujourd'hui de voir dans ces minutieuses vignettes, plutôt que le produit abâtardi d'un dessinateur du siècle de Louis XV, le témoignage passionnant d'une carrière artistique qui échappe à l'écrasement du Néo-classicisme.

Le paradoxe veut — mais l'époque y oblige — que Moreau ait

beaucoup illustré dans ses vieilles années de vieux auteurs un peu démodés. Qui lit encore aujourd'hui Hamilton ou Gresset ? Qui les lisait encore à la fin du XIXe siècle ? Personne, ou peu s'en faut — et l'on a tort. Ainsi, il est évident qu'en matière d'illustration, le dégoût pour certains écrivains a considérablement nui aux artistes qui choisissaient de les servir. Moreau est un illustrateur consciencieux — ce qui n'est pas forcément une qualité — et spirituel comme seul pouvait l'être un transfuge du XVIIIe siècle. Les deux vignettes qu'il donne pour le *Parrain magnifique* (n°s 118 et 119) témoignent à merveille de sa compréhension du texte. Face à face, elles résument parfaitement la «non-action» de l'intrigue : le «parrain», lourdement assis dans un décor Louis XV, y interroge ses conseillers avec le même abattement au premier et au dernier chapitre ; la composition seule s'inverse — on peut penser, en s'autorisant un léger anachronisme, à certaines caricatures montrant Louis XVIII assis à sa table de travail. Les compositions qu'il donne pour les *Contes* de Hamilton (n°s 124 à 127) sont, à rebours, pleines de cette même fraîcheur qui fera un peu plus tard le succès d'un Tony Johannot au service de Jean-Jacques Rousseau. L'illustration pour les *Quatre Facardins* (n° 126), ou celle pour *Zéneyde* (n° 127) en est sans doute l'un des plus beaux exemples ; mais les *Contes* de Hamilton ne sont pas la *Nouvelle Héloïse*.

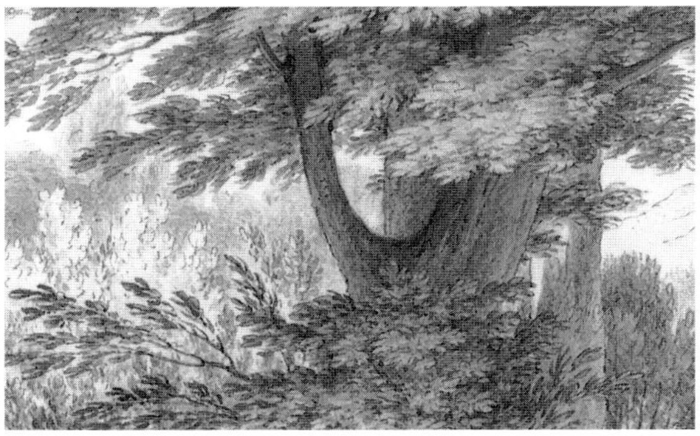

Fig. 89 : *Zénéyde*, détail

Enfin, et ce serait une erreur de l'oublier, il est une autre révolution, plus insidieuse celle-là, qui fit sans doute plus pour la dépréciation des dessinateurs d'illustrations traditionnels du début du XIXe siècle : l'invention de la lithographie. L'extrême liberté qu'elle autorise bientôt en gravure, permettant en outre un débordement de plus en plus important sur le texte, déclasse rapidement l'art des burinistes, et avec lui, l'art du dessin minutieux et léché. On a tout dit aujourd'hui quand on parle de «dessin pour la gravure» ! Qu'on nous permette cependant d'admirer la technique souveraine de Moreau. Sa plume et son pinceau trempés dans trois tons d'encre tracent les ombres et les lumières avec une adresse proprement confondante qui évoque une perfection photographique. Mais sans doute l'œil moderne est-il lassé de ces finesses artisanales…

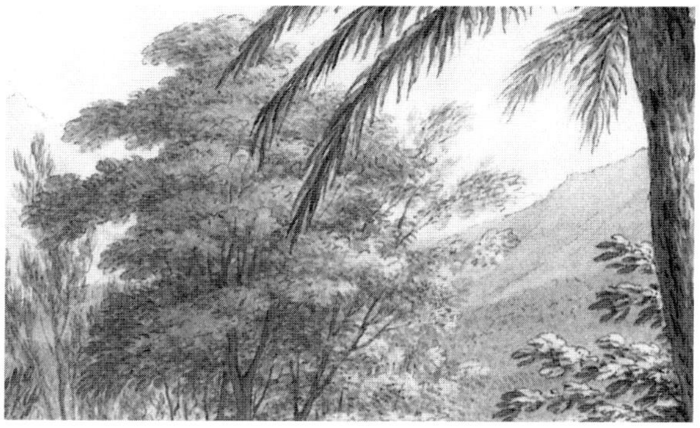

Fig. 90 : *Fleur d'épine*, détail

110 Portrait de Jean-Baptiste Gresset

- Mine de plomb sur papier quadrillé
- H. : 120 ; L. : 100 mm (dimensions de la feuille, collée sur la page de garde du tome I)

SIGNATURE

- Inscription, en haut, sur le cadre : *GRESSET* ; faux texte sur le cartouche.

Gravé en sens inverse sans doute par Augustin de Saint-Aubin lui-même, sans signature (t. I, page de garde). La gravure présente quelques différences dans l'encadrement.

Le dessin ni la gravure ne portant de signature, l'attribution à Saint-Aubin a parfois été contestée. Cependant, la facture de ce portrait très linéaire et très expressif, sans doute inspiré d'une peinture, nous autorise, semble-t-il, à confirmer la participation du graveur à cette édition. Qu'il ait signé presque toutes ses œuvres ne nous paraît pas un argument suffisant pour mettre en doute l'authenticité de celles qui ne le sont pas.

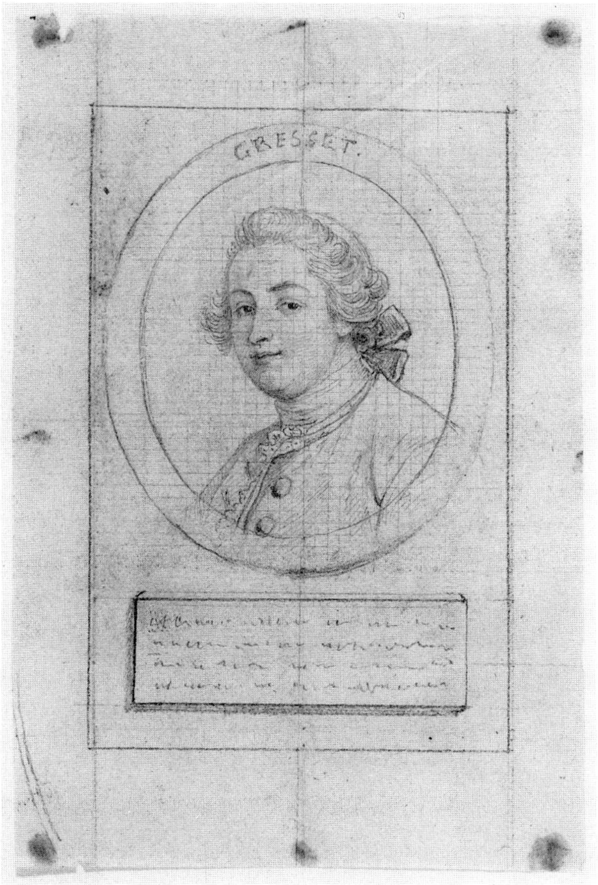

111 *Ver-Vert (chap. Ier)*

- Plume et encre brune sur papier
- H. : 130 ; L. : 83 mm (mesures prises au filet)

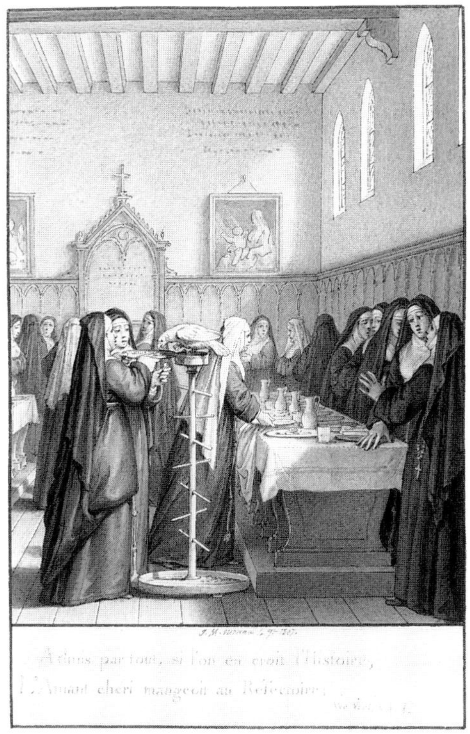

INSCRIPTIONS

- S.b.c. : *J. M. Moreau le J. 1807*

Légende : *Admis partout, si l'on en croit l'Histoire, / L'Amant chéri mangeoit au Réfectoire ;*

ŒUVRE EN RAPPORT

Gravé par J.-B. Simonet dans le sens inverse en 1809 (t. I, 1ère partie, p. 5).

« A Nevers donc, chez les Visitandines, / Vivait naguère un perroquet fameux». Ver-Vert, le perroquet dont cette fable satirique relate l'histoire, était réputé pour sa beauté, ses bonnes manières et surtout son langage châtié. Les bonnes sœurs le couvaient de leur affection…

Admis partout, si l'on en croit l'Histoire,
L'Amant chéri mangeait au Réfectoire :
Là tout s'offrait à ses friands désirs ;
Outre qu'encor pour ses menus plaisirs,
Pour occuper son ventre infatigable,
Pendant le temps qu'il passait hors de table,
Mille bonbons, mille exquises douceurs,
Chargeaient toujours les poches de nos sœurs.

112 *Ver-Vert (chap. II)*

- Plume et encre brune sur papier
- H. : 130 ; L. : 83 mm (mesures prises au filet)

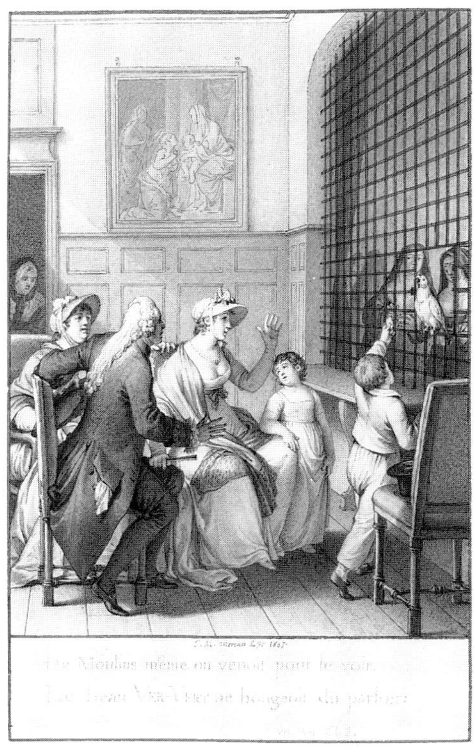

INSCRIPTIONS

- S.b.c. : *J. M. Moreau le J. 1807*

Légende : *De Moulins même on venoit pour le voir, / Le beau Ver-Vert ne bougeoit du parloir*

ŒUVRE EN RAPPORT

Gravé par J.-B. Simonet dans le sens inverse en 1809 (t. I, 1ère partie, p. 9).

Bientôt, le perroquet devient une attraction…

De Moulins même on venait pour le voir,
Le beau Ver-Vert ne bougeait du parloir ;
Sœur Mélanie, en guimpe toujours fine,
Portait l'oiseau : d'abord aux spectateurs
Elle en faisait admirer les couleurs,
Les agréments, la douceur enfantine ;
Son air heureux ne manquait point les cœurs ;
Mais la beauté du tendre néophyte
N'était encor que le moindre mérite ;
On oubliait ces attraits enchanteurs
Dès que sa voix frappait les auditeurs.

113 *Ver-Vert (chap. III)*

- Plume et encre brune sur papier
- H. : 130 ; L. : 83 mm (mesures prises au filet)

INSCRIPTIONS

- S.b.c. : *J. M. Moreau le J. 1807*

Légende : *La nef arrive, et l'équipage en sort / Une tourière étoit assise au port.*

ŒUVRE EN RAPPORT

Gravé par J.-B. Simonet dans le sens inverse en 1808 (t. I, 1ère partie, p. 19).

La réputation du bel oiseau traverse les campagnes et vient jusqu'aux oreilles des mères supérieures de la Visitation, dans leur couvent de Nantes. Les sœurs de Nevers doivent alors se résoudre, mais bien à contre-cœur, à envoyer Ver-Vert leur faire une visite. Hélas, le voyage en bateau se fait en mauvaise compagnie : «Trop bien sut-il graver en sa mémoire / Tout l'alphabet des bateliers de Loire ; / Dès qu'un d'iceux, dans quelque vertigo, / Lâchait un mor... Ver-Vert faisait l'écho». L'oiseau, enfin, arrive à Nantes ...

La nef arrive, et l'équipage en sort.
Une tourière était assise au port. (...)
En débarquant auprès de la béguine,
L'oiseau madré la connut à la mine,
A son œil prude ouvert en tapinois,
A sa grand'coiffe, à sa fine étamine,
A ses gants blancs, à sa mourante voix,
Et mieux encor à sa petite croix.
Il en frémit, et même il est croyable
Qu'en militaire il la donnait au diable ;
Trop mieux aimant suivre quelque dragon
Dont il savait le bachique jargon,
Qu'aller apprendre encor les litanies,
La révérence, et les cérémonies.

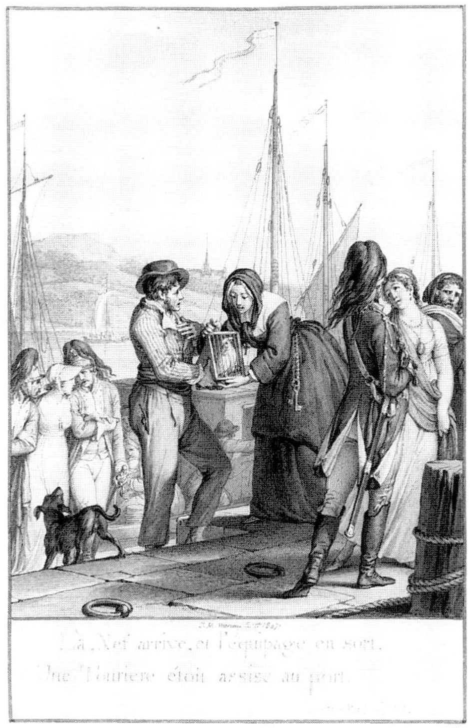

114 *Ver-Vert (chap. IV)*

- Plume et encre brune sur papier
- H. : 130 ; L. : 83 mm (mesures prises au filet)

INSCRIPTIONS

- S.b.c. : *J. M. Moreau le J. 1807*

Légende : *On le condamne à deux mois d'abstinence, / Trois de retraite, et quatre de silence.*

ŒUVRE EN RAPPORT

Gravé par J.-B. Simonet dans le sens inverse en 1809 (t. I, 1ère partie, p. 25).

La catastrophe a lieu : «Il entonna tous les horribles mots / Qu'il avait su rapporter du bateau / (...) /Les jeunes sœurs crurent qu'ils parlait grec. / "Jour de Dieu !... mor... mille pipes de diable !"». La punition ne tarde pas...

On le condamne à deux mois d'abstinence,
Trois de retraite, et quatre de silence ;
Jardins, toilette, alcoves, et biscuits,
Pendant ce temps lui seront interdits.
Ce n'est point tout : pour comble de misère,
On lui choisit pour garde, pour geolière,
Pour entretien, l'Alecton du couvent,
Une converse, infante douairière,
Singe voilé, squelette octogénaire,
Spectacle fait pour l'œil d'un pénitent.

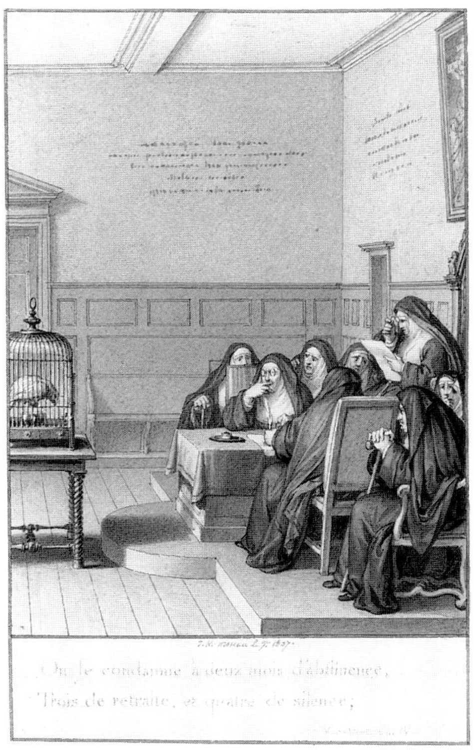

115 *Le lutrin vivant (chap. IV)*

- Plume et encre brune sur papier
- H. : 130 ; L. : 83 mm (mesures prises au filet)

INSCRIPTIONS

- S.b.c. : *J. M. Moreau le J. 1807*

Légende : *Pour éviter l'insecte impitoyable, / Le lutrin fuit en criant comme un diable.*

ŒUVRE EN RAPPORT

Gravé par J.-B. Simonet dans le sens inverse en 1809 (t. I, 1ère partie, p. 41).

« Par cas fortuit, l'enfant de chœur Lucas / Avait usé l'étui des pays bas». Sa culotte était trouée. Sa mère, trop pauvre pour acheter du tissu, reprise la culotte avec les pages en vélin d'un livre. Hélas, le hasard veut que ce livre soit le grand missel du curé. Le dimanche suivant, on découvre l'ouvrage amputé : «On délibère : on décide soudain / Que le marmot braqué sur le pupitre / Y servira de livre et de lutrin». Et la messe est lue sur les fesses de Lucas…

Tout allait bien jusques à l'évangile…
(…)
Mais, par malheur, une guêpe incivile,
Par la couture entr'ouvrant le vélin,
Déconcerta le sensible lutrin.
D'abord il souffre, il se fait violence,
Et, tenant bon, il enrage en silence ;
Mais l'aiguillon allant toujours son train,
Pour éviter l'insecte impitoyable,
Le lutrin fuit en criant comme un diable ;
Et loin de là va, partant comme un trait,
Pour se guérir retourner le feuillet.

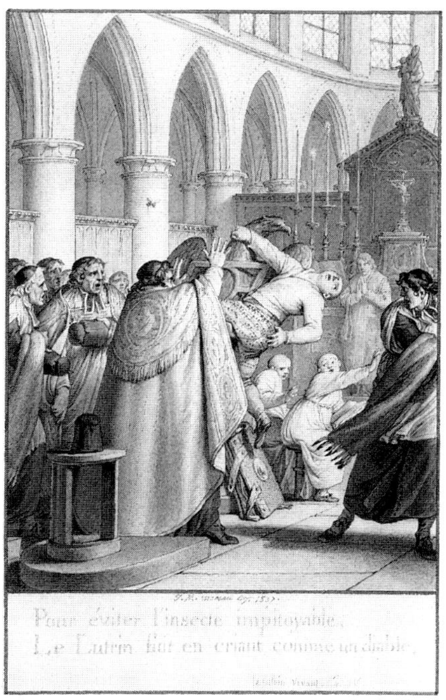

116 *Le méchant (acte II, scène III)*

- Plume et encre brune sur papier
- H. : 130 ; L. : 83 mm (mesures prises au filet)

INSCRIPTIONS

- S.b.c. : *J. M. Moreau le J. 1807*

Légende : *CLEON — Et se moquer du monde est tout l'art d'en jouir. / Ma foi, quand je parcours tout ce qui le compose, / Je ne trouve que nous qui valions quelque chose.*

ŒUVRE EN RAPPORT

Gravé par J.-B. Simonet dans le sens inverse en 1808 (t. II, 2ème partie, p. 29).

Comédie écrite dans la tradition de Molière, le *Méchant* a souvent été rapproché de Tartuffe ; son protagoniste, comme Tartuffe, s'est introduit dans une famille de dévots en se faisant engager comme précepteur : là, il séduit Florise, la fille de la maison, et gagne l'amitié de son frère, Géronte. Toutefois, au contraire de Tartuffe, il n'agit pas par intérêt ni par désir, mais par pure méchanceté.

Dans l'acte II, Cléon a séduit Florise. Ici, dans une sorte d'éloge de la calomnie, il lui expose comment il compte se venger des jaloux en publiant ses mémoires ; elle se prend au jeu et lui propose de prendre pour première victime une jeune femme de ses rivales, Orphise…

Florise *Oui c'est très bien pensé ; mais faites-vous des vers ?*

Cléon *Qui n'en fait pas ? Est-il si mince coterie*
Qui n'ait son bel esprit, son plaisant, son génie ?
Petits auteurs honteux, qui font, malgré les gens,
Des bouquets, des chansons, et des vers innocents.
Oh ! pour quelques couplets, fiez-vous à ma muse :
Si votre Orphise en meurt, vous plaire est mon excuse ;
Tout ce qui vit n'est fait que pour nous réjouir,
Et se moquer du monde est tout l'art d'en jouir.
Ma foi, quand je parcours tout ce qui le compose,
Je ne trouve que nous qui valions quelque chose.

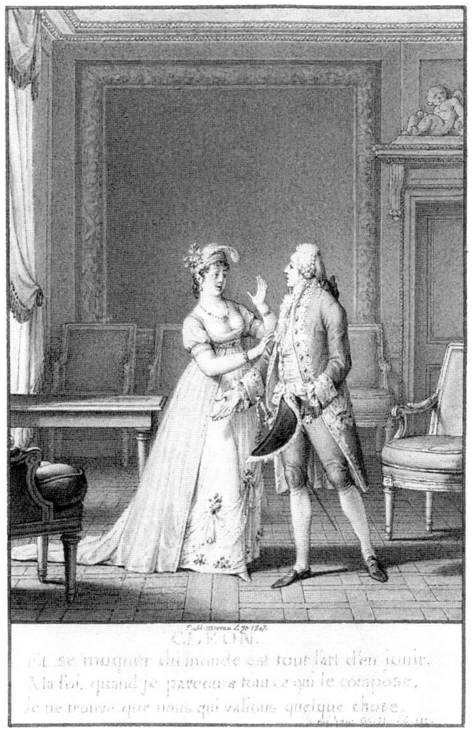

117 *Le méchant (acte V, scène VII)*

- Plume et encre brune sur papier
- H. : 94 ; L. : 54 mm (mesures prises au filet)

INSCRIPTIONS

- S.b.c. : *J. M. Moreau le J. 1807*

Légende : *FLORISE — C'est trop souffrir ici la honte où je m'abaisse ; / Je rougis des égards qu'employoit ma faiblesse.*

ŒUVRE EN RAPPORT

Gravé par N. Thomas dans le sens inverse en 1808 (t. II, 2ème partie, p. 106).

C'est la fin de la pièce. Cléon est démasqué…

Cléon *Vous cessez de m'aimer, vous me croyez quitté ;*
Mais j'ai depuis longtemps gagné de primauté.

Florise *C'est trop souffrir ici la honte où je m'abaisse ;*
Je rougis des égards qu'employait ma faiblesse.
Eh bien ! allez monsieur : que vos talents sur nous ;
Epuisent tous les traits qui sont dignes de vous ;
Ils partent de trop bas pour pouvoir nous atteindre.
Vous êtes démasqué, vous n'êtes plus à craindre ;
Je ne demande pas d'autre éclaircissement,
Vous n'en méritez point. Partez dès ce moment ;
Ne me voyez jamais.

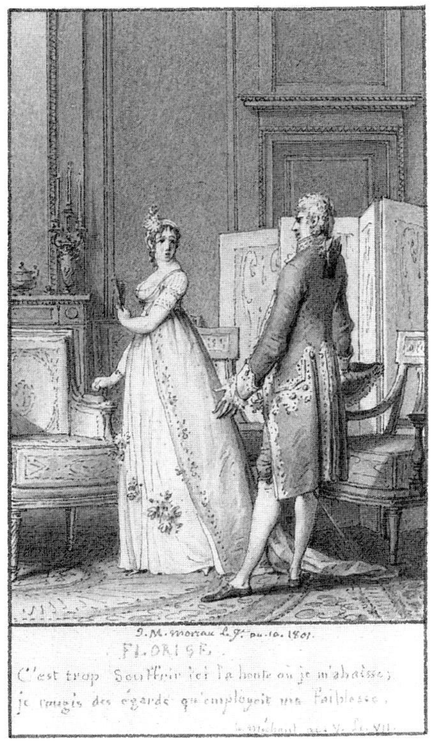

118 Le Parrain magnifique *(chant III)*

- Plume et encre brune sur papier
- H. : 130 ; L. : 83 mm (mesures prises au filet)

INSCRIPTION

- S.b.c. : *J. M. Moreau le J. 1810*

Légende *User son pauvre argent, sans profit, sans dessein ? / Voyez-moi le bel avantage, / Vous serez bien plus gras quand vous serez Parrain !*

ŒUVRE EN RAPPORT

Gravé par E. de Ghendt dans le sens inverse en 1808 (t. III, p. 29).

Curieux texte que ce long poème satirique sans intrigue qui prend pour cibles tous les ridicules de la vie d'un petit bourgeois de province, et particulièrement sa lenteur…

Au point milieu du siècle dix-huitième,
Un grand homme du dix-septième,
(…)
Devait nommer un enfant au baptême.
Quoique sans nom encor, l'enfant allant son train
Venait d'avoir deux ans sans avoir de Parrain.

Les dix chants que compte le Parrain magnifique se passent à préparer une cérémonie de baptême…

Au premier mot des frais et des cérémonies :
Voilà de belles fantaisies
(Lui dit l'austère confident) ;
On ne peut, Monseigneur, accorder vos folies
Avec tout votre jugement.
Cela fait trembler, à votre âge
User son pauvre argent, sans profit, sans dessein ?
Voyez-moi le bel avantage,
Vous serez bien plus gras quand vous serez Parrain !"

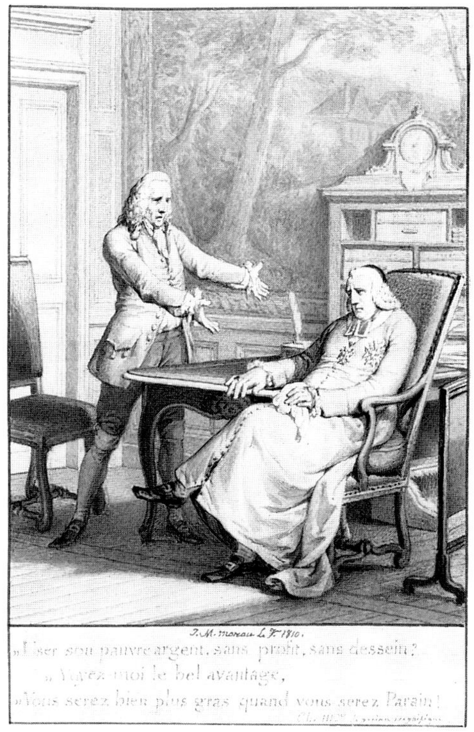

119 Le Parrain magnifique *(chant X)*

- Plume et encre brune sur papier
- H. : 130 ; L. : 83 mm (mesures prises au filet)

INSCRIPTIONS

- S.b.c. : *J. M. Moreau le J. 1811*

Légende : *Plan de baptême / Pour, au nom de très haut et très puissant seigneur… / Et le reste, passez : de peur de quelque erreur…*

ŒUVRE EN RAPPORT

Gravé par J.-B. Simonet dans le sens inverse en 1811 (t. III, p. 100).

Au chant X, et dernier, on n'a pas avancé d'un pouce : on en est toujours aux préparatifs du baptême…

J'avais si peu de temps… — Voyons, c'est tout de même,
Si rien n'est oublié. Lisez… — Plan de baptême
Pour, au nom de très haut et très puissant seigneur…
Et le reste, passez : de peur de quelque erreur,
La procuration porte une liste exacte
Des noms et qualités ; vous les mettrez dans l'acte,
Et tout au long pour faire honneur
A l'enfant, aux parents, à vous, à la patrie.

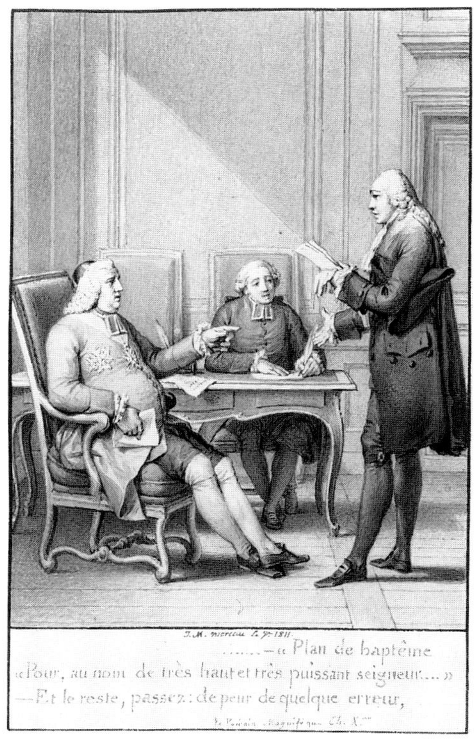

120 Portrait de M. de Grammont

- Mine de plomb sur papier
- H. : 160 ; L. : 118 mm (dimensions de la feuille, collée à la place de la gravure)

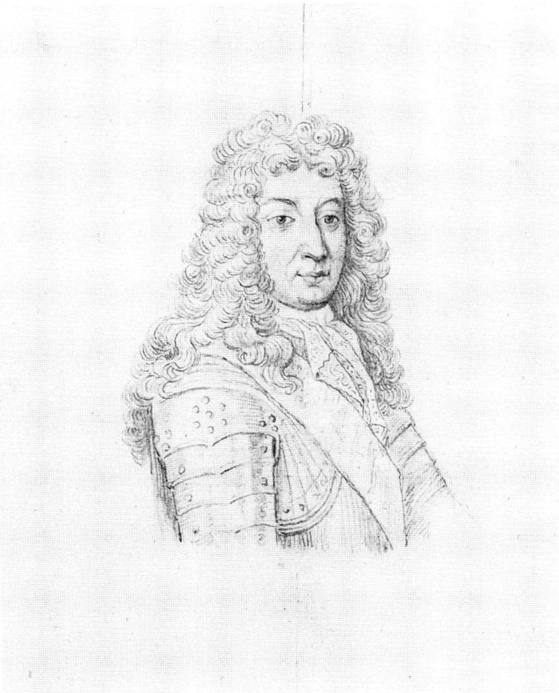

ŒUVRE EN RAPPORT

Gravé par Augustin de Saint-Aubin
(t. I, 1ère partie, p. 17)

Ce dessin, ainsi que les quatre suivants, ont servi à illustrer le plus fameux des ouvrages du comte Hamilton, les *Mémoires de la vie du comte de Grammont. ou l'histoire amoureuse de la cour d'Angleterre sous le règne de Charles II.* Le premier personnage représenté est naturellement M. de Grammont lui-même.

Il serait vain de vouloir résumer ce long roman dans la tradition picaresque dont le style fait toute la saveur. Grammont, séducteur impénitent, sillonne toute l'Europe en guerre en quête de nouvelles aventures galantes. Citons le portrait qu'en donne Hamilton :
«Il est question de représenter un homme dont le caractère inimitable efface des défauts qu'on ne prétend point déguiser ; un homme illustre par un mélange de vices et de vertus qui semblent se soutenir dans un enchaînement nécessaire, rares dans leur parfait accord, brillantes par leurs oppositions.» (t. I, 1ère partie, p. 19).

121 Portrait de Miss Middleton

- Mine de plomb sur papier
- H. : 156 ; L. : 114 mm (dimensions de la feuille, collée à la place de la gravure)

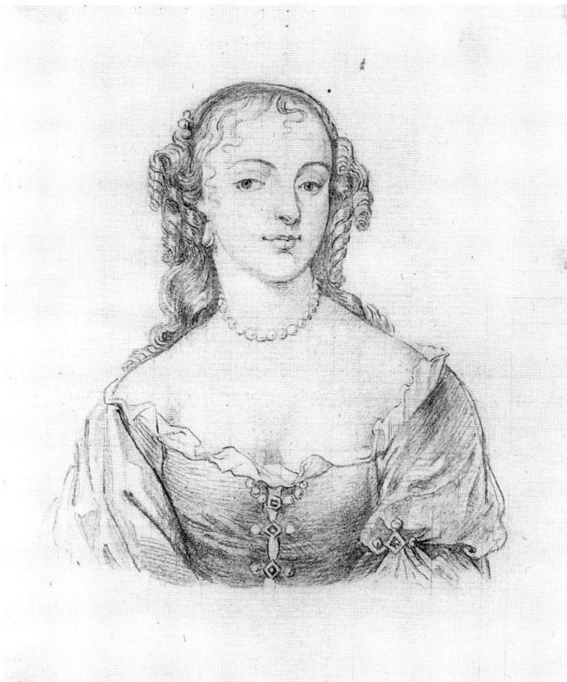

ŒUVRE EN RAPPORT

Gravé par Augustin de Saint-Aubin
(t. I, 1ère partie, p. 125)

Hamilton présente ainsi la première victime de son héros : «La Middleton fut la première qu'il attaqua. C'était une des plus belles femmes de la ville, peu connue encore à la cour ; assez coquette pour ne rebuter personne ; assez magnifique pour vouloir aller de pair avec celles qui l'étaient le plus ; mais trop mal avec la fortune pour pouvoir en soutenir la dépense. Tout cela convenait au chevalier de Grammont».

122 Portrait de Mademoiselle Hamilton

- Mine de plomb sur papier
- H. : 168 ; L. : 113 mm (dimensions de la feuille, collée à la place de la gravure)

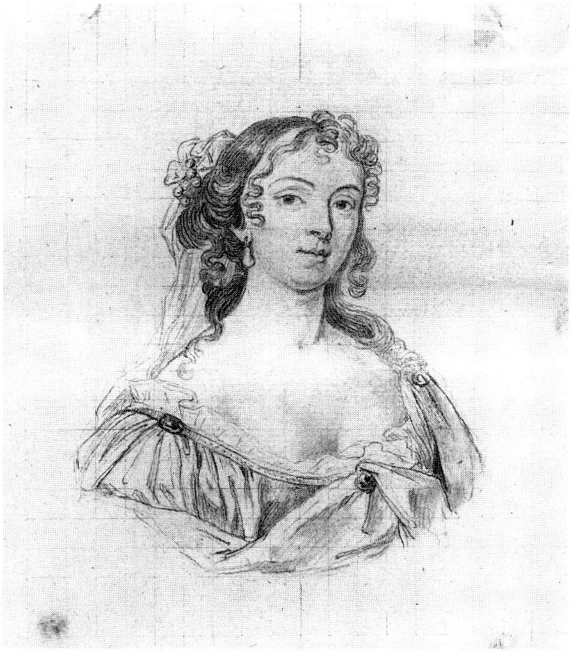

ŒUVRE EN RAPPORT

Gravé par Augustin de Saint-Aubin
(t. I, 1ère partie, p. 135)

« Il fut la chercher chez la reine, où il y avait bal. Elle y était ; mais, par bonheur pour elle, mademoiselle Hamilton y était aussi. Le hasard avait fait que, de toutes les belles personnes de la cour, c'était celle qu'il avait le moins vue, et celle qu'on lui avait le plus vantée. (...) Elle était dans cet heureux âge où les charmes du beau sexe commencent à s'épanouir. Elle avait la plus belle taille, la plus belle gorge, et les plus beaux bras du monde» (t. I, 1ère partie, p. 135).

Mademoiselle Hamilton — homonyme de l'auteur, et qui peut être confondue avec la propre fille de l'auteur, connue pour avoir été aussi la maîtresse de Crébillon Fils— fut donc la deuxième victime du chevalier de Grammont.

123 Portrait de Miss Price

- Mine de plomb sur papier
- H. : 165 ; L. :114 mm (dimensions de la feuille, collée à la place de la gravure)

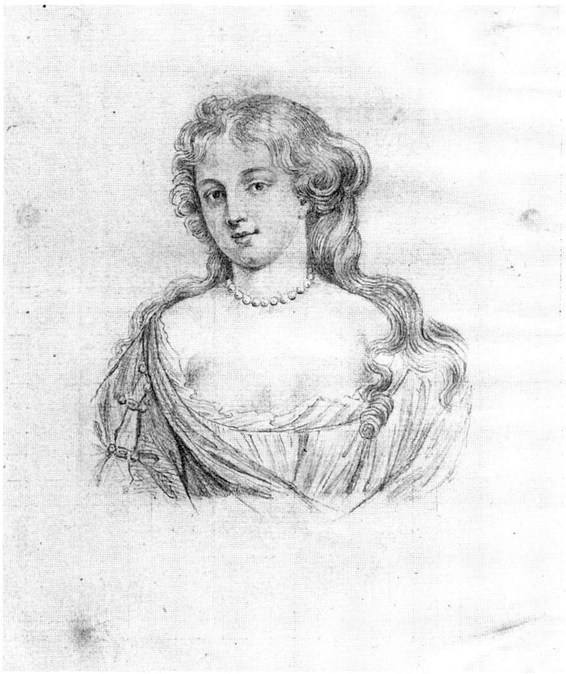

ŒUVRE EN RAPPORT

Gravé par Augustin de Saint-Aubin
(t. I, 1ère partie, p. 147)

Hamilton ne se montre guère tendre dans ses descriptions de ce nouveau personnage : « Elle vit arriver une certaine demoiselle Price, fille d'honneur de madame la duchesse : (...) Mademoiselle Price était ridicule et coquette, (...) ronde et ragote, et par conséquent ne dansait point.»

Faire-valoir un peu ridicule de Mlle Hamilton, Mlle Price compte parmi les figures féminines qui composent cet essaim de précieuses qui tournent autour du roi, Charles II, et que rencontre régulièrement Grammont.

124 Fleur d'épine

- Plume et encre brune sur papier
- H. : 130 ; L. : 83 mm (mesures prises au filet)

INSCRIPTIONS
- S.b.c. : *J.M. Moreau le J. an XIII 1805.*

Légende : *FLEUR D'EPINE.*

ŒUVRE EN RAPPORT

Gravé à l'eau-forte par E. de Ghendt (t. II, 1ère partie, p. 1)

Hamilton présente *Fleur d'épine* comme le dernier conte des *Mille et une nuits* ... Le calife de Cachemire est le père de la plus belle fille de l'Orient, mais, pour son malheur, la beauté de ses yeux est si grande qu'on ne peut les contempler sans en mourir aussitôt. Tarare, chevalier intrépide, s'offre de rompre ce charme maléfique. Plusieurs aventures se présentent à lui : l'une d'elles consiste à reprendre la fille de la magicienne Sereine, Fleur d'épine, à sa tante, la sorcière Dentue ; il se déguise en berger pour épier la jeune fille :

«Tandis qu'il se fortifiait ainsi par toutes les magnanimités d'Opéra qui lui venaient en tête, il vit arriver une personne qui s'empara de toute son attention. A sa fraîcheur, on l'eût prise pour l'aurore d'un jour d'été ; à sa taille, pour la mieux faite des déesses ; et à sa grâce, pour toutes les grâces assemblées dans une personne. (...) Il la regarda trois fois, depuis les pieds jusqu'à la tête, à mesure qu'elle avançait vers le ruisseau ; et trois fois il jura tout bas qu'il n'avait jamais vu de pieds si bien tournés, ni tant d'agréments que dans la figure qu'ils soutenaient. Il se détourna, faisant semblant de suivre ses chèvres. Elle remplit une cruche d'eau qu'elle avait apportée, s'assit au bord du ruisseau, joignit les mains, et se mit à regarder tristement le courant de ses eaux» (pp. 18-19).

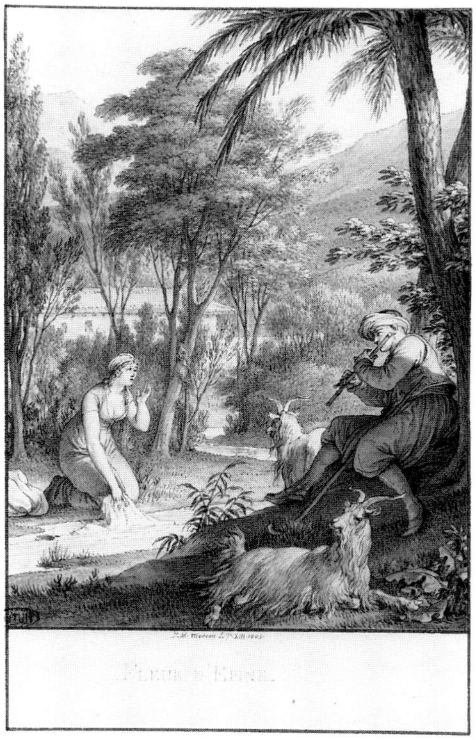

125 Le bélier

- Plume et encre brune sur papier
- H. : 130 ; L. : 83 mm (mesures prises au filet)

INSCRIPTIONS
- S.b.c. : *J.M. Moreau le J. an XIII 1805.*

Légende : *LE BELIER.*

ŒUVRE EN RAPPORT

Gravé à l'eau-forte par E. de Ghendt (t. II, 1ère partie, p. 142)

Le *Bélier* est une fausse suite à *Fleur d'épine* ; la même histoire y est reprise avec quelques variantes sans aucun souci de continuité, comme cela est courant chez Hamilton :

«Cependant, après avoir bien couru, je m'aperçus tout d'un coup que nous étions déjà sous les premiers de ces grands arbres dont l'épais feuillage la défend des rayons du soleil. La belle Alie se baignait dans ce moment : ce fut alors que, me souvenant de la mort de tant d'amants, qui n'avaient vu que son visage, je crus que mon cher défenseur n'en avait que pour un moment, et je me mis à pleurer. D'abord que votre fille vit un homme si près de la fontaine, elle fit un grand cri. Les sylphides, qui venaient de la déshabiller, se sauvèrent dans l'épaisseur du bois» (p. 142).

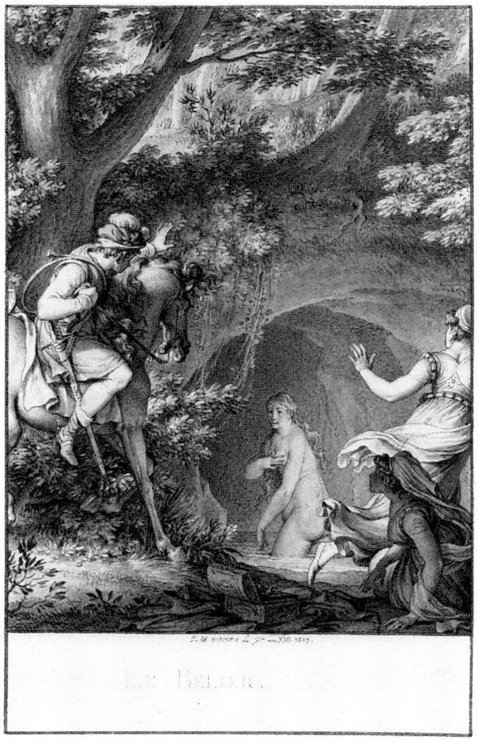

126 Les quatre Facardins

- Plume et encre brune sur papier
- H. : 130 ; L. : 83 mm (mesures prises au filet)

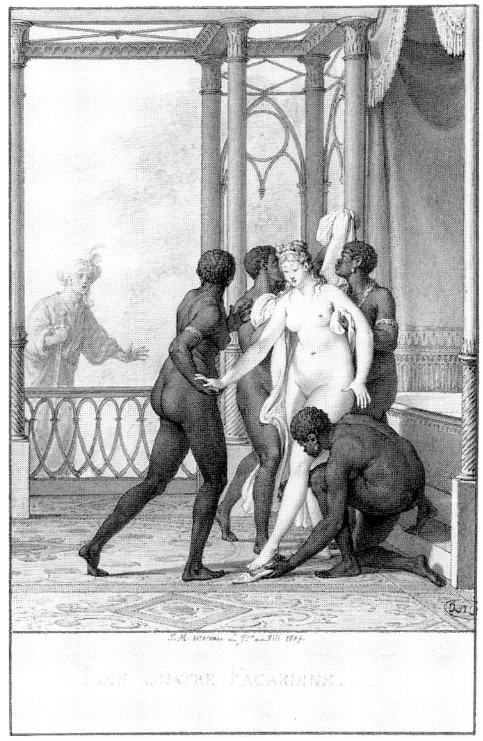

INSCRIPTIONS
- S.b.c. : *J.M. Moreau le J. an XIII 1805.*
Légende : *LES QUATRE FACARDINS.*

ŒUVRE EN RAPPORT
Gravé à l'eau-forte par E. de Ghendt (t. II, 2e partie, p. 257)

« Ma mère, la plus superstitieuse princesse de son temps, s'était mis en tête que le bonheur ou le malheur de ma vie dépendait du nom qu'on me donnerait ; et, ne voulant point de ceux que mes ancêtres avaient portés, elle était sur le point d'envoyer à l'oracle pour en demander un à sa fantaisie, lorsqu'un certain perroquet, dont elle faisait grand cas, s'avisa de répéter deux ou trois fois *Facardin*. Il n'en fallut pas davantage pour la déterminer et m'honorer de ce beau nom» (p. 261).

Les *Quatre Facardins* racontent l'histoire croisée de quatre jeunes hommes homonymes dans les royaumes de Trébizonde et de Bactriane. L'un d'eux, par la confusion due à son nom, est un jour invité à «sauver» la princesse Cristalline :
«Quatre Moresses, plus noires, plus camardes et plus déshabillées qu'elles ne le sont au fin fond de la Guinée, étaient rangées autour de la cuve, où, selon toutes les apparences, leur maîtresse n'attendait plus que mon arrivée pour commencer l'aventure ; car, dès qu'elle m'eut aperçu, ces quatre dames d'atours se mirent en haie du côté où j'étais, et la merveilleuse Cristalline sortit du bain, presque aussi nue qu'on peut l'être, sans l'être tout à fait» (p. 330).

127 Zénéyde

- Plume et encre brune sur papier
- H. : 130 ; L. 83 mm (mesures prises au filet)

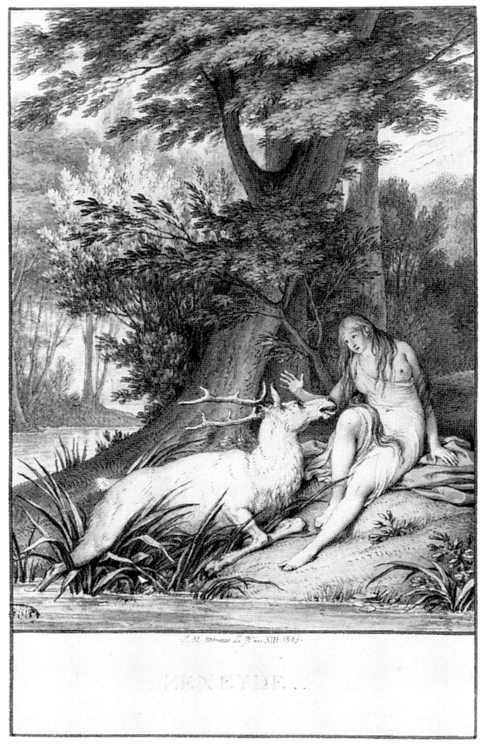

INSCRIPTIONS
- S.b.c. : *J.M. Moreau le J. an XIII 1805.*
Légende : *ZENEYDE*

ŒUVRE EN RAPPORT
Gravé à l'eau-forte par E. de Ghendt (t. II, 2e partie, p. 399)

Ce conte rapporte l'histoire de la nymphe de la Seine, *Zénéyde*, que l'auteur rencontre un jour en fuyant une vieille veuve pressante dans les jardins du château de Saint-Germain-en-Laye. L'illustration retient un épisode de cette histoire où les digressions, les mises en abîmes font rapidement oublier l'argument initial :
«De mille charmes qui brillaient dans sa personne, le moindre était celui de ses cheveux ; ils étaient pourtant de la plus belle couleur du monde, si longs et si épais, qu'ils la couvraient entièrement quand elle voulait. Un jour qu'elle les peignait au bord d'une rivière où elle s'était baignée, un cerf plus blanc que neige, poursuivi par des chasseurs, se lança dans l'eau ; et, pendant que ceux qui le poursuivaient cherchaient un gué, il passa la rivière à la nage, et se vint doucement coucher près d'elle (...) elle ne l'eût pas plutôt touché, qu'elle le vit se changer en homme» (p. 435).

Jean-Honoré Fragonard

Grasse 1732 ; Paris, 1806

128 à 184 *«Contes et Nouvelles en vers» de La Fontaine*

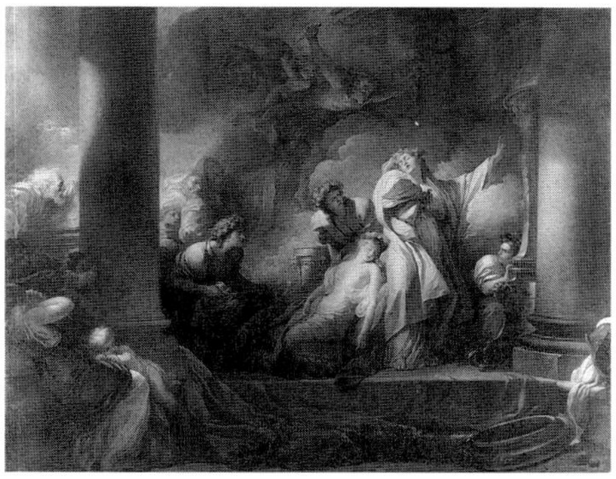

Fig. 91 : Fragonard, *Corésus et Callirhoé*, Paris, Musée du Louvre.

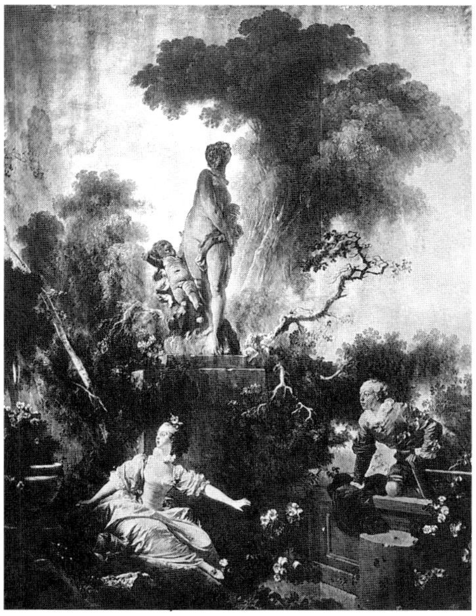

Fig. 92 : Copie d'après Fragonard, *La Surprise*, Grasse, maison de Fragonard.

Il est peu d'artistes parmi les plus grands du XVIIIe siècle dont la carrière soit aussi mal documentée que celle de Fragonard et l'on peut dire sans exagération que ses œuvres précisément datées — et encore conservées — peuvent se compter sur les doigts d'une main : le Grand Prix de l'Académie, *Jéroboam sacrifiant aux idoles* (1752, Paris, Ecole nationale supérieure des Beaux-Arts), le *Lavement des pieds* de la cathédrale de Grasse (1754, *in situ*), le morceau d'agrément à l'Académie, *Corésus et Callirhoé* (1765, Paris, Musée du Louvre, *fig. 91*) et les panneaux de Louveciennes, *Les progrès de l'amour* (1771-1772, New York, Frick Collection ; il y a des copies de ces tableaux à Grasse, maison de Fragonard, *fig. 92*), sont à peu près les seuls tableaux importants dont la date exacte d'achèvement soit enregistrée dans les archives. Pour le reste, c'est-à-dire l'essentiel de son œuvre, nous ne possédons que les traditionnels *terminus ante quem* des ventes publiques et des gravures, parfois des témoignages annexes, qui imposent à la chronologie des marges d'appréciation encore très fluctuantes. Certes l'artiste est en même temps bien connu puisque l'on a pu établir un *corpus* important de ses œuvres ; l'exposition de 1987-1988 et les nombreuses monographies qui ont paru à la même époque ont sans aucun doute aidé à y voir plus clair. Mais, et là demeure le vrai problème, Fragonard reste une figure fuyante, une figure de fantaisie en quelque sorte (la comparaison n'est pas de nous) dont la carrière résiste obstinément à une mise en ordre linéaire.

Les dessins, nous dira-t-on, sont souvent mieux connus, parfois mais rarement datés, parfois documentés quant à leurs lieux d'exécution, et nous donnent de fait des repères importants. Encore faut-il que l'on accepte l'authenticité de leurs inscriptions, ce qui n'est pas toujours le cas ; encore et surtout faut-il que l'on s'accorde sur leur chronologie relative, et là nous touchons à un problème essentiel pour la bonne compréhension de l'artiste : combien de dessins en effet— on pourrait d'ailleurs dire la même chose des peintures — ne se répètent-ils pas avec quelques variantes, plus ou moins importantes, sans qu'il soit possible d'affirmer qu'ils sont contemporains.

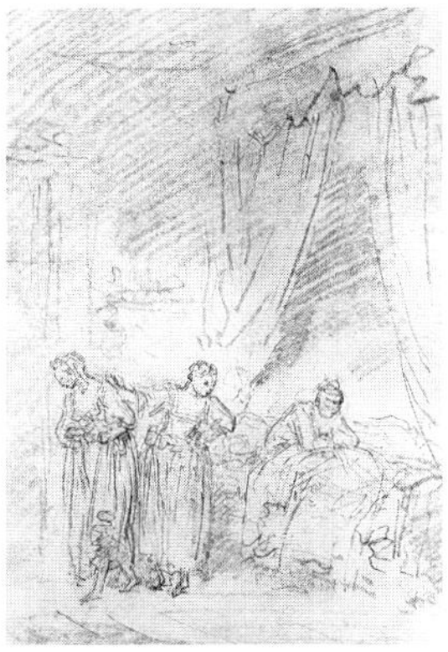

Fig. 93 : Fragonard, *La Gageure...*, New York, coll. part.

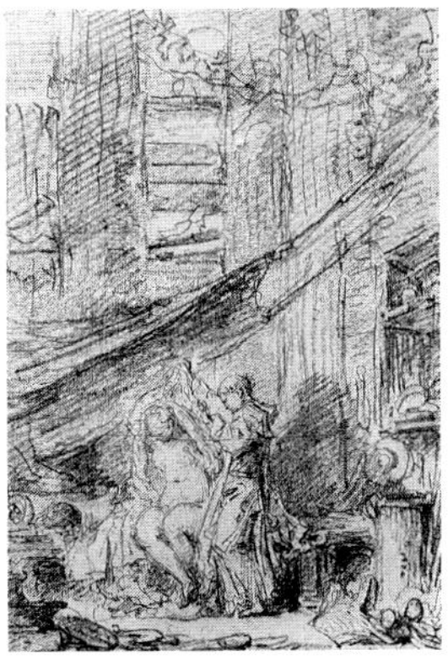

Fig. 94 : Fragonard, *L'Ermite*, New York, coll. part.

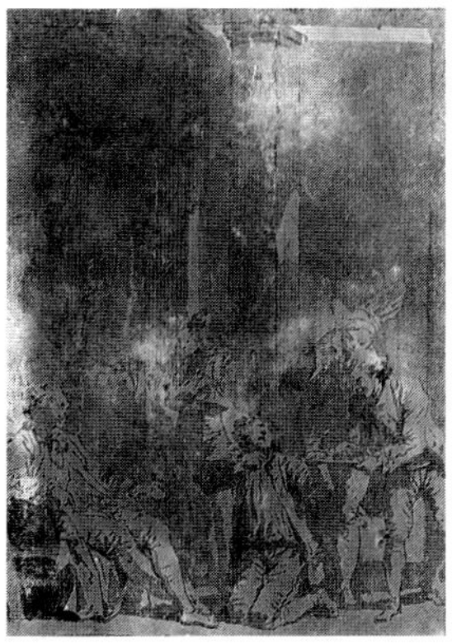

Fig. 95 : Fragonard, *Le Paysan...*, Besançon, musée des Beaux-Arts.

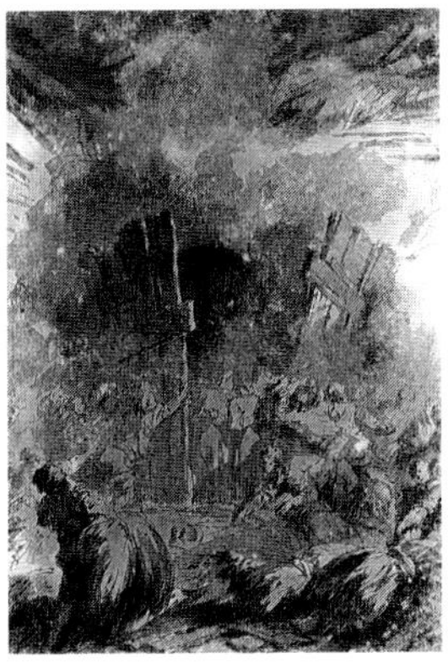

Fig. 96 : Fragonard, *Les Cordeliers...*, Besançon, musée des Beaux-Arts.

Nous rappellerons, pour exemple, le cas des deux *Grands cyprès de la villa d'Este*, la sanguine de Besançon (musée des Beaux-Arts) et le lavis de bistre de Vienne (Albertina), l'un étant d'évidence imité de l'autre, que l'on date parfois avec presque quinze ans d'écart. Le cas n'est pas exceptionnel : Fragonard, eût-il voulu à dessein perturber l'appréciation chronologique de son œuvre, il n'aurait guère agi différemment !

Si les œuvres, dessins et tableaux, ne sont pas bien documentées, ne croyons pas que la vie de l'homme et son expérience personnelle peuvent nous être d'un réel secours. Cinq déplacements jalonnent son existence : l'arrivée à Paris, dont on ignore encore la date exacte ; le premier séjour en Italie, à l'Académie de France à Rome, entre 1756 et 1761, mais que l'on a confondu régulièrement avec le célèbre voyage effectué en compagnie du financier Bergeret de Grancourt, en 1773-1774 ; un mystérieux voyage — peut-être deux ? — dans les Pays-Bas, vers 1770 pour les uns (Ananoff, Rosenberg), vers 1775 pour les autres (Cuzin), dont on ignore à peu près tout et que l'on ne veut pas créditer en général d'une bien grande influence sur l'artiste ; enfin, une retraite «de convalescence» à Grasse, entre 1790 et 1792, en pleine période révolutionnaire. Ajoutons qu'après 1785, 1790 au plus tard, notre artiste n'aurait plus rien produit, ou peu s'en faut...

On nous pardonnera d'avoir ainsi simplifié un peu l'état des lieux. C'est que l'étude des compositions réalisées par Fragonard pour illustrer les *Contes et Nouvelles* de La Fontaine pose à nouveau — et on ne s'en étonnera pas — les mêmes problèmes.

Les différents groupes de dessins

Quoi qu'en ait dit Emile Dacier (1934, p. 268 : «Cette histoire est très simple»), l'histoire est des plus compliquées. Nous ne voulons pas revenir en détail sur la fortune historiographique des *Contes* : tout a été dit, ou presque, et son contraire. On se reportera pour plus de renseignements aux quatre résumés de la question qui ont été faits tour à tour par E. Dacier (1934), par A. Ananoff (1960), et plus récemment par M. Roland Michel (1970) et par E. Williams (1978).

Fragonard a réalisé quatre groupes de dessins.

Selon une technique courante au XVIIIe siècle, et familière à notre artiste, il a d'abord esquissé à grands traits de pierre noire ses compositions (ici, dans nos notices techniques : groupe A ; *fig. 93, 94*). Quarante-deux dessins nous sont aujourd'hui parvenus (New York, coll. part.), dont un est une variante apparemment non retenue (voir n° 183). Les seize autres restent à découvrir.

A partir de ces pierres noires, il a réalisé autant de contre-épreuves. Pour ce faire, il lui a suffi d'appliquer les dessins par la face sur de nouvelles feuilles vierges et de les mettre sous presse. Ainsi, la pierre noire se décharge en partie sur le nouveau support en laissant une empreinte atténuée, et inversée bien sûr, de la même composition. Ces contre-épreuves, il les a ensuite mises à l'effet en les enrichissant d'un lavis de bistre — c'est-à-dire d'une dilution dans l'eau d'un mélange préparé de suie et de gomme — passé au pinceau et à la plume (ce sont les dessins que nous présentons ici). Ces dessins du deuxième groupe, de loin le plus complet, revêtent le caractère d'œuvres achevées. Les traces de pierre noire conservées y sont encore parfaitement visibles, ce qui a permis de déduire qu'il y avait bien eu au moins cinquante-sept esquisses préalables.

Le troisième groupe de dessins, le plus hétérogène, est en fait un ensemble de répétitions des lavis : dans la même technique, dans le même sens et le plus souvent dans le même format, ces œuvres passent généralement pour avoir été réalisées au coup par coup à l'attention d'amateurs fortunés (ici, groupe B, coll. diverses ; deux dessins sont conservés avec l'ensemble des pierres noires, deux autres au musée de Besançon, *fig. 95, 96*). Signalons ici que la majorité de ces œuvres n'étant plus apparues au grand jour depuis de nombreuses années, il est difficile d'affirmer que des faux ne s'y cachent pas.

Le quatrième groupe enfin est une «mise au propre» assez tardive, dans le même sens, d'une vingtaine des compositions réalisée pour leur traduction en gravure (ici, groupe C, coll. diverses dont quatre dessins conservés à Paris, au musée des Arts décoratifs, *fig. 98*, et à la Fondation Custodia, *fig. 97* ; un cinquième à New York, Metropolitan Museum of Art). Le tracé des contours en est plus précis, le lavis y est posé avec plus de retenue.

En 1789, l'éditeur Didot faisait paraître l'annonce d'une publication à venir des *Contes et Nouvelles* de La Fontaine dont les illustrations — il en prévoyait quatre-vingts — étaient commandées à Fragonard. L'unanimité s'est faite aujourd'hui pour considérer que Didot n'est pas à l'origine des illustrations de Fragonard mais que c'est bien plutôt après avoir vu la série des compositions que notre artiste avait déjà réalisées que l'idée lui est venue d'exploiter ce travail. Les lavis, trop libres, trop picturaux, étant impropres à une mise en gravure, il avait demandé à l'artiste de les reprendre dans ce sens (d'où le groupe C). On connaît l'infortune du projet Didot : deux livraisons de gravures parurent en 1795, comprenant vingt figures (*fig. 99, 100*), dont quatre n'étaient pas de Fragonard mais des illus-

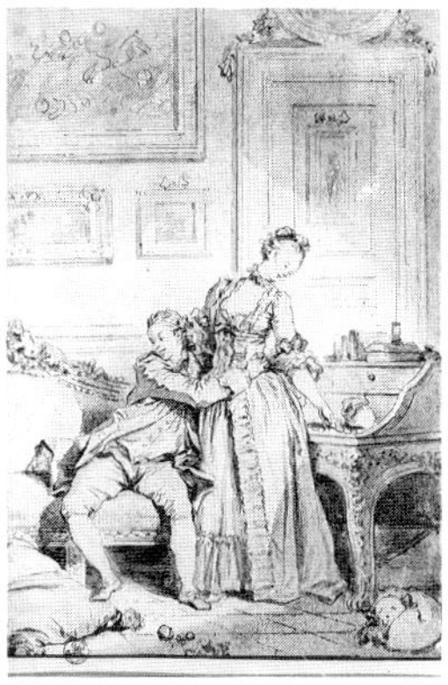

Fig. 97 : Fragonard, *A femme avare…*, Paris, Fondation Custodia.

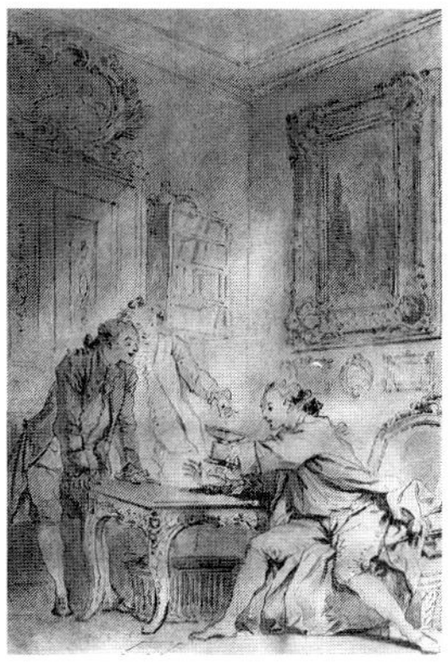

Fig. 98 : Fragonard, *La Coupe…*, Paris, musée des Arts décoratifs.

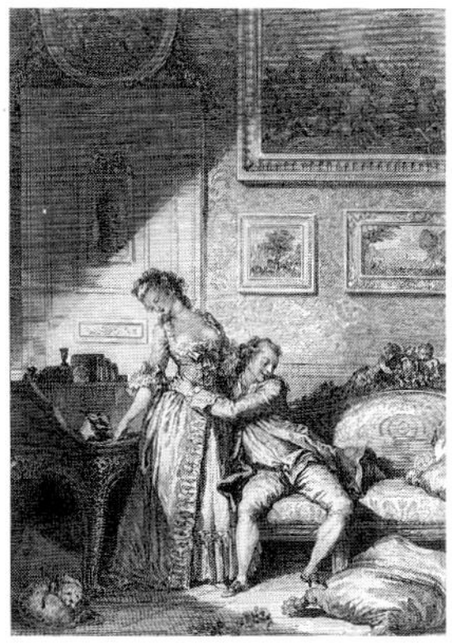

Fig. 99 : Aliamet d'après Fragonard, *A femme avare…*, gravure (vers 1789).

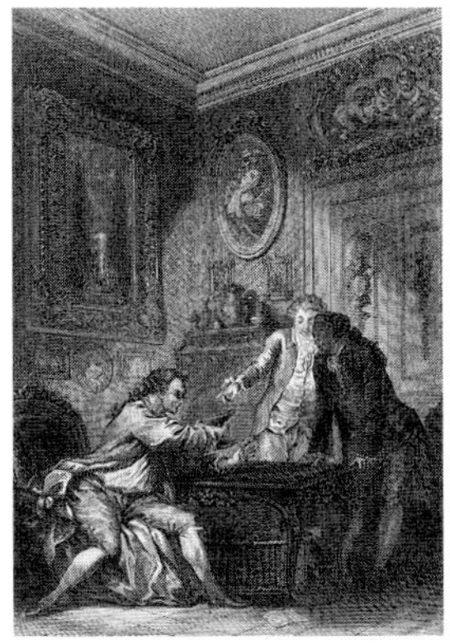

Fig. 100 : Dupréel d'après Fragonard, *La Coupe*, gravure (vers 1789).

trateurs Touzé, Mallet et Monnet (voir sur ce point Roland Michel, 1970 et Osborne, 1985). Puis la parution cessa.

Les problèmes de datation

La datation relative aussi bien que la datation réelle des quatre groupes de dessins que nous venons de définir ne font pas l'unanimité. S'il est entendu qu'ils se suivent bien dans l'ordre où nous les avons énumérés, on ne s'accorde pas toujours sur l'estimation du temps qui sépare leurs réalisations. Malgré le caractère quelque peu fastidieux d'un tel énoncé, nous voulons ici rappeler les points de vue des principaux spécialistes, en les édulcorant à l'occasion des éléments qui sont devenus obsolètes.

La suite des pierres noires passe pour être restée dans les mains des héritiers de Fragonard jusqu'en 1860, date à laquelle elle apparaît pour la première fois. Elle est acquise alors par le grand collectionneur H. Walferdin. L'historien Charles Blanc (1862) rapporte une tradition familiale ; cette tradition veut que Fragonard ait réalisé ces dessins «dans un des voyages qu'il fit en Italie». Quelques années plus tard, au moment de la vente de la collection Walferdin, le baron Portalis reprend cette hypothèse en ajoutant : «C'est pendant ce voyage [il parle alors du voyage avec Bergeret, en 1773-1774], qui dura plus d'un an, que les dessins des *Contes de La Fontaine* passent pour avoir été composés» (1880, p. 314). Cette suite de dessin a parfois été mise en relation avec la parution de l'édition des *Contes* illustrée par Eisen en 1762 (nous en reparlerons plus loin dans notre chapitre consacré aux différents illustrateurs de l'ouvrage), édition dite «des Fermiers Généraux» parce qu'ils en avaient soutenu le projet. De fait, et c'est la thèse d'Ananoff (1960, p. 9), Fragonard aurait commencé à réaliser ces premières pensées pour rivaliser en quelque sorte avec Eisen. L'analyse stylistique des œuvres incite le même auteur à confirmer une datation dans les premières années de la décennie. Plus près de nous, E. Williams, abandonnant la tradition et se fondant sur la seule analyse technique des dessins — ainsi que sur l'étude des filigranes — propose une datation dans les années 1760, sans la préciser davantage, en tous les cas, dit-elle, avant le second voyage en Italie.

La datation du deuxième groupe de dessins (nos lavis) suit logiquement les hypothèses émises sur la datation du premier groupe. Charles Blanc n'en parle pas explicitement mais suggère à demi-mot que leur exécution devait suivre de peu celle des pierres noires. Le baron Portalis, qui avait un temps possédé ces dessins, propose, quant à lui, la date de 1780, mais sans dire pourquoi ? Il faut en fait attendre l'étude d'A. Ananoff (1960) pour qu'aux hypothèses gratuites succède une première analyse logique : prenant pied sur le seul *terminus ante quem* connu, la mention d'un lavis (du groupe B ou C ?) dans une vente de 1777, l'auteur propose alors une datation «entre 1774 et 1777». E. Williams (1978), s'appuyant sur des raisons d'ordre technique et stylistique, avance, pour elle, une datation vers la fin des années 1760, notamment en rapprochant cette série d'autres dessins de même style et d'inspiration assez proche comme les *Pétards* (Boston, Museum of Fine Arts), les *Jets d'eau* (Sterling and Francine Clark Institute, Williamstown, U.S.A.) ou *Ma chemise brûle* (National Gallery of Art, Washington) — soulignons pourtant que ces trois dessins, comme ceux que l'on peut encore évoquer, ne sont pas mieux documentés.

Il est généralement entendu que les dessins du troisième groupe (ici groupe B), qui sont, rappelons-le, des répétitions de nos lavis, doivent être datés à peu près de la même époque — M. Roland Michel tend à les confondre pourtant avec le groupe C…

Le dernier groupe enfin (ici, groupe C), celui des dessins préparatoires pour la gravure, est daté, selon les auteurs, vers 1782 (Willams) ou peu avant 1789 (Portalis, Ananoff), selon que l'on s'accorde ou non à retrouver la trace de certaines de ces œuvres dans deux ventes, en 1782 et en 1784 (voir Williams, *op. cit.*).

Bergeret de Grancourt est-il le commanditaire de l'œuvre ? Rien n'est moins sûr aujourd'hui puisque la tradition rapportée par Charles Blanc et Portalis ne fait plus guère l'unanimité. Remarquons que cette hypothèse tient surtout à une datation du deuxième groupe (nos lavis) contemporaine du second voyage en Italie. En l'absence d'éléments nouveaux, il nous est bien évidemment impossible d'y répondre. Un chercheur américain, Mrs. Schroder, nous a annoncé qu'elle avait fait sur ce point d'intéressantes découvertes. Souhaitons que leur prochaine publication apporte en effet des éclaircissements.

La série du Petit Palais

La première mention attestée de ce recueil date de 1840, date à laquelle on le retrouve chez le libraire parisien Leblanc. Une inscription manuscrite sur la première page du premier album, non signée mais que l'on attribue sans aucun doute au collectionneur Feuillet de Conches, le confirme ; citons les mots exacts :

«Ces deux volumes m'ont été vendus par le relieur Charon qui les tenait du libraire Leblanc. / Les dessins sont des originaux de

Fig. 101 : Reliure du manuscrit des *Contes*, Paris, musée du Petit Palais.

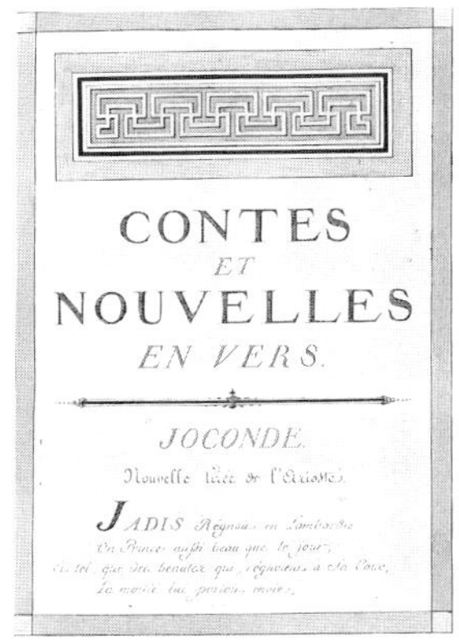

Fig. 102 : Manuscrit des *Contes*, p. 1, Paris, musée du Petit Palais.

Fragonard. / Quelques uns ont été gravés pour une édition qui n'a point été terminée. / 20 mai 1844.»

Ajoutons que Charon l'aurait payé 800 F.

1844, c'est la date exacte à laquelle Feuillet de Conches achète le recueil à Charon 1 200 F (Cohen) ; plus tard, vers 1874, Feuillet de Conches le vend au baron Portalis 17 500 F (Cohen), lequel vend à son tour, entre 1877 et 1880, les deux volumes à Eugène Paillet 25 000 F (Beraldi et Cohen).

En 1883, Eugène Paillet est propriétaire du recueil. En association avec l'éditeur Lemonnyer et avec la complicité de l'historien d'art Anatole de Montaiglon, il fait paraître un *fac-similé* de l'édition avortée de 1795 (Didot) où il joint aux gravures du XVIIIᵉ siècle — d'après Fragonard, Touzé, Mallet et Monnet, plus des gravures anonymes non publiées en 1795 pour l'*Ermite* (n° 156), la *Gageure...* (2ᵉ figure : *Le poirier*, voir n° 135) et d'autres contes comme les *Deux amis*, le *Juge de Mesle*, *Alix malade* ou les *Imitations d'Anacréon*— des eaux-fortes modernes d'après les compositions inédites, réalisées par le graveur Martial Pohémont, dit Martial. Mais cela ne suffit pas puisque tous les contes n'étaient pas illustrés. En conséquence, il demande au même Martial, de donner des figures nouvelles pour combler les manques de Fragonard — parfois pour doubler des compositions dues à Mallet, à Monnet ou à Touzé — à savoir des illustrations pour le *Glouton*, les *Deux amis*, le *Baiser prêté*, *Alix malade*, le *Juge de Mesle* et les deux *Imitations d'Anacréon*, à quoi il convient d'ajouter un portrait de La Fontaine, des vignettes et des culs-de-lampe.

La publication de ce *fac-similé* est un événement important dans l'histoire du recueil. C'est la première fois que l'ensemble des compositions de Fragonard bénéficie d'une large diffusion. De plus, c'est la première fois aussi, selon nous, que les dessins sont démontés de leurs albums (voir notre note sur la restauration du recueil). C'est sans doute à cette époque que furent réalisés bon nombre des faux qui circulent encore aujourd'hui sur le marché.

Après le passage dans la collection Paillet, le recueil fut vendu au libraire Morgand. C'est celui-ci qui le vendit (50 000 F) au grand bibliophile Henri Beraldi. A la mort de Beraldi, en 1934, la Ville de Paris se porta acquéreur des deux volumes auprès des héritiers pour le musée du Petit Palais.

Un mot, enfin, du manuscrit (*fig. 102*) et de la reliure(*fig. 101*) dans lesquels les dessins sont conservés : une seconde annotation de Feuillet de Conches apposée sur la même première page du premier volume donne les noms des auteurs de la reliure, des ornements et de la calligraphie du recueil. Ces noms ne sont rien moins que ceux de célèbres artisans du XVIIIᵉ siècle : le relieur Derôme, l'ornemaniste Marolles et le calligraphe Monchaussé. Emile Dacier (1934, pp. 273 et 277) fut le premier à contester véhémentement cette attribution erronée. Nous ne reviendrons pas ici sur ses arguments : qu'il suffise de dire qu'il y a eu une confusion avec un autre manuscrit des *Contes* (coll. Gaignat), confusion plus ou moins volontaire qui ne pouvait que contribuer à augmenter la valeur marchande du recueil à une époque où il doublait déjà de prix à chacun de ses changements de propriétaire. Un point pourtant mérite d'être rappelé : Dacier accuse Beraldi d'avoir entretenu cette confusion, soulignant que Morgand s'était montré quant à lui plus réservé sur ces attributions douteuses. Mais ce n'est pas tenir compte d'une troisième annotation manuscrite apposée en bas de la même page : «Cette note de Feuillet de Conches est fausse et se rapporte à un autre exemplaire. / Henri Beraldi». Si confusion il y a eu, Beraldi s'est, semble-t-il, empressé de la corriger lui-même. C'est donc un mauvais procès à Dacier que de lui en tenir rigueur.

Qu'en est-il au reste du manuscrit et de la reliure ? Dacier souligne, à raison, que la reliure «n'offre pas une ornementation tellement originale ni une exécution tellement magistrale qu'elle porte en elle-même l'indication de son auteur. Elle est de celles dont on ne parle pas.» (*op. cit.*, p. 278). Rappelons que les ornements sont directement copiés — et non pas seulement inspirés — de ceux réalisés par Choffart pour l'édition des Fermiers Généraux ; ajoutons enfin que le manuscrit reprend pour la correction du texte lui-même l'édition de 1795-1798 — hormis l'orthographe dont on a conservé les archaïsmes —, et non l'édition des Fermiers Généraux de 1762. Ainsi peut-on citer le dix-huitième vers du *Diable de Papefiguière* : «Taille non pas de quelque mingrelet», oublié dans l'édition de 1762, incorrect dans les éditions antérieures — «mingrelet» est remplacé par «mégrelet» —, mais dûment et correctement placé dans notre manuscrit.

Nous conclurons en attirant l'attention sur cet élément rarement souligné : avant Feuillet de Conches, les dessins sont passés entre les mains d'un libraire, Leblanc, et d'un relieur, Charon. Cela ne doit-il pas pour le moins nous rendre méfiant quant à l'authenticité des albums ? Pour nous, tout suggère une datation de la reliure vers 1800 au plus tôt, en tous les cas pas avant que l'édition Didot ait été définitivement abandonnée, entre 1798 et 1809, date à laquelle on retrouve des documents attestant que le graveur Tilliard, associé avec Saint-Aubin et Delafosse, continuait de soutenir le projet (voir sur ce point Osborne, 1977).

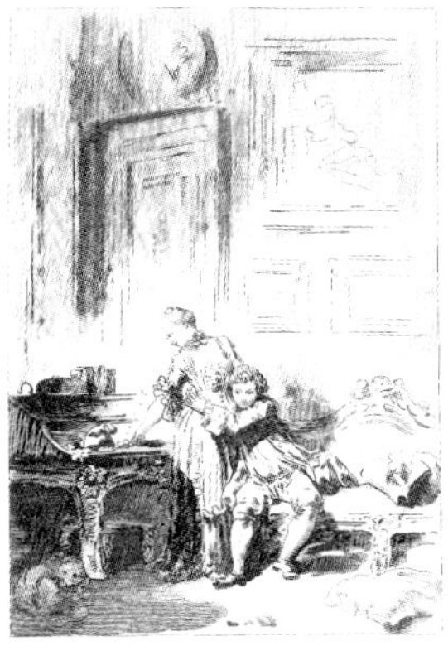

Fig. 103 : Martial d'après Fragonard, *A femme avare...*, gravure (vers 1882).

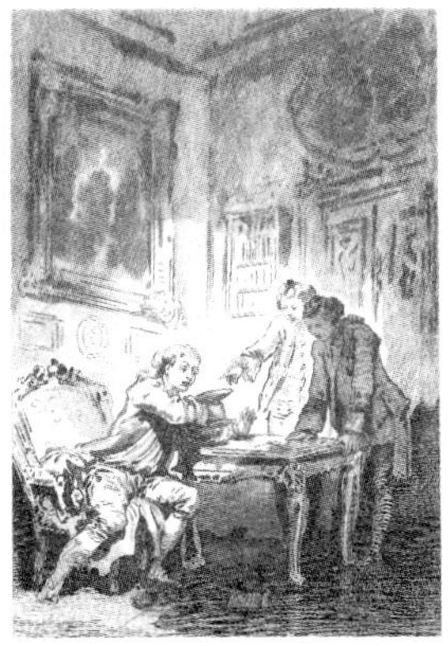

Fig. 104 : Martial d'après Fragonard, *La Coupe*, gravure (vers 1882).

La question des faux

Nous ne voulons pas accorder plus d'importance que nécessaire à l'activité criminelle des copistes. La connaissance de Fragonard est aujourd'hui, fort heureusement, assez avancée pour démasquer les faux qui circulent encore sur le marché. Rappelons toutefois l'aventure arrivée, voilà trente ans, à Alexandre Ananoff. Le cas est exemplaire par de nombreux aspects ; il mérite aussi d'être rappelé puisque les écrits de l'auteur continuent encore à entretenir là aussi la confusion.

En 1960, A. Ananoff rapporte sa récente découverte d'un nouveau recueil de soixante et un dessins de Fragonard pour les *Contes* de La Fontaine (*op. cit.*, p. 9). Ces dessins sont alors conservés dans la collection particulière d'un «châtelain du Sud-ouest» de la France. Invité à les consulter, il s'enthousiasme rapidement pour cette nouveauté. Dans sa classification des dessins déjà connus, il les intègre tout de suite en inventant pour l'occasion un groupe 2, intermédiaire entre les pierres noires et les lavis du Petit Palais. En effet, la «qualité» des nouveaux dessins, leur sens — il sont dans le même sens que les pierres noires — et leur nombre lui suggèrent une datation antérieure à notre ensemble. De plus, des inscriptions («Napoli» et «Naples») lui suggèrent que ces dessins ont été réalisés en Italie, et la reliure du volume qui contient ces nouveaux dessins est frappée aux armes de Bergeret de Grancourt. La conclusion est alors évidente : il tient là l'ensemble mythique du financier dont parle la tradition — soulignons que c'est là l'élément qui lui fait dater nos dessins après 1774.

Mais il s'agit d'un faux.

Il faut attendre 1978, date à laquelle les dessins sont confiés à Sotheby's afin d'être vendus, pour que la réunion des experts conviés à en faire l'étude conclue à ce triste constat (voir sur ce point les deux articles publiés à l'époque dans le *London Times*, les 8 et 9 mars 1978).

Pourquoi le cas est-il exemplaire ? Nous n'avons pas eu la possibilité de voir ces faux — que sont-ils devenus depuis ? nous l'ignorons —, mais nous savons que l'un des éléments déterminants qui permit de les démasquer fut leur confrontation avec les lavis du Petit Palais : l'étude attentive des deux ensembles permit ainsi de découvrir que les copies avaient été réalisées d'après notre recueil, ou plus exactement d'après les gravures que Martial avait données en 1883 de nos dessins (*fig. 103, 104*). Réalisés dans le même sens que celles-ci, c'est-à-dire en sens inverse de nos dessins, ces faux présentaient des incohérences de détails incompatibles avec l'idée que l'on pouvait se faire d'œuvres exécutées librement, à main levée, d'après les pierres noires.

D'autres copies circulent encore aujourd'hui. Nous avons renoncé à en dresser l'inventaire dans nos notices techniques. Sans doute la publication des gravures de Martial en est-elle aussi pour une part responsable.

Les illustrateurs des *Contes* avant Fragonard

Parus à la fin du XVIIe siècle, entre 1664 et 1682, les *Contes et Nouvelles en vers* de Jean de La Fontaine ont très tôt attiré l'attention des artistes. La première édition illustrée paraît à Amsterdam en 1685 ; les figures en sont dues au dessinateur hollandais Romain de Hooge (Romeyn de Hooch, le neveu du célèbre peintre Pieter de Hooch). Il faut se souvenir en effet qu'Amsterdam était alors un centre d'édition très important, surtout pour les textes qui ne bénéficiaient pas, comme les *Contes*, d'une faveur réelle auprès de l'administration royale française — La Fontaine avait été au service de Fouquet, le redoutable Surintendant des Finances condamné à l'exil en 1661. Nous ne nous attarderons pas davantage sur cette fort jolie édition ; elle ne fut pas d'une réelle importance pour l'élaboration des projets postérieurs.

Rappelons ici un élément important dans la carrière de l'ouvrage. En 1693, La Fontaine est à l'Académie ; vieilli, malade — il a soixante-douze ans — et pauvre — il s'est ruiné dans diverses spéculations —, il fait amande honorable de ses mauvaises actions et se convertit. Il n'est qu'à deux ans de sa mort, mais il s'en croit plus proche — l'a-t-il alors souhaitée comme le bûcheron de la fable ? Son confesseur, le père Pouget, l'inquiète : le recueil «infâme» de ses *Contes*, qui lui a déjà coûté quelques ennuis, le condamne à l'Enfer. Le 12 février — nous pourrons en fêter cet hiver le troisième centenaire —, devant une ambassade de l'Académie, devant le père Pouget qui va lui donner l'extrême-onction, il se repent et renie officiellement son ouvrage : «Monsieur, dit-il à l'abbé, j'ai prié messieurs de l'Académie française, dont j'ai l'honneur d'être un des membres, de se trouver ici par députés, pour être les témoins de l'action que je vais faire. Il est d'une notoriété qui n'est que trop publique, que j'ai eu le malheur de composer un livre de *Contes* infâme. En le composant je n'ai pas cru que ce fût un ouvrage aussi pernicieux qu'il l'est. On m'a sur cela ouvert les yeux et je conviens que c'est un livre abominable. J'en demande pardon à Dieu, à l'Eglise, à vous, messieurs de l'Académie, et à tous ceux qui sont ici présents. Je voudrais que cet ouvrage ne fût jamais sorti de ma plume et qu'il fût en mon pouvoir de le supprimer entièrement. Je promets solennellement, en présence de mon Dieu, que je vais avoir l'honneur de recevoir, quoique

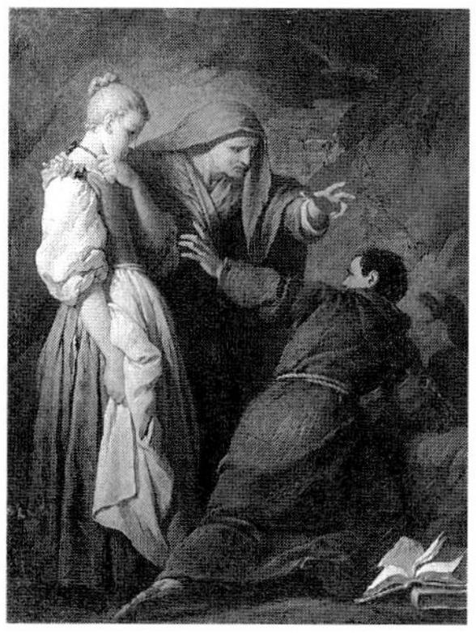

Fig. 105 : P. Subleyras, *L'Ermite*, Paris, Musée du Louvre.

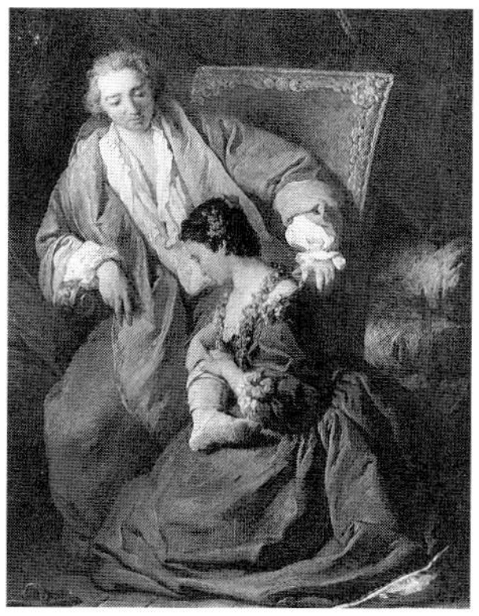

Fig. 106 : P. Subleyras, *La Courtisane amoureuse*, Paris, Musée du Louvre.

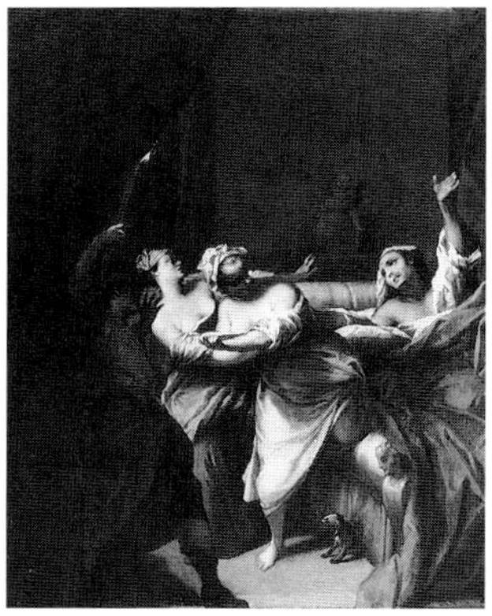

Fig. 107 : N. Vleughels, *Le Gascon puni*, Château-Thierry, musée La Fontaine.

indigne, que je ne contribuerai jamais à son débit ni à son impression. Je renonce actuellement et pour toujours au profit qui me devait revenir d'une nouvelle édition, par moi retouchée, que j'ai malheureusement consenti que l'on fit actuellement en Hollande.» (propos rapportés dans une lettre du père Pouget à l'abbé d'Olivet du 22 janvier 1717, repris in Bibl. de La Pléiade, *Œuvres complètes de Jean de La Fontaine*, t. I, pp. CLXV-CLXVI).

L'époque de la Régence puis les débuts du règne de Louis XV furent autrement plus favorables à l'illustration de notre ouvrage. Sans doute le temps des règlements de compte politiques et moraux était-il passé et les *Contes* pouvaient-ils à nouveau être lus sans préjugé ni fausse pudeur ?

Vers 1740 paraît, chez le graveur et imprimeur parisien Nicolas de Larmessin, une *Suite d'estampes nouvelles pour les Contes de La Fontaine*, gravée d'après des compositions de Lancret, Pater, Eisen, Boucher, Le Clerc, Le Mesle, Lorrain et Vleughels. Le texte ne les accompagne pas et nous voulons voir là un élément très significatif de l'emploi que font alors les artistes de l'ouvrage de La Fontaine. Source iconographique précieuse pour la génération de Boucher, les *Contes* sont devenus une sorte d'*Iconologia* galante, voire libertine, où chacun puise à loisir et assez librement sans toujours chercher à rester très fidèle à la lettre. Et il faut convenir en effet que la richesse d'inspiration de La Fontaine permet aux artistes les plus différents de trouver des sujets variés pour leurs compositions. Tous les contes ne sont pas illustrés, mais il est impossible d'affirmer qu'un reste de censure morale ait interdit d'en choisir certains ; au contraire, ce fut bien davantage l'occasion de délaisser les textes les moins descriptifs. Du *Bât* aux *Oies du frère Philippe*, du *Rossignol* (qui n'est pas de La Fontaine) au *Faucon*, de la *Jument du compère Pierre* à la *Matrone d'Ephèse*, tous les genres s'y retrouvent, plus ou moins satiriques, plus ou moins érotiques. Et c'est bien de cette époque qu'il faut dater les premières audaces d'interprétation.

La «Suite de Larmessin» n'est pas très homogène. Certaines gravures s'inspirent de compositions originales données pour cette occasion par les artistes, d'autres reprennent des tableaux — pour d'autres enfin, il est difficile d'affirmer si le tableau précède la gravure ou s'il la suit. C'est en effet à cette date que les peintres commencent à s'intéresser réellement aux sujets de *Contes* qui deviennent une sorte d'exercice obligé. La demande du public, sans doute forte, suffit-elle vraiment à justifier l'abondance de tableaux alors inspirés des *Contes* ?

Ce qui surprend le plus aujourd'hui, c'est bien de voir comment chacun s'y est prêté de bon cœur — même ceux que l'on croirait volontiers les moins disposés à cet exercice. On a souvent remarqué l'audace de Subleyras, le peintre des moines blancs — certes les *Contes* abondent aussi en moines et en curés... —, qui n'hésite pas à composer sur le thème de l'*Ermite* (*fig. 105*) ou de la *Courtisane amoureuse* (*fig. 106*). On peut citer aussi le très académique Vleughels qui compose sur les mêmes textes et aussi sur le *Gascon puni* (*fig. 107*). D'autres, à l'évidence, préfèrent se consacrer à des contes qu'ils savent détourner vers leur inspiration personnelle. Que Lancret, qui donne aussi un *Gascon puni* (*fig. 108*), fasse un entretien galant des *Oies de frère Philippe* et Boucher une pastorale sur le même sujet ne doit pas étonner.

Nous l'avons dit, la demande devait être très forte. Les tableaux que nous conservons montrent souvent qu'ils servaient à la décoration intérieure des salons ou plus vraisemblablement des boudoirs — ainsi, certains tableaux de Lancret sont des dessus de porte. Nombreux, très nombreux furent ainsi les artistes sollicités, et ce serait assurément une entreprise passionnante que de chercher à retrouver cette production — très récemment encore, un tableau de Taraval sur le thème du *Bât* et un autre de François Le Moyne sur celui du *Cuvier* sont passés en vente.

Comme de juste, c'est aussi de cette époque faste que l'on doit dater les premiers bonheurs de composition et, de fait, les premiers stéréotypes. La tradition, cette tradition que l'on invoque souvent pour retrouver des références iconographiques, commence alors à s'établir pour les illustrateurs des *Contes*. La chose est certaine pour quelques figures, puisqu'on en retrouve le souvenir jusqu'à Fragonard, et au-delà. Citons par exemple le *Cuvier*, dont la mise en scène imposée — soyons juste, elle est aussi imposée par le texte — est de montrer le récipient-titre à demi soulevé au centre de l'image, encadré par l'héroïne du conte et son amant, ou son mari — on peut citer aussi l'iconographie traditionnelle d'*Alexandre et Diogène*. Citons encore le *Gascon puni* qui, pour tous, de Vleughels à Fragonard, est l'occasion de peindre une scène tragi-comique, moitié «réveil du condamné», moitié «assassinat nocturne» (*fig. 107, 108*).

En 1743, paraît l'édition des *Contes* illustrée par Charles-Nicolas Cochin. Nous avons vu dans notre chapitre consacré à cet ensemble (n°s 60 à 75) ce que Cochin apporte de nouveau. Soulignons encore qu'il s'agit de la toute première édition entièrement illustrée par un artiste français.

En 1762, paraît l'édition dite «des Fermiers Généraux», ainsi surnommée, nous l'avons déjà rappelé, parce que ces financiers tout

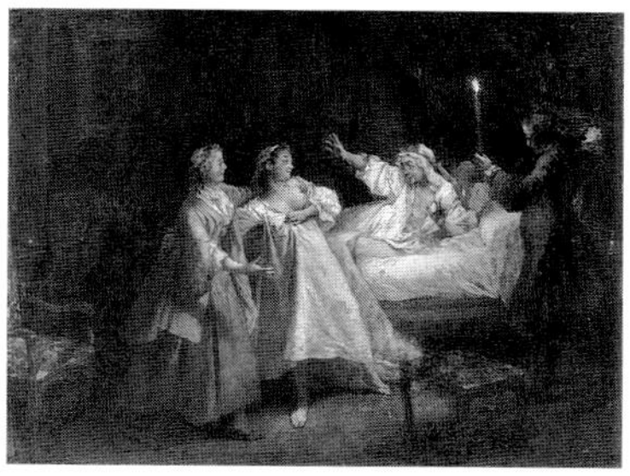

Fig. 108 : N. Lancret, *Le Gascon puni*, Paris, Musée du Louvre.

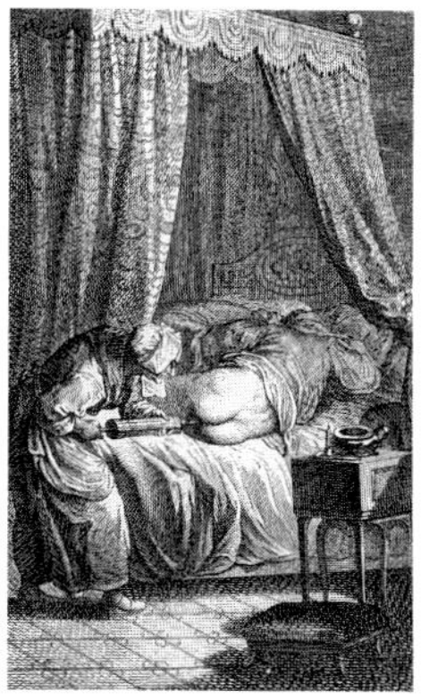

Fig. 109 : Ch. Eisen, *Le Remède*, gravure.

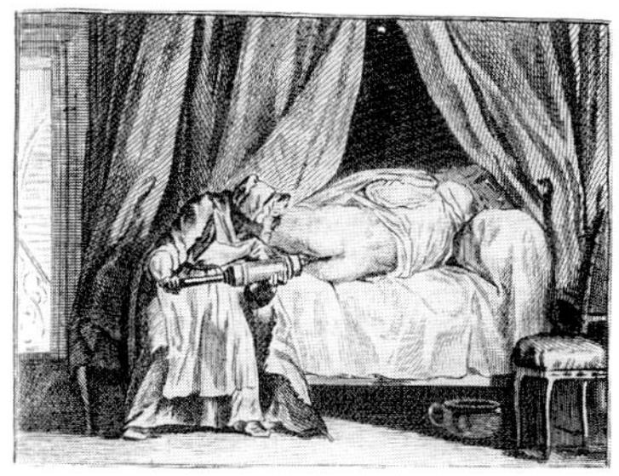

Fig. 110 : Ch.-N. Cochin, *Le Remède*, gravure.

puissants dans la France de l'Ancien Régime en avaient fait les frais. Le livre a longtemps passé auprès des amateurs pour le plus beau du XVIIIe siècle. Et il est vrai, que l'on apprécie ou nom les vignettes d'Eisen, qu'il en est sans doute l'une des créations les plus harmonieuses et les plus soignées. L'artiste flamand — il est né à Valenciennes — a livré quatre-vingts figures pour illustrer l'ensemble des *Contes* de La Fontaine, plus quelques contes apocryphes ajoutés à la fin, comme la tradition l'autorisait. Le soin apporté à la gravure, à la typographie et à la reliure — tout au moins pour les exemplaires *de présent* —, sans doute moins à la correction du texte, justifie pleinement sa réputation. Mais on se montre aujourd'hui plus critique à l'égard des compositions d'Eisen, jugées trop complaisantes, parfois confuses, en tous les cas très ornées comme le goût de l'époque le commandait. On sait qu'à côté des gravures publiées, il fallait, pour être averti, posséder aussi les rares exemplaires de certains sujets «découverts», c'est-à-dire où les nudités les plus audacieuses ne sont pas voilées : ainsi en est-il des figures pour le *Cas de conscience* et pour le *Diable de Papefiguière* — s'agit-il vraiment, comme on l'a dit, de gravures refusées par la censure ?

Nous commentons abondamment dans nos notices les rapprochements que l'on peut faire entre les dessins de Fragonard et les compositions d'Eisen et de Cochin. Limitons-nous ici à l'évocation de deux des plus savoureuses du recueil, *Le Bât* et *Le Remède* (*fig. 109, 110*). où l'on saisit facilement toute la liberté que pouvaient se permettre les illustrateurs de ces textes d'inspiration franchement paillarde. L'art du retournement y est tout, le reste est une affaire de point de vue.

Fragonard et La Fontaine

L'évidence d'abord, quand même par un dernier scrupule contre les évidences on serait tenté de la rejeter : Fragonard *est* l'interprète idéal de La Fontaine.

«Voyeur ou bien voyant ? (...) il faut poser la question. Si l'on considère la *Gimblette* ou les *Pétards*, la réponse est sûre. Inverse, si l'on s'attache à la *Fête à Rambouillet*. Or on peut préférer l'une ou l'autre veine de sa poésie : il importe de n'en sacrifier aucune. L'œuvre oscille entre la polissonnerie érotique et le rêve lyrique, entre le drame conventionnel et le sentiment visionnaire de la nature. Ce petit homme jovial et toujours à l'aise dans la vie n'était pas fait pour violenter son temps et se définir contre lui en une seule et profonde obsession : il est de cette famille d'esprits qui, tout à l'inverse, partagent naturellement les quêtes les plus diverses de leur génération, et des contradictions mêmes de leur époque tirent leurs plus attachants prestiges.» (Thuillier, *Fragonard*, 1967, rééd. 1987, p. 88).

«La Fontaine est sur ce point aussi libre, aussi indifférent, je dirai presque aussi immoral que la nature. Il est comme elle rempli de contradictions. (...) Que reste-t-il pour règle de la vie, parmi ces contradictions des doctrines, et dans ce relâchement de la morale ? La philosophie d'Epicure. (...) Certes, il n'a jamais fait profession d'impiété. Mais il est l'ami des libertins du temps, qui continuent le paganisme sensuel du XVIe siècle, et préparent le scepticisme épicurien du XVIIIe siècle.» (Taine, «Essai sur les Fables de La Fontaine», rééd. *in* Bibl. de La Pléiade, *Œuvres complètes de La Fontaine*, t. I, pp. 1015-1017.)

«Il [La Fontaine] a peint la campagne comme un ancien. Il semble qu'on entende Virgile quand il parle des boutons printaniers des arbres, "frêle et douce espérance, avant-coureurs des biens que promet l'abondance". Il lui prend des vers entiers, mais ne s'enferme pas dans son cabinet, comme Delille, pour les traduire. Il vit dans les champs, et copie en inventeur» (Taine, *op. cit.*, p. 1021).

«Il faut se souvenir que Robert, ancien élève du Collège de Navarre, lisait couramment Virgile. Fragonard, qui, semble-t-il, n'avait pas formé sa sensibilité au Quartier latin, s'adresse à la seule nature. Mais capable de la ressentir jusqu'à l'exaltation» (Thuillier, *op. cit.*, p. 112).

Mais comparons aussi les œuvres, et de Fragonard ces grands parcs italiens peuplés de promeneurs un peu fantomatiques et de statues presque vivantes, avec les descriptions du *Songe de Vaux* : «A peine les Songes ont commencé de me représenter Vaux que tout ce qui s'offre à mes sens me semble réel ; j'oublie le dieu du sommeil, et les démons qui l'entourent ; j'oublie enfin que je songe. Les cours du château de Vaux me paraissent jonchées de fleurs. Je découvre de tous côtés l'appareil d'une grande cérémonie» (Bibl. de La Pléiade, *Œuvres complètes de La Fontaine*, t. I, p. 85). Rappelons aussi ce passage de la *Fiancée du Roi de Garbe* : «Ce château, dit l'histoire, avait un parc fort grand, / Ce parc un bois, ce bois de beaux ombrages, / Sous ces ombrages nos amants / Passaient d'agréables moments» (voir n° 140).

Car la nature, cette nature à laquelle tout le XVIIIe siècle rend un bien étrange sacrifice, ce sont ses arbres, bien sûr, leurs hautes frondaisons ; ce sont aussi ses impérieux instincts. Et c'est peut-être là que Fragonard et La Fontaine se rejoignent le mieux. De l'un, on a voulu oblitérer la moitié de son œuvre — soyons juste : sa misérable et tardive conversion a eu son importance ; plaignons-nous aujourd'hui de ne pouvoir le faire sortir des salles de classes ! De l'autre, on n'a longtemps retenu que les fêtes galantes et les polissonneries d'alcôve, le reste étant rendu à la main de sa jolie belle-sœur, Marguerite Gérard. Greuze, peut-être l'artiste le plus intelligent du Siècle des

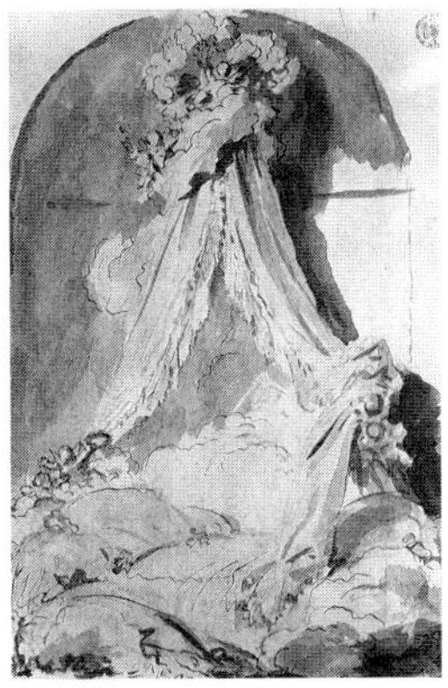

Fig. 111 : Fragonard, *Le lit d'apparat*, Besançon, musée des Beaux-Arts.

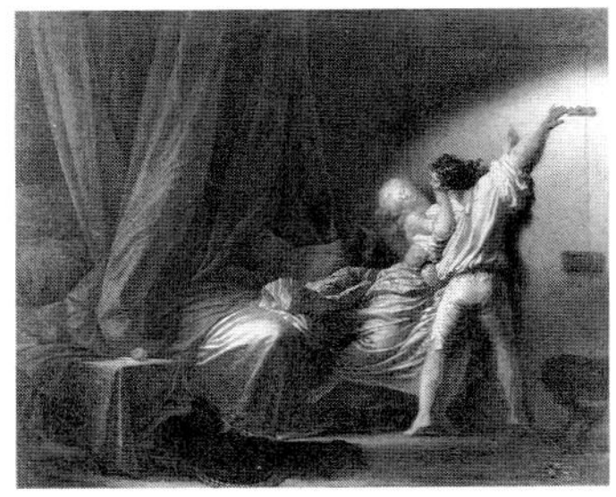

Fig. 112 : Fragonard, *Le Verrou*, Paris, Musée du Louvre.

Lumières, Greuze n'est plus compris. Et pourtant, par de nombreux aspects, il réalise la synthèse entre ces deux pôles, quand la philosophie se fait dans les boudoirs... Mais Sade est loin, qui incarne d'abord les déviances révolutionnaires. Et l'on serait en droit de se demander par quelle néfaste substitution on a voulu l'identifier avec un siècle dont il a bien plutôt réglé la pompe funèbre. Non, le XVIIIe siècle, c'est aussi Fragonard et ses contradictions si naturellement surmontées ; c'est la *Fête à Saint-Cloud* et les *Plaisirs de l'escarpolette* ; c'est la *Gimblette* et le *Serment d'amour*. C'est, pourrait-on croire, tout ce qu'il a pu apprendre chez La Fontaine.

Mais ne faisons pas de La Fontaine ce qu'il n'est pas, la clé universelle pour la compréhension de Fragonard. Il est plus, bien plus à notre sens.

Il est d'abord l'infatigable imitateur des anciens : Esope, Phèdre, Lucrèce, Plaute, mais aussi l'Arioste, Boccace, Rabelais... Le plus illustre représentant, sinon le créateur, dans le genre de l'*imitation originale*. Et là encore, cela appelle la comparaison avec Fragonard, ou plutôt avec la discipline dans laquelle Fragonard se retrouve le mieux. On a souvent remarqué, ainsi, ce que le peintre devait à des artistes aussi différents que Boucher, Ruysdael, Rembrandt, Rubens, Tiepolo ou Greuze. «De chacun, il apprend quelque chose. Cette confiance qui lui faisait défaut, il l'acquiert par la pratique des grands maîtres. Il en tirera cette "extrême habileté" dans le pastiche que lui reconnaissait Villot. Mais sur tout ce qu'il copiera, Fragonard apposera sa marque, sa note personnelle (...) et que nous apprécions tant aujourd'hui. Fragonard a su, avec son exceptionnelle intelligence du regard, être lui-même et l'autre. De tout ce qu'il aura copié, il saura faire usage» (Rosenberg, in Paris, 1987-1988, p. 24).

Il sont surtout tous deux des stylistes exemplaires.

Fragonard illustrateur des *Contes*

La première pensée est que *tout* Fragonard se retrouve dans ses illustrations pour les *Contes*.

L'amour de la nature, on l'a vu, n'est pas oublié. Partout où La Fontaine décrit un parc, un sous-bois, un arbre simplement, Fragonard saisit l'occasion qui lui est offerte, et ce sont là certains des plus grands bonheurs de composition. La *Fiancée du Roi de Garbe* et ses «beaux ombrages» (n° 140), la *Clochette* et «le fond des bois, et leur vaste silence» (n° 148), le *Villageois...* et «l'arbre le plus beau» (n° 154), les «saules» du *Cas de conscience* (n° 165) sont autant de figures où l'auteur de l'*Allée ombreuse* (n° 39) donne libre cours à son talent de paysagiste.

L'inspiration libertine s'impose aussi bien au poète des *Contes* qu'au peintre du *Feu aux poudres*. Et l'on ne s'étonnera pas de voir Fragonard tenté, comme La Fontaine, de se rapprocher au plus près de l'indécent, du graveleux, pour tromper l'attente des amateurs d'obscénité dans une sublime pirouette : pour l'un, ce sont ces atermoiements de l'auteur —«Ils en étaient sur un point sur un point... / C'est dire assez de ne le dire point» (*Le Cuvier*) —, pour l'autre c'est la gaze légère d'un contre-jour trompeur ou les nuances fondues du lavis. Mais venons-en aux instruments de la mise en scène, au premier d'entre eux surtout : le lit. On sait combien Fragonard aime à peindre les lits : «Le musée de Besançon conserve un admirable lavis, rehaussé d'aquarelle, que faute d'un meilleur titre on nomme le *Lit d'apparat*. C'est un lit, rien qu'un lit, avec de grands rideaux et beaucoup de festons : simplement un peu trop grand, un peu trop profond, enveloppé de coussins et de nuages, de sorte qu'on voit bien que c'est un lit de rêve» (Thuillier, *op. cit.*, p. 116 ; *fig. 111*). Ce «lit de rêve», c'est exactement celui de l'*Anneau d'Hans Carvel* (n° 155), mais, les nuages en moins, ce sont encore quinze autres illustrations du recueil où à deux, à trois, à cinq, on se donne des rendez-vous galants. Il en est de tous les styles : à la française, à la polonaise, avec de grands rideaux — ces rideaux si utiles aux compositions en hauteur —, sans baldaquin, lit de camps, couche monacale et grabat d'ermite. Un élément pourtant les réunit tous : contrairement au *Lit d'apparat* de Besançon, ils ne sont jamais vides.

Il faut dire aussi un mot des étreintes, ces figures de style des ballets amoureux. Fragonard les décline toutes, depuis les prémices du baisemain (*Le mari confesseur*, n° 130), jusqu'au point... (*Le tableau*, n° 175), comme s'il cherchait à en composer un répertoire. Les plus touchantes, à notre goût, sont ces étreintes libres et fougueuses d'*On ne s'avise jamais de tout*, ou de l'*Oraison de saint Julien* (nos 138 et 153), qui sont de simples embrassements peut-être, mais où nous voulons retrouver la même passion que dans le *Verrou* (Paris, Musée du Louvre) ou dans le Vœu *à l'amour* (New York, coll. part.) ; cette passion brûlante, théâtrale, pré-romantique déjà, n'est plus tout à fait le jeu galant que l'on voit ailleurs.

Mais il y a aussi dans les *Contes* une inspiration étrange, voire fantastique, qui déconcerte. Deux dessins en particulier, *Féronde...* (n° 167) et *La chose impossible* (n° 174) nous en semblent exemplaires. Où trouver ailleurs dans l'œuvre de Fragonard quelque chose approchant ces visions infernales que l'on croirait inspirées de Füssli ? Nous étudions plus attentivement dans nos notices l'originalité de ces œuvres. Nous évoquons aussi la possibilité d'une rencontre de Fragonard et de Füssli à Rome en 1774. Soulignons simplement ici qu'une telle hypothèse suggère bien évidemment une datation

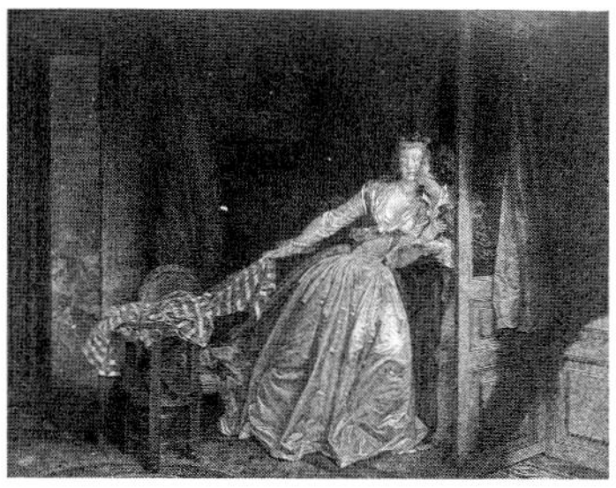

Fig. 113 : Regnault d'après Fragonard, *Le Baiser à la dérobée*, gravure.

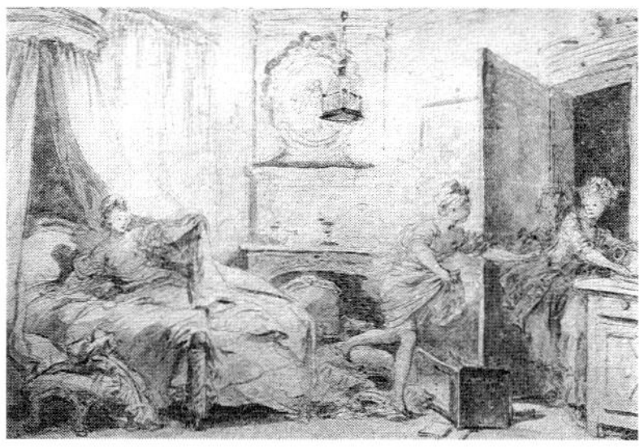

Fig. 114 : Fragonard, *Ma chemise brûle*, Paris, Musée du Louvre.

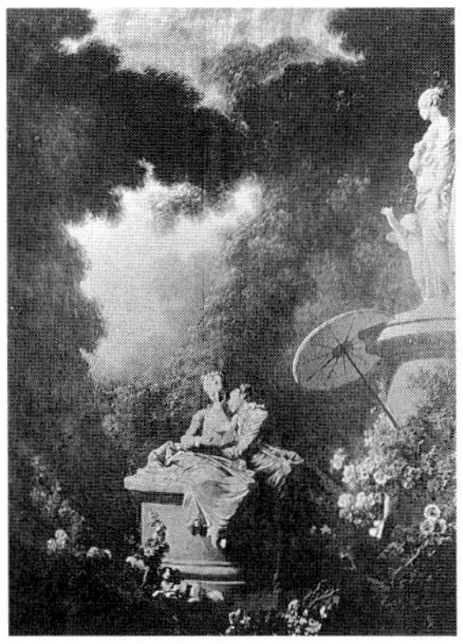

Fig. 115 : Copie d'après Fragonard, *L'amour-amitié*, Grasse, maison de Fragonard.

retardée des dessins — notamment des pierres noires — ce qui n'est pas généralement accepté. Dans la mesure où de telles compositions sont uniques, sauf erreur, dans l'œuvre de notre artiste, nous avons voulu conserver la liberté de maintenir ce rapprochement. C'est que la confrontation des deux hommes et surtout des deux mondes qu'ils ont chacun créés, en apparence si différents, nous semble pour le moins passionnante : à plus d'un titre, Füssli ressemble à un double nocturne de Fragonard...

Les *Contes* dans l'œuvre de Fragonard

Qu'en est-il de l'importance des *Contes* dans l'œuvre de Fragonard ? C'est le moment de dire notre pensée sur un point peu commenté, tant il est délicat sans doute de rien affirmer sur une œuvre aussi mal connue.

Les *Contes* de La Fontaine ne sont pas cette œuvre sulfureuse que l'on a dit — mais les a-t-on beaucoup lus ? C'est un ouvrage homogène et ambitieux aussi qui supporte la comparaison avec les *Fables,* qu'elles donnent d'ailleurs souvent l'impression de compléter. Même bonheur du style, même ambition satirique, voire sociologique, même humanité réelle dans ce que l'auteur y met de lui-même. Et l'on ne doit pas s'étonner de voir Fragonard le servir avec un sens de la variété qui respecte ses contradictions.

On peut s'étonner en revanche davantage d'y voir réunis presque tous les thèmes d'élection du peintre ou, pour être plus précis, tout ensemble la veine polissonne, pour ne pas dire licencieuse, des *Pétards* ou de l'*Heureux moment,* celle héroïque et galante à la fois des *Progrès de l'amour* (*fig. 115*), et la veine plus sentimentale enfin qui du *Verrou* (*fig. 112*) au *Baiser à la dérobée* (*fig. 113*) annonce déjà le Romantisme. La première, c'est, à volonté, *Joconde* (n° 128), la *Clochette* (n° 148) ou le *Berceau* (n° 152), mais c'est surtout l'âme légère des *Contes* ; la deuxième, ce peut-être la *Fiancée du Roi de Garbe* (n° 140) ou *Richard Minutolo* (n° 150) ; la troisième ce serait l'*Oraison de saint Julien* ou les *Aveux indiscrets* (n° 181).

Nous sommes parfaitement d'accord avec E. Willams pour rapprocher certains de nos dessins de cette production libertine datée des années 1765-1770 — mais on a vu que c'était là encore une datation sans preuve. De *Ma chemise brûle* (déjà cité, *fig. 114*), à la *Leçon de danse* (Lisbonne, Fondation Callouste Gulbenkian), ces œuvres présentent en effet des similitudes troublantes dans la technique et dans l'iconographie : on y retrouve ainsi nombre de ces détails charmants que nous relevons à l'occasion, comme les cages d'oiseaux, les natures mortes d'ustensiles domestiques, les chiens et les chats qui courent et sautillent un peu partout... En revanche, nous pensons qu'il faut reconnaître dans d'autres compositions pour les *Contes* une inspiration tout autre, de celle que l'on ne trouve guère dans l'œuvre de Fragonard avant 1774. De plus, et c'est peut-être le point le plus important, la qualité de nos lavis témoigne, à notre sens, de ces nouvelles recherches sur la lumière que l'on date traditionnellement du second séjour en Italie. Il y a là ces contre-jours, ces clairs-obscurs, ces contrastes puissants qui sont la leçon que l'artiste a, semble-t-il, rapportée du voyage. Il y a là surtout une exceptionnelle maîtrise du lavis au service de cette lumière, ce lavis fluide et équilibré, infiniment modulé dans ses tons, posé avec une incroyable liberté : ce lavis dont on a dit qu'il se rapprochait davantage de la peinture que du dessin. Mais pas partout, sans doute. Toutes considérations sur la datation mises à part, on a toujours dit que les illustrations pour les *Contes* était de ces projets que Fragonard a portés en lui très longtemps, au moins pendant vingt ans. Et l'on serait en droit de se demander s'il faut bien reconnaître à notre série l'homogénéité que personne ne lui a jamais contestée. Sans doute serait-il alors bien tentant, pour réconcilier tout le monde, d'échelonner l'exécution de nos dessins sur la période des cinq années qui font problème ? Mais ce serait oublier la question de l'exécution du groupe A, celui des pierres noires. On a vu que la composition, de même que certains détails iconographiques interfèrent aussi pour suggérer des datations différentes. Une autre solution serait alors d'échelonner en même temps l'exécution des pierres noires, sur une période parallèle, légèrement antérieure — ce que la perte de seize d'entre elles pourrait aussi suggérer. L'absence de documents condamne sans doute irrémédiablement à ne pouvoir conclure. Nous nous refusons nous-mêmes à aller plus avant. L'avenir, espérons-le, est riche en découvertes.

Il est rare, et ô combien précieux, de posséder ainsi une suite complète d'un artiste. L'importance d'un tel ensemble fait regretter un peu de ne pouvoir reconstituer un *corpus* achevé de son œuvre. Que cet artiste soit Fragonard, Fragonard dont l'œuvre est si mal connu, en fait un document inestimable dont l'analyse attentive doit pouvoir apporter de nouveaux et précieux éléments.

Doit-on parler d'une influence des *Contes* sur l'œuvre de Fragonard ? A tout le moins d'une importance réelle de ces dessins dans la carrière de l'artiste ? On l'aura compris, nous ne sommes pas de ceux qui veulent réduire cette œuvre à une série de pochades galantes et spirituelles, à un ensemble de croquis charmants et sans conséquence.

C'est un chef-d'œuvre, un vrai chef-d'œuvre. Par de nombreux aspects, il se présente à nous comme une synthèse de l'inspiration de l'artiste. Et, même si ceci ressemble un peu à une profession de foi, gardons-nous d'en mésestimer la valeur.

Un mot sur la restauration

Une opération exceptionnelle de restauration sur l'ensemble des dessins permet de les présenter tous au public, sans doute pour la première fois (comme on le verra, ce point est sujet à caution puisque les dessins ont été à l'évidence démontés à plusieurs reprises).

Les cinquante-sept dessins étaient collés par six à huit points sur les pages des albums. Un grand nombre d'entre eux étaient en mauvais état, surtout dans le premier volume. Les points de colle avaient vieilli, provoquant un jaunissement désagréable qui apparaissait sur la face. De plus, certaines feuilles, soumises à une trop forte tension due au procédé de montage, à la (trop grande) résistance de la colle et à d'excessives manipulations des volumes ont occasionné des déchirures à l'endroit des points de fixation. Ainsi, certains dessins n'étaient plus retenus que par trois ou même par deux points.

La décision de démonter l'ensemble des dessins a été prise après un long travail d'étude. Nous avons d'abord cherché à savoir si l'état de l'ouvrage s'était notablement aggravé depuis plusieurs années. Des photographies anciennes et divers documents (rapports de conservation, courriers...) remontant à l'époque de l'entrée au musée nous ont prouvé que c'était le cas. Dans un deuxième temps, nous avons demandé à Mme Florence Herrenschmidt, restaurateur d'œuvres graphiques, de procéder à des tests pour savoir s'il serait possible de démonter sans risque les dessins et pour déterminer quel procédé serait alors employé. Il a ainsi été démontré que si le lavis de bistre employé par Fragonard est un médium fragile, les filets d'encre qui ornent l'encadrement des pages du manuscrit sont beaucoup plus fragiles encore. La difficulté était alors de démonter les dessins sans risque de créer la moindre altération sur l'œuvre elle-même bien sûr, mais aussi sur son support, la page du volume. Parmi les solutions possibles, celle du démontage à sec devait être écartée, le papier des dessins étant infiniment trop fragile et la colle trop résistante ; il restait à envisager un démontage par apport d'humidité, soit par le revers du support, soit par la face. L'humidification par le revers a d'abord été testée, mais l'épaisseur des pages de l'album, un vergé très lourd et très perméable (l'eau passait sur la face, risquant d'abîmer les filets d'encre), a rendu l'expérience inefficace ; il a donc été décidé de tenter le démontage par la face. L'humidification directe étant impossible du fait de la fragilité du lavis, il restait à appliquer une humidification par capillarité, en utilisant du *goretex*, membrane synthétique microporeuse permettant une diffusion minimum de l'humidité sans réelle humidification (les gouttes d'eau sont retenues par la membrane, l'eau n'est transmise au papier qu'à l'état de vapeur). Le procédé était long et minutieux mais il s'avéra efficace et offrait toutes les garanties de sécurité requises. Les dessins démontés, on procéda aux restaurations des feuilles endommagées et au nettoyage des points de colle sur le revers de l'œuvre et sur la page du support.

Le démontage laissait espérer des découvertes. Cet aspect du travail fut aussi enrichissant. On découvrit au dos de certaines œuvres des annotations du XIXe siècle portant le titre des contes ; en outre, le revers d'un dessin portait une esquisse (voir n° 143). On fut surtout en mesure de prouver un point important que l'on soupçonnait déjà : les dessins avaient été montés et démontés à plusieurs reprises, sans doute deux ou trois fois (vraisemblablement à l'occasion de l'exécution des gravures, en 1882, peut-être lors de la réalisation du *fac-similé* en 1935 : hélas, les documents sont imprécis sur ce point) ; certains portaient en outre la trace d'un ancien montage étranger aux albums conservés (des traces d'arrachement d'un autre papier que celui de l'œuvre ou du manuscrit étaient visibles, ainsi que des restes de charnières). Le manuscrit n'était donc pas l'écrin originel des dessins. Enfin, on a procédé à un relevé des filigranes, opération toujours enrichissante pour la connaissance d'une œuvre.

L'intégrité de l'œuvre impose de remonter les dessins dans leurs albums après l'exposition. Ils seront alors fixés de manière à éviter toute tension excessive au moyen d'une colle d'amidon peu résistante, et de charnières souples.

Bibliographie sélective sur Fragonard

Monographies sur l'artiste

Portalis, 1889 ; Réau, 1956 ; Wildenstein, 1960 ; Thuillier, 1967, réimp. 1987 ; Cuzin, 1987 ; cat. exp. *Fragonard*, Paris, New York, 1987-1988 ; cat. exp. *Hubert Robert e Fragonard a Roma*, Rome, 1991.

Ouvrages consultés sur les dessins pour les *Contes*

Blanc, 1862, t. II ; Portalis, 1877, t. I, pp. 220-222 et 228-229 ; Portalis, 1880, pp. 314-318 ; Montaiglon, 1883, pp. III-XLIII ; Beraldi, 1892, pp. 112-116 ; Cohen, 1912, pp. 574-582 ; Lemoisne, 1922, pp. 68-74 ; Dacier, 1934, pp. 267-279 ; Wolff, 1949 ; Ananoff, 1960, pp. 7-17 ; Wildenstein, 1961, pp. 39-84 ; Ananoff, 1961-1970, t. I, pp. 195 sq., t. III, pp. 207-208, t. IV, pp. 226-241 ; Roland Michel, 1970, pp. I-VI ; Guillerm, 1977, pp. 99-106 ; Norman, 1978 ; Williams, 1979, pp. 134-135 ; Osborne, 1985, pp. 73-79 ; Rosenberg, 1989.

On trouvera après nos notices une bibliographie spécifique sur La Fontaine et les diverses éditions des *Contes*... ainsi qu'une table des contes et nouvelles illustrés par Fragonard.

Avertissement

Les cinquante-sept dessins sont réalisés dans la même technique : il s'agit de lavis de bistre passé au pinceau et à la plume sur les traces de pierre noire de la contre-épreuve. Certains dessins portent un filet sur le pourtour, d'autres non (nous n'avons pas pu en comprendre la véritable raison). Enfin les dimensions étant légèrement différentes d'une feuille à l'autre, nous avons préféré reporter cette rubrique en tête de chaque notice.

L'ouvrage a été inventorié sous un numéro unique : L. Dut. 1173.

Nous avons choisi d'établir une classification nouvelle des dessins en rapport, la classification d'Ananoff nous paraissant forcément obsolète.

Notre groupe A correspond ainsi au groupe I Ananoff, le groupe B au groupe IV et le groupe C au groupe V du même auteur — son groupe II, on l'a vu, doit être abandonné et son groupe III correspond aux œuvres que nous présentons.

Enfin, nous avons renoncé à signaler les eaux-fortes réalisées à la fin du XVIIIe siècle d'après les dessins de Fragonard, n'ayant pas eu l'opportunité d'en faire un inventaire complet — on se reportera sur ce point à l'excellent catalogue établi par Cohen (*op. cit.*). De même que nous n'avons pas rappelé l'existence des gravures de Martial exécutées d'après chacun de nos dessins en 1882-1883.

128 *Joconde*

■ H. : 204 ; L. : 140 mm

ŒUVRES EN RAPPORT

DESSIN

Groupe A : Walferdin ; Feuillet de Conches ; Portalis ; Lord Carnarvon ; J. Mortimer Schiff ; New York, coll. part. (Ananoff n° 486).

GRAVURE

Publiée en 1795 (vol. 1, p. 1) ; dessin gravé par Lingée.

ANALOGIES

Il existe pour la même nouvelle une deuxième composition : «Le départ» (de Le Barbier), gravée elle aussi, mais non publiée, et une troisième composition : «Le Pardon» (de Mallet), gravée et publiée (Cohen cite le dessin).

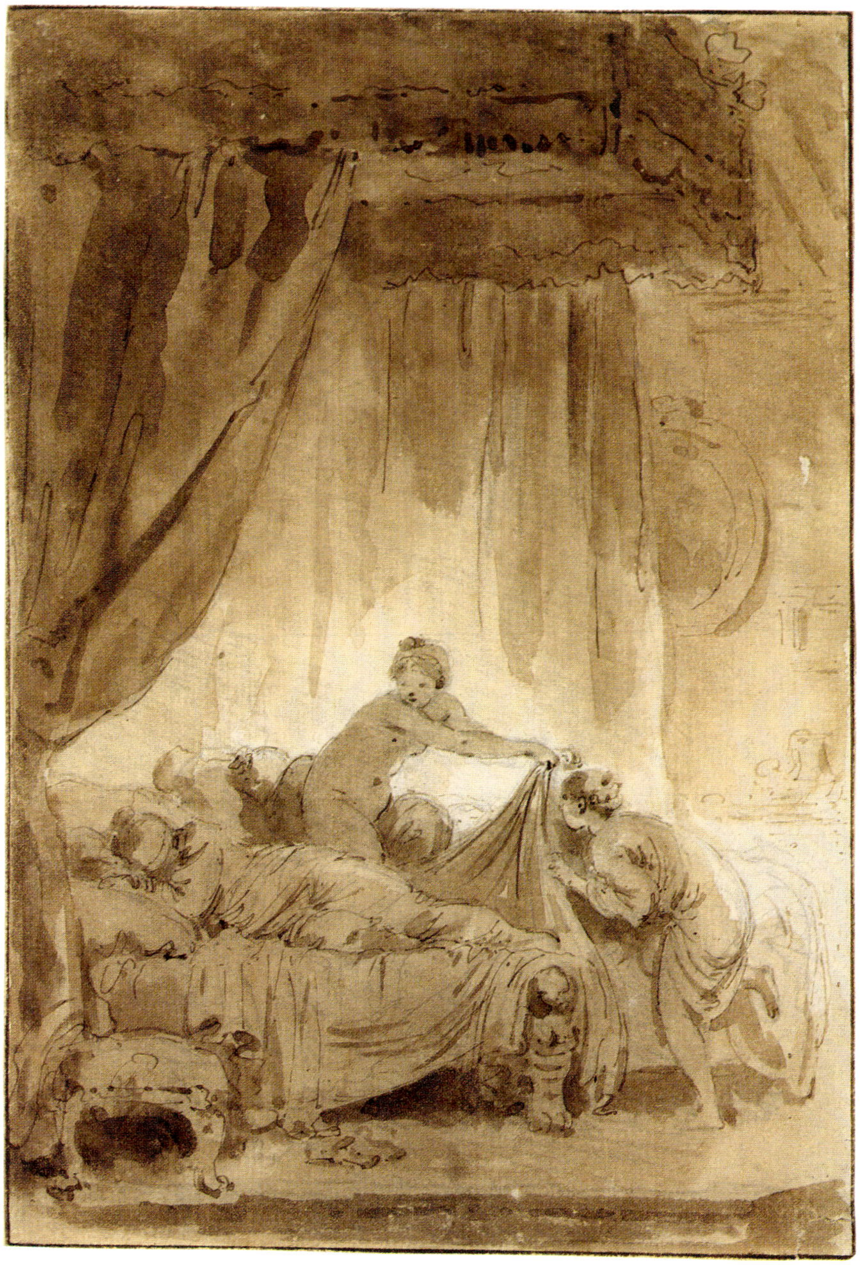

Deux hommes, beaux, galants mais cocus, le roi de Lombardie et Joconde, décident de se lancer sur les routes pour éprouver leur séduction. Une jeune «pucelle», ou du moins qu'ils croient telle, devient leur première victime. Mais elle a un amoureux jaloux et impatient, qui se refuse à céder sa place…

Dites-moi seulement dorment-ils tous deux ?
Oui, reprit-elle ; mais entre eux
Il faut que toute nuit je demeure couchée :
Et tandis que je suis avec l'un empêchée,
L'autre attend sans mot dire, et s'endort bien souvent,
Tant que le siège soit vacant,
C'est là leur mot. Le gars dit à l'instant :
Je vous irai trouver pendant leur premier somme.
Elle reprit : Ah ! gardez-vous-en bien ;
Vous seriez un mauvais homme.
Non, non, dit-il, ne craignez rien,
Et laissez ouverte la porte.
La porte ouverte elle laissa :
Le galant vint et s'approcha
Des pieds du lit ; puis fit en sorte,
Qu'entre les draps il se glissa :
Et Dieu sait comme il se plaça ;
Et comme enfin tout se passa :
Et de ceci, ni de cela,
Ne se douta le moins du monde,
Ni le roi lombard, ni Joconde.

(extrait)

Fragonard illustre ici la scène centrale de ce passage : la jeune fille introduit son amant sous ses draps entre Joconde et le roi lombard. Notons que dans l'édition publiée en 1795, deux compositions, l'une de Mallet («le départ des deux compères»), l'autre de Le Barbier («le pardon») devaient venir en complément pour agrémenter cette nouvelle, l'une des plus longues du recueil.

On a souvent remarqué que Fragonard ne faisait guère attention à différencier le sexe de ses amants, notamment dans les scènes de lit (voir l'*Anneau d'Hans Carvel*, par exemple, n° 155), préférant l'expression d'un érotisme androgyne, sinon asexué, au tableau d'amours plus charnelles. N'y cherchons pas de signification secrète : par là, il nous semble souvent mieux en accord avec La Fontaine pour qui travestissement et quiproquo sont les maîtres mots de la galanterie.

129 Le Cocu battu et content

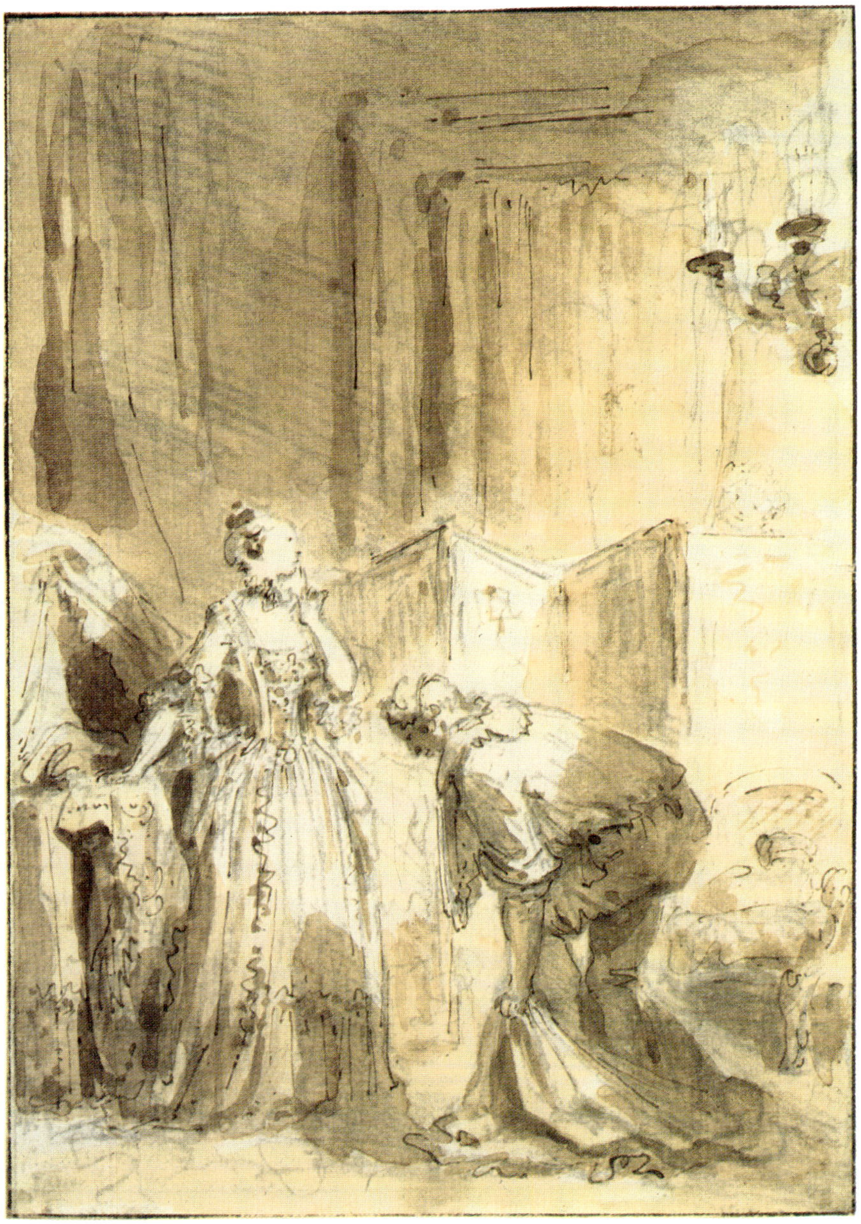

▪ H. : 203 ; L. : 143 mm

ŒUVRES EN RAPPORT

DESSINS

Groupe A : Walferdin ; Feuillet de Conches ; Portalis ; Lord Carnarvon ; J. Mortimer Schiff ; New York, coll. part. (Ananoff n° 487).

Groupe C : Ananoff catalogue sous deux numéros le même dessin ; Paillet ; sa vente, 21-11-1785 (Ananoff n° 2696) / Vente anonyme (*sic*), 21-11-1785 ; Jamonières ; Piat ; Doucet ; Ephrussi ; Raszovich ; vente Paris Galliera 18-06-1964 ; Paris, coll. Aymonnier (Ananoff, n° 2707). Roland Michel le signale à la vente Walferdin.

GRAVURE

Gravé par Delignon, publié en 1795 (vol. 1, p. 29). Il existe une seconde version où les personnages sont agrandis, gravée mais non publiée ; la gravure n'existait que dans l'exemplaire Paillet / Van Loo / Bordes (Cohen).

Un galant s'engage comme valet pour séduire la jeune femme d'un vieux barbon jaloux. A demi averti de l'affaire, le mari veut les confondre. Sa femme l'assure alors qu'elle n'est que la victime non consentante des assiduités du jeune homme et convainc son mari de prendre sa place à un rendez-vous nocturne que le valet lui a donné…

Sa femme dit : Mon mari, mon époux,
Jusqu'à tantôt cachez votre courroux ;
Dans le jardin attrapez-le vous-même ;
Vous le pourrez trouver fort aisément ;
Le poirier est à main gauche en entrant.
Mais il vous faut user de stratagème :
Prenez ma jupe, et contrefaites-vous ;
Vous entendrez son insolence extrême :
Lors d'un bâton donnez-lui tant de coups,
Que le galant demeure sur la place.
(…)
Le temps venu d'attrapper le galant,
Messire Bon se couvrit d'une jupe,
S'encorneta, courut incontinent
Dans le jardin (…)
(extrait)

Bien évidemment, c'est le domestique qui reçoit le mari à coups de gaules.

Se démarquant de la tradition qui voulait que l'on figurât la scène de la volée donnée par le domestique au mari travesti, Fragonard illustre ici les préparatifs. Même si le texte ne précise pas que le galant assiste à la scène, il lui fait tendre le cou par-dessus le paravent. On comprend pourquoi : la femme, debout, peut couler un regard complice à son amant devant un mari ridicule empêtré dans sa jupe. Le trio des vaudevilles — permettons-nous cet anachronisme — est ainsi réuni. Admirons l'esprit, ou l'intuition, de Fragonard qui lui fait choisir le motif du paravent dont les pics, c'est-à-dire les angles vus en contre-plongée, rappellent le jeu triangulaire des regards.

130 *Le Mari confesseur*

■ H. : 204 ; L. : 140 mm

ŒUVRES EN RAPPORT

DESSINS

Groupe A : Walferdin ; Feuillet de Conches ; Portalis ; Lord Carnarvon ; J. Mortimer Schiff ; New York, coll. part. (Ananoff n° 488).

Groupe C : Jamonières ; Piat ; Doucet ; Lehmann ; Raszovich ; Ball ; Sheafer ; New York, Metropolitan Museum of Art (Ananoff n° 2717).

GRAVURE

Publiée en 1795 (vol. 1, p. 35) ; dessin gravé par Tilliard.

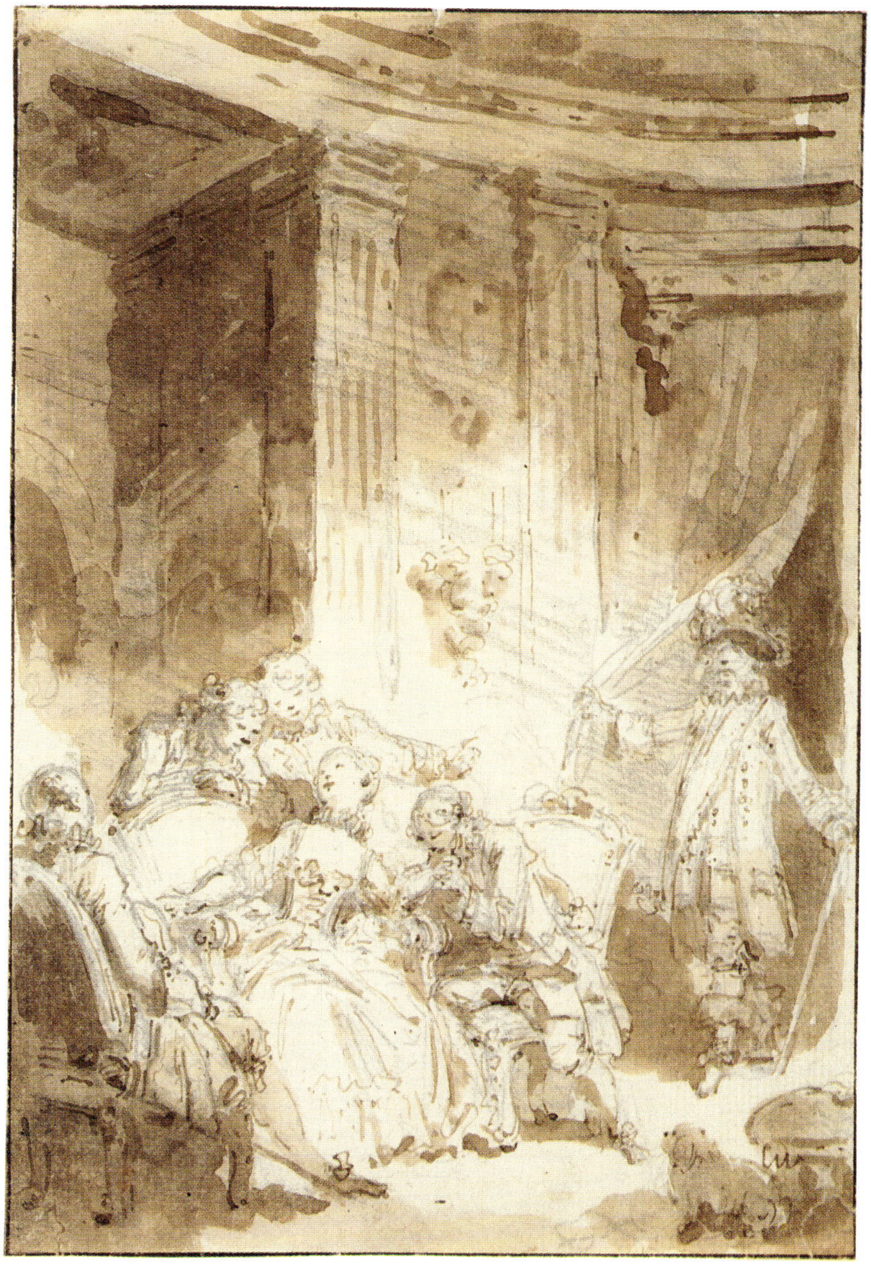

Messire Artus sous le grand roi François
Alla servir aux guerres d'Italie ;
Tant qu'il se vit, après maints beaux exploits,
Fait chevalier en grand'cérémonie.
Son général lui chaussa l'éperon :
Dont il croyait que le plus haut baron
Ne lui dût plus contester le passage.
Si s'en revient tout fier en son village,
Où ne surprit sa femme en oraison.
Seule il l'avait laissée à la maison :
Il la retrouve en bonne compagnie,
Dansant, sautant, menant joyeuse vie,
Et des muguets avec elle à foison.
(extrait)

Pour la confondre, le mari trompé se déguise en prêtre et conduit sa femme à confesse.

Fragonard ne représente pas la scène du confessionnal comme Cochin ou Eisen, mais la scène initiale de la nouvelle : tel Ulysse, le mari revient de guerre et surprend sa femme entre ses courtisans. Outre que cela lui permet de composer une scène d'intérieur à la mode — on aimerait y reconnaître un peu le salon en cul-de-four de Louveciennes pour la décoration duquel Fragonard avait initialement peint ses célèbres compositions des *Progrès de l'Amour* (New York, Frick Collection) —, le choix de cet épisode qui appelle directement la référence à l'Odyssée, et plus particulièrement à l'épisode final du retour d'Ulysse auprès de Pénélope, nous semble aussi plus conforme à l'esprit satirique de La Fontaine dont on a vu combien il convenait à Fragonard. Remarquons le petit chien à poil long, au premier plan, à droite.

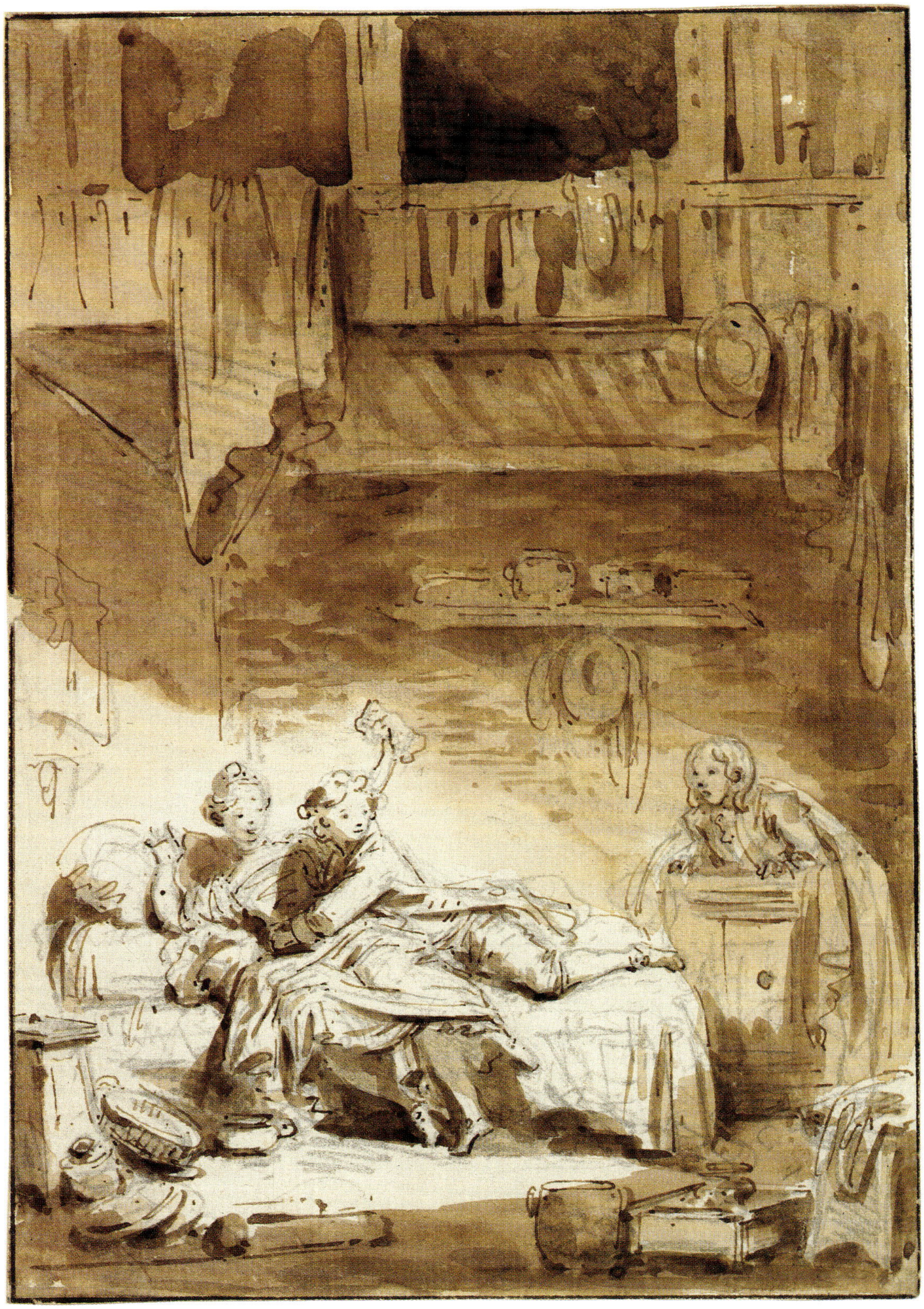

131 *Le Savetier*

■ H. : 206 ; L. : 140 mm

ŒUVRES EN RAPPORT

DESSINS

Groupe A

Walferdin ; Feuillet de Conches ; Portalis ; Lord Carnarvon ; J. Mortimer Schiff ; New York, coll. part. (Ananoff n° 489).

Groupe B/C

Paillet ; sa vente, 21-11-1785 (Ananoff n° 2697) ; Jamonières ; Piat ; Fauchier Magnan ; sa vente, Sotheby, 4-12-1935 ; coll. part. (Ananoff n° 2710). Le même ?

GRAVURE

Publiée en 1795 (vol. 1, p. 37) ; dessin gravé par Dambrun.

Un savetier que nous nommerons Blaise
Prit belle femme ; et fut très avisé.
Les bonnes gens qui n'étaient à leur aise,
S'en vont prier un marchand peu rusé,
Qu'il leur prêtat dessous bonne promesse
Mi-muid de grain ; ce que le marchand fait.
Le terme échu, ce créancier les presse.
Dieu sait pourquoi : le galant en effet,
Crut que par là baiserait la commère.
Vous avez trop de quoi me satisfaire,
(Ce lui dit-il) et sans débourser rien :
Accordez-moi ce que vous savez bien.
Je songerai, répond-elle, à la chose.
Puis vient trouver Blaise tout aussitôt,
L'avertissant de ce qu'on lui propose.
Blaise lui dit : Par bleu, femme, il nous faut,
Sans coup férir, rattraper notre somme.
Tout de ce pas allez dire à cet homme
Qu'il peut venir, et que je n'y suis point.
Je veux ici me cacher tout à point.
Avant le coup demandez la cédule.
De la donner, je ne crois qu'il recule :
Puis tousserez afin de m'avertir,
Mais haut et clair, et plutôt deux fois qu'une,
Lors de mon coin vous me verrez sortir
Incontinent, de crainte de fortune.
Ainsi fut dit, ainsi s'exécuta.
Dont le mari puis après se vanta ;
Si que chacun glosait sur ce mystère.
Mieux eut valu tousser après l'affaire,
(Dit à la belle un des plus gros bourgeois)
Vous eussiez eu votre compte tous trois.
N'y manquez plus, sauf après de se taire.
Mais qu'en est-il ? or çà, belle entre nous.
Elle répond : Ah monsieur ! croyez-vous
Que nous ayons tant d'esprit que vos dames ?
(Notez qu'illec avec deux autres femmes,
Du gros bourgeois l'épouse était aussi)
Je pense bien continua la belle,
Qu'en pareil cas madame en use ainsi ;
Mais quoi chacun n'est pas si sage qu'elle.
(texte intégral)

Cochin et Eisen retiennent la même scène — la seule à vrai dire qui puisse attirer l'attention d'un illustrateur ; la femme, encore dans les bras du marchand usurier, exhibe la «cédule» (la quittance) qu'elle vient d'obtenir et fait signe à son mari. Plus audacieux que ses prédécesseurs, Fragonard plante quant à lui un décor de chambre et place les protagonistes dans un lit ; plus réaliste, il peint un intérieur paysan très rustique où l'on aimerait voir quelque souvenir d'Italie : méfions-nous cependant du linge qui tombe des balcons, cliché des scènes domestiques italiennes.

132 Le Paysan qui a offensé son seigneur

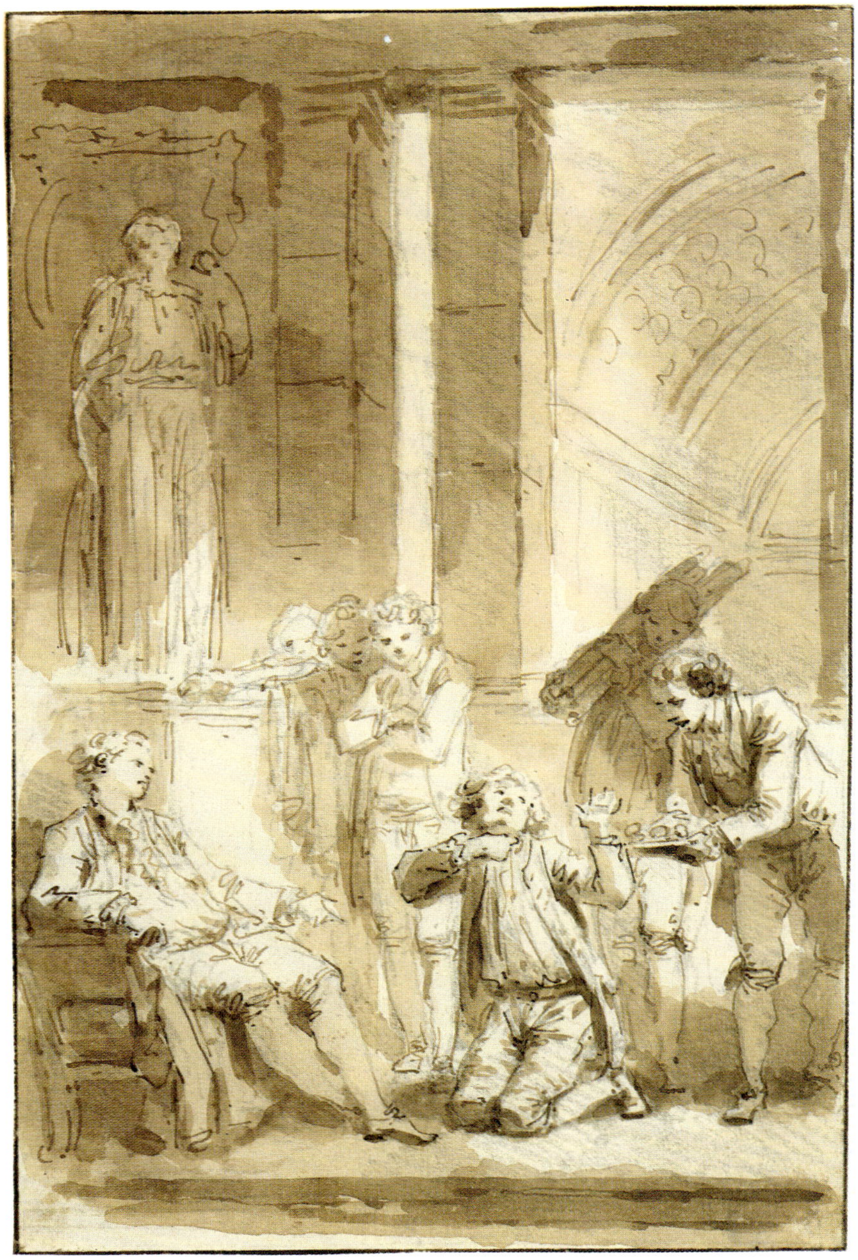

▪ H. : 199 ; L. : 141 mm

ŒUVRES EN RAPPORT

DESSINS

Groupe A : Walferdin ; Feuillet de Conches ; Portalis ; Lord Carnarvon ; J. Mortimer Schiff ; New York, coll. part. (Ananoff n° 490).

Groupe B : P.A. Pâris ; Bibliothèque de Besançon ; mis en dépôt au musée en 1843 (Cohen ; Ananoff n° 2694).

Groupe C : Jamonières ; Piat ; Ponton d'Amécourt ; Féral ; M. L.-P. ; coll. part. (Ananoff n° 2711).

GRAVURE

Publiée en 1795 (vol. 1, p. 39) ; dessin gravé par Lingée.

«Un paysan son seigneur offensa» ; celui-ci, pour le punir, lui donne le choix entre trois peines, ou de «manger trente aulx, / (...) sans boire et sans prendre repos ; / Ou de souffrir trente bons coups de gaules / (...) / Ou de payer sur-le-champ cent écus».

Le paysan, de peur qu'on ne le pende
Fait choix de l'ail ; et le seigneur commande
Que l'on en cueille, et surtout du plus fort.
Un après un lui-même il fait le compte ;
Puis quand il voit que son calcul se monte
A la trentaine, il les met dans un plat.
Et cela fait le malheureux pied-plat
Prend le plus gros, en pitié le regarde,
Mange et rechigne, ainsi que fait un chat
Dont les morceaux sont frottés de moutarde.
(extrait)

Cochin avait représenté la scène de la volée (très semblable d'ailleurs à l'illustration qu'il avait donnée pour le conte précédent : *Le Cocu...*) ; Eisen la scène des cent écus. Fragonard retient ici la scène des aulx ; convenons avec lui que c'est l'épisode le plus original et le plus comique du conte. Fidèle à l'esprit satirique de La Fontaine, Fragonard reprend ici la composition d'une grande scène historique ; peut-on y retrouver la composition d'un tableau de J.-F. de Troy : *Le premier chapitre de l'Ordre du Saint-Esprit tenu par Henri IV* (dans l'église des Grands-Augustins de 1732 à la Révolution, aujourd'hui au Louvre ; *fig. 116*) ? De Troy compte assurément parmi les premiers modèles de Fragonard dont la mémoire visuelle, on l'a souvent remarqué, était prodigieuse. Théophile Fragonard, son petit-fils, rapporte ainsi que lorsqu'il était apprenti chez Chardin, son grand-père «passait par une église qui était pleine de magnifiques tableaux comme toutes les églises d'alors, et il les refaisait de mémoire l'un après l'autre» (repris par P. Rosenberg, Paris, 1988, p. 33).

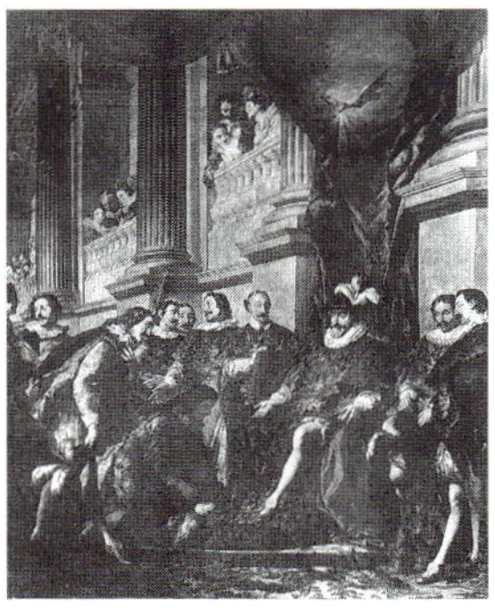

Fig. 116 : J.-F. de Troy, *Le 1er chapitre de l'Ordre du Saint Esprit tenu par Henri IV*, Paris, Musée du Louvre.

133 Le Muletier

■ H. : 202 ; L. : 140 mm

ŒUVRES EN RAPPORT

DESSINS

Groupe A : Walferdin ; Feuillet de Conches ; Portalis ; Lord Carnarvon ; J. Mortimer Schiff ; New York, coll. part. (Ananoff n° 491).

Groupe B : Walferdin ; Feuillet de Conches ; Portalis ; Lord Carnarvon ; J. Mortimer Schiff ; New York, coll. part. (Ananoff l'ignore).

Groupe C : Jamonières ; Piat ; Lourmel ; Doucet ; Rodrigues ; Suisse coll. part. (Ananoff n° 2702).

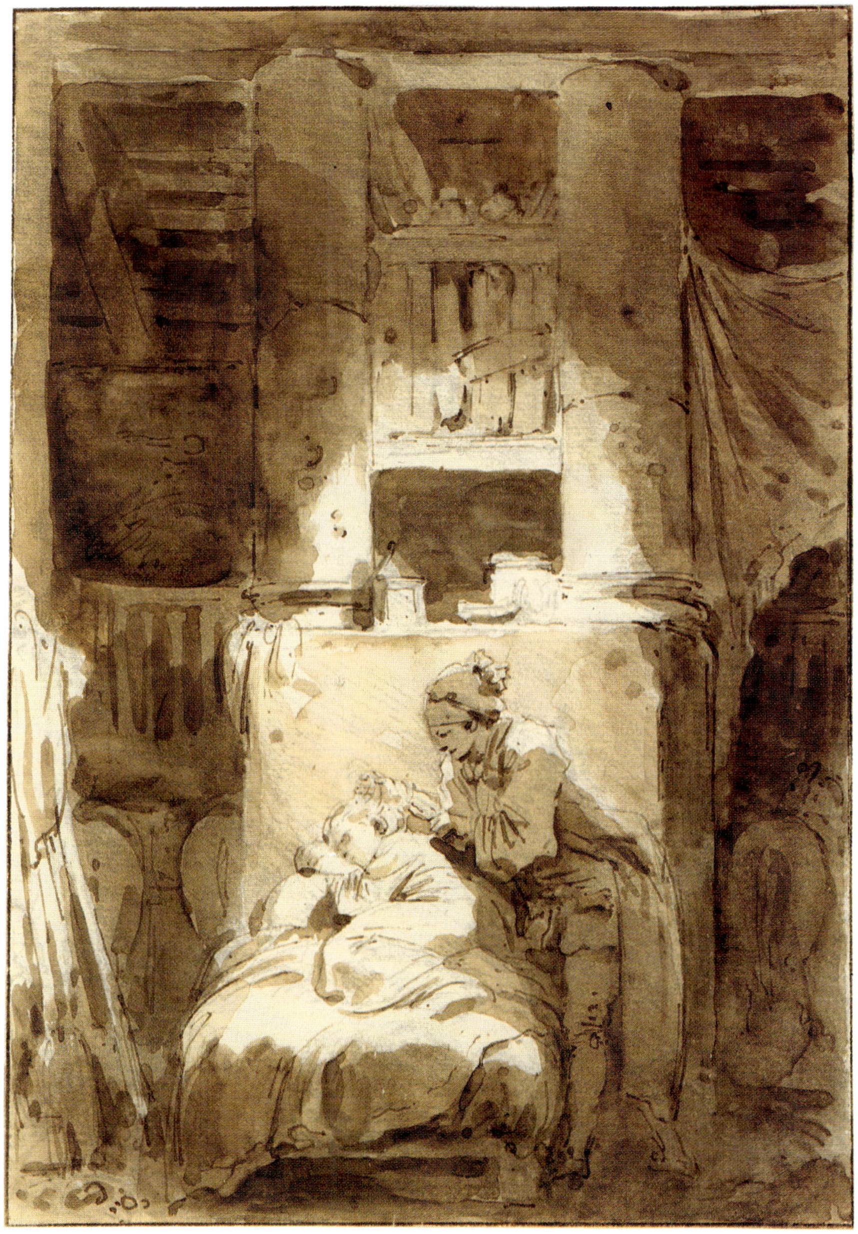

Un roi lombard («les rois de ce pays / Viennent souvent s'offrir à ma mémoire») avait pour usage d'aller rendre visite à la reine de nuit, une faible chandelle pour toute lumière. Un muletier prend un jour sa place. Le roi s'en rend compte. Pour confondre le galant, il se rend auprès de ses serviteurs croyant «que l'auteur de cette tromperie / Se connaîtrait au battement du pouls». Il découvre en effet le coupable…

(…) il feignait de dormir :
Mais quel sommeil ! Le roi, pendant qu'il tremble,
En certain coin va prendre des ciseaux
Dont on coupait le crin à ses chevaux :
Faisons, dit-il, au galant une marque,
Pour le pouvoir demain connaître mieux.
Incontinent, de la main du monarque
Il se sent tondre (…)
(extrait)

Encore une fois, Fragonard se démarque de ses prédécesseurs : Cochin représentait la scène initiale, l'apparition du muletier à la porte de la reine, et Eisen la scène finale, la confusion du roi devant tous ses valets tondus — pour échapper à la punition, le valet a en effet coupé les cheveux de ses camarades. Ici, en retenant l'épisode où le roi vient tondre nuitamment celui qu'il a reconnu pour coupable, Fragonard fait montre d'une originalité réelle — quoique sans doute un peu risquée dans la mesure où cette scène se comprend moins bien. On peut ainsi évoquer encore son ambition satirique, ici par la référence évidente à Samson et Dalila qui autorise une dramatisation puissante de la scène, notamment grâce aux effets de l'éclairage nocturne. La belle composition quadrillée et le clair-obscur évoquent sans doute Rembrandt (peut-on voir un souvenir de la *Leçon d'anatomie du docteur Joan Deyman*, Amsterdam, Rijksmuseum que Fragonard a pu voir lors de son voyage en Hollande ?), mais aussi certaines toiles de Fragonard lui-même, dont la *Cuisine des saltimbanques* (U.S.A., coll. part. ; voir aussi le *Pâté d'anguille*, n° 144).

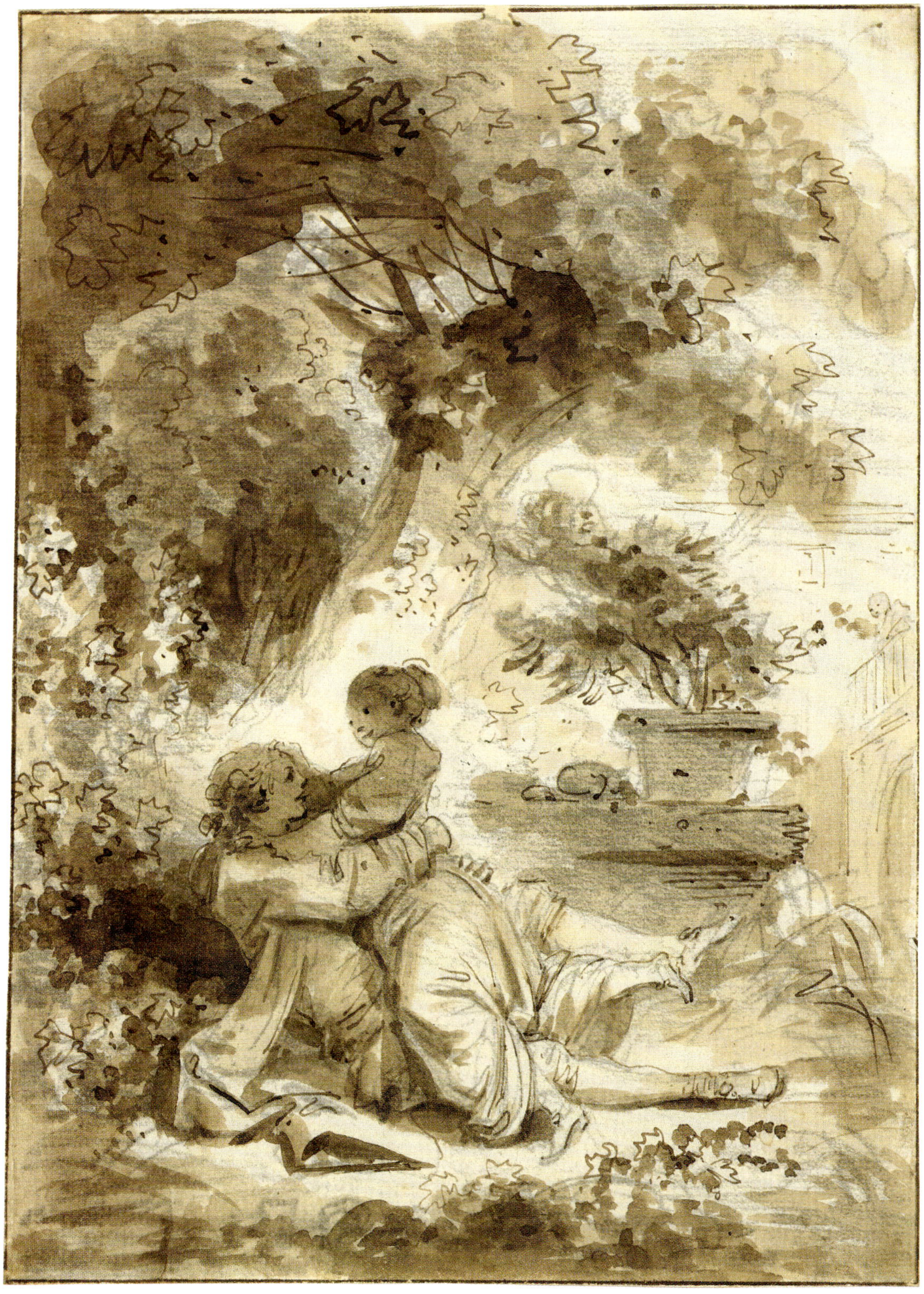

134 La Servante justifiée

■ H. : 200 ; L. : 144 mm

ŒUVRES EN RAPPORT

DESSINS

Groupe A
Walferdin ; Feuillet de Conches ; Portalis ; Lord Carnarvon ; J. Mortimer Schiff ; New York, coll. part. (Ananoff n° 492).
Groupe B
Portalis ; vente Charpentier 3-12-1959 ; France, coll. part. (Ananoff n° 2679) ; Roland Michel ne le retient pas.

Un homme donc avait belle servante.
Il la rendit au jeu d'amour savante.
Elle était fille à bien armer un lit,
Pleine de suc, et donnant appétit ;
Ce qu'on appelle en français bonne robe.
Par un beau jour, cet homme se dérobe
D'avec sa femme ; et d'un très grand matin
S'en va trouver sa servante au jardin.
Elle faisait un bouquet pour madame :
C'était sa fête. Voyant donc de la femme
Le bouquet fait, il commence à louer
L'assortiment ; tâche à s'insinuer :
S'insinuer, en fait de chambrière,
C'est proprement couler sa main au sein :
Ce qui fut fait. La servante soudain
Se défendit : mais de quelle manière ?
Sans rien gâter : c'était une façon
Sur le marché ; bien savait sa leçon.
La belle prend les fleurs qu'elle avait mises
En un monceau, les jette au compagnon.
Il la baisa pour en avoir raison,
Tant et si bien qu'ils en vinrent aux prises.
En cet étrif la servante tomba :
Lui d'en tirer aussitôt avantage.
Le malheur fut, que tout ce beau ménage
Fut découvert d'un logis près de-là.
Nos gens n'avaient pris garde à cette affaire.
Une voisine aperçut le mystère.
L'époux la vit, je ne sais pas comment.
Nous voilà pris, dit-il à la servante.
Notre voisine est languarde et méchante.
Mais ne soyez en crainte aucunement.
Il va trouver sa femme en ce moment :
Puis fait si bien que s'étant éveillée
Elle se lève ; et sur l'heure habillée,
Il continue à jouer son rôlet :
Tant qu'à dessein d'aller faire un bouquet,
La pauvre épouse au jardin est menée.
Là fut par lui procédé de nouveau
Même débat, même jeu se commence.
Fleurs de voler ; tétons d'entrer en danse.
(extrait)

Lorsque la voisine ira rapporter ce qu'elle a vu à l'épouse du maître volage, celle-ci ne pourra que se reconnaître dans l'aventure et la servante sera donc justifiée.

La nouvelle est l'une des plus connues du recueil : composée de deux épisodes identiques dont l'opposition fait toute la saveur de l'histoire, elle impose aux illustrateurs une composition unique. Cochin, Eisen, Fragonard, comme tous ceux qui se risqueront après eux à tenter l'exercice reprendront le même schéma. La scène est celle du maître lutinant sa servante devant l'œil indiscret de la voisine : scène de voyeurisme donc, ou bien d'ébats bucoliques, selon l'importance que l'on accorde au témoin gênant. Notons ainsi ce détail : Fragonard, comme Cochin, préfère reléguer à un arrière-plan assez indistinct l'apparition de la voisine à sa fenêtre. Notons encore que notre artiste profite de l'occasion qui lui est donnée pour peindre cette nature foisonnante et généreuse pour laquelle il éprouve la même passion que La Fontaine — la présence imposante de l'arbre a d'ailleurs souvent induit des confusions avec l'illustration pour le *Villageois...* (n° 154). Remarquons enfin que l'architecture qui apparaît à l'arrière-plan évoque plutôt l'Italie — ou tout au moins le Midi —, ce qui est d'ailleurs en accord avec l'inspiration de La Fontaine puisque l'histoire est indirectement imitée de Boccace.

135 La Gageure des trois commères

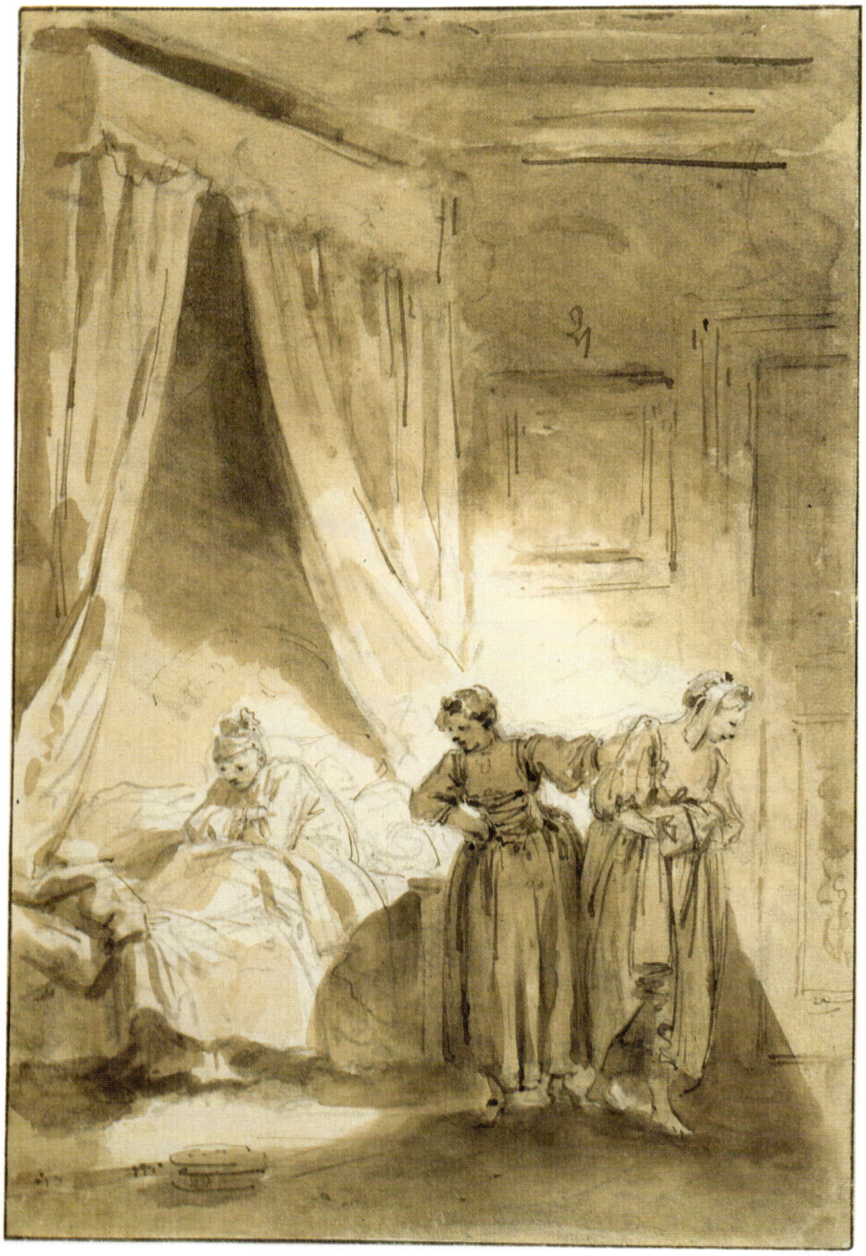

■ H. : 203 ; L. : 140 mm

ŒUVRES EN RAPPORT

DESSINS

Groupe A : Walferdin ; Feuillet de Conches ; Portalis ; Lord Carnarvon ; J. Mortimer Schiff; New York, coll. part. (Ananoff n° 496). Le dessin porte un mauvais titre : *Le gascon puni.*
Groupe C : Jamonières ; Piat ; Rahir ; Marius Paulme ; Paris, coll. part. (Ananoff n° 2705).

GRAVURE

Publiée en 1795 (vol. 1, p. 69) ; dessin gravé par Trière.

ANALOGIES

Il existe pour la même nouvelle une deuxième composition : «Le poirier» (anonyme, pas de Fragonard), gravée elle aussi, mais non publiée (le dessin était dans l'exemplaire Delbergue Cormont ; *cf.* Cohen), et une troisième composition : «Le fil» (anonyme, pas de Fragonard), non gravée, sauf à l'état d'eau-forte.

Cette nouvelle est l'une des plus célèbres de La Fontaine, où l'on voit trois commères contraintes par des maris jaloux se faisant le pari de chacune les tromper une fois en leur présence et pour ainsi dire avec leur consentement. Fragonard illustre ici la gageure de la première commère...

Celle des trois qui plus était contrainte,
Aimait alors un beau jeune garçon,
Frais, délicat, et sans poil au menton :
Ce qui leur fit mettre en jeu cette feinte.
(...)
La bonne dame habille en chambrière
Le jouvenceau, qui vient pour se louer,
D'un air modeste, et baissant la paupière.
Du coin de l'œil l'époux le regardait,
Et dans son cœur déjà se proposait
De rehausser le linge de la fille.
(...)
Un certain soir la galande lui dit :
Madame est mal, et seule elle veut être
Pour cette nuit : incontinent le maître
Et la servante ayant fait leur marché
S'en vont au lit, et le drôle couché,
Elle en cornette, et dégrafant sa jupe,
Madame vient : qui fut bien empêché
Ce fut l'époux cette fois pris pour dupe.
(extrait)

La commère, feignant la juste colère d'une femme trompée, s'en va coucher avec sa servante. Et La Fontaine de conclure : «Galant de nuit, chambrière de jour, / En deux façons elle a soin du ménage.»

Encore une nouvelle qui reçut trois illustrations en 1795, dont une seule de Fragonard qui prend, comme Cochin, la première aventure : «la servante» — notons à ce propos que l'illustration, anonyme, pour «le poirier» s'apparente fort à la *Servante justifiée* (n° 135) ou au *Villageois...* (n° 154) : on croirait presque à un plagiat. Le mari, surpris avec la (fausse) servante reçoit les foudres de sa femme. La composition n'est pas bien originale, mais il faut convenir que l'histoire, comme toutes les histoires de travestissement, se prête mal à une illustration. Restent le lit, bien sûr, et l'éclairage nocturne... Remarquons aussi, pour prévenir la critique d'androgynie que l'on fait ordinairement aux galants de Fragonard, qu'il prend soin ici de donner une stature un peu plus grande et une démarche un peu plus gauche à la (fausse) servante.

136 Le Calendrier des vieillards

■ H. : 199 ; L. : 143 mm

ŒUVRES EN RAPPORT

DESSINS

Groupe A : Walferdin ; Feuillet de Conches ; Portalis ; Lord Carnarvon ; J. Mortimer Schiff ; New York, coll. part. (Ananoff n° 493).

Groupe C : Jamonières ; Piat ; Le Breton ; Marius Paulme ; Frits Lugt ; Paris, Fondation Custodia (Ananoff n° 2706).

GRAVURE

Publiée en 1795 (vol. 1, p. 80) ; dessin gravé par Dambrun.

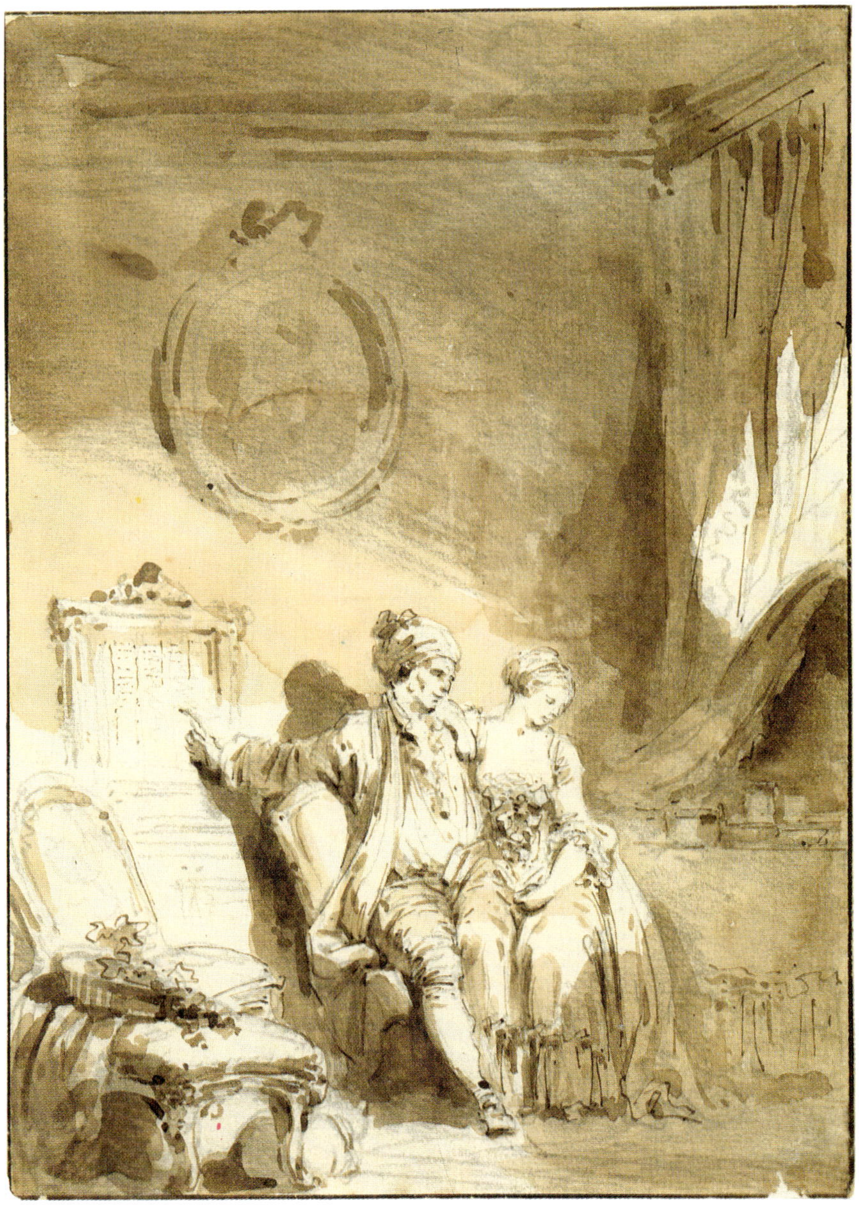

Comme Molière, La Fontaine s'attaque ici aux mariages dépareillés où des vieillards, tel Quinzica, ont de trop jeunes épouses, comme Bartholomée, qu'ils ne peuvent satisfaire…

Plus d'une fois je me suis étonné
Que ce qui fait la paix du mariage
En est le point le moins considéré
Lorsque l'on met une fille en ménage.
(…)
On sait qui fut Richard de Quinzica,
Qui mainte fête à sa femme allégua,
Mainte vigile, et maint jour fériable,
Et du devoir crut s'échapper par là.
(…)
Quinzica donc n'ayant de quoi servir
Un tel oiseau qu'était Bartholomée,
Pour s'excuser et pour la contenir,
Ne rencontrait point de jours en l'année,
Selon son compte et son calendrier,
Où l'on ne pût sans scrupule appliquer
Au fait d'hymen ; chose aux vieillards commode ;
Mais dont le sexe abhorre la méthode.
Quand je dis point, je veux dire très peu :
Encor ce peu lui donnait de la peine.
(extrait)

Bartholomée saura trouver ailleurs ce que son vieil époux ne pouvait lui donner.

Le conte ne se prête guère à l'illustration puisqu'il met en scène un couple sans histoire. Fragonard s'en tire bien pourtant, mieux à notre goût que Cochin ou Eisen qui cherchent désespérément un épisode animé ; on sera sensible à la sérénité de la composition qui évoque un vrai portrait de couple et appelle à l'esprit le souvenir confus de quelque portrait posthume à l'antique, de ces portraits figés sur des sarcophages romains… N'étaient le doigt pointé sur le calendrier et la mine mélancolique de la jeune femme, on pourrait croire à quelque allégorie d'une «heureuse famille», de celles que notre artiste a souvent reproduites en peinture. Notons le portrait ovale, sur le mur du fond, qui rappelle certaines têtes «à la manière flamande» réalisées par Fragonard dans les années 1760 — ainsi que les cadres placés au fond de quelques-uns de ses intérieurs, comme dans les dessins préparatoires pour le *Verrou* par exemple (Ananoff n°s 2002 et 2004).

137 *A femme avare galant escroc*

■ H. : 204 ; L. : 139 mm

ŒUVRES EN RAPPORT

DESSINS

Groupe A
Walferdin ; Feuillet de Conches ; Portalis ; Lord Carnarvon ; J. Mortimer Schiff ; New York, coll. part. (Ananoff n° 494).

Groupe C
Jamonières ; Piat ; Le Breton ; Marius Paulme ; Frits Lugt ; Paris, Fondation Custodia (Ananoff n° 2704).

GRAVURE

Publiée en 1795 (vol. 1, p. 89) ; dessin gravé par Aliamet.

Un amant inventif, Gulphar, veut séduire une femme avare…

Pour revenir à l'humeur de la belle,
Le compagnon ne put rien tirer d'elle
Qu'il ne parlât. Chacun sait ce que c'est
Que de parler : le lecteur s'il lui plaît
Me permettra de dire ainsi la chose.
Gulphar donc parle, et si bien qu'il propose
Deux cents écus. La belle l'écouta :
Et Gasparin à Gulphar les prêta
(Ce fut le bon), puis aux champs s'en alla,
Ne soupçonnant aucunement sa femme.
Gulphar les donne en présence de gens.
Voilà, dit-il, deux-cents écus comptants
Qu'à votre époux vous donnerez, madame.
La belle crut qu'il avait dit cela
Par politique, et pour jouer son rôle.
Le lendemain elle le régala
Tout de son mieux, en femme de parole.
(…)
Quand Gasparin fut de retour des champs,
Gulphar lui dit, son épouse présente :
J'ai votre argent à Madame rendu,
N'en ayant eu pour une affaire urgente
Aucun besoin, comme je l'avais cru :
Déchargez-en votre livre de grâce.
A ces propos aussi froide que glace,
Notre galande avoua le reçu.
Qu'eût-elle fait, on eût prouvé la chose.
(extrait)

Alors qu'Eisen et Cochin illustrent la scène finale où la femme doit rendre l'argent à son mari, Fragonard choisit de trahir quelque peu La Fontaine pour représenter une scène qui n'est pas décrite à la lettre : le galant vient de payer sa belle et s'apprête à en prendre pour son compte, tandis que la cupide réunit ses écus sur un bureau. Trahison peut-être, mais qui permet à Fragonard de mieux synthétiser l'intrigue. On remarquera l'intérieur cossu et les murs couverts de tableaux — peut-on retrouver dans le grand cadre accroché au rang supérieur une composition proche de l'*Abandonnée* (New York, Frick Collection), sachant toute la difficulté qu'il y a à dater cette œuvre ?… Admirons aussi le chien couché, au premier plan à droite, né d'un simple enroulement de trait de plume.

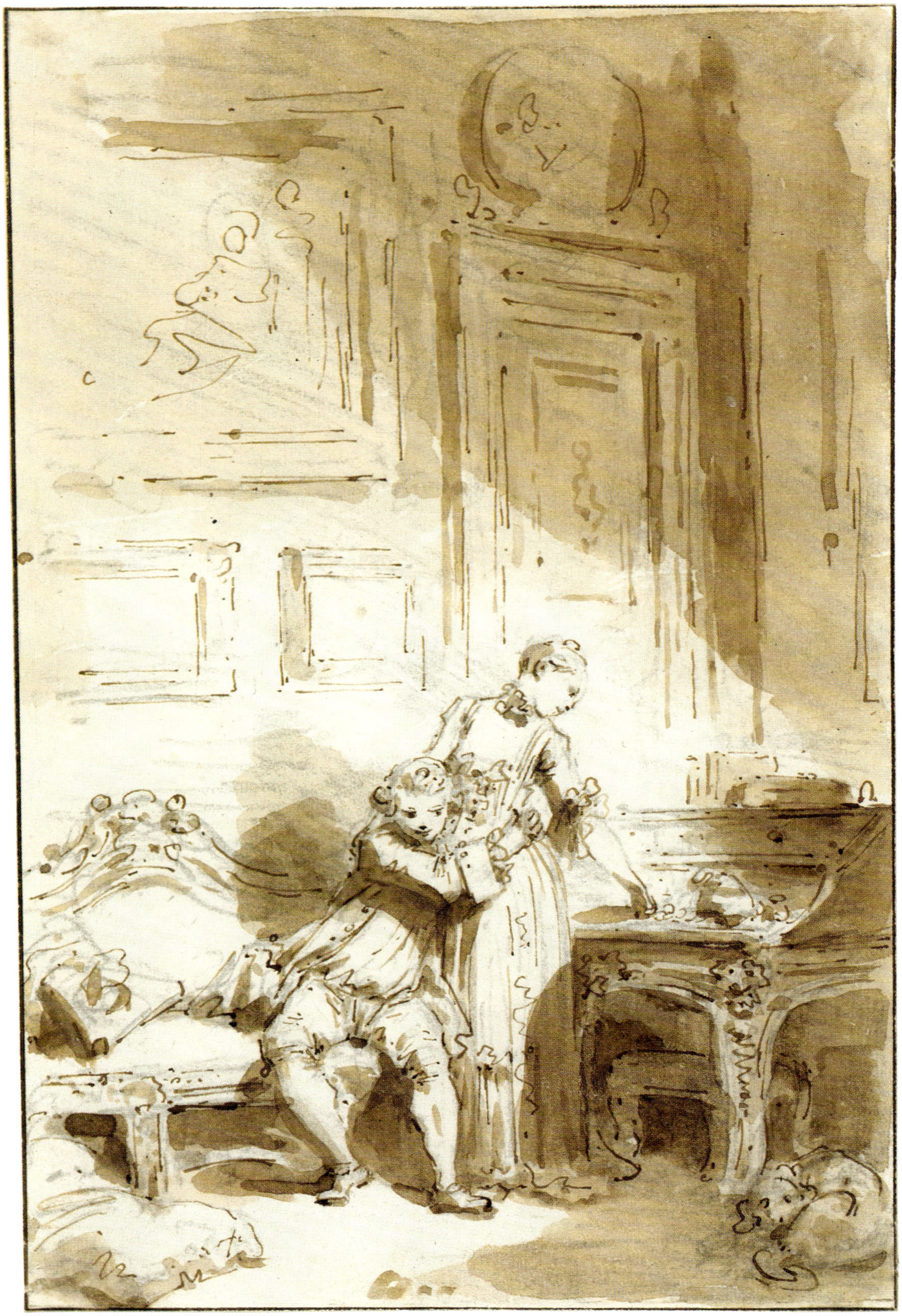

138 *On ne s'avise jamais de tout*

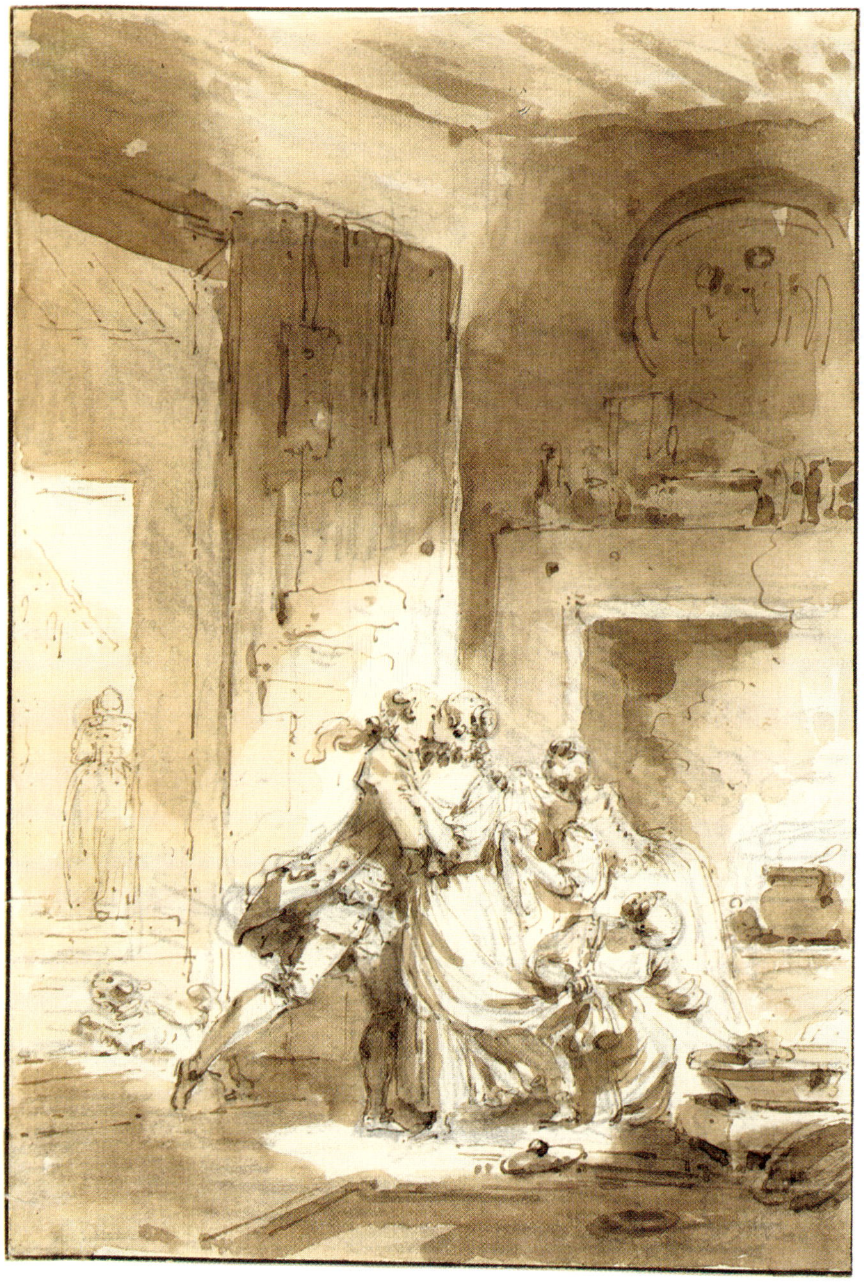

■ H. : 206 ; L. : 140 mm

ŒUVRES EN RAPPORT

DESSINS

Groupe A : Walferdin ; Feuillet de Conches ; Portalis ; Lord Carnarvon ; J. Mortimer Schiff ; New York, coll. part. (Ananoff n° 495).

Groupe C : Jamonières ; Piat ; Rodrigues ; Biron ; Breteuill ; coll. part. (Ananoff n° 2709).

GRAVURE

Publiée en 1795 (vol. 1, p. 91) ; dessin gravé par Patas.

Certain jaloux ne dormant que d'un œil
Interdisait tout commerce à sa femme.
(...)
Un jour de fête arrive que la dame,
En revenant de l'église, passa
Près d'un logis, d'où quelqu'un lui jeta
Fort à propos plein un panier d'ordure.
On s'excusa : la pauvre créature
Toute vilaine entra dans le logis.
Il lui fallu dépouiller ses habits.
(...)
Un sien galant, ami de là-dedans,
Tout aussitôt profita de la ruse.
(extrait)

Eisen, Cochin et la plupart des illustrateurs du conte, représentent l'anecdote qui fait le cœur de l'histoire : la scène où la belle reçoit le «plein panier d'ordure». Lancret illustrait quant à lui l'épisode où le mari prend conscience qu'il est trompé. Fragonard, ici, va encore un peu plus avant dans le cours de l'histoire et transforme l'anecdote en pure scène d'amour ; la servante entrevue à l'arrière-plan, s'éloignant pour avertir le mari et chercher des habits propres pour sa maîtresse, rappelle seule l'intrigue. Sans doute Fragonard cherche-t-il à renouveler le genre ; mais plus important encore nous paraît être son désir de composer une image de pure évocation érotique : c'est sans conteste un des plus beaux dessins du genre, miracle de graphisme bouillonnant. On remarquera aussi le chien qui gambade, à gauche.

139 Le Gascon puni

▪ H. : 206 ; L. : 139 mm

ŒUVRES EN RAPPORT

DESSINS

Groupe C : Jamonières ; Piat ; Lourmel ; Doucet ; Rodrigues ; Suisse coll. part. (Ananoff n° 2702).

Autre : Vente La Roncière, 23-03-1859 (Ananoff n° 2691). Selon Ananoff, il se peut qu'il ne s'agisse pas du *Gascon*... Roland Michel ne le retient pas.

GRAVURE

Publiée en 1795 (vol. 1, p. 97) ; dessin gravé par Halbou.

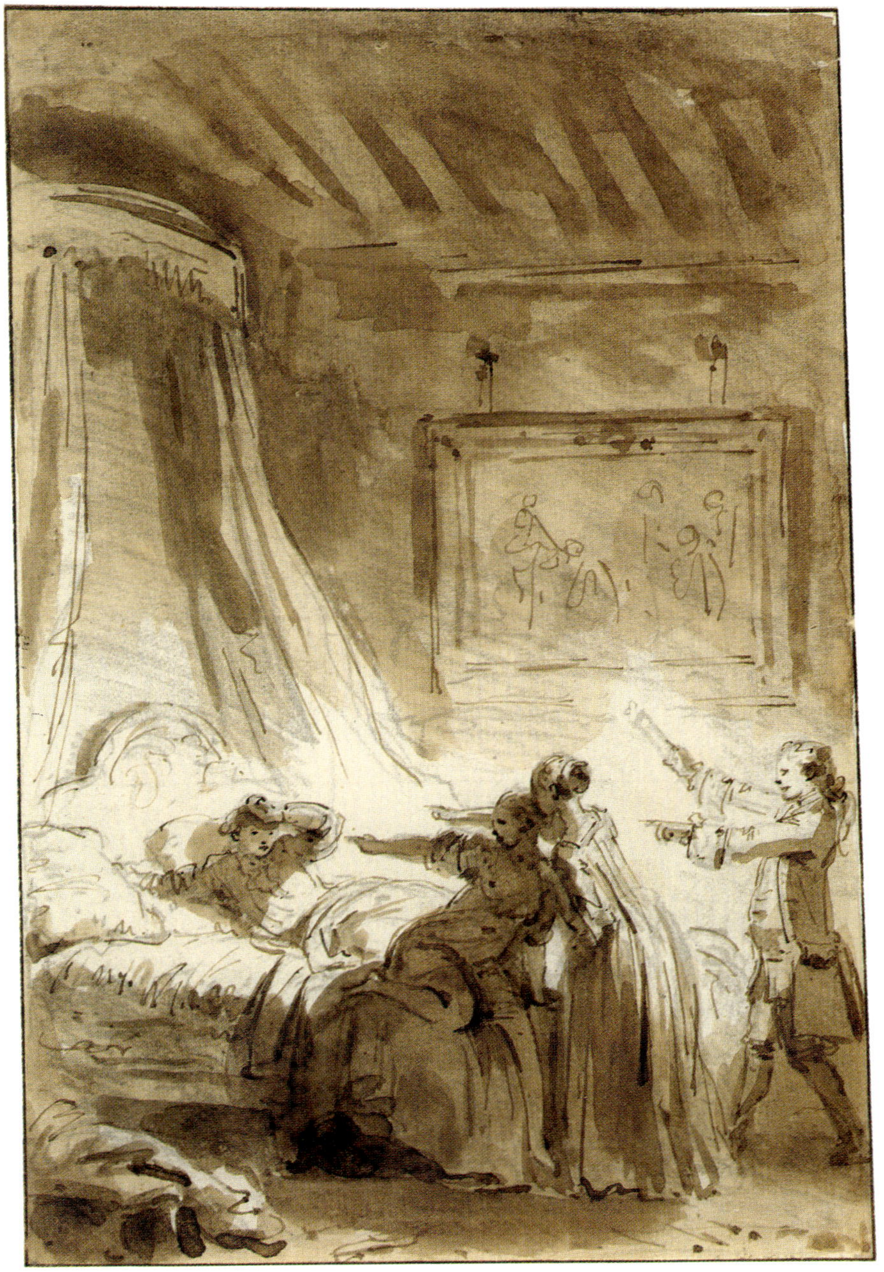

La belle Philis décide un jour de mettre Dorilas, Gascon amoureux d'elle, à l'épreuve, mais contre récompense, promesse séduisante pour le jeune homme. Il devra une nuit prendre la place de Cloris, l'amie de Philis, dans le lit conjugal auprès de son mari, Eurilas, cela pour faciliter un rendez-vous avec l'amant de la jeune femme, Damon. Le Gascon accepte et passe la plus mauvaise nuit de son existence. Au petit matin, il est découvert…

On approche du lit : le pauvre homme éclairé
Prie Eurilas qu'il lui pardonne.
Je le veux, dit une personne,
D'un ton de voix rempli d'appas.
C'était Philis qui d'Eurilas
Avait tenu la place, et qui, sans trop attendre,
Tout en chemise s'alla rendre
Dans les bras de Cloris qu'accompagnait Damon.
C'était, dis-je, Philis qui conta du Gascon
La peine et la frayeur extrême ;
Et qui, pour l'obliger à se tuer soi-même,
En lui montrant ce qu'il avait perdu,
Laissait son sein à demi nu.
(extrait)

La scène retenue pour l'illustration est celle du dénouement : Dorilas s'aperçoit qu'il a passé la nuit auprès de Philis, dont le sein découvert lui rappelle toute son infortune, tandis que Damon et Cloris entrent dans la chambre, une chandelle à la main. Vleughels, Lancret, Eisen, Cochin et Fragonard utilisent la même composition (voir introduction). Nous croyons voir une certaine parenté avec le *Fils puni* de Greuze (*fig. 117*), parenté que la similitude des titres, le *Fils puni* et le *Gascon puni*, rend peut-être plus vraisemblable. De même, nous voudrions attirer l'attention sur le grand cadre qui surmonte le lit dont la composition évoque une scène de pardon ou plutôt de magnanimité comme la *Continence de Scipion*, thème très populaire dans les années 1760 ?… Le thème, il faut en convenir, conviendrait particulièrement bien dans le cadre d'une transposition satirique : l'histoire du gascon puni n'est-elle pas celle d'une continence involontaire ?

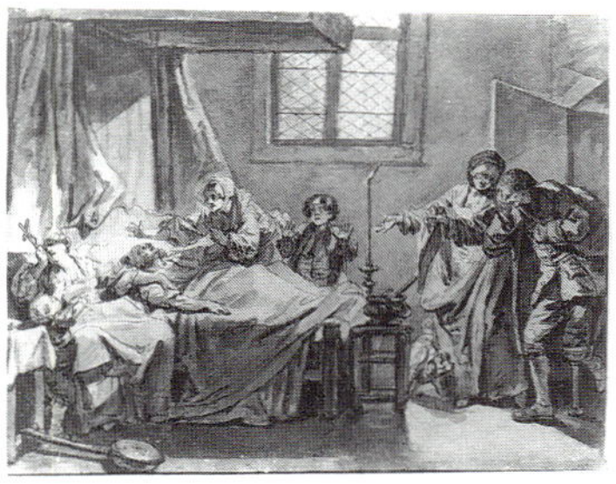

Fig. 117 : Greuze, *Le Fils puni*, dessin, Lille, musée des Beaux-Arts.

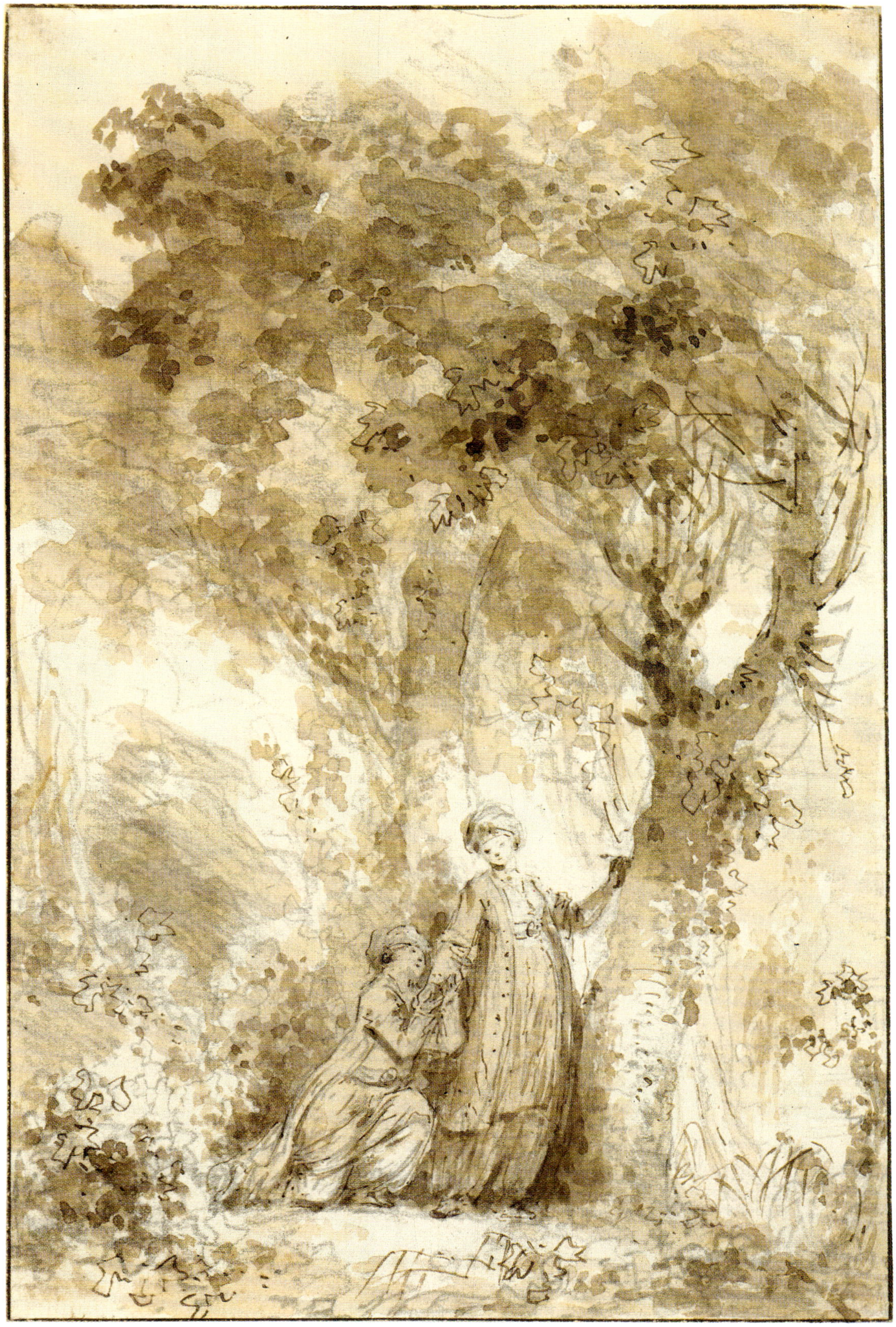

140 *La Fiancée du Roi de Garbe*

▪ H. : 205 ; L. : 139 mm

ŒUVRES EN RAPPORT

DESSIN

Groupe C

Jamonières ; Piat ; vente Charpentier 14-06-1955 ; coll. part. (Ananoff n° 2708) ; Agnew's (1992).

GRAVURE

Non publié en 1795, mais en 1883 ; dessin gravé par ?. La gravure a été réalisée d'après un second dessin, où le sujet est sensiblement agrandi.

ANALOGIES

Il existe pour la même nouvelle une deuxième composition : «La cassette» (de Monnet), gravée elle aussi et publiée, et une troisième composition : «Le chevalier» (anonyme, pas de Fragonard), gravée mais non publiée.

Encore une nouvelle fort longue, inspirée de Boccace, qui adopte le style de l'épopée pour relater les aventures homériques d'une jeune princesse, Alaciel, fille du sultan d'Alexandrie, promise au roi de Garbe. La Fontaine résume lui-même l'intrigue par cet avertissement :

J'ai suivi mon auteur en deux points seulement :
Points qui font véritablement
Le plus important de l'histoire.
L'un est que par huit mains Alaciel passa
Avant que d'entrer dans la bonne :
L'autre est que son fiancé ne s'en embarrassa.

L'aventure qu'illustre Fragonard est la première de la nouvelle : le vaisseau d'Alaciel qui doit la conduire auprès de son fiancé est attaqué par des corsaires. Hispal, jeune chevalier de l'escorte et «amant» — c'est-à-dire amoureux — de la princesse, sauve Alaciel des mains du brigand. Mais ils tombent tous deux à l'eau et doivent trouver refuge sur une île voisine. Grâce à la cassette contenant la dot de la fiancée, nos héros s'installent confortablement dans un château construit près du rivage.

Ce château, dit l'histoire, avait un parc fort grand,
Ce parc un bois, ce bois de beaux ombrages,
Sous ces ombrages nos amants
Passaient d'agréables moments
Voyez combien voilà de choses enchaînées,
Et par la cassette amenées.
Or au fond de ce bois un certain antre était,
Sourd et muet, et d'amoureuse affaire,
Sombre surtout ; la nature semblait
L'avoir mis là non pour autre mystère.
Nos deux amants se promenant un jour,
Il arriva que ce fripon d'Amour
Guida leurs pas vers ce lieu solitaire.
Chemin faisant, Hispal expliquait ses désirs,
Moitié par ses discours, moitié par ses soupirs,
Plein d'une ardeur impatiente :
La princessse écoutait incertaine et tremblante.
(...)
Hispal haranguait de façon
Qu'il aurait échauffé des marbres,
Tandis qu'Alaciel, à l'aide d'un poinçon,
Faisait semblant d'écrire sur des arbres.
Mais l'amour la faisait rêver
A d'autres choses qu'à graver
Des caractères sur l'écorce.
Son amant et le lieu l'assuraient du secret :
C'était une puissante amorce.
Elle résistait à regret :
Le printemps par malheur était lors en sa force
(extrait)

D'évidence Fragonard a d'abord retenu les vers où La Fontaine décrit le parc : «Ce parc [avait] un bois, ce bois de beaux ombrages, / Sous ces ombrages nos amants / Passaient d'agréables moments». L'inspiration pré-romantique déjà sensible chez La Fontaine ne pouvait que séduire le peintre de la *Fête à Saint-Cloud*, l'auteur de l'*Allée ombreuse* (voir notre n° 39).

La composition évoque nécessairement le tableau de Fragonard de la Wallace Collection : *Le chiffre d'amour* (vers 1780-1785, Rosenberg, n° 396) ; le thème en est trop peu commun pour que cette similitude n'apparaisse que fortuite. Faut-il de fait revoir la signification du tableau, traditionnellement considéré comme une allégorie pré-romantique très sage, en fonction du conte de La Fontaine, plus libertin d'esprit ? Nous ne le croyons pas : là, la présence du chien, symbole de fidélité conjugale, qui remplace l'amant agenouillé nous paraît être un élément moralisateur convaincant. Il est intéressant d'observer que lorsque Fragonard prépare la gravure (non publiée), vers 1789, il resserre la composition du dessin, agrandit les personnages et, de fait, se rapproche ainsi du *Chiffre d'amour*. Le tableau est-il alors postérieur ou antérieur à cette nouvelle version de l'illustration ? C'est ce qui reste encore à prouver...

141 *La Coupe enchantée*

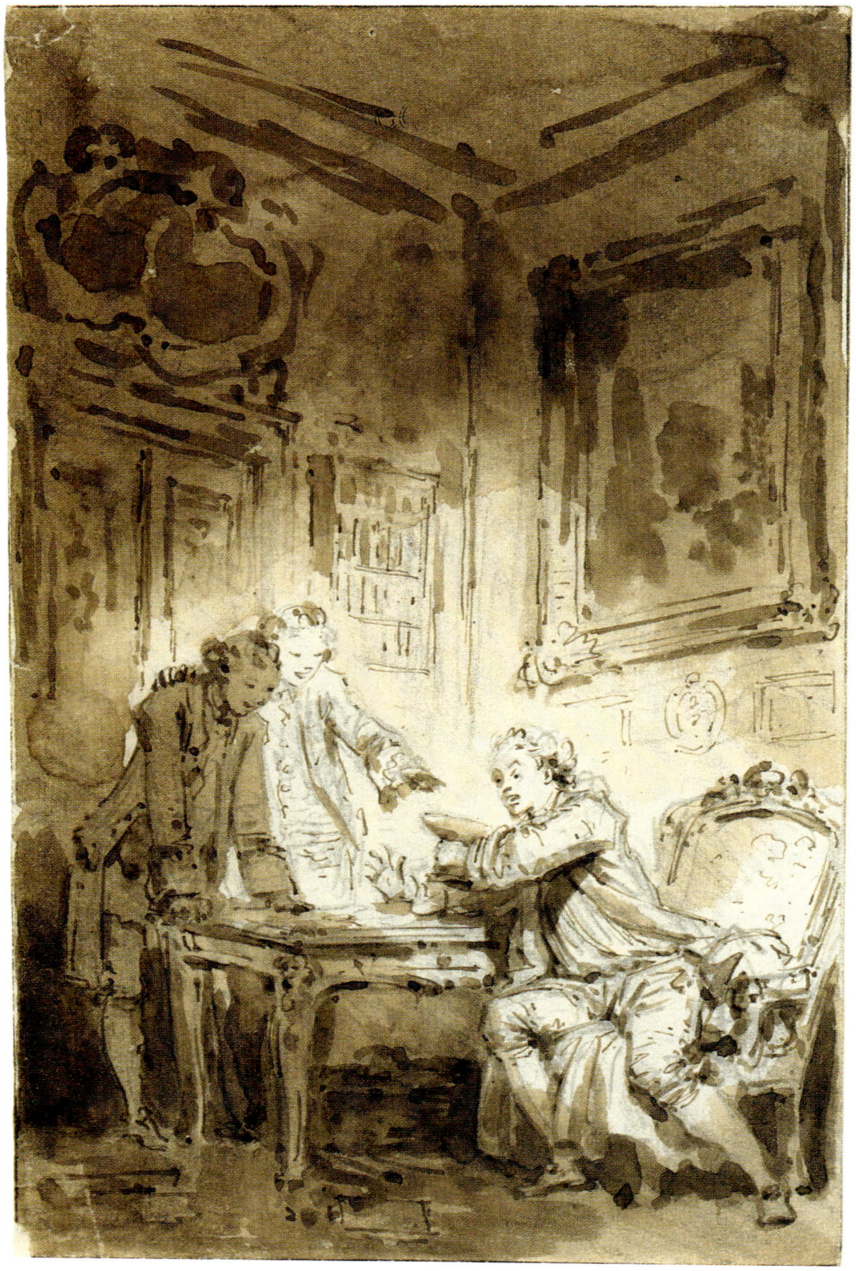

■ H. : 206 ; L. : 138 mm

ŒUVRES EN RAPPORT

DESSINS

Groupe A : Tornézy (Ananoff n° 1908).

Groupe C : Jamonières ; Piat ; Perrin ; Paris, musée des Arts décoratifs (Ananoff n° 2713).

GRAVURE

Publiée en 1795 (vol. 1, p. 139) ; dessin gravé par Dupréel.

L'enchanteresse Nérie est amoureuse de Damon qui se refuse à elle par fidélité pour sa femme. «Pour venir à ses fins», elle veut prouver à Damon qu'il est cocu au moyen d'une coupe enchantée où l'on ne peut boire «étant du nombre des confrères» sans répandre tout le breuvage. Aux premiers essais, Damon n'éprouve que son bonheur conjugal. «Mais à la fin il y boit tant / Que le breuvage se répand». Il décide alors de faire tester la coupe à tous ses amis…

Sur la fin du repas à chacun il propose
L'essai de cette coupe, essai rare et nouveau.
Ma femme, leur dit-il, m'a quitté pour un autre ;
Voulez-vous savoir si la vôtre
Vous est fidèle ? Il est quelquefois bon
D'apprendre comme tout se passe à la maison.
En voici le moyen : buvez dans cette tasse.
Si votre femme, de sa grâce
Ne vous donne aucun suffragant,
Vous ne répandrez nullement ;
Mais si du Dieu nommé Vulcan
Vous suivez la bannière, étant de nos confrères
En ces redoutables mystères,
De part et d'autre la boisson
Coulera sur votre menton.

(extrait)

Le dernier à qui Damon tend la coupe, «Renaud neveu de Charlemagne», montre plus de sagesse. Assuré et content de sa bonne fortune, il refuse l'épreuve.

Quelle scène est ici représentée ? Il ne peut s'agir de la scène du banquet (*cf.* Cochin et Eisen) ni de la scène où Nérie présente la coupe pour la première fois à Damon. S'agit-il donc de l'épisode final où Renaud refuse de porter ses lèvres à ce vase maléfique ? La chose nous paraît probable : Fragonard, qui se montre régulièrement moins complaisant que ses prédécesseurs, s'attache souvent à mieux suivre l'esprit du texte. Ici, La Fontaine prend soin d'introduire une (fausse) morale à la fin du récit : Fragonard l'a peut-être entendu.

Ananoff a le premier rapproché (G. B.-A., 1959, pp. 61-64 et B.S.H.A.F., 1960, p. 9) le tableau accroché sur le mur du fond des *Grands cyprès de la villa d'Este* (sanguine à Besançon, musée des Beaux-Arts, et lavis à Vienne, Albertina) — on sait les problèmes que posent ces deux magnifiques compositions, la seconde très certainement copiée de la première (voir introduction). Nous ne voulons pas reprendre ici cette question dans la mesure où seuls le dessin du groupe C et la gravure, nous semblent montrer une ressemblance convaincante ; dans la mesure surtout où nous faisons entièrement confiance à Fragonard pour se souvenir d'une composition réalisée quelques années auparavant, qu'il possédât encore ou non l'un ou l'autre dessin…

142 *Le Faucon*

■ H. : 200 ; L. : 139 mm

ŒUVRES EN RAPPORT

DESSIN

Groupe C : Jamonières ; Piat ; David Weill ; Wildenstein (New York) ; U.S.A., Glens Falls, The Hyde Collection (Ananoff n° 2714).

GRAVURE

Publiée en 1795 (vol. 1, p. 163) ; dessin gravé par Tilliard.

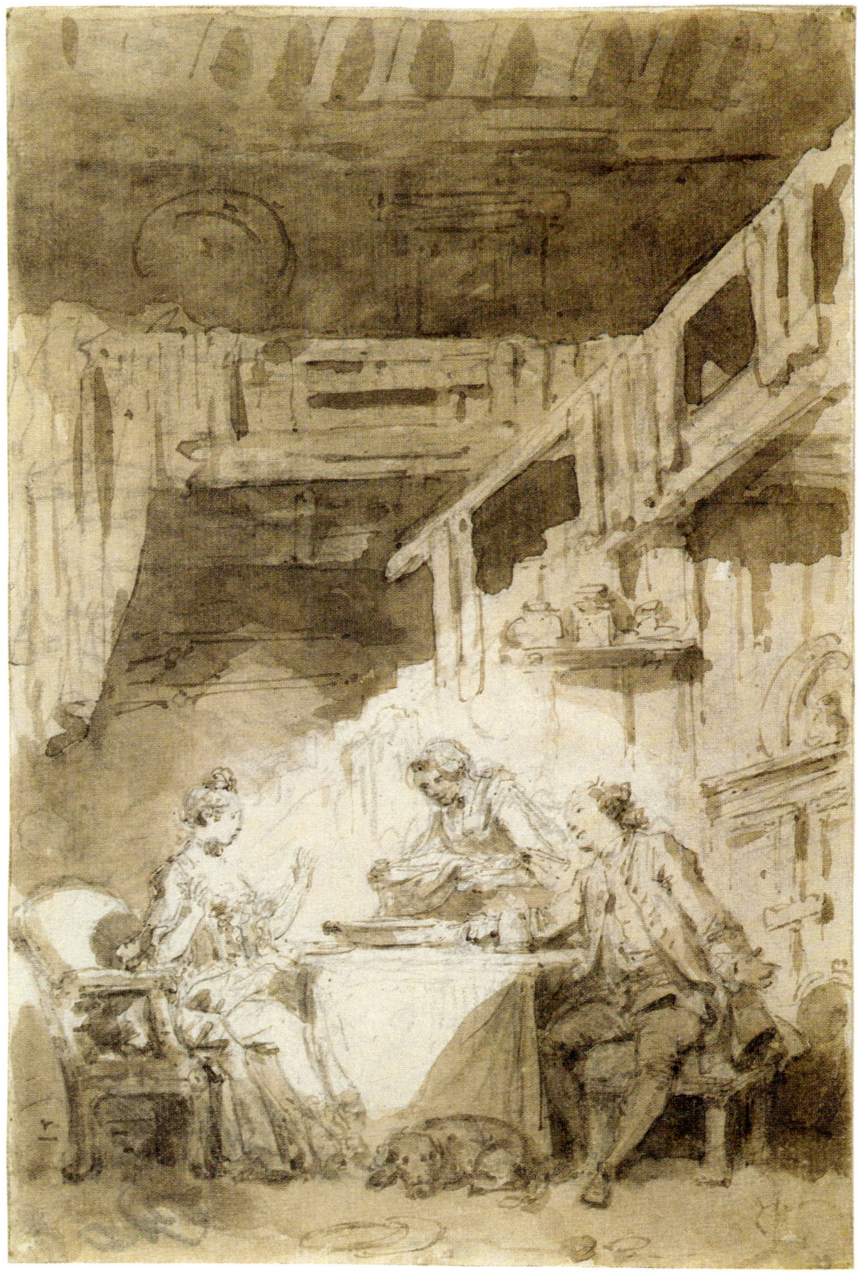

Fédéric aime Clitie. L'histoire s'engage bien, à ceci près que la belle, après avoir perdu son mari, voit son enfant dépérir ; au plus mal, le jeune garçon demande comme une dernière volonté qu'on lui apporte le faucon de chasse de Fédéric. Sa mère se décide donc à braver la morale pour se rendre auprès de son «amant» (amoureux) et en obtenir qu'il lui confie son bien le plus précieux, son oiseau.

Fédéric prend pour un ange des cieux
Celle qui vient d'apparaître à ses yeux.
Mais cependant il a honte, il enrage
De n'avoir pas chez soi pour lui donner
Tant seulement un malheureux dîner.
(…)
Le pauvre amant, en ce besoin extrême,
Voit son faucon, sans raisonner le prend,
Lui tord le cou, le plume, le fricasse,
Et l'assaisonne, et court de place en place,
Tandis la vieille a soin du demeurant ;
Fouille au bahut, choisit pour cette fête
Ce qu'ils avaient de linge plus honnête ;
Met le couvert ; va cueillir au jardin
Du serpolet, un peu de romarin,
Cinq ou six fleurs, dont la table est jonchée.
Pour abréger, on sert la fricassée.
(extrait)

L'enfant meurt. La mère se console. Les amants finissent par se marier.

Curieusement, ou non d'ailleurs, le *Faucon* est, avec la *Courtisane amoureuse*, le conte pour lequel les critiques, surtout au XIXe siècle, ont montré le plus d'indulgence. Outre le fait qu'il nous semble pour le moins contestable d'attribuer des points de moralité à La Fontaine, nous y voyons, pour notre part, l'une des histoires les plus perverses des *Contes*, transposition satirique d'une tragédie antique sur le thème de l'infanticide, avec un soupçon d'anthropophagie (métaphorique) digne des *Atrides*. Comme dans les *Atrides* d'ailleurs, la scène du banquet, ou plus simplement du repas, apparaît comme l'*akmè* de la progression dramatique. Aussi bien, c'est la scène que privilégient traditionnellement tous les illustrateurs du conte. Remarquons cependant que Fragonard, non sans humour, choisit ici de figurer le moment où la servante apporte le faucon rôti, quand Eisen, Cochin ou Subleyras choisissent de représenter la fin des agapes et la déclaration de Fédéric. Le décor, assez rustique, n'est pas sans évoquer quelque auberge italienne.

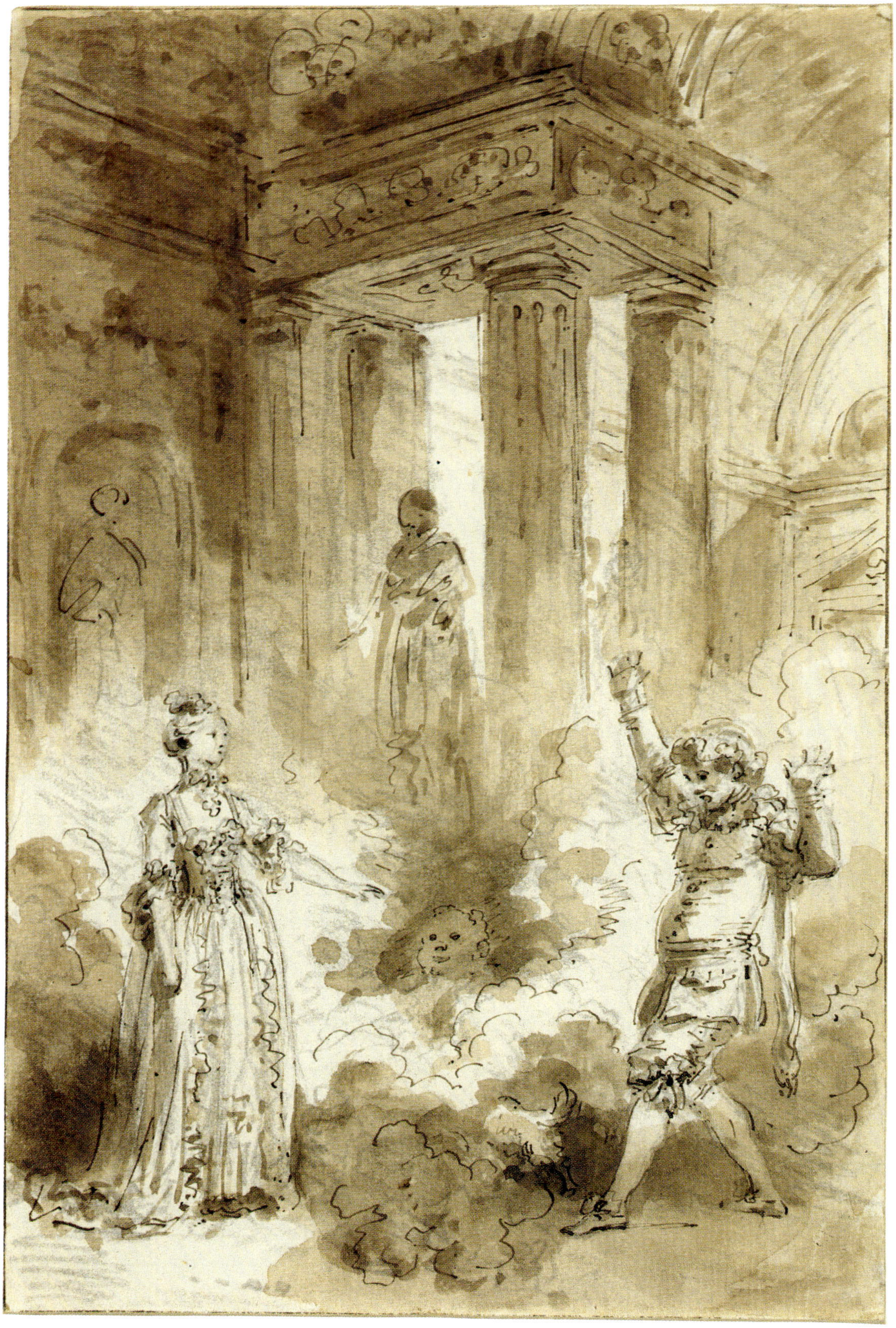

143 *Le Petit chien*

■ H. : 204 ; L. : 139 mm

ŒUVRES EN RAPPORT

DESSINS

Groupe A

Coll. M. P. B... ; sa vente, 14-11-1887 (Ananoff n° 2695).

Groupe B

Walferdin ; Feuillet de Conches ; Portalis ; Lord Carnarvon ; J. Mortimer Schiff ; New York, coll. part. (Ananoff l'ignore).

Groupe C

Jamonières ; Piat ; Perrin ; Paris, musée des Arts décoratifs (Ananoff n° 2712).

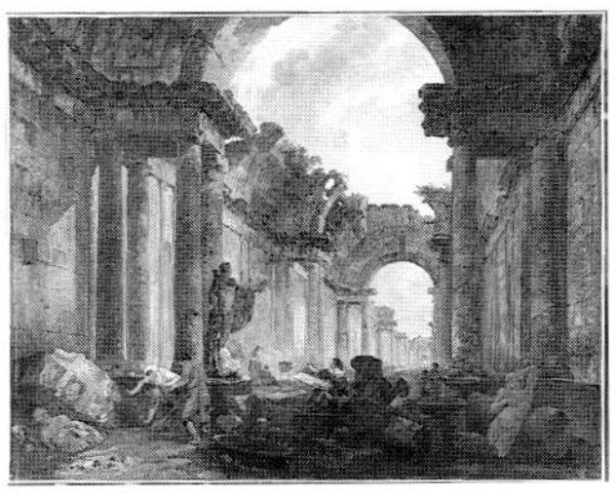

Fig. 118 : H. Robert, *Vue imaginaire de la Grande Galerie en ruines*, Paris, Musée du Louvre.

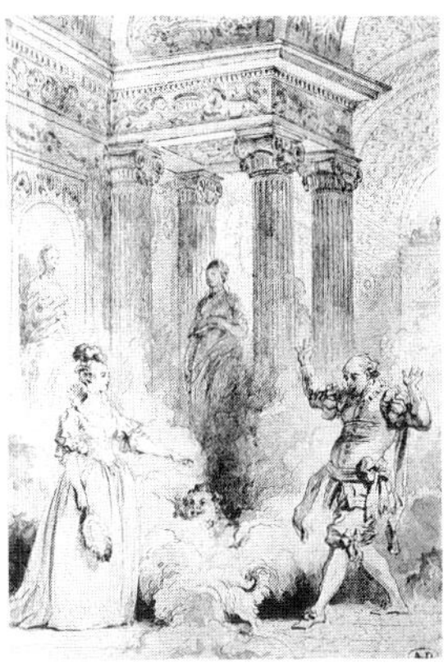

Fig. 119 : Fragonard, *Le Petit chien*, groupe C, Paris, Musée des Arts décoratifs.

Fig. 120 : Revers du dessin.

En Italie, près de Mantoue, un jeune paladin, Atis, est épris de la belle Argie, la femme du juge Anselme. Il reçoit un jour l'aide inattendue de la fée tutélaire du lieu, Manto, qui se propose de favoriser ses amours. La fée se transforme alors en un petit chien merveilleux, Favori, qui produit, en s'ébrouant, de l'argent et des pierres précieuses. Argie ne résiste pas longtemps au charme de Favori ni aux attraits d'Atis. Lorsque rentre le mari jaloux, la fée veut intervenir pour prévenir la catastrophe ; elle se transforme alors en «More très lippu, très hideux, très vilain», bâtit en un tournemain «un palais de beauté sans pareille», va au devant du juge et lui offre ce palais merveilleux, à une condition : il devra se déguiser en page et servir deux jours pleins le More. Anselme accepte : «En page incontinent son habit est changé». Bien sûr, Argie vient à croiser ainsi son mari et le confond en public. S'il a cédé aux promesses du More, il ne peut lui en vouloir de n'avoir pu résister à celles du petit chien, puisque l'un et l'autre sont la même personne...

More, devenez chien. Tout aussitôt le More
Redevient petit chien encore.
Favori, que l'on danse. A ces mots Favori
Danse, et tend la patte au mari.
Qu'on fasse tomber des pistoles ;
Pistoles tombent à foison.
Eh bien qu'en dites-vous ? Sont-ce choses frivoles ?
C'est de ce chien qu'on m'a fait don.
Il a bâti cette maison.
Puis faites-moi trouver au monde une Excellence,
Une Altesse, une Majesté,
Qui refuse sa jouissance
A dons de cette qualité ;
Surtout quand le donneur est bien fait, et qu'il aime,
Et qu'il mérite d'être aimé.
En échange du chien l'on me voulait moi-même ;
Ce que vous possédez de trop je l'ai donné ;
Bien entendu monsieur ; suis-je chose si chère ?
Vraiment vous me croiriez bien pauvre ménagère
Si je laissais aller tel chien à ce prix-là.
Savez-vous qu'il a fait le Louvre que voilà ?
Le Louvre pour lequel... mais oublions cela
(extrait)

Eisen et Cochin figurent la scène où la belle Argie reçoit pour la première fois le petit chien dans sa chambre. Fragonard compose ici son illustration en retenant une autre scène : le mari, Anselme, est de retour et cède lui aussi à la tentation de la fée ; il choisit en conséquence un autre lieu : le palais construit par le «chien». Certes, le souci d'originalité que l'on a déjà si souvent observé est sans doute ici aussi le moteur du choix particulier de notre artiste, mais qu'on nous permette d'avancer une autre explication, en forme d'hypothèse.

La Fontaine publie ce texte en 1671 et tout laisse à penser qu'il l'a écrit peu de temps auparavant, à la fin des années 1660, c'est-à-dire, venons-en au fait, alors que Louis XIV, après plusieurs années d'hésitations, prend enfin la décision de faire construire la façade orientale du Louvre. Ainsi, lorsque le poète dit : «Savez-vous qu'il a fait le Louvre que voilà ? / Le Louvre pour lequel...», ce n'est pas, croyons-nous, sans allusion précise au grand chantier royal. Cent ans plus tard, lorsque le comte d'Angiviller accède aux fonctions de directeur général des Bâtiments du Roi, l'achèvement du Louvre — projet obsessionnel de la monarchie française — est de nouveau à l'honneur. Cette fois-ci l'accent est mis sur l'aménagement de la Grande Galerie en vue d'y installer un musée et deux points sont alors particulièrement débattus : la division de la galerie en travées scandées par des massifs de colonnes et l'éclairage zénithal. On sait le succès de ce projet qui n'aboutira que sous l'Empire, mené à bien par Percier ; on sait surtout la part importante que prit dans l'élaboration du projet l'éternel compagnon de fortune de Fragonard, Hubert Robert (*fig. 118*).

Revenons maintenant au dessin : Fragonard installe ses personnages dans une salle-galerie où s'élève un massif de colonnes doriques qui supportent une voûte, motif architectural très proche des vues de la Grande Galerie peintes par Hubert Robert. Ajoutons que la disposition de la statue, entre les colonnes, est aussi fidèle aux mêmes projets. Une étude attentive du dessin nous a en outre révélé deux éléments supplémentaires : les traces de pierre noire caractéristiques de la contre-épreuve passent sous le motif des colonnes, ce qui tendrait à prouver que les colonnes n'existaient pas sur le dessin originel (celui-ci a disparu depuis 1887 ; *cf.* Ananoff) ; enfin, et c'est peut-être l'élément essentiel de notre enquête, le revers du dessin porte une esquisse très rapide au crayon du seul motif des colonnes (*fig. 120*).

Concluons donc : Fragonard aurait réalisé un premier dessin (perdu) à la pierre noire où ne figuraient pas les colonnes ; il aurait ajouté au revers de la contre-épreuve du Petit Palais une esquisse au crayon de l'élément qu'il voulait ajouter, ce qui lui aurait permis de compléter sa composition par transparence (sans doute pouvait-il estimer qu'une esquisse sur la face «salirait» son lavis) ; enfin, dernière étape, lorsqu'il a revu son dessin vers 1789 pour la gravure (groupe C ; *fig. 119*), il a changé l'ordre dorique en ordre ionique, suivant en cela les derniers projets d'Hubert Robert.

On remarquera aussi l'aspect fantastique du More petit chien à demi enveloppé dans un nuage de fumée (voir nos 155 et 174).

144 *Le Pâté d'anguille*

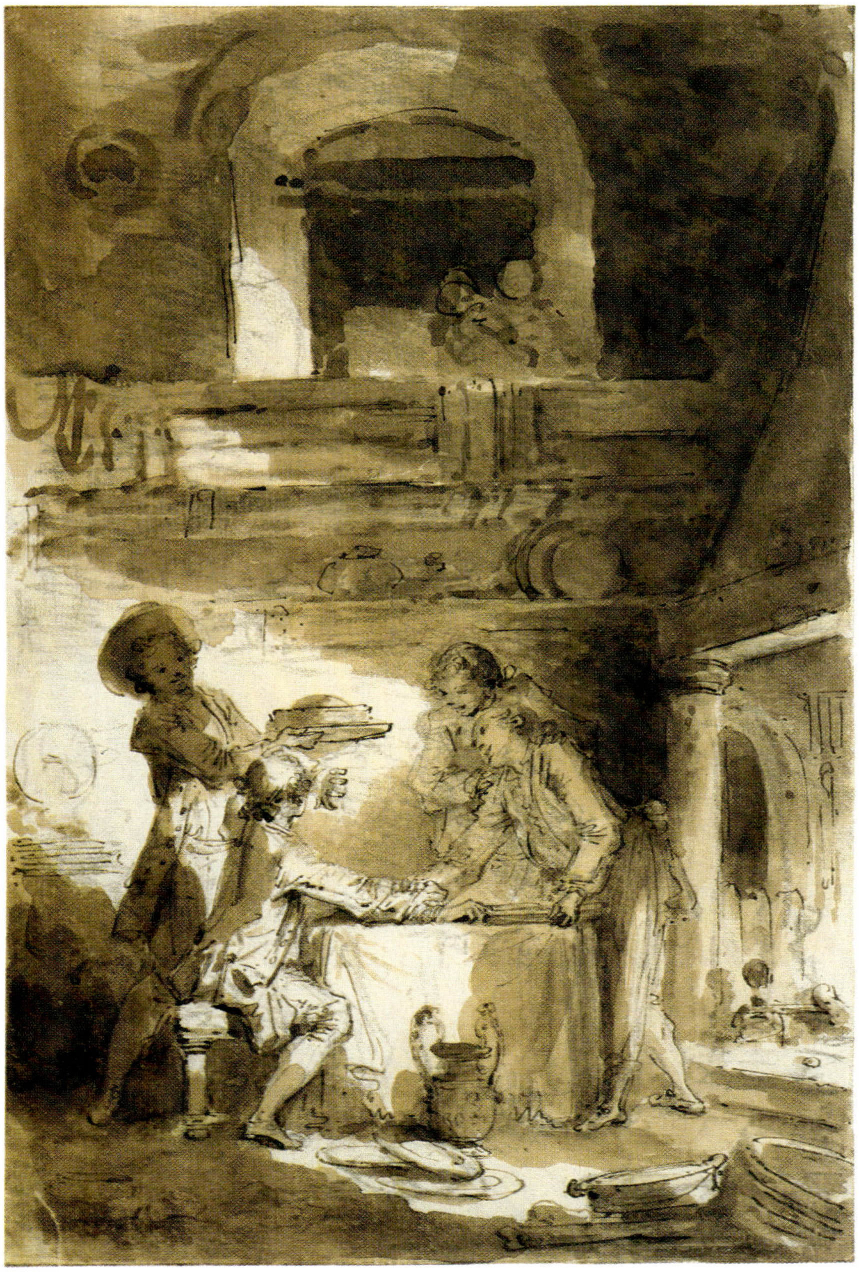

■ H. : 205 ; L. : 139 mm

ŒUVRES EN RAPPORT

DESSIN

Groupe A : Walferdin ; Feuillet de Conches ; Portalis ; Lord Carnarvon ; J. Mortimer Schiff ; New York, coll. part. (Ananoff n° 497).

GRAVURE

Publiée en 1795 (vol. 1, p. 163) ; dessin gravé par Patas.

Un maître trop galant séduit la femme de son serviteur ; celui-ci vient s'en plaindre…

Même beauté, tant soit exquise,
Rassasie et soûle à la fin.
Il me faut d'un et d'autre pain ;
Diversité c'est ma devise.
(…)
Si Dieu m'avait fait tant de grâce,
Qu'ainsi que vous je disposasse
De Madame, je m'y tiendrais,
Et d'une reine ne voudrais.
Mais puisqu'on ne saurait défaire
Ce qui s'est fait je voudrais bien
(Ceci soit dit sans vous déplaire)
Que, content de votre ordinaire,
Vous ne goûtassiez plus du mien.
Le patron ne voulut lui dire
Ni oui ni non sur ce discours ;
Et commanda que tous les jours
On mit au repas, près du sire,
Un pâté d'anguille ; ce mets
Lui chatouillait fort le palais.
Avec un appétit extrême
Une ou deux fois il en mangea :
Mais quand ce vint à la troisième
La seule odeur le dégoûta.
(extrait)

Autre scène de repas, autre scène d'auberge à l'italienne… Remarquons que Fragonard inverse la composition du *Faucon* : ici, le serviteur qui porte le plat vient de la gauche. Curieusement, alors que la scène est bien moins sérieuse que dans le *Faucon*, l'artiste la couvre d'une pénombre dramatique que l'architecture de la pièce, comme quadrillée par les colonnes et le balcon, accentue de manière très théâtrale. L'architecture, justement, n'est pas sans évoquer certaines compositions de Fragonard, comme la *Lessive* (Saint Louis, U.S.A., The Saint Louis Art Museum ; cf. Rosenberg, n° 74) ou les *Blanchisseuses* (Rouen, musée des Beaux-Arts ; cf. Rosenberg, n° 76), datés vers 1761, ou bien encore, plus contemporaine de notre composition (tout au moins selon J.-P. Cuzin) et plus proche par le style, la *Cuisine des Saltimbanques* (U.S.A., coll. part. ; cf. Rosenberg, n° 71 et surtout Cuzin, n° 272) — signalons aussi que notre dessin renvoie exactement aux mêmes problèmes de datation. On remarquera aussi la nature morte de cruches, vases et autres bassins.

145 Le Magnifique

- H. : 203 ; L. : 139 mm

ŒUVRES EN RAPPORT

DESSIN

Groupe C : Jamonières ; Piat ; David Weil ; coll. part. (Ananoff n° 2715).

GRAVURE

Publiée en 1795 (vol. 1, p. 203) ; dessin gravé par Tilliard.

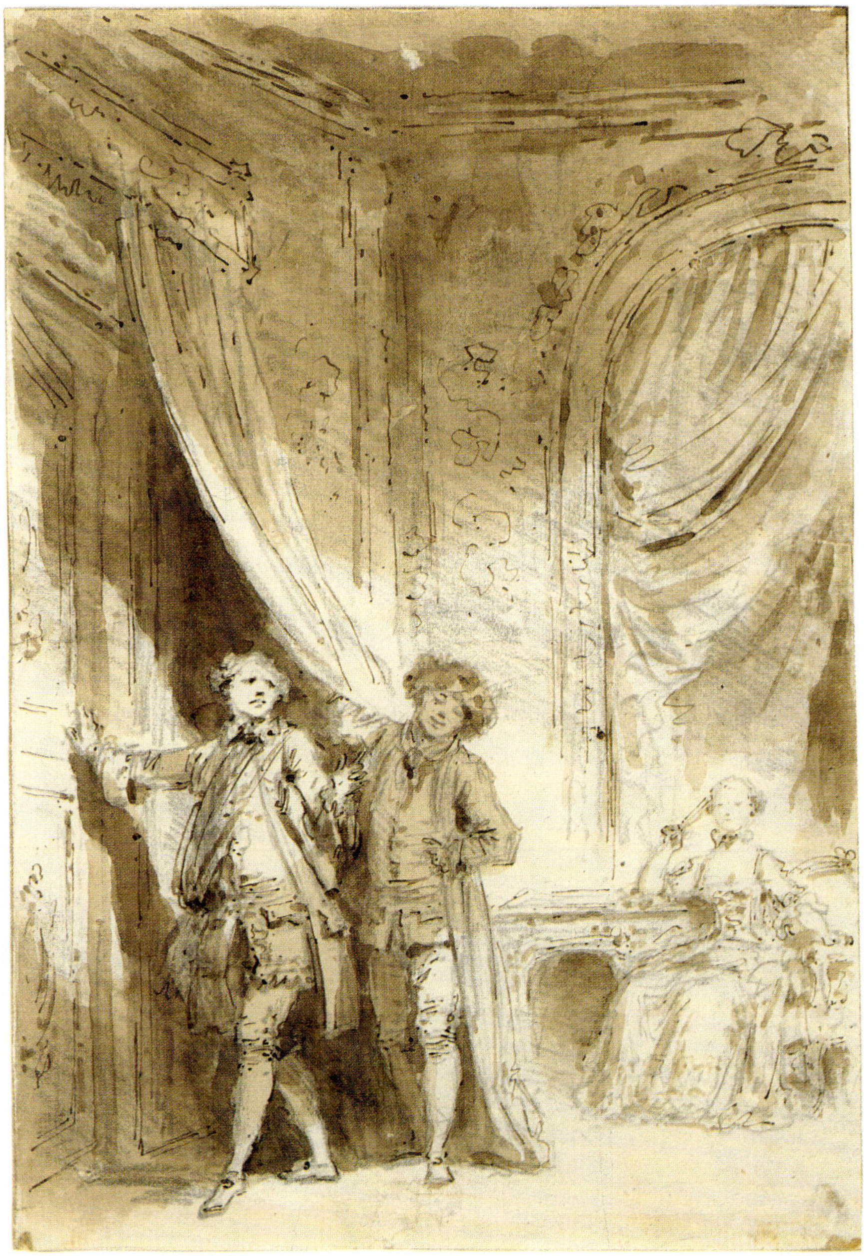

Le Magnifique, galant de grande mine et très libéral «se piqua pour certaine femelle / De haut état». Pour en obtenir un rendez-vous, il propose un jour au mari, Aldobrandin, de lui donner son cheval contre une simple entrevue avec la belle où il pourra lui-même veiller que rien de malhonnête ne se fera. Celui-ci, imprudent et cupide, accepte et cela se fait ainsi : le mari veille, la belle reste muette et le Magnifique parle seul tout le temps qui lui est accordé. Merveilleux discours que celui que tient alors le galant, faisant questions et réponses, aveux, déclarations, serments d'amours échangés, sans qu'elle ne prononce un mot…

(…) Ah mon cher Magnifique
Que je vous aime ! et que je vous sais gré
De ce dessein ! Venez, je descendrai.
C'est vous qui parle ; et plût au ciel, madame,
Qu'on vous osât embrasser les genoux !
Mon Magnifique, à tantôt ; votre flamme
Ne craindra point les regards d'un jaloux.
L'amant la quitte et feint d'être en courroux ;
Puis, tout grondant : vous me la donnez bonne,
Aldobrandin ; je n'entendais cela.
Autant vaudrait n'être avecque personne
Que d'être avec Madame que voilà.
Si vous trouvez chevaux à ce prix-là,
Vous les devez prendre sur ma parole.
Le mien hannit du moins ; mais cette idole
Est proprement un fort joli poisson.
Or sus, j'en tiens ; ce m'est une leçon
(…)
La dame était jeune, fringante et belle,
L'amant bien fait, et tous deux fort épris.
Trois rendez-vous coup sur coup furent pris ;
Moins n'en valait si gentille femelle.
(extrait)

Le conte n'offre guère d'épisodes propres à l'illustration. Aussi ne nous étonnons pas si Fragonard représente à peu près la même scène qu'Eisen et que Cochin, à ceci près pourtant que ces derniers figurent l'entretien, tandis que Fragonard choisit le moment où le Magnifique est raccompagné par le mari. Admirons le pas de deux esquissé par les deux hommes opposé à l'immobilité toute protocolaire de la jeune femme. Assurément Fragonard est maître en l'art de mettre en scène la comédie ! Admirons aussi la maîtrise du lavis qui lui permet de distinguer très franchement les deux plans de sa composition.

146 La Matrone d'Ephèse

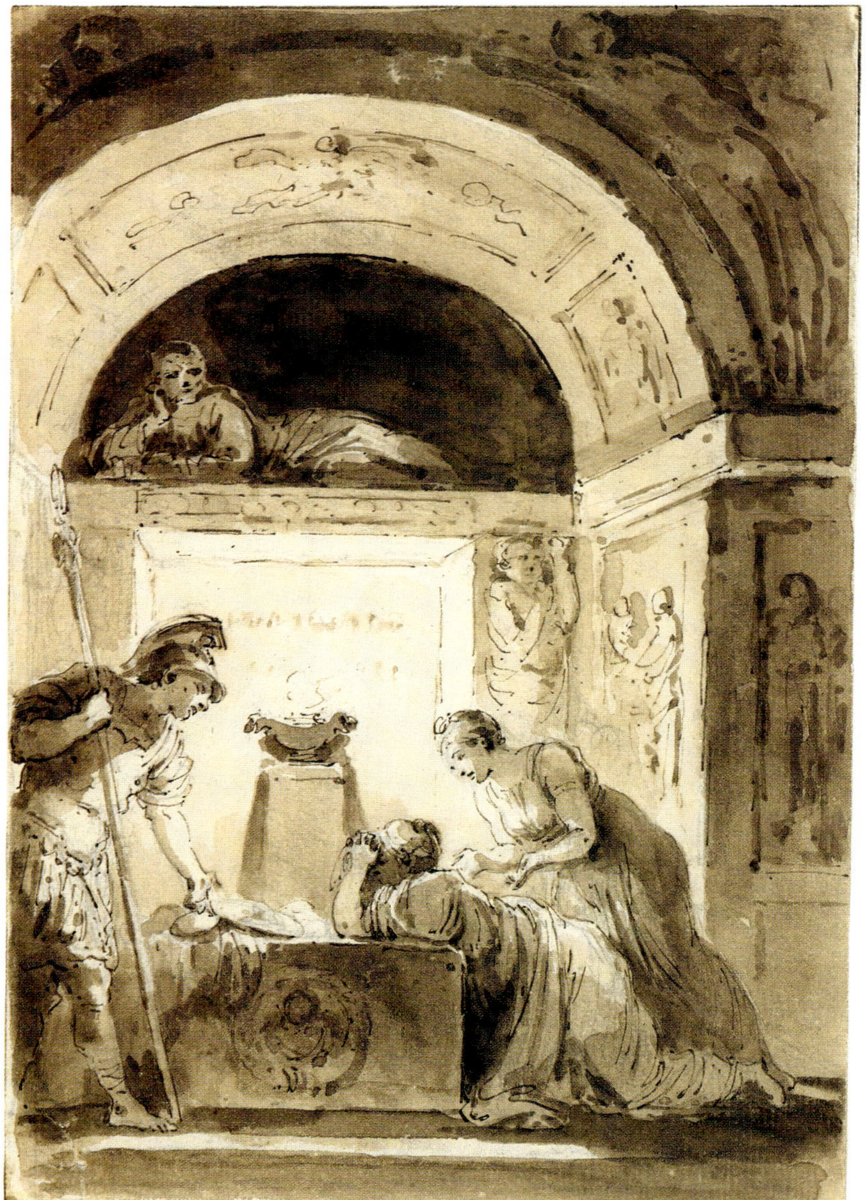

■ H. : 204 ; L. : 143 mm

ŒUVRES EN RAPPORT

DESSINS

Groupe C : Jamonières ; Piat ; David Weill ; vente, Sotheby, 10-06-1959 ; Paris, coll. Dormeuil (Ananoff n° 2718).

Autre : Olry-Roederer (Portalis ; Cohen) : le même ? Roland Michel l'ignore.

GRAVURE

Publiée en 1795 (vol. 1, p. 217) ; dessin gravé par Delignon.

Le conte est aujourd'hui rattaché au livre XII des *Fables*. «Dans Ephèse il fut autrefois» une veuve inconsolable qui voulut accompagner son mari dans la tombe. Une esclave dévouée l'y accompagna. Près de là un garde veillait un pendu au pied de sa potence…

Il était dit par ordonnance
Que si d'autres voleurs, un parent, un ami
L'enlevaient, le soldat nonchalant, endormi,
Remplirait aussitôt sa place,
(…)
Pendant la nuit il vit aux fentes du tombeau
Briller quelque clarté, spectacle assez nouveau.
Curieux, il y court, entend de loin la dame
Remplissant l'air de ses clameurs.
Il entre, est étonné, demande à cette femme,
Pourquoi ces cris, pourquoi ces pleurs,
Pourquoi cette triste musique,
Pourquoi cette maison noire et mélancolique.
(…)
Le temps avait agi. Si la foi du serment,
Poursuivit le soldat, vous défend l'aliment,
Voyez-moi manger seulement,
Vous n'en mourrez pas moins. Un tel tempérament
Ne déplut pas aux deux femelles :
Conclusion qu'il obtint d'elles
Une permission d'apporter son soupé ;
Ce qu'il fit (…)
(extrait)

On sait la fin de l'histoire : dans la nuit la veuve oublie un peu son mari, le soldat oublie son pendu. Au matin, on s'aperçoit que la potence est vide et, pour sauver le garde, on décide d'y pendre l'époux.

Eisen et Cochin illustrent la scène finale de cette tragicomédie à l'antique, l'un (Cochin) prend l'instant précis où le soldat vient de constater le vol de son pendu, l'autre (Eisen) figure le transport du mort dans une composition qui imite une *Mise au tombeau*. Fragonard, encore une fois, rejette l'anecdote pour composer un merveilleux tableau néo-classique où les emprunts sont nombreux et hétérogènes. Si la statue couchée, dans la niche, rappelle la *Cléopâtre* du Vatican, l'atlante joufflu qui en fait un pilier évoque plutôt quelque sculpture baroque. De même, si le personnage de la matrone évoque une pleurante funéraire d'inspiration toute baroque — on peut aussi citer la *Sainte Cécile* de Stefano Maderna (Rome, Santa Cecilia in Trastevere) dont Fragonard nous a laissé un dessin d'étude (Besançon, musée des Beaux-Arts) —, le soldat se rapproche d'un modèle pictural assez courant au XVIIe siècle (dans le style de Guerchin ?).

147 Belphégor

■ H. : 205 ; L. : 139 mm

ŒUVRES EN RAPPORT

DESSIN

Groupe A : Walferdin ; Feuillet de Conches ; Portalis ; Lord Carnarvon ; J. Mortimer Schiff ; New York, coll. part. (Ananoff n° 498).

Autre : Galerie Cailleux : un dessin plus petit, à la pierre noire (Ananoff le cite sans n°).

GRAVURE

Publiée en 1795 (vol. 1, p. 229) ; dessin gravé par Patas.

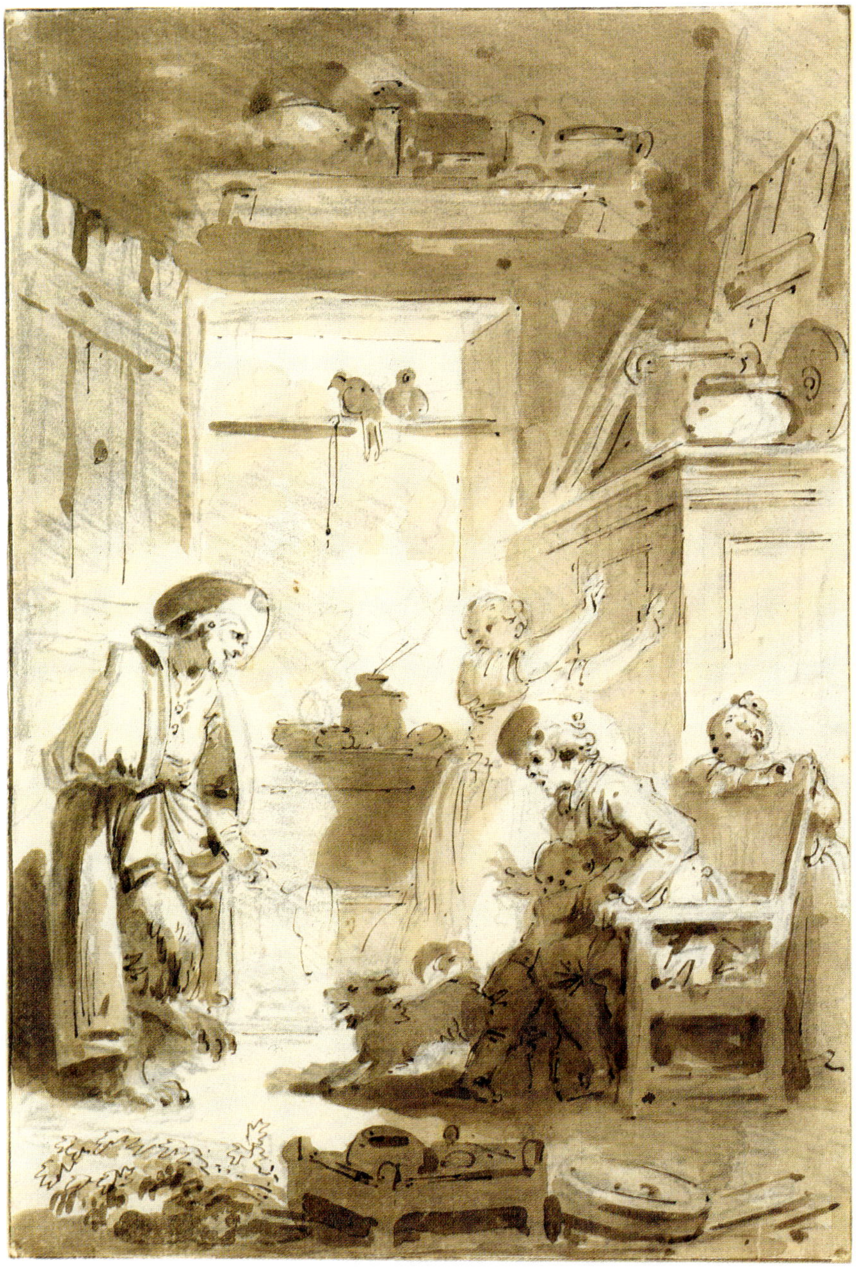

Classique du conte démoniaque, *Belphégor* relate les aventures d'un diable envoyé par Satan sur terre pour s'assurer que tout va mal et aider à ce que ça aille pis. Bélphégor y prend tout d'abord l'apparence d'un jeune et riche florentin, Roderic. Après maints déboires, dont un mariage avec une mégère, Honnesta, et une banqueroute, il s'enfuit pour échapper à l'un et à l'autre. Il est alors aidé par un fermier, Matheo : pour le récompenser, Belphégor lui promet de réapparaître trois fois à sa demande. Puis il disparaît, allant posséder ici et là les jeunes filles de l'Italie…

Tout aussitôt l'Ambassadeur commence
Avec grand bruit d'entrer au corps des gens.
Ce que le sien, ouvrage fantastique,
Devint alors, l'histoire n'en dit rien.
Son coup d'essai fut une fille unique
Où le galand se trouvait assez bien ;
Mais Matheo moyennant grosse somme
L'en fit sortir au premier mot qu'il dit.
C'était à Naple, il se transporte à Rome ;
Saisit un corps : Matheo l'en bannit,
Le chasse encore : autre somme nouvelle.
Trois fois enfin, toujours d'un corps femelle,
Remarquez bien, notre diable sortit.
(extrait)

Belphégor fut publié d'abord dans les *Contes*…, puis rattaché au livre douzième des *Fables*, comme la *Matrone d'Ephèse*.

Fragonard semble ici ne s'être intéressé qu'au caractère fantastique de la nouvelle, sans prêter attention à son développement dramatique. Belphégor apparaît devant une assemblée médusée : faut-il y voir l'illustration d'une des scènes, non décrites par La Fontaine, où le démon, à la demande de Mattheo, quitte une possédée ? La jeune fille que l'on voit à l'arrière, bras tendus, serait alors l'une des victimes du démon.

Il faut admettre que si la scène n'est pas bien convaincante du point de vue de sa fidélité au texte, le dessin reste cependant une fort jolie réussite par ses qualités propres. L'apparition insolite de cet homme aux pieds fourchus dans un intérieur de cuisine évoque bien sûr certaines compositions théâtrales des Tiepolo, mais la peinture de l'intérieur rustique et surtout l'attention portée aux détails sont du meilleur Fragonard : remarquons les quatre natures mortes aux pots (sur le rebord de la fenêtre, sur une planche, au dessus de cette même fenêtre, sur l'armoire et au premier plan avec une bassinoire) et interrogeons-nous sur le sens à donner au couple de pigeons posés dans la fenêtre ?

148 *La Clochette*

■ H. : 205 ; L. : 140 mm

ŒUVRES EN RAPPORT

DESSINS

Groupe A

Walferdin ; Feuillet de Conches ; Portalis ; Lord Carnarvon ; J. Mortimer Schiff ; New York, coll. part. (Ananoff n° 499).

Groupe B

Fernand Weil ; Genève, galerie Moos, 9-02-1935 (Ananoff n° 2690) ; Roland Michel l'ignore.

Groupe C

La Béraudière ; Piat (Ananoff n° 2675). L'attribution est contestée par Portalis.

GRAVURE

Non publié en 1795, mais en 1883 ; dessin gravé par Dambrun, Cohen dit qu'il n'a pas été gravé ; l'édition de 1883 montre une gravure achevée. D'après Roland Michel, la gravure aurait été réalisée mais non publiée...

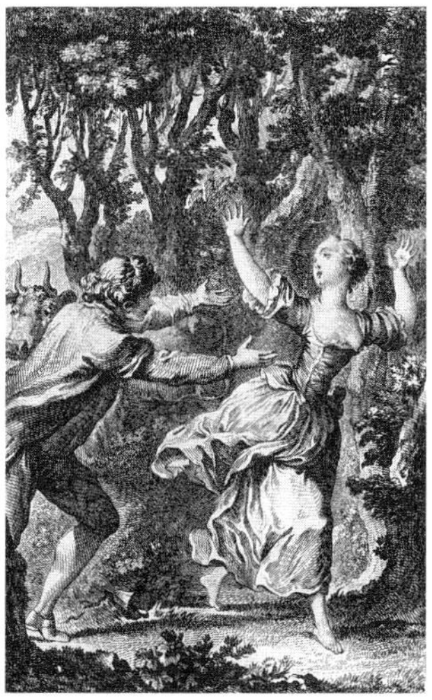

Fig. 121 : Ch. Eisen, *La Clochette*, gravure.

Dans la Touraine un jeune bachelier, galant, comme de juste, allait lutinant les filles de la région ; il rencontre une jeune bergère, un peu jeune, un peu farouche...

Que fit l'Amant ? Croyant tout artifice
Libre en amours, sur le coi de la nuit
Le compagnon détourne une génisse
De ce bétail par la fille conduit ;
Le demeurant, non compté par la belle,
(Jeunesse n'a les soins qui sont requis)
Prit aussitôt le chemin du logis ;
Sa mère, étant moins oublieuse qu'elle,
Vit qu'il manquait une pièce au troupeau
Dieu sait la vie ; elle tance Isabeau,
Vous la renvoie, et la jeune pucelle
S'en va pleurant, et demande aux Echos,
De celle-là, dont le drôle à propos
Avait d'abord étoupé la clochette ;
Puis il la prit, puis la faisant sonner,
Il se fit suivre, et tant que la fillette
Au fond du bois se laissa détourner.
(...) O belles, évitez
Le fond des bois, et leur vaste silence.
(extrait)

Il est tentant de rapprocher cette brave génisse vue de face de la série des *Taureaux à l'étable* (Rosenberg, 1988, n°s 75 à 81 par exemple). Rappelons toutefois que Cochin et Eisen ont composé, à peu de chose près, la même illustration (*fig. 121 et 122*) et que le taureau, la vache ou la génisse appartiennent depuis toujours au vocabulaire de la pastorale et de la fable mythologique (*Mercure et Argus*, par exemple). Reste le paysage, merveilleux exercice graphique où se retrouvent ces branches rompues comme des éclairs, expressives comme des signes calligraphiques, qui faisaient naguère évoquer à Jacques Thuillier la possibilité d'influences orientales.

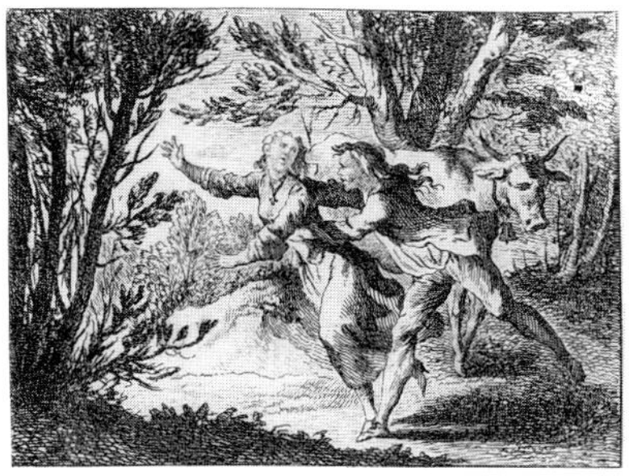

Fig. 122 : Ch.-N. Cochin, *La Clochette*, gravure.

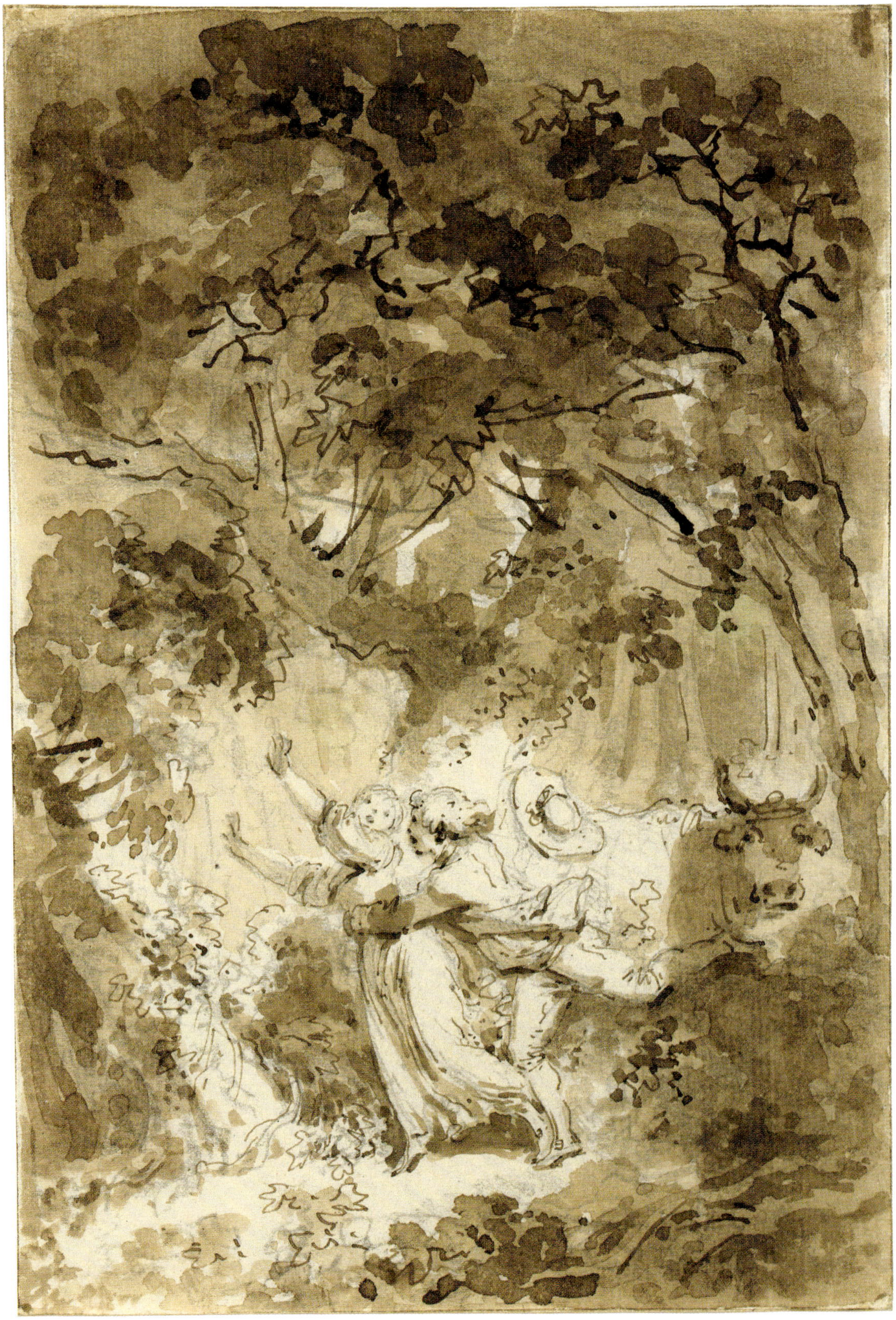

149 *Les Oies de frère Philippe*

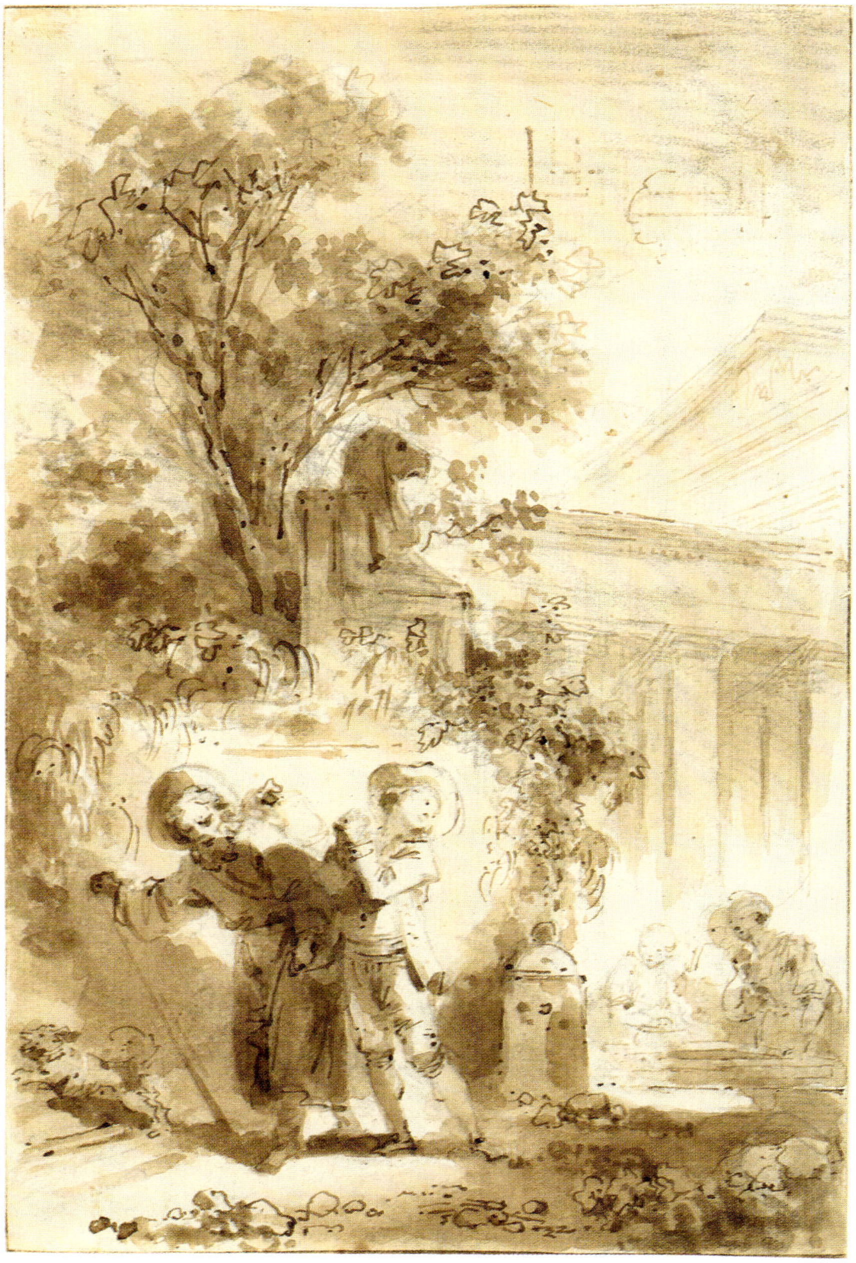

■ H. : 204 ; L. : 139 mm

ŒUVRES EN RAPPORT

DESSINS

Groupe C : Walferdin (Cohen) ; Lefilleul ; M. N. (Ananoff n° 2637).

Autre : Lal (Ananoff n° 2689), le même ?

Après avoir passé son existence au fond d'une forêt, un ermite revient vers la ville avec son jeune fils, parfait innocent qu'il a toujours tenu éloigné des tentations terrestres…

Ils vont à la cité superbe, bien bâtie,
Et de tous objets assortie :
Le prince y faisait son séjour.
Le jeune homme tombé des nues
Demandait : Qu'est-ce là ? — Ce sont des gens de cour.
— Et là ? — Ce sont palais. — Ici ? — Ce sont statues.
Il considérait tout : quand de jeunes beautés
Aux yeux vifs, aux traits enchantés,
Passèrent devant lui ; dès lors nulle autre chose
Ne put ses regards attirer.
Adieu palais ; adieu ce qu'il vient d'admirer :
Voici bien pis, et bien une autre cause
D'étonnement.
Ravi comme en extase à cet objet charmant :
Qu'est-ce là, dit-il à son père,
Qui porte un si gentil habit ?
Comment l'appelle-t-on ? Ce discours ne plut guère
Au bon vieillard, qui répondit :
C'est un oiseau qui s'appelle oie.
Ô l'agréable oiseau ! dit le fils plein de joie.
Oie, hélas chante un peu, que j'entende ta voix.
Peut-on point te connaître ?
Mon père, je vous prie et mille et mille fois,
Menons-en une en notre bois ;
J'aurai soin de la faire paître.

(extrait)

Il s'agit là de l'un des contes les plus souvent illustrés (voir notre introduction). Fragonard reprend l'essentiel de la tradition : une composition en deux groupes parallèles et un décor d'extérieur qui mêle nature et architecture (les palais du conte). Remarquons le détail du sphinx — faut-il y voir une allusion humoristique à la question que pose le fils ? — qui frappe le centre de la composition, motif que l'on retrouve à l'occasion dans d'autres dessins représentant des parcs à l'italienne (Paris, 1988, n° 188 par exemple), motif sculptural très courant dans la statuaire de jardin (rappelons qu'à Nointel, par exemple, propriété de Bergeret, deux sphinx marquaient l'entrée du parc, voir Wildenstein *in G.B.A.*, juillet-août, 1961, p. 53). Devant ce sphinx, un palais de style néo-classique, voire antique, qui mêle, non sans quelque maladresse d'ailleurs (Fragonard n'est pas Hubert Robert…), une colonnade berninienne au fronton du Panthéon, contribue à donner à ce paysage des allures très italiennes. On remarquera le petit chien sautillant, à gauche, qui gambade avec une égale allégresse dans nombre de nos dessins.

150 Richard Minutolo

■ H. : 199 ; L. : 140 mm

ŒUVRE EN RAPPORT

DESSIN

Groupe A : Walferdin ; Feuillet de Conches ; Portalis ; Lord Carnarvon ; J. Mortimer Schiff ; New York, coll. part. (Ananoff n° 500).

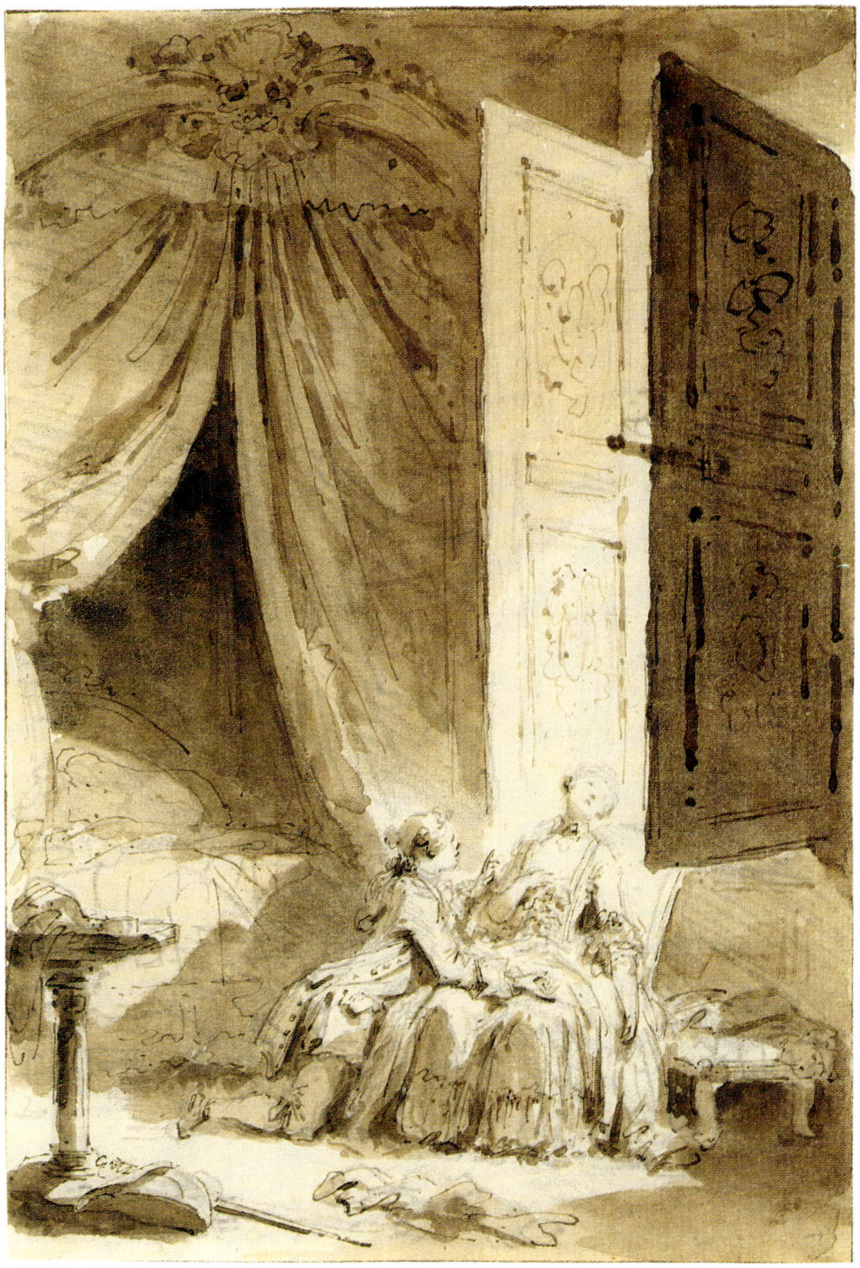

Encore un conte où la supercherie s'allie au quiproquo pour favoriser un amant inventif : Minutolo aime dame Catelle, femme mariée et fidèle qui se refuse obstinément à lui. Pour venir à ses fins, il imagine de la persuader que son mari la trompe. Réticente mais soupçonneuse, elle accepte de prendre la place de son hypothétique concurrente dans un rendez-vous, arrangé par Minutolo, où elle pourra confondre l'infidèle. Le jour venu, dame Catelle retrouve ainsi dans la pénombre propice d'une chambre celui qu'elle croit être son mari. Celui-ci la presse, la cajole, l'embrasse tant enfin que n'y pouvant plus, elle se découvre…

Laisse-moi là, se mit-elle à crier ;
Comme un enfant penses-tu me traiter ?
N'approche point, je ne suis plus ta femme :
Rends-moi mon bien : va-t'en trouver ta dame ;
Va, déloyal ; va-t-en : je te le dis.
Je suis bien sotte, et bien de mon pays,
De te garder la foi de mariage :
A quoi tient-il, que pour te rendre sage,
Tout-sur-le-champ je n'envoye querir
Minutolo, qui m'a si fort chérie ?
Je le devrais afin de te punir ;
Et sur ma foi j'en ai presque l'envie.
A ce propos le galant éclata.
Tu ris, dit-elle : ô dieux ! quelle insolence !
Rougira-t-il ? Voyons sa contenance.
Lors de ses bras la belle s'échappa,
D'une fenêtre à tâtons approcha,
L'ouvrit de force, et fut bien étonnée
Quand elle vit Minutol son amant :
Elle tomba plus d'à demi pâmée.
(extrait)

La scène illustrée est là aussi traditionnelle : Minutolo est découvert et sa maîtresse confondue. Notons pourtant que Fragonard figure ici l'évanouissement plutôt que la surprise (*cf.* Eisen et Cochin) et par là même donne à la scène une plus grande force dramatique — ou mélo-dramatique : l'*Evanouissement d'Esther* n'est pas loin. Admirons ce coup de lumière biaise que les grands volets entrebâillés qui montent jusqu'au plafond font couler sur les amants ; admirons aussi ce dépouillement de la composition qui n'est pas sans évoquer l'atmosphère du *Verrou* : la cape, la canne et le tricorne jetés à terre au premier plan se retrouvent d'ailleurs sur les dessins préparatoires pour ce tableau (Ananoff n°s 2002 et 2003).

151 Les Cordeliers de Catalogne

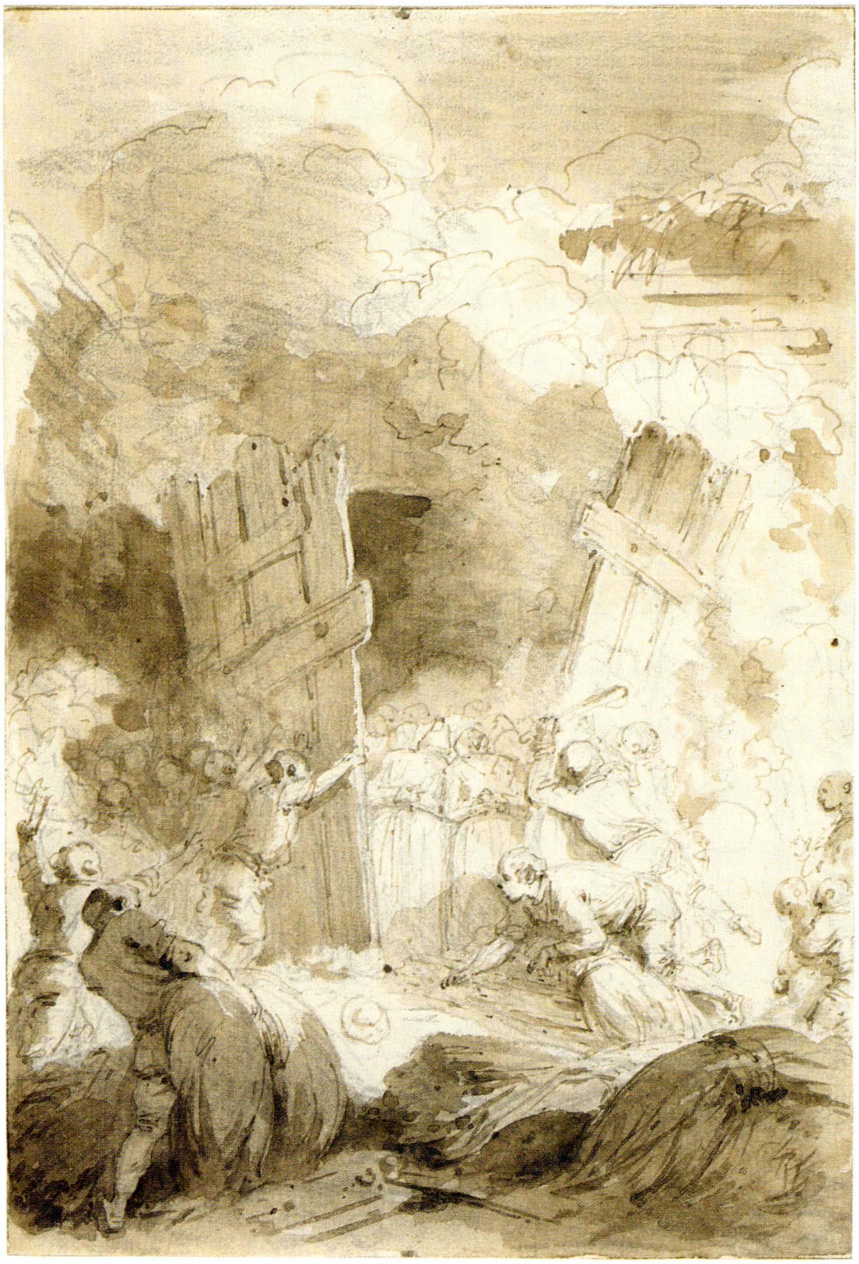

■ H. : 204 ; L. : 139 mm

ŒUVRES EN RAPPORT

DESSIN

Groupe A : Walferdin ; Feuillet de Conches ; Portalis ; Lord Carnarvon ; J. Mortimer Schiff ; New York, coll. part. (Ananoff n° 501).

Groupe B : P.A. Pâris ; Bibliothèque de Besançon ; mis en dépôt au musée en 1843 (Ananoff n° 2693).

Quelque part en Catalogne, un couvent de frères cordeliers mit en pratique une nouvelle dîme peu commune fondée sur le don en nature des femmes du village : «Toute femme doit en personne / S'en acquitter trois fois le mois, / Vers les frères catalanois». Cet impôt nouveau était bien entendu versé à l'insu des maris. Un jour la chose est découverte et la vengeance est préparée…

Bref tous conclurent à la mort :
L'avis du feu fut le plus fort.
On court au couvent tout à l'heure :
Mais par respect de la demeure,
L'arrêt ailleurs s'exécuta ;
Un bourgeois sa grange prêta.
La penaille, ensemble enfermée,
Fut en peu d'heures consumée,
Les maris sautants alentour,
Et dansant au son du tambour.
Rien n'échappa de leur colère,
Ni moinillon, ni béat père.
Robes, manteaux, et cocluchons,
Tout fut brûlé comme cochons.
(extrait)

Reconnaissons encore à Fragonard le talent de choisir des scènes peu communes pour ses illustrations. Ici, alors que Cochin représente le sermon et Eisen les couloirs du monastère transformés en lupanar, notre dessinateur invente une merveilleuse composition apocalyptique sur le thème de la punition finale. La fumée qui enveloppe déjà la grange, l'affairement vengeur des maris cocus, le moutonnement des têtes de la foule et puis surtout cette porte monumentale qui se referme sur les moines entravés conduits au châtiment évoquent nécessairement une vision infernale. On admirera l'effet de contre-jour, avec le contraste entre un premier plan plongé dans l'ombre et le centre de la composition éclairé par le feu.

152 Le Berceau

▪ H. : 204 ; L. : 140 mm

ŒUVRE EN RAPPORT

DESSIN

Groupe A : Walferdin ; Feuillet de Conches ; Portalis ; Lord Carnarvon ; J. Mortimer Schiff ; New York, coll. part. (Ananoff n° 502).

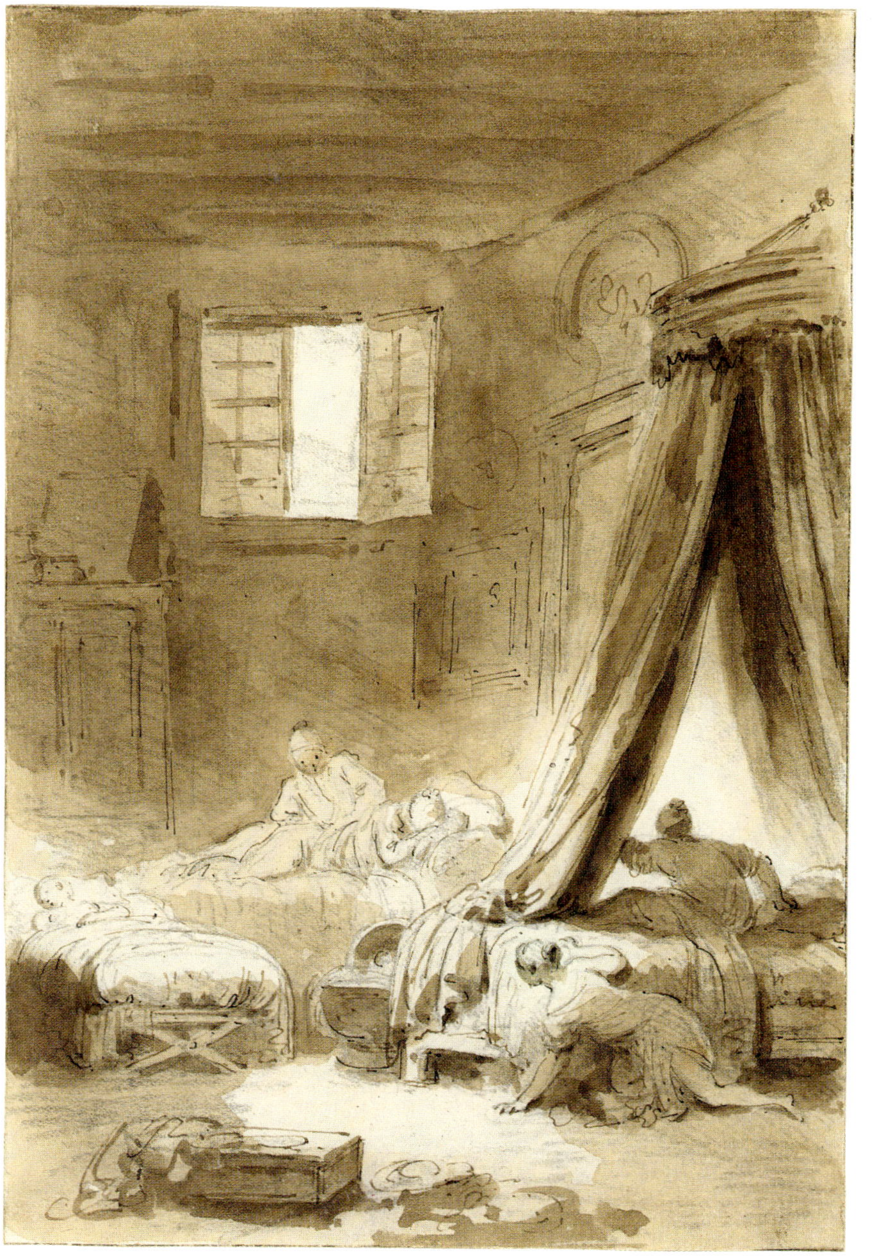

Un galant, Pinucio, s'éprend de Colette, la fille d'un hôtelier. Il se rend un soir à l'auberge du père, accompagné d'un ami, et demande une chambre. Tout est pris, sauf un lit qui se trouve dans la chambre commune des hôteliers, de leur fille et d'un tout jeune enfant au berceau. Dans la nuit, tout ce monde se livre à un curieux ballet dû à plusieurs quiproquos. Ne cherchons pas ici à résumer l'intrigue ; qu'il suffise de dire que Pinucio parvient à ses fins tandis que son ami voit la maîtresse de maison entrer par inadvertance dans son lit. Le quiproquo est découvert au matin. Pour se tirer d'affaire, Pinucio fait croire qu'il est noctambule et parle et dans ses rêves…

(…) Pinuce au même instant
Fait le dormeur, poursuit le stratagème,
Que le mari prit pour argent comptant.
Il ne fut pas jusqu'à l'hôtesse même
Qui n'y voulût aussi contribuer.
Près de sa fille elle alla se placer,
Et dans ce poste elle se sentit forte.
Par quel moyen, comment de quelle sorte,
S'écria-t-elle, aurait-il pu coucher
Avec Colette et la déshonorer ?
Je n'ai bougé toute nuit auprès d'elle :
Elle n'a fait ni pis ni mieux que moi.
Pinucio nous l'allait donner belle.
L'hôte reprit : C'est assez ; je vous croi.
On se leva ; ce ne fut pas sans rire ;
Car chacun d'eux en avait sa raison.
Tout fut secret ; et quiconque eut du bon
Par-devers soi le garda sans rien dire.
(extrait)

La scène est du plus grand comique ; aussi bien la composition en trois plans décalés, avec des coins aveugles qui fonctionnent comme des coulisses, n'est pas sans évoquer une scène de théâtre, de même la disposition des personnages, l'une à quatre pattes se glissant vers la gauche, l'autre se dissimulant derrière les courtines du lit, les autres en spectateurs, semble réglée par un metteur en scène. Il nous semble possible de rapprocher ce dessin de quelques compositions de Fragonard datées des années 1770, comme les *Pétards* (Boston, Museum of Fine Arts) ou les *Jets d'eau* (Williamstown, Sterling and Francine Clark Art Institute). Ajoutons, comme le dit Pierre Rosenberg (1988, p. 254) que «Fragonard, tout au long de sa carrière, a aimé peindre des berceaux» ; un tel sujet — même si le berceau n'y prend pas la toute première place — ne pouvait que lui plaire !

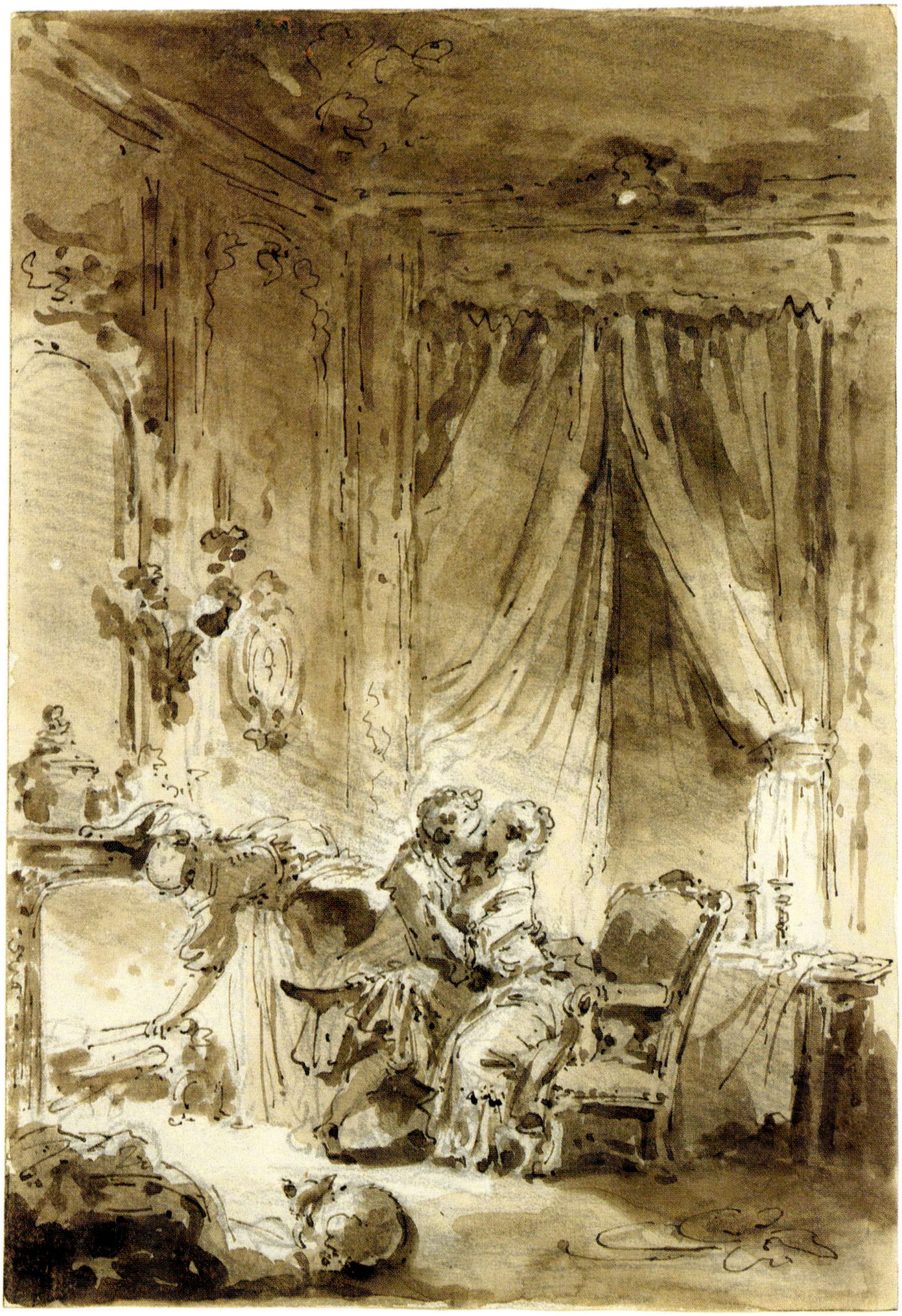

153 *L'Oraison de Saint Julien*

■ H. : 203 ; L. : 140 mm

ŒUVRE EN RAPPORT

DESSIN

Groupe A

Walferdin ; Feuillet de Conches ; Portalis ; Lord Carnarvon ; J. Mortimer Schiff ; New York, coll. part. (Ananoff n° 503).

Renaud d'Ast parcourt seul la campagne. Il rencontre en chemin trois hommes d'honnête apparence qui se joignent à lui. La conversation s'engage «Sur ce qu'on dit de la vertu secrète / De certains mots, caractères, brevets, / Dont les aucuns ont de très bons effets». Renaud, interrogé, confesse que s'il n'a aucun secret particulier, il lui arrive parfois d'invoquer saint Julien, patron des voyageurs, pour se garantir d'un mauvais gîte le soir. Alors les trois hommes, se révélant de vulgaires voleurs, dépouillent et détroussent Renaud, et le laissent seul et nu à la nuit tombée, lui conseillant pour le coup de dire son oraison à saint Julien. Peu après, «Son bon destin, par un très grand hasard, / Lui fit trouver une petite avance / Qu'avait un toit ; et ce toit faisait part / D'une maison voisine du rempart.» Cette maison était habitée par une servante et sa maîtresse, «une veuve galante (...)/ Pleine d'appas, jeune, et de bonne grâce.» On s'effraye, on s'apitoie, enfin on décide de le secourir...

Sans cet arrêt c'était fait de la vie
Du bon Renaud. On ouvre, il remercie ;
Dit qu'on l'avait retiré du tombeau,
Conte son cas, reprend force et courage :
Il était grand, bien fait, beau personnage,
Ne semblait même en amour nouveau,
Quoiqu'il fût jeune. (...)
Elle sourit : il n'en fallut pas plus.
Renaud laissa les discours superflus
Le temps est cher en amour comme en guerre
Homme mortel ne s'est vu sur la terre
De plus heureux ; car nul point n'y manquait.
On résista tout autant qu'il fallait,
Ni plus ni moins, ainsi que chaque belle
Sait pratiquer, pucelle ou non pucelle.
Au demeurant, je n'ai pas entrepris
De raconter tout ce qu'il obtint d'elle ;
Menu détail, baisers donnés et pris,
La petite oie ; enfin ce qu'on appelle
En bon français les préludes d'amour ;
Car l'un et l'autre y savait plus d'un tour.
(extrait)

Confessons notre affection particulière pour ce dessin admirable qui touche à une perfection allégorique : tout s'y retrouve de la technique et de l'inspiration du meilleur Fragonard, tout, c'est-à-dire une rare puissance d'évocation poétique, une acuité du trait de plume proche d'un travail de ciselure et une grande maîtrise de la lumière, cette lumière qui sourd du foyer et projette de grandes ombres fantastiques. Nous avons vu que Fragonard ne cherche pas à reproduire un épisode précis du conte. C'est une scène d'amour qu'il figure, rien de plus, rien de moins. Mais il la compose avec l'art d'un poète : le feu, bien sûr, attisé par la servante, le feu embrase toute la scène. Le contre-jour est assez traditionnel chez notre artiste, mais il atteint ici une force remarquable. Les détails du décor et plus particulièrement des costumes sont rendus par le mélange de ces incisions à la plume et des taches du lavis, créant un phénomène de vibration lumineuse qui trouve son excitation maximum dans le dessin des deux amants : la fougue de ce couple enlacé semble ainsi pour une part animée par la seule lumière qui les baigne. Remarquons encore le petit chat au premier plan, enroulé d'un trait d'encre, modelé dans une tache brune.

154 Le Villageois qui cherche son veau

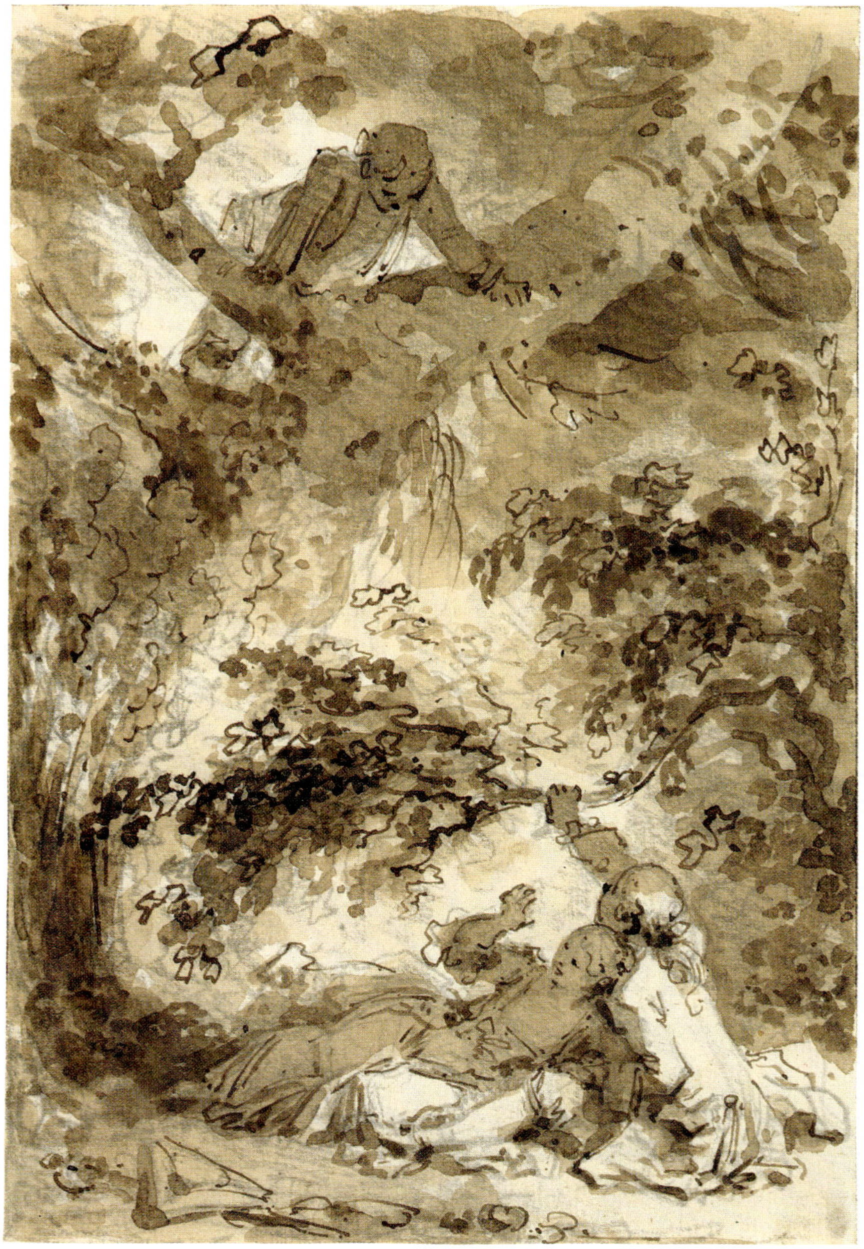

■ H. : 204 ; L. : 140 mm

ŒUVRES EN RAPPORT

DESSINS

Groupe A : Walferdin ; Feuillet de Conches ; Portalis ; Lord Carnarvon ; J. Mortimer Schiff ; New York, coll. part. (Ananoff n° 504).

Autre : Delbergue Cormont (Portalis) ; Piat (Ananoff n° 2673). Le dessin est connu sous le titre du *Poirier*, illustration pour la *Gageure...* ; mais cette illustration n'ayant pas été réalisée par Fragonard, nous croyons qu'il s'agit plutôt du *Villageois ...*

Un villageois ayant perdu son veau,
L'alla chercher dans la forêt prochaine.
Il se plaça sur l'arbre le plus beau,
Pour mieux entendre, et pour voir dans la plaine.
Vient une dame avec un jouvenceau.
Le lieu leur plaît, l'eau leur vient à la bouche :
Et le galant, qui sur l'herbe la couche,
Crie, en voyant je ne sais quels appas :
O dieux, que vois-je, et que ne vois-je pas !
Sans dire quoi ; car c'étaient lettres closes.
Lors le manant les arrêtant tout coi.
Hommes de bien qui voyez tant de choses,
Voyez-vous point mon veau ? dites-le moi.
(texte intégral)

Nous avons vu que cette illustration n'était pas sans rapport avec le dessin réalisé pour la *Servante justifiée* — et avec la gravure anonyme pour l'épisode du «poirier» de la *Gageure des trois commères* (*fig. 123*). Ajoutons que Fragonard reprend presque exactement les compositions de Cochin et d'Eisen — il est vrai que le conte en impose les grandes lignes. Alain Guillerm (1977, p. 101) note avec raison que «le jouvenceau écarte les feuillages afin de le [le villageois] distinguer mieux», ce qui permet aussi de nous le désigner au regard : certes, et ce n'est pas la première fois que nous en faisons la remarque, Fragonard n'est pas homme à laisser un acteur dans l'ombre. Remarquons le tricorne au premier plan (voir n° 150) et admirons le plaisir que prend l'artiste à noyer complètement sa composition dans les branches de l'arbre.

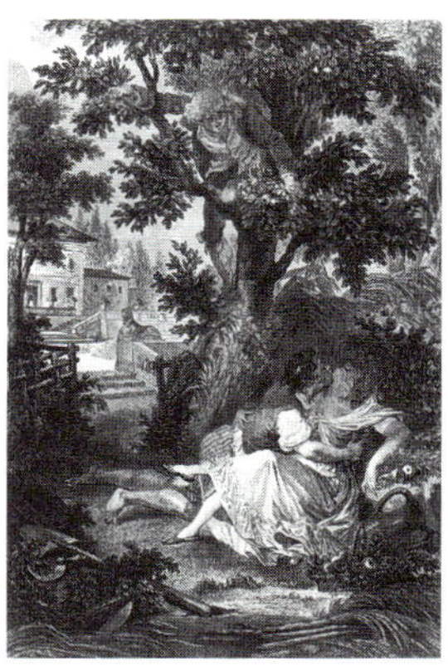

Fig. 123 : Auteur anonyme, gravure pour le *Poirier*, 2ᵉ fig. de la *Gageure*.

155 *L'Anneau d'Hans Carvel*

■ H. : 204 ; L. : 140 mm

ŒUVRE EN RAPPORT

DESSIN

Groupe A : Walferdin ; Feuillet de Conches ; Portalis ; Lord Carnarvon ; J. Mortimer Schiff ; New York, coll. part. (Ananoff n° 505).

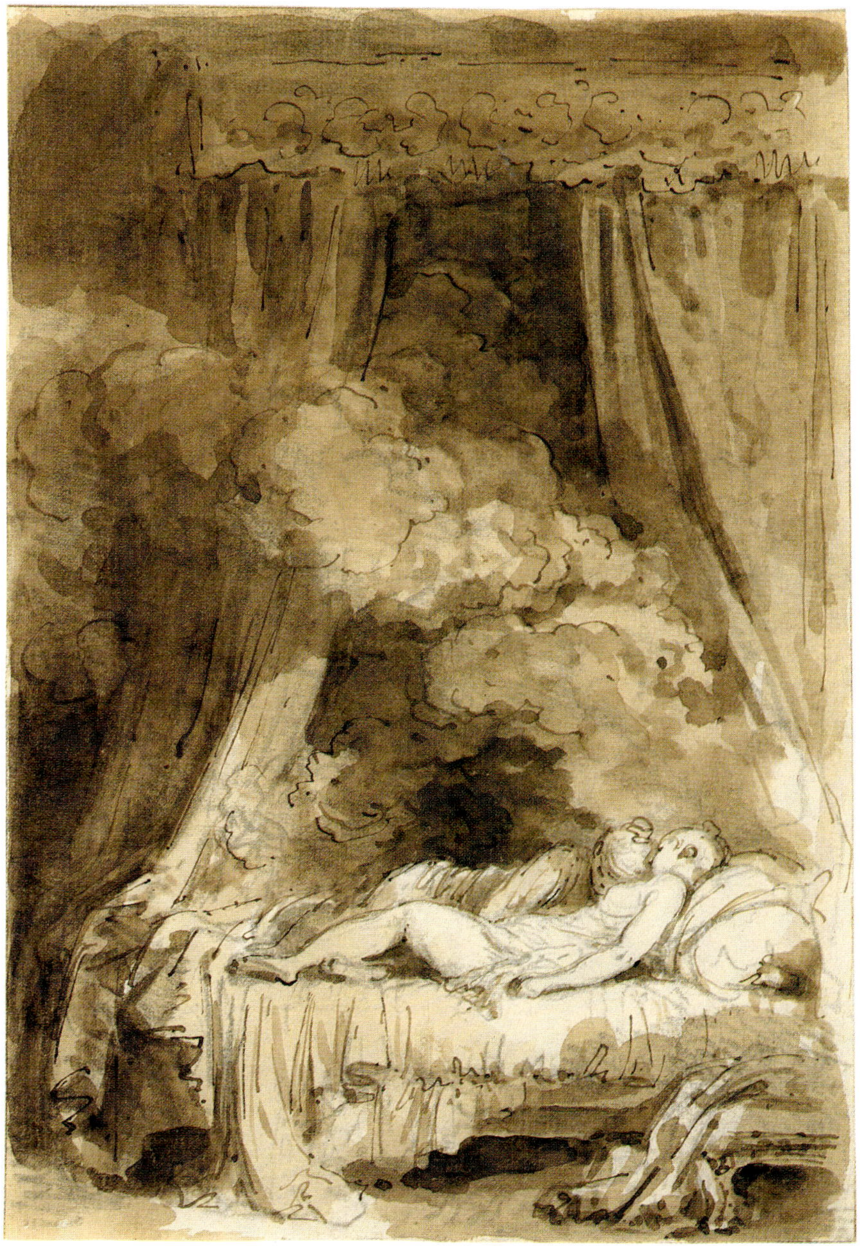

Hans Carvel prit sur ses vieux ans
Femme jeune en toute manière ;
Il prit aussi soucis cuisants ;
Car l'un sans l'autre ne va guère.
Babeau (c'est la jeune femelle,
Fille du bailli Concordat)
Fut du bon poil, ardente et belle,
Et propre à l'amoureux combat.
Carvel craignant de sa nature
Le cocuage et les railleurs,
Alléguait à la créature
Et la Légende, et l'Ecriture,
Et tous les livres les meilleurs :
Blâmait les visites secrètes ;
Frondait l'attirail des coquettes ;
Et contre un monde de recettes,
Et de moyens de plaire aux yeux,
Invectivait tout de son mieux.
A tous ces discours la galande
Ne s'arrêtait aucunement ;
Et de sermons n'était friande
A moins qu'ils fussent d'un amant.
Cela faisait que le bon sire
Ne savait tantôt plus qu'y dire ;
Eût voulu souvent être mort.
Il eut pourtant dans son martyre
Quelques moments de réconfort :
L'histoire en est très véritable.
Une nuit qu'ayant tenu table,
Et bu force bon vin nouveau,
Carvel ronflait près de Babeau,
Il lui fut avis que le diable
Lui mettait au doigt un anneau ;
Qu'il lui disait : Je sais la peine
Qui te tourmente, et qui te gêne ;
Carvel, j'ai pitié de ton cas :
Tiens cette bague et ne la lâches.
Car tandis qu'au doigt tu l'auras,
Ce que tu crains point ne seras,
Point ne seras sans que le saches.
Trop ne puis vous remercier,
Dit Carvel, la faveur est grande.
Monsieur Satan, Dieu vous le rende,
Grand merci, monsieur l'aumônier.
Là-dessus achevant son somme,
Et les yeux encore aggravés,
Il se trouva que le bon homme
Avait le doigt où vous savez.
(texte intégral)

Faut-il le répéter : le lit est sans doute plus qu'un meuble pour Fragonard. Ici, il devient la scène d'un théâtre des songes où les rideaux se mêlent intimement aux nuées et forcent la comparaison, plutôt sacrilège, avec une scène d'apparition divine (on évoquera ainsi les grands retables baroques, y compris pour la mise en page). Fragonard ne retient rien de l'allusion scabreuse de La Fontaine, allusion relativement ambiguë d'ailleurs — Eisen est plus direct. Seule importe l'idée de mettre en scène un songe. De ce point de vue, l'interprétation qu'il donne du conte en excluant l'intervention du diable est certainement très subjective, voire infidèle : ce dessin est l'une des plus belles et des plus poétiques évocations d'un couple d'amoureux enlacés dans un lit que le dessinateur nous livre — elles sont pourtant nombreuses —, alors que la chute du conte est des plus sèches. Sans doute manque-t-il à Fragonard tout le cynisme de La Fontaine ?

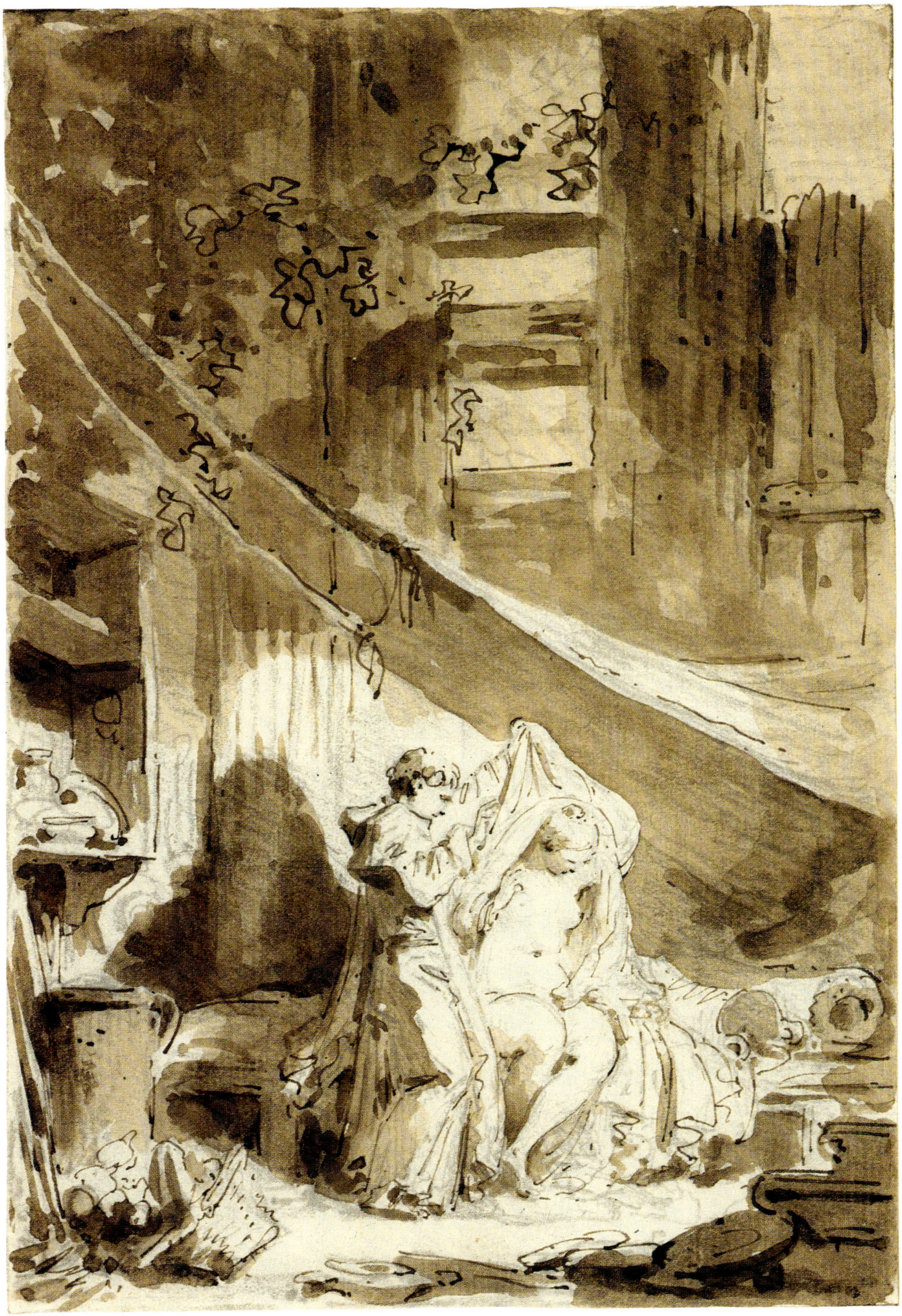

156 *L'Ermite*

■ H. : 203 ; L. : 140 mm

ŒUVRE EN RAPPORT

DESSIN

Groupe A

Walferdin ; Feuillet de Conches ; Portalis ; Lord Carnarvon ; J. Mortimer Schiff ; New York, coll. part. (Ananoff n° 513). Le dessin porte un mauvais titre : *Le diable en enfer* (2).

« Un jeune ermite était tenu pour saint : / (...) mais sous sa houppelande / Logeait le cœur d'un dangereux paillard. » Rencontrant une jeune fille à sa convenance, il la fait venir et lui laisse espérer que le fruit de leurs amours sera le nouveau pape. La mère, flattée par cette prophétie, contraint sa fille à se rendre auprès de l'ermite...

Il les reçut. La mère s'en alla,
Seule s'entend, la fille demeura,
Tout doucement il vous l'apprivoisa,
Lui prit d'abord son joli bras d'ivoire,
Puis s'approcha, puis en vint au baiser,
Puis aux beautés que l'on cache à la vue,
Puis le galant vous la mit toute nue,
Comme s'il eût voulu la baptiser.
Ô papelards ! qu'on se trompe à vos mines !
Tant lui donna du retour de matines,
Que maux de cœur vinrent premièrement,
Et maux de cœur chassés, Dieu sait comment.
En fin finale, une certaine enflure
La contraignit d'allonger sa ceinture ;
(...)
La signora de retour chez sa mère,
S'entretenait jour et nuit du Saint Père,
Préparait tout, lui faisait des béguins :
Au demeurant prenait tous les matins
La couple d'œufs, attendait en liesse
Ce qui viendrait d'une telle grossesse.
Mais ce qui vint détruisit les châteaux,
Fit avorter les mitres, les chapeaux,
Et les grandeurs de toute la famille :
La signora mit au monde une fille.
(extrait)

Fragonard aime représenter les draperies ; il est amusant de voir ici comme il ne s'embarrasse guère d'en tendre jusque dans les endroits les plus incongrus — on ne comprend pas très bien d'ailleurs ce qu'est cet ermitage bien désordonné. Sans doute se plaît-il ainsi à construire une image abstraite fondée sur l'opposition des plis du grand dais, de la robe de la jeune fille, de la robe de l'ermite, voire des cannelures des colonnes à l'arrière-plan, ce qui lui permet de détacher parfaitement les rondeurs du corps dénudé de cette *chaste Suzanne* un peu trop crédule. On a remarqué que l'ermite était décidément bien « jeune », presque enfantin par sa taille ; ajoutons que l'ampleur du décor et son encombrement par mille et un objets (paniers, cruches, plats...) l'écrasent davantage encore. On admirera le mouvement des plis de la robe retirée par la tête — on croirait au dévoilement d'une statue — ; on remarquera aussi le discret geste de bénédiction que fait l'ermite de la main droite, « comme s'il eût voulu la baptiser ».

157 *Mazet de Lamporechio*

■ H. : 202 ; L. : 138 mm

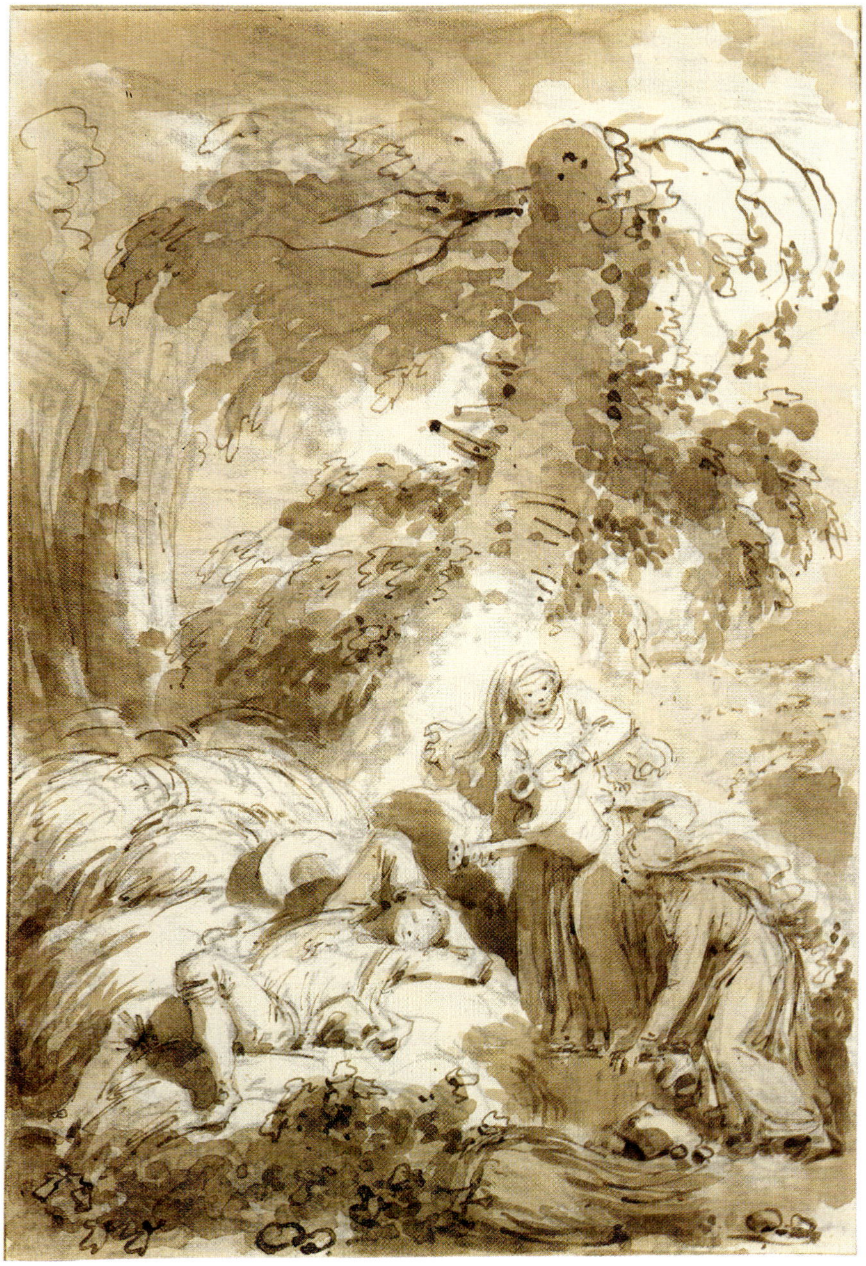

Mazet de Lamporechio se fait engager comme jardinier dans un couvent de nonnes. Pour ne pas attirer les soupçons sur ses intentions véritables, il feint d'être idiot et muet…

Un certain jour le compagnon dormant,
Ou bien feignant de dormir, il n'importe :
(Boccace dit qu'il en faisait semblant)
Deux des nonnains le voyant de la sorte
Seul au jardin ; (car sur le haut du jour
Nulle des sœurs ne faisait long séjour
Hors le logis, le tout crainte du hâle)
De ces deux sœurs donc, l'une approchant Mazet,
Dit à sa sœur : Dedans ce cabinet
Menons ce sot : Mazet était beau mâle,
Et la galande à le considérer
Avait pris goût ; pourquoi, sans différer,
Amour lui fit proposer cette affaire.
L'autre reprit : Là-dedans ? et quoi faire ?
Quoi ? dit la sœur, je ne sais, l'on verra ;
Ce que l'on fait alors qu'on en est là :
Ne dit-on pas qu'il se fait autre chose ?
(extrait)

S'étonnera-t-on que Fragonard n'ait pas voulu, comme Eisen, figurer une scène plus leste que celle du sommeil de Mazet, la scène qui suit notre passage ? Rien de plus charmant que l'évocation de ces deux sœurs occupées à contempler le jeune homme endormi — scène semblable au *Cas de conscience*. On s'interrogera peut-être sur la forme étrange de ce grand arbre à demi mort, à demi foudroyé qui s'élève au-dessus du groupe.

158 *La Mandragore*

■ H. : 201 ; L. : 141 mm

ŒUVRES EN RAPPORT

DESSIN

Groupe A : Walferdin ; Feuillet de Conches ; Portalis ; Lord Carnarvon ; J. Mortimer Schiff ; New York, coll. part. (Ananoff n° 506).

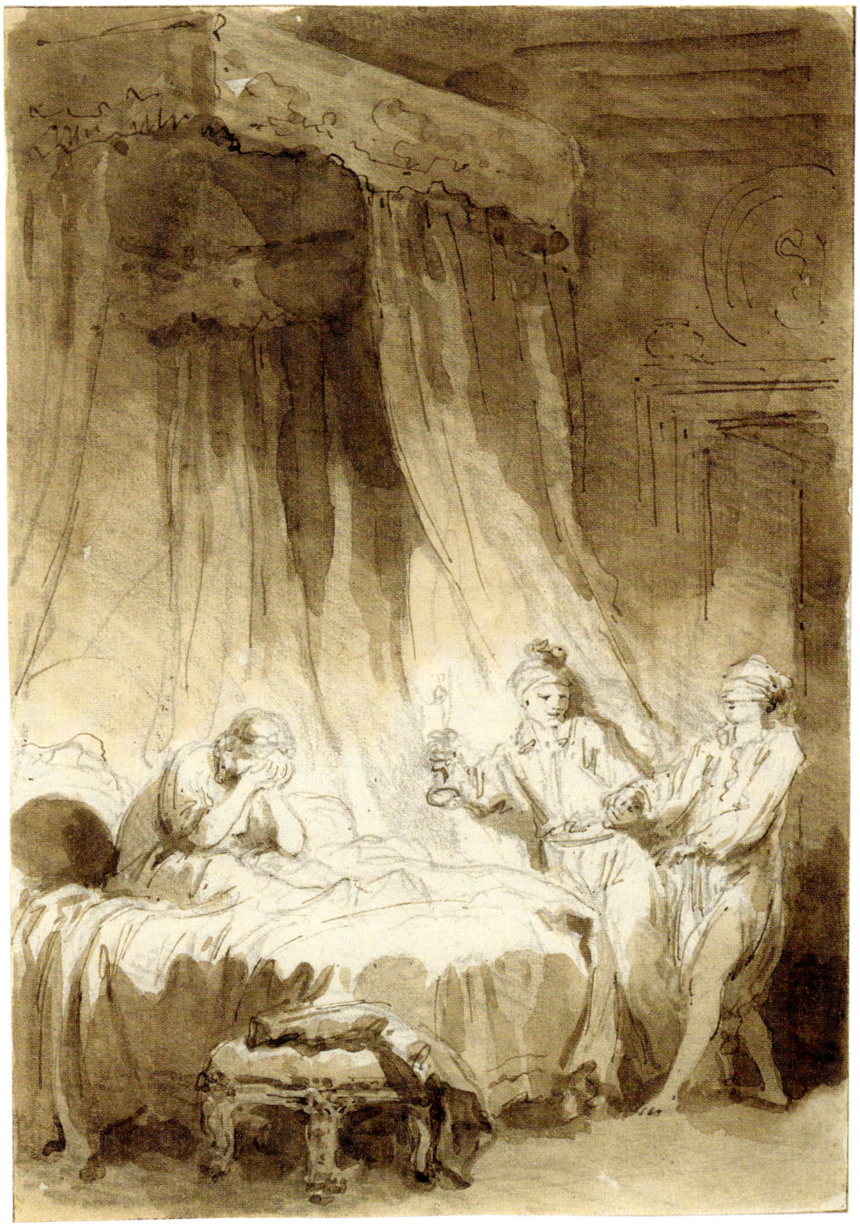

Nicia Calfuccci est un mari comblé mais très sot, mari indigne dit-on, de la belle Lucrèce. A son bonheur, hélas, manque d'avoir un enfant. Pour y remédier, Callimaque, jeune galant tout frais revenu de France où il a fait ses études, persuade un jour Nicia de donner à sa femme une potion à base de mandragore dont il détient la recette. Mais ce remède a des effets néfastes : «Presque toujours il se trouve fatal / A celui-là qui le premier caresse / La patiente ; et souvent on en meurt». Callimaque engage donc Nicia à trouver «un pauvre malheureux qui [le] précède au combat amoureux». Ligurio, son domestique, doit choisir la victime : celle-ci aura les yeux bandés pour ne point reconnaître la maison où on la conduit...

(...) La potion fut prise.
Le lendemain notre amant se déguise,
Et s'enfarine en vrai garçon meunier ;
Un faux menton, barbe d'étrange guise ;
Mieux ne pouvait se métamorphoser.
Ligurio qui de la faciende
Et du complot avait toujours été,
Trouve l'amant tout tel qu'il le demande,
Et, ne doutant qu'on n'y fut attrapé,
Sur le minuit le mène à messer Nice ;
Les yeux bandés ; le poil teint ; et si bien
Que notre époux ne reconnut en rien
Le compagnon. Dans le lit il se glisse
En grand silence : en grand silence aussi
La patiente attend sa destinée ;
Bien blanchement et ce soir atournée.
(extrait)

Scène de chambre proche de *Joconde*, du *Gascon puni* ou de la *Gageure des trois commères*, l'illustration que nous donne Fragonard pour la *Mandragore* suit aussi les compositions de Cochin et d'Eisen. Remarquons les légères modifications qui, de lit en lit, affectent le dais : à la polonaise, à la française, ouvert sur un ou deux côtés... Sans doute Fragonard cherche-t-il à ne pas trop se répéter, mais nous voudrions penser aussi que c'est à dessein qu'il reprend cette même composition sans crainte de monotonie. Par là, il se montre plus fidèle à La Fontaine qui considère souvent la chambre, voire le lit même, comme la scène idéale de son théâtre amoureux. Ici, l'entrée de Callimaque, les yeux bandés comme un condamné conduit au supplice, et l'attitude d'affliction de Lucrèce, le visage caché dans ses mains, s'opposent non sans humour au personnage du mari qui, bien que porteur d'une chandelle, n'y voit goutte dans cette comédie.

159 *Les Rémois*

■ H. : 205 ; L. : 142 mm

Deux bourgeois de Reims sont voisins d'un couple peu banal : elle, «la plus trompeuse femme», «friande assez pour la bouche d'un Roi», lui, peintre de profession et «grâce à certain talent / Très-bon époux, encor meilleur galant». La femme les invite un jour à dîner, leur faisant espérer le succès de leur assiduité. Le mari survient. Ils se cachent dans un réduit voisin de l'atelier. Sa femme, pour se défaire de son embarras, soutient qu'elle a invité ses voisines, Alis et Simonette, épouses des bourgeois. On les fait venir à leur tour ; peu après, il envoie sa femme à la cave accompagnée de Simonette...

Le Peintre reste avec Madame Alis,
Provinciale assez belle, et bien faite,
Et s'en piquant, et qui pour le pays
Se pouvait dire honnêtement coquette.
Le compagnon vous la tenant seulette,
La conduisit de fleurette en fleurette
Jusqu'au toucher et même un peu plus loin,
Puis tout-à-coup levant la colerette,
Prit un baiser dont l'époux fut témoin.
(extrait)

Fragonard décline les scènes de viol comme s'il suivait un répertoire d'attitudes. Ici l'amant embrasse la jeune femme, la soulève de force au-dessus du plancher et semble prêt à la coucher sur le lit qui s'offre à leurs ébats. Comme souvent, on serait tenté d'évoquer le *Verrou*, non pas pour la composition qui est très différente, mais pour compléter ce répertoire d'étreintes. L'attitude du couple est très proche d'une composition de Fragonard pour laquelle on connaît au moins deux dessins : *La leçon de danse*, parfois appelée aussi, par confusion avec un tableau de Lavreince, *Qu'en dit l'abbé ?* Là, comme dans notre dessin, l'homme saisit la jeune femme en la soulevant (voir Paris, 1988, n° 114).

La scène retenue est la même chez Cochin et Eisen ; remarquons pourtant que Fragonard se laisse ici aller à une évocation plus violente et, curieusement, moins convenue — c'est du moins notre avis. De plus il prend bien soin de représenter les dégâts causés par le débat : chaise renversée, vaisselle brisée... Signalons que l'apparition des maris dans l'entrebâillement de la porte est directement reprise à Eisen, même si Fragonard, nous l'avons déjà remarqué à d'autres occasions, donne une moindre importance aux voyeurs — nous aimerions évoquer cependant un dessin fameux, *Vue d'un caveau découvert à Pompéï près du Vésuve* (Lyon, musée des Arts Décoratifs), où l'on retrouve le même groupe de spectateurs rejetés sur le bord de la feuille ; malgré le caractère assez conventionnel de ce genre de compositions, il n'est pas impossible que l'une ait inspiré l'autre. Peut-on noter que la liaison se fait bien mal entre la porte et l'alcôve du lit qui apparaît derrière ?

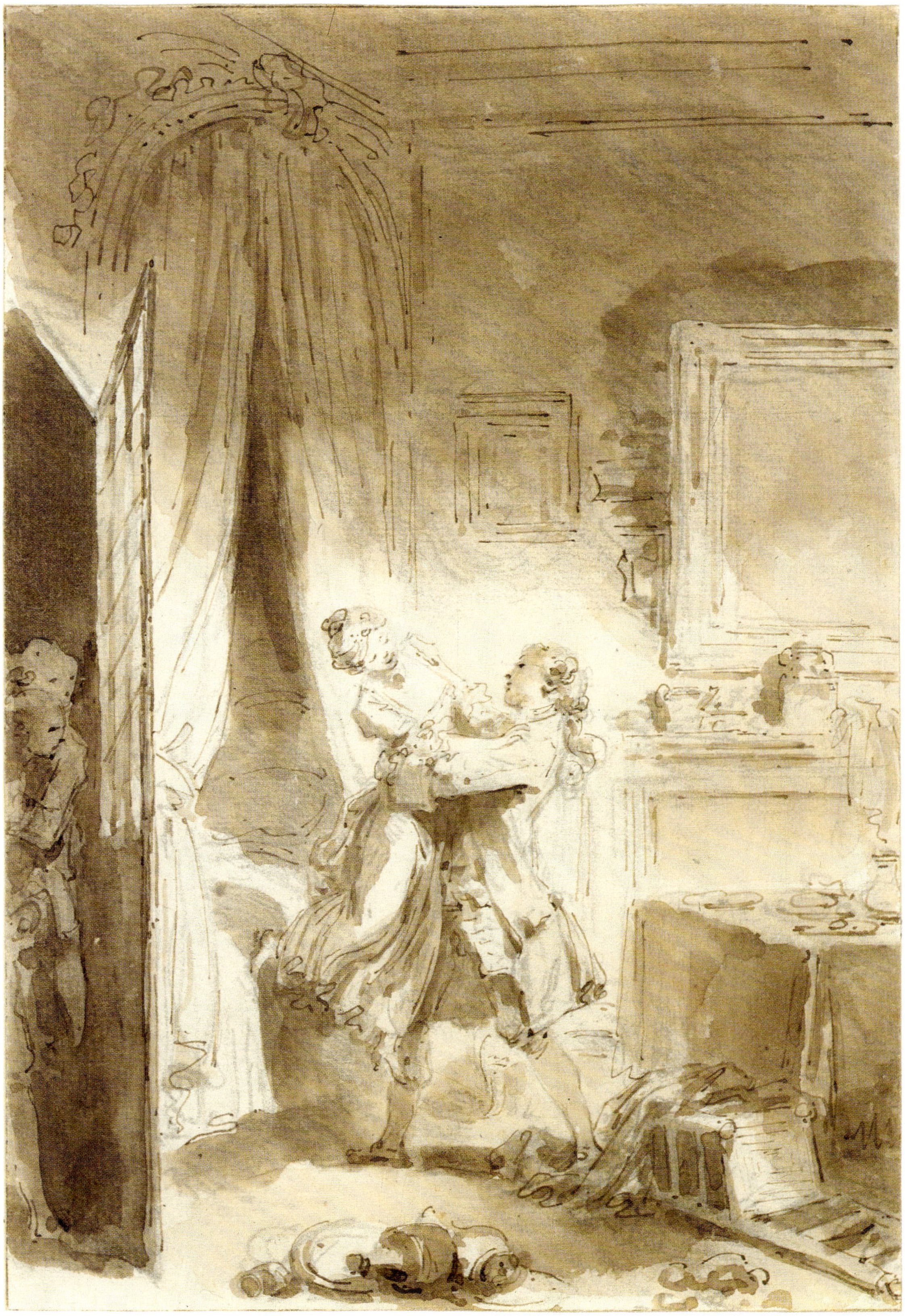

160 La Courtisane amoureuse

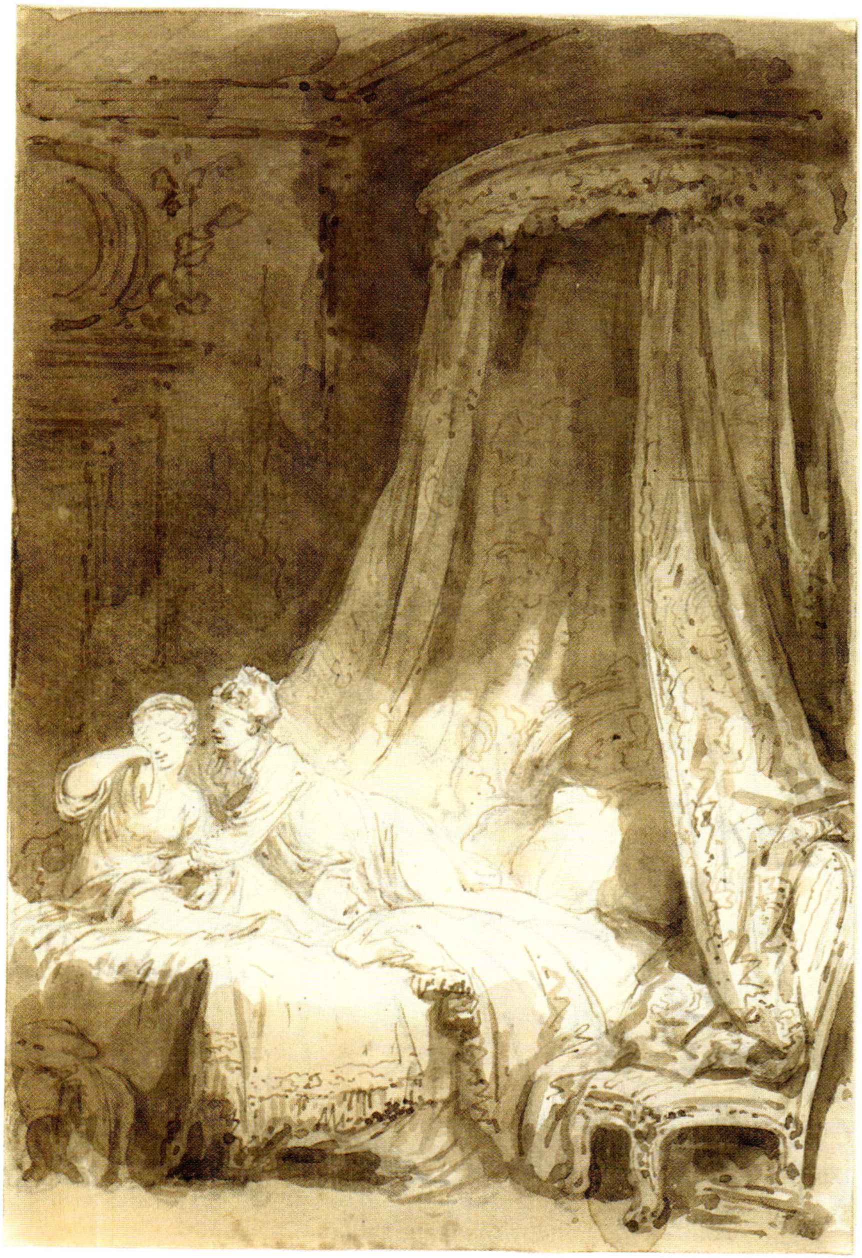

▪ H. : 203 ; L. : 139 mm

ŒUVRE EN RAPPORT

DESSIN

Groupe ? : Portalis ; vente Charpentier, 3-12-1959 ; France, coll. part. (Ananoff n° 2677). Roland Michel l'ignore.

Constance, la plus fière des courtisanes romaines — «Le pape enfin s'il se fût piqué d'elle, / N'aurait été trop bon pour la donzelle» — tombe amoureuse de Camille «gentilhomme / Jeune, bien fait et des mieux mis de Rome». «Constance n'eut sitôt l'amour au cœur/ Que la voilà craintive devenue». Par un jeu quelque peu pervers Camille décide de mettre la courtisane à l'épreuve. Aucune humiliation ne lui est épargnée. Pour rester près de lui, Constance se propose de servir comme domestique d'un soir au jeune homme : elle se met à ses pieds pour le déchausser, elle se couche par terre près du lit…

Camille donc s'étend ; et sur un sein
Pour qui l'ivoire aurait eu de l'envie
Pose ses pieds, et sans cérémonie
Il s'accommode et se fait un coussin :
Puis feint qu'il cède aux charmes de Morphée.
Par les sanglots notre amante étouffée
Lâche la bonde aux pleurs cette fois-là.
Ce fut la fin. Camille l'appela,
D'un ton de voix qui plut fort à la belle.
Je suis content, dit-il, de votre amour :
Venez, venez Constance, c'est mon tour.
Elle se glisse ; et lui s'approchant d'elle :
M'avez vous cru si dur et si brutal
Que d'avoir fait tout de bon le sévère ?
Dit-il d'abord, vous me connaissez mal :
Je vous voulais donner lieu de me plaire.
Or bien, je sais le fond de votre cœur.
Je suis content, satisfait, plein de joie,
Comblé d'amour : et que votre rigueur
Si bon lui semble à son tour se déploie :
Elle le peut : usez-en librement.
Je me déclare aujourd'hui votre amant.
(extrait)

Fragonard représente la scène finale du conte : Camille accepte enfin de céder à la flamme de Constance. Par là, il fait preuve d'une réelle originalité puisque Cochin, comme Subleyras et Boucher figurent la scène où Constance déchausse Camille — Eisen choisit la scène où la courtisane est jetée hors du lit ; d'aucuns pourront le regretter peut-être au souvenir de la composition, anecdotique sans doute, mais ô combien charmante, de Subleyras. Une explication serait bien sûr qu'après Cochin, après Subleyras, après Boucher, Fragonard ne veut pas reprendre la même illustration. Mais il est aussi permis de voir dans le choix de cette scène une marque de l'optimisme proverbial du peintre. Fragonard n'aime guère peindre le désespoir amoureux, à moins qu'il ne soit un peu feint. On peut croire aussi que l'artiste n'a rien voulu entendre au jeu presque sadique — on nous passera ce léger anachronisme — de Camille ; qu'une femme se refuse, soit, mais un homme… Au demeurant, l'attitude des amants évoque plutôt un jeu de chats mutins…

161 Nicaise

■ H. : 204 ; L. : 142 mm

Nicaise, jeune homme velléitaire promet trop à sa fiancée et ne sait tenir ses promesses, toujours à trouver quelque prétexte pour remettre l'occasion attendue. Alors que la jeune femme a arrangé un rendez-vous dans la campagne, accompagnée d'une amie chargée de faire le guet, il fuit à nouveau pour chercher un tapis qui, dit-il, rendrait leur étreinte plus confortable. Elle finit par se lasser…

Non pas cela, reprit la Belle :
Mon pucelage dit qu'il faut
Remettre l'affaire à tantôt.
(…)
Vous êtes apprenti Marchand
Faites-vous apprenti Galant :
Vous n'y serez pas sitôt Maître.
(…)
Vous sçavez des étoffes vendre,
Et leur prix en perfection ;
Mais ce que vaut l'occasion
Vous l'ignorez, allez l'apprendre.
(extrait)

Comme Eisen et Cochin, Fragonard retient ici la fin du conte, quand Nicaise, enfin prêt à se lancer, essuie le refus et les humilations de sa fiancée.

La composition paraît moins achevée : Fragonard s'est contenté de brosser à grandes lignes un arbre et des buissons où les personnages flottent un peu. Remarquons ainsi que le tapis de Nicaise, déroulé à ses pieds, disparaît presque complètement dans les ombres du lavis. Restent le groupe charmant des deux jeunes filles et l'idée de les plonger dans la lumière d'une clairière.

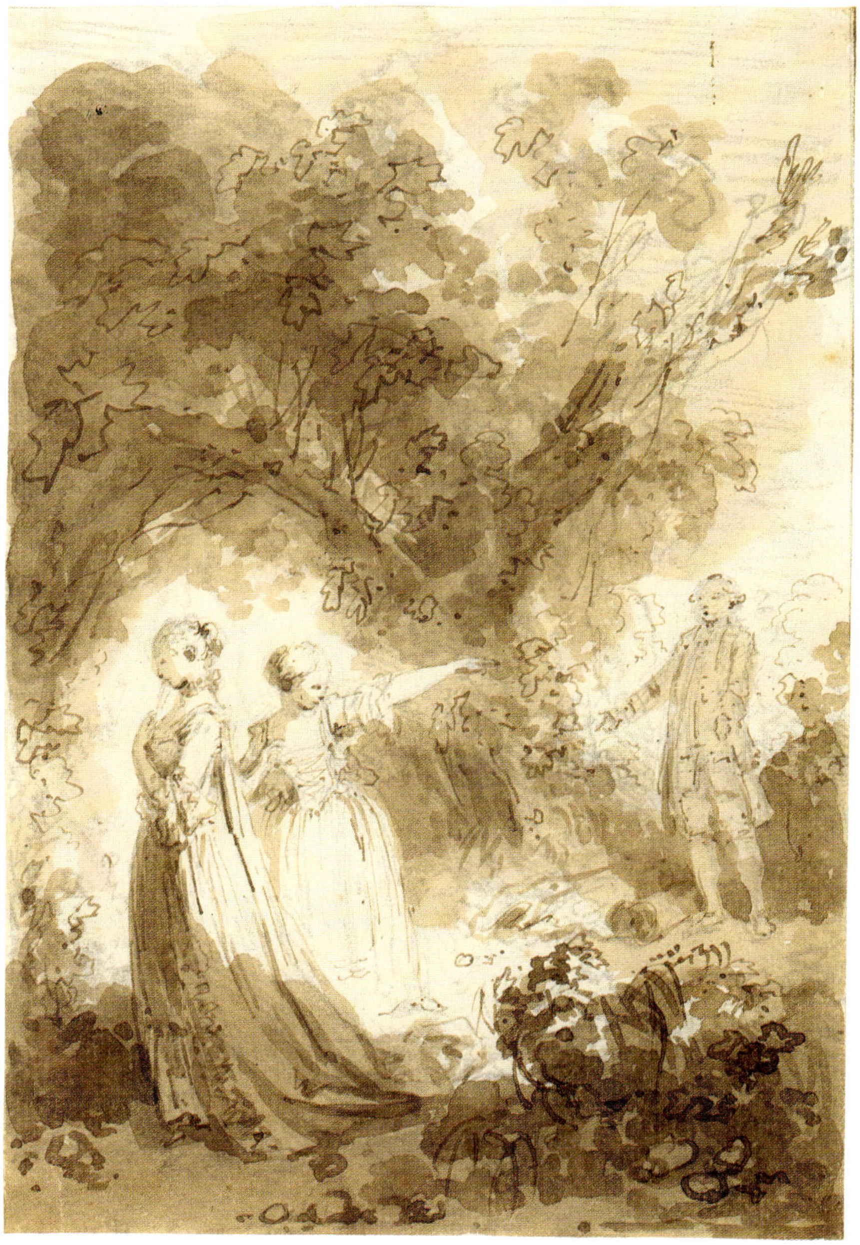

162 Comment l'esprit vient aux filles

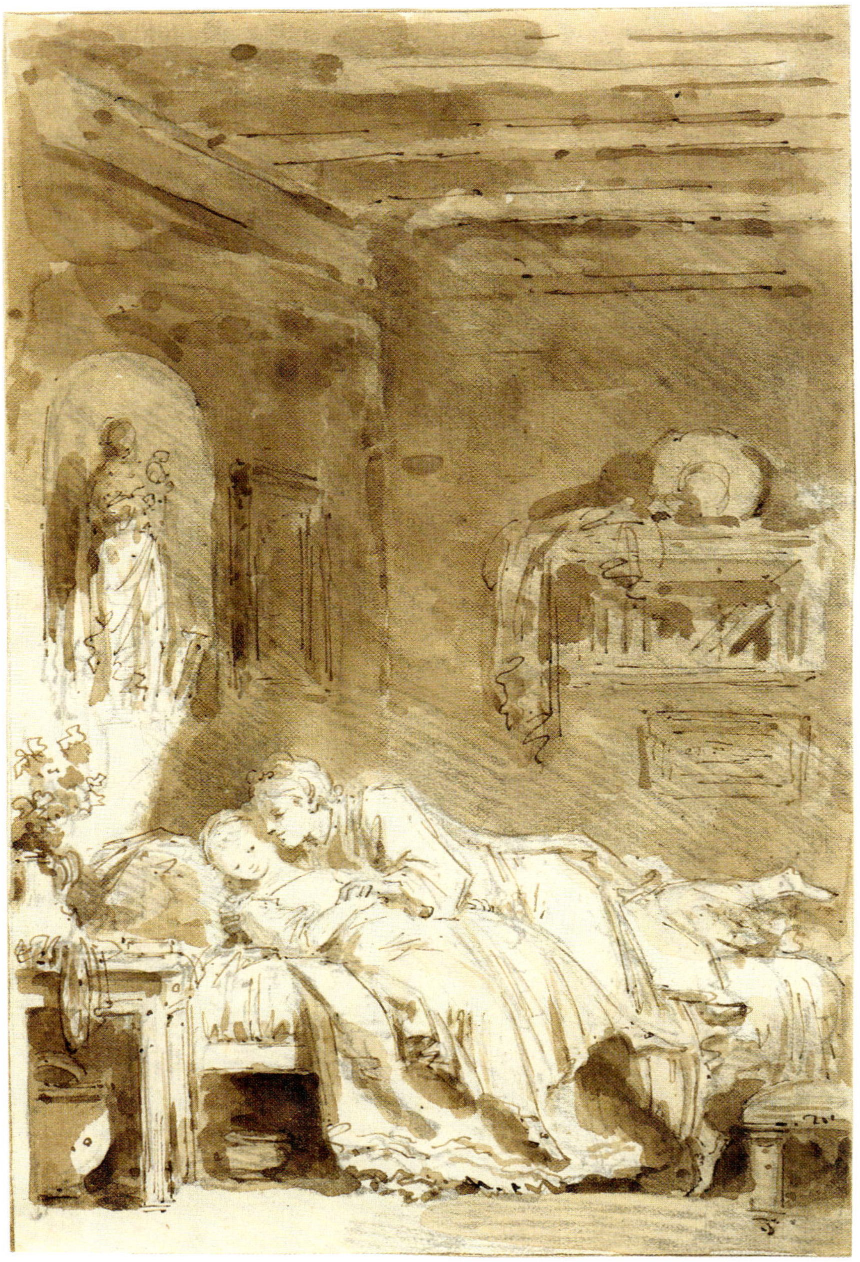

■ H. : 205 ; L. : 140 mm

ŒUVRES EN RAPPORT

DESSINS

Groupe A : Walferdin ; Feuillet de Conches ; Portalis ; Lord Carnarvon ; J. Mortimer Schiff ; New York, coll. part. (Ananoff n° 507). Le dessin porte un mauvais titre : *Les Rémois.*

Autre : Portalis ; vente anonyme, 13, 15-06-1960 ; Genève, coll. N. Rauch ; coll. Dajieu-Silly ; France, coll. part. (Ananoff n° 2682).

Lise n'était qu'un misérable oison
(...)
Cent fois le jour sa mère lui disait :
Va-t'en trouver de l'esprit malheureuse.
La pauvre fille aussitôt s'en allait
Chez les voisins, affligée et honteuse,
Leur demandant où se vendait l'esprit.
On en riait ; à la fin l'on lui dit :
Allez trouver le père Bonaventure,
Car il en a bonne provision.
Incontinent la bonne créature
S'en va le voir, non sans confusion :
(...)
Entrez ici ; suivez-moi hardiment ;
Nul ne nous voit, aucun ne nous entend,
Tous sont au chœur ; le portier est personne
Entièrement à ma dévotion ;
Et ces murs ont de la discrétion.
Elle le suit ; ils vont à sa cellule.
Mon révérend la jette sur un lit,
Veut la baiser ; la pauvrette recule
Un peu la tête ; et l'innocente dit :
Quoi c'est ainsi qu'on donne de l'esprit ?
Et vraiment oui, repart Sa Révérence ;
Puis il lui met la main sur le téton.
Encore ainsi ? Vraiment oui ; comment donc ?
La belle prend le tout en patience :
Il suit sa pointe ; et d'encor en encor
Toujours l'esprit s'insinue et s'avance,
Tant et si bien qu'il arrive à bon port.
(extrait)

L'esprit est près de venir à Lise... Entre le titre du conte et la composition adoptée par Fragonard ne subsiste plus guère d'ambiguïté sur le sens du récit. Cette scène ferait ainsi une suite logique à ce répertoire d'étreintes que nous évoquions ailleurs. Notons que Fragonard contourne la difficulté qu'il y a à figurer un abbé couché sur un lit en plaçant dans le mur une statue de la Vierge qui suffit à reprendre l'allusion anticléricale du conte.

Le dessin est plus sec, le trait est plus cassant ; le lavis moins fluide ne crée pas les mêmes effets de lumière. Comme pour d'autres compositions, nous serions presque tentés d'y voir un moindre degré d'achèvement. On retiendra cependant le dessin des chutes de tissus, draps et robes confondus, qui sont assurément l'un des bonheurs de Fragonard.

163 *L'Abbesse malade*

■ H. : 202 ; L. : 139 mm

ŒUVRE EN RAPPORT

DESSIN

Groupe A : Walferdin ; Feuillet de Conches ; Portalis ; Lord Carnarvon ; J. Mortimer Schiff ; New York, coll. part. (Ananoff n° 508).

Certaine abbesse un certain mal avait.
(…)
La Faculté sur ce point consultée,
Dit que bientôt madame tomberait
En fièvre lente, et puis qu'elle mourrait.
Force sera que cette humeur la mange ;
A moins que de … l'à moins est bien étrange ;
A moins enfin qu'elle n'ait à souhait
Compagnie d'homme. Hippocrate ne fait
Choix de ses mots, et tant tourner ne sait.
(extrait)

L'abbesse, bien évidemment scandalisée, refuse le remède. Le mal empire et les sœurs, inquiètes, se concertent un jour pour lui venir en aide : elles se dévoueront pour montrer la voie en essayant d'abord sur elles-mêmes le remède.

Le conte n'est guère aisé à illustrer. Notons que la composition est reprise de Cochin et d'Eisen. C'est une assemblée de notables ridicules digne du *Malade imaginaire* ; les médecins lourdement emperruqués semblent ainsi empruntés à la comédie. Nous nous interrogeons sur la présence bien insolite de la cage d'oiseau tombant du plafond — nous verrons plus loin qu'elle réapparaît dans d'autres dessins.

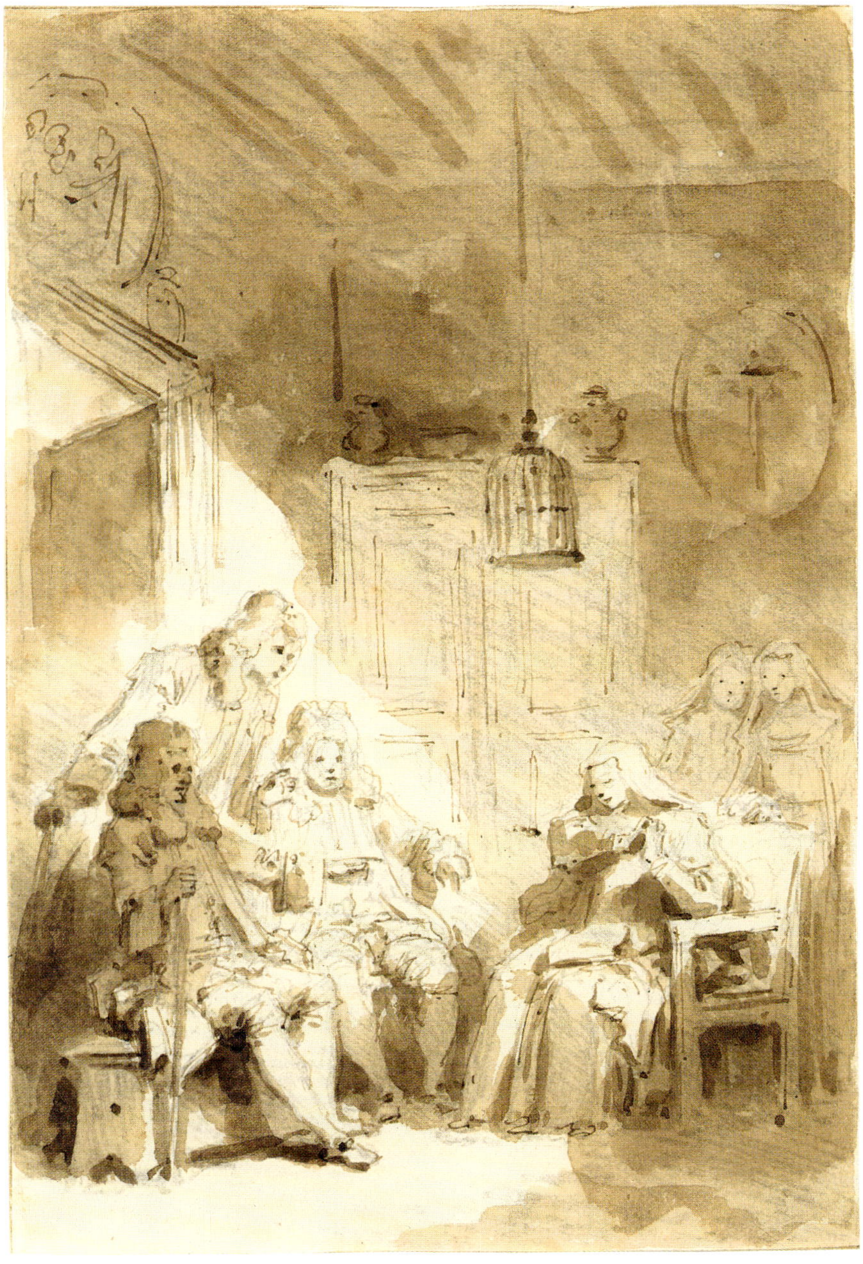

164 Les Troqueurs

■ H. : 201 ; L. : 142 mm

ŒUVRES EN RAPPORT

DESSINS

Groupe A

Walferdin ; Feuillet de Conches ; Portalis ; Lord Carnarvon ; J. Mortimer Schiff ; New York, coll. part. (Ananoff n° 509).

Groupe C (?)

Walferdin-Piat (Cohen).

Près de Rouen, pays de sapience,
Deux villageois avaient chacun chez soi
Forte femelle et d'assez bon aloi,
Pour telles gens qui n'y raffinent guère ;
Chacun sait bien qu'il n'est pas nécessaire
Qu'amour les traite ainsi que des prélats.
Avint pourtant que tous deux étant las
De leurs moitiés, leur voisin le notaire
Un jour de fête avec eux chopinait.
Un des manants lui dit : Sire Oudinet,
J'ai dans l'esprit une plaisante affaire.
Vous avez fait sans doute en votre temps
Plusieurs contrats de diverse nature,
Ne peut-on point en faire un où les gens
Troquent de femme ainsi que de monture ?
(...)
Or sus, voisins, faisons les choses nettes.
Vous ne voulez chat en poche donner
Ni l'un ni l'autre, allons donc confronter
Vos deux moitiés comme Dieu les a faites.
L'expédient ne fut goûté de tous :
Trop bien voilà messieurs les deux époux
Qui sur ce point triomphent de s'étendre.
Tiennette n'a ni suros ni malandre,
Dit le second. Jeanne, dit le premier,
A le corps net comme un petit denier ;
Ma foi c'est basme. Et Tiennette est ambroise,
Dit son époux ; telle je la maintien.
L'autre reprit : Compère, tiens-toi bien ;
Tu ne connais Jeanne ma villageoise ;
Je t'avertis qu'à ce jeu... m'entends-tu ?
L'autre manant jura : Par la vertu,
Tiennette et moi nous n'avons qu'une noise,
C'est qui des deux y sait de meilleurs tours ;
Tu m'en diras quelques mots dans deux jours :
A toi compère. Et de prendre la tasse,
Et de trinquer ; Allons, sire Oudinet,
A Jeanne ; top ; puis à Tiennette ; masse.
Somme qu'enfin la soulte du mulet
Fut accordée, et voilà marché fait.
(extrait)

C'est assurément l'une des plus jolies scènes d'extérieur de l'ensemble des contes. Le motif de la tonnelle permet à Fragonard un effet de cadre cintré des plus heureux — notons qu'il est repris en partie à Cochin. Si l'atmosphère générale évoque plutôt le midi, sinon l'Italie, on peut aussi voir dans ce dessin le souvenir des *Tabagies* et autres scènes de cabarets hollandais, dans la manière d'un Adriaen Van Ostade par exemple, genre très apprécié au XVIIIe siècle. Le coup de lumière est des plus heureux, venu d'on ne sait guère où, mais rompu par des ombres avancées, au premier plan, qui donnent une grande profondeur à la composition. Fragonard module avec une belle maîtrise son lavis afin de bien détacher tous les éléments du dessin : ici les ombrages plus obscurs, là le reflet d'une chevelure, là encore l'ombre portée sur les personnages — notons qu'il utilise aussi les traces de pierre noire. Remarquons ainsi ces détails tracés d'une plume souple et ombrés de trois taches savantes : le chien couché sous la table, les cruches renversées...

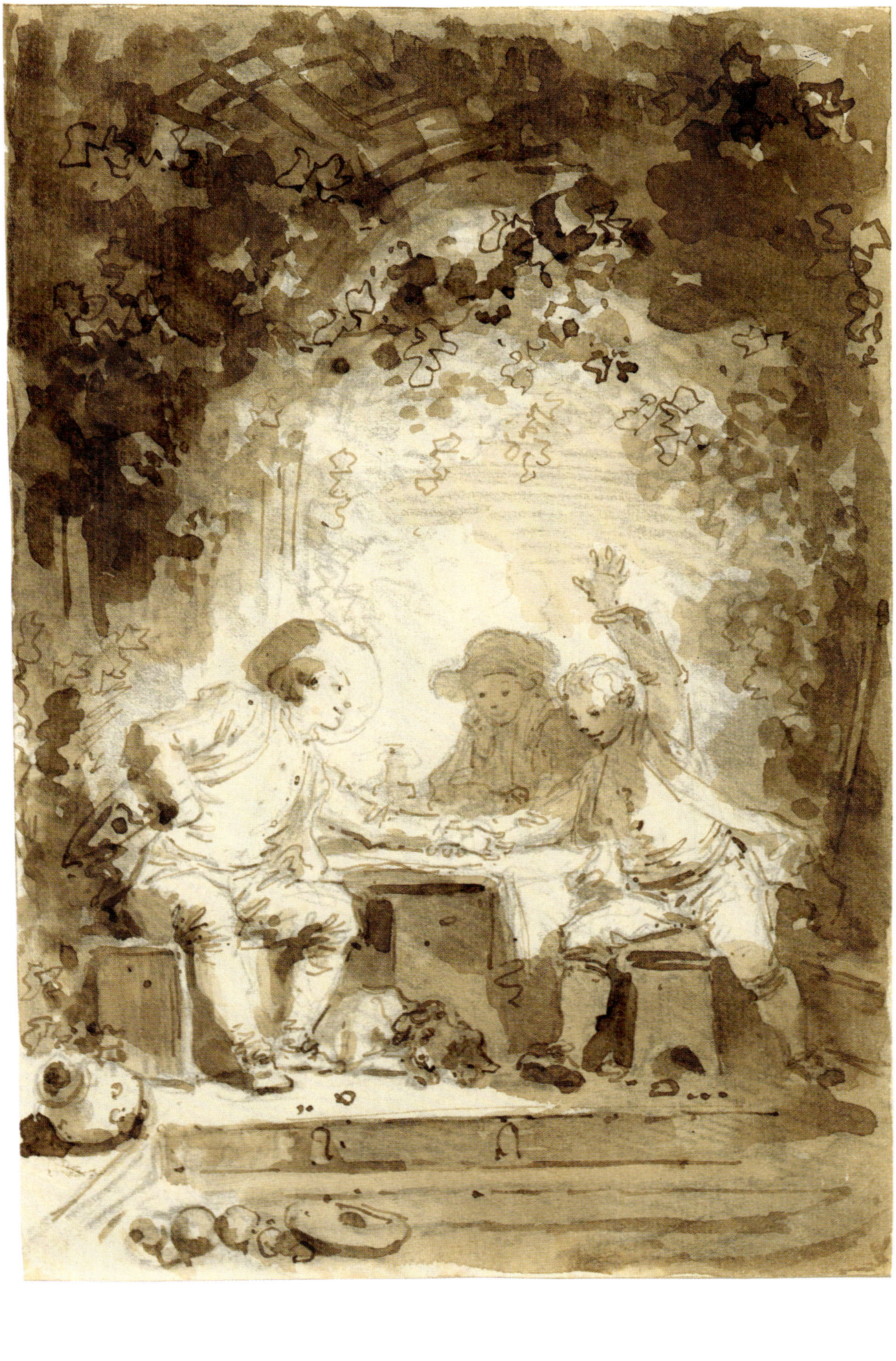

165 Le Cas de conscience

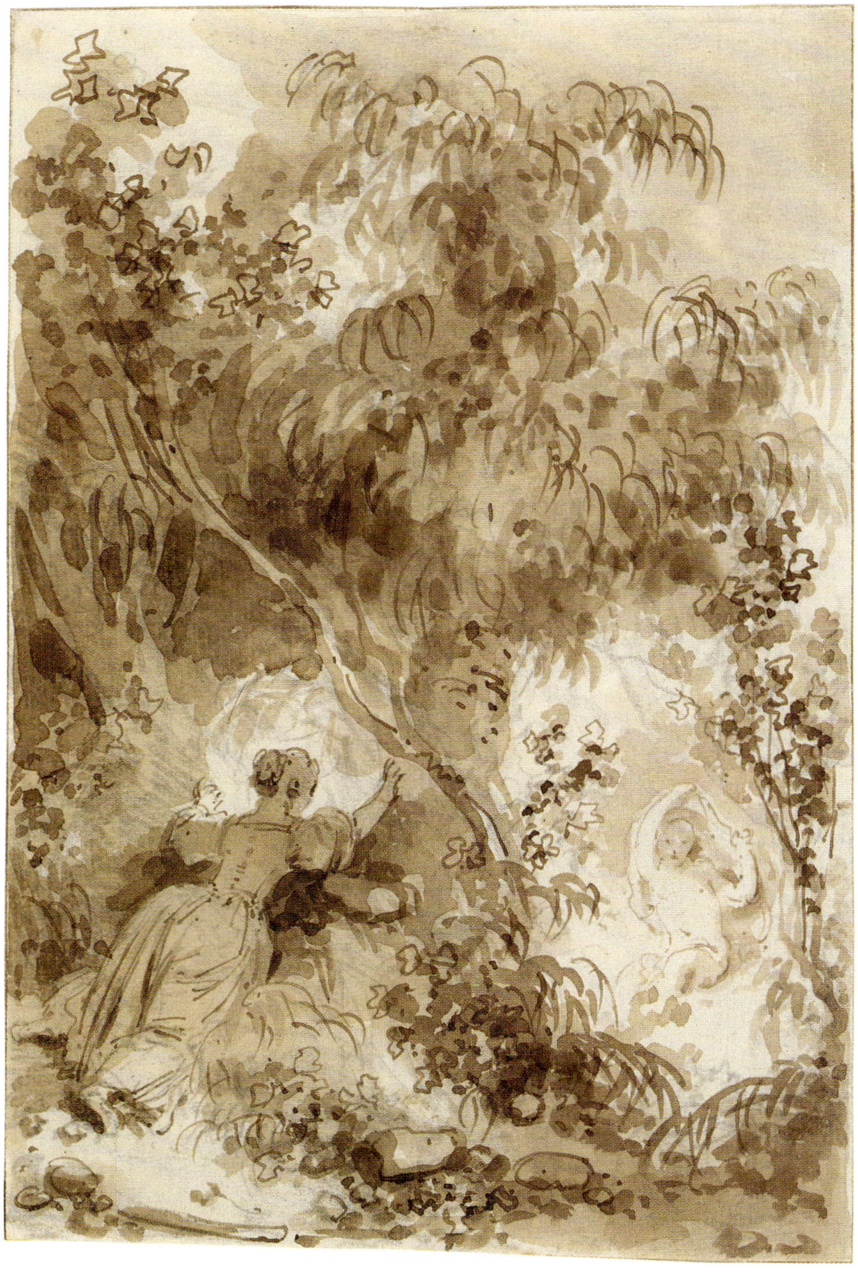

■ H. : 206 ; L. : 139 mm

ŒUVRES EN RAPPORT

DESSINS

Groupe A : Walferdin ; Feuillet de Conches ; Portalis ; Lord Carnarvon ; J. Mortimer Schiff ; New York, coll. part. (Ananoff n° 521). Le dessin porte un mauvais titre : *Le fleuve Scamandre.*

Groupe C : La Béraudière ; Piat (Ananoff n° 2674). L'attribution est contestée par Portalis.

Anne, puisqu'ainsi va, passait dans son village
Pour la perle et le parangon.
Etant un jour près d'un rivage,
Elle vit un jeune garçon
Se baigner nu. La fillette était drue,
Honnête toutefois. L'objet plut à sa vue.
Nuls défauts ne pouvaient être au gars reprochés ;
Puis dès auparavant aimé de la bergère,
Quand il en aurait eu l'amour les eût cachés ;
Jamais tailleur n'en sut mieux que lui la manière.
Anne ne craignait rien ; des saules la couvraient
Comme eût fait une jalousie :
Çà et là ses regards en liberté couraient
Où les portait leur fantaisie,
Çà et là, c'est-à-dire aux différents attraits
Du garçon au corps jeune et frais,
Blanc, poli, bien formé, de taille haute et drète,
Digne enfin des regards d'Annette.
D'abord une honte secrète
La fit quatre pas reculer,
L'amour huit autres avancer :
Le scrupule survint, et pensa tout gâter
Anne avait bonne conscience :
Mais comment s'abstenir ? est-il quelque défense
Qui l'emporte sur le désir
Quand le hasard fait naître un sujet de plaisir ?
(extrait)

D'évidence Fragonard a voulu représenter les saules et d'abord les saules : les personnages sont noyés l'un dans la lumière, l'autre dans les feuillages décrits dans la nouvelle, et cela donne l'un des plus jolis effets de plume dont il a jamais usé pour rendre les feuillages d'un arbre : l'effet de ces virgules posées sur toute la feuille et modulées en plusieurs tons (encre pure et lavis plus ou moins dilué) n'est pas sans suggérer aussi quelque influence de la calligraphie orientale — on pense aux roseaux des peintres japonais. Sans exagération, et malgré le peu de goût que nous avons pour ces anachronismes, nous reconnaîtrions volontiers à cette composition toutes les qualités d'une œuvre pré-abstraite — on sait que c'est d'un arbre que Mondrian s'est d'abord inspiré.

Plus raisonnablement, on appréciera aussi l'effet de clairière qui baigne la partie droite de la composition et la trouée de lumière où Anne passe la tête.

166 *Le Diable de Papefiguière*

■ H. : 201 ; L. : 140 mm

ŒUVRE EN RAPPORT

DESSIN

Groupe A : Walferdin ; Feuillet de Conches ; Portalis ; Lord Carnarvon ; J. Mortimer Schiff ; New York, coll. part. (Ananoff n° 510).

« Maître François dit que Papimanie / est un pays où les gens sont heureux.» Papefigue, pays voisin, hélas ne jouit pas de la même tranquillité : un diable y fait régner la terreur et la tyrannie. Perrette, papefiguière courageuse et imaginative, femme de sire Phlipot, saura bien pourtant le chasser…

Tout le clergé chante autour à voix haute
Vade retro. *Perrette cependant*
Est au logis, le lutin attendant.
Le lutin vient : Perrette échevelée
Sort et se plaint de Phlipot en criant :
Ah le bourreau, le traître, le méchant
Il m'a perdue, il m'a tout affolée.
Au nom de Dieu, monseigneur sauvez-vous.
A coup de griffe il m'a dit en courroux
Qu'il se devait contre Votre Excellence
Battre tantôt, et battre à toute outrance.
Pour s'éprouver le perfide m'a fait
Cette balafre. A ces mots au follet
Elle fait voir… Et quoi ? Chose terrible.
Le diable en eut une peur tant horrible
Qu'il se signa, pensa presque tomber ;
Onc n'avait vu, ne lu, n'ouï conter
Que coups de griffe eussent semblable forme.
Bref aussitôt qu'il aperçut l'énorme
Solution de continuité,
Il demeura si fort épouvanté,
Qu'il prit la fuite et laissa là Perrette.
(extrait)

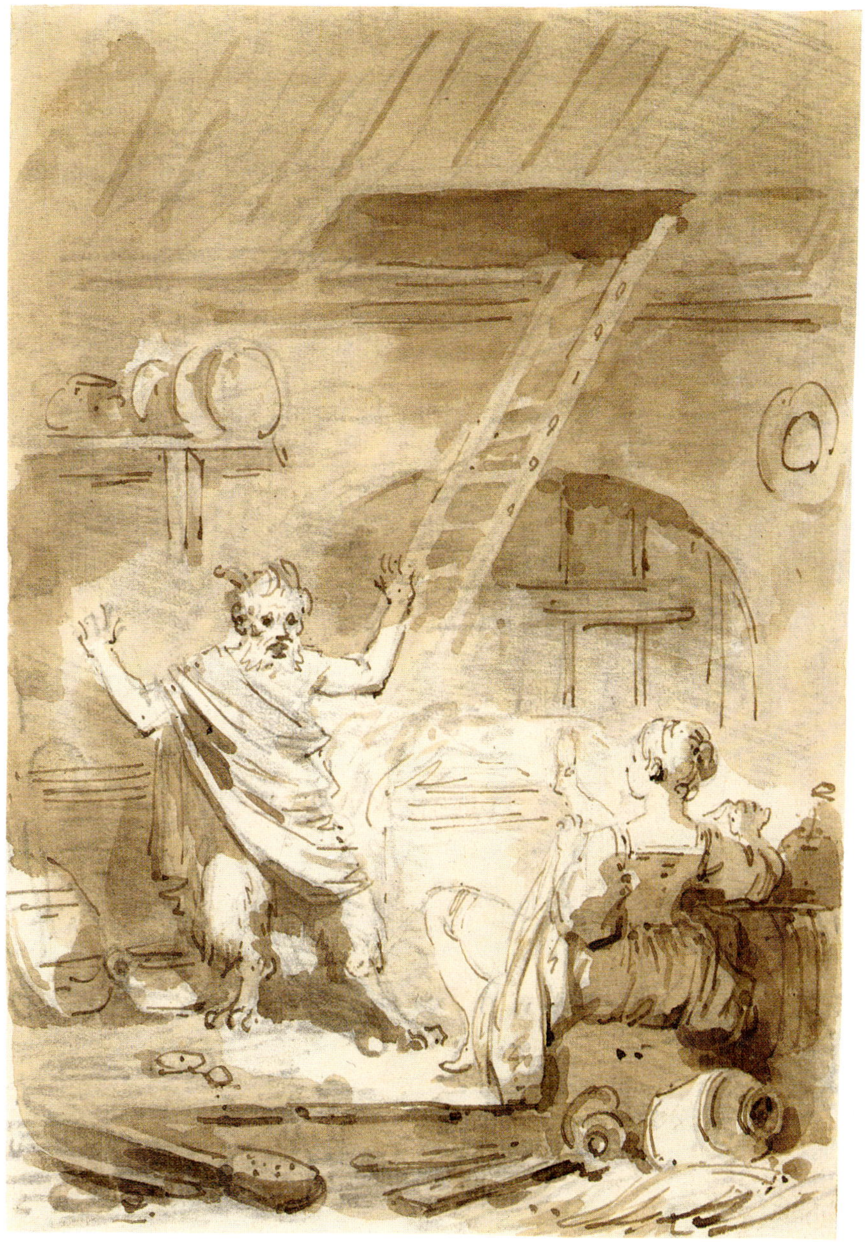

La scène est des plus lestes et complète ce blason du corps féminin auquel La Fontaine et Fragonard à sa suite semblent s'être attachés. N'expliquons pas davantage ce qu'est cette «solution de continuité» qui fait fuir le démon : Fragonard le montre bien assez sans le montrer — notons cependant que, si Cochin, et Eisen lui-même, n'osent guère montrer davantage, certains illustrateurs, notamment au XIXe siècle, ne se sont pas empêchés de figurer la même scène vue de face (J.-A. Chauvet, par exemple, dans une édition non gravée des *Contes* ; voir à ce sujet, dans notre bibliographie sur La Fontaine, la rubrique *Editions illustrées depuis 1795*). Admirons cet art consommé de peintre galant qui fait montrer à Fragonard l'in-montrable, comme La Fontaine disait l'indicible.

Le diable cornu, crochu, griffu et poilu est vêtu d'une toge à l'antique. Il lève les bras au ciel d'épouvante dans un geste qui répond à l'attitude de l'ingénieuse Papefiguière— remarquons le détail de la jarretière et l'élégance du mouvement de la jeune femme. Encore une fois c'est grâce aux subtiles modulations du lavis que Fragonard parvient à créer profondeur et dynamisme dans sa composition — de plus ces effets de contre-jour sauvent ici un dernier soupçon de décence. Il faut enfin noter l'ingénieuse occupation du haut du dessin : une trappe dans le plafond d'où descend une échelle — faut-il y voir quelque allusion humoristique ?

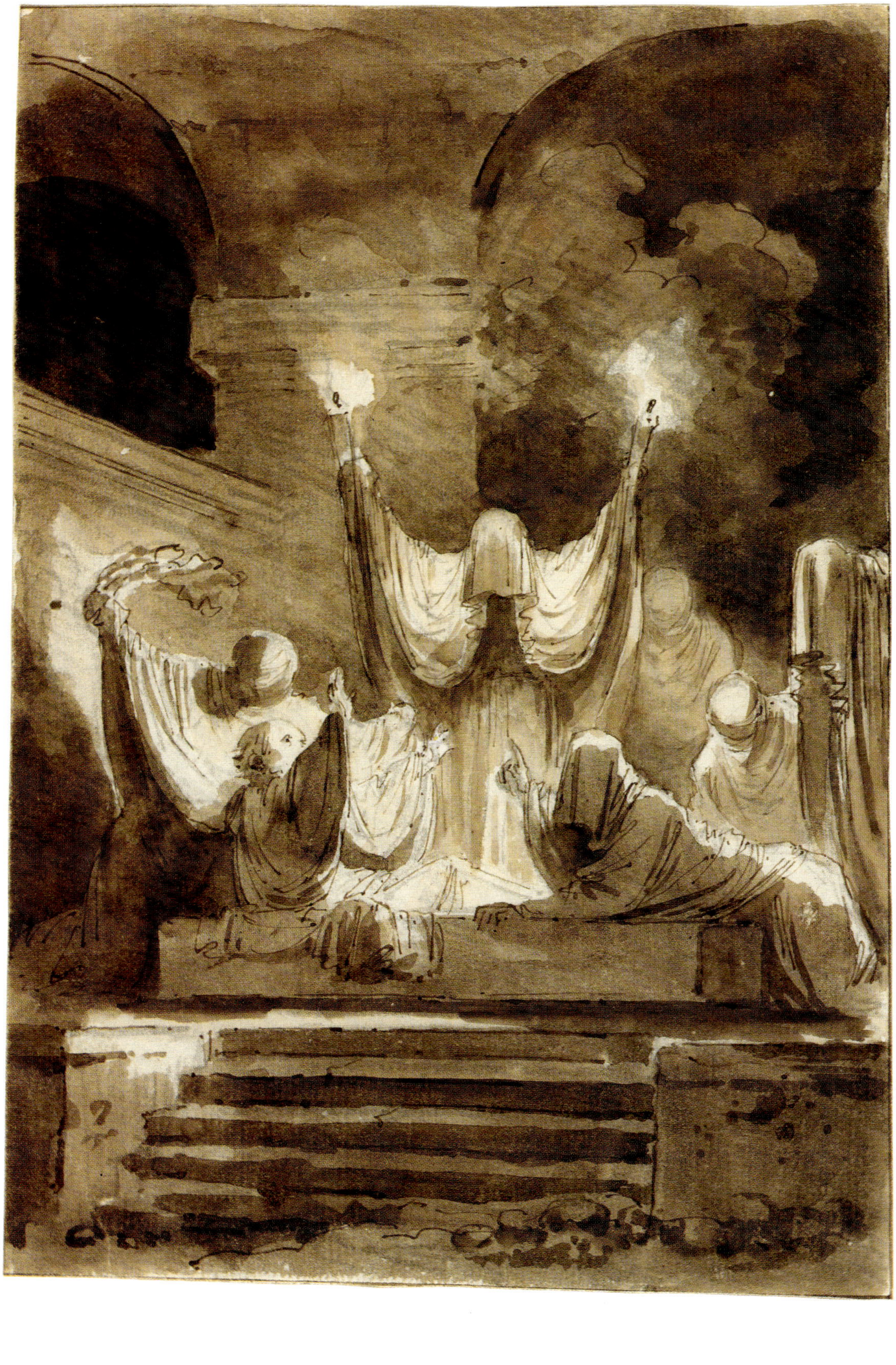

167 *Féronde ou le purgatoire*

▪ H. : 203 ; L. : 139 mm

ŒUVRES EN RAPPORT

DESSINS

Groupe A

Walferdin ; Feuillet de Conches ; Portalis ; Lord Carnarvon ; J. Mortimer Schiff ; New York, coll. part. (Ananoff n° 511).

Groupe ?

Walferdin ; Portalis (Cohen).

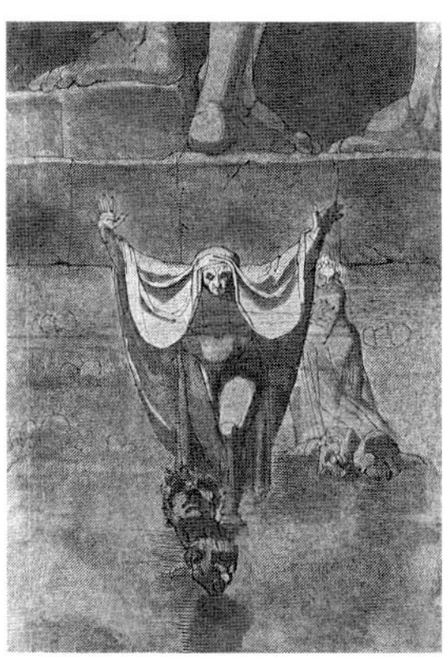

Fig. 124 : H. Füssli, *Dante et Virgile aux enfers*, Zürich, Kunsthaus.

« Féronde était un sot de par le monde», époux malheureux que sa femme trompe avec un abbé blanc…

Mais le mari qui se doutait du tour
Rompait les chiens, ne manquant au retour
D'imposer mains sur madame Féronde.
Onc il ne fut un moins commode époux.
Esprits ruraux volontiers sont jaloux,
Et sur ce point à chausser difficiles,
N'étant pas faits aux coutumes des villes.
Monsieur l'abbé trouvait cela bien dur,
Comme prélat qu'il était, parlant homme
Fuyant la peine, aimant le plaisir pur,
Ainsi que fait tout bon suppot de Rome.
(…)
Par le moyen d'une poudre endormante
L'abbé le plonge en un très long sommeil.
On le croit mort, on l'enterre, l'on chante :
Il est surpris de voir à son réveil
Autour de lui gens d'étrange manière ;
Car il était au large dans sa bière,
Et se pouvait lever de ce tombeau
Qui conduisait en un profond caveau.
D'abord la peur se saisit de notre homme.
Qu'est-ce cela ? songe-t-il ? est-il mort ?
Serait-ce point quelque espèce de sort ?
Puis il demande aux gens comme on les nomme,
Ce qu'ils font là, d'où vient que dans ce lieu
L'on le retient, et qu'a-t-il fait à Dieu ?
L'un d'eux lui dit : Console-toi, Féronde,
Tu te verras citoyen du haut monde
Dans mille ans d'hui, complets et bien comptés.
Auparavant il faut d'aucuns péchés
Te nettoyer en ce saint purgatoire.
Ton âme un jour plus blanche que l'ivoire
En sortira. L'ange consolateur
Donne à ces mots au pauvre receveur
Huit ou dix coups de forte discipline,
En lui disant : C'est ton humeur mutine,
Et trop jalouse, et déplaisant à Dieu
Qui te revient pour mille ans en ce lieu.
(extrait)

Féronde ressortira du purgatoire un mois plus tard ; et comme un miracle ne vient jamais seul, son ménage, que l'on disait stérile, s'augmentera bientôt d'un enfant, miraculeux lui aussi.

Avec la *Chose impossible*, *Féronde…* est l'une des plus étranges illustrations composées par Fragonard, et l'un des rares dessins d'atmosphère franchement néo-classique de tout son œuvre. Devant un tel dessin, nous étions fortement tentés au premier abord de trouver une source étrangère au vocabulaire de Fragonard. Lorsque nous avons retrouvé le dessin de Füssli pour le *Purgatoire* de Dante (*fig. 124*), la ressemblance des deux œuvres nous a intrigués : Fragonard s'était-il inspiré de son cadet ? Rappelons que les deux artistes se sont trouvés à Rome ensemble en 1774, que le dessin de Füssli est daté et localisé à Rome en 1774, qu'enfin la proximité d'inspiration des deux textes, le Purgatoire, incite davantage à établir une influence du Suisse sur le Français que l'inverse. A l'étude nous avons retrouvé peut-être la source d'inspiration commune aux deux artistes : Rembrandt, et plus particulièrement la *Présentation au Temple* de Hambourg (autrefois conservée à Paris dans les collections De Guiche, Du Barry et Vassal de Saint-Hubert) où se retrouvent le geste déclamatoire et la frontalité si caractéristiques. Toutefois il n'en demeure pas moins à notre avis que la correspondance des dates, l'identité des œuvres et, dans une moindre mesure, une certaine affinité des deux artistes (seul P. Rosenberg évoque une parenté de style entre les deux artistes, voir Paris 1988, p. 499) peuvent fort bien suggérer que Fragonard et Füssli se sont vus à Rome au printemps 1774. Certes, la datation précise du dessin de Füssli est ennuyeuse (*Aug. 1774*), puisqu'en août Fragonard était en Autriche, sur le chemin du retour…

Si l'on admet, avec nous, que la composition de Fragonard doit beaucoup à Rembrandt — citons encore du même artiste la *Résurrection de Lazare* de Los Angeles —, et beaucoup aussi aux études anciennes pour *Corésus…* (Rosenberg, 1989, n° 114, voir le prêtre âgé et voilé) ou pour le *Sacrifice au Minotaure* (Rosenberg, 1989, n°s 116 et 117, voir les prêtres voilés sur la droite), peut-être faut-il alors considérer l'hypothèse d'une influence de Fragonard sur Füssli ? En tous les cas, il nous semble évident que les dessins sont trop proches pour que l'on puisse conclure à une simple ressemblance fortuite : la culture globale ou, si l'on préfère, l'air du temps ne font pas tout.

Demeure le problème du dessin du groupe A dont notre lavis reprend exactement la composition. Si l'on veut suggérer une influence de Füssli sur Fragonard, il faut donc dater le groupe A de 1774. A rebours, si l'on croit à une influence de Fragonard sur Füssli, on peut n'en déduire que la datation de notre dessin. Mais peut-être tout cela est-il encore plus compliqué ?

168 Le Psautier

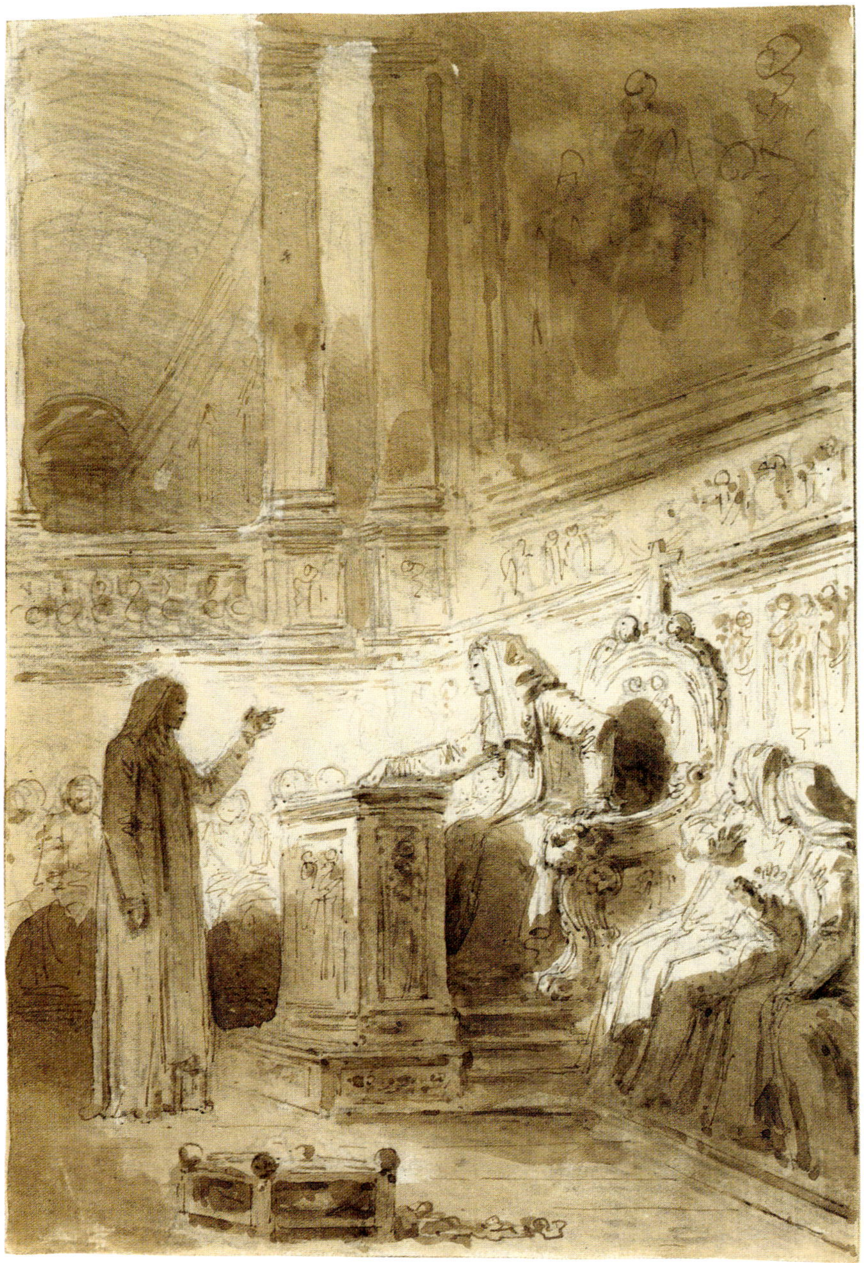

■ H. : 204 ; L. : 139 mm

ŒUVRE EN RAPPORT

DESSIN

Groupe A : Walferdin ; Feuillet de Conches ; Portalis ; Lord Carnarvon ; J. Mortimer Schiff ; New York, coll. part. (Ananoff n° 512).

« Dans un couvent de nonnes fréquentait / Un jouvenceau friand, comme on peut croire / De ces oiseaux (...)». Le jouvenceau recevait les faveurs de sœur Isabelle. Un jour les deux amants sont surpris dans une cellule. On alerte la mère abbesse...

On lui cria : Madame, levez-vous ;
Sœur Isabelle a dans sa chambre un homme.
Vous noterez que madame n'était
En oraison, ni ne prenait son somme :
Trop bien alors dans son lit elle avait
Messire Jean curé du voisinage.
Pour ne donner aux sœurs aucun ombrage,
Elle se lève, en hâte, étourdiment,
Cherche son voile, et malheureusement
Dessous sa main tombe du personnage
Le haut-de-chausse assez bien ressemblant
Pendant la nuit quand on n'est éclairée
A certain voile aux nonnes familier,
Nommé pour lors entre elles leur psautier.
La voilà donc de grègues affublée.

La mère abbesse convoque le chapitre et du haut de sa chaire entreprend de sermonner Isabelle de la manière la plus rude. Celle-ci l'interrompt une première fois pour lui faire remarquer un défaut à son psautier...

Pas ne finit mère abbesse sa gamme
Sans sermonner et tempêter beaucoup.
Sœur Isabeau lui dit encore un coup :
Raccommodez votre ouvrage, madame.
Tout le troupeau se met à regarder.
Jeunes de rire, et vieilles de gronder.

D'évidence l'effet comique, pourtant visuel, de La Fontaine est trop subtil pour rendre l'illustration éloquente. Convenons-en, le dessin de Fragonard est de ce point de vue peu lisible ; Eisen et Cochin d'ailleurs, qui donnent la même illustration, n'y réussissent guère mieux. Demeure l'évocation assez surprenante du chapitre, dans une ambiance de tribunal que Fragonard a dramatisée avec force par l'emploi d'une lumière très contrastée et l'adoption d'une pose d'un hiératisme tout néo-classique d'esprit pour la sœur Isabelle (on pense à quelque statue antique) ; demeure aussi l'esquisse architecturale de cette salle, plus proche d'un palais que d'une église : Fragonard s'est-il souvenu d'un lieu précis ?

169 Le Roi Candaule et le maître en droit

▪ H. : 203 ; L. : 139 mm

ŒUVRE EN RAPPORT

DESSIN

Groupe B : Paris, Ecole des Beaux-Arts.

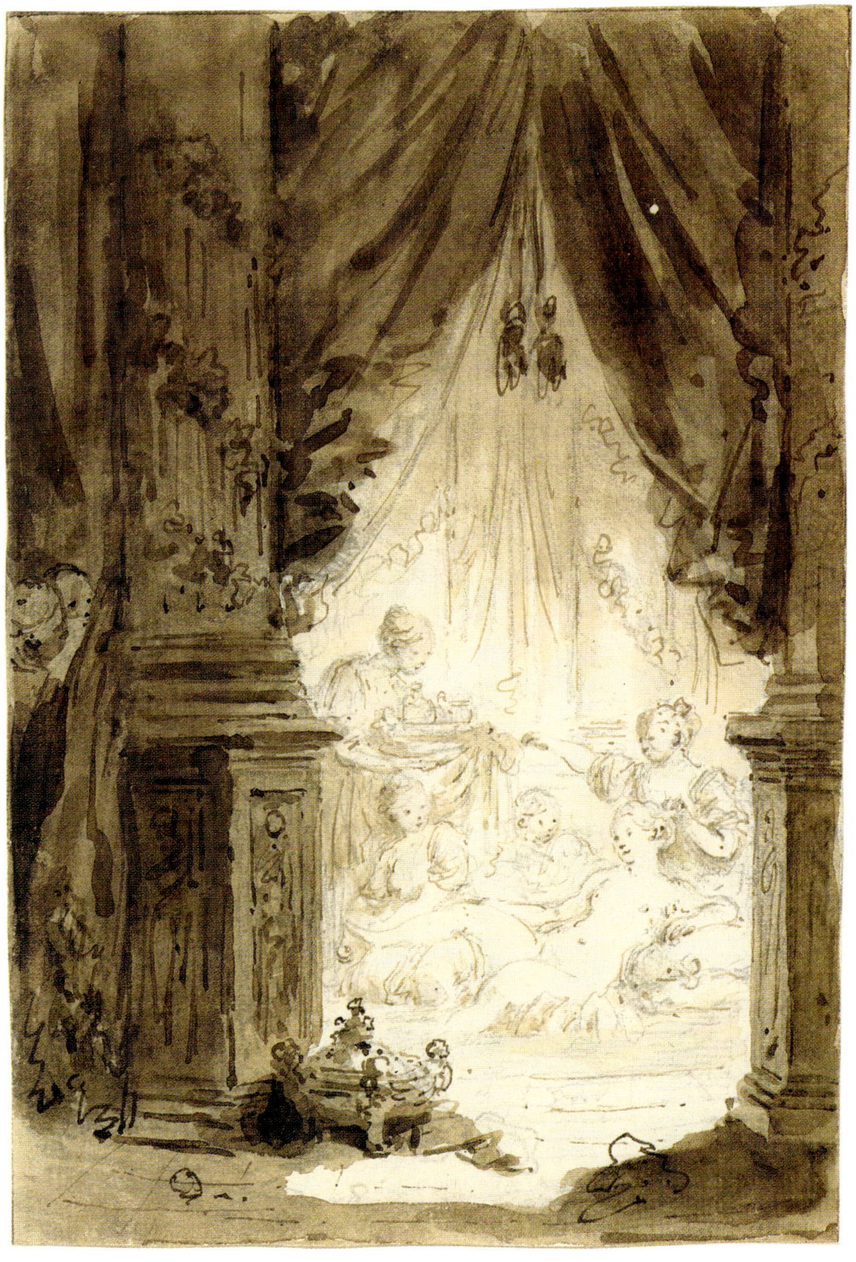

La nouvelle de La Fontaine conte en fait deux histoires ; Fragonard illustre ici la première, celle du Roi Candaule.

Force gens ont été l'instrument de leur mal ;
Candaule en est un témoignage.
Ce roi fut en sottise un très grand personnage.
Il fit pour Gygès son vassal
Une galanterie imprudente et peu sage.
Vous voyez, lui dit-il, le visage charmant,
Et les traits délicats dont la reine est pourvue :
Je vous jure ma foi que l'accompagnement
Est d'un tout autre prix ; et passe infiniment ;
Ce n'est rien qui ne l'a vue
Toute nue.
Je vous la veux montrer sans qu'elle sache rien ;
Car j'en sais un très bon moyen :
(...)
Proposez-vous de voir tout ce corps si charmant,
Comme un beau marbre seulement.
Je veux que vous disiez que l'art, que la pensée,
Que même le souhait ne peut aller plus loin.
Dedans le bain je l'ai laissée :
Vous êtes connaisseur, venez être témoin
De ma félicité suprême.
Ils vont. Gygès admire. Admirer c'est trop peu.
Son étonnement est extrême.
Ce doux objet joua son jeu.
(extrait)

Fragonard reprend l'idée de son illustration à Eisen, mais alors que celui-ci compose une *Diane au bain* dans le style de Boucher, notre artiste élabore une scène d'esprit orientaliste — on se souvient que Fragonard a réalisé quelques turqueries, voir Paris, 1988, n°s 219 et 220, et la référence à une œuvre d'Amédée Van Loo (de 1775 ?) conservée au Louvre, *La toilette d'une sultane*, p. 454, fig. 1— ; mais il est permis de penser aussi à des intérieurs féminins comme le *Dortoir des jeunes filles* (*op. cit.*, n° 113). Retenons en tous les cas l'un des plus beaux effets de lumière combiné avec des chutes de draperies, l'un des plus théâtraux aussi : comme dans le *Cas de Conscience*, Fragonard semble en user pour voiler d'une blanche pudeur, c'est-à-dire de la seule réserve du papier, la nudité de la jeune femme. On s'amusera de voir comme les voyeurs du conte disparaissent dans l'ombre (voir n° 159), laissant aux spectateurs que nous sommes la responsabilité de leur indiscrétion. On remarquera aussi le détail du brûle-parfum, au premier plan, que l'on retrouve à peu près dans un dessin de Saint-Jean-Cap-Ferrat (musée de l'Ile-de-France) : *Une métamorphose de Jupiter* (voir Paris 1988, n° 112).

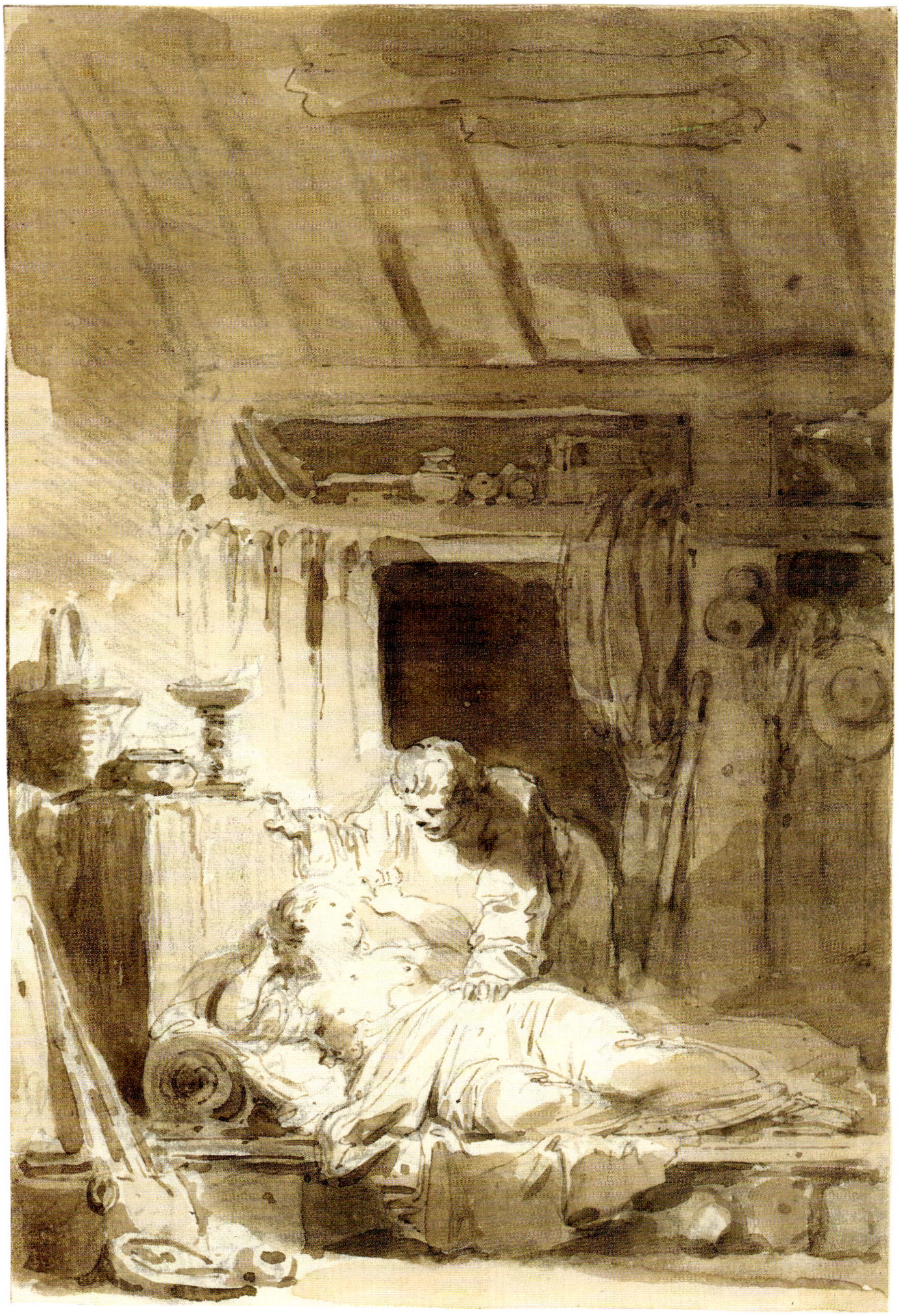

170 Le Diable en enfer

▪ H. : 202 ; L. : 139 mm

ŒUVRES EN RAPPORT

DESSINS

Groupe A

Walferdin ; Feuillet de Conches ; Portalis ; Lord Carnarvon ; J. Mortimer Schiff ; New York, coll. part. (Ananoff n° 513).

Autre

Portalis ; vente anonyme, 13 & 15-06-1960 ; Genève, coll. N. Rauch ; coll. Dajieu-Silly ; France, coll. part. (Ananoff n° 2681).

Allibech, jeune vierge innocente, veut devenir sainte. Elle prend conseil d'un vieil ermite qui lui recommande un de ses confrères : «C'était Rustic, jeune saint très fervent». A la demande de la jeune fille, Rustic s'interroge sur la meilleure voie à suivre pour gagner sa sainteté et celle de la belle…

Il dit en soi : Rustic, que sais-tu faire ?
Veiller, jeûner, porter la haire ?
Qu'est-ce cela ? moins que rien ; tous le font :
Mais d'être seul auprès de quelque belle
Sans la toucher, il n'est victoire telle ;
(…)
Couchés à part, Allibech s'endormit :
L'ermite non. Une certaine bête
Diable nommée, un vrai serpent maudit,
N'eut point de paix qu'il ne fut de la fête.
(…)
Ce n'est bien fait que de dormir si tôt,
Dit le frater ; il faut au préalable
Qu'on fasse un œuvre à Dieu fort agréable,
Emprisonnant en enfer le Malin ;
Créé ne fut pour aucune autre fin.
Procédons-y. Tout à l'heure il se glisse
Dedans le lit. Allibech sans malice
N'entendait rien à ce mystère-là :
Et ne sachant ni ceci ni cela,
Moitié forcée et moitié consentante,
Moitié voulant combattre ce désir,
Moitié n'osant, moitié peine et plaisir,
Elle crut faire acte de repentante ;
Bien humblement rendit grâce au frater ;
Sut ce que c'est que le diable en enfer.
(extrait)

Curieusement, alors qu'il tient là un exemple réel d'étreinte à demi forcée («Moitié forcée et moitié consentante»), de ces étreintes qui évoquent nécessairement — mais sans doute faut-il se méfier de ces nécessaires évidences — le *Verrou*, Fragonard représente ici les prémices de l'action. L'atmosphère nocturne rendue avec un grand art de la mise en scène, l'évocation d'un intérieur paysan des plus simples retiennent ici toute son attention : les vases, paniers et autres cruches enveloppés d'une lumière toute irréelle composent une merveilleuse nature morte. On sera aussi sensible à la grâce des attitudes et aux charmes de la jeune fille : sans doute le dessinateur retient-il davantage du conte cet hymne à l'amour que La Fontaine place en exergue : «Qui craint d'aimer a tort selon mon sens / S'il ne fuit pas dès qu'il voit une belle.» Remarquons ici que nul détail ne vient rappeler l'allusion anticléricale du texte. Peu importe qui ils sont, semble nous dire Fragonard, pourvu qu'ils s'aiment.

171 *La Jument du compère Pierre*

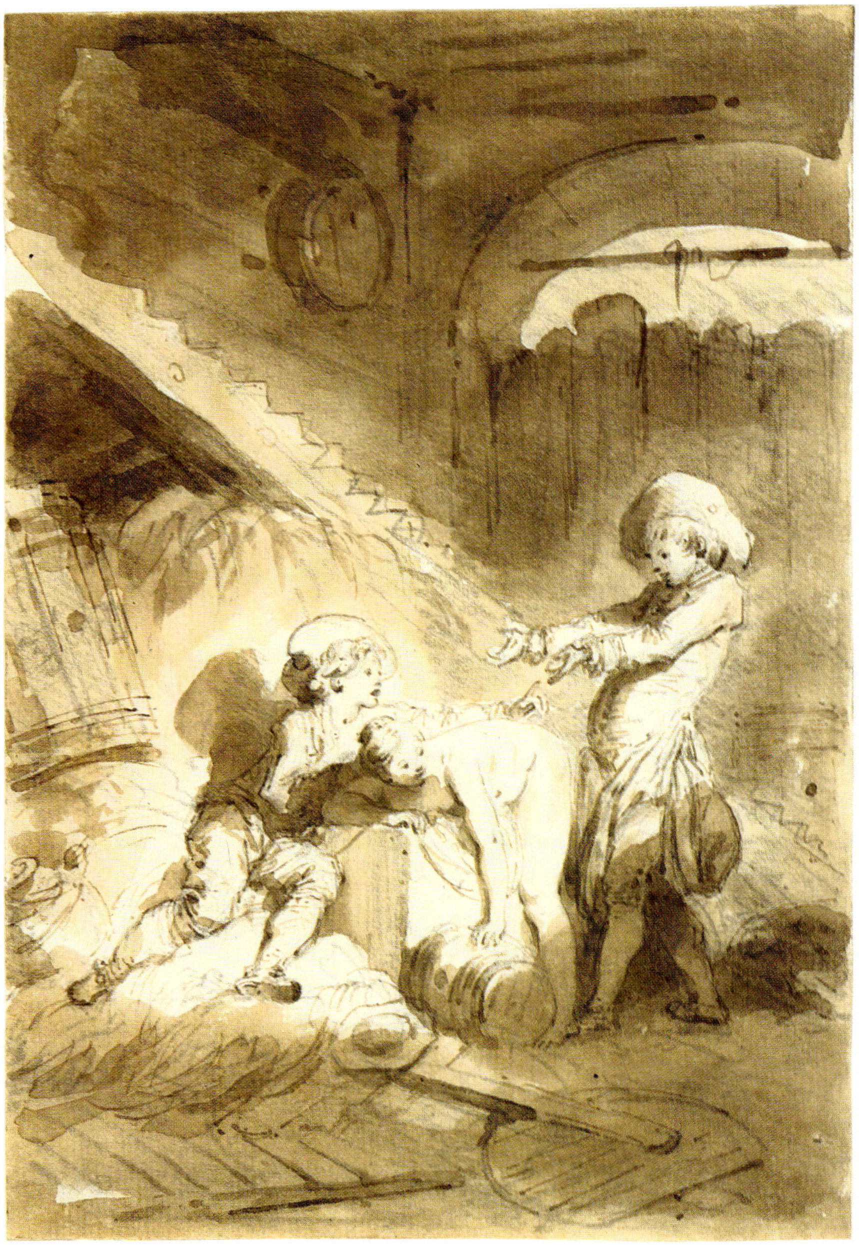

■ H. : 200 ; L. : 139 mm

ŒUVRES EN RAPPORT

DESSINS

Groupe A : Walferdin ; Feuillet de Conches ; Portalis ; Lord Carnarvon ; J. Mortimer Schiff ; New York, coll. part. (Ananoff n° 515).
Groupe C : Delbergue Cormont (Portalis) ; M. P. B. ; Piat (Ananoff n° 2672).

Messire Jean, curé de village, amoureux de la chère, du bon vin et des femmes propose un jour à compère Pierre, pauvre paysan de la paroisse, un marché qui devra le rendre riche... «Mon dessein est de rendre Magdeleine / Jument le jour par art d'enchantement / Lui redonnant sur le soir forme humaine.»

Tant de façons mettaient Pierre en chagrin ;
Et ne voyant nul progrès à la chose,
Il priait Dieu pour la métamorphose.
C'était en vain ; car de l'enchantement
Toute la force et l'accomplissement
Gisait à mettre une queue à la bête :
Tel ornement est chose fort honnête :
Jean ne voulant un tel point oublier
L'attache donc : lors Pierre de crier,
Si haut qu'on l'eût entendu d'une lieue :
Messire Jean, je n'y veux point de queue :
Vous l'attachez trop bas messire Jean.
Pierre à crier ne fut si diligent,
Que bonne part de la cérémonie
Ne fût déjà par le prêtre accomplie.
(extrait)

Continuons donc de feuilleter ce blason du corps féminin dont nous parlions ailleurs ; il n'est guère d'illustration qui ne se prête mieux à cette comparaison, où l'on voit en quelque sorte une leçon d'anatomie appliquée, guère d'image plus directement érotique aussi. Sans doute la tradition et, avant la tradition, le conte lui-même commandent-t-ils de traiter avec franchise ce sujet. On se souvient de la composition de Subleyras sur le même thème qui «permet, dit Pierre Rosenberg, de nuancer quelque peu l'image que l'on se fait parfois d'un Subleyras austère se consacrant entièrement à l'Eglise et à la peinture religieuse» (Paris-Rome, 1987, p.193, n° 31) ; l'attitude de la jeune femme, complètement nue, penchée sur une caisse et présentant sa croupe à Messire Jean, est très proche chez Fragonard et l'on se demandera s'il n'y a pas eu influence — évoquons aussi certaines fresques érotiques d'Herculanum dont Fragonard aurait pu avoir connaissance. Admirons encore une fois l'esprit de Fragonard qui, à la manière de La Fontaine, suggère plus qu'il ne montre mais par là suggère davantage encore : alors qu'Eisen et Subleyras figurent très franchement les mains de Jean pétrissant la partie charnue de Magdeleine, Fragonard représente le même Jean les mains libres — mais les mains ne sont pas tcut... On remarquera aussi que le peintre emploie à nouveau la réserve du papier pour isoler le corps féminin dans un halo de lumière.

172 Les Lunettes

■ H. : 201 ; L. : 139 mm

ŒUVRES EN RAPPORT

DESSINS

Groupe A : Walferdin ; Feuillet de Conches ; Portalis ; Lord Carnarvon ; J. Mortimer Schiff ; New York, coll. part. (Ananoff n° 516).
Groupe C : Walferdin ; Piat (Cohen).

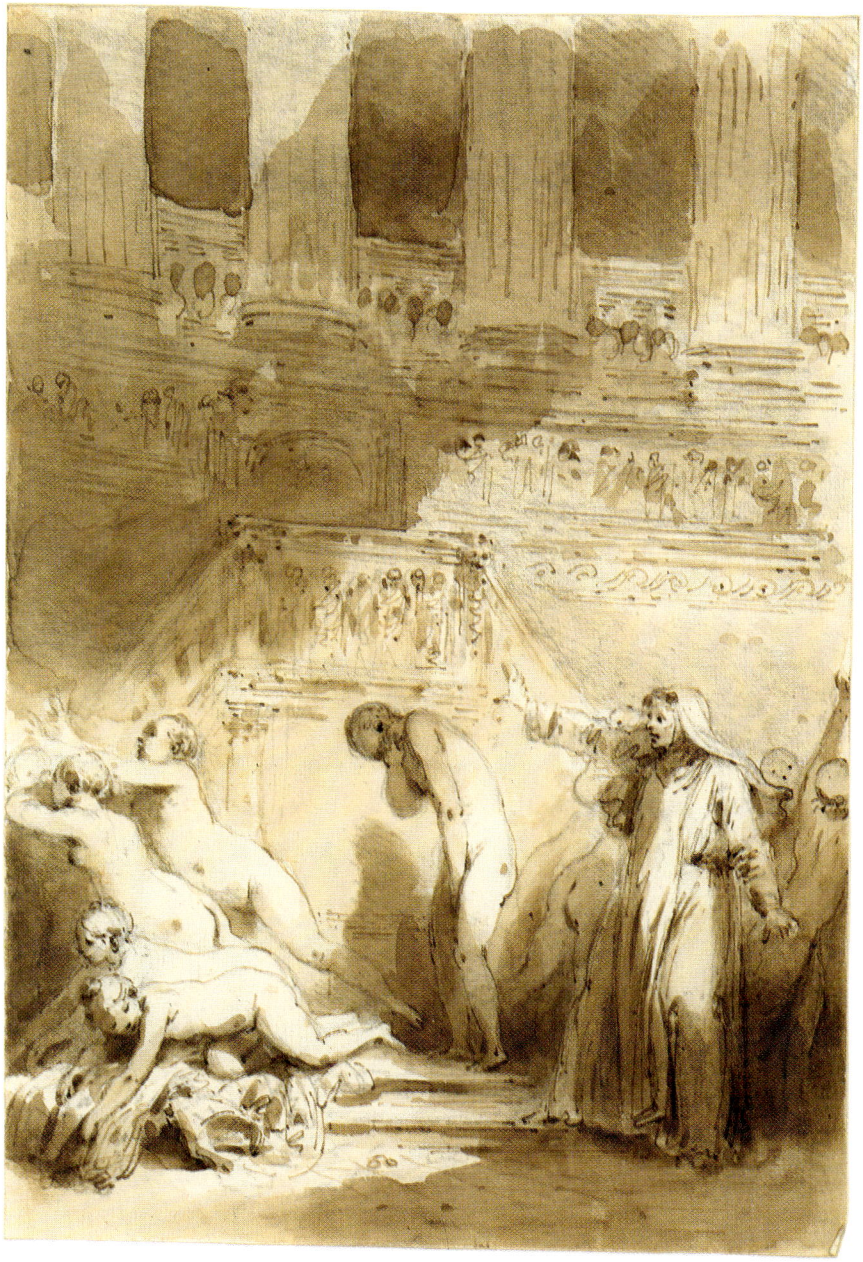

« Jadis s'était introduit un blondin / Chez des nonnains à titre de fillette.» Il sut si bien faire dans le couvent que bientôt sœur Agnès tomba enceinte. Le scandale éclata ; la prieure convoqua toutes les nonnes pour confondre le coupable : «Sus qu'on se deshabille : / Je veux savoir la vérité du cas»…

Qui fut bien pris, ce fut la feinte ouaille.
Plus son esprit à songer se travaille,
Moins il espère échapper d'un tel pas.
Nécessité mère de stratagème
Lui fit… eh quoi ? foin, je suis court moi-même :
Où prendre un mot qui dise honnêtement
Ce que lia le père de l'enfant ?
(…)
La prieure a sur son nez des lunettes,
Pour ne juger du cas légèrement.
Tout à l'entour sont debout vingt nonnettes,
En un habit que vraisemblablement
N'avaient pas fait les tailleurs du couvent.
Figurez-vous la question qu'au sire
On donna lors ; besoin n'est de le dire.
Touffes de lis, proportion du corps,
Secrets appas, enbompoint, et peau fine,
Fermes tétons, et semblables ressorts
Eurent bientôt fait jouer la machine.
Elle échappa, rompit le fil d'un coup,
Comme un coursier qui romprait son licou,
Et sauta droit au nez de la prieure,
Faisant voler lunettes tout à l'heure
Jusqu'au plancher. (…)
(extrait)

L'impertinence de La Fontaine trouve peu de limites : les *Lunettes* sont sans doute l'une des nouvelles les plus scabreuses du recueil, une de celles où le poète met tout son talent à dire ce qu'il ne peut dire. Fragonard refuse de se commettre dans l'illustration de la «scène-titre», la scène où les lunettes volent. Eisen, quant à lui, figure bien ce moment — non sans humour d'ailleurs, reconnaissons-le, tandis que Cochin et Lancret, s'esquivent complètement en choisissant une scène de la deuxième partie du récit. Fragonard préfère, comme à l'accoutumée, transposer légèrement l'action de manière à lui donner une plus grande efficacité dramatique. Sa scène s'apparente à quelque malédiction — on pense à «Adam et Eve chassés du Paradis» — : la main levée de la mère abbesse, l'attitude honteuse du galant, la fuite (faussement) désordonnée de l'essaim des nonnes nues, si elles ne sont point décrites par La Fontaine, résument à merveille l'action de la nouvelle. On admirera le jeu savant des éclairages qui contribuent au dynamisme de la composition. On remarquera aussi le détail des lunettes, à terre, au premier plan.

173 *Le Cuvier*

■ H. : 204 ; L. : 139 mm

ŒUVRE EN RAPPORT

DESSIN

Groupe A

Walferdin ; Feuillet de Conches ; Portalis ; Lord Carnarvon ; J. Mortimer Schiff ; New York, coll. part. (Ananoff n° 517).

« Soyez amant vous serez inventif». Un tonnelier était cocu…

Un drôle donc caressait madame Anne.
Ils en étaient sur un point, sur un point…
C'est dire assez ne le dire point,
Lorsque l'époux revient tout hors d'haleine
Du cabaret, justement, justement…
C'est dire encor ceci bien clairement.
On le maudit ; nos gens sont fort en peine.
Tout ce qu'on put fut de cacher l'amant :
On vous le serre en hâte et promptement
Sous un cuvier, dans une cour prochaine.
Tout en entrant l'époux dit : J'ai vendu
Notre cuvier. Combien ? dit madame Anne.
Quinze beaux francs. Va tu n'es qu'un gros âne,
Repartit-elle, et je t'ai d'un écu
Fait aujourd'hui profit par mon adresse,
L'ayant vendu six écus avant toi.
Le marchand voit s'il est de bon aloi,
Et par-dedans le tâte pièce à pièce,
Examinant si tout est comme il faut,
Si quelque endroit n'a point quelque défaut.
(…)
Voyez un peu, le galant à bon foie :
Je suis d'avis qu'on laisse à tel mari
Telle moitié. Doucement notre épouse,
Dit le bon homme. Or sus Monsieur sortez ;
Çà que je racle un peu de tous côtés
Votre cuvier, et puis je l'arrouse.
Par ce moyen vous verrez s'il tient eau,
Je vous réponds qu'il n'est moins bon que beau.
Le galant sort ; l'époux entre en sa place,
Racle par tout, la chandelle à la main,
Deçà delà, sans qu'il se doute brin
De ce qu'amour en dehors vous lui brasse.
(extrait)

Ce conte est l'un des plus illustrés au XVIIIe siècle — citons Boucher, Lancret ou Le Moyne, par exemple, en plus de Cochin et Eisen. La scène figurée est toujours la même : le mari s'enferme sous le cuvier tandis que la femme et son amant reprennent leur jeux galants. Pourtant l'illustration de Fragonard se laisse moins aisément décrypter et nous ne sommes pas aussi sûr qu'Alain Guillerm quant à son interprétation : faut-il comme lui y voir le moment où «les amants s'emploient à convaincre le mari d'entrer dans le tonneau [*sic*]» (Guillerm, 1977, p. 104) ou bien, comme nous le croyons, l'instant où l'amant sort du cuvier à la demande de la femme ? En effet, l'attribut du mari cocu, la chandelle, n'est pas ici figuré ; de plus, il nous semble que les frôlements de mains entre la femme et l'homme du cuvier, cachés d'ailleurs par celui-ci, révèlent davantage les amants — le mari cocu est moins la dupe de sa femme que de sa propre crédulité et c'est de lui-même qu'il libère l'amant.

La composition de Fragonard est l'une des plus heureuses et l'on retrouve tout son plaisir à évoquer une scène champêtre : une porte de grange à demi disjointe, un arbuste envahissant, une échelle, un escalier de cave, un tonneau, un chat enfin, ce même chat qui se retrouve sur de nombreux dessins… La lumière est d'une rare qualité ; moins dissociée que dans certaines scènes, très équilibrée et merveilleusement contrastée, elle enveloppe les personnages d'une aura tout à fait surprenante.

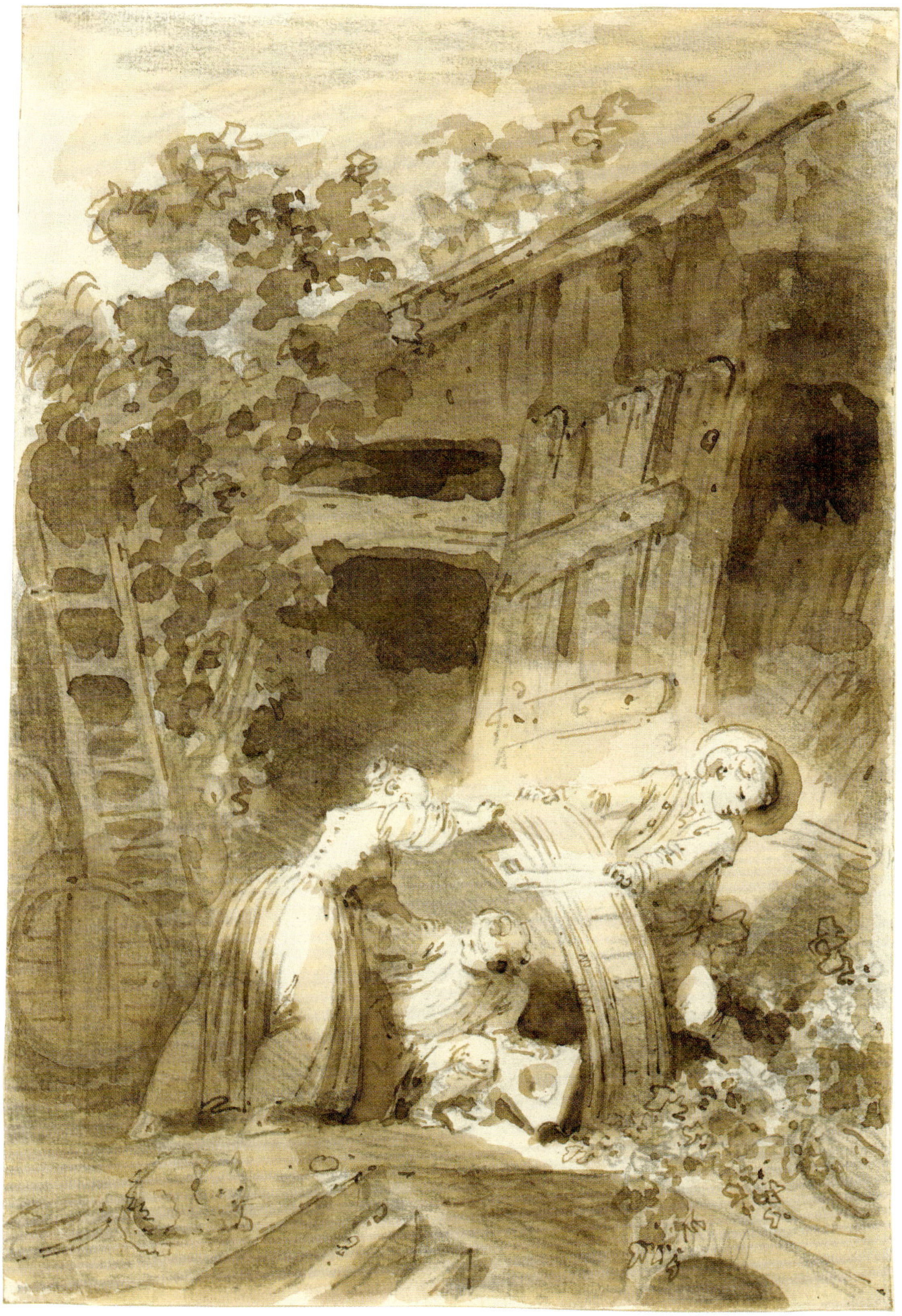

174 La Chose impossible

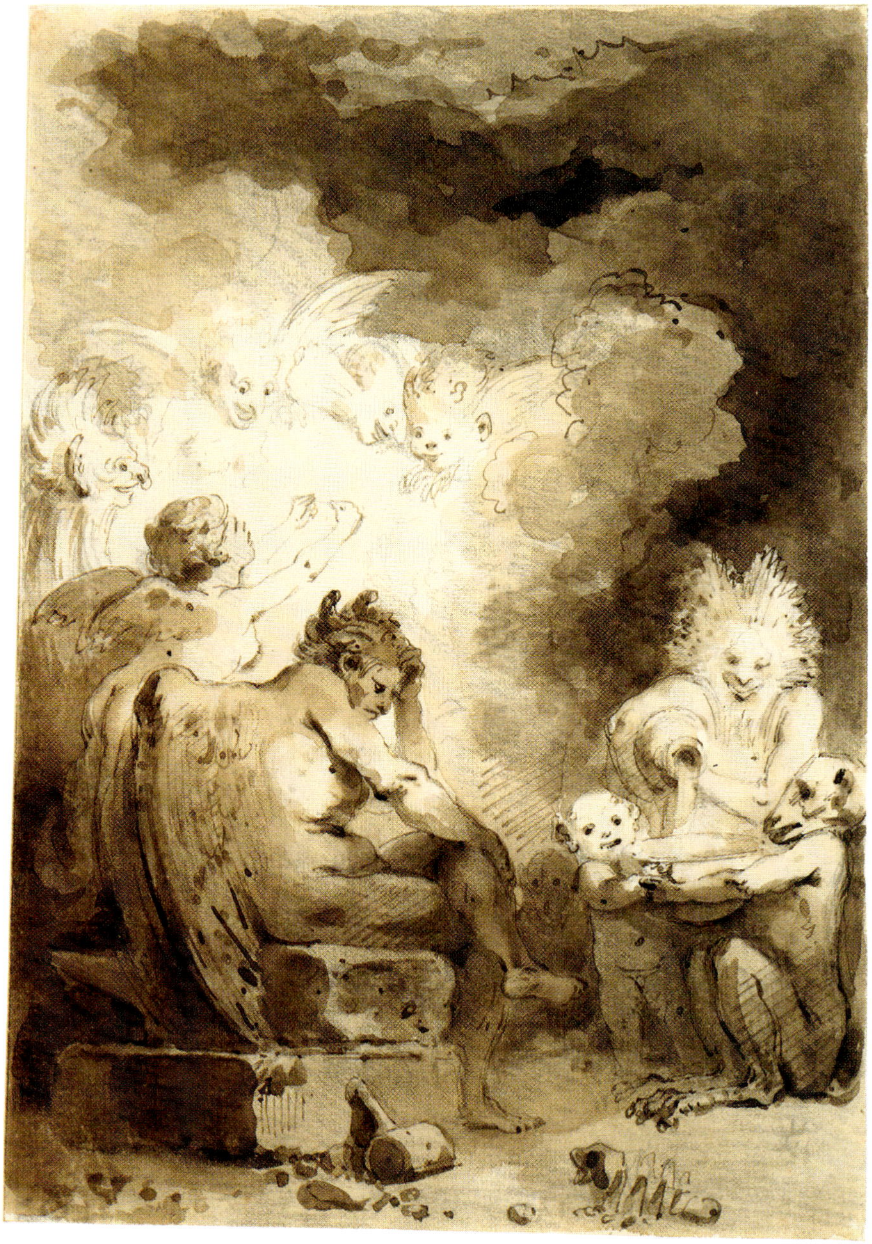

■ H. : 201 ; L. : 142 mm

ŒUVRES EN RAPPORT

DESSINS

Groupe A : Walferdin ; Feuillet de Conches ; Portalis ; Lord Carnarvon ; J. Mortimer Schiff ; New York, coll. part. (Ananoff n° 518).

Groupe B : Walferdin ; Lefilleul (Cohen et Ananoff n° 2688).

Groupe C (?) : Portalis ; vente Charpentier 3-12-1959 ; France, coll. part. (Ananoff n° 2680).

Autre : Mahérault (Portalis) ; puis Lefilleul (Ananoff n° 2692). Pour Portalis il s'agit d'un dessin à la plume, pour Ananoff d'un lavis sur calque : nous croyons qu'Ananoff confond ici avec le dessin du groupe B. Roland Michel l'ignore.

Un galant obtient les faveurs de sa belle à la condition que chaque jour il devra trouver un nouveau caprice à demander à un démon. Naturellement, après avoir tout obtenu de ce qu'il pouvait désirer, l'amant se trouve un matin démuni, n'ayant plus rien à demander. Au désespoir, il se confie à sa maîtresse qui vient à son secours.

(...) Lors elle lui donna
Je ne sais quoi qu'elle tira
Du verger de Cypris, labyrinthe des fées,
(...)
L'amant dit au démon : C'est ligne circulaire
Et courbe que ceci ; je t'ordonne d'en faire
Ligne droite et sans nul retours.
Va-t-en y travailler, et cours.
L'esprit s'en va ; n'a point de cesse
Qu'il n'ait mis le fil sous la presse,
Tâché de l'aplatir à grands coups de marteau,
Fait séjourner au fond de l'eau ;
Sans que la ligne fût d'un seul point étendue ;
De quelque tour qu'il se servit,
Quelque secret qu'il eût, quelque charme qu'il fit,
C'était temps et peine perdue :
Il ne put mettre à la raison
La toison.

(extrait)

La Fontaine est sans doute un maître dans l'art de la définition voilée : le plaisir qu'il prend ici à conduire son lecteur de comparaison en métaphore et de métaphore en périphrase, avant de livrer le mystère dans une synecdoque savoureuse (la «toison»), ce plaisir fait toute la saveur du texte. Est-ce pour transposer ce suspens que Fragonard a résolu d'encombrer sa composition de ce peuple de monstres hirsutes qui cachent au premier abord l'objet de l'énigme : ce fin poil noir tendu dans la lumière par un ange (féminin !) à l'étude d'une tribune de goules, de harpies, de chimères et autres gargouilles fantastiques ?

On a vu, à propos de *Féronde* (n° 167), que l'évocation de Füssli pouvait se justifier pour une certaine inspiration de Fragonard — la chose n'est pas impossible. A notre sens, ce dessin en offre un exemple plus évident encore. Où trouver ailleurs un monde cauchemardesque aussi évocateur ? Peut-être, dans l'œuvre de Bosch, sans doute chez Callot... c'est-à-dire dans un fonds de référence propre au peintre suisse. Rien à voir évidemment avec les diables apprêtés de Cochin ou d'Eisen ! Pour le démon ailé, Fragonard s'inspire évidemment de la *Mélancolie* de Dürer : même pose, même geste, même expression.

175 *Le Tableau*

■ H. : 204 ; L. : 139 mm

ŒUVRE EN RAPPORT

DESSIN

Groupe A : Walferdin ; Feuillet de Conches ; Portalis ; Lord Carnarvon ; J. Mortimer Schiff ; New York, coll. part. (Ananoff n° 519).

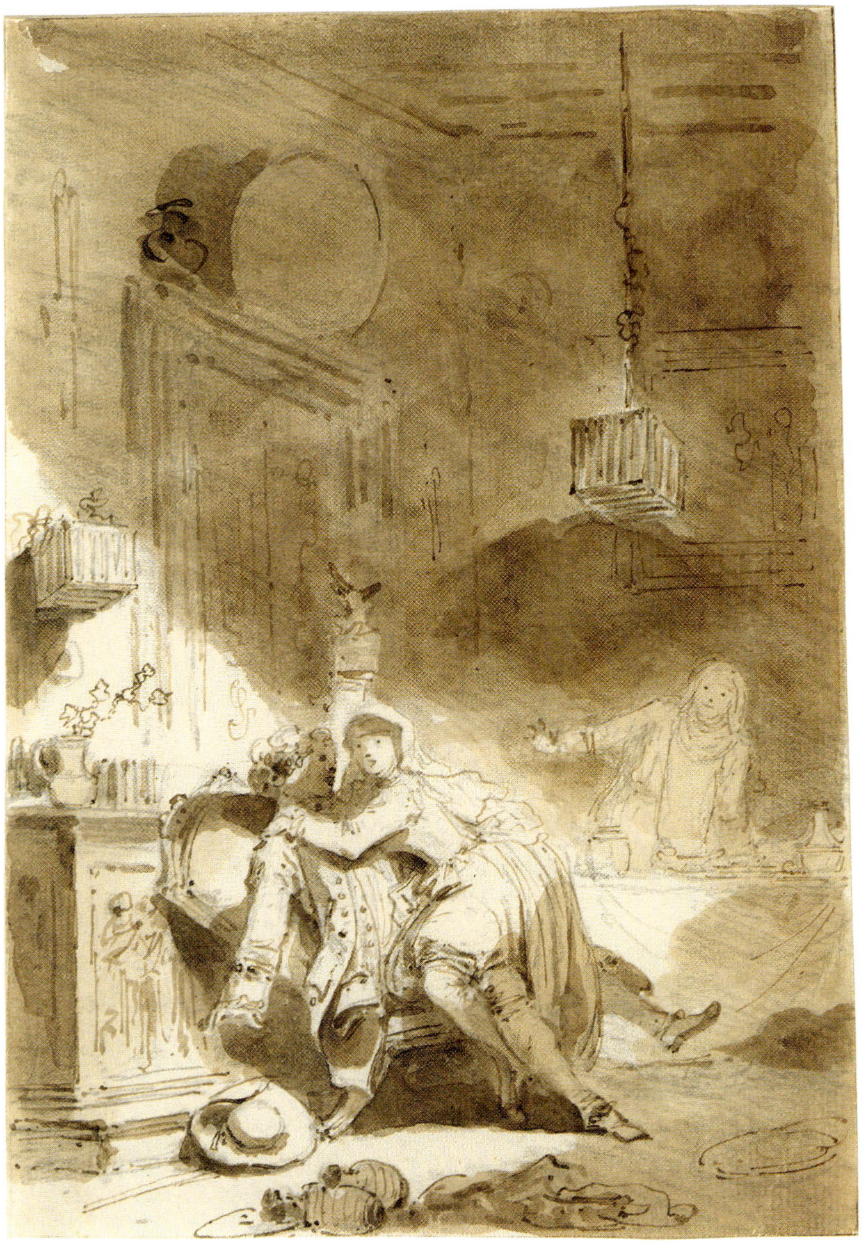

Dans un couvent, deux sœurs attendent leur galant ; celui-ci tardait à venir. On s'impatiente. «Passe un Mazet portant à la dépositaire / Quelque fardeau peu nécessaire». Il se trompe de porte, on lui ouvre, on s'étonne puis on en fait son affaire…

Ici la peinture commence :
Nous voilà parvenus au point ;
Dieu des vers, ne me quitte point ;
J'ai recours à ton assistance.
Dis-moi pourquoi ce rustre assis,
Sans peine de sa part, et très fort à son aise
Laisse le soin de tout aux amoureux soucis
De sœur Claude, et de sœur Thérèse.
N'aurait-il pas mieux fait de leur donner la chaise ?
(…)
Le voilà qui rompt tout ; c'est assez sa coutume.
Ses jeux sont violents. A terre on vit bientôt
Le galand cathédral ; ou soit par le défaut
De la chaise un peu faible ; ou soit que du pitaud
Le corps ne fut pas fait de plume ;
Ou soit que sœur Thérèse eût chargé d'action
Son discours véhément, et plein d'émotion ;
On entendit craquer l'amoureuse tribune.
Le rustre tombe à terre en cette occasion.
Ce premier point eut par fortune
Malheureuse conclusion.
(extrait)

La Fontaine fait tout, dit tout : le *Tableau*, comme son nom l'indique, est la description «d'un de ces tableaux / Sur lesquels on met des rideaux». De fait Fragonard, comme Eisen — notons que Cochin, plus pudibond, y renonce —, ne peut qu'adhérer au plus près à la description du poète. Sœur Thérèse est juchée sur le Mazet dont la chaise bascule avant de s'écrouler.

Il faut admirer l'art de Fragonard qui sait user des délicatesses d'une lumière contrastée pour mettre un peu de gaze sur une situation des plus cavalières. Remarquons que les héroïnes du tableau regardent le spectateur — phénomène rare chez Fragonard —, suggérant une mise en abîme qui indique qu'elles sont en fait le sujet d'un tableau dans un tableau. Remarquons aussi le détail des deux cages — garde-manger ou cages d'oiseaux ?

176 Le Bât

■ H. : 201 ; L. : 139 mm

ŒUVRES EN RAPPORT

DESSINS

Groupe A

Walferdin ; Feuillet de Conches ; Portalis ; Lord Carnarvon ; J. Mortimer Schiff ; New York, coll. part. (Ananoff n° 520).

Autre

Portalis ; vente Charpentier, 3-12-1959 ; France, coll. part. (Ananoff n° 2678). Roland Michel l'ignore.

Un peintre était, qui jaloux de sa femme,
Allant aux champs lui peignit un baudet
Sur le nombril en guise de cachet.
Un sien confrère amoureux de la dame
La va trouver, et l'âne efface net,
Dieu sait comment ; puis un autre en remet
Au même endroit, ainsi que l'on peut croire.
A celui-ci, par faute de mémoire,
Il mit un bât, l'autre n'en avait point.
L'époux revient, veut s'éclaircir du point.
Voyez, mon fils, dit la bonne commère,
L'âne est témoin de ma fidélité.
Diantre soit fait, dit l'époux en colère,
Et du témoin, et de qui l'a bâté !
(texte intégral)

La mise en page de cette illustration est assez traditionnelle. Si l'on compare les compositions de Subleyras, de Cochin et d'Eisen par exemple, on constate que la seule originalité que chaque artiste se permet est de tourner différemment les acteurs par rapport aux spectateurs. Ici, Fragonard choisit de montrer la jeune femme de face, alors qu'Eisen (*fig. 125*), et Subleyras la montraient de profil et Cochin de dos (*fig. 126*). Peut-on dire que l'artiste parodie à dessein quelque *Apelle peignant Campaste*, ou, pour être plus sacrilège, puisque le sacrilège est évidemment de circonstance, *saint Luc peignant la Vierge* ? Il nous semble que la pose de la jeune femme debout devant une grande toile, comme confondue avec elle, impose cette comparaison. Au demeurant, la volonté de La Fontaine n'est-elle pas semblable puisque le peintre-amant confond à la lettre toile et modèle ?

On admirera l'évocation d'un atelier d'artiste, évocation traditionnelle pour tout le XVIIIe siècle, mais assez inhabituelle chez Fragonard : la toile, bien sûr, nous venons d'en parler, où le dessinateur esquisse quelque grande composition allégorique — nous ne croyons pas pertinent de chercher à en identifier le sujet —, la boîte de peinture, la palette, les pinceaux, le carton à dessins et, plus important pour la composition, les nombreux plâtres d'étude (deux bustes, une statuette à l'antique et une jeune femme assise dans la manière de Falconet). On remarquera aussi la pose du peintre en se souvenant de certain dessinateur de l'*Amant couronné* (panneau de Louveciennes, New York, coll. Frick) ou du *Dessinateur* (dessin, New York, Metropolitan Museum of Art, coll. R. Lehman).

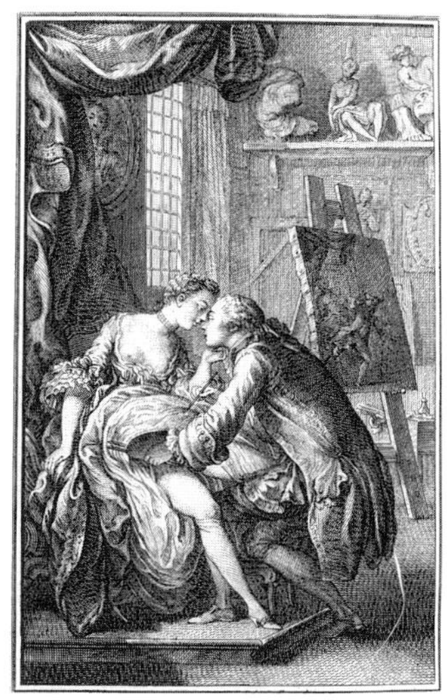

Fig. 125 : Ch. Eisen, *Le Bât*, gravure.

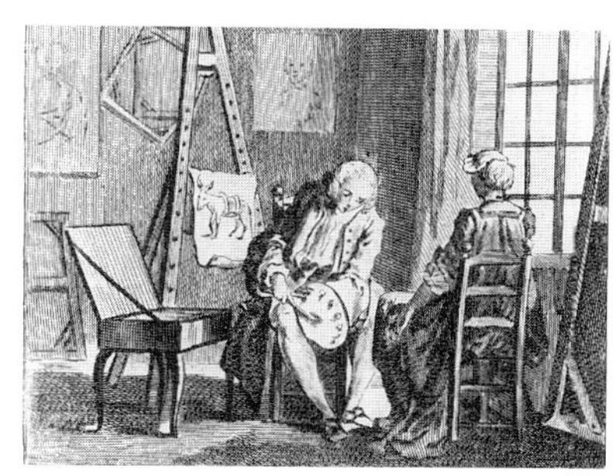

Fig. 126 : Ch.-N. Cochin, *Le Bât*, gravure.

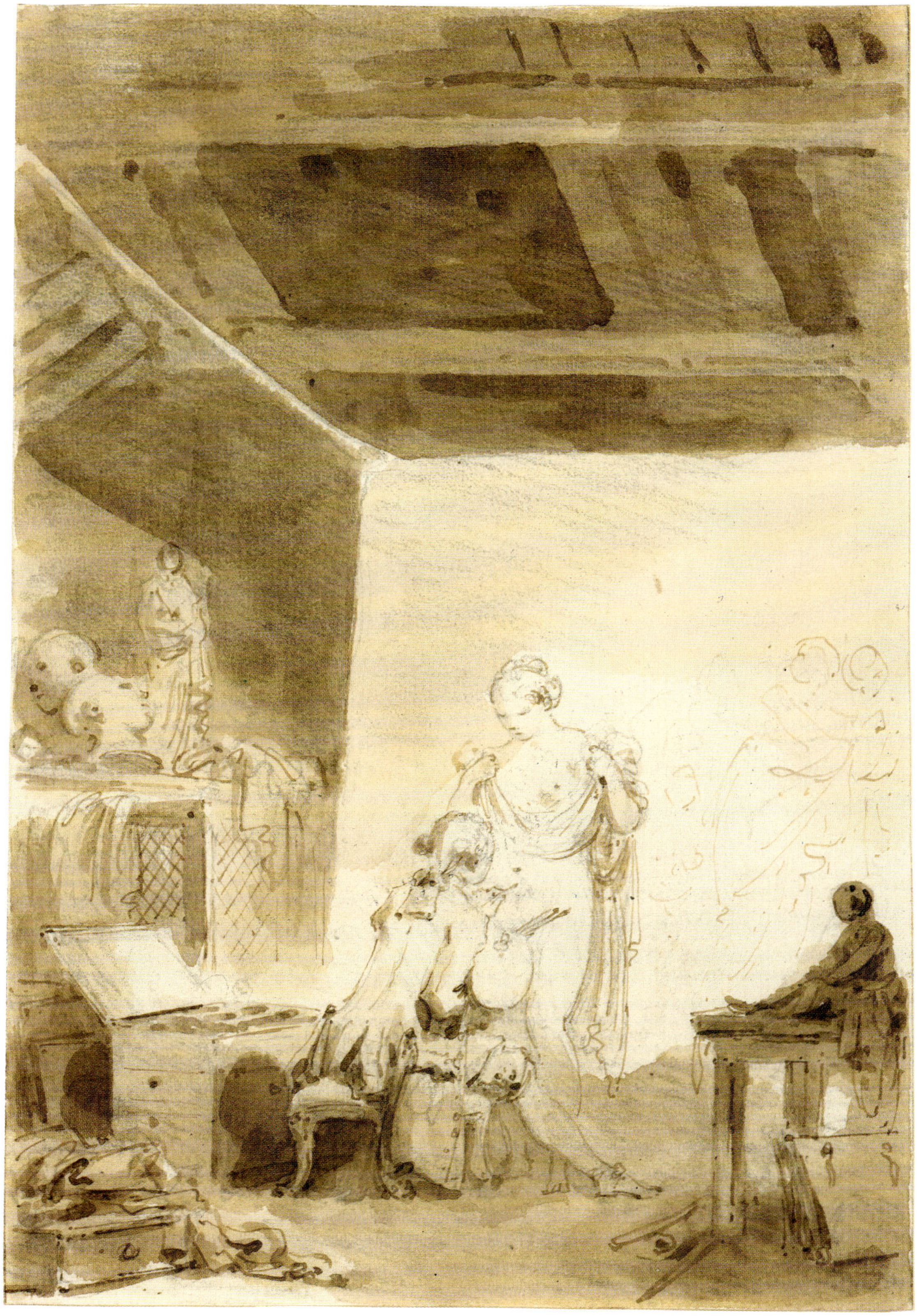

177 Le Faiseur d'oreille et le Racommodeur de moules

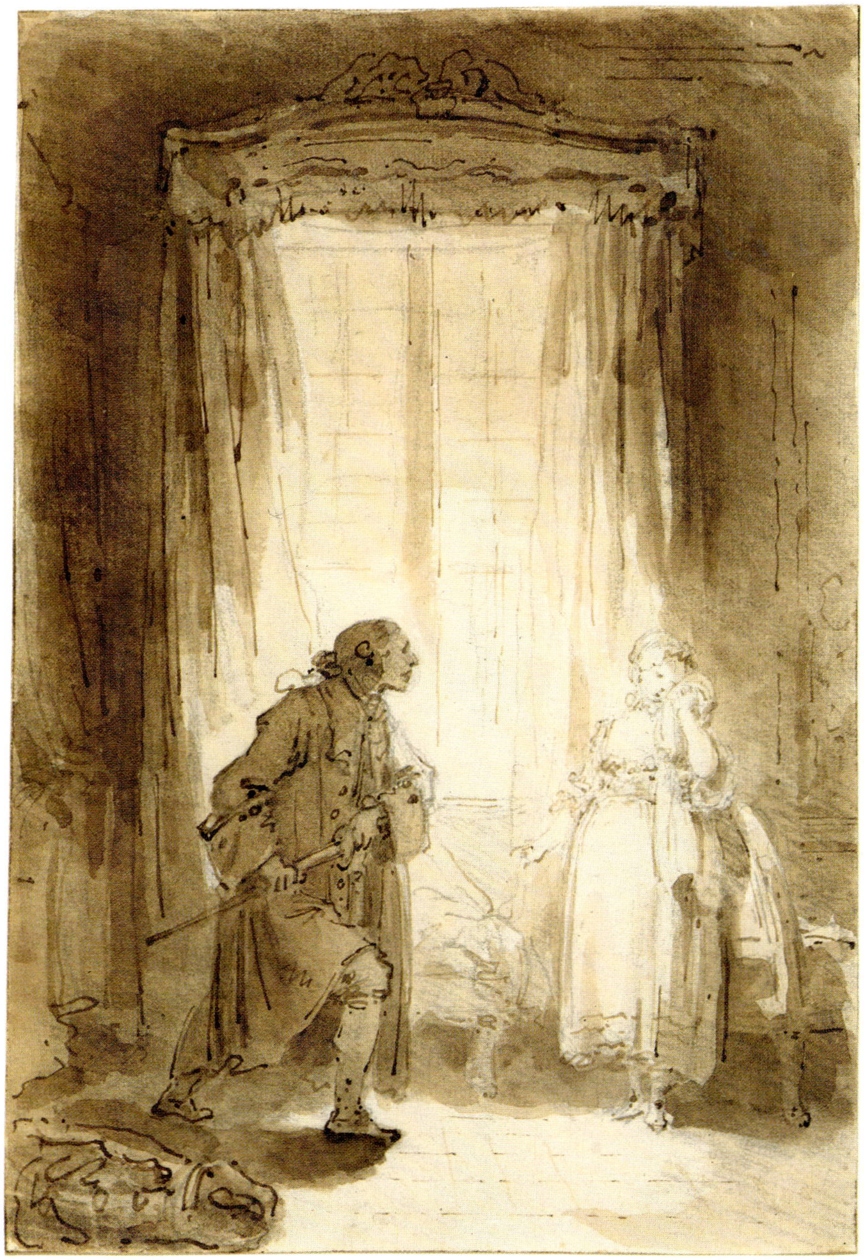

■ H. : 204 ; L. : 139 mm

ŒUVRES EN RAPPORT

DESSINS

Groupe A : Walferdin ; Feuillet de Conches ; Portalis ; Lord Carnarvon ; J. Mortimer Schiff ; New York, coll. part. (Ananoff n° 521).

Groupe B : M. Paignon-Dijonval ; sa vente en 1810 (Ananoff n° 2698). Roland Michel l'ignore.

Sire Guillaume est un mari malheureux. Compère André est parvenu à séduire sa femme, dame Alix : prétextant que l'enfant qu'elle attend n'a qu'une oreille, il s'est offert à réparer cette infirmité sur-le-champ par une opération bien peu honnête, quoique naturelle. A son retour, le mari, sire Guillaume, est mis au courant de l'affaire par l'innocente elle-même. Il décide de se venger en usant des mêmes armes. Il demande à sa femme de faire venir André chez lui…

Madame Alix bien joyeuse s'en fut
Chez sire André dont la femme accourut
En diligence, et quasi hors d'haleine ;
Puis monta seule, et ne voyant André
Crut qu'il était quelque part enfermé.
Comme la dame était en ces alarmes,
Sire Guillaume, ayant quitté ses armes
La fait asseoir, et puis commence ainsi :
L'ingratitude est mère de tout vice.
André m'a fait un notable service ;
Parquoi devant que vous sortiez d'ici,
Je lui rendrai, si je puis, la pareille.
En mon absence il a fait une oreille
Au fruit d'Alix ; je veux d'un si bon tour
Me revancher ; et je pense une chose.
Tous vos enfants ont le nez un peu court :
Le moule en est assurément la cause.
Or je les sais des mieux racommoder.
Mon avis donc est que sans retarder
Nous pourvoyions de ce pas à l'affaire.
Disant ces mots, il vous prend la commère,
Et près d'André la jeta sur le lit ;
Moitié raisin, moitié figue, en jouit.
(extrait)

Soucieux de bien désigner la scène illustrée, Fragonard nous montre «Sire Guillaume [quittant] ses armes». L'allusion, croyons-nous, fait tout ici : Fragonard sait bien qu'il n'est guère de scène propre à l'illustration dans cette nouvelle où les jeux du langage, encore une fois, sont l'unique souci de La Fontaine. Rappelons que Cochin et Eisen composent des scènes galantes assez conventionnelles, l'un en plaçant un fusil posé à terre, l'autre une épée posée sur un fauteuil. Que notre artiste prenne ainsi soin de représenter l'instant précis où le compère dépose — ou dégaine ? — son épée ne nous paraît pas fortuit. Les métaphores littéraires, intraduisibles en dessin, trouvent ainsi une transposition convaincante.

Admirons à nouveau la science du contre-jour : la scène est ici coupée en deux, la partie gauche, masculine, plongée dans l'ombre, la partie droite, féminine, dans la lumière.

178 Le Fleuve Scamandre

■ H. : 203 ; L. : 142 mm

ŒUVRE EN RAPPORT

Groupe ? : Coll. M. ; Suisse, coll. part. ; vente anonyme, 11, 13-06-1968 (Ananoff n° 2683). Roland Michel l'ignore.

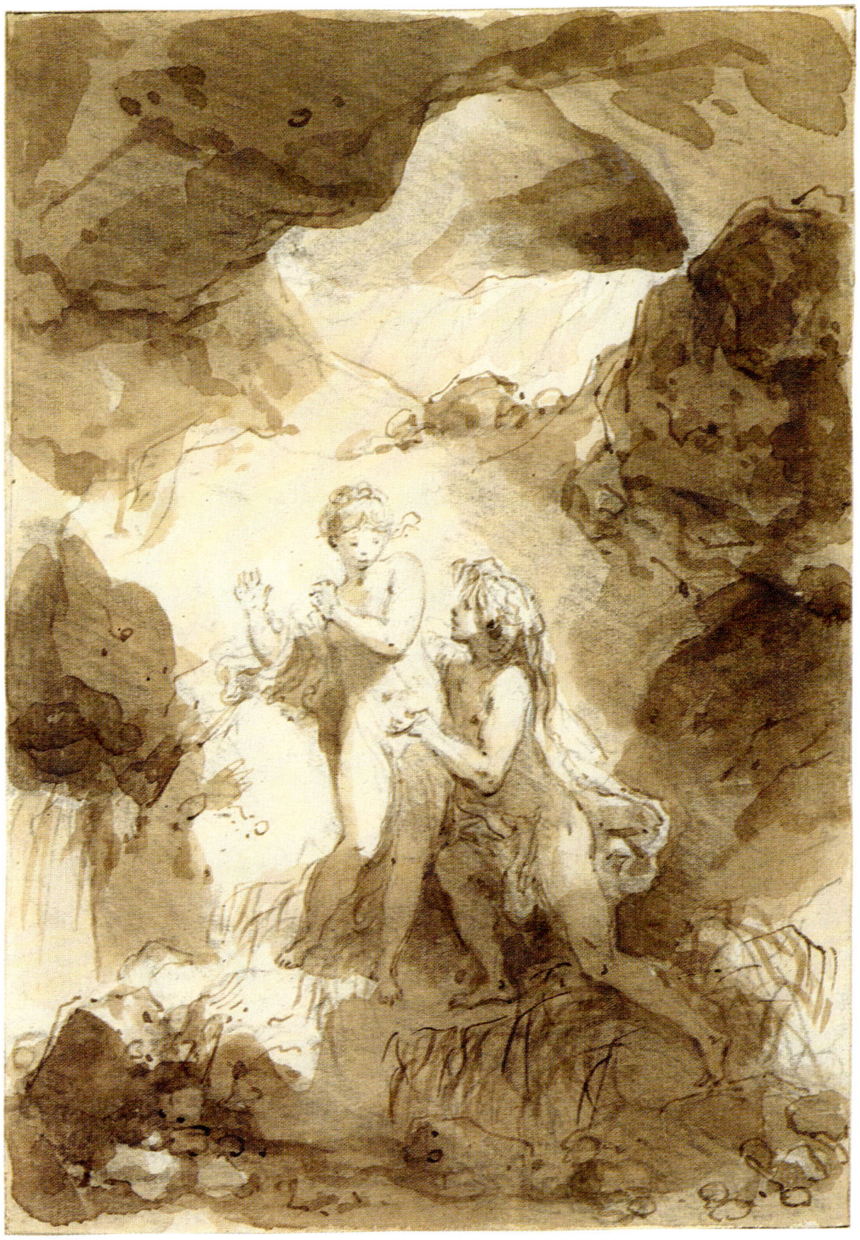

Cimon, le héros de ces vers,
Se promenait près du Scamandre.
Une jeune ingénue en ce lieu se vient rendre,
En goûter la fraîcheur sur ces bords toujours verts.
(...)
Notre banni se cache : il contemple il admire,
Il ne sait quels charmes élire ;
Il dévore des yeux et du cœur cent beautés.
Comme on était rempli de ces divinités
Que la Fable a dans son empire,
Il songe à profiter de l'erreur de ces temps ;
Prend l'air d'un dieu des eaux, mouille ses vêtements.
Se couronne de joncs et d'herbe dégouttante ;
Puis invoque Mercure, et le dieu des amants.
Contre tant de trompeurs qu'eût fait une innocente ?
La belle enfin découvre un pied dont la blancheur
Aurait fait honte à Galatée
Puis le plonge en l'onde argentée,
Et regarde ses lis, non sans quelque pudeur.
Pendant qu'à cet objet sa vue est arrêtée,
Cimon s'approche d'elle : elle court se cacher
Dans le plus profond du rocher.
Je suis, dit-il, le dieu qui commande à cette onde ;
Soyez-en la déesse, et régnez avec moi.
Peu de fleuves pourraient dans leur grotte profonde
Partager avec vous un aussi digne emploi .
(extrait)

Alain Guillerm note que «Fragonard [qui] n'est (...) jamais en retard d'une audace» montre «deux corps nus s'enlaçant» (1977, p. 101). Nous voulons pour notre part y discerner aussi l'intelligence du peintre qui, sur l'idée de La Fontaine, transporte toute la scène dans un décor mythologique. Ne croirait-on pas ainsi à quelque nymphée orne d'un groupe sculpté ? Fragonard, qui a écouté le vœu de Cimon, a déjà transformé la jeune fille en déesse (statue) antique. Certes, il est peu d'images où les nudités soient plus suggestives qu'ici, plus directement érotiques, mais il en est peu d'aussi poétiques aussi. L'évocation du lieu permet au peintre de poser une lumière indirecte qui semble couler avec l'eau de la grotte, et l'ombre pétrifiée devient roche.

179 *La Confidente sans le savoir* ou *Le Stratagème*

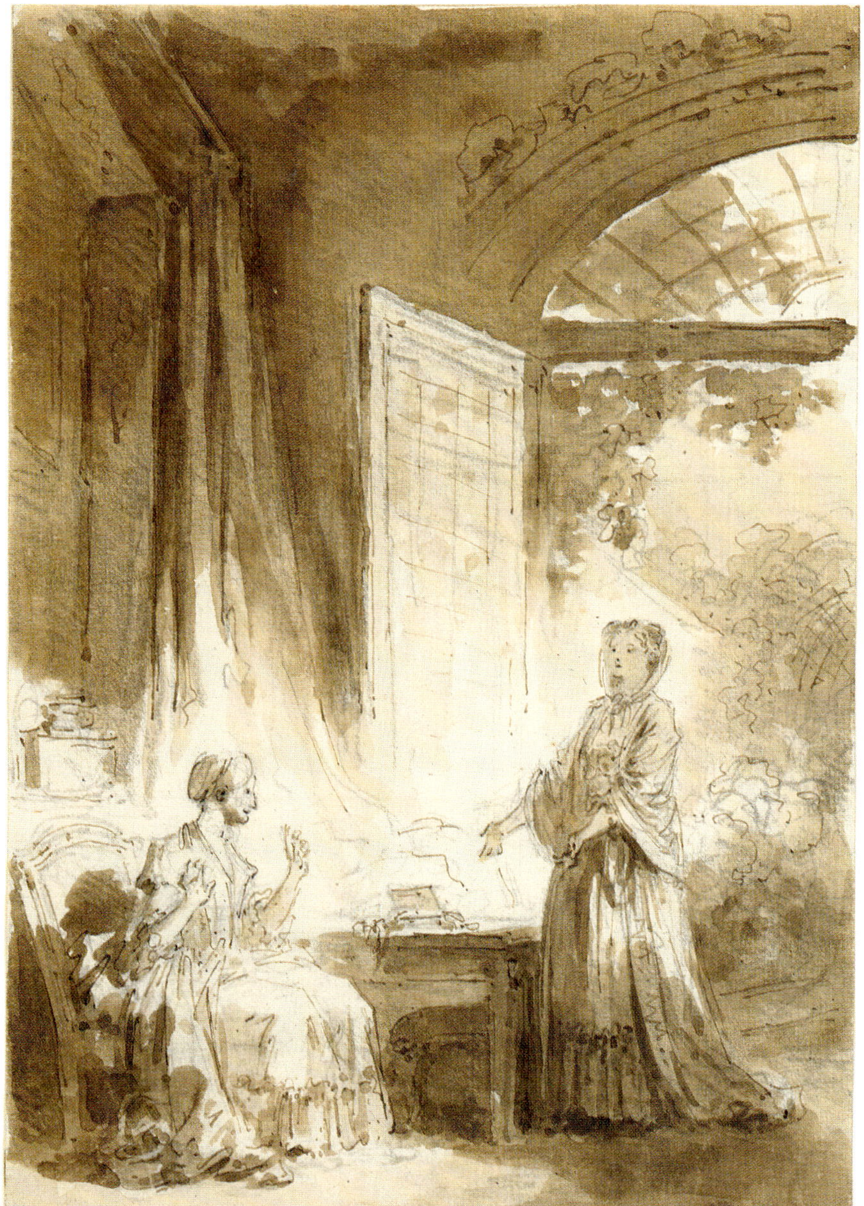

▪ H. : 204 ; L. : 141 mm

ŒUVRE EN RAPPORT

DESSIN

Groupe A : Walferdin ; Feuillet de Conches ; Portalis ; Lord Carnarvon ; J. Mortimer Schiff ; New York, coll. part. (Ananoff n° 523).

« La jeune Aminte, à Géronte donnée, / Méritait mieux qu'un si triste hyménée». Elle rencontre un jour Cléon, «Beau, bien fait, jeune et sage» et en tombe amoureuse. Pour en obtenir un rendez-vous, chose difficile, son mari étant le plus jaloux des hommes, elle met sur pied un stratagème : par trois fois elle se rend chez une vieille parente de Cléon, dame Alis, pour se plaindre de la conduite de Cléon. Par trois fois, dame Alis convoque Cléon pour lui répéter les plaintes de la jeune femme. La dernière entrevue avec madame Alis lui fournit l'occasion de fixer le rendez-vous espéré…

Trois jours n'étaient passés encor,
Qu'Aminte va chez Alis pour instruire
Son cher Cléon du bonheur de son sort.
Il faut, dit-elle, enfin que je déserte ;
Votre parent a résolu ma perte ;
Il me prétend avoir par des présents :
Moi, des présents ? c'est bien choisir sa femme :
Tenez, voilà rubis et diamants,
Voilà bien pis, c'est mon portrait, Madame.
Assurément de mémoire il l'a fait ;
Car mon époux a tout seul mon portrait.
A mon lever cette personne honnête
Que vous savez, et dont je tais le nom,
S'en est venue et m'a laissé ce don.
Votre parent mérite qu'à la tête
On le lui jette ; et s'il était ici…
Je ne me sens presque pas de colère.
Oyez le reste : il m'a fait dire aussi
Qu'il sait fort bien qu'aujourd'hui pour affaire
Mon mari couche à sa maison des champs ;
Qu'incontinent qu'il croira que mes gens
Seront couchés, et dans leur premier somme,
Il se rendra devers mon cabinet.
Qu'espère-t-il ? pour qui me prend cet homme ?
Un rendez-vous! est-il fol en effet ?
(extrait)

Aminte vient voir pour la dernière fois dame Alis ; elle lui désigne la cassette de bijoux. On s'amusera de constater qu'ici aussi Fragonard prend le contre-pied de Cochin et d'Eisen qui figurent, quant à eux, la scène où la vieille parente donne ces mêmes bijoux à Cléon. Convenons que l'attitude de cette jeune femme droite et fière, et jolie, désignant la cassette à la vieille femme est plus évocatrice — et plus proche des intentions de La Fontaine : n'oublions pas qu'il faut attendre la fin du conte pour comprendre le jeu d'Aminte.

Fragonard n'aime guère peindre des vieillards ; on a remarqué que ses personnages rajeunissaient souvent au cours de son travail. On ne s'étonnera pas de voir ainsi dame Alis dresser un profil de chimère.

180 Le Remède

▪ H. : 203 ; L. : 139 mm

ŒUVRES EN RAPPORT

DESSINS

Groupe A : Walferdin ; Feuillet de Conches ; Portalis ; Lord Carnarvon ; J. Mortimer Schiff ; New York, coll. part. (Ananoff n° 524).
Groupe C : Piat (Ananoff n° 2676).
Autre : Un dessin dans la coll. Léon Mercier (Portalis) ; un autre dans la coll. Olry-Roederer (Cohen) : le même ? ; un autre dans la coll. His de La Salle (Ananoff n° 2684) ; un autre dans la coll. M. P. B... (Ananoff n° 2685).

Une jeune fille du Mans, fiancée de fraîche date, ne peut résister au plaisir de donner à son «époux» promis un avant-goût du mariage. Un soir, se plaignant de quelque douleur intérieure, elle demande à sa servante de penser à lui donner le lendemain un remède..

Minuit venu, l'époux mal à propos,
Tout plein encor du feu qui le possède,
Vient de sa part chercher soulagement,
Car chacun sent ici-bas son tourment.
On ne l'avait averti de la chose.
Il n'était pas sur les bords du sommeil,
Qui suit souvent l'amoureux appareil,
Qu'incontinent l'Aurore aux doigts de rose,
Ayant ouvert les portes d'Orient,
La gouvernante ouvrit tout en riant,
Remède en main, les portes de la chambre :
Par grand bonheur il s'en rencontra deux,
Car la saison approchait de septembre,
Mois où le chaud et le froid sont douteux.
La fille alors ne fut pas assez fine ;
Elle n'avait qu'à tenir bonne mine,
Et faire entrer l'amant au fond des draps,
Chose facile autant que naturelle :
L'émotion lui tourna la cervelle ;
Elle se cache elle-même, et tout bas
Dit en deux mots quel est son embarras.
L'amant fut sage, il présenta pour elle
Ce que Brunel à Marphise montra.
La gouvernante, ayant mis ses lunettes,
Sur le galant son adresse éprouva :
Du bain interne elle le régala,
Puis dit adieu, puis après s'en alla.
(extrait)

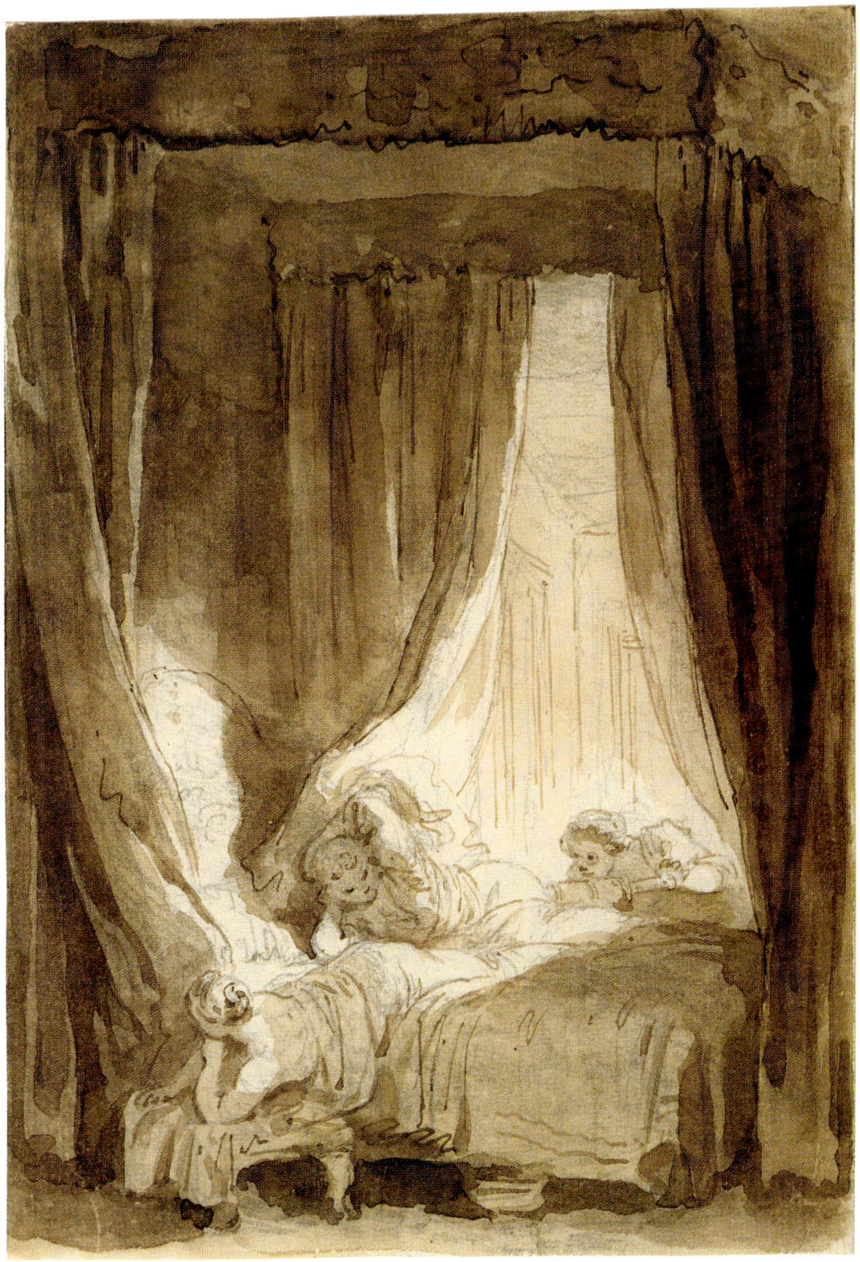

Nous pourrions dire de cette illustration ce que nous avons déjà observé à propos du *Bât* (n° 176) : ceux qui se sont risqués à en entreprendre le dessin ne pouvaient guère que varier le point de vue. Il est amusant d'observer ainsi qu'Eisen et Cochin ont figuré exactement la même scène mais vue de l'autre côté (voir notre texte d'introduction), ce qui assurément favorise une interprétation plus scabreuse mais interdit aussi de représenter le personnage de la jeune femme, pourtant essentiel pour la compréhension du conte. Fragonard préfère montrer les coulisses, c'est-à-dire la ruelle du lit, lieu obligé des amours clandestines. On admirera la puissante architecture du baldaquin qui favorise l'effet de contre-jour si cher à notre dessinateur, ainsi que ces lignes nouées qui fondent dans un même lacis les plis des draps, des chemises de nuit et les contours des deux amants. L'évocation de la servante, dont Fragonard n'oublie pas de noter les lunettes et la charlotte, est sans doute des plus savoureuses.

181 Les Aveux indiscrets

■ H. : 204 ; L. : 139 mm

ŒUVRE EN RAPPORT

DESSIN

Groupe A

Walferdin ; Feuillet de Conches ; Portalis ; Lord Carnarvon ; J. Mortimer Schiff ; New York, coll. part. (Ananoff n° 525).

ANALOGIE

Il existe un dessin à la pierre noire qui est une première version du même sujet : Feuillet de Conches ; Portalis ; Lord Carnarvon ; J. Mortimer Schiff ; New York, coll. part.

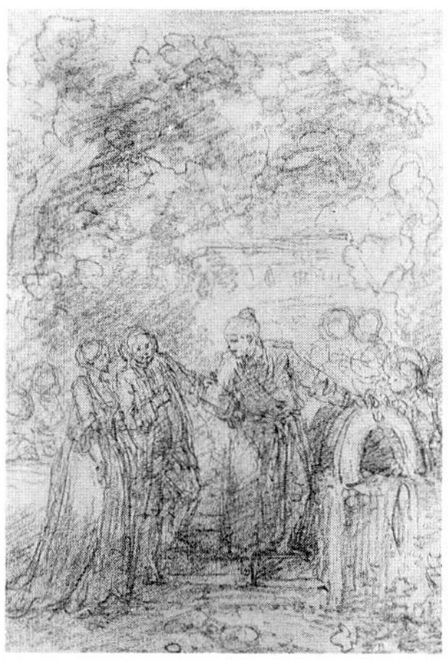

Fig. 127 : Fragonard, *Les Aveux indiscrets*, 1ère version, New York, coll. part.

Un mari imprudent confie un jour à sa femme fidèle une faute qu'il a commise jadis avec une «nymphe gentille» ; pour réponse, la femme se laisse aller elle aussi à la confidence…

Je suis épris d'une si douce flamme,
Que je voudrais n'avoir aimé que vous,
Que mon cœur n'eût ressenti que vos coups,
Qu'il n'eût logé que votre seule image,
Digne, il est vrai, de son premier hommage.
J'ai cependant éprouvé d'autres feux ;
J'en dis ma coulpe, et j'en suis tout honteux.
Il m'en souvient, la nymphe était gentille,
Au fond d'un bois, l'Amour seul avec nous ;
Il fit si bien, si mal me direz-vous,
Que de ce fait il me reste une fille.
Voilà mon sort, dit Aminte à Damon :
J'étais un jour seulette à la maison ;
Il me vint voir certain fils de famille,
Bien fait et beau, d'agréable façon ;
J'en eus pitié ; mon naturel est bon :
Et pour conter tout de fil en aiguille,
Il m'est resté de ce fait un garçon.
Elle eut à peine achevé la parole,
Que du mari l'âme jalouse et folle
Au désespoir s'abandonne aussitôt.
Il sort plein d'ire, il descend tout d'un saut,
Rencontre un bât, se le met et puis crie :
Je suis bâté. Chacun au bruit accourt,
Les père et mère, et toute la mégnie,
Jusqu'aux voisins. Il dit, pour faire court,
Le beau sujet d'une telle folie.
(extrait)

Il s'agit là de la seule illustration des *Contes…* dont on connaisse une première version différente — celles que signalent Ananoff ou Roland Michel sont en fait des dessins mal légendés —, un dessin à la pierre noire conservé avec la série des pierres noires qui ont servi à faire les contre-épreuves du Petit Palais — notons que ce dessin n'a pas été contre-éprouvé à notre connaissance (New York, coll. part., *fig. 127*, avec sans doute la même provenance). La comparaison des deux œuvres est évidemment passionnante. La première retient du conte l'épisode où le mari apprend son infortune et veut s'affubler d'un bât en criant : «Je suis bâté». Par là, ce dessin se rapproche beaucoup plus des interprétations de Cochin ou d'Eisen qui n'omettent pas ce détail comique. La seconde version, dont la pierre noire originelle est aussi conservée à New York, figure une scène beaucoup plus dramatique qui écarte toute référence au bât. Le mari s'enfuit en tenant son visage dans ses mains tandis que sa jeune femme, prostrée et honteuse, se tient assise à l'arrière-plan. Peu de compositions, à notre sens, se rapprochent d'aussi près de la veine mélo-dramatique des œuvres des années 1775-1780 (dont le *Verrou*, bien sûr) par son inspiration sans doute, mais surtout par la rigueur dépouillée des dynamiques ; peu de dessins donnent à ce point l'impression d'avoir été calculés dans leurs effets. On admirera le jeu savant des diagonales parallèles (le rideau à demi retenu sur l'appui de la fenêtre, la silhouette de la femme et le dos du mari) contrariées par quelques droites verticales qui vont en s'amenuisant de gauche à droite (le battant ouvert de la fenêtre, le buste de la jeune épouse et le pied de la console) et contrariées par trois diagonales inversées (le dévers du miroir, les avant-bras du mari et le dossier du fauteuil). Il en résulte bien sûr ce merveilleux mouvement qui pousse le mari «plein d'ire» dans le désespoir. Que ce dessin soit une deuxième version nous conforte dans l'idée que les cinquante-sept illustrations pour les *Contes* ne sont peut-être pas toutes contemporaines (voir notre texte d'introduction).

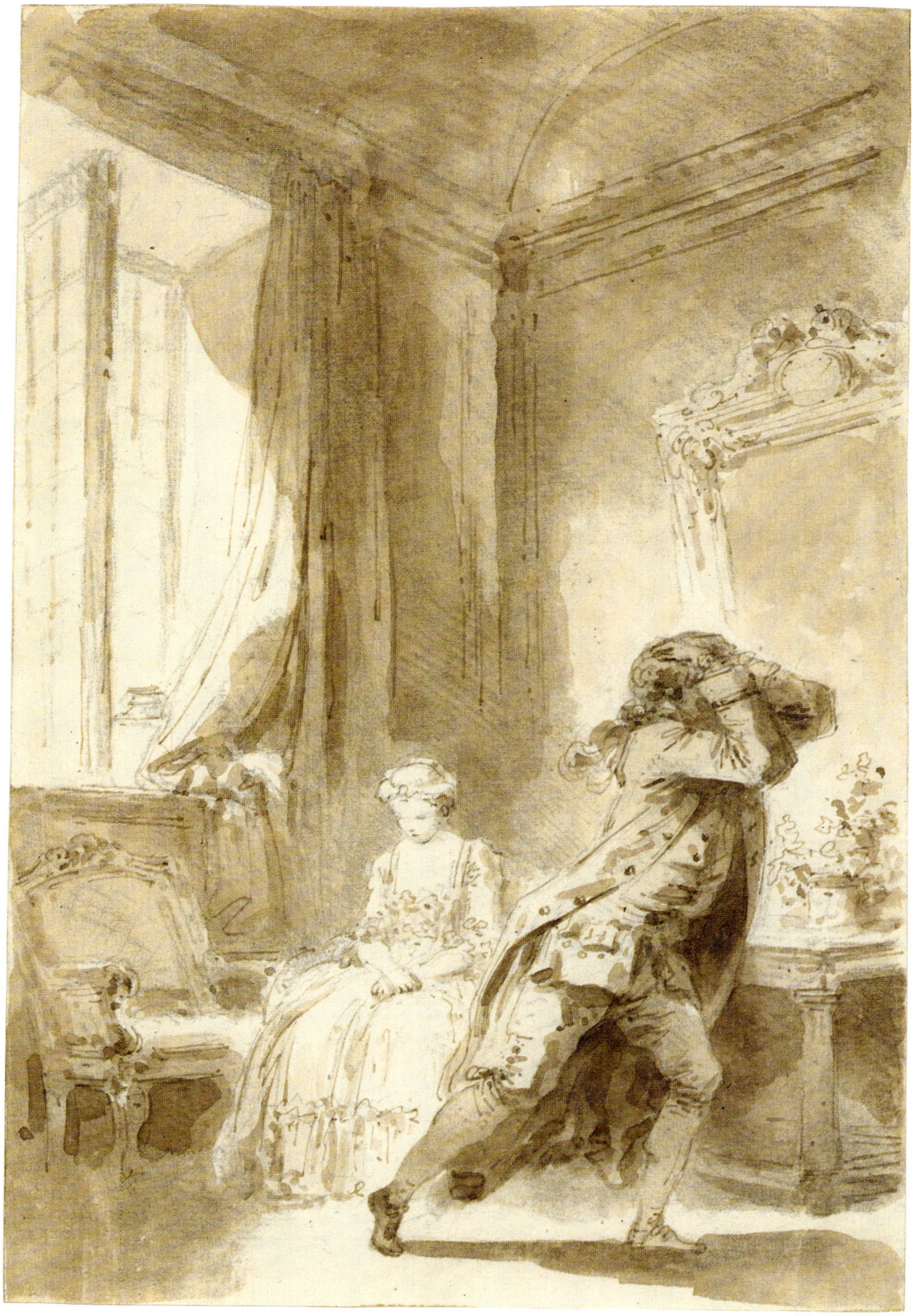

182 Le Contrat

■ H. : 199 ; L. : 141 mm

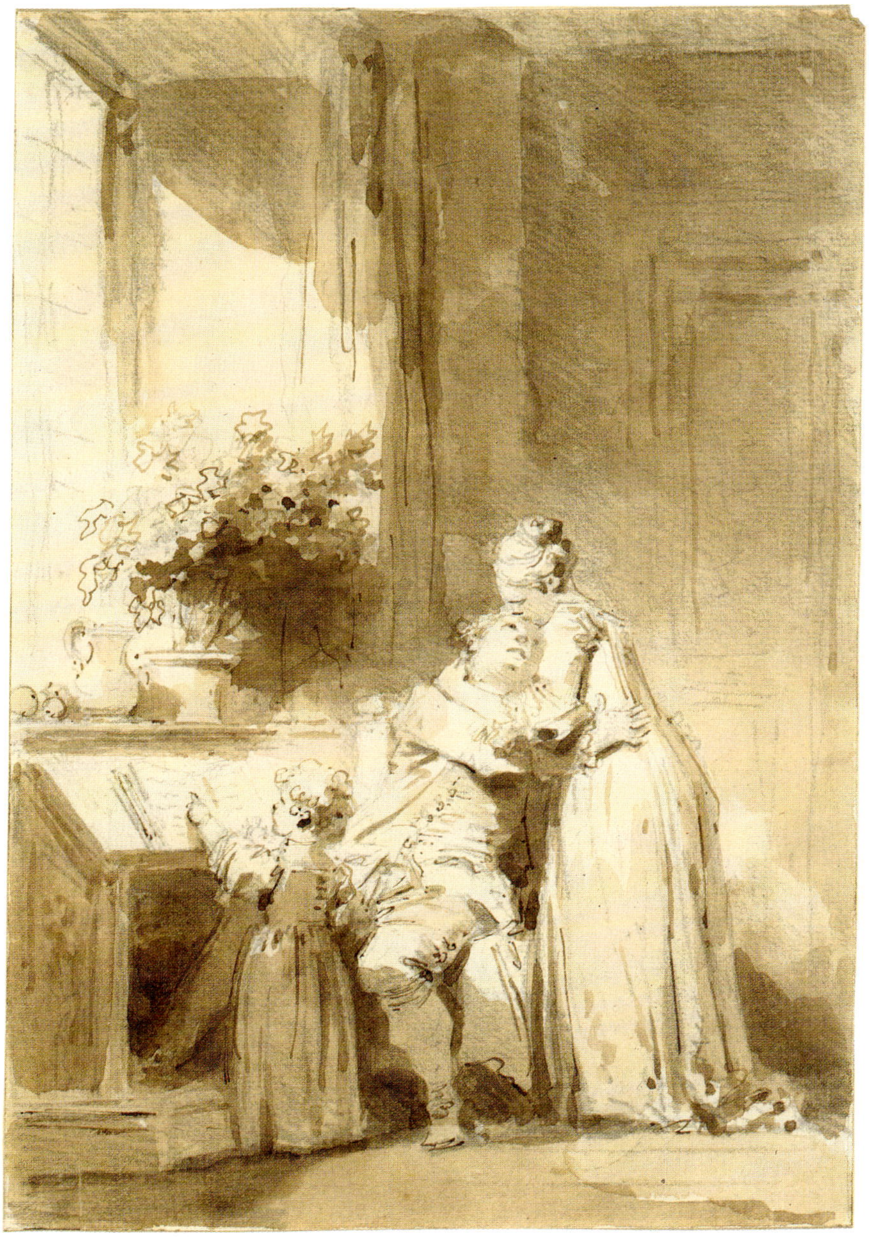

Ce conte n'est pas de La Fontaine. Inclu dans l'édition Didot de 1795, comme dans toutes les éditions antérieures depuis 1718, y compris celles illustrées par Cochin en 1743 et Eisen en 1762, il est traditionnellement attribué à un certain Saint-Gilles (voir l'édition critique des *Œuvres de La Fontaine* de C. A. Walckenaer, parue à Paris en 1826, t. III, 1ère partie, *Préface de l'éditeur*, p. x). Il est curieux de constater comme Fragonard n'y trouve aucune scène à représenter et compose une scène familiale sans particularité : l'enfant est trop petite pour être la fille du début de la nouvelle, et trop grande pour être le nouveau-né de la fin… Faut-il attribuer ce manque d'inspiration à la faiblesse du conte, ou bien à l'humeur de l'illustrateur ? On pourrait trouver bien des compositions semblables dans la dernière partie de la carrière du peintre, à commencer par ce tableau perdu qui portait le même titre et qu'on ne connaît plus aujourd'hui que par la gravure de Blot parue en 1792 (Rosenberg, 1989, n° 430 ; *fig. 128*).

L'histoire est, somme toute, dans la lignée des contes, même si le style en effet pèche par endroit, même si la chute nous en semble moins bien amenée : un père veut marier sa fille, mais au moment qu'il décide l'affaire, celle-ci vient lui avouer qu'elle attend un enfant. Le père trouve un quidam «Riche suffisemment, et de bonne famille / Au surplus bon enfant ; sot je ne le dis pas, / Puisqu'il ignorait tout le cas.» Le mariage se fait et bientôt, quatre mois plus tard, naît l'enfant ; le mari court aussitôt s'en plaindre à son beau-père…

Le beau-père sourit, et lui dit : Parlons bas ;
Quelqu'un pourrait nous entendre :
Comme vous jadis je fus gendre,
Et me plaignis en pareil cas ;
(…)
La pilule à vrai dire était assez amère,
Mais il sut la dorer, et pour me satisfaire,
D'un bon contrat de quatre mile écus,
Qu'autrefois pour semblable affaire
Il avait eu de son beau-père,
Il augmenta la dot ; je ne m'en plaignis plus.
Ce contrat doit passer de famille en famille :
Je le gardais exprès ; ayez-en même soin.
Vous pourrez en avoir besoin,
Si vous mariez votre fille.
(extrait)

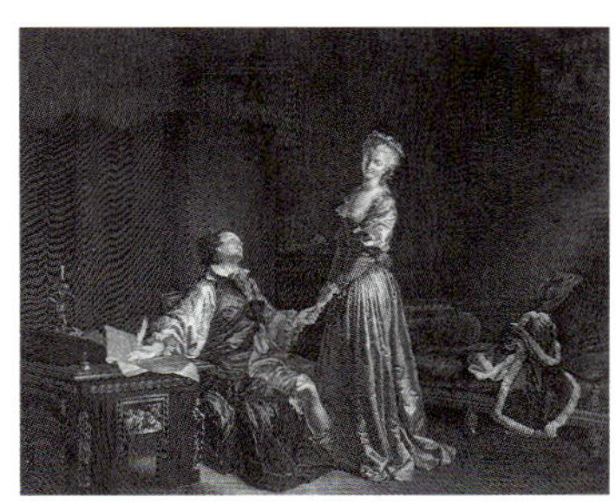

Fig. 128 : Blot d'après Fragonard,
Le Contrat, gravure.

183 *Les Quiproquos*

■ H. : 202 ; L. : 141 mm

ŒUVRES EN RAPPORT

DESSINS

Groupe A : Walferdin ; Feuillet de Conches ; Portalis ; Lord Carnarvon ; J. Mortimer Schiff ; New York, coll. part. (Ananoff n° 527).

Groupe C : Vente anonyme, 19-11-1783 ; vente anonyme 23-03-1784 ; Walferdin ; Marius Paulme ; Löwenstein ; sa vente, 17-12-1935 ; coll. part. (Ananoff n° 2716).

GRAVURE

Ananoff signale une gravure par Caquet (voir n° 2716), non publiée bien sûr, et dont personne à part lui ne fait mention.

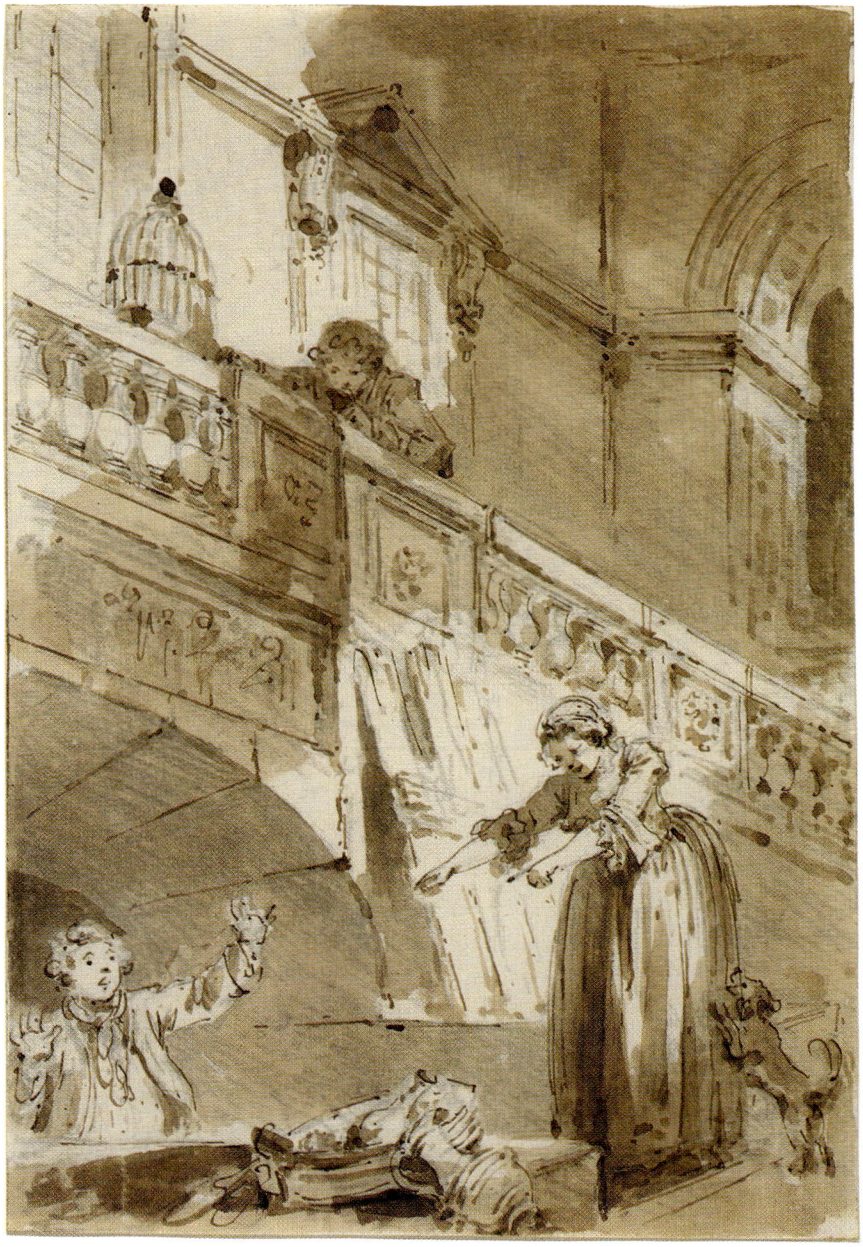

Clidamant, heureux époux d'une femme fidèle, est volage. Un jour vient qu'il s'entiche de la soubrette de sa femme, Alix, et lui propose un rendez-vous dans les caves de sa maison. Celle-ci va d'emblée avouer toute l'affaire à sa maîtresse qui, pour se venger, imagine de prendre la place d'Alix l'heure venue. Entre-temps, Clidamant confie sa bonne fortune à un ami, qui lui propose aussitôt de se joindre au rendez-vous. Ce qui est convenu…

La fête étant de la sorte passée,
Du noir séjour ils n'eurent qu'à sortir.
L'associé des frais et du plaisir
S'encourt en haut en certain vestibule ;
Mais quand l'époux vit sa femme monter,
Et qu'elle eût vu l'ami se présenter,
On peut juger quel soupçon, quel scrupule,
Quelle surprise eurent les pauvres gens :
Ni l'un ni l'autre, ils n'avaient eu le temps
De composer leur mine et leur visage.
(extrait)

Il est rare que Fragonard compose ses dessins sur plusieurs niveaux mis sur le même plan, même si le format employé lui donne toute latitude pour ce faire (nous ne relevons guère que le *Villageois*…, n° 154). Ici, il distingue trois niveaux : en haut, l'ami «en certain vestibule», au centre, sur la première marche de l'escalier, la femme, et en bas, encore à demi dans la cave, le mari. La composition en triangle qui est ainsi formée offre la meilleure lisibilité possible à la scène. Il suffit de la comparer au parti adopté par Cochin, qui représente les trois personnes réunies dans la même pièce (la scène est la même), pour s'en convaincre — notons que l'illustration d'Eisen est assez proche de notre dessin. L'architecture, de fait, joue un rôle très important. S'il est difficile d'y voir réellement quelque souvenir italien (un palais romain ?), bien que l'idée en vienne immanquablement à l'esprit, contentons-nous ici de remarquer les fautes de style (la corniche qui court sous le fronton des fenêtres) et de perspective (on ne comprend pas le dessin de la balustrade) que Fragonard laisse échapper. Nous répéterons-nous pour dire que Fragonard n'est pas Hubert Robert…

On remarquera pour la dernière fois les détails de la cage, posée sur l'appui de la balustrade, et du petit chien qui saute dans la jupe de sa maîtresse, ainsi que la nature morte de cruches, au premier plan.

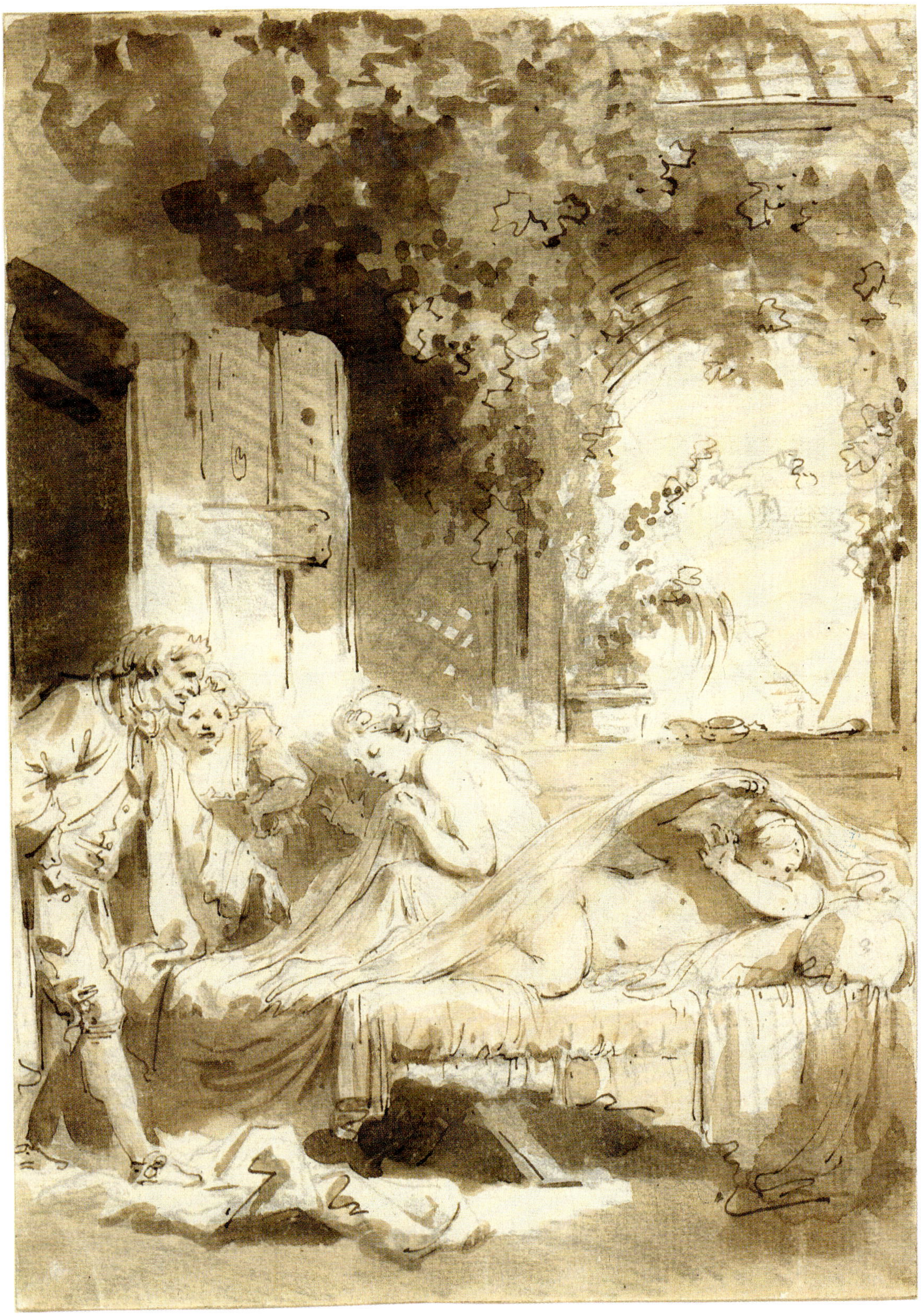

184 Le Rossignol

■ H. : 199 ; L. : 142 mm

ŒUVRE EN RAPPORT

DESSIN

Groupe ?

M. P. B..., sa vente, 14-11-1887 (Ananoff n° 2699). Roland Michel l'ignore.

Comme le *Contrat*, le *Rossignol* n'est pas de La Fontaine. Publié dans l'édition des Fermiers Généraux de 1762 — et donc illustré par Eisen qui ne s'empêche guère de représenter plus précisément la scène du «rossignol» — et auparavant dans toutes les éditions depuis 1710 — à cette date sous le titre de l'*Oiseau dans sa cage* (voir l'édition critique des *Œuvres de La Fontaine* de C. A. Walckenaer, parue à Paris en 1826, t. III, 1ère partie, p. x) —, enfin repris dans l'édition Didot de 1795, ce conte est réputé écrit par «M. Lamblin, conseiller au parlement de Dijon ou par M. du Trousset de Valincourt, de l'Académie française.» Inutile de commenter le style : il est assez faible ; et l'intrigue n'évite guère ce que La Fontaine contourne, malgré les accusations qu'on en fit : scabreuse, frisant l'obscène, elle semble mettre Fragonard mal à l'aise, qui choisit délibérément de passer à côté de la scène importante, la scène-titre si l'on peut dire, celle du «rossignol». C'est l'*après* qu'il illustre ici : le moment, bien tardif, où l'amant se redresse. Restent l'évocation de la galerie découverte d'où pendent des chutes de feuillage, ce jour blanc et froid du petit matin qui trahit les amants coupables. Remarquons que Fragonard les réunit tous deux dans la lumière, alors qu'il cherche habituellement plus de contraste ; remarquons aussi que le jeune galant paraît légèrement plus âgé que d'habitude (le visage est plus anguleux et il porte des cheveux longs et attachés) et que le visage des parents est fort différent de ses autres «vieillards» : on croirait volontiers à une réalisation tardive.

Catherine, une jeune fille de quatorze ans — «A douze ans aujourd'hui point d'Agnès» (*sic*) — ne rêve qu'à Richard, son amant. Afin de venir à son but, elle imagine un stratagème qui lui permettra d'avoir chambre à part, elle qui dort depuis toujours dans la chambre de ses parents. Elle se plaint du temps, du bruit, de la chaleur ; enfin réclame sa chambre «afin d'être au frais, et d'entendre / Le rossignol.» A force de bruit qu'elle fait elle-même pour empêcher ses parents de dormir, on lui accorde bientôt cette chambre particulière, dans la galerie. Bien sûr, elle y convoque son amant...

Le père en se levant, fut curieux de voir
Si sa fille dormait encore.
Voyons un peu, dit-il, quel effet ont produit
Le chant du rossignol, le changement de lit.
Il entre dans la galerie,
Et s'étant approché sans bruit ;
Il trouva la fille endormie.
A cause du grand chaud nos deux amants dormants,
Etaient sans drap ni couverture,
En état de pure nature ;
Justement comme on peint nos deux premiers parents ;
Excepté qu'au lieu de la pomme,
Catherine avait dans sa main
Ce qui servit au premier homme
A conserver le genre humain.
(...)
Il rentre dans sa chambre et réveille sa femme ;
Levez-vous, lui dit-il, et venez avec moi :
Je ne m'étonne plus pourquoi
Cataut vous témoignait si grand désir d'entendre
Le rossignol : vraiment ce n'était pas en vain ;
Elle avait dessein de le prendre,
Et l'a si bien guetté qu'elle l'a dans sa main.
(...)
Qui fut surpris ? ce fut la mère,
Aussitôt qu'elle eut aperçu
Le rossignol que tenait Catherine.
(...)
Pendant tout ce discours notre amant s'éveilla ;
Et voyant le soleil ; hélas ! dit-il, ma chère,
Le jour nous a surpris, je ne sais comment faire
Pour m'en aller.
(extrait)

Bibliographie sélective sur La Fontaine

Editions originales

Nouvelles en vers tirées de Boccace et de l'Arioste, Paris, Cl. Barbin, 1665 ; *Deuxième partie des Contes et nouvelles en vers de M. de La Fontaine*, Paris, Cl. Barbin, 1667 ; *Troisième partie des Contes et Nouvelles en vers*, Paris, 1671 ; *Nouveaux contes de M. de La Fontaine*, 1675.

Principales éditions illustrées, jusqu'en 1795

Contes et nouvelles en vers, Amsterdam, 1685, 2 vol. in-12, 70 fig. de R. de Hooge ; Contes et nouvelles en vers, Amsterdam [Paris], 1743, 2e éd. en 1745, 2 vol. pet. in-8, 69 fig. de Ch.-N. Cochin ; *Contes et nouvelles en vers*, Amsterdam [Paris], 1762, 2 vol. pet. in-8, 80 fig. de Ch. Eisen ; *Contes et nouvelles en vers*, Londres [Paris], 1780, 2 vol. in-18, 24 fig. de Desrais ; *Contes et nouvelles en vers*, Paris, an III (1795), 2 vol. Gr. in-4, 20 fig. de Fragonard, Mallet, Monnet et Touzé.

Principales éditions illustrées, depuis 1795

Œuvres de La Fontaine, Paris, 1814, 6 vol., in-8, 25 fig. de J.-M. Moreau le Jeune, dont 9 pour les *Contes* ; *Œuvres de La Fontaine*, édition critique revue et corrigée par M. Walckenaer, Paris, 1822, 3e vol. *Contes et nouvelles en vers*, 21 fig. de Desenne ; *Contes et nouvelles en vers*, Paris, 1839, fig. de T. Johannot ; *Contes et nouvelles en vers*, Paris [?], fig. de Th. Fragonard ; *Contes et nouvelles en vers*, Paris, 1874, 2 vol. Gr. in-8 ; cette réimp. de l'éd. des Fermiers Généraux se compose ordinairement des 80 fig. d'Eisen. Il est passé en vente à Paris (Drouot, 20-2-92) un exemplaire unique augmenté de 163 dessins érotiques de J.-A. Chauvet ; *Contes et nouvelles en vers*, Paris, 1950, 67 lith. d'A. Derain.

Fac-similé

Contes et nouvelles en vers, fac-similé de l'édition Didot de 1795, Paris, éd. Lemonnyer, 1882-1883, augmentée d'eaux-fortes de Martial exécutées d'après les dessins inédits de Fragonard et de compositions originales du même artiste, 2 vol. Gr. in-4 (le Petit Palais conserve l'exemplaire unique où sont reliés avec les gravures en plusieurs états les dessins originaux de Martial) ; *Contes et nouvelles en vers, fac-similé* du manuscrit du Petit Palais, Paris, 1935, 2 vol. Gr. in-4.

Editions critiques modernes

Contes et nouvelles en vers, éd. établie par P. Clarac, Les Belles Lettres, Paris, 1934 ; *Contes et nouvelles en vers*, éd. établie par G. Couton, Classiques Garnier, Paris, 1961 ; *Contes et nouvelles en vers*, éd. établie par N. Ferrier-Caverivière et J.-P. Collinet, Garnier-Flammarion, Paris, 1980 ; *Contes et nouvelles en vers*, éd. établie par A.-M. Bassy, Folio Gallimard, Paris, 1984 ; *Œuvres complètes de La Fontaine*, Bibl. de La Pléiade, éd. établie par J.-P. Collinet, Ier vol. *Contes et nouvelles en vers*, avec une préface sur «La Fontaine et ses illustrateurs», Paris, 1991.

Liste des *Contes* de La Fontaine illustrés par Fragonard

par ordre alphabétique

A femme avare galant escroc , n° 137
Abbesse malade (L'), n° 163
Anneau d'Hans Carvel (L'), n° 155
Aveux indiscrets (Les), n° 181
Bât (Le), n° 176
Belphégor, n° 147
Berceau (Le), n° 152
Calendrier des vieillards (Le), n° 136
Cas de conscience (Le), n° 165
Chose impossible (La), n° 174
Clochette (La), n° 148
Cocu battu et content (Le), n° 129
Comment l'esprit vient aux filles, n° 162
Confidente sans le savoir (La), n° 179
Contrat (Le), n° 182
Cordeliers de Catalogne (Les), n° 151
Coupe enchantée (La), n° 141
Courtisane amoureuse (La), n° 160
Cuvier (Le), n° 173
Diable de Papefiguière (Le), n° 166
Diable en enfer (Le), n° 170
Ermite (L'), n° 156
Faiseur d'oreille et le racommodeur de moules (Le), n° 177
Faucon (Le), n° 142
Féronde ou le purgatoire , n° 167
Fiancée du Roi de Garbe (La), n° 140
Fleuve Scamandre (Le), n° 178
Gageure des trois commères (La), n° 135
Gascon puni (Le), n° 139
Joconde, n° 128
Jument du compère Pierre (La), n° 171
Lunettes (Les), n° 172
Magnifique (Le), n° 145
Mandragore (La), n° 158
Mari confesseur (Le), n° 130
Matrone d'Ephèse (La), n° 146
Mazet de Lamporechio, n° 157
Muletier (Le), n° 133
Nicaise, n° 161
Oies du frère Philippe (Les), n° 149
On ne s'avise jamais de tout , n° 138
Oraison de saint Julien (L'), n° 153
Pâté d'anguille (Le), n° 144
Paysan qui a offensé son seigneur (Le), n° 132
Petit chien qui secoue de l'argent et des pierreries (Le), n° 143
Psautier (Le), n° 168
Quiproquos (Les), n° 183
Remède (Le), n° 180
Rémois (Les), n° 159
Richard Minutolo, n° 150
Roi Candaule et le maître en droit (Le), n° 169
Rossignol (Le), n° 184
Savetier (Le), n° 131
Servante justifiée (La), n° 134
Tableau (Le), n° 175
Troqueurs (Les), n° 164
Villageois qui cherche son veau (Le), n° 154

Filigranes

(relevés Florence Herrenschmidt)

Nous n'avons pu procéder au relevé des filigranes que sur les cinquante-sept lavis de Fragonard (nos 128 à 184), tous les autres dessins de la collections étant soit trop opaques, soit doublés, soit encore vierges de toutes marques. Nous les reproduisons ici, en donnant la liste des dessins sur lesquels ils ont été observés.

Deux marques ont été relevées qui correspondent à trois motifs ; nous avons aussi trouvé une marque "GR" trop imprécise pour être reproduite mais qui correspond sans doute au haut de la marque HONIG :

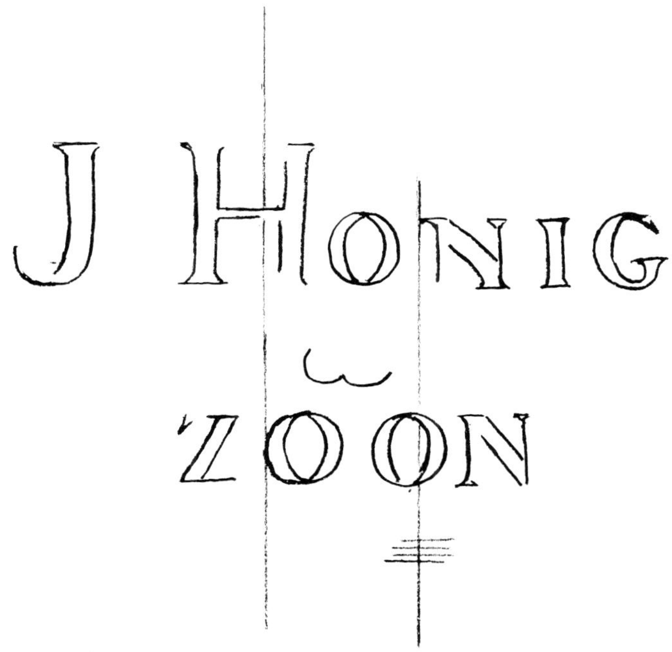

J HONIG & ZOON : n° 133. GR : nos 143 et 181

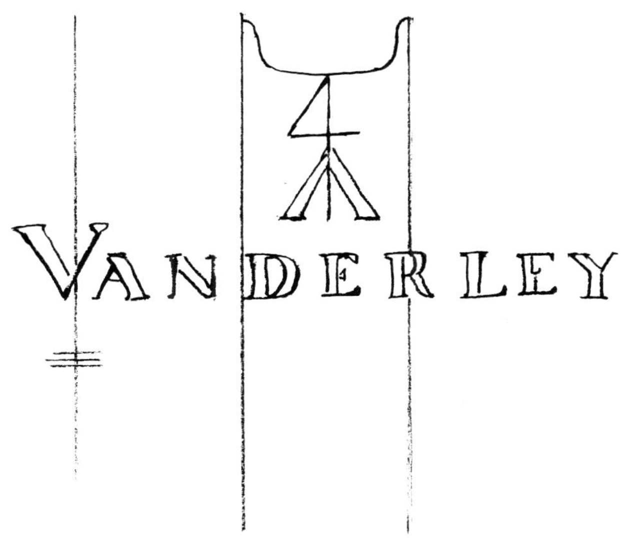

VANDERLEY, lettre : nos 132, 139, 153, 157, 158, 159, 161, 165, 178 et 180

VANDERLEY, couronne : nos 135, 136, 137, 152, 154, 155, 156, 160, 162, 163, 166, 168, 173 et 177.

Expositions

Amsterdam, 1951
Het Franse landschap, Rijksmuseum.

Beauvais, Angers, Valence et Dijon, 1974-1975
Jean Barbault (1718-1762), Beauvais (Musée départemental de l'Oise), Angers (Musée des Beaux-Arts), Valence (Musée des Beaux-Arts), Dijon (Musée des Beaux-Arts).

Berlin, 1989
Europa und der Orient. 800-1900, Berlin, Martin Gropius Bau.

Berne, 1954
Fragonard, Musée des Beaux-Arts.

Bordeaux, 1980
Les arts du théâtre de Watteau à Fragonard, Galerie des Beaux-Arts.

Bruxelles, Amsterdam, Paris, 1949-1950
De Fouquet à Cézanne, Bruxelles (Palais des Beaux-Arts), Amsterdam (Rijksmuseum), Paris (Orangerie des Tuileries).

Chartres, 1858
Exposition archéologique et d'objets d'art.

Chartres, 1869
Exposition départementale.

Cologne, Zurich, Lyon, 1988
Triomphe et Mort du Héros, Cologne (Wallraf-Richartz-Museum), Zurich (Kunsthaus), Lyon (Musée des Beaux-Arts).

Dijon, 1977
Jean-Baptiste Greuze, voir Hartford, San Francisco, Dijon, 1976-1977.

Florence, 1968
Disegni francesi da Callot a Ingres, Gabinetto disegni e stampe degli Uffizi.

Genève, 1951
De Watteau à Cézanne, Musée d'Art et d'Histoire.

Hartford, San Francisco, Dijon, 1976-1977
Jean-Baptiste Greuze, Hartford (Wadsworth Atheneum), San Francisco (The California Palace of the Legion of Honor), Dijon (Musée des Beaux-Arts).

Japon, 1954-1955
Exposition d'art français.

Londres, 1909-1910
National loan exhibition in aid of National Gallery Fund, Grafton Galleries.

Londres, 1949-1950
Landscape in French Art, Royal Academy.

Londres, 1952
French drawings from Fouquet to Gauguin, Arts Council.

Londres, 1954-1955
European masters of the Eighteenth Century, Royal Academy.

Londres, 1968
France in the Eighteenth Century, Royal Academy.

Londres, 1972
The Age of Neo-Classicism, Royal Academy.

Londres, 1977
French landscape drawings and sketches of the Eighteenth Century, British Museum.

Paris, 1846
2e exposition de la Société des Artistes, rue Saint-Lazare, 75.

Paris, 1874
Exposition des œuvres de Prud'hon au profit de sa fille, Ecole des Beaux-Arts.

Paris, 1879
Exposition de dessins de maîtres anciens, Ecole des Beaux-Arts.

Paris, 1900
Exposition centennale de l'Art Français, de 1800 à 1889, Grand Palais.

Paris, 1925
Le paysage français de Poussin à Corot, musée du Petit Palais.

Paris, 1934
Artistes français en Italie, Musée des Arts décoratifs.

Paris, 1948
David. Exposition en l'honneur du deuxième centenaire de sa naissance, Musée du Louvre et Château de Versailles.

Paris, 1958
L'art français et l'Europe, Orangerie des Tuileries.

Paris, 1965
Sous le signe de Watteau, Galerie Bernheim-Jeune.

Paris, 1965
Pèlerins et chemins de saint Jacques, Archives nationales.

Paris, 1968
Watteau et sa génération, Galerie Cailleux.

Paris, Detroit, New York, 1974-1975
De David à Delacroix, Paris (Galeries nationales du Grand Palais), Detroit (Detroit Institute of Art), New York (Metropolitan Museum of Art).

Paris, 1976-1977
Dessins français de l'Art Institute de Chicago, Musée du Louvre, Cabinet des dessins.

Paris, 1982
De Paris à Compostelle, Mairies annexes du Xe et Ve.

Paris, 1985
Graveurs français de la seconde moitié du XVIIIe siècle, Musée du Louvre, Cabinet Edmond de Rothschild.

Paris, 1984-1985
Diderot & l'Art de Boucher à David, Hôtel de la Monnaie.

Paris, 1984-1985
Watteau, voir Washington, Paris, Berlin, 1984-1985.

Paris, 1986-1987
Boucher, Galeries nationales du Grand Palais.

Paris, 1986
Prud'hon, La Justice et la Vengeance divine poursuivant le crime, Musée du Louvre.

Paris, 1987
Subleyras, Musée du Luxembourg.

Paris, New York, 1987-1988
Fragonard, Paris (Galeries nationales du Grand Palais), New York (Metropolitan Museum of Art).

Paris, 1989
Le beau idéal, Musée du Louvre, Cabinet des Dessins.

Paris, 1989-1990
David, Musée du Louvre et Château de Versailles.

Parthenay, 1976
Saint Jacques de Compostelle.

Rome, 1981-1982
David e Roma, Académie de France, Villa Médicis.

Rome, 1991
J.-H. Fragonard e H. Robert a Roma, Académie de France, Villa Médicis.

Rome, Milan, 1959-1960
Il disegno francese da Fouquet a Toulouse-Lautrec, Rome (Palazzo di Venezia), Milan (Palazzo Reale).

Séoul, 1977
L'art français du XVIIIe siècle, Musée national d'art moderne.

Tokyo, Tochigi, Sapporo, Kyoto, 1979-1980
Chefs-d'œuvre des musées de la Ville de Paris, Tokyo (Tokyo Metropolitan Art Museum), Tochigi (Tochigi Prefectural Museum of Fine Art), Sapporo (Kokkaïdo Museum of Modern Art), Kyoto (Kyoto Municipal Museum of Art).

Tokyo, 1982-1983
Chefs-d'œuvre du musée du Petit Palais, Musée Idemitsu.

Toronto..., 1972-1973
French Master drawings of the 17th & 18th centuries in North American collections, Toronto, Ottawa, San Francisco, New York.

U.S.A., 1952-1953
French Art, Washington (National Gallery), Cleveland (The Cleveland Museum of Art), Saint-Louis (City Art Museum), Harvard University (Fossart museum), New York (Metropolitan museum of Art).

Varsovie, 1962
Exposition de dessins français du XVIIe au XXe siècle, Muzeum Narodowe.

Vienne, 1950
Meisterwerke aus Frankreiches Museen, Graphische Sammlung Albertina.

Vienne, 1966
Kunst und Geist Frankreichs im 18. Jahrhundert, Oberes Belvedere.

Washington, Paris, Berlin, 1984-1985
Watteau, Washington (National Gallery of Art), Paris (Galeries nationales du Grand Palais), Berlin (Château de Charlottenbourg).

Washington, Cambridge, 1979
Drawings by Fragonard in North American Collections, Washington (National Gallery of Art), Cambridge (Fogg Art Museum), 1979.

Washington..., 1981-1982
French Master Drawings from the Rouen Museum, Washington (National Gallery of Art), New York (National Academy of Design), Minneapolis (Minneapolis Institute of Arts), Malibu (The J. Paul Getty Museum).

Zurich, 1947
Le Petit Palais, musée de la Ville de Paris, Kunsthaus.

Bibliographie

Anonyme
Catalogue de la collection Jacques Doucet, Paris, 1912.

Hélène Adhémar
Watteau, sa vie, son œuvre, Paris, 1951.

J.-P. Alaux
L'Académie de France à Rome. Ses Directeurs. Ses Pensionnaires, Paris, 1933.

Arsène Alexandre
«Les tableaux de la collection Dutuit», in *Les Arts*, n° 11, décembre 1902.

Alexandre Ananoff
«Différentes séries de dessins exécutés par Fragonard pour les *Contes* de La Fontaine, Datation et examen comparatif», *Bulletin de la Société de l'Histoire de l'Art Français*, 1960.

Alexandre Ananoff
L'œuvre dessiné de Fragonard, 4 volumes, Paris, 1961-1970.

Alexandre Ananoff
L'œuvre dessiné de Boucher, 2 volumes prévus, seul le vol. I est paru, Paris, 1966.

D'Anville
Notice nécrologique de Gravelot, Paris, 1775 (réimp. en 1853).

F. Aubert
«Joseph-Marie Vien», in *Gazette des Beaux-Arts*, vol. 22-23, 1867.

Roseline Bacou
Il settecento francese, I disegni dei maestri, n° 13, Milan, 1971.

Emile Bellier de la Chavignerie
Recherches historiques, biographiques et littéraires sur le peintre Lantara, avec la liste de ses œuvres, Paris, 1852.

Emile Bellier de la Chavignerie
Dictionnaire général des artistes de l'école française, continué par Louis Auvray, Paris, 1882.

Henri Beraldi
Estampes et livres, 1872-1892, Paris, 1892.

Yvon Bizardel
«Une étude au pastel de Mme Vigée- Lebrun pour le portrait d'Aniela Angélique Radziwill, princesse Czartoryska», in *Bulletin du musée national de Varsovie*, 1964.

Charles Blanc
Le Trésor de la Curiosité tiré des catalogues de vente, Paris, 1857-1858, 2 vol.
Charles Blanc
Histoire des peintres de toutes les écoles, Ecole française, Paris, 1862, 2 vol.
Charles Blanc
«Documents sur Sébastien bourdon, Jean de Troy, Antoine Ranc, Charmeton, Blanchet et Vien», in *Archives de l'Art français*, t. V, Paris, 1865.
Emmanuel Bocher
Les gravures françaises du XVIIIe siècle, 5e fasc. Augustin de Saint-Aubin, 1880.
Emmanuel Bocher
Les gravures françaises du XVIIIe siècle, 6e fasc. Jean-Michel Moreau le Jeune, Paris, 1882.
Amédée Boinet
Les églises parisiennes, Paris, 1962, 3 vol.
Jean-Luc Bordeaux
François Le Moyne, Paris, 1984.
François Boucher
«Un épisode de la vie de l'académie de France à Rome», in *The Connoisseur*, 1961, n° 148, pp. 88-89.
François Boucher
«Les dessins de Vien pour la mascarade de 1748, à Rome», in *Bulletin de la Société de l'Histoire de l'Art Français*, 1962, pp. 69-76..
Marie-Christine Boucher
Palais des Beaux-Arts de la Ville de Paris. Catalogue sommaire illustré des pastels. Musée du Petit Palais., Paris, 1983.
A. Brookner
«Jacques-Louis David, aspects of Néo-Classicism in French painting», in *Apollo*, septembre 1958.
Thérèse Burollet
Musée Cognacq-Jay, Peintures et dessins, Paris, 1980.
C.D.A.
Correspondance des Directeurs de l'Académie de France à Rome..., voir A. de Montaiglon et J. Guiffrey.
Jean de Cailleux
«Rigaud et Largillière, peintres de mains», *Etudes d'art publiées par le musée national des Beaux-Arts d'Alger*, 1951, n° VI.
Georges Cain
Histoire descriptive de la collection Dutuit, voir Jean Robiquet.
C. R. Camesasca et P. Rosenberg
Tout l'œuvre peint de Watteau, Paris, 1970 (nouvelle éd., 1983).
V. Carlson
«Hubert Robert at Caprarola», in *Apollo*, février 1968.
Jean de Cayeux
Hubert Robert et les jardins, Paris, 1987.
Jean de Cayeux
Hubert Robert, Paris, 1989.
Pierre Champion
Notes critiques sur les vies anciennes de Watteau, Paris, 1922.
Jacques Chouillet
«Le regard jaloux de la sœur dans l'accordée de village», in *Actes du colloque «Diderot et Greuze»*, Université de Clermont-Ferrand, 1984.
Charles Clément
Prud'hon, sa vie, ses œuvres, sa correspondance, 2e édition, Paris, 1872.
Henri Cohen
Guide de l'amateur de livres à gravures du XVIIIe siècle, 6e édition, revue par Seymour de Ricci, Paris, 1912.
Malcolm Cormack
The drawings of Watteau, Londres, 1970.
P.-A. Coupin
Œuvres posthumes de Girodet-Trioson Paris, 1829, 2 vol.
Crayen
Catalogue de l'œuvre de G. F. Schmidt, Paris, 1789.
Jean-Pierre Cuzin
Fragonard. Vie et œuvre, Fribourg, 1987.
Jean-Pierre Cuzin
François-André Vincent, Cahiers du dessin français, Galerie de Bayser, Paris, 1989.
Emile Dacier
«Une *Description de Paris* de Piganiol de La Force illustrée et annotée par Gabriel de Saint-Aubin», in *Bulletin de la Société de l'histoire de Paris et de l'Ile-de-France*, 1908.
Emile Dacier
«Un nouveau livre illustré par Gabriel de Saint-Aubin : la *Description de Paris* de la collection Jacques Doucet», in *Revue de l'Art Ancien et Moderne* 1908, t. XXIII.
Emile Dacier
Catalogues de ventes et livrets de Salons illustrés par Gabriel de Saint-Aubin, Société de Reproduction de Dessins de Maîtres, 6 tomes, Paris, 1909-1921.
E. Dacier, J. Hérold et A. Vuaflart
Jean de Julienne et les graveurs de Watteau au XVIIIe siècle, Paris, 1922.
Emile Dacier
Exposition des Saint-Aubin, Hôtel de M. Jean Charpentier, Paris, 1925.
Emile Dacier
Gabriel de Saint-Aubin, 2 vol., Paris, 1929-1931.
Emile Dacier
«Les dessins de Fragonard de la Collection Henri Beraldi pour les *Contes* de La Fontaine», in *Bulletin de la Société de l'Histoire de l'Art Français*, 2e fasc.Paris, 1934.
Eugène Delacroix
«Prud'hon», in *Revue des Deux Mondes*, Paris, 1846, vol. IV.
Philippe Descoux
«Un exemplaire de la *Description de Paris* de Piganiol de La Force, orné de croquis de Gabriel de Saint-Aubin», in *Gazette des Beaux-Arts*, 1908, t. XXXIX.
Comte Arnauld Doria
Gabrielle Capet, Paris, 1934.
Lise Duclaux et Anne Prache
Inventaire général des dessins des musées du Louvre et de Versailles, t. XII, Paris, 1975.
Georges Duplessis
Mémoires et journal de J. G. Wille, Paris, 1857.
G. Duplessis
«La collection de M. Camille Marcille», in *Gazette des Beaux-Arts*, 1876, t. I.
L. Dusieux
Les artistes français à l'étranger, Paris, 1876.
M. Florisoone
Cat. exp. *David...*, voir Paris, 1948.
F. Fosca
Les dessins de Fragonard. Notices analytiques et bibliographiques de François Daulte, Paris-Lausanne, 1954.
Thomas Gaehtgens
Cat. exp. *Jean Barbault*, voir Beauvais..., 1975.
Thomas Gaehtgens et Jacques Lugand
Joseph-Marie Vien (1716-1809), Paris, 1988.
Philippe Gaston-Dreyfus et Florence Ingersoll-Smouse
Catalogue raisonné de l'œuvre peint et dessiné de Nicolas-Bernard Lépicié, Paris, 1923.
Edmond et Jules de Goncourt
L'Art du XVIIIe siècle, 2e éd., 2 vol., Paris, 1873-1874.
Edmond de Goncourt
Catalogue raisonné de l'œuvre peint, dessiné et gravé de P.-P. Prud'hon, Paris, 1876.
Edmond et Jules de Goncourt
L'Art du XVIIIe siècle, 3e éd., 2 vol., Paris, 1880-1882.
Edmond et Jules de Goncourt
L'Art du XVIIIe siècle, dernière éd., 3 vol., Paris, 1881-1882.
A. Gonzales-Palacios
«La grammatica neoclassica», in *Antichita viva*, 1973, t. IV.
Camille Gronkowski
Catalogue sommaire des Collections Municipales. Palais des Beaux-Arts de la Ville de Paris, Paris, 1927.
J. Guiffrey
«La Caravane du Sultan à la Mecque», communication faite devant les cinq Académies, Paris, 1901.
J. Guiffrey et P. Marcel
Inventaire général des dessins des musées du Louvre et de Versailles, t. I (1907), II (1908), III (1909), IV (1909), V (1910), VI (1911), VII (1912), VIII (1913), IX (1921), X (avec G. Rouchès, 1928). Pour les t. XI et XII, voir Rouchès et Duclaux, Paris, 1907-1928.
Jules Guiffrey
L'œuvre de Pierre-Paul Prud'hon, Archives de l'Art français. Tome XIII, Paris, 1924.
Alain Guillerm
«Les illustrations de Fragonard pour les *Contes* de La Fontaine», in *Gazette des Beaux-Arts*, mars 1977.
Louis Guimbaud
Fragonard, Paris, 1947.
I.F.F.
Inventaire du fonds français du cabinet des estampes de la Bibliothèque nationale, Paris 1930-1977.
Florence Ingersoll-Smouse
«Nicolas-Bernard Lépicié», in *Revue de l'Art Ancien et Moderne*, janvier-mai 1927.
Pierrette Jean-Richard
Cat. exp. *Graveurs français de la seconde moitié du XVIIIe siècle*, voir Paris, 1985.
C.-A. Jombert
Catalogue de l'œuvre de Ch. Nic. Cochin fils, Paris, 1770.
G. Lafenestre
Cinquante dessins de Watteau, recueil de dessins reproduits d'après les originaux conservés dans les musées de Chantilly, Londres, Paris, Vienne., Paris, 1907.
Stanislas Lami
Dictionnaire des sculpteurs de l'école française au dix-huitième siècle, XVIIIe siècle, t. III et IV, Paris, 1910-1911.
Adolphe Lance
Dictionnaire des architectes français, 2 vol., Paris, 1872.
Henry Lapauze
Catalogue sommaire des collections Dutuit, Paris, 1907.
Henry Lapauze
Le palais des Beaux-Arts de la Ville de Paris, Paris, 1909.
Henry Lapauze
Histoire de l'Académie de France à Rome, 2 vol., Paris, 1924.
Henry Lapauze
Catalogue sommaire des collections Dutuit, établi avec la collaboration de Camille Gronkowski et Adrien Fauchier-Magnan, Paris, 1925.
M.-A. Laroche
Lueurs sur Watteau. Sa vie secrète. Notes et réflexions en marge des «Vies de Watteau» anciennes et modernes, Paris, 1949.
L. de La Roque
Biographie montpelliérenne. Peintres, Sculpteurs et architectes, Montpellier, 1877.
Elisabeth Launay
Les frères Goncourt collectionneurs de dessins, Paris, 1991.
Pierre Lavallée
Le dessin français, Paris, 1948.
Sylvain Laveissière
Cat. exp. *La Justice et la Vengeance divine...* voir Paris, 1986.
Charles Le Blanc
Catalogue de l'œuvre de Jean Georges Wille, graveur, Leipsic, 1847.
T. Leclère
Hubert Robert et les paysagistes français du XVIIIe siècle, Paris, 1913.
A. Lecoy de la Marche
L'Académie de France à Rome. Correspondance inédite de ses directeurs précédée d'une étude historique, Paris, 1874.
André Lemoisne
«Augustin de Saint-Aubin et les dessins de Fragonard pour l'édition des *Contes* de La Fontaine», in *Byblis*, 1922, n° 2.
Boris Lossky
«Portraits autrichiens dans l'œuvre de Rigaud et de Tocqué», in *Gazette des Beaux-Arts*, juillet-août 1958.

Frits Lugt
Marques de Collections, Amsterdam, 1921 ; supplément, 1956.
J. Martin et C. Masson
Catalogue raisonné de l'œuvre peint et dessiné de J.-B. Greuze, Paris, 1908.
Ch. Martine
Dessins de maîtres français, t. VI, 1927.
Jacques Mathey
Le rôle décisif des dessins dans l'œuvre de Watteau, in *Connaissance des Arts*, avril 1959.
Camille Mauclair
Jean-Baptiste Greuze, Paris, 1906.
P. Mazars
L'univers de Fragonard, Paris, 1971.
Alain Mérot
Eustache Le Sueur, Paris, 1987.
Emile Michel
«La collection Dutuit», in *Gazette des Beaux-Arts*, 1903, n° 1.
Christian Michel
Charles-Nicolas Cochin et le livre illustré au XVIIIe siècle. Avec un catalogue raisonné des livres illustrés par Cochin. 1735-1790, Genève, 1987.
Régis Michel
Cat. exp. *Le beau idéal*, voir Paris, 1989.
H. Mireur
Dictionnaire des ventes d'art faites en France et à l'étranger pendant les XVIIIe et XIXe siècles, 7 vol., Paris, 1911-1912.
F. Monod
«L'exposition nationale des Maîtres anciens à Londres», in *Gazette des Beaux-Arts*, 1910, t. I.
Anatole de Montaiglon
Articles publiés dans le Moniteur des Arts du 13 décembre 1846 au 31 janvier 1847, Paris, 1847.
Anatole de Montaiglon
Préface pour la réimp. de l'éd. Didot de 1795 des *Contes et Nouvelles de La Fontaine*, Paris, 1883.
A. de Montaiglon et J. Guiffrey
Correspondance des Directeurs de l'Académie de France à Rome avec les surintendants des bâtiments, 17 vol., Paris, 1887-1912.
Edgar Munhall
«L'accordée de village», in cat. de l'exp. : *Diderot ...*, voir Paris, 1984-1985.
Luc de Nanteuil
Jacques-Louis David, New York (édition française, Paris, 1987), 1985.
Charles Normand
L'art moral dans la seconde moitié du XVIIIe siècle, Paris, 1909.
Carol Margot Osborne
Pierre Didot the Elder and French book Illustration, 1789-1822, New York, Londres, 1985.
A. Paillet
Catalogue des tableaux, dessins sous-verre et en feuilles... Composant le cabinet et les Etudes de feu Joseph-Marie Vien, Paris, 1809.
H. Pannier
Catalogue de dessins, aquarelles, pastels de J.-H. Fragonard passés en vente de 1770 à 1905, fac-similé du manuscrit au dpt des estampes de la B.N., 1905.
K.T. Parker
The drawings of Antoine Watteau, Londres, 1931.
K. T. Parker et J. Mathey
Antoine Watteau, catalogue complet de son œuvre dessiné, Paris, 1957.
A. M. Passez
Adélaïde Labille-Guiard, Paris, 1973.
Baron Roger Portalis
Les dessinateurs d'illustrations au XVIIIe siècle, 2 vol., Paris, 1877.
Baron Roger Portalis
«La Collection Walferdin et ses Fragonard», in *Gazette des Beaux-Arts*, avril 1880.
Baron Roger Portalis et Henri Beraldi
Les graveurs du XVIIIe siècle, 3 tomes en 6 volumes, 1880-1882.
Baron Roger Portalis
Honoré Fragonard, sa vie, son œuvre, Paris, 1889.
Jacqueline Pruvost-Auzas
«Détails inédits sur la décoration réalisée de 1813 à 1821 au Palais de Compiègne...», in *Connaissance des Arts*, n° 234, août 1971.
Edouard Rahir
La collection Dutuit. Livres et Manuscrits, Paris, 1899.
Edouard Rahir
La bibliothèque de l'amateur, 2e édition, Paris, 1924.
Louis Réau
Les dessins de Boucher, Paris, 1928.
Louis Réau
Fragonard, Bruxelles, 1956.
R. Régamey
Prud'hon, Paris, 1928.
Théodore Reinach
«Un catalogue inédit de Gabriel de Saint-Aubin», in *Mélanges Bertaux*, Paris, 1924.
H.-J. Reynaud
Notes supplémentaires sur les livres à gravures du XVIIIe siècle, Genève-Lyon, 1955.
Jean Robiquet
Histoire descriptive de la collection Dutuit, Asnières, 1905.
Comte de Rochambeau
Bibliographie des œuvres de La Fontaine, Paris, 1911.
Marcel Roethlisberger
Tout l'œuvre peint de Claude Lorrain, Paris, 1986.
Marianne Roland Michel
«Fragonard illustrator of the *Contes* of La Fontaine», in *The Burlington Magazine*, 1970, n° 811, suppl. n° 25.
Marianne Roland Michel
«Un problème d'attribution pour un dessin du musée des Beaux-Arts, à propos de la Mascarade du Sultan à la Mecque, 1748.», in *Bulletin des Musées et Monuments lyonnais*, t. V, 1975.
Marianne Roland Michel
Des monts et des eaux, Paris, galerie Cailleux, 1980-1981.
Marianne Roland Michel
Watteau, Paris, 1984.
Marianne Roland Michel
Le dessin français au XVIIIe siècle, Paris, 1987.
Jules Roman
Le livre de raison du peintre Hyacinthe Rigaud, Paris, 1919.
Kimerly Rorschach
Eighteenth-Century French Book Illustration, «with an essay by Susan B. Taylor», Rosenbach Museum & Library, Philadephie (U.S.A.), 1985.
Pierre Rosenberg
Cat. exp. *French Master drawings...*, voir Toronto..., 1972-1973.
Pierre Rosenberg
Cat. exp. *Subleyras*, voir Paris, 1987.
Pierre Rosenberg
Tout l'œuvre peint de Watteau, voir Camesasca.
Pierre Rosenberg
«Jean Barbault», in *Arte illustrata*, novembre 1972.
Pierre Rosenberg
«Louis-Joseph Le Lorrain (1715-1759» in *La Revue de l'Art*, n° 40-41, 1978.
Pierre Rosenberg et Udolpho Van de Sandt
Pierre Peyron, 1744-1814, Paris, 1983.
Pierre Rosenberg
Vies anciennes de Watteau, Paris, 1984.
Pierre Rosenberg
Tout l'œuvre peint de Fragonard, Paris, 1989.
Robert Rosenblum
L'Art au XVIIIe siècle. Transformations et mutations, Paris (édition française), 1989.
Georges Rouchès
Inventaire général des dessins des musées du Louvre et de Versailles, t. XI, , 1938.
Marc Sandoz
Les Lagrenée, t. I, *Louis (Jean, François) Lagrenée*, Paris, 1983.
Nathalie Sarraute
Tropismes, Paris, 1938.
Antoine Schnapper
Cat. exp. *De David à Delacroix*, voir Paris, Detroit, New York, 1974-1975.
Antoine Schnapper
David, Paris, 1980.
Antoine Schnapper
«La donation Baderou au musée de Rouen», in *La Revue du Louvre et des musées de France*, 1980, n° 1.
Arlette Serrullaz et Nathalie Volle
«Dessins néo-classiques 3. Dessins inédits de Fragonard, David et Drouais», in *La revue du Louvre et des musées de France*, 1976, n° 2.
Arlette Serrullaz
Cat. exp. *David*, voir Rome, 1981-1982.
J. H. Slayman
The drawings of Pierre-Paul Prud'hon. A critical study, The University of Wisconsin, 1970.
Philippe Sollers
Les surprises de Fragonard, Paris, 1987.
A. Soubiès
Les membres de l'Académie des Beaux-Arts depuis la fondation de l'Institut, Paris, 1904.
Charles Sterling
The Metropolitan Museum of Art. A catalogue of French paintings, XV-XVIII Centuries, Cambridge, 1955.
A. Tchermezine
Bibliographie d'éditions originales et rares d'auteurs français des XVe, XVIe, XVIIe et XVIIIe siècles, réimp. de l'éd. de 1927-1937 avec des annotations de L. Scheler. 5 vol., Paris, 1977.
Lynne Thornton
Cat. exp. : *Mahmal et Attatichs : peintres et voyageurs en Turquie, en Egypte et en Afrique du Nord*, Paris, 1975-1976.
Jacques Thuillier
Fragonard, Genève, 1967 (réimp., 1987).
L. Tremblay
«Le peintre Vien, d'après de nouveaux documents», in *Revue contemporaine*, 2e série, 30 sept. 1866, pp. 253-273.
A. Vuaflart
voir Dacier, 1922.
H. Weston
«Prud'hon : Justice and Vengeance.», in *The Burlington Magazine*, juin 1975.
Georges Wildenstein
The Paintings of Fragonard, (éd. française parue la même année), Aylesbury, 1960.
Georges Wildenstein
«Un amateur de Boucher et de Fragonard. Jacques-Onésyme Bergeret (1715-1785)», in *Gazette des Beaux-Arts*, juillet-août 1961.
Eunice Williams
Cat. exp. *Drawings by Fragonard...*, voir Washington, Cambridge, 1979.
Edwin Wolff
«The Fragonard plates for the *Contes et Nouvelles* of La Fontaine», in *Bulletin of the New York Public Library*, mars 1949.

Crédits photographiques des figures de références

Toutes les œuvres exposées ont été photographiées par les soins de la Photothèque des musées de la Ville de Paris. Seules les figures de références ont parfois des origines extérieures.

Château-Thierry, musée Jean de La Fontaine : fig. 107

Lille, musée des Beaux-Arts : fig. 117

Londres, Wallace Collection : fig. 67

New York, Metropolitan Museum of Art : fig. 29, 65, 68

Paris, Bibliothèque nationale : fig. 2, 6, 7, 9, 10, 11, 22, 24

Paris, Bulloz : fig. 27, 66

Paris, Giraudon : fig. 1, 5, 8, 17, 21, 23, 25, 26, 64, 71, 92, 95, 96, 111, 113, 114, 115, 128

Paris, Institut néerlandais, Fondation Custodia : fig. 97

Paris, musée des arts décoratifs : fig. 98, 119

Paris, Photothèque des musées de la Ville de Paris © by SPADEM : fig. 16, 18, 19, 20, 32 à 63, 74 à 90, 99 à 102, 109, 110, 120, 121, 122, 123, 125, 126

Paris, Réunion des Musées nationaux : fig. 15, 28, 30, 31, 69, 72, 73, 91, 105, 106, 108, 112, 116, 118

Troyes, musée des Beaux-Arts : fig. 3, 4

Vienne, Kunsthistorisches Museum : fig. 12, 13, 14

Diffusion Paris-Musées
31, rue des Francs-Bourgeois
75004 Paris

Commande par Minitel pour les particuliers (France) :
3615 CAPITALE

FABRICATION
Florence Jakubowicz

CONCEPTION ET REALISATION GRAPHIQUE
Scarabée, Paris

PHOTOGRAVURE
Clair-Offset, Gentilly

FLASHAGE
Delta+, Levallois-Perret

PAPIER
Job mat 135 g

IMPRESSION
Imprimerie Blanchard, Le Plessis-Robinson

Achevé d'imprimer en octobre 1992
sur les presses de l'imprimerie
Blanchard au Plessis-Robinson

ISBN : 2-87900-078-5
Dépôt légal : octobre 1992